U0839768

中央电视台《开心辞典》栏目组　国学网　编

开心学国学

不可不知的1000个国学知识点

国家图书馆出版社

为世界和平

为人类幸福

[illegible]

[illegible] 季羡林

季羡林先生题词

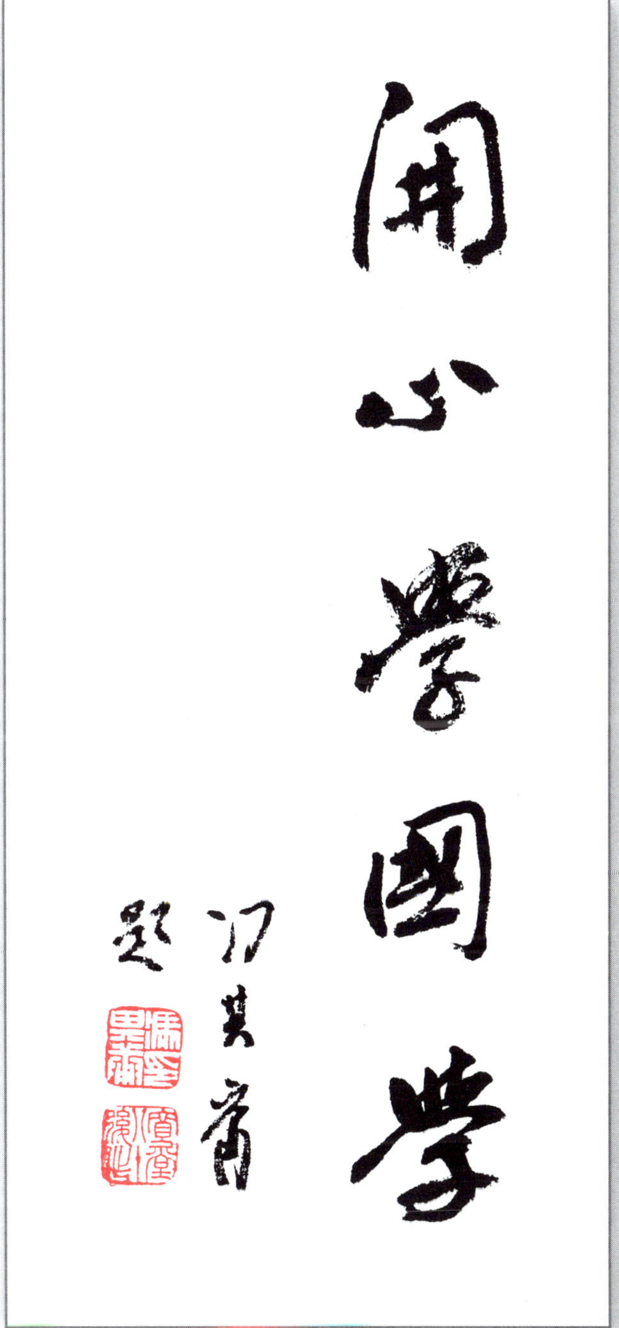

冯其庸先生题词

《开心学国学》编委会名单

目　录

一、不可不知的历史知识

（一）史家与史学名著

千古兴亡多少事，不尽长江滚滚流，是他们的如椽巨笔，照彻历史的幽深，令我们得以重返当年，追逐时代的罡风。

（二）史学思想和观点

直书不隐，实录无欺，此之谓良史。

（三）古代帝王

他们，曾经站在历史的风口浪尖，睥睨天下，唯我独尊，翻云覆雨间便搅动乾坤。

(四)重臣名相

一人之下,万人之上,挽狂澜于即倒,扶大厦之将倾,他们是险恶朝堂的中流砥柱,成就君王的不世霸业,也成就自己的不世奇功。

(五)政治制度和措施

历史的面目,是一代又一代制度造就的,没有规矩,何以成方圆?

(六)文化交流

远涉重洋,凿空大漠,九死一生,百折不悔。美人出塞,千载琵琶幽怨多;壮士蹈海,仰天一笑泪光寒。

(七)考古发现

拂去历史的尘埃,昭示掩埋的真相,唤醒沉睡的记忆,我们离祖先愈近,我们愈能看清自己。

(八)金石学

那是刀刻火炼出的文字,在玄石青铜上闪烁着旷古的幽光,纵然漫汗难识,却是祖先留给我们最初的启迪。

(九)历史事件

每一处历史的转折,必会有重大事件发生,便如一枚枚钉子,牢牢钉在历史的脊梁上，永难磨灭。

（十）地理学

大禹迹，九州一，五岳擎天，四海维地，从此我们有了中国。

(十一)避讳学

避讳源于敬畏，因敬爱而不愿说，因畏惧而不敢说，久而久之，不说也成了一门学问。

二、不可不知的文学常识

(一)文学家

他们是站在文字巅峰的人，不是帝王，却足以傲视古今。历史因有他们而鲜活灵动，他们与文字一起永生不朽。

(二)文学流派

文字亦有江湖，开宗立派者比的不是长拳短术，而是掩映多姿的文采风流。

(三)文论知识

诗有诗眼,文有文心,词章曲律,各得其法。

(四)诗文总集

它们是汪洋大海上的巨型方舟,载尽一代之诗文,让历史得以保全丰盈的血肉。

(五)少数民族诗作

在篝火下吟唱,在马背上放歌,清冽如冰川之水,雄壮若草原之鹰。

（六）小说戏曲

说不尽的风云事，诉不尽的生死情，流不尽的英雄血，书不尽的恩仇录。

（七）文学体裁

骚幽赋丽文跌荡，诗庄词媚曲缠绵。春光秋色，各擅胜场。

（八）文字音韵

有一种文字，写出来就是画，是画中之谜，谜中之画。有一种语言，说出来就是诗，是诗中之乐，乐中之诗。

(九)古籍常识

脱却了竹简木牍的束缚,在纸墨的白山黑水间徜徉。经史子集,百川争流,终汇为浩浩大典,蓄满七阁四库。

(十)必背诗文名篇

今天的明月,曾照亮张若虚的夜。那令白居易泪湿衣襟的琵琶声,犹回响在耳边。兰亭易访,桃源难寻,滕王阁前观秋水,岳阳楼上忆春风。且尽杯中酒,为君高唱正气歌。

(十一)诗词名句

有些诗句一吟出,便成铭心刻骨,永志不忘,只因为它们本就长在我们心里。

(十二)神话故事

远古洪荒的沧海桑田,见证了先民的血性和蛮勇,于是历史变成了传说,传说变成了神话,神话变成了永恒。

(十三)楹联隐语

犹如出水的双龙,卷起千寻雪;只回首一箭,便射落九天玄日。

(十四)近代学者

国学和西学遭遇的近代,他们铁肩担道义,妙手著文章,坚守着传统的阵地,终将胸中一点浩然气,化作千里快哉风。

三、不可不知的哲学常识

(一)哲学流派

儒者戴冠，墨者仗剑，道者荷锄，法者擎鞭，所执各异，其流自别。

(二)哲学名著

人是会思想的芦苇，看似脆弱，却经得起千磨万凿。磨出的是玉，凿出的是金，与天地相击，发出的是玉振金声。

(三)哲学概念

中国的哲学命题总是在两端中游走,最终又统归于一个"中"字。

(四)哲理名句

淘尽狂沙始见金,祖先的灵性之语,是用生命点燃的灯,照亮我们前行的路。

四、不可不知的军事知识

(一)古代战役

当语言的锋芒销尽,国与国的矛盾便只能用血来解决。路的尽头是海,话的尽头是剑。那一场场惊心动魄的战役,是历史祭出的一道道深入骨髓的伤痕。

(二)古代名将

虽万千人吾往矣!他们是战场上驰骋的闪电,是军旗下岿立的山峰,他们在铁血中磨砺出一身傲骨,在烈火中铸就一世英名。

（三）兵家谋略

运筹帷幄之中，决胜千里之外，不战而屈人之兵，斯为上善。

（四）兵器阵法

一寸长一寸强，一寸短一寸险。狭路相逢，勇者必胜。

（五）古代兵书

一卷在手，统帅三军，潜谋于无形之时，常立于不败之地。

五、不可不知的宗教知识

（一）宗教典籍

佛不说而说，道不言而言，于是佛家有三藏，道家有四辅。

（二）宗教人士

他们是方外高僧，世外名道，关于他们的生平，比传说更像传说，但历史终究要他们做回凡人。

（三）宗教圣地

山中藏古寺，洞里有神仙，莫道行路远，为霞尚满天。

六、不可不知的艺术知识

(一)书法技法与流派

以笔当剑,在淋漓墨色间起舞,动如电闪雷奔,静如岳峙渊停,疾如狂风骤雨,徐如流水行云。

(二)绘画技法与流派

泼墨如水,惜墨如金,行乎所当行,止乎所当止,山望远而实近,鸟欲落而还飞,妙在似与不似之间。

(三)书画名家及作品

不知是名家成就了名作,还是名作成就了名家,当二者在电光火石中合而为一,我们只能惊叹造化的神奇。

(四)书画名著

论书如论剑,品画如品诗。笔随心运,墨缘意兴,书画之道,超乎艺上。

(五)印石篆刻

为了当初一个"信"字,甘愿以血封缄,沉默千年,却不期然成就了一段刀尖上的舞蹈。

(六)文房四宝

笔墨纸砚,是古人心灵的栖息之所,此中有指点江山的书生意气,也有慷慨去国的壮士悲歌。

(七)音乐表演

痛饮狂歌,当和以金石之音;浅斟低唱,当佐以丝竹之乐。

(八)工艺美术

温润如玉,淡定如瓷,是君子风;目若点漆,唇若涂朱,有美人意。

七、不可不知的科技知识

(一)数学

算无遗策,乃是谋士的至境,却是数学的止境。

(二)天文历法

天高难问,我们有量天尺;星多难数,我们有宿星官。地有其国,天有其野;日有其昃,月有其缺。

（三）物理化学

中国的发明总多少带着几分随性，正如弹琴却不期然悟出共鸣之理，炼丹却不经意配得火药之方。

（四）生物学

草木有情，鸟兽有性，花开花落，鱼翔鱼潜，天地之大美，在于无言。

（五）农业

在与天地的亘古争衡中，我们的祖先深谙顺天时、趋地利的至理。

（六）饮食

饮者留香，食者知味，饮食之道，存乎一心。古人云，治大国若烹小鲜，然则烹小鲜又何尝不若治大国？

(七)医学养生

悬壶游方,杏林在望,药王有济世之丹,医圣有回春之手。

(八)园林建筑

建筑是心灵的图腾,那飞天的檐角,那雄峙的城楼,都不过是为了将山水纳于胸中。

(九)纺织

那不是海市蜃楼,那是丝绸上的无限江山,灵指翻飞间,就已绣出半个天堂。

八、不可不知的经济知识

(一)经济观点

兜兜转转总不离"义利"二字,然而权衡义利的,不是经济,却是伦理,农与商便站在义利的两边。

(二)经济制度与措施

立国之基,以农为本。历代变法归根到底都是土地问题。

(三)经济名著

历史到这里仿佛转了个弯,从庙堂跌落到民间。这里有最真切的国计民生,有最鲜活的市声井语。天下熙熙,皆为利来;天下攘攘,皆为利往。

(四)老字号

好酒愈陈愈香,老字号正如一坛好酒,沉淀的是信誉,酿就的是传奇。

(五)货币金融

钱之为物,其源也远,其流也长,其刚如铜,其柔如纸,行乎动静之时,介乎有无之间,可以通天地,易万物，斯之谓神矣！

九、不可不知的教育知识

（一）科举制度

十年寒窗，一朝得志，漫漫科举之途，几多辛酸，只为了应证君王那句“天下英难，入吾彀中”的豪语。

（二）学府门类及学官生员

当教育越过森严的宫墙飞入民间，学习便不再是贵族们的权利。

（三）塾学读本

诵之于口，默之于心，朝勤夕惕，莫敢或忘。

（四）教育思想

玉不琢，不成器，但首先要有识璞的眼光和磨刀的精神。

十、不可不知的风俗知识

(一)岁时节令

节日是时间轴上的情感刻度，一年复一年，一代又一代，我们在心中固守，只因为这是我们的传统。

(二)生养婚嫁

男大当婚，女大当嫁，你来复我往，但凭雁传情。

(三)丧葬祭祀

国之大事，唯戎与祀。人之大事，唯生与死。礼之用，和为贵。

(四)游戏娱乐

游戏的精神是娱乐，然而中国人的游戏却最重诗意。君不见社火已散，灯谜未猜，秋千半落，竹马方回，拔河声喧，踏青人远。

(五)体育竞技

顺乎天道，本乎自然，斗智者妙在其中，斗力者乐在其中。

(六)服饰

衣被天下，襟带五湖，古人的风度在举袂拂袖间彰显无遗，皇家自有皇家的尊贵，士流亦有士流的潇洒。

(七)古代称谓

呼名道姓皆有由，切不可弄错，一错便是失礼。

(八)术数

世事难料，人生无常，然而智慧的古人却总能洞察先机，由一片不经意的落叶推知天下皆秋。

（九）吉祥图案

每一幅图案都是一个精彩的谜语，每一个谜语都是一句深切的祝福。中国人的含蓄，一至于斯！

人人都来学国学

国学，是中华民族五千年来的思想精华、文化精华和精神宝库，是我们世世代代的祖先们与天奋斗、与地奋斗、与人奋斗的经验总结和智慧的渊海。作为伟大中华民族的一份子，尤其值此民族复兴、国家日益走向强盛之际，更应该认真学国学：学习古人的爱国献身思想，学习古人的科学、学术文化成就，学习古人崇高的道德品质。

学国学，最好从青少年时代学起，因为国学是实践的、行动的，不是空谈。国学中有许多优良的道德规范，会指导人们的社会行为，使人人成为和谐社会的一个积极因素。

冯其庸

二〇〇九年六月七日

弁 言

国学热！国学，二十多年来已经嚷嚷得够厉害的了，可以说是够热的了吧？可是，拙见以为，其实还是不够热。其故有二。一是，主要是学者们吵吵得厉害，广大群众对此还没有特别关心。二是，由此可见，普及国学，起码让大家伙儿了解了解国学的基本内容的事，不能说尚未开始吧，好像进度很慢，出书不多，读者面狭窄。

缘此，拙见以为，以群众喜闻乐见的方式普及国学常识，才是能使国学热起来的当务之急。老在大学者圈子里转悠，国学是不可能真正热起来的，就是热一阵子，也坚持不了太长时间。

中央电视台有鉴于此，联合有志于此的一部分专家，开办栏目，推出“开心”地学习国学的特别节目，我举双手赞成。“开心”，就是寓教育于娱乐之中，这才是正宗的启蒙方法。我看了栏目的目次，阅读了一部分原稿，感觉真是内容取材得当，叙述深入浅出，涵盖了国学的基本内涵。初学由此入门，于不知不觉中便已成为一位小小国学通。所受熏陶，终生受用不尽。

随着我国国际地位日益提高，影响力不断加强，世界上正在兴起学习汉语的热潮。汉语仅仅是载体，所载内容可主要是广义的“国学”。我国的历史、文化，完全包括在内。最近，如雨后春笋一般出现在世界各地的孔子学院，就是中国热、汉语热的一种表现。作为培养初入门学生的课本，我看“开心”型的国学书刊最为适合。行见此书之风行于世界，乃指顾之间耳。先以为贺！

中央电视台的八十岁老粉丝　　白化文

二〇〇九年六月五日　星期五　紫霄园

序 言

“国学热”的兴起，不应只看到它表面的热闹，而应深入省察，透视其深层的原因，认识到它是一个既古老、又现代的文明大国喜逢全面振兴时期，而必然出现的一种文化现象。近百年来，中国人热心学习西方，在受到思想启蒙的震撼而开始了百折不挠的现代化行程，既创造了可歌可泣的辉煌，又经历了饮泣吞声的母语文化情感的压抑。直到改革开放创造了经济三十年持续高速发展的奇迹，才深切地觉察到中国人的聪明才智是可以信任的，大可以在世界民族之林的竞争和对话中，托起国格的尊严。这就使中国人舒解了那种长期郁积的“可爱者不可信，可信者不可爱”的文化精神焦虑，启动了一种新的文化心理机制，开始重建文化自信，重振文化尊严，重新评估国学在应对全球化浪潮和强势文化的赐予及挑战中的根本价值，进而探讨国学与民族全面振兴相适应的当代创新形态。

既然要重估国学的价值，再造国学的辉煌，那么，何为国学？国学既然姓“国”，它就不是一家或几家的私学，而是一种综合的公共的知识共同体，融汇着这个国家数千年的思想学术、典籍制度、百行百艺、族群民俗，蕴涵着国魂、国脉、国宝、国本，是中国人的尊严所在、根基所在，以原创性的智慧与世界进行平等对话的源泉所在。因此国学价值的重新认定，理所当然地既激活世世代代铭刻在中国人心头的那份智慧的刚强，又激活世世代代流动在中国人心头的那份深情的柔软。它首先是中国人的性命之学。我们不避千辛万苦地穿越时间和历史，把今日之复兴和古老之文明在内在精神脉络上对接起来，是包含有几分感恩的，枝繁叶茂感恩于根系发达。感恩中孕育着创造，以创造来弘扬传统，使创造成为不失根本的、可以不断生长着的生命过程。面对着这种创造性的生命过程，切不要用早已成为俗套的“保守/激进”的二元割裂的思维方式来评头品足，中国人吃割裂性的俗套的亏，还不够吗？国学的当代形态实际上已经涵盖了两个传统，一个是五千年的老传统，另一个是百年的新传统，二者之间难免有所扞格，但更值得重视的是二者已有所融合。超越

扞格，古今贯通，抛弃画地为牢的小家子气，实行有根柢的深度创新，乃是一个现代大国的文化魄力之所在。

把国学昌明从保守主义的陈陈相因的套数中剥离出来，乃是改革开放中深化思想解放的一项独特的收获。之所以称“独特”，有两重含义。首先的一重含义是，它打破了传统与现代截然对立的思维模式，重建中国文化现代性创造的主体性。究竟是把现代性创造扎根于自己的主体性土壤中，还是把现代性创造嫁接在他人的主体性枝杈上，这是现代文化转型的百年难题。割裂现代性和主体性的联系，陷入文化自虐的迷局，这种“失根创造”似乎追求“低成本”，实际上是游离在世界上属于一流的中国文化经验和智慧的优势的。如此追求文化上的“同步”，即便手忙脚乱地捋扯皮毛，也很难避免邯郸学步的尴尬。当代国学形态的探索和创建，可能提供一个新的契机，恢复文化创造主体的完整生命形态，首先站稳脚跟，同时总览世界当代思潮，把发现中国与发现世界有机地结合起来，用生命去拥有和消化林林总总的知识和思想，一步一个脚印地走出一条开拓现代大国文化创新体系的路子。历史的契机是要文化自觉来把握的，不要再延耽在“雾失楼台，月迷津渡”的彷徨之中了。

其次的一重含义是，国学的升温超越了汹涌而至的物质主义和消费主义的世俗价值理念，在遭遇商品大潮中，坚守着人文精神价值的尊严。人文精神之用，不在于充饥，不在于炒股，也不能在金融风暴中“救世”。人文精神之用，乃是“无用之大用”，大在其可以丰富、美化、淬炼和提升人的精神境界，培养人的道德情操、人生智慧和审美趣味，提高人的文化素质和民族的凝聚力。记得一位前辈学者曾经做出如此精彩的发问：试想，如果我们的心灵中没有诗意，我们的记忆中没有历史，我们的思考中没有哲理，我们的生活将成为什么样子？总之，国学的当代价值，应该成为我们文化创造的主心骨，文化对话的身份证，文化旅行的精神家园。然而，国学遭遇商品大潮和进入现代传媒，在它被大众化，从而做大做火的同时，也潜在着被异化的危险。民间的国学热情应该珍视，应该充实和提高，不容把它戏弄成为虚热或泡沫。媒体把国学推向大众，居功至伟，却也须警戒某种以肤浅冒充通俗，以伪知识混淆真知，以卖弄噱头换取笑声的小把戏。如果不警戒这“媚俗三弊”，不防微杜渐而任其滥情作秀，久而久之，就会败坏国学的声誉，让好学多思的人在哄堂大笑之余难免感到胃口不适。这样看来，以“国”命“学”，还是在喜闻乐见中保留几分敬畏为好。

这就足以使我们明白，当代国学的品格，具有基础性，又具有尖端性。没有基础,尖端容易坍塌;没有尖端,基础流于浅陋而庸俗。这就令人联想到胡适的一句名言:“为学要如金字塔,要能广大要能高。”但他谈论的是学问之道的“博大”与“精深”的关系。我们则引申而言之,讲的是当代国学的功能与出路,既追求高度创新,又追求广泛传播,把握住原创性和共享性这两个关键,使之各有侧重,又互动互补,在不同的维度上把国学做大、做新、做强。这部《开心学国学——不可不知的1000个国学知识点》,邀请北京一批学有所长的专家,就文、史、哲等十个科目的一千个国学知识点,以解惑释疑的问答体,提供简明扼要的基础知识。有道是:能读千赋则善赋,能观千剑则晓剑。这个“千”字似乎别具魔力。知识点一千,是配合中央电视台“开心学国学”栏目开展全国性的大型国学知识竞赛活动而编纂的,旨在使国学知识如春风化雨,千点万滴洒入民众的心田。我们又回到孔夫子的话:“知之者,不如好之者;好之者,不如乐之者。”智慧也是含笑的。开心学国学如果能够达学思的好与乐的境界,那么它开启的就不是嬉皮笑脸的闹心,而是智慧的心扉,向文化的尖端笑吟吟地敞开。

杨　义

二〇〇九年六月四日

壹 不可不知的历史知识

一、史家与史学名著

0001. 左丘明与《左传》

左丘明（生卒年不详），春秋末年鲁国的史官，双目失明，与孔子同时或稍前。《左传》是《春秋左氏传》的简称，又名《左氏春秋》，相传是左丘明为《春秋》一书作的传注。是我国历史上第一部叙事详细、体系完整的编年史。《左传》记事起于鲁隐公元年（前722），终于鲁悼公十四年（前454），记录了二百六十九年的历史。比较全面地记述了春秋时代各主要诸侯国在政治经济、军事外交和道德文化等方面所发生的重大事件，充分表现了各国之间道德、仁义、诚信、礼仪、智慧、胆识、勇力等方面的较量，气势恢弘，群星灿烂。尤其是“社稷无常俸，君臣无常位”的历史观和对于“君义臣行，父慈子孝，兄友弟恭”等由舜所倡导的五教的标榜，都对后世中华民族大一统观念和伦理道德的构建起到了重要作用。

0002.《国语》

《国语》系记言体国别史，二十一篇，大致成书于战国初年，相传为左丘明所作，又称之为《春秋外传》，和作为《春秋内传》的《左传》并列，两书互为表里，互相参证。

《国语》是一部历史文集汇编，为当时各国史官分别记录，各自成章，后经整理润色，至西汉刘向考校后定型。全书记载了上自西周穆王征犬戎，下至韩、赵、魏三家灭智伯，约五百年的历史，以记言为主，兼以记事，通过上层统治阶级士大夫的言论、辩论来反映历史事件，探讨兴衰治乱之根源。《国语》有较浓重的神秘色彩，遇事求神问卜，由对天命的崇拜，转向对人事的重视，重视人民在江山社稷中的作用；且述事情节每多虚构，如骊姬夜半而泣进谗言，显然是作者援情虚构，却成功刻画出一个口蜜腹剑，阴险狠毒的人物形象。

《国语》叙述史论结合，在史学思想上是一个进步，且其记叙涉及边远地区，也记载了诸如经济、制度、风俗等方面的内容，可补《左传》之阙。

0003.《战国策》

《战国策》为战国时期的史料汇编，三十三篇，四百九十章。书非一时一人之作，最初并无统一名字，“或曰国策，或曰国事，或曰短长，或曰事语，或曰长书，或曰修书”，刘向在整理编订为一书之后，才确立了现在的书名。

开心学国学

《战国策》为叙事体,以记言为主,以国分类,各自成策,反映了各诸侯国之间尖锐复杂的兼并斗争和谋臣策士往来游说的言行,开以人物为中心的纪传体之先河。该书对历史记叙史实简略,又有颇多失实之处。但书中的主角都是有血有肉的人,是当时的辩士、处士、隐士,抛开了道德、善恶的评判,反映士的独特价值,从人格力量上予以肯定,反映了另外一种真实。

战国时代,是英雄辈出的时代,翻开《战国策》,在一个没有硝烟的战场上,展现出一个"辩丽横肆"、铺张扬厉、气势纵横而又从容不迫的世界,别出心裁的寓言、风趣形象的比喻,或体验衣锦还乡、指点江山、易水送别之豪迈慷慨,或深味落魄江湖、功败垂成、寄人篱下之炎凉无奈,你可以游走于"战国七雄"之间,仿佛时间与空间尚未腐蚀掉舌尖的锋芒与力量。男儿不配剑,同样可以笑傲人间!

0004. 司马迁与《史记》

司马迁(前145—约前87),字子长,左冯翊夏阳(今陕西韩城)人。西汉著名的史学家、思想家、文学家。司马迁继承其父司马谈编订史书的遗志,公元前104年继任太史令之职。公元前98年,司马迁因替战败被俘的李陵辩护,被处以宫刑。但他忍辱负重,终于完成《史记》这部不朽之作。

《史记》共一百三十篇,五十二万余字,包括本纪、世家、列传、书、表等五个部分,记事上起轩辕黄帝,中经唐、虞、夏、商、周、秦,下迄汉武帝太初年间。将古今中外各色人等囊括殆尽,各具特色。这种囊括古今各种智慧、各类知识、各家文化于一炉而加以融会贯通的气魄,前无古人。而其撰述宗旨则是"究天人之际,通古今之变,成一家之言",这种打通一切领域,自立学术章程,总结历史规律以求为现实政治服务的宏伟目标,也是前无古人的。

《史记》是我国第一部纪传体通史,为两千多年纪传体的历朝正史开了先河。同时还是一部伟大的文学著作,记人记事,条畅流贯而生动传神。司马迁运用丰富多彩的艺术手法,展现了众多有血有肉、千姿百态、极具个性的历史人物,能给读者留下深刻印象的达一百多个,被誉为"史家之绝唱,无韵之《离骚》"。

0005. 班固与《汉书》

班固(32—92),字孟坚,东汉扶风安陵(今陕西咸阳)人。著名史学家、文学家。父亲班彪也是一个史学家,曾续补《史记》作《后传》六十五篇。《汉书》就是在《后传》的基础上完成的,但班固却在汉和帝时因窦宪案牵连入狱而死,"八表"和"天文志"由其妹班昭和马续补写完成。

《汉书》在体制上承袭《史记》,改书为志,将世家并入列传。叙述自汉高祖元年至王莽地皇四年共二百二十九年的史事,是我国第一部纪传体的断代史,包举了天地、鬼神、人事、政治、道德、艺术、文章。《汉书》对不少人物形象的塑造笔力不减《史记》，许多人物写得生动活泼，个性突出，给人留下不可磨灭的印象。

0006. 陈寿与《三国志》

陈寿（233—297），字承祚，西晋巴西安汉（今四川南充）人。少年好学，立志于史学事业，对《尚书》、《春秋》、《史记》、《汉书》等史书有深入研究。

《三国志》是一部纪传体国别史，主要记载从魏文帝黄初元年（220）到晋武帝太康元年（280）魏、蜀、吴三国鼎立时期共六十年的历史。全书共六十五卷，分为《魏书》（30卷）、《蜀书》（15卷）、《吴书》（20卷）。陈寿是晋朝朝臣，晋承魏而得天下，所以《三国志》中尊魏为正统。在比较尊重史实的基础上，他以简练、优美的语言为我们绘制了一幅幅生动活泼的三国人物肖像图。后世被演绎为《三国志通俗演义》，流传甚广。

0007. 范晔与《后汉书》

范晔（398—445），字蔚宗，祖籍顺阳（今河南省淅川县）。少年好学，善文章隶书，通晓音律。后来官场不得志，乃删取诸家书而作《后汉书》，着力探讨东汉社会问题，“正一代得失”。

《后汉书》原书只有纪、传，北宋时把晋司马彪的《续汉书》八志与之相配，成为今本一百二十篇，其中纪、传九十卷，志三十卷。保存了东汉诸多史料，包括社会政治、经济、文化状况，一些历史大事件诸如党宦之争、党锢之祸、图谶盛行等，井井有条地叙述了东汉一代的历史兴亡大势，错落有致地描画出东汉一代的社会、民情与人物百态。唐代史学家刘知几称赞《后汉书》“简而且周，疏而不漏”。

0008. 刘知几与《史通》

刘知几（661—721），字子玄，彭城（今江苏徐州）人。生于唐代名门，父（刘藏器）、兄（刘知柔）都是唐高宗和唐玄宗时的官僚。家学渊源，博览群书，其重要史学著作是《史通》。他是我国第一位史学评论家，提出了史家修养的标准，对我国史学思想的发展有很大贡献。

《史通》包括内篇三十九篇、外篇十三篇，全书今存四十九篇。内篇为全书的主体，着重讲史书的体裁体例、史料采集、表述要点和作史原则，而以评论史书体裁为主；外篇论述史官制度、史籍源流并杂评史家得失。他认为，唐初以前编年体史书和纪传体史书两种体裁不可偏废，而在此基础上的断代为史则是今后史书编纂的主要形式。对我国古代史学作出了全面的总结，提出了较为系统的史学理论，成为唐代以前我国史论的集大成之作。

0009. 杜佑与《通典》

杜佑（735—812），字君卿，唐京兆万年（今陕西西安）人。杜佑出生于名门

大族，文化修养深厚，政治经验丰富，既能以史学家的眼光把握现实问题，又能以政治家的见识撰写历史著作。他于大历初年（约766）开始撰写《通典》，至贞元十七年（801）上表进书，历时三十六年。

《通典》内容包含三大部分：一是对历代制度的梳理、条贯，二是历代群士关于各种制度的分析、论议，三是杜佑本人的注释和评论。全书二百卷，分为食货、选举、职官、礼、乐、兵、刑、州郡、边防等九门。每一门中，又细分子目，每事以类相从，结构严谨，层次分明，条理清晰。《通典》是中国历史上第一部体例完备的综合性制度通史，对后世影响甚大。

0010. 司马光与《资治通鉴》

司马光（1019—1086），字君实，号迂叟，世称涑水先生。北宋著名政治家、史学家、散文家，历仕仁宗、英宗、神宗、哲宗四朝。自幼嗜学，尤喜《左传》。为人敦厚善良，品德高尚。他的治国之方，见于《资治通鉴》；治家之道，载于《传家集》。真正达到了儒家强调的圣贤标准——“修身、齐家、治国、平天下”。后世与孔子、孟子一起，被尊奉为儒家三圣。

司马光花了整整十九年的精力，日夜操劳，奉敕编撰《资治通鉴》，旨在有助于国家政治，而将整个历史作为借鉴。上起周威烈王二十三年（前403），下迄五代后周世宗显德六年（959），共记载了十六个朝代一千三百二十六年的历史事件。它是中国最详尽的编年体史书，地位极为重要，为后世治国理民、为人处世，启迪智慧、移风易俗提供了范例和借鉴。

0011. 郑樵与《通志》

郑樵（1103—1162），字渔仲，宋兴化军莆田（今福建莆田）人。他从十六岁开始谢绝人事，闭门读书，深居夹漈山讲学三十年，人称为夹漈先生。郑樵出身贫寒，却靠艰苦自学，成为罕见的史学家，花费了数十年心血成就了一部包罗各代历史的《通志》。

《通志》二百卷，主要记述上古至隋唐的制度。由纪、传、谱、略、载记五种体例构成。承继《史记》之体裁，再改“表”为“谱”、易“志”为“略”。至于纲目体例的统筹安排、史事制度的考订改编、二十略的创作等方面，都别出心裁，有独到见解。

0012. 章学诚与《文史通义》

章学诚（1738—1801），字实斋，会稽（今浙江绍兴）人。清代著名史学家、思想家、方志学家。一生致力于讲学、著述和编修方志，曾协助编纂《续资治通鉴》等书。所著《文史通义》，历时二十余年，与唐代刘知几《史通》并称。

《文史通义》八卷，以“六经皆史”为编撰主旨。《六经》皆属先王政典，但却记述了古代典章制度，可见史之缘起先于经典；而且经书乃是三代之史，反而为后人所重视。他反对把历史研究仅仅局限于资料的搜集与考证，并极力提倡方志，将方志提到史书的地位，成为方志学。史家要具备史德，要客观地观察事物，如实记载历史，不得凭私意进行褒贬。这些史学观点在史学史上有着重要意义。

二、史学思想和观点

0013. 一字褒贬

语出西晋杜预《春秋经传集解序》，谓《春秋》笔法严谨，字斟句酌，每一个字都蕴含着褒奖和贬责。在此之前，孟子就说："孔子写成《春秋》，那些乱臣贼子看着就害怕。"

在《春秋》中，把杀有罪称为"诛"；杀无罪称为"杀"；凡悖礼作乱，以下杀上者，都斥之为"弑"。如"宋人弑其君杵臼"、"晋赵盾弑其君夷皋"，因为以下杀上，故用"弑"；因为宋昭公、晋灵公无道，故直书其名。这种笔法流传万古，确实让人不寒而栗。晋朝范宁在《春秋谷梁传序》中称赞这种笔法说："一字之褒，宠逾华衮之赠；片言之贬，辱过市朝之挞。"史家如果都能如此去评判历史，一字褒贬，那么将会人人自励，移风易俗，有助于人伦教化，其功不小。

0014. 书法不隐

原文出自《左传・宣公二年》，当时晋国大夫赵穿刺杀灵公夷皋，赵盾没出国境便赶回来了，然后太史董狐便书写"赵盾弑其君"，并宣示于朝堂，赵盾不服气，董狐说："你身为正卿，出走却没有离境；回来又不讨贼，这不是你弑君是谁啊！"赵盾也无可奈何，只好让他去写。

后来，孔子在《春秋》中照录此语，并且对此评论道："董狐，古之良史也，书法不隐！"说董狐按照史家的法则，"君举必书"，照直书写历史，不为长者隐，不为尊者讳。在陈述史事的同时寓褒贬、明善恶，向人们表示一定的行为准则，以维护邦国、家族的安宁长久。史家拥有特殊而崇高的政治职能，即通过善恶必书，而惩恶劝善，对现实政治加以监督、规范和制约。不仅对统治者是个警醒，对所有的读者也是个鞭策。

0015. 正统之辨

又称"正闰之争"，或"正统论"。正即正统，"闰"的意思是多余、其余的，就像闰月一样，不是正统。亘古以来的大一统观念使得史家一定要站在一个正统的角度去记载历史，战国末期邹衍的"五德终始"说，又按金木水火土五行的生克排出了历代王朝的顺序，合乎的就是正统，不合的就是僭伪。但是，遇到列国纷争的局面就很难把握谁是正统、谁是非正统。就拿三国来说，晋朝是由曹魏"禅让"得来的，而陈寿是晋朝的史官，所以《三国志》便以曹魏政权作为正统；到了罗贯中的《三国志通俗演义》，则又把刘蜀政权作为正统了。

史家为了辨明正统，一直是众说纷纭。到了明末清初的王夫之才有了个较

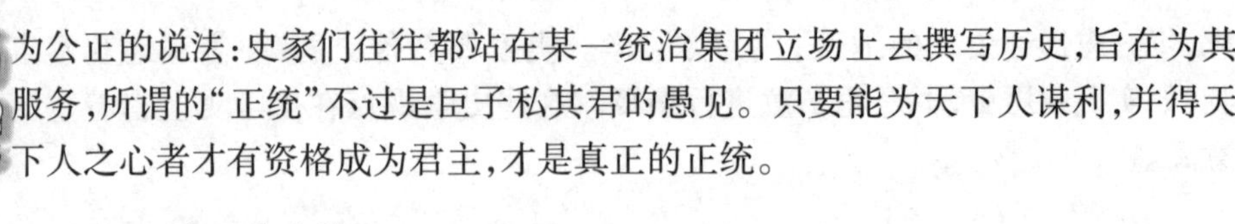

为公正的说法：史家们往往都站在某一统治集团立场上去撰写历史，旨在为其服务，所谓的“正统”不过是臣子私其君的愚见。只要能为天下人谋利，并得天下人之心者才有资格成为君主，才是真正的正统。

0016. 帝王中心论

几乎所有的编年体史学著作，都是以“帝王将相”为基本线索的。从《春秋》、《左传》到二十六史，无一例外。因为中国的干支纪年全是以帝王的年号为本，所有的正史都是官修史书，所以只能以帝王将相为中心。著名学者梁启超说“二十四史是帝王之家谱”正是此意。

但是，中国以帝王本纪为经，以列传、志、表为纬的经纬网络结构，又绝对不是纯粹的帝王史，反映了整个社会，包括帝王将相、才子佳人、贩夫走卒、烈女忠臣。甚至，很多帝王将相都是出自田间沟壑、版筑庖厨。可以说，翻开二十六史，虽说以帝王为中心，但还是以人民为主体。

0017. 通古今之变

语出自司马迁《报任安书》，谓编著史书应把古往今来历史事实的变化，互相联系，梳理出因果关系、源流脉络。在给任安写的书信中，他说自己写《史记》是为了“究天人之际，通古今之变，成一家之言”。他要研究天和人之间的关系，要把历史事件的来龙去脉梳理出来，从而形成自己的学说。后来他不仅成功了，而且为后世正史的编撰提供了不祧法则。

历史是一个过程，任何事件都有一个初、盛、中、晚的变化过程。把握了这个变化过程，也就接触到了一个生机勃勃的鲜活历史，史家的任务也就完成了。

0018. 实录

实录，即是据实而录，班固在《汉书》中评价《史记》说：善于叙述事理，雄辩而不华丽，质直而不俚俗，文笔正直，事情核实，不虚妄赞美，不隐瞒丑恶，所以叫做“实录”。

“实录”既是一种史学观点和方法，也是史家史德的体现。对于历来统治者和读者来说，耳濡目染，以史为鉴，影响甚大。《诗经》说的“殷鉴不远”，唐太宗说的“以古为鉴”，就是因为史书实录。第一部以“实录”入书名的是唐代韩愈的《顺宗实录》。

0019. 以史为鉴

鉴是镜子。用历史做镜子，就可以看出兴亡衰替，从而为自己安排前程，别重蹈覆辙，就叫做“以史为鉴”。最早提出的是东汉末年荀悦的《汉纪》，要通过论载西汉一朝的得失轨迹，让统治者以此作为借鉴。

唐初著名谏臣魏征在监修《隋书》时，就指出要想看到自己国家的安危存亡，一定要借助于已经灭亡的国家作镜子。修编历史更多的是要从亡国里总结教训，隋朝的历史就成了唐朝的镜子，所以唐太宗说“以古为镜，可以知兴替”。宋代的司马光所撰《资治通鉴》更是加以继承发展，宋神宗因为这本书“鉴于往事，有资于治道”，赐名为《资治通鉴》。正因为史家秉持着“以史为鉴”的标准，我们才得以看到较为真实的历史兴替，从中获得教益。

0020. 华夷之辨

又称“夷夏之辨”。古时中国人将生活在中原地区，也即中国的人称为华人或者夏人，全称华夏；将生活在中国周边的人称为蛮夷，或者是“东夷、北狄、西戎、南蛮”。这是从地域的角度来划分的。其实，华人或者华夏之人由于受到三纲五常和以孝道为基础的孝悌忠信、礼义廉耻的八德教化而被称为华，而蛮夷之人缺少王化和道德文明教化，才成了“华夷之辨”的根本因素。

魏晋南北朝时期，北方少数民族入主中原，无法从地域上划分华夷，自然会从文化的角度去判别。合于华夏礼俗文明者为华（或称夏、华夏、中国人），不合者为夷（或称蛮夷、化外之民）。明清以后，中西方交流频繁，但因为西方人没有孝道的概念，因而也没有三纲五常、华夏八德，所以被看做西夷，又有了华夷之辨。可见，华夷之辨并不以种族地域为标准，而以文明教化作量度。

0021. 史馆修史与私人修史

自古以来，中国就有良好的修史传统。史馆修史与私人修史，是两种不同的修史形式和途径。史馆修史，属于官修。后汉明帝时，国家设置兰台，设令史十八人撰修历史。到汉章帝、和帝之后，便将图书典籍移藏于兰台东观，撰成了《东观汉纪》，就是史馆修史。唐太宗将史馆移到皇帝直接控制的门下省，由宰相领导修史。史馆修史作为制度确立下来，一直延续到清朝。私人修史出现较早，修史材料来自官府，作者多是朝廷史官，其刊刻、推行，也要依靠官府的力量和命令。史馆修史与私人修史，共同丰富了我国古代史学。

0022. 史家三长

史才、史学、史识，是史学家必须具备的三大素质。这是唐代著名史学评论家刘知几在其史学著作《史通》中提出来的史学家修养的三大标准。

史才指史学家必须具备对历史进行整体把握、细节表述和结构布局的才能，史学指史家所拥有的山川地理、典章制度、风土人情、考据辩证等方面的学问，史识即对历史事件和人物行为的敏锐洞察力和超越时空的见解。符合了这三大特点，才能成为一个合格的史家。把史家修养问题提到更加自觉的理论认识高度，对促进史家自身修养和史学进步都有积极作用。

三、古代帝王

0023. 炎黄二帝

炎帝，中华民族人文始祖之一，姓姜，据说他牛头人身。炎帝氏族部落约在公元前三千余年占据了黄河之东的盐池，进入了安居的农耕生活，被称为神农氏。为适应盐碱地的生活，炎帝又遍尝百草，发明了医药；又教会人民在中午进行集市交易，各得其所。因为河东盆地温度高，太阳大，才能晒出盐来，所以是靠火德称王，叫做炎帝。

黄帝，中华民族人文始祖之一，姓姬，有熊氏，生于轩辕之丘，称轩辕氏。稍晚于炎帝，活动在黄河之西与河南一带，以土德称王，所以称黄帝。后来为争夺盐池资源，黄帝先征服了中条山西端的风后部落，然后在中条山北的蒲阪与万泉之间展开三年大战，把炎帝逐到了晋东南，再流转到湖北一带。之后，黄帝又与盐池守护神蚩尤在涿鹿（今解州、运城）大战九年，夺取了盐池，又把蚩尤族赶往今天的大西南。最后，黄帝与会养蚕纺织的河东美女嫘祖结婚，开始了生儿育女、男耕女织不相失的文明生活。黄帝继承了炎帝的养生事业，成为古道教和医家崇奉的祖师，也为后世的炎黄子孙奠定了文明的基础。

0024. 尧舜禅让

尧，号陶唐氏，帝喾子，黄帝五世孙。继承王位后，建都蒲阪，与他的四位大臣羲和、羲仲、和仲、和叔治理国家，仁爱百姓，和谐天下。在位七十年，选择舜作为接班人，并把两个女儿娥皇和女英嫁给他，进行考验。

舜，号有虞氏，颛顼七世孙，生于河东诸冯。父亲瞽叟，冥顽不灵；继母嚣张，弟象狂傲，经常欺负舜。舜并没有怨言，而是恪尽孝道，任劳任怨，还用舌尖把父亲的瞎眼舔得复明。而且还让二妃与自己一起忍辱负重，孝顺父母。在河滨制陶器，在雷泽打鱼，在历山耕田，感天动地，大象给他耕地，鸟儿给他播种。三年后，舜完满地接受了考验，证明了有能力承担天下的大事，便接受了尧帝的禅让，登上了帝位。然后将帝尧安顿在平阳，为他建立了行宫。

舜根据自己的人生经历，强调孝道在和睦家庭、安定社会中的作用，提出了“父义、母慈、子孝、兄友、弟恭”的五教，也叫五常，对百姓进行教化。于是，中华民族开始了以孝道为本的道德文明生活，舜也被誉为“德圣孝祖”。

0025. 大禹治水

禹姓姒，又名文命，字高密，鲧之子。尧舜的时代，黄河泛滥，中国到处大水，民不聊生。鲧受命治水，多年不成。后来偷了上帝的息壤，也没能根治水患，便被舜治罪杀头。根据父死子继的世袭传统，禹接替了父亲的治水使命。他并没有埋怨父亲被杀，而是一心一意去治理水患，三过家门而不入。禹的忠心感动天地，经过神灵指点而开悟，采用疏导的方法治水，取得了决定性的胜利。

正是他的为国为民而不计较私怨、忍辱负重的赤诚忠心，感动了舜帝，便把天下禅让给了他。因为他的封地在夏（今夏县），所以他把国都定在了安邑，然后把天下分划为九州，铸造了九个大鼎，后来便以九鼎象征天下之重。中国历史上第一个王朝——夏朝诞生，从此家天下的模式宣告开始。

0026. 商汤建国

汤，又称武王、天乙、成汤。商民族重要首领，商王朝的建立者。本来，商民族的先祖契与夏禹一殿为臣，曾受舜帝之命教化百姓学习“父义、母慈、子孝、兄友、弟恭”五常。自从夏禹建朝，商族一直臣服于夏。之后王位到了夏桀手里，夏桀酗酒荒淫，残酷暴虐，引起百姓强烈不满。还把成汤囚禁于夏台，更使夏、商之间的矛盾加深。

成汤后来逃脱，他任用伊尹为相，励精图治，大义除暴。对内以宽治民，缓和矛盾，积聚力量，准备灭夏；对外联络周边国家，建立反夏联盟。在消灭了夏朝的几个附属国后，与夏桀会战于河东的鸣条岗，打败夏桀，平定天下，建立商朝。他吸取夏朝灭亡的教训，要求臣下勤于职事，有功于民，为老百姓办些实事，从而缓和矛盾，巩固商朝统治。周围的少数民族，也慑于商朝的强大，不敢不向商王称臣纳贡。

0027. 盘庚迁殷

随着商民族势力的东扩，由商汤建立的商朝国都也开始逐步东迁。三百年当中，一共搬迁了五次。都城的迁移，或是因为王族内部叛乱，或是因为黄河水灾。有一次发大水，把都城全淹了，所以不得不搬家。

商汤的王位传承了二十次，到盘庚手里。盘庚是个能干的君主，为了改变当时社会不安定的局面，决心再一次由亳州迁都到殷。为了实现迁都的目标，盘庚做了艰苦卓绝的工作，终于挫败了反对势力，带着平民和奴隶，渡过黄河，搬迁到殷（今河南安阳小屯村）。又经过数年的整顿治理，使衰落的商朝出现了中兴的局面。以后二百多年，一直到商纣被灭，再也没有迁过都城。因为都城在殷，所以商朝又称殷商，或者殷朝。

0028. 武王灭商

同样受命于舜帝的后稷，从事于教民稼穑，是周民族先祖。在夏、商相继称王之际，亦向河西拓展，逐渐壮大。到殷商晚期，周文王姬昌已经成为天下诸侯的领袖。然而商纣王荒淫无道，暴虐残忍，酒池肉林，草菅人命，还把姬昌拘于羑里，使他演出了《周易》不说，更激起了天下诸侯的反叛之心。

后来，文王姬昌脱逃，以重礼聘请姜子牙出山，励精图治。其子姬发，采纳姜太公先谋后事之策，认真做好伐商准备。前1057年（一说前1027年），姬发得知忠臣比干被杀、箕子被囚、微子出走，商纣已经失尽民心，便传檄中原诸侯，

列举商纣罪行，会师孟津讨商。大旗指处，风起云涌。牧野（今河南淇县以南、卫河以北地区）一战，灭掉商朝，建立周朝。不久去世，谥为武王。

0029. 齐桓公称霸

齐桓公（前685—前643），姓姜，名小白，姜太公十一世孙，齐襄公少弟。襄公立，他惧祸投奔莒国，兄公子纠投奔鲁国。齐襄公被杀后，他比公子纠先一步由莒回国即位。执政后，不计前嫌，任用了曾任公子纠宰相的管仲为上卿，进行政治改革，选贤举能，加强武备，发展生产。

齐桓公走上称霸诸侯的道路后，号召"尊王攘夷"，即尊周天子之正位，抵御如楚、秦等中原之外的国家。于是，联合中原各国进攻楚国的同盟国蔡国，使得楚在召陵（今河南郾城东北）会盟。又平定周朝王室内乱，多次会盟诸侯，成为春秋五霸之首，也是历史上第一个充当盟主的诸侯。

0030. 卧薪尝胆

这是越王勾践的故事。越王勾践与吴王夫差决战，战败被俘，听从范蠡之计，卑身厚礼侍奉夫差，还亲自为夫差尝粪，并献上越国美女西施。夫差一高兴，便释放了勾践。

勾践回国后，苦身自励，焦思忧愁。睡在干柴上。还把苦胆放在座位上，无论坐卧饮食，都要尝一口苦胆，勉励自己奋起，励精图治，十几年如一日。终于在范蠡、文种等大臣的辅佐下，不负初衷，消灭夫差，报得大仇，恢复越国。

越王勾践的卧薪尝胆，为后世身处逆境的才人志士树立了典范。

0031. 秦孝公变法

秦孝公（前381—前338），姓嬴，名渠梁。战国时代秦国一位有名的君主。公元前361年，仅有二十一岁的秦孝公正式登基。当时，秦国并不为中原各国重视，连权力被架空的周天子都不屑一顾。他愤然喊出："诸侯卑秦，丑莫大焉！"之后，秦孝公颁布了求贤令，积极改变现状。卫国人公孙鞅来到秦国，很快受到重视。前356年，秦孝公以卫鞅为左庶长，封为商君，主持变法革新，取消世袭特权，按军功给予爵位和田宅奴隶。经过两次有力的改革举措，终于使秦国走上了富国强兵之路。

可惜孝公之后，惠公继位，以谋反罪将商鞅车裂，变法者付出了惨痛的代价。

0032. 千古一帝秦始皇

秦始皇（前259—前210），姓嬴，名政，秦庄襄王之子，出生于赵国首都邯郸（今河北省邯郸市），十三岁即秦王位。

从公元前230年到前221年，嬴政采取远交近攻、分化离间、合纵连横等策略，先后灭掉韩、赵、魏、楚、燕、齐六国，完成统一大业，建立起第一个以早期汉族为主体的多民族统一的封建大帝国——秦朝，定都咸阳。他自以为功劳胜过三皇五帝，便将大臣议定的尊号改为“皇帝”，称为秦始皇帝。他是中国第一位皇帝，创立了皇帝尊号、皇帝制度和多民族的中央集权帝制时代。

虽然秦始皇的焚书坑儒、严刑苛法等举措在历史上备受争议，但其功在对于中国的大一统。他吸取了战国时期设置官职的具体经验，建立了一套相当完整的中央集权制度和政权机构。废封国，立郡县，成为中国一统后管理的标准模式，历时数千年而不衰；统一书写文字，统一货币、度量衡；车同轨，道同距，修建秦直道，大大便利了国内的交通。他修建灵渠，加强了对珠江流域的控制，将其纳入国家版图；修建长城，使其成为农业民族与游牧民族的天然分界；北击匈奴，夺回河套地区，并使该地区永远纳入中国的版图。所以，秦始皇不愧为“千古一帝”。

0033. 汉武帝的政绩

刘彻（前157—前87），幼名彘，生于长安，汉景帝之子。十六岁登基，是汉朝的第七位皇帝。在位五十四年，建立了西汉王朝最辉煌的时代，是为汉武帝。他创造了六个第一：首次用儒家学说统一思想；首次创立太学培养人才；首次大力拓展中国疆土；首次开通西域，在发动对匈奴战争同时，派张骞出使西域，打通了丝绸之路；首次用皇帝年号来纪元；首次用罪己诏形式进行自我批评。他的雄才大略、文治武功使得汉朝成为当时世界上最强大的国家，他也成了中国历史上与秦始皇并称的伟大皇帝。

0034. 光武帝刘秀

刘秀（前6—57），字文叔，南阳蔡阳（今湖北枣阳西南）人，汉景帝后裔。新朝王莽末年，农民起义爆发，他乘机起兵，加入绿林起义军。在昆阳之战中，刘秀力挽狂澜，使新莽四十余万之众土崩瓦解，由此敲响王莽政权的丧钟。

光武以偏师徇行河北，扫平王郎，降伏铜马，历尽艰难，统一天下，定都洛阳，重新恢复汉室政权，为汉朝中兴之主。政治上提倡清静俭约，兴建太学，提倡儒术，尊崇节义。建武元年（25）称帝，在位三十三年，谥号光武，即光绍前辈事业之意，庙号世祖。

0035. 北魏孝文帝改革

孝文帝，原名拓跋宏（467—499），后改姓元。北魏孝文帝是一位卓越的少数民族政治家和改革家，是北魏汉化运动的主要倡导实施者。他崇尚中国文化，即位之后励精图治，在统一的北方大胆地实行汉化。其主要内容是：迁都、改革官制、禁止胡语胡服、改鲜卑姓为汉姓、禁止同族通婚、礼乐刑法等，提高了鲜卑人的文明素养，是西北方各民族陆续进入中原后民族融合的一次大总结。孝文帝统治期间，佛教迅速发展起来，推动了佛教艺术的发展。我国三大石窟之一的洛阳龙门石窟，就是孝文帝正式迁都洛阳那一年开凿的。

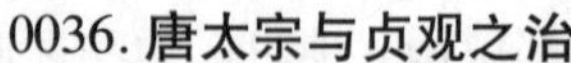

0036. 唐太宗与贞观之治

李世民（598—649），唐高祖李渊之子，封秦王。聪明英武，道德高隆，初建秦王府邸时，即开设文学馆，召名儒十八人为学士。即位后，便在殿左设置弘文馆，安置大学士工作学习。

他主动出击，消灭各地割据势力，之后凡事从简，节制欲望，戒除奢侈，在国内厉行节约；十分重视农业，减赋轻税，实行均田制和租庸调制，使农民安定生产，耕作有时，使百姓休养生息；实行三省六部制和科举制，使宰相人数比前增多，便于控制；加强国内汉族与少数民族的联系、对西北等地区的管辖、与亚洲各国的友好往来。他更善于用人和纳谏，重用房玄龄、杜如晦、魏征、长孙无忌等能臣，终于出现了国泰民安的局面，即“贞观之治”。为后来的开元盛世奠定了重要的基础，从而将中华民族推向鼎盛时期。

0037. 武则天与武周政权

武则天（624—705），并州文水人，荆州都督武士彟之女。十四岁入后宫为才人（正五品），唐太宗赐名媚，人称武媚娘。高宗永徽六年立为皇后（655—683），唐中宗时为皇太后（683—690）。690 年，她自名曌，号圣母神皇，开始革唐朝命而改国号为周，定都洛阳，并号洛阳为“神都”，直至 705 年于神都上阳宫病逝。武则天在位十五年，史称“武周”。中宗反正后，谥号曰则天皇太后。

武周政权在历史上有过不小的贡献，打击了保守的门阀贵族，促进了经济的发展，稳定了边疆的形势，推动了文化的进程。

0038. 千古仁君赵祯

宋仁宗赵祯（1010—1063），北宋第四位皇帝，初名受益，1018 年立为皇太子，赐名赵祯。仁宗登基后，施行仁政，使得国家太平，边境安定，经济繁荣，科学文化发达，人民生活安定。嘉祐时（1056—1063），宋朝的政治、经济发展到鼎盛，史称“嘉祐之治”。仁宗知人善用，选贤用能，手下的宰辅名臣有王钦若、吕夷简、晏殊、范仲淹、文彦博、宋庠、富弼、韩琦、狄青、包拯等。仁宗在位四十二年，病逝于汴京福宁殿宫中，葬于永昭陵。当他死亡的消息传出后，“京师罢市巷哭，数日不绝，虽乞丐与小儿，皆焚纸钱哭于大内之前”。讣告送达辽国，竟然“燕境之人无远近皆哭”，辽国皇帝耶律洪基握着使者的手哭道：“四十二年不识兵革矣。”当时有人在仁宗寝宫题诗：“农桑不扰岁常登，边将无功更不能。四十二年如梦觉，春风吹泪过昭陵。”

“为人君，止于仁”。“仁政”一直是中国传统政治的最高理想，赵祯庙号“仁宗”，是当之无愧的。

0039. 一代天骄成吉思汗

成吉思汗（1162—1227），孛儿只斤氏，名铁木真。是世界历史上的杰出政治家、军事家。他自幼失父，与母亲生活在树林里，帮助母亲打猎、采集，练就了他刚强的性格。他曾说过:拼杀冲锋的时候,要像雄鹰一样;高兴的时候,要像三岁牛犊一般欢快;在明亮的白昼,要深沉细心;在黑暗的夜里,要有坚强的忍耐力。公元 1206 年,被推举为蒙古帝国的大汗,统一蒙古高原各部落。多次发动战争,征服地域西达黑海海滨,东括几乎整个东亚,建立了世界历史上著名的横跨欧亚两洲的庞大帝国。晚年,他不远万里邀请全真道士丘处机为其讲述神仙长寿术,深受启发。自悔先前杀业太重,开始实施仁政,劝勉百姓行孝道。毛泽东将其与秦皇、汉武、唐宗、宋祖相提并论,称为“一代天骄”。

0040. 明成祖朱棣

朱棣(1360—1424),明太祖朱元璋第四子,初封燕王,镇守北平。公元 1399 年起兵,自称“靖难”。经过四年,攻破京师(今江苏南京),夺取其侄朱允炆的帝位,并杀了方孝孺等人。1421 年,迁都北京,以南京为留都。在位期间,极力肃整内政,巩固边防,政绩颇著。在文化事业上,加强儒家文化思想的统治,大力扩充国家藏书。

永乐年间,朱棣命解缙等文人儒臣三千余人,汇聚古今图书八千余种,于 1408 年编成了达二万二千八百七十七卷、一万一千零九十五册的《永乐大典》,藏于文渊阁。迁都后,在北京宫内东庑南建文渊阁,南京之书大量北运,《永乐大典》也运至北京存放。清以后大量散佚,现存世仅为原来的百分之三。

0041. 康熙大帝

清圣祖康熙,名爱新觉罗·玄烨(1654—1722),是顺治的第三子,八岁即位,年号康熙。据说,顺治接受汤若望的意见,因康熙出过天花,最有可能不夭折,而把他选为继承人。

康熙执政期间,撤除吴三桂等三藩势力(1673),统一台湾(1684),平定准噶尔汗噶尔丹叛乱(1688—1697),并抵抗了当时沙俄对我国东北地区的侵略,签订了中俄《尼布楚条约》,维持了东北边境一百五十多年的边界和平。康熙一边残酷镇压反清活动,大兴文字狱,杀戮无数;一边又多次举办博学鸿词科,创建了南书房制度,并亲临曲阜拜谒孔庙,收买汉人。为了更好地管理汉族和其他民族,并使满族尽快汉化,他还组织编辑与出版了《康熙字典》、《古今图书集成》、《历象考成》、《数理精蕴》、《康熙永年历法》、《康熙皇舆全览图》等图书、历法和地图。他还褒封道教白云观方丈王常月,并依于门下。鉴于他的文治武功,历史上将他与他孙子乾隆的时代并提,被称为“康乾盛世”。

0042. 帝王纪年

古人纪年主要有干支纪年、帝王纪年两种。帝王纪年,就是按照帝王即位的年次或年号来纪年的。例如《岳阳楼记》中“庆历四年春”,即指宋仁宗庆历四年(1044)。由于干支纪年的循环往复,在宏观的时间尺度上容易造成混乱,古人常常帝王纪年和干支并用,例如《兰亭集序》中有“永和九年,岁在癸丑”。

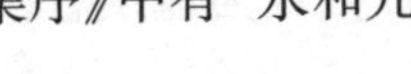

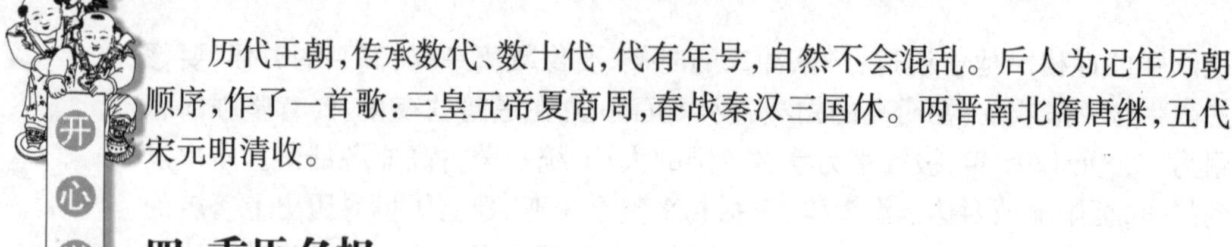

历代王朝，传承数代、数十代，代有年号，自然不会混乱。后人为记住历朝顺序，作了一首歌：三皇五帝夏商周，春战秦汉三国休。两晋南北隋唐继，五代宋元明清收。

四、重臣名相

0043. 伊尹扶汤

伊尹，原名挚，官号阿衡、保衡，商初汤王的重要辅臣。《吕氏春秋》说有姚氏女于伊水边得婴儿于空桑，故以伊为其姓。相传伊尹出仕前曾在“有莘之野”躬耕务农，汤娶有莘氏之女为妃，伊尹自愿作为陪嫁之臣，随同到商。他背负鼎俎为汤烹炊，以此为引，分析天下大势，提出“伐夏救民”的主张，得到汤的赏识和重用，任其为相。伊尹辅佐汤攻灭夏桀，建立商朝，并为商朝理政安民六十余载。商汤死后，历佐外丙、仲壬相继为王。他们在位时间都很短，伊尹掌握着统治权。仲壬死后，立太甲为王，太甲昏庸暴虐，不遵守汤的法度而乱德败行，被他放逐到桐。伊尹自行代理国政。三年后，太甲悔过自责，又被接回复位。伊尹死于沃丁时，商代后王对伊尹举行隆重的祭祀，《诗·商颂·长发》也高度赞扬他。伊尹是中国历史上第一位著名的贤相。

0044. 周公辅政

周公，姓姬名旦，又名叔旦，周文王姬昌第四子，先后辅佐周武王灭商，周成王治国，并制作礼乐，天下大治，是西周初期杰出的政治家、军事家和思想家，亦是儒学奠基人，被尊为“元圣”，是孔子一生最崇敬的古代圣人。因其采邑在周，爵为上公，故称周公。周公是周武王姬发的母弟，在周灭商之战中，“常左翼武王，用事居多。”灭商二年后，武王病死，其子成王年幼，由周公摄政。武王的另外两个弟弟管叔和蔡叔心中不服，便勾结纣王的儿子武庚，并联合东夷部族反叛周朝。周公奉命东征，三年乃平定叛乱，巩固了周朝的统治。为了加强对东方的控制，正式建议成王把国都迁到洛邑，并实施封邦建国之策，将周室宗亲和功臣，分封为各部诸侯，以作为捍卫王室的屏藩。另外在封国内普遍推行井田制，将土地统一规划，巩固和加强了周王朝的经济基础。他还制定和推行了一套维护君臣宗法和上下等级的典章制度，最重要的是嫡长子继承制和贵贱等级制。成王长大后，周公便还政退位，专心“制礼作乐”。周公死后，成王将他葬在毕邑文王墓旁，以示对他的无比尊重。

0045. 齐相管仲

管仲（约前723—前645），名夷吾，字仲，又称敬仲，颍上（颍水之滨）人，是春秋前期齐国杰出的政治家。管仲少时丧父，老母在堂，生活贫苦，不得不过早地挑起家庭重担。为维持生计，与鲍叔牙合伙经商，分钱时管仲常常多取，鲍叔牙并不以为意，反而处处为他设想，一直都善待管仲。后来，管仲辅佐齐国公子纠,鲍叔牙辅佐其弟公子小白。前686年,齐襄公逝世,他的侄子公孙无知篡位。前685年春天,齐国大夫雍廪杀了公孙无知,公子小白即位,立为齐桓公。鲁国支持小白之兄公子纠,因此齐国和鲁国交战,管仲一箭射中了齐桓公的带钩,齐桓公装死,骗过了管仲。后来齐国战胜鲁国,鲍叔牙要求鲁庄公处死公子纠,并把管仲交给齐国。在鲍叔牙强烈推荐下,齐桓公不计前嫌,拜管仲为相,甚至尊为“仲父”,后世尊管仲为“春秋第一相”。管仲在齐国实行了一系列的改革,倡“尊王攘夷”,终于帮助齐桓公成就了霸业。他与鲍叔牙的友谊、辅助桓公成就春秋霸业都成为千古佳话。管仲重视商业,在淄博设立七处市场,为了吸引外来商人,还设立了七百处“女闾”,也就是妓院。所以管仲也可以称为是中国官营妓院的始作俑者。清代褚人获《坚瓠续集》卷一记:“管子治齐,置女闾七百,征其夜合之资,以充国用,此即教坊花粉钱之始也。”

0046. 晏婴相齐

晏婴(?—前500年),字仲,谥平,习惯上多称平仲,又称晏子,夷维人(今山东高密)。是春秋后期一位重要的政治家、思想家、外交家。晏婴以生活节俭、谦恭下士著称。他生活十分俭朴,穿的是“缁布之衣”;上朝坐的是弊车驽骊;住的是“近市湫隘嚣尘,不可以居”的陋仄之室。他不仅如孔子所说的“戒得”,也十分注意“戒色”。景公见晏子妻“老且恶”,欲以爱女嫁他,他坚辞不纳。晏婴头脑机灵,能言善辩。内辅国政,屡谏齐王。对外他既富有灵活性,又坚持原则性,出使不受辱,捍卫了齐国的国格和国威。晏婴历任齐灵公、庄公、景公三朝,辅政长达四十余年,一直勤恳廉洁从政,清白公正做人,主张“廉者,政之本也,德之主也”。孔子称他:“救民百姓而不夸,行补三君而不有,晏子果君子也!”司马迁非常推崇晏婴,将他比作齐相管仲。《晏子春秋》是一部记叙晏婴思想、言行、事迹的书,也是我国最早的 部短篇小说集。相传为晏婴撰,现在一般认为是后人集其言行轶事而成。

0047. 范蠡归湖

范蠡(约前536—前448),字少伯,春秋末期的政治家、军事家和经济学家。楚国宛(今河南南阳)人。后来到了越国,辅助越王勾践二十多年,终于使勾践在公元前473年灭吴,一雪前耻。范蠡到了齐国,努力经营,后来定居于陶(今山东定陶西北),经商积资巨万,世称“陶朱公”。范蠡很有经商的头脑,他根据市场的供求关系,发现价格涨落有“一贵一贱,极而复反”的规律,所以他提出一套“积贮之理”。这就是在物价便宜时,要大量收进,即他所说的“贱取如珠玉”,即像重视珠玉那样重视降价的物品,尽量买进囤积;涨价之后,就尽量卖出,“贵出如粪土”,即像抛弃粪土那样毫不犹豫地抛售。他根据季节规律,提早储备物资。当地民众皆尊陶朱公为财神,他是我国道德经商——儒商的鼻祖。范蠡既能治国用兵,又能齐家保身,是先秦时期罕见的智士。世人誉之:“忠以

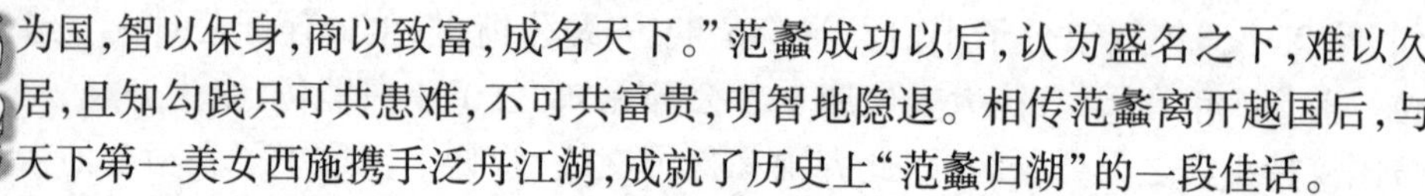

为国，智以保身，商以致富，成名天下。”范蠡成功以后，认为盛名之下，难以久居，且知勾践只可共患难，不可共富贵，明智地隐退。相传范蠡离开越国后，与天下第一美女西施携手泛舟江湖，成就了历史上“范蠡归湖”的一段佳话。

0048. 商鞅变法

商鞅（约前390—前338），公孙氏，名鞅，原为卫国公族，又称卫鞅，后封于商，称商鞅。战国时期著名的政治家、思想家和法家代表人物。商鞅少好刑名之学，闻秦孝公下令求贤，乃离魏去秦，以变法强国之术说孝公，孝公大喜，以商鞅为左庶长，下令变法。变法令下达后，商鞅放了一根三丈长的木杆在都城南门，宣称谁能将木杆搬至北门赏十金，但无人响应；他又将赏金增至五十金，有一个人将木杆搬到北门，即获得五十金，以此取信于民。当时太子犯法，商鞅罚惩了太子的老师公子虔、公孙贾。新法令推行几年后，秦国百姓家给人足，臣民勇于公战而怯于私斗，孝公以商鞅为大良造。两年后，秦从雍（今陕西凤翔）迁都咸阳，并第二次下变法令。孝公二十年（前342），秦国富强。秦孝公死后，商鞅失去了权力基础，即位的太子在保守派的支持下卷土重来，对商鞅施行了疯狂的报复。他们不仅以诬告陷害的方式迫使商鞅谋反，而且以最残酷的暴行，将他五马分尸。商鞅在秦执政十九年，秦国大治，史称“商鞅变法”。

“商鞅变法”虽然惨遭失败，但他所开创的变法大业却顺应了历史潮流，并最终对秦朝的统一产生了深远的影响。商鞅为适应社会政治经济变革的要求，从“治世不一道，便国不法古”的论点出发，强调教育改革，注重培养人才。但他手段简单粗暴，焚烧《诗》、《书》，实行愚民政策和文化专制主义，甚至推行连坐法而刑及无辜等，产生了一些负面影响，致使他死于贵族的报复而“秦人不怜”。

0049. 秦相李斯

李斯（前280—前208），字通古，楚国上蔡人，是秦代著名政治家、文学家和书法家。早年为乡中小吏，掌管文书，见到厕鼠与仓鼠的不同境遇，感叹道：“人之贤不肖譬如鼠矣，所在自处耳！”于是从荀子学帝王之术，学成入秦。初投吕不韦门下，很快得到器重，任以为郎。后借机劝说秦王嬴政灭诸侯、成帝业，深受秦王赏识，被擢为长史。秦王采纳李斯的计谋，遣谋士持金玉游说关东六国，离间各国君臣，收效甚著，遂拜其为客卿。秦王政十年（前237）下令驱逐六国客卿。李斯上《谏逐客书》阻止，为秦王所采纳，取消了逐客令，李斯更加受到重用，不久即官封廷尉。他辅佐秦王政统一天下，与王绾、冯劫共尊其为皇帝；废除分封制，推行郡县制；“书同文，车同轨”，统一全国度量衡和货币制；又主张焚烧民间收藏的《诗》、《书》、百家语，禁止私学，以加强专制主义中央集权的统治。秦始皇死后，赵高与胡亥、李斯合谋，伪造遗诏，迫令始皇长子扶苏自杀，立胡亥为二世皇帝。后来，李斯为赵高所忌，于秦二世二年（前208）被腰斩于咸阳，并夷三族。

0050. **萧规曹随**

西汉初，萧何为相。惠帝二年（前193），萧何病重，临终时惠帝询问后继者，萧何荐以曹参。曹参为相三年期间，仍以治齐之术治汉，极力主张清静无为不扰民，施政办事一概遵循萧何创立的规章制度，无所变更。任用官吏也都是选用那些厚重稳健的有德长者，而对那些华而不实的浮夸之徒概不录用。从而使西汉政治稳定，经济发展，人民安居乐业。曹参死后，百姓编了一首歌谣称颂他："萧何定法律，明白又整齐；曹参接任后，遵守不偏离。施政贵清静，百姓心欢喜。"后人用"萧规曹随"比喻按照前任的成规办事。

0051. **运筹帷幄汉张良**

张良（前251—前186），字子房，秦末汉初杰出的政治家、军事家、谋略家。先世原为韩国贵族，五代在韩为相。秦灭韩后，他图谋复国，于始皇二十九年（前218），偕刺客以铁椎击始皇于博浪沙，误中副车，遂改名换姓，逃匿于下邳。传说遇黄石公，得兵书《素书》。秦二世二年，率众投奔刘邦，后成为刘邦的重要谋士，运筹帷幄之中，决胜千里之外，助其联合英布，拉拢彭越，重用韩信，终至破秦灭楚，创基立汉，封为留侯，与萧何、韩信并称"汉兴三杰"。汉朝建立后，高祖刘邦大杀功臣，张良目睹英布、彭越、韩信等人的悲剧，深悟"狡兔死，走狗烹。飞鸟尽，良弓藏。敌国破，谋臣亡"之古训，决然辞官，归隐江湖，令后人追慕不已。

0052. **诸葛亮治蜀**

诸葛亮（181—234），字孔明，琅琊阳都（今山东沂水）人，三国时蜀国杰出的政治家、军事家。东汉末年，隐居邓县隆中（今湖北襄阳西），一面躬耕读书，一面留心世事，伺机施展抱负，被时人称为"卧龙"。建安十二年（207），经名士徐庶荐举，刘备"三顾茅庐"，登门求教安定天下大计。诸葛亮把当时形势向刘备做了精辟分析，提出了完成统一全国大业的建议，这就是著名的《隆中对》。刘备赞赏备至，心悦诚服。从此，诸葛亮就成为刘备的重要谋士，辅佐刘备称帝。建安十三年（208），联合孙权，在赤壁大败曹操，随即引兵夺取荆、益二州，建立蜀汉政权，形成三国鼎立的局面，功拜丞相，录尚书事。刘备死后，诸葛亮继佐后主刘禅，封武乡侯，以丞相兼领益州牧，掌握蜀汉军国大事，持法谨严，赏罚必信，重视人才的选拔和任用；积极发展农业生产，派人维护都江堰水利工程，鼓励百姓种植棉桑，在汉中大兴屯田；对西南少数民族采取"和抚"政策，改善和他们的关系，并派人到那里推广内地先进生产技术和文化，促进西南各族社会经济的发展，加强西南地区的统一。此外，还注意保持蜀吴联盟，以维持三国鼎立的均势。经过诸葛亮的励精图治，使一度民贫势弱的蜀汉终于成为"天府之国"。从建兴六年（228），诸葛亮数次挥师北伐，攻击曹魏，以图统一全国。建兴十二年（234），与魏将司马懿相拒于渭南时，因积劳成疾，病逝于五丈原（今陕西

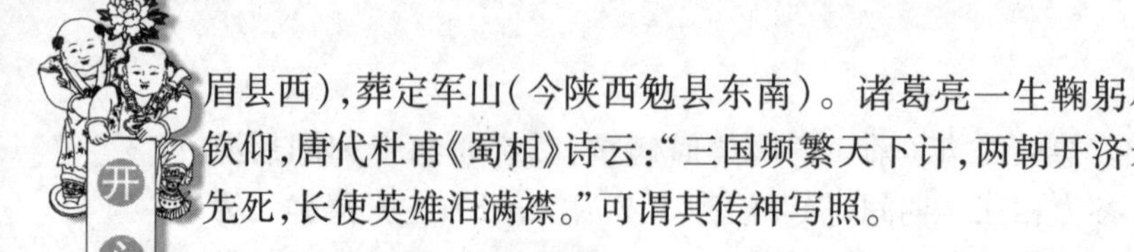

眉县西），葬定军山（今陕西勉县东南）。诸葛亮一生鞠躬尽瘁，死而后已，世所钦仰，唐代杜甫《蜀相》诗云："三国频繁天下计，两朝开济老臣心。出师未捷身先死，长使英雄泪满襟。"可谓其传神写照。

0053. 东晋名相谢安

谢安（320—385），字安石，号东山，祖籍陈郡阳夏（今河南省太康县），东晋著名政治家、军事家。谢安出生于世家大族，陈郡谢氏显赫当时，与琅琊王氏并称"王谢"。谢安自幼聪慧，思维敏捷，性爱读书，不喜为官。年轻时隐居会稽，常与王羲之、支道林、许询、孙绰、李充等名士相往还，寄意诗文，放情山水。直到四十多岁时，才接受征西大将军桓温征召，作了司马，从此步入仕途，官至卫将军、开府仪同三司、加封建昌县公。其一生最大功绩是在383年的淝水之战中，以八万人马战胜了苻坚的百万大军，创造了历史上以少胜多的光辉战例，留下了"八公山上，草木皆兵"的历史典实。然而，淝水之战的烟火还未完全散尽，谢安却因功名极盛遭到了一些阴险好利之徒的陷害。于是，他上疏辞官，几日后病卒于京师建康。谢安死后，晋廷哀悼三天。追封太傅，谥号"文靖"。又念其平定苻坚有功，改封号为"庐陵郡公"。

0054. 关中良相王猛

王猛（325—375），字景略，北海剧县（今山东省寿光县东南）人，十六国时期前秦著名政治家、军事家。少时家贫，曾以贩畚为业。长大后隐居华阴山，博学好兵书，怀佐世之志。其时北方正陷入十六国之乱，南方东晋亦是风雨飘摇。前秦大将苻坚欲谋霸业，久闻王猛之名，派人前去恳请王猛出山，双方一见如故。东晋升平元年（357），苻坚自立为大秦天王，以王猛为中书侍郎，职掌军国机密。因治绩卓著，很快升为尚书左丞、咸阳内史、京兆尹，再升为尚书左仆射，辅国将军、司隶校尉，一时权倾内外。王猛明法严刑，禁暴锄奸，有罪必罚，有才必任，表现出卓越的政治才能和军事才干；他还兴修水利，奖励农桑，办学重教，协洽周边，关中一时大治。东晋宁康三年（375），王猛积劳成疾，终致病危，苻坚亲临探视，并询问后事，王猛遗言不可攻晋。王猛死后，被隆重安葬，并追谥为武侯。后苻坚不听王猛之言，攻东晋，以至有淝水之败。

0055. 房谋杜断

房指房玄龄，杜指杜如晦，俱为初唐名相。早先两人皆为秦王李世民幕府属官，常从征伐，参与机要，为秦王得力谋臣。玄武门之变，两人亦居功甚大。秦王即位，是为唐太宗，房玄龄为中书令，贞观三年迁尚书左仆射；杜如晦为兵部尚书，贞观三年迁尚书右仆射。据《旧唐书·房玄龄杜如晦传论》："世传太宗尝与文昭图事，则曰：'非如晦莫能筹之。'及如晦至焉，竟从龄之策也。盖房知杜之能断大事，杜知房之善建嘉谋。"也就是说，两个人在执政上各有所长，房玄龄主意多，善谋划，杜如晦能当机立断。房玄龄、杜如晦同掌朝政，同心协力，配合默契，谋划和掌管国家大事，出现了“贞观之治”的大好局面，房、杜二人也成为历史上良相的典范。元人雅勒呼有诗赞曰：“房谋兼杜断，萧律继曹遵。”

0056. 魏征善谏

魏征（580—643），字玄成，钜鹿曲城（今河北巨鹿）人，初唐杰出政治家。幼年丧父，生活孤贫，雅好读书，深通学术，胸有大志。太宗即位后，擢为谏议大夫。贞观初授秘书监，参掌朝政，校订图籍。后一度任侍中，封郑国公。

魏征以善谏著称，即使在太宗大怒之际，也敢面折廷争，从不退让，令太宗又敬又畏。有一次，太宗想要去秦岭山中打猎取乐，却终未成行，魏征问及此事，太宗笑答：“当初确有此意，但怕你直言进谏，故打消此念。”还有一次太宗得到一只上好的鹞鹰，逗弄玩乐，很是得意，忽见魏征走来，忙将其藏入怀中。魏征故意奏事很久，致使鹞鹰闷死在怀中。

魏征一生以谏诤为己任，前后向唐太宗进谏两百余事，大至朝廷大政方针，小至皇帝生活私事，都无所回避。武德九年，冒着被罢官的危险，拒不签署李世民征点中男（16—18 岁）的决定，最后终于谏止，使百姓免于一次兵役负担。贞观六年，力排众议，谏止太宗赴泰山封禅，节约了大量的开支。魏征所谏，匡正了唐太宗的许多失误，对“贞观之治”的出现起了重要作用。

0057. 半部论语宋赵普

赵普（922—992），字则成，祖籍幽州蓟县，北宋著名政治家。960 年，赵匡胤得赵普之助发动陈桥兵变，推翻后周，建立宋朝，封赵普为右谏议大夫；次年，又依赵普之计“杯酒释兵权”，削夺了朝中诸将兵权。967 年，赵普加职右仆射兼门下侍郎、同中书门下平章事、昭文馆大学士，成为名副其实的宰相。

963 年，宋太祖想改年号，要求这个年号以前没有用过。有人提议“乾德”，宰相赵普称颂不已。后来发现伪蜀曾用过这个年号，惊问赵普，赵普不能回答。太祖感叹说：“宰相须用读书人啊。”赵普惶愧，归家闭门读书。后来每当朝廷有事难决时，赵普便回家读书，第二天就把事情解决了。太宗继位，继续任用赵普为相，有人告诉太宗，赵普只懂《论语》，其他书都没读过。太宗问赵普此话可属实，赵普回答说：“臣平生所知，诚不出此，昔以其半辅太祖定天下，今欲以其半辅陛下致太平。”赵普死后，家人在他书房里发现一个小箱子，打开一看，里面果然只有《论语》二十篇。赵普两度罢相，又两度入相，几番浮沉，全赖一部《论语》，有远见而乏卓识，一生哀荣功过，足堪回味。此后人们便用“半部论语治天下”，强调学习儒家经典的重要性。

0058. 耶律楚材

耶律楚材（1190—1244），字晋卿，号玉泉，法号湛然居士，出身契丹贵族，世居金中都，是辽太祖耶律阿保机的九世孙。自幼精通汉文，博览群书，天文、地理、律历、术数无所不涉。金末曾仕开州同知。成吉思汗十年（1215），蒙古攻占燕京，耶律楚材受成吉思汗召用，官至中书令，呼为“吾图撒合里”（长髯人）。他随成吉思汗数度出征，常晓以治国安民之道，屡立奇功，又谏言禁止州郡官吏擅自征发杀戮，使贪暴之风稍敛。窝阔台汗即位后，耶律楚材更加受器重，官至中书令，被誉为“社稷之臣”。他主张“以儒治国”，仿中原王朝制度制定了一系列政策，实施改革措施。任职近三十年，元代典章制度多由他奠定，为蒙古政权的立国和恢复中原地区社会经济的发展作出了重要贡献。

0059. 张居正改革

张居正（1525—1582），字叔大，号太岳，湖广江陵人，明嘉靖中叶进士。隆庆元年（1567）入阁。万历元年（1573）神宗即位，为内阁首辅，为挽救明王朝实行了一系列改革措施，是封建社会末期最负盛名的改革家。在政治上，整顿吏治，加强中央集权制，创制“考成法”，以“尊主权，课吏职，行赏罚，一号令”和“强公室，杜私门”作为为政方针。在经济上，推行“一条鞭法”，把各项赋役合并归一，并按田亩征银，使一向以实物缴纳的赋税和劳役转由货币完纳，成为中国封建社会赋役史上的重大变革，但在顽固派的阻挠下，贯彻不彻底。在军事上，任用戚继光镇蓟门，李成梁镇辽东，又在东起山海关、西至居庸关的长城上加修“敌台”三千多座，巩固了北方边防，并在边疆实行互市政策，促进贸易往来。张居正改革的收效明显，后来虽被守旧顽固势力清算，改革被否定，但对历史的影响是不可泯灭的。

0060. 曾国藩

曾国藩（1811—1872），初名子城，字伯涵，号涤生，湖南湘乡人，晚清重臣，杰出的政治家、军事家、思想家，湘军的创立者和统帅者。自幼天资聪颖，勤奋好学。道光十八年（1838）殿试考中了同进士。官至两江总督、直隶总督、武英殿大学士，封一等毅勇侯。咸丰三年（1853），借清政府急于寻求力量镇压太平天国之机，曾国藩因势在家乡湖南一带，建立了一支地方团练，称为湘军，镇压太平天国起义。湘军在军事素质落后的清朝武装力量中成为中国南方地区与太平天国军事力量作战的主力之一。曾国藩对晚清王朝的腐败衰落洞若观火，一方面痛恨西方对中国的侵略，一方面又主张学习西方的先进科学以自强。曾国藩不仅功业显赫，而且博学多才，诗文兼擅，是晚清著名理学大师和散文大家，一生著述颇多，尤以其寄给子弟的《家书》流传最广，影响最大。同治十一年二月初四（1872 年 3 月 20 日），曾国藩在南京病逝，朝廷赠太傅，谥曰“文正”。其家族后代多出官宦，如曾纪泽等。

0061. 左宗棠

左宗棠（1812—1885），字季高，号湘上农人，湖南湘阴人，晚清重臣，洋务派代表人物。左宗棠少时应童子试得首名，写下“身无半文，心忧天下；手释万卷，神交古人”的铭志联。道光十二年（1832）中举，此后屡试不第，转而钻研舆地兵法，深得当时许多名流显宦的赏识。林则徐非常器重左宗棠，认为“西定新疆”，非左宗棠莫属。咸丰初年，左宗棠先后应湖南巡抚张亮基、骆秉章之邀，出佐湘幕，峥嵘渐显，朝野注目，时人有“天下不可一日无湖南，湖南不可一日无左宗棠”之语。咸丰十年（1860），左宗棠随同钦差大臣、两江总督曾国藩襄办军务，招募“楚军”，成为镇压太平天国的重要力量。左宗棠是洋务派首领之一，曾创办福州船政局。光绪三年（1877），他率军消灭了俄国人支持的阿古柏叛乱政权，收复了除伊犁以外的新疆全部领土。新疆平定后，建议在新疆设省，并提出浚河渠、建城堡、清丈地亩和理正赋税等建议。在中俄伊犁交涉中，他主张“先之以谈判，继之以战争”，并在新疆做了军事部署。后调任军机大臣、任两江总督。中法战争期间反对李鸿章妥协投降，主张抵抗，被任命督办福建军务。

0062. 李鸿章

李鸿章（1823—1901），本名章桐，字渐甫，一字子黻，号少荃，一号少泉，晚年自号仪叟，别号省心，谥文忠，安徽合肥东乡人，洋务派代表人物，淮军的创立者和统帅者。他率领淮军与曾国藩的湘军一起镇压了太平天国，接着又镇压了捻军，保住了即将崩溃的清王朝，被誉为“中兴名臣”。因军功显赫，累迁江苏巡抚、湖广总督，继曾国藩之后出任直隶总督，后又兼北洋通商事务大臣，授文华殿大学士，筹办洋务，成为同治、光绪两朝的地方重臣。

李鸿章在与列强的交往中意识到富国才能强兵，故积极推进官办、商办军工企业的发展。他先后创办江南制造局、轮船招商局、开平煤矿、漠河金矿、天津电报局、津榆铁路、上海机器织布局，还建立同文馆，选派留学生出洋。他办洋务的初始动机是办军工企业，造出枪炮、弹药、机器、舰船和水雷，主要用来对付捻军。但由于直接改善了淮军的武器装备，使淮军成为清军中装备精良、战斗力较强的军事力量，后期淮军实际上成了国防军。北洋水师在甲午战争中被日军击败，李鸿章受命赴日本春帆楼媾和，交涉期间遇刺负伤，最后订立《马关条约》，因此背上卖国罪名。他也成了中国近代史上最有争议的人物之一。

五、政治制度和措施

0063. 兄终弟及

所谓的兄终弟及，就是兄长死后，其王位由弟弟继承。在夏代之前的传说时期，部落联盟首领采取“举贤不举亲”的禅让制。尧传舜、舜传禹都是采取的这种方式。夏代是父死子继和兄终弟及并行，但以父死子继为主。商朝的王位继承制度也是父死子继与兄终弟及并行，但以兄终弟及为主。商代后期出现“废嫡而更立诸弟子，弟子或争相代立”局面，所以逐渐以立嫡为主。周初实行宗法制，建立了严格的王位继承者，实行嫡长子继承制。历史上由兄终弟及得到大位的有多位皇帝，如汉文帝，是因为哥哥惠帝孱弱，吕氏专权，后来大臣周

勃、陈平支持刘恒，灭诸吕之后即帝位。

0064. 宗法制

我国古代维护贵族世袭统治的一种制度。它源于原始社会后期的父家长制，经过长期演变，到周代逐渐完备。周天子是天下的共主，又是同姓贵族的最大族长，即天下的大宗。他既代表社稷，又主持宗庙的祭礼，掌握全国的政权和族权。其王位由嫡长子继承。天子的庶子有的分封为诸侯，对天子为小宗，在其封邑之内又是大宗，他们以国名为氏，其职位由嫡长子继承。诸侯的庶子有的分封为卿大夫，对诸侯为小宗，在本家为大宗，也由嫡长子继承父位，他们以官职、邑名、辈分等为氏，从卿大夫到士，其大宗与小宗的关系与上同。这些世袭的嫡长子成为宗子，他们掌握本族财产，负责本族的祭礼，管理本族成员。同时代表贵族统治人民。宗法制既用于同姓贵族，也用于异姓贵族，同姓贵族之间是兄弟叔伯关系，异姓贵族之间是甥舅亲戚关系，以此来强调贵族中血缘关系及等级观念。这一制度把宗法血缘关系和国家体制紧密地结合在一起，形成庞大的政治网，在国家的初级阶段，对巩固和加强中央政权的统治起了重大作用。在后来漫长的封建社会中，仍然存留着宗法制的残余。

0065. 分封制

我国古代国君或皇帝分封诸侯的制度。商、周时期，普遍推行这种制度。商代分封的诸侯有侯、伯等称号。西周灭商和东征胜利后，为了控制幅员辽阔的疆土和统治商代的后裔，在“迁殷顽民”的同时，把周天子的兄弟叔侄及某些有战功的异姓贵族分封到各地为诸侯，以世袭的形式统治一个地区。这种“封邦建国”的做法，是为了达到“以藩屏周”的目的。各地诸侯要服从周天子的命令，要承担镇守疆土、捍卫王室、缴纳贡物、朝觐述职等义务。春秋战国以后，历代均存在不同程度的分封，虽其性质不尽相同，但这制度除起了维护历代中央政权统治的作用外，也对发展边远地区的经济文化产生过一定的积极作用。

0066. 商周官制

商朝，王廷里设有百官（总称“多尹”）辅佐商王进行统治。百官大体有三类：一是政务官，有“尹”、“卿士”；二是宗教官，其中管占卜的叫“多卜”、“占”，充当人神之间媒介的叫“巫”，管著作作简册，为国王发布文告命令的叫“作册”（或称“史”）；三是事务官，主要是管理各种奴隶的“小臣”，如王廷中的奴隶总管叫“宰”，管手工业奴隶的叫“司工”等。政务官、宗教官的地位高，权力很大，百官又叫“内服”职官。商王朝中心区以外设置的官吏，有侯、伯、男、甸等，称为外服官。

周朝的官制是在商代基础上发展而来的，形成了一套庞大的管理组织和制度。辅佐周王治理国家的，相传有三公：太师、太傅、太保，其职责是总管百官，权力最大。三公之下，朝廷中最高的官员是卿士，即太宰、太宗、太史、太祝、太士、太卜。周朝还设有五官：司徒、司马、司空、司士、司寇，分别掌管土地、军赋、工程、群臣爵禄、刑罚等。在地方机构上，实行的是封建诸侯制。周王、诸侯、卿大夫和各种官吏，都是世袭的，形成世卿世禄制。这一体制对于稳定和巩固周初中央政权的统治，促进其政治、经济和文化的发展起了积极的作用。但随着社会生产的发展，各诸侯国势力强大，王权相对削弱，终于导致春秋时期诸侯互相兼并争霸的局面，官制也相应发生了变化。

0067. **三省六部制**

三省六部制是西汉以后长期发展形成，是封建社会的主要政治制度。三省在各个时期的历史作用和地位不同，在封建社会末期实行封建专制，基本废除了三省制度。隋唐的三省为中书省、门下省、尚书省，长官成为宰相。中书省负责定旨出命，长官中书令二人，门下省掌封驳审议，长官侍中二人，中书、门下通过的诏敕，经皇帝裁定交尚书省贯彻。尚书省职责为执行，长官尚书令一人，副长官左、右仆射各一人。尚书省下辖吏、户、礼、兵、刑、工六部，长官尚书，六部分理各种征政事务，每部又领四司，计二十四司。三省长官共议国政，执宰相之职，他们议政的场所叫政事堂。尚书令位高权大，自隋以来，基本不设（炀帝曾封杨素为尚书令），加之唐太宗曾任此职，故此后，唐朝不再授人以尚书令之职。左、右仆射代领尚书省事，职为宰相。三省六部制的特点在于分散了丞相及中央机构的权力，把相权“一分为三”，互相牵制；同时，又将尚书省权分六部，既限制了地方割据势力的产生和发展，又推动部门牵制与机构运转，加强了皇权。

0068. **郡县制**

由春秋、战国到秦代逐渐形成的地方行政体制。始于春秋战国时期，确立完善于秦代。春秋初期，楚、秦、晋等国已经在边地开始设县，后逐渐在内地推行。其长官可以世袭，不尽同于后来的县。春秋末年，各国在边地设县，逐渐形成县统于郡的两级制。秦统一六国后，全面推行郡县制。分全国为三十六郡，后增至四十郡，一郡辖若干县。郡的行政长官为郡守，下置郡尉，辅佐郡守并掌管全郡的军事；又置监察史，掌管监察，为中央在地方上的耳目。县分大小，万户以上的县设县令。不满万户的县设县长，掌管全县事物，受郡守节制。另置县尉，辅佐县令、县长并掌管全县军事；置县丞，掌文书、仓储、刑狱。郡、县长官均由中央任命，领取俸禄，不世袭；而且郡县的行政、军政和监察诸权分立，尤其是独立而直受中央的监察权，利于加强中央集权政体和巩固国家的统一。其后历代沿用，虽然行政的建制和名称也有变化和发展，但所置略同。郡县制对中央集权政体的行政建制有深远影响。

0069. **行省制**

元代以后中央集权政体的地方行政体制。元代中央置中书省总理全国政务，除河北、山东、山西等腹里地区直属中书省，吐蕃直辖宣政院外，其他地区划分为十个行中书省，简称为行省或省。有陕西、甘肃、辽阳、河南、四川、云南、湖广、江浙、江西、岭北诸省。行省的长官也称丞相，统管一省的军政要务。行省以下设府、州、县。构成中央集权政体的地方行政体制。明代，撤销行中书省，设承宣布政司掌管民政、财政，另设按察使司掌管刑法，都指挥使司掌管军事，合称“三司”，不相统属，各自直属中央。布政使司下分府（直隶州）、县（州）两级。宣德时，在中关、江南等地专设巡抚，职权驾于三司之上。后来为了军事目的，一些地方增设总督，巡抚也成了他的属下。清代复行省之名，省下设道、府（直隶州、直隶厅）、县（州、厅）三级。督府制成为各省的常制。巡抚为一省的地方长官，综理军、民政事，而以主持军事为主。这种地方行政建制是秦以来郡县制的进一步发展，它使中央集权在行政体制上得到保证，有利于巩固国家的统一。

0070. 九品官人法

魏晋南北朝时期的选官制度。东汉末年，曹操当政时，提倡“唯才是举”的办法。延康元年(220)曹丕为了拉拢士族，由魏吏部尚书陈群制定九品官人法，分为九个等级，其制：由朝廷选择“贤有时鉴”的中央官员，按照他们各自的籍贯，兼任本州本郡的“中正”，负责查访本地的士人，根据家世、才德的评论，对人物作出高下的品定，称为“品”。品共分为九等，即上上、上中、上下、中上、中中、中下、下上、下中、下下。作为政府选用官吏的依据。此制至西晋渐趋完备，南北朝时又有所变化。这一制度创始于曹魏，发展成熟于两晋，衰落于南北朝时期，废除于隋朝，随之科举制形成。

0071. 南北面官制

辽朝根据不同社会发展状况而设置的两套统治机构。辽的境内包括许多民族，大体可分为以农业经济为主的汉人和原属于渤海国的部分人民；以渔猎经济为主的契丹其他游牧民族。为适应不同民族的不同生产和生活方式，在耶律德光（辽太宗）统治时期，制定了“以国制治契丹，以汉制待汉人”的两套机构。北面官因为办事处所设在皇帝牙帐之北而得名。以契丹固有官制为基础，又称“国制”。多用契丹贵族担任。主管宫帐、部族、属国和兵机、武诠、群牧之政，分朝官、帐官、宫官、部族官、属国官等。南面官办事处所设在皇帝牙帐之南，模拟唐官制而设，又称“汉制”。多用汉人充任。主管汉人州县、财赋、文诠，军马之政，分为朝官、宫官、京官、方州官、财赋官、边防官等。南北面官制适应了不同社会发展状况的需要。

0072. 八旗制度

清代满族的一种社会组织形式。先用于建州女真，渐推行到女真各部。明万历二十九年(1601)，努尔哈赤为适应满族社会发展的需要，在原有牛录制的基础上，参考猛安谋克制，初建黄、白、红、蓝四旗。四十三年(1615)，因归附日众，增编镶黄、镶白、镶红、镶蓝四旗，共八旗。八旗制度的特点是以旗统人，即以旗统兵。凡隶于八旗者皆可以为兵，他们“出则为兵，入则为民”。“无事耕猎，有事征调”。清太宗时，又建立蒙古八旗和汉军八旗，旗制与满洲八旗同。八旗由皇帝、诸王、贝勒控制，旗制终清未改。八旗初建时兼有行政管理、军事征伐和组织生产三项功能模式，与当时的社会经济基础是相适应的。把分散的女真各部组织在旗下，进行生产战斗保证了统一战争的胜利，推动了女真社会经济的发展。入关后，八旗制的生产意义日趋缩小，成为一种军事组织，用以加强对人民的控制。八旗兵额共二十二万，一半驻守在北京附近，其余分驻奉天（沈阳）、吉林、成都等各要地。八旗的行政机构，在某些地区仍和各级衙署州县并存。1911 年，清王朝被推翻，八旗组织随之瓦解。

0073. 羁縻制

《史记·司马相如传》索隐：“羁，马络头也；縻，牛蚓也。”《汉官仪》云：“马云羁、牛云縻，言制四夷如牛马之受羁縻也。”所谓“羁縻制度”是历代封建王朝在多民族国家里对社会发展不平衡的少数民族地区所采取的一种民族政策。说简单一点，就是用当地的少数民族首领来治理当地的百姓，首领要按时向中央政府朝贡。在这个制度产生和发展的整个历史过程中，最基本的实质并未发生变化，只是在不同时期，某些现象或具体措施的形式有所不同而已。例如汉代对所利用的土著贵族封以“王”、“侯”、“邑长”，这办法称为“羁縻”。唐对西南少数民族采用羁縻政策，设置了羁縻府、州、县，以各族首领为府州长官，统治当地人民，且可世袭，不征赋税。宋代因袭此制。明朝又在西北、东北等地区广置羁縻卫所，以当地首领为指挥使、千户、百户等。此制加强了对边疆地区的管理，也密切了中原与边疆的联系。“羁縻制度”是宋、元、明、清几个王朝土官制度之窠臼，实际上“土官制度”也可称为“羁縻制度”。

0074. 努尔干都司

明朝设置的管辖黑龙江、乌苏里江流域等地最高地方军政机构。明政府为加强对东北的管理，从永乐元年（1403）到永乐七年相继在黑龙江、乌苏里江流域设置了一百三十二个卫，使海西女真、建州女真、野人女真诸酋长皆来归附。同年，明政府采纳努尔干官员的建议，在元朝努尔干征东元帅府的旧址，即黑龙江附近的特林地方建立努尔干都指挥使司（简称努尔干都司）。努尔干都司为地方最高一级的军政合一建制，直隶于明朝中央政府。都司以下各卫所官员，由明政府颁予的“诰敕”任命当地部族首领担任，并给印信、官服等，他们要服从明政府的命令。辖区居民向明政府交纳赋税。卫所不断增置，但万历年间，增至三百八十四个卫，二十四个所。分布区域东、南及于海，并越海抵苦夷（库页岛），西至斡难河（今鄂嫩河），北至外兴安岭。明廷经常派遣钦差大臣到努尔干地区巡视，并修建了永宁寺。寺旁树立两块石碑，刻有《敕修永宁寺记》、《重建

永宁寺记》，记录了明政府管理和经营努尔干都司的事迹。两碑在寺前挺立达五百年之久，后被沙俄抢走。

0075. 土司制度

“土司制度”是封建王朝统治阶级用来解决西南少数民族地区的民族政策，是效仿唐代的“羁縻制度”而来的。元明清王朝在西南少数民族地区分封各族首领世袭官职，以统治当地人民的行政制度。蒙古宪宗三年，忽必烈平定大理政权，欲将西南各少数民族置入自己的统治之下，仿效羁縻之法，大量任用当地各部族酋长为各级官员，史称土官。元授各族酋长以宣慰使、宣抚使、安抚使、招讨使等官，又在各族聚居地府、州、县设土官。当时关山阻隔，难以控制，以土官统治土民，对维护元朝统治确实起了一定的作用。明朝承袭元制，并陆续制订了土官的承袭、等级、贡赋、征调的制度。明中叶时土官改称土司。土司皆世袭，他们既是朝廷命官，对中央要履行规定的职责和义务，又在辖区内保存传统的统治机构与权力，是“自王其地”的土皇帝。此制早期对少数民族地区的社会生产曾经起过有益的作用。广西壮族自治区的土司制度，开始于唐代的“羁縻制度”，形成于宋代，繁荣于明代，崩溃于清代，结束于二十世纪初，长达一千多年。

0076. 改土归流

明清两代少数民族地区废除土司（当地世袭首领）实行流官（中央任命的有任期的官员）统治的一种政治措施。云南、贵州、广西地区历来为少数民族聚居地。元明以来，实行土司制度进行管理，土司因是世袭制，往往擅作威福，鱼肉乡民，叛服无常。永乐十一年，明政府平定思南、思州的战乱后，废土司，分其地为八府四州，设贵州布政使司，从此贵州成为省一级的行政单位。明朝的改土归流政策因受到反抗不断反复。清初仍实行土司制度进行管理。雍正四年，云贵总督鄂尔泰建议“改土归流”，他对土司采取招抚和镇压两种办法，先后用五年时间对贵州、广西、云南等地基本实现改土归流。乾隆时期平定大小金川叛乱，又四川西北部改土归流。清政府收缴土司印信，设置府、厅、州、县，实行和汉族地区相同的政治制度，改善了某些少数民族地区落后闭塞的面貌，有利于国内各民族间的经济、文化的交流，存进了统一的多民族国家的巩固。

0077. 理藩院

理藩院是中国清朝时处理外藩事务的部门，始创于清朝皇太极年间，在顺治年间由附属于礼部改为独立部门，并在清初至总理各国事务衙门成立前兼领对俄罗斯事务。在光绪三十二年（1906）的清末新政中因改革官制，理藩院改为理藩部。在清亡后，因帝国由统一的共和国所取代，再无藩属的概念，理藩部被撤销。在清初崇德元年（1636），皇太极创立理藩院的前身“蒙古衙门”，负责处理对蒙古的事务。三年后，将蒙古衙门改为理藩院。随着帝国疆土日渐扩张，理藩院成为管理蒙古、西藏、青海、新疆以及西南土司等各个少数民族事务的行政机关,并兼理对俄罗斯帝国的事务。在顺治元年(1644),顺治将理藩院长官"承政"改名为"尚书",副长官"参政"易名为"侍郎",皆由满人或蒙古人担任,助理"副理事官"为"员外郎",并在随后的顺治十六年,让理藩院尚书、侍郎兼任礼部的官衔,在顺治十八年,顺治皇帝认为理藩院管理整个外藩事务,责任重大,附属于礼部不合适,便下谕此后理藩院官员不用兼礼部官衔,理藩院各长官又复称理藩院尚书和理藩院侍郎,顺治同时也规定理藩院官制与六部看齐,并授权理藩院尚书可参与中枢议政。

0078. 达赖班禅制度

藏传佛教格鲁派两大活佛转世制度。格鲁派创始人宗喀巴最著名的两个弟子就是达赖喇嘛和班禅额尔德尼。他们世世转世,叫"呼毕勒罕"。"达赖",蒙语,意为"大海","喇嘛",藏语,意为"上师"。明嘉靖二十五年(1526),哲蚌寺的索南嘉措正式称活佛,以继承前世根敦嘉措的地位。明万历六年(1578),被俺答汗赠予"圣识一切瓦齐尔达喇达赖喇嘛",是达赖喇嘛名号之始。清政府于顺治十年(1653),正式册封达赖喇嘛五世阿旺罗桑嘉措,法定了达赖喇嘛的称号。"班禅"系梵语"班智达"的简称,即大学者之意。顺治二年(1645),蒙古和硕特部首领固始汗尊宗喀巴的四传弟子罗桑却吉坚赞为"班禅博克多",为班禅称号之始。康熙五十二年(1713),封班禅五世罗桑益西魏"班禅额尔德尼"。"额尔德尼",满语,意为"珍宝"。并颁金册金印,确认班禅在格鲁派中的地位。从此达赖、班禅转世。均由中央政府册封,遂成定制。

0079. 金瓶掣签制度

又称金奔巴制。"奔巴",藏语意为"瓶","金奔巴"即金瓶。清政府对藏传佛教格鲁大活佛转世(呼毕勒罕)规定的抽签法。按此教说法,达赖、班禅及其他呼图克图(活佛)死后要转生。他们死时出生的男性婴儿被认为是他们的转世,要找来继承其衣钵。这个婴儿称为"灵童"。此制不严密,往往出现数位灵童争夺继承权斗争。清政府为解决这个矛盾,与乾隆五十七年(1792)颁发两金瓶,一置大昭寺,一置北京雍和宫,凡在理藩院注册的大活佛,如章嘉呼图克图、哲布尊丹巴、达赖、班禅等转世时,将寻得的"灵童"名字写于牙签上,置金瓶中掣定。中签的"灵童"成为合法继承人。此制度解决了活佛转世由蒙藏贵族操纵的局面,加强了清廷对西藏地区的管理。

0080. 驻藏大臣

清朝政府派驻西藏地方的行政官员。全称是"钦差驻藏办事大臣",又称"钦命总理西藏事务大臣"。雍正五年(1727),始置正副二员驻藏大臣,统驻藏官兵,协助地方政府处理藏物。乾隆十五年(1750),清政府平定西藏贵族珠尔墨特那木扎勒叛乱后，进一步提高了驻藏大臣的地位，改革了西藏行政体制。遂废王爵，设噶厦（地方政府），任命四噶伦（三俗一僧）以分权，在驻藏大臣以及达赖喇嘛统驭下协办藏务。乾隆五十八年（1793），在平定廓尔喀入侵后，清廷颁行福康安所奏《藏内善后章程》，加强了驻藏大臣的权力和地位，并对其职权作了明确规定。此后遂成定制。驻藏大臣之设立是自唐宋以来中央政府对西藏地方管理制度的重大发展。虽入选良莠不齐，明庸互见，但这一制度对于加强祖国统一，巩固边防，促进民族团结均起过积极作用。

0081. **天朝田亩制度**

是太平天国以土地制度为核心，包括经济、政治、军事、文化等内容的纲领性文献。1853 年太平天国定都天京（今南京）后，经洪秀全批准颁布。设想了一个改革土地制度的方案，宣布一切土地都属于“皇上帝”所有，实行土地公有制。确定“凡天下田，天下人同耕”的平均分配和使用的原则。把土地按产量高低分为上、中、下三级九等。它规定不论男女，“分田照人口”。还规定，县以下设立各级乡官，其体制、称号与军队相同。社会的基层组织为“两”。凡居民二十五家为一“两”，设两司马负责管理生产、分配、行政、教育、礼俗、司法及地方武装等工作。每两设一“国库”、一礼拜堂，均由两司马主持。根据财产共有的原则，每家所得，扣除口粮外，其余全部送缴“国库”。“所有婚娶弥月喜事，俱用国库”。“其余鳏寡孤独残疾免役，皆颁国库以养”。太平天国希望用这个方案，建立“有田同耕，有饭同食，有衣同穿，有钱同使，无处不均匀，无人不饱暖”的理想社会。它所提出的平分土地方案，是对地主阶级土地所有制的否定，反映了广大贫苦农民的土地要求，对鼓舞斗志有积极作用。但采用了绝对平均主义，是不可能实现的。

0082. **五刑**

五刑有奴隶制五刑和封建制五刑之分：奴隶制五刑包括墨（在额头上刻字涂墨），劓（割鼻子），刵（也作腓，砍脚），宫（毁坏生殖器），大辟（死刑）。从夏代开始逐步确立，是一种野蛮的、不人道的、故意损伤受刑人肌体的刑罚。进入封建社会后，奴隶制肉刑开始逐渐被废除，从汉初的文、景帝废除肉刑开始，封建五刑产生。封建五刑分别为笞、杖、徒、流、死，最初在《北齐律》中作为刑罚体系得以体现，随后由唐朝律疏进一步完善，标志着中国刑罚制度的重大进步。隋代以后，五刑变为笞刑、杖刑、徒刑、流刑、死刑。封建五刑一直到清末才被废除。

六、文化交流

0083. 徐福渡海

中国有史记载的第一次航海探险。据《史记》记载，秦始皇希望长生不老，徐福（古书多作市）上书说海中有蓬莱、方丈、瀛洲三座仙山，有神仙居住。于是秦始皇派徐福率领童男童女数千人，预备三年粮食、衣履、药品和耕具，还携带了谷种，并有百工等入海求仙，探求长生之术。从此，秦王朝的徐福完成了中国有史记载以来的第一次航海探险和地理大发现。也有人说徐福渡海是秦始皇为了实现自己疆土四至的理想，就打着求仙药的幌子，派徐福出海，司马迁说，徐福到了一个“平原广泽”。《三国志》提到了徐福到达亶洲（一作澶洲）并滞留不归。有人认为亶洲就是日本，考古遗迹和传说证实了徐福漂流到了日本，现代人类学也为此提供了佐证。日本学者用人体解剖证实，日本人的头盖骨指数大多与中国浙江、江苏、安徽、福建人相同。

0084. 丝绸之路

丝绸之路，简称丝路。是指西汉时，由张骞出使西域开辟的以长安（今西安）为起点，经甘肃、新疆，到中亚、西亚，并联结地中海各国的陆上通道，这条道路也被称为“西北丝绸之路”。因为由这条路西运的货物中以丝绸制品的影响最大，故得此名。其基本走向定于两汉时期，丝绸之路一般可分为三段，而每一段又都可分为北中南三条线路。另外，还有在南北朝时期形成，在明末发挥巨大作用的海上丝绸之路和西北丝绸之路，在元末取代西北丝绸之路成为陆上交流通道的南方丝绸之路等等。丝绸之路一词最早来自于德国地理学家费迪南·冯·李希霍芬1877 年出版的《中国》。早期的丝绸之路上并不是以丝绸为主要交易物资，在公元前十五世纪左右，中国商人就已经出入塔克拉玛干沙漠边缘，购买产自现新疆地区的和田玉石，同时出售海贝等沿海特产，同中亚地区进行小规模贸易往来。在商代帝王武丁配偶坟茔的考古中人们发现了产自新疆的软玉。这说明至少在公元前十三世纪，中国就已经开始和西域乃至更远的地区进行商贸往来。依照晋人郭璞在《穆天子传》中的记载，前 963 年周穆王曾携带丝绸、金银的贵重品西行至里海沿岸，并将和田玉带回中国。虽然丝绸之路是沿线各国共同促进经贸发展的产物，但很多人认为，中国的张骞两次通西域，开辟了中外交流的新纪元。

0085. 张骞通西域

“西域”一词，最早见于《汉书·西域传》，是和张骞的名字分不开的。公元前 2 世纪，中国的西汉王朝经过文景之治后国力日渐强盛。汉武帝刘彻为打击匈奴，计划策动西域诸国与汉朝联合，于是派遣张骞前往此前被冒顿单于逐出故土的大月氏。建元二年（前 139），张骞带一百多随从从长安出发，日夜兼程

西行。张骞一行在途中被匈奴俘虏,遭到长达十余年的软禁。他们逃脱后历尽艰辛又继续西行,先后到达大宛国、大月氏、大夏。前126年张骞几经周折返回长安,出使时带着一百多人,历经十三年后,只剩下他和堂邑父两个人回来。张骞回来以后,向武帝报告了西域的情况。元狩四年(前119),张骞第二次出使西域。张骞率领三百人组成的使团,每人备两匹马,带牛羊万头,金帛货物价值"数千巨万",元鼎二年(前115)张骞回到长安。此后,汉朝派出的使者还到过安息(波斯)、身毒(印度)、犁轩(附属大秦的埃及亚历山大城)等,中国使者还受到安息专门组织的二万人的盛大欢迎。从此,汉与西域的交通建立起来。汉通西域,虽然起初是出于军事目的,但出使西域后汉夷文化交往频繁,中原文明通过"丝绸之路"迅速向四周传播,从西汉的敦煌,出玉门关,进入新疆,再从新疆连接中亚细亚的一条横贯东西的通道,再次畅通无阻。这条通道,就是后世闻名的"丝绸之路",它把西汉同中亚许多国家联系起来,从此,西域的核桃、葡萄、石榴、蚕豆、苜蓿等十几种植物,逐渐在中原栽培。龟兹的乐曲和胡琴等乐器,丰富了汉族人民的文化生活。此外,大宛的汗血马在汉代非常著名,名曰"天马"。中国蚕丝和冶铁术的西进,对促进人类文明的发展贡献甚大。

0086. 昭君和亲

汉宣帝时,北方的匈奴由于内部相互争斗,最后分裂为五个单于势力。公元前54年,有一个单于呼韩邪被他哥哥郅支单于打败,南迁至长城外的光禄塞下,希望同西汉结好,曾亲自来朝见汉宣帝。汉宣帝死后,元帝即位,公元前33年,呼韩邪单于再次亲到长安,要求同汉朝和亲。元帝决定挑选一个宫女当公主嫁给呼韩邪单于。这时,有一个宫女毅然表示愿意去匈奴和亲,她就是湖北秭归人王嫱(字昭君),长得十分美丽,又很有见识。元帝就吩咐大臣选择吉日,让呼韩邪和昭君在长安成了亲。临回匈奴前,王昭君向汉元帝告别的时候,汉元帝看到她又美丽又端庄,很想将她留下,但已经晚了。据说元帝回宫后,越想越懊恼,自己后宫有这样的美女,怎么会没发现呢?他叫人从宫女的画像中再拿出昭君的像来看,才知道画像上的昭君远不如本人可爱。为此,元帝极为恼怒,惩办了画工。王昭君到匈奴后,被封为"宁胡阏氏"(阏氏,音焉支,意思是"王后"),后来呼韩邪单于在西汉的支持下控制了匈奴全境,从而使匈奴同汉朝和好达半个世纪。昭君一面劝单于不要打仗,一面把中原的文化传给匈奴,使匈奴和汉朝和睦相处了六十年。

0087. 班超出使

班超(32—102),字仲升,扶风平陵(今陕西咸阳东北)人,东汉著名的军事家和外交家。他的父亲班彪、哥哥班固、妹妹班昭都是当时有名的史学家。汉明帝永平十六年(73),班超投笔从戎,随窦固征伐北匈奴,他的军事才能深得窦固赏识。为了联络西域各国孤立匈奴,窦固派他出使西域南道。鄯善国(今新疆若羌)是西域南道的必经之地,班超首先到达这里,攻杀匈奴使者,使鄯善国归附汉朝。班超因此得到汉明帝的赞赏,并再次受派出使西域。班超来到于阗(今新疆和田)。于阗是丝绸之路南道上的大国,这时,已臣属于匈奴,因而对汉使态度冷淡。于阗王听信神巫之言,说汉朝使者有一匹浅黑色的马,必须斩杀用来祭神,才能避免灾祸。于是于阗王派人向班超索马。班超将计就计,答应须得神巫亲自牵马。等神巫前来时,班超斩杀神巫,并对于阗王晓以利害,使于阗归服了汉朝。由于班超的努力,西域南道上的许多小国,也纷纷与汉朝通好,丝绸之路的南道基本打通,北道的东西两端也为汉朝所控制,西域五十余国重新归于东汉的管辖之下,保障了西北边疆的安全。和帝永元三年(91),班超出任西域都护,管辖西域各国,汉和帝下诏褒奖他的功劳,封为定远侯,故后世人称"班定远"。这位为丝绸之路复通和西域人民的安宁奉献了一生的人,为中华民族留下了一代雄风。

0088. **文成公主入藏**

隋唐之际,即公元七世纪前期,吐蕃族出现了一位杰出领袖名叫弃宗弄赞,以逻些(今拉萨)为首都,西藏的佛教史则称之为松赞干布,后来的历史文献均用此名。那时正是唐太宗贞观时期,松赞干布多次遣使来长安朝贡,欲娶唐朝公主为妻,唐太宗没有允许。贞观十四年(640),松赞干布派遣他的大相(职同宰相)禄东赞到长安聘婚。相传唐太宗在答应之前曾经"五难婚使"。五件难事之一就是要使者认出百匹母马与百匹驹马的母子关系。据说禄东赞将母马和驹马分别圈起来,并暂时断绝驹马的饮水和草料,过了一两天之后,把母马与驹马同时放出马厩,顿时出现了母觅子、子寻母的动人景象。唐太宗高兴地允许他立即迎娶文成公主入藏。松赞干布在公主到达西藏之后,为文成公主修建一座华丽的王宫,这就是今天布达拉宫的前身。在文成公主的主张下,藏人创造了三十个藏文字母和拼音造句文法,结束了藏人无文字的历史。当时唐朝盛行佛教,文成公主是一虔诚佛教信仰者,松赞干布在她的影响下,大力提倡佛教,还特地在拉萨修了大昭寺。文成公主本人还亲自传授了刺绣、纺织的技术。文成公主入藏,对加强汉族和藏族的往来,发展藏族的经济文化,作出了巨大的贡献。她曾设计和协助建造大昭寺和小昭寺,藏族人民至今在布达拉宫里还安置了文成公主和松赞干布的塑像,永徽元年(650),松赞干布去世后,文成公主一直居住在西藏。她热爱藏族同胞,深受百姓爱戴。

0089. **玄奘取经**

玄奘(602—664),俗姓陈,名祎。洛州缑氏(今河南偃师缑氏镇)人。唐佛教唯识宗创始人,佛经翻译家。玄奘"博涉经论,尝谓翻译者多有讹谬",且各派学说分歧,难做定论,于是决心赴天竺探本究源。当时唐朝"国政尚新,疆场未远,禁约百姓不许出蕃"。要出境必须获得朝廷的准许。贞观元年(627),玄奘上书请求朝廷准许自己西行求法，但未获唐太宗批准。史书是这样记载当时情形的：玄奘"结侣陈表，有敕不许，诸人咸退，唯法师不屈"。然而玄奘决心已定，乃"冒越宪章，私往天竺"。627年八月，玄奘西出玉门关，长途跋涉，他翻过终年积雪的凌山（今穆索岭），到亲叶（即碎叶），渡过乌游水（阿姆河），登临铁门关（今阿富汗境内的巴达克山），通过吐火罗，进入天竺西北部。631年，抵达摩揭陀国，并入天竺佛教最高学府那烂陀寺受学。后来，又游学天竺各地，著述立论，宣讲大乘，获得较大的声誉。643年，玄奘启程回国，携梵文佛经657部和各种佛像回到长安。玄奘在归国之时，行至于阗，先行上表，请求太宗赦其违旨西行之罪。太宗赦免了他的罪责。贞观十九年（645）唐太宗派大臣迎接，并举行欢迎大会。唐高宗麟德元年（664），玄奘圆寂于长安玉华寺，享寿65岁。唐高宗悲痛万分，叹曰："朕失国宝矣。"并为玄奘举行国葬。

0090. 鉴真东渡

鉴真是我国盛唐时期赴日本传播唐代文明和中华佛教文化的高僧。日本奈良时代，荣睿和普照两名年轻僧人，受日本亲王之使命赴唐，希望聘请德高望重的鉴真大师东渡，以学习其戒律。鉴真决定率众弟子东渡。正待启航时，随行的僧徒中出现不和，如海诬告日僧勾结海盗，第一次东渡失败。随后，鉴真揭榜治好了岭南道采访使母亲的病，得到一艘军船，从扬州开航后不幸触礁沉船，在荒岛上忍饥挨饿度过了八天八夜，第二次东渡失败。随后鉴真又觅船东渡，其大弟子灵佑不忍恩师年迈渡海，便发动僧众请官府阻留，官差将鉴真一行截获并押解回扬州。为避风头，荣睿和普照移居他乡，三年后二人再赴扬州与鉴真会合，试图秘密出海东渡。因遭遇狂风怒涛，再次受挫。鉴真因苦心焦虑患了眼疾，双目失明。在接二连三的沉重打击下，鉴真以"不遂本愿，决不罢休"的坚强意志，又回扬州作第六次东渡的准备。753年，日本天皇派遣唐使正式提出礼请鉴真赴日本弘法。唐玄宗恩准，66岁高龄且双目失明的鉴真携其弟子搭上了遣唐使船，第六次东渡，终于到达奈良，受到天皇为首的举国上下的热烈欢迎，封号"传灯大法师"，安置于东大寺。双目失明的鉴真为天皇、皇后和皇太子等人登坛授戒。鉴真在日本享有国宝级人物的待遇，被日本人民尊称为"盲圣"、"日本律宗太祖"、"日本医学之祖"、"日本文化的恩人"等。鉴真在奈良设计创建的唐招提寺，成为当时日本佛教徒的最高学府，被日本人民看作艺术明珠。鉴真在日本生活了十年，于763年在日本圆寂，享年76岁。鉴真东渡在中日文化交流史上写下了光辉的一页。

0091.《马可波罗游记》

马可·波罗（Marco Polo，1254—1324），世界著名的旅行家、商人。1254年生于意大利威尼斯一个商人家庭，也是旅行世家。他的父亲和叔叔都是威尼斯商人。马可·波罗17岁时跟随父亲和叔叔，途经中东，历时四年多来到中国，在中国游历了17年。回国后出了一本《马可·波罗游记》(又名《马可·波罗行纪》、《东方闻见录》)。记述了他在东方最富有的国家——中国的见闻,激起了欧洲人对东方的热烈向往,对以后新航路的开辟产生了巨大的影响。同时,西方地理学家还根据书中的描述,绘制了早期的"世界地图"。《马可·波罗游记》共分四卷,第一卷记载了马可·波罗诸人东游沿途见闻。第二卷记载了蒙古大汗忽必烈及其宫殿、都城、朝廷、政府、节庆、游猎等。还有他从北京南行至杭州、福州、泉州及诸海诸洲等事;第三卷记载日本、越南、东印度、南印度、印度洋沿岸及诸岛屿,非洲东部;第四卷记君临亚洲之成吉思汗后裔诸鞑靼宗王的战争和亚洲北部。每卷分章,每章叙述一地的情况或一件史事,共有229章。书中记述的国家,城市的地名达100多个,而其重点部分则是关于中国的叙述,以叙述中国为主的《游记》第二卷共82章,在全书中分量很大。马可·波罗和他的《马可·波罗游记》给欧洲开辟了一个新时代,大大促进了中西交通和文化交流。

0092. **郑和下西洋**

郑和(1371—1433),原姓马,名和,字三宝,出生在云南省一个世代信奉伊斯兰教的回族家庭。1381年明太祖朱元璋为了消灭盘踞云南的元朝残余势力,进军云南。在战乱中,11岁的郑和被明军俘虏,受到阉割,在军中做秀童。19岁时,被挑选送到北京的燕王府服役,逐渐得到朱棣的信任。后来朱棣为和他的侄子建文帝争夺皇位,进行了"靖难之役",郑和因功被提升为内官监太监,赐姓"郑",从此更名郑和,史称"三宝太监"。郑和下西洋的目的,有的说是明成祖怀疑建文帝流亡海外,派郑和等人寻找其踪迹;有的说是"耀兵异域,示中国富强"。这些说法都难令人信服。明成祖继位时,持续三年之久"靖难之役"及迁都北京使财政耗费极其浩大,加上当时中国周边的国际环境不够稳定,直接影响到中国南部的安全。为了弥补财政上的亏损,稳定中国南部,明成祖不惜耗巨资,于1405年,派郑和率船队首下西洋,奉行了"内安华夏,外抚四夷,一视同仁,共享太平"的和平外交政策。据史书记载,郑和船队是由240多艘海船组成的一支联合舰队,船队的主体船舶为宝船、马船、粮船、坐船和战船五类海船,即我们现在所说的指挥船、战船、补给运输船、交通船等。郑和每次下西洋的人数在两万七千人以上。当时西方哥伦布、达伽马、麦哲伦航海的人数、规模、船只的大小等,都无法同郑和相比。郑和下西洋,比哥伦布早了87年,比达伽马早了92年,比麦哲伦到达菲律宾早了116年。郑和下西洋的航线从西太平洋穿越印度洋,直达西亚和非洲东岸,到达南端的好望角,涉及三大洋,是此前的中国航海史上所没有的,在世界航海史上也居于领先地位。

七、考古发现

0093. 元谋人

元谋人，学名元谋直立人，或称元谋猿人。根据古地磁方法测定，元谋人的距今年代为170万年左右，属于旧石器时代早期的古人类（有争议，或认为约60万年到50万年前左右）。是迄今所知我国境内年代最早的直立人化石。“直立人”是指已能直立行走，并懂得制造石器的人类。1965年5月，考古队在云南元谋县上那蚌村附近元谋盆地边缘沉积层中发现了元谋人化石，包括两枚上内侧门齿，一为左上内侧门齿，一为右上内侧门齿，同属于一个成年个体，后来又发现了石器，考古学家将元谋人所处时期定为旧石器时代早期。在元谋人化石地层中还发现大量炭屑和两小块烧骨，这是当时人类用火的遗迹。此后，在这个县的蝴蝶梁子和豹子洞中发现了猿人牙齿160多颗，经测定，其中“东方人”的牙齿已有250万年，使我国人类的历史又向前推进了80万年！

0094. 蓝田人

蓝田人，曾泛指中国陕西省蓝田县的公王岭和陈家窝两地发现的旧石器时代早期的直立人化石。但不少学者主张，这一名称以专用于公王岭的直立人化石为宜，而另把陈家窝的直立人化石称作“陈家窝人”。公王岭地点的地质时代为中更新世早期，古地磁断代的年代数据，一是距今约一百万年，一是距今约八十万至七十五万年；陈家窝地点的地质时代亦属中更新世，用古地磁法测定的年代数据，一是距今约六十五万年，一是距今约五十万年。在公王岭，与人类化石同层，还出土了以三棱大尖状器为特色的石器，并发现了用火遗迹。公王岭的蓝田人化石有头盖骨、鼻骨、右上颌骨和三颗臼齿，同属于一个成年人，可能是女性。头盖骨低平，额部明显倾斜，吻部向前突出，表现出较为原始的形态。考古学家研究表明，蓝田人比后来的北京人大脑容量要小一些，大约有780毫升。但是有一点却引起了人们的关注，那就是他们已经能完全直立行走，而且这是已发现的亚洲北部最早的直立人。公王岭动物群最引人注目的地方，是它具有强烈的南方色彩，如其中的大熊猫、东方剑齿象、华南巨貘、中国貘、毛冠鹿和秦岭苏门羚等，都是华南及南亚更新世动物群的主要成员。陈家窝与公王岭不同，缺少带有强烈南方色彩的哺乳动物。有的学者认为，两个地点的直线距离只有22公里，动物群却存在如此大的差别，这一事实也反映了时代的不一致。

0095. 北京人

又称北京猿人，正式名称为“中国猿人北京种”，科学上常称之为“北京直立人”，生活在距今大约70到20万年。1921年发现于北京市西南房山区周口店龙骨山，1927年起进行发掘，1929年发掘出第一个完整的北京人头骨，此后又发现大量的石制品、骨角制品和用火遗迹。这些发现使这里成为世界上材料最系统、最丰富的直立人遗址。在北京人住过的山洞里有很厚的灰烬层，表明北京人已经会使用火和保存火种。研究发现，北京人通常几十人结成一群。寿命很短，大多数人在十四岁前就夭亡了。有些学者认为，当时已会制造骨角器。除狩猎外，可食的野果、嫩叶、块根，以及昆虫、鸟、蛙、蛇等小动物也是日常的食物来源。烧焦的朴树籽在洞内成层地发现，美洲的印第安人至今还食用这种野果。鹿、羚羊，也许还有野猪、水牛等大动物，偶尔也会成为北京人的猎物，它们的骨头常常在洞内出现，上面往往有清楚的砍切痕迹。科学家根据出土的动物和植物化石，得知昔日周口店一带森林茂密、水草丰盛，气候比今日华北温暖。北京人的发现意义重大，证明了直立人的存在，明确了人类发展的序列，为"从猿到人"的学说提供了有力的证据。1987 年，北京人遗址被联合国教科文组织定为世界文化遗产。

0096. **山顶洞人**

中国华北地区旧石器时代晚期的人类化石，属晚期智人。1930 年发现于北京市周口店龙骨山北京人遗址顶部的山顶洞，地质年代相当于欧洲旧石器晚期，山顶洞人的时代根据放射性碳测定约为 1.1—1.8 万年前。同时还出土了石器、骨角器和穿孔饰物，并发现了中国迄今所知最早的埋葬。山顶洞的人类化石共代表八个男女老少不同的个体。由头骨缝的愈合程度和牙齿的生长情况看，其中五个是成年人，包括男女壮年和超过六十岁的老人，一个是少年，一个是五岁的小孩，一个为婴儿。山顶洞人的体质已很进步。男性身高约为 1.74 米，女性为 1.59 米。山顶洞人处于母系氏族公社时期，他们仍用打制石器，但已掌握磨光和钻孔技术，会人工取火，靠采集、狩猎为生，还会捕鱼。山顶洞人已用骨针缝制衣服，懂得爱美。山顶洞人骨周围散布着红色的赤铁矿粉末，这是古人类有意识行为的结果，是埋葬死者的标志。它表现出人类思想意识上的一个进步。可能他们认为血液是生命的必要条件，在死者遗物上加上与血液同色的物质目的可能是希望提高死者的活力，有利于他在另一世界中的活动。在山顶洞人的洞穴里还发现了一些有孔的兽牙、海蚶壳和磨光的石珠，大概是他们佩戴的装饰品。山顶洞中还发现了四十八种哺乳动物化石，有落入天然陷阱的熊和虎的骨架，还有现在生活在炎热地带的猎豹和鸵鸟，说明当时的气候相当温暖。

0097. **河姆渡文化**

河姆渡文化是中国长江流域下游地区新石器时期文化，1973 年夏首次发现于浙江余姚河姆渡。它主要分布在杭州湾南岸的宁绍平原及舟山群岛。经科学的方法进行测定，它的年代为公元前五千年至公元前三千三百年。河姆渡文化的骨器制作比较进步，有耜、鱼镖、镞、哨、匕、锥、锯形器等器物，精心磨制而成，一些有柄骨匕、骨笄上雕刻花纹或双头连体鸟纹图案。河姆渡文化的农具，最具有代表性的是大量使用耒耜。稻穗纹陶盆上印有稻穗的图案，弯弯的稻穗图案使人想象到，河姆渡时期的人们已经开始了水稻的栽培。1987 年的发掘中从遗址中出土了大量的稻壳，据发掘报告说总量达到一百五十吨之多，在已经碳化的稻壳中可以看到稻米，分析的结果确认这是七千前的稻米。遗址中还出土有许多动植物遗存，如橡子、菱角、桃子、酸枣、葫芦、薏米仁、菌类与藻类等。生活用器，以陶器为主，并有少量木器，出土了我国最早的漆器。河姆渡文化时期人们的居住地已形成大小各异的村落，并发现了我国最早的水井遗迹。在村落遗址中有许多房屋建筑基址。河姆渡文化的建筑形式主要是栽桩架板高于地面的干栏式建筑。干栏式建筑是中国长江以南新石器时代以来的重要建筑形式之一，它与北方地区同时期的半地穴房屋有着明显差别。此外，从河姆渡发现的鲸、鲨等海生动物骨骸分析，这些东临大海的河姆渡人至迟在七千年前已能借助于原始的水上交通工具，开始从事海洋捕捞活动了，从而为随后的河姆渡文化晚期的居民迁居舟山群岛准备了条件。

0098. 仰韶文化

仰韶文化是黄河中下游地区重要的新石器时代文化。1921 年在河南省三门峡市渑池县仰韶村首次被发现，所以被称为仰韶文化，它的持续时间大约在公元前五千年至前三千年，主要分布于黄河中下游一带，以河南西部、陕西渭河流域和山西西南的狭长地带为中心，东至河北中部，南达汉水中上游，西及甘肃洮河流域，北抵内蒙古河套地区。已发掘出近百处文化遗址，出土文物均反映出较同一的文化特征。仰韶文化是一个以农业为主的文化，其村落或大或小，比较大的村落的房屋有一定的布局，周围有一条围沟，村落外有墓地和窑场，反映出当时有较严密的氏族公社制度。生产工具以较发达的磨制石器为主，骨器也相当精致。有较发达的农业，作物为粟和黍。饲养家畜主要是猪，并有狗。也从事狩猎、捕鱼和采集。仰韶文化制陶业发达，较好地掌握了选用陶土、造型、装饰等工序。这时的陶器是以红陶为主，灰陶、黑陶次之。红陶器上常有彩绘的几何形图案或动物形花纹，是仰韶文化的最明显特征，故也称彩陶文化。在濮阳西水坡又发现用蚌壳摆塑的龙虎图案，是中国迄今所知最完整的原始时代龙虎形象。仰韶文化属于母系氏族公社制繁荣时期的文化。早期盛行集体合葬和同性合葬，几百人埋在一个公共墓地，排列有序。各墓规模和随葬品差别很小，但女子随葬品略多于男子。

0099. 红山文化

红山文化年代为公元前四千至前三千年。因最早发现于内蒙古自治区赤峰市郊的红山遗址而得名。红山文化全面反映了我国北方地区新石器时代文化特征和内涵，是北方细石器文化和仰韶文化的结合。其后，在邻近地区发现有与赤峰红山遗址相似或相同的文化特征的诸遗址，统称为红山文化。已发现并确定属于这个文化系统的遗址，遍布辽宁西部地区，几近千处。红山文化以辽河流域中辽河支流西拉木仑河、老哈河、大凌河为中心，分布面积达二十万平方公里，这里是衔接东北平原和蒙古高原的三角地带，也是中原农耕文化与北方草原文化的交汇区域，延续时间达两千年之久。红山文化的社会形态初期处于母系氏族社会的全盛时期，晚期逐渐向父系氏族过渡。经济形态以农业为主，兼以牧、渔、猎并存。细石器工具发达，还有磨制和打制的双孔石刀、石耜、有肩石锄、石磨盘、石磨棒和石镞等。彩陶多为泥质，以红陶黑彩为多，花纹十分丰富，造型生动朴实。玉雕工艺水平较高，其中出土自内蒙古赤峰红山的大型碧玉C形龙，周身卷曲，吻部高昂，毛发飘举，极富动感。还发现相当多的冶铜用坩埚残片，说明冶铜业已经产生。

0100. **大汶口文化**

大汶口文化始自公元前四千三百年，延续时间约两千年左右，到公元前二千五百年左右发展成山东龙山文化。大汶口文化因1959年首先发现于山东省泰安县大汶口遗址而得名。在大汶口文化的后期墓葬中，出现了夫妻合葬和夫妻带小孩的合葬，它标志着只知其母不知其父的母系社会的结束，开始或已经进入了父系氏族社会。大小墓的鲜明对比，表明私有制产生，已出现贫富分化。大汶口文化以农业生产为主，兼营畜牧业，辅以狩猎和捕鱼业。在三里河遗址的一个窖穴中，发掘出大量牛、羊、猪、狗等家畜骨骼，生产工具仍以石器为主，兼有一些骨器、角器和蚌器。制陶技术较前已有很大提高，陶质有红、灰、黑和白陶四类。雕塑工艺品不仅数量多，而且有较高的艺术水平，如象牙梳、雕刻骨珠、骨梳、牙雕饰、穿孔玉珠以及陶塑动物等。当时居民中盛行枕骨人工变形和青春期拔除一对侧上门齿，有的长期口含小石球或陶球，造成颌骨内缩变形。还流行在死者腰部放穿孔龟甲，死者手握獐牙或獐牙钩形器。这些习俗为中国其他史前文化所罕见。在莒县陵阳河、大朱村、杭头和诸城前寨等遗址，还发现刻在陶尊上的陶文，引起考古学家和古文字学家的重视。大汶口文化的发现，使黄河下游原始文化的历史，由四千多年前的龙山文化向前推进了两千多年，为山东地区的龙山文化找到了渊源，也为研究黄淮流域及山东、江浙沿海地区原始文化，提供了重要线索。

0101. **龙山文化**

1928年的春天，考古学家吴金鼎在山东省章丘市龙山镇发现了举世闻名的城子崖遗址。他在城子崖台地的西面断层上，发掘出了与石器、骨器共存的大量色泽乌黑、表面光滑的陶片，这也就是日后龙山文化的代表黑陶。考古学家最初称其为黑陶文化。后来，考古学家把这种以黑陶为主要特征的文化遗存命名为“龙山文化”。在城子崖之前，中国出土的古陶器大都是含沙量极高的彩陶和红陶,而以河泥为原料的黑陶可以说是四千多年前东夷民族所独有的创造。城子崖出土的黑陶艺术品蛋壳杯杯壁只有0.5毫米厚,重量只有50克左右,是黑陶中的极品。自龙山遗址发现以来,考古学家分别在河南、陕西、山西、湖北等地发现了这一时期的文化遗存。但因其文化面貌不尽相同,所以又分别命名为河南龙山文化、陕西龙山文化、湖北石家河文化、山西陶寺类型龙山文化,通称之为龙山时代文化。这一时期文化的最显著的特征便是城址的发现。如在山东地区,除城子崖龙山城址之外,还有寿光边线王城址等。其他地区则发现有淮阳平粮台城址、登封王城岗城址、郾城郝家台城址、辉县孟庄城址等。龙山文化处于中国新石器时代晚期,这个时期陕西地区的农业和畜牧业较仰韶文化有了很大的发展,生产工具的数量及种类均大为增长,这大大提高了生产效率。同时,占卜等巫术活动亦较为盛行。从社会形态看,当时已经进入了父权制社会,私有财产已经出现,开始跨入阶级社会门槛。

0102. **殷墟甲骨**

1899年,清代国子监祭酒、著名金石学家王懿荣在用作中药的"龙骨"上发现契刻符号,由此发现了三千多年前中原人民使用的古文字。经过罗振玉的查访,始知契刻文字的甲骨出土于河南安阳西北五里的小屯村。罗振玉还辨认出甲骨刻辞中有商人先公先王的名号,确认这些甲骨是商王室遗物。商王占卜用的甲骨在洹水南的小屯村出土,证明了此地即《史记·项羽本纪》所记项羽与秦章邯军交战时所驻之"洹水南之殷墟",亦即《括地志》所记"相州安阳本盘庚所都,即北蒙殷墟"。王国维据卜辞中受祭帝王有康丁、武乙、文丁,确认帝乙之世仍建都于此。经过深入研究,学者们找到了武丁至帝辛的各王祭祀卜辞,据此,证实了《古本竹书纪年》"自盘庚迁殷至纣之灭二百七十三年更不徙都"之说为可信。殷王室占卜记事用的甲骨的发现导致了殷墟的发现,到目前为止,殷墟仍是中国文明社会初创时期可以肯定确切位置的最早都城。

殷墟甲骨文是现今所见中国最早的具有完备体系的文字,殷墟甲骨刻辞是现今所见中国最早的时王纪实文辞,因而成为语言文字学、历史学、民族学、天文学、气象学、农学、医学、历史地理学、考古学等多种学科的重要原始资料。在殷墟,已陆续发掘出了殷代的宫殿、宗庙、王陵、贵族和平民墓葬、祭祀坑、作坊等遗址及用青铜、玉石、骨蚌等制作的礼器和生产、生活、作战用具等遗物,为研究殷商社会面貌提供了丰富的资料。

0103. **司母戊大方鼎**

司母戊鼎是中国商代后期商王祖庚或祖甲为祭祀其母而铸造的。1939年3月19日在河南省安阳市武官村一农地中出土,因其腹部著有"司母戊"三字而得名。鼎形制雄伟,重达八百三十多公斤,是迄今为止世界上发现的最大的青铜器。司母戊鼎初为乡人私自挖掘,出土后因过大过重不易搬迁,私掘者又将其重新掩埋。司母戊鼎在1946年6月重新出土，于1959年入藏中国历史博物馆。司母戊鼎的鼎身和鼎足为整体铸成，鼎耳是在鼎身铸好后再装范浇铸的。铸造这样高大的铜器，所需金属料当在一千公斤以上，且必须有较大的熔炉。经测定，司母戊鼎含铜84.77%、锡11.64%、铅27.9%，与古文献记载制鼎的铜锡比例基本相符。

鼎为中国古代炊食器，早在七千多年前就出现了陶制的鼎，铜鼎则是商周时期最为重要的礼器。司母戊鼎除鼎身四面中央是无纹饰的长方形素面外，其余各处皆有纹饰。在细密的云雷纹之上，各部分主纹饰各具形态。鼎身四面在方形素面周围以饕餮作为主要纹饰，四面交接处，则饰以扉棱，扉棱之上为牛首，下为饕餮。鼎耳外廓有两只猛虎，虎口相对，中含人头。耳侧以鱼纹为饰。四只鼎足的纹饰也匠心独具，在三道弦纹之上各施以兽面。据考证，司母戊鼎应是商王室重器，其造型、纹饰、工艺均达到很高的水平，是商代青铜文化顶峰时期的代表作。

0104. 侯马盟书

“侯马盟书”是1965年山西省文物工作委员会在发掘山西侯马晋城遗址时发现，同年11月至次年5月发掘。侯马盟书是春秋晚期晋定公十五年到二十三年（前497～前489）晋国世卿赵鞅同卿大夫间举行盟誓的约信文书。当时的诸侯和卿大夫为了巩固内部团结，打击敌对势力，经常举行这种盟誓活动。盟书一式二份，一份藏在盟府，一份埋于地下或沉在河里，以取信于神鬼。侯马盟书是用毛笔将盟辞书写在玉石片上，字迹一般为朱红色，少数为黑色。字体近于春秋晚期的铜器铭文。“盟誓遗址”在侯马晋城遗址的东南部，面积约3800平方米，分“埋书区”和“埋牲区”两部分。在盟誓遗址内共发现坎（埋牲的土坑）四百余个，坎的底部一般都瘗埋有牺牲，大坎埋牛、马、羊，小坎埋羊或盟书。绝大部分坎的北壁底部还有一个小龛，其中放一件古时称为“币”的祭玉，个别坑埋有数件。这些玉币和牺牲都是在盟誓时向神或祖先奉献的祭品。用作祭祀的玉币雕琢纤细，颇为精美。书写盟书的玉石片，绝大多数呈圭形，最大的长32厘米，宽近4厘米，小的长18厘米，宽不到2厘米。这批文物对研究中国先秦时期春秋战国之交的历史，特别是晋国末期的历史增添了新鲜材料。它的发现对研究中国古代盟誓制度、古文字、书法艺术、历法、社会学、风俗习惯等以及晋国历史均有重大意义。

0105. 曾侯乙墓

战国初期曾（随）国国君乙的墓葬，位于湖北随州市擂鼓墩。葬于公元前433年或稍后，1978年发掘。整个墓葬分作东、中、北、西四室。东室置曾侯乙木棺，双重，外棺有青铜框架，内棺外面彩绘门窗及守卫的神兽武士。中室放置随葬的礼乐器。北室放置兵器及车马器等。西室置殉葬人木棺十三具。墓中

共出土随葬品一万五千多件，其中有一套曾侯乙编钟，是迄今发现的最完整最大的一套青铜编钟。钟在我国商朝时就已出现，人们按钟的大小、音律、音高把钟编成组，制成编钟，演奏悠扬悦耳的乐曲。曾侯乙编钟共六十四枚，八组，分三层悬挂在铜、木做成的钟架上。钟架由六个佩剑的青铜武士和几根圆柱承载，总重量达三千五百千克，它的重量、体积在编钟中是罕见的。尤为可贵的是，钟体和附件上，还篆刻有两千八百多字的错金铭文，记载了先秦时期的乐学理论以及曾和周、楚、齐等诸侯国的律名和阶名的相互对应关系，这一重大发现，摒弃了“中国的七声音阶是从欧洲传来、不能旋宫转调”的说法，被认为是世界音乐史上的重大发现。墓中还出土了编磬、鼓、瑟、笙、排箫等大量乐器，为研究中国古代音乐史提供了珍贵的实物资料。出土的一件漆木衣箱盖上，绘有包括青龙、白虎、北斗图形及二十八宿名称的天文图像，说明中国是世界上最早创立二十八宿体系的国家之一。曾侯乙墓出土的漆器有二百二十多件，是楚墓中年代最早也是最为精彩的，体现了楚文化的神韵。

0106. 郭店楚简

郭店楚简，又称郭店楚墓竹简，是中国湖北省荆门市纪山镇郭店一号战国楚墓内的竹简，1993 年 10 月出土，经考证郭店楚简抄写成书的时间不晚于公元前三百年，大约相当于战国中期，是到目前为止中国所发现最早的原装书。郭店楚简共八百零四枚，经整理之有字竹简七百零三枚，另残简二十七枚，总字数计一万三千多个。竹简年代属战国中期偏晚，内容包括《老子》、《太一生水》、《缁衣》、《五行》等十六篇道家及儒家著作。秦始皇焚书坑儒时焚毁了大量先秦典籍，郭店楚简则提供了很珍贵的历史资料。郭店楚简所载内容与传世儒道经典颇有不同，比如今本《道德经》第十九章为：“绝圣弃智，民利百倍；绝仁弃义，民复孝慈；绝巧弃利，盗贼无有。”竹简《老子》甲却是：“绝智弃辩，民利百倍；绝巧弃利，盗贼亡有；绝为弃作，民复孝慈。”哈佛大学杜维明教授说：郭店楚简出土以后，整个中国哲学史、中国学术史都需要重写。

0107. 三星堆遗址

距离四川广汉约三四公里，有三座突兀在成都平原上的黄土堆，三星堆因此而得名。1929 年春，当地农民燕道诚在宅旁挖水沟时，发现了一坑精美的玉器，由此拉开三星堆文明的研究序幕。1986 年，三星堆两个商代大型祭祀坑的发现，上千件稀世之宝赫然显世，轰动了世界，被誉为世界“第九大奇迹”。三星堆文化来自何方？这里数量庞大的青铜人像、动物像不归属于中原青铜器的任何一类。青铜器上没有留下一个文字，简直让人不可思议。一个民族必备的文明要素，三星堆都已具备，只缺文字。出土的“三星堆人”高鼻深目、颧面突出、阔嘴大耳，耳朵上还有穿孔。三星堆发掘出土的大量青铜器中，基本上没有生活用品，绝大多数是祭祀用品，表明古蜀国的原始宗教体系已比较完整。这些祭祀用品带有不同地域的文化特点，特别是青铜雕像、金杖等，与世界上著名的玛雅文化、古埃及文化非常接近。在坑中出土了五千多枚海贝，经鉴定来自印度洋。还有六十多根象牙则引起了学者们“土著象牙”与“外来象牙”的争议。在祭祀坑中发现了一件价值连城的瑰宝——世界最早的金杖。因为三星堆遗址的发现，与长期以来历史学界对巴蜀文化的认识大相径庭。三星堆遗址证明，古代巴蜀地区应是中国夏商时期前后、甚至更早的一个重要的文化中心，并与中原文化有着一定的联系，验证了古代文献中对古蜀国记载的真实性，将古蜀国的历史推前到五千年前，证明了长江流域与黄河流域一样同是中华民族的发祥地。

0108. **兵马俑**

据史书记载：秦始皇嬴政从十三岁即位时就开始营建陵园，直到他五十岁死去，修筑时间长达三十八年，开创历代统治者奢侈厚葬之先例。秦始皇兵马俑坑是秦始皇陵的陪葬坑，位于陵园东侧。昔日，这里是一片坟地，当地农民在掘墓时曾发现有像人一样的东西。1974 年 3 月，在陵东的西杨村村民抗旱打井时，在陵墓以东三里的下和村和五垃村之间，发现规模宏大的秦始皇陵兵马俑坑，经考古工作者的发掘，在陵园东 1.5 公里处发现从葬兵马俑坑三处，成品字形排列，面积共达两万平方米以上，出土陶俑八千件、战车百乘以及数万件实物兵器等文物。1980 年又在陵园西侧出土青铜铸大型车马二乘。这组彩绘铜车马，是迄今中国发现的体形最大、装饰最华丽、结构和系驾最逼真、最完整的古代铜车马，被誉为“青铜之冠”。秦始皇兵马俑陪葬坑，是世界最大的地下军事博物馆。俑坑布局合理，结构奇特，在深五米左右的坑底，每隔三米架起一道东西向的承重墙，兵马俑排列在墙间空档的过洞中。这支队伍阵容齐整，装备完备，威风凛凛，气壮山河，是秦始皇当年浩荡大军的艺术再现，具有强烈的艺术感染力。1961 年，国务院将秦始皇陵定为全国文物重点保护单位。1987 年，秦始皇陵及兵马俑坑被联合国教科文组织批准列入《世界遗产名录》。在兵马俑一号坑址上建成的拱形展厅，设立了“秦始皇陵兵马俑博物馆”，正式向游客开放。

0109. **金缕玉衣**

金缕玉衣，按死者等级分为金缕、银镂、铜缕，是汉代皇帝和贵族规格最高的殓服，大致出现在西汉文景时期。玉衣也叫“玉匣”、“玉押”。据《西京杂志》记载，汉代帝王下葬都用“珠襦玉匣”。汉代人认为玉是“山岳精英”，将金玉置于人身九窍，人的精气不会外泄，尸骨不腐，可求来世再生。玉衣的起源，可以追溯到东周时的“缀玉面幕”、“缀玉衣服”，到三国时曹丕下诏禁用玉衣，共流行了四百年。到目前为止，全国共发现玉衣二十余件。1968 年，河北满城汉中山靖王刘胜夫妇墓出土的两套金缕玉衣，刘胜的玉衣共用玉片二千四百九十八片，金丝重一千一百克，窦绾的玉衣共用玉片二千一百六十片，金丝重七百克，其制作所费的人力和物力是十分惊人的，是旷世难得的艺术瑰宝。外观上看“玉衣”的形状和人体几乎一模一样。头部脸盖上刻制出眼、鼻和嘴的形象。鼻子是用五块长条瓦状玉片合拢而成，惟妙惟肖。在“玉衣”的头部，有眼盖、鼻塞、耳塞和口琀，下腹部有罩生殖器用的小盒和肛门塞，都是玉制品。玉雕技艺是我国独有，汉朝也是玉雕装饰盛行的时期。从长沙出土的金缕玉衣残片来看，它不仅只是简单磨成玉片而已，上面还雕有花纹。

0110. **马王堆汉墓**

西汉初期长沙国丞相、轪侯利仓及其家属的墓葬，1972 年至 1974 年，先后在长沙市区东郊浏阳河旁的马王堆乡挖掘出土。一号汉墓出土的女尸，已有二千一百多年，尸体长 154 厘米，外形完整，全身润泽柔软，部分毛发尚存，部分关节可以弯动，许多软组织丰满柔润而有弹性。古尸内脏器官保持了完整的外形，相对位置基本正常。这是世界上已发现的保存时间最长的一具湿尸，是防腐学上的奇迹，震惊世界。马王堆汉墓的发掘，对我国的历史和科学研究均有巨大价值，其出土文物异常珍贵。马王堆三座汉墓共出土珍贵文物三千多件，绝大多数保存完好。其中五百多件各种漆器，制作精致，纹饰华丽。一号墓的彩绘漆棺，色泽如新。还有大量丝织品，保护完好，品种众多，有绢、绮、罗、纱、锦等。有一件素纱禅衣，轻若烟雾，薄如蝉翼，长 1.28 米，重量仅 49 克，真是巧夺天工。出土的帛画，为我国现存最早的描写当时现实生活的大型作品。马王堆汉墓还发现了大批帛书和两卷医简，绝大多数是古佚书。从三号墓中出土的帛书《五十二病方》，经考证可能比《黄帝内经》还早，书中提到一百多种疾病的名称，共载方二百八十多个，这是我国现在所能看到的最早的方剂。此外还有两幅古地图。马王堆一号墓出土有二十五弦瑟，是目前发现的唯一完整的西汉初期瑟。三号墓除出土瑟、竽外，又有七弦琴和六孔箫，这些都是首次发现的西汉实物。

0111. **敦煌藏经洞**

藏经洞是敦煌莫高窟第 17 窟的俗称。光绪二十六年(1900)五月，道士王圆箓清除第 16 窟甬道积沙时，偶然发现了这个藏经洞。藏经洞封闭的原因与时间，几十年来，众说纷纭。主张避难说的人认为宋初西夏人攻打敦煌，寺院为了躲避西夏人的进攻，匆匆封起了洞口。然而有人提出了异议：西夏人同样是信奉佛教的，寺院的担忧岂非多虑？主张“废弃说”的认为藏经洞里的卷子是寺院不再需要的东西，佛教有个习惯，写过字的纸是不能随便烧毁的，于是就随意堆弃在那里。然而一切只是猜测，真实的答案被浩瀚的历史永久地掩盖了。藏经洞封存了四至十一世纪初的文献、绢画、纸画、法器等各类文物，约计五万件，五千余种，其中 90% 是宗教文书，非宗教文书占 10%。后者的内容包罗万象，经、史、子、集、诗、词、曲赋、通俗文学、水经、地志、历书、星图、医学、数学、纺织、酿酒、熬糖、棋经等一应俱全，还有大量民间买卖契约、借贷典当、账簿、户籍、信札等。文书除汉语写本外，还有古藏文、于阗文、梵文、回鹘文、突厥文、龟兹文等写本。此外还有一批木版画、绢画、麻布画、粉本、丝织品、剪纸等作品。这些来自丝绸之路的中世纪珍宝，与殷墟甲骨文、居延汉简、明清档案，被誉为中国近代古文献的四大发现。但由于最初发现时的原貌没有一份详细而科学的记录和目录，至今藏经洞珍宝的确切数量众说不一。目前，敦煌学已经形成为一门具有世界意义的学科。过去，敦煌遗书曾被狭隘地理解为华夏文化或是佛教文化的体现，而实际上它们是世界文明的浓缩。

0112. **居延汉简**

在内蒙古自治区额济纳旗和甘肃北部额济纳河流域绵延三百公里，先秦时称“弱水流沙”（匈奴语），秦汉以后称“居延”。西汉武帝时，为了防御匈奴入侵，于太初三年（前 102）沿弱水（今额济纳河流域）两岸修筑了屯戍要塞，后因缺水而废弃。如今，这里又因雨水奇缺，气候干燥，使大量文物得以幸存，包括居延汉简。在 1930 年和 1972 年两次发掘中，获简牍三万余枚，多为汉代之物，故称居延汉简。居延汉简有新旧两部分组成，人们习惯上将 1930 年出土的称旧简，1972 年至 1976 年出土的叫新简。居延汉简大多发掘于金塔县境内肩水金关、大湾城、地湾城等汉代烽燧遗址，这些烽燧遗址因此而出名。居延汉简多是汉代边塞屯戍档案，一小部分是书籍、历谱和私人信件等。其数量之多，在全世界范围内，也是首屈一指、无与伦比的。居延汉简多为木简，少数为竹简，居延汉简书体为隶书章草，它的内容包括了当时社会的政治、经济、军事、科技、文化等方方面面，具有极高的科学、历史与文物价值。居延汉简纪年简最早者是汉武帝太初三年（前 102），最晚者是汉灵帝建宁二年（169），为汉代历史的研究开辟了一个新的领域。

八、金石学

0113. **拓片**

拓片是以纸紧覆在器物上，将原件的纹样用墨打印出来而得到的纸张。它是一种记录史料的工具，也是记录史料的方法。它是从原物直接印下来的，能够清晰、完整、准确、生动、真实地反映原件的纹样和神韵。

拓片大致可以分为两类：干拓、湿拓。常见的是湿拓，工艺大致如下：制作拓片之前，先把要拓的花纹或文字尽可能剔刷清楚，用大小合适的宣纸盖上，把纸轻轻润湿，然后在湿纸上蒙一层柔软吸水的纸保护宣纸纸面，用毛刷轻轻敲捶，使湿纸贴附在该物表面，随着它的花纹文字而起伏凹凸。再除去蒙上的那层纸，等湿纸稍干后，用扑子蘸适量的墨，使墨敷匀在扑子面上，向纸上轻轻扑打,就会形成黑白分明的拓片。

拓片应用广泛,诸如甲骨文字、铜器铭文、碑刻、摩崖、墓志铭、古钱币、画像砖、画像石等,都可以使用这种办法,为研究者提供最接原貌的准确资料。一般说来,越早期的拓片越珍贵,尤其在原件已经散佚、破坏或者不易见到的时候,拓片的价值就更显重要。

0114. 石鼓文

我国现存最早的石刻文字,因为文字是刻在鼓形石头上的,所以称“石鼓文”。

唐初在天兴三畤原(在今陕西宝鸡凤翔县)发现了十只高90厘米、直径约60厘米的花岗岩石鼓,随即被迁入凤翔孔庙,五代时曾散于民间,宋代几经周折,始复聚齐,现藏北京故宫博物院。石鼓出土后,杜甫、韦应物等诗人即为其赋诗,韩愈还写下了著名的《石鼓歌》。石鼓文原文应在七百字以上,由于历史悠久,水侵风蚀,现仅存二百七十二字,有的鼓上一字无存。石鼓文所刻均为四言诗,内容是记述秦国国君游猎的,所以又名“猎碣”。唐人认为石鼓是周宣王时期刻石,宋人欧阳修提出怀疑,但还是认为是周宣王时史籀所作,宋人郑樵则认为是先秦之物,惠文王之后、秦始皇之前,罗振玉和马叙伦都认为是秦文公时物,郭沫若、马衡、唐兰等人都认为是战国后期秦人所刻。

从字体上看,石鼓文为古籀体(大篆),书法浑厚自然,方正浑圆,匀称秀美,集大籀之成,开小篆之先河,明显具有大篆向秦小篆转变的特征,在书法史上起着承前启后的作用。石鼓文还是历代书家研习篆书的重要范本,康有为誉为“书家第一法则”。

0115.《金石录》

北宋金石学著作,赵明诚撰。赵明诚(1081—1129),字德父(又作德甫),密州诸城(今山东诸城)人。他的妻子是宋代著名词人李清照,夫妇二人不仅爱好文学,对金石书画也有相当高的造诣。赵明诚终生致力于金石之学,常与妻子共同出入汴梁的大相国寺,搜集碑帖拓本。夫妇二人节衣缩食,一起搜罗金石书画,一起研究把玩,其乐融融,令人神往。经过多年的寻访查找,在李清照的帮助下,编成了《金石录》一书。不幸的是,北宋末年金人占领汴京,河北、山东相继沦陷,赵明诚夫妇逃避到江南,所藏金石书画在辗转过程中全部遗失,赵明诚也在流亡中病故。数年后,当李清照重新翻阅《金石录》,遥忆赵明诚,面对国破家亡、物是人非,一时间百感交集,写下了千古奇文《金石录后序》,备述一生遭际和文物聚散,让人扼腕叹息。《金石录》三十卷,记录了赵明诚夫妇所见到的上自上古三代,下至隋唐五代以来,钟鼎彝器的铭文款识和碑铭墓志等石刻文字,碑刻目录详细,大多注明碑文的撰写人和书写人及立碑时间。全书考订精核,评论独具卓识,是我国最早的碑刻目录和研究专著之一。

0116.《**金石萃编**》

清代著名金石学著作，王昶编撰。王昶(1725—1806)，字德甫，号述庵，又号兰泉，江苏青浦(今上海市)人，乾隆年间进士，官至刑部右侍郎。学识广博，尤精金石考据之学，宦迹所及，即遍搜碑刻文字、铜器砖瓦铭文，尤其注意新出土文献，是清代著名的学者。平生著述丰富，《金石萃编》是其中的一部。

《金石萃编》为王昶历时五十年，于嘉庆十年编成。全书一百六十卷，收集了一千多种商周铜器和历代石刻拓本。所收录的碑刻文字之多，可以说是空前绝后。本书的体例是：题目下注明碑刻、器物的尺寸和存处，汉以前的按原来的篆文或隶书摹写，汉以后的用楷书，大大提高了记述的生动性和准确性；碑文之后附有见于各金石书或文集中的有关题跋，汇总了大量信息，方便查阅；最后为编者的考释或按语。全书体例精严，网罗宏富，一向被视为清代金石学之集大成者，是查考石刻文字资料和相关考证成果的最常用书籍。参与全书编纂工作的还有朱文藻、钱侗二人。

道光、咸丰时，为这本书作补编、续编者有好几家，其中陆耀遹的《金石续编》二十一卷成就最高，《金石续编》共收录了从汉到宋、辽、金、西夏的石刻文字四百余种，另外还有铜器、钟铭等十余种。书的体例模仿《萃编》，另外在许多条之后又有陆氏的题识。

0117. **吴大澂**

吴大澂(1835—1902)，初名大淳，字止敬、清卿，号恒轩、愙斋、白云山樵，江苏省吴县人。清代著名学者、金石学家、书画家。他对金石文字有精深的研究，开拓了对先秦文字的广阔的视野。在青铜器和铭文的著录和考释方面，他的著述主要有《恒轩所见所藏吉金录》二卷，《愙斋集古录》二十六卷；对玉器、度量衡方面研究的著述有《古玉图考》、《权衡度量考》。吴大澂又根据铭文、古玺、陶文、古币文字写成《语文古籀补》十四卷。他的著述的特点是绘图精良、摹文细致、考证尽量准确。

吴大澂还擅长书法和绘画，书法以篆书最为著名。他学习秦代小篆刻石，书法酷似李阳冰。后受杨沂孙的启示，将小篆与金文相结合，并用这种方法书写《论语》、《孝经》以及信札。他的篆书大小参差、渊雅朴茂，在当时是一种创造。吴大澂在学术上颇有建树，在官场上也官运亨通，曾经做过翰林院编修、陕甘学政，曾督办吉林防务，并奉命出使珲春，勘察中俄东部边界，官至广东、湖南巡抚，河东河道总督等。甲午战争期间，他得到了一枚“度辽将军”的汉印，以为吉兆，遂从湖南巡抚任上请兵出征，结果被打得大败。黄遵宪写《度辽将军歌》讥讽他：“弃冠脱剑无人惜，只幸腰间印未失。”

九、历史事件

0118. 国人暴动

西周时期,周族的平民和奴隶主贵族驻守在城邦或都邑中,称为国人,有参政的权利和服兵役的义务。而商族的农民和奴隶只能住在郊外,称为野人。周厉王姬胡暴虐专制,利令智昏,宠信虢公长父、荣夷公等佞臣,并派卫巫监谤,禁止国人谈论国事,违者则杀。天下人人自危,道路以目。大臣召穆公虎进谏,指出"防民之口,甚于防川",厉王终不肯听。公元前841年,愤怒的国人忍无可忍,起而暴动,攻入王宫。厉王出奔,渡黄河逃走。太子藏匿在召公家里,国人围攻召公家,召公把自己的儿子假冒太子送出去,被国人杀死。这场国人起义赶走暴君的事件,史称"国人暴动"。宗周无主,朝政遂由大臣周定公、召穆公共同执掌,史称"周召共和"或"共和行政"。这一年即为"共和元年",是中国历史上有确切纪年的开始。

0119. 平王东迁

西周末年,少数民族频繁入侵中原。公元前711年,周幽王因宠爱褒姒,想杀掉太子宜臼,立褒姒的儿子伯服为太子。宜臼的母亲是申侯的女儿,申侯联合犬戎攻破镐京。周幽王点起烽火求援,众诸侯因以前周幽王为博得褒姒一笑而"烽火戏诸侯",不加理会。周幽王最后被杀于骊山,西周灭亡。其后众诸侯拥立太子宜臼为王,是为周平王。因镐京曾发生过地震受损,又接近戎、狄等外患,于是平王在即位后第二年(前770),将国都迁至洛邑。

平王东迁是周朝国势的转折点,迁都之前的周朝史称西周,迁都之后的周朝史称东周。因平王有勾结外夷、弑父叛君之嫌,故诸侯并非真心拥戴。且周室自身兵力微弱,无力拒敌自保,须依赖诸侯护卫,遂致天子王权渐衰,诸侯势力渐大,最终形成春秋战国群雄争霸的局面。

0120. 夹谷之会

春秋时期,齐鲁两国虽是邻邦,但齐国势大,鲁国势小,齐国常欲挟制吞并鲁国,鲁国只得辗转依附周旋,双方时战时和。鲁定公十年(前500)夏,齐鲁在夹谷(今山东莱芜南)举行会盟,约定讲和。孔子以大司寇身份陪同鲁定公前往。盟会前,犁弥与齐景公谋划,认为孔子"知礼而无勇",欲趁机劫持鲁定公。孔子则劝谏鲁定公"有文事者必有武备,有武事者必有文备",早有防范。盟会上,齐人刚要上前劫持,孔子挺身而出,一边指挥甲士掩护鲁定公后退,一边仗义叱责齐景公,说他这样做"于神为不祥,于德为愆义,于人为失礼"。齐人又派乐者倡优侏儒上前表演,戏弄鲁君,孔子即命将这些人诛杀,斩断手足,赶下场去。缔约时,齐人提出:"齐国出师征讨,鲁国必须以甲车三百乘相从。"孔子坚辞不让说:"齐人不归还我汶阳之田,鲁国断难从命!"齐君为孔子的"仁者之勇”所震慑，未敢再轻辱鲁国，将原先所侵占的郓、讙、龟阴等汶阳之田归还给鲁国。夹谷之会是齐鲁两国的一次著名的会盟，盟会上孔子屈强国、正典仪的凛然大义，被称为是“圣人之大司”。

0121. 三家分晋

三家分晋是指春秋末年，晋国被韩、赵、魏三家瓜分的事件。经过长期的争霸战争，晋国的大权渐渐落在范、中行、智、韩、魏、赵六家卿大夫手里，称为“六卿”。各卿族之间互相兼并，范氏、中行氏先后被灭，剩下智、韩、魏、赵四家，其中以智氏最强。智氏向韩魏赵三家索要土地，韩魏皆给，赵氏独拒。智氏于是联合韩魏于周贞定王十四年（前455）围攻赵氏晋阳城，引晋水淹晋阳。城中粮草断绝，百姓易子而食。赵襄子派心腹重臣张孟谈深夜出城劝说韩魏两家倒戈。韩魏本受胁迫，赵氏若被灭，势必祸及自身，遂与赵氏结成同盟，反攻智氏，放水倒灌智军大营，擒杀智伯瑶。三家尽灭智氏宗族，瓜分智氏封地，史称“三家分晋”。至此，称霸春秋时代的最大强国——晋国日落西山，地盘只剩下国都和曲沃。周威烈王二十三年（前403），徒有虚名的周王室正式册封赵、魏、韩为诸侯，时称“三晋”，与齐、楚、秦、燕并列七雄，战国时代由此拉开大幕。

0122. 田氏代齐

田氏代齐，指战国初年齐国田氏取代姜姓成为齐侯的事件。田氏原是妫姓陈国的后裔。公元前672年，陈国内乱，嫡庶争立，公子完逃奔齐国，齐桓公任其为工正，掌百工之营，是为陈氏在齐国立足之始。古音“陈”通“田”，故陈氏又称田氏。齐景公三年（前545），公子完四世孙田桓子与鲍氏、栾氏、高氏合力消灭当国的庆氏，再与鲍氏一起消灭了栾氏、高氏。田桓子为赢取民心，凡公族无禄者则私分之邑，国人孤贫者则私与之粟，博得了公族和国人的支持。齐景公时，公室腐败，赋税沉重。田桓子之子田乞实行“大斗出、小斗进”，齐民归之如流水。公元前489年，齐景公死，国、高二氏立公子荼为国君。田乞发动政变，赶走国、高二氏，另立公子阳生为国君，自立为相，掌握了齐国的政权。田乞死后，其子田恒（田常）代立为齐相，不断扩大田氏的影响。公元前481年，田常发动政变，杀了齐简公和许多强宗贵族，另立齐平公，又通过“修公行赏”等亲民政策，成为国民人心所向。到公元前476年，“齐国之政皆归田常”，田氏完全控制了齐国。公元前391年，田常四世孙田和将齐康公放逐海上，只留一城之地作为他的食邑，田和成为齐国实际上的国君。公元前386年，周室正式册命田和为齐侯。公元前379年齐康公病逝，姜姓遂绝其祀，国政全部沦入田氏之手，仍以齐为国号，史称“田氏代齐”。

0123. 七国争雄

春秋末年，列国兼并，经过多年征战，到战国中期，齐、楚、燕、韩、赵、魏、秦七国争雄的格局逐渐形成。齐国东濒大海，富鱼盐之利；楚国雄踞江南，地域广

阔;秦国固守关中,仗崤函之险;燕国北屏长城,士风勇毅;韩魏赵三晋并居中原腹地,表里山河。

最初,魏实力最强,但在后来居上的齐、秦夹击下逐渐衰落下去。楚国任用吴起变法,国势大振。赵、韩亦攻灭周边小国。燕实力仍较弱。由于变法的成功,秦、齐成为西、东两大强国,与南方楚国适成鼎足之势。各国相继称王,纷纷拉拢与国,出现合纵连横的高潮。“争地以战,杀人盈野;争城以战,杀人盈城。”合纵连横的实质是秦与齐两大对峙集团的斗争,楚则是其中最重要的牵制因素。秦国经历商鞅变法之后,经济基础雄厚,魏冉又为秦定“蚕食六国”之策,范雎再为秦献“远交近攻”之计,秦国日益占据上风,咄咄逼人。自公元前230年至前221年,先后灭韩、赵、魏、楚、燕、齐,统一天下,七国争雄的局面结束。

0124. **焚书坑儒**

春秋战国时期,思想文化空前活跃,学派林立,百家争鸣。秦始皇统一六国后,为加强中央集权,推行思想文化的专制政策,“焚书坑儒”正是在这样的背景下发生的。公元前213年,秦始皇在咸阳宫大宴群臣,博士齐人淳于越反对当时实行的“郡县制”,要求恢复从前的“分封制”,认为“事不师古而能长久者,非所闻也”。丞相李斯加以驳斥,指出儒生“遵古以害今”,主张禁止百姓以古非今,以私学诽谤朝政。秦始皇采纳李斯的建议,下令焚烧《秦记》以外的列国史记,仅医学、卜筮、种树之收不烧;有敢谈论《诗》、《书》者处死,以古非今者灭族,知情不举者同罪;禁止私学,欲学法令者以吏为师。三十日而先秦典籍付诸灰烬,只留下了皇家图书馆内的一套藏书,这便是焚书事件。

次年又发生了坑儒事件。坑儒在性质上可谓焚书的继续,但起因有所不同。秦始皇晚年耽于求长生不死,方士侯生、卢生奉命寻找长生不死药,自知无果,遂逃之夭夭,并攻击秦始皇刚愎自用,专制独裁。秦始皇闻知大怒,认为儒生多妖言惑乱,命御史案问诸生,诸生相互举发,牵引四百六十余人,最后都被坑杀于咸阳,此即为“坑儒”。

焚书坑儒是“师古”与“师今”两种政治思想斗争激化的结果,其初衷虽是为了巩固统一局面,但手段粗暴残忍,使先秦大批文献毁于一旦,给中国文化带来难以弥补的重大损失;春秋以来蓬勃发展的自由思索的精神也遭到了致命打击。

0125. **陈胜吴广起义**

中国历史上第一次大规模农民起义。秦始皇在统一六国后,大兴土木,起宫殿、建陵墓、筑长城、修驰道,又征匈奴,伐南越,天下困疲。二世即位后,赋敛益重,刑法严苛,民不堪命。秦二世元年(前209)九月,一队被征发到渔阳(今北京密云)的戍卒九百余人,行至大泽乡(今安徽宿县),为大雨所阻,无法如期到达。按照秦律,失期当斩。戍卒中两名屯长陈胜和吴广密议造反。他们利用

"鱼腹丹书"、"篝火狐鸣"等计策发动戍卒起义,杀死监押官,提出"大楚兴,陈胜王"的口号。陈胜自立为将军,以吴广为都尉,用秦始皇长子扶苏和楚将项燕的名义号召天下,并建立了张楚政权。大泽乡起义成功后,农民军很快发展壮大,并促进了全国范围内反秦斗争的高涨,各地农民和六国贵族、中小官吏纷纷投入起义队伍。起义军从陈县出发,兵分三路向秦王朝发动总攻,一直打到距咸阳仅百里的戏(今陕西临潼境内),给秦朝政权带来严重威胁。但是,随着反秦斗争的开展,起义军内部的弱点和矛盾也逐步暴露。吴广部将田臧假借陈胜命令,杀害吴广,造成起义军内部混乱。十二月,章邯率秦军向陈县扑来,陈胜亲自领导抵抗,因兵力太少,不幸失利,被车夫庄贾暗杀了。陈胜吴广起义在坚持了六个月后,终告失败。但陈胜的部下吕臣继续战斗,后来与项羽、刘邦等人领导的起义军共同推翻了秦王朝。

0126. 文景之治

文景之治指西汉初期文帝、景帝年间出现的土地增辟、人口增加、府库充盈、社会安定的升平局面。汉初统治者接受秦灭亡的教训,主张"反秦之弊,与民休息",尊崇黄老之学,推行无为政治。文帝继续约法省禁,改革法制,全部废除秦朝的族诛法和连坐法,允许臣民批评朝政,又废除肉刑,减轻笞刑,废除宫刑。景帝继续减轻刑罚,对稳定社会秩序起了促进作用。

文景两帝都提倡节俭,不肯大兴土木,反对厚葬,考古发现霸陵陪葬"皆瓦器"。汉初由于长期战乱使社会经济遭到严重破坏,人口锐减。文景以农为天下之本,对农民采取让步政策,与民休息,轻徭薄赋,并且徙民垦荒,使农业生产逐渐得到恢复和发展。《史记》中说,长安国库里的钱有几百万万,穿钱的绳子烂了,散钱多的无法计算;仓库里新粮压旧粮,甚至堆放在露天地上,烂的不能吃了。这是对文景之治的形象描述。

0127. 罢黜百家

是汉武帝实行以儒学为正统思想的文化政策。汉朝建立后,统治者以黄老之学为统治思想,奉行无为而治的政策。这曾对汉初生产的恢复和发展起了重要作用,但也导致了一些消极的后果,如许多农民脱离户籍而逃避赋税、割据势力逐渐膨胀酿成"七国之祸"、对匈奴一再妥协退让等。武帝继位后,从经济上和政治上进一步强化专制主义中央集权成为其迫切需要,而儒家的春秋大一统思想和君臣伦理观念正与之相适应。元光元年(前134),武帝召集各地贤良方正文学之士到长安,亲自策问。董仲舒上"天人三策",主张"诸不在六艺之科孔子之术者,皆绝其道,勿使并进",受到了武帝的赞赏和支持。以董仲舒为代表的儒生对先秦儒家思想作了进一步改造,采取阴阳五行学说,提出王权神授的理论,建议用儒家的纲常名教来维护统治。汉武帝将儒家学说确立为统治思想后,将儒家的理论渗透到政治、法律、文化等各个领域,使之成为制定各项政策

的依据。

儒学取代黄老之学的过程并非一帆风顺，在笃信黄老之学的窦太后阻挠下，“罢黜百家”不过是纸上谈兵，直到公元前136年窦太后死去，“罢黜百家”的政策才得以贯彻实施，儒学真正开始取代黄老学说的地位。

0128. **党锢之祸**

东汉中叶以后，皇帝的年龄较小，外戚专权严重。待皇帝长大后需要从外戚手中夺回皇权，因此依靠陪伴他的宦官，就助长了其势力，导致外戚、宦官交替专权，社会政治黑暗腐败。这些人控制了选官大权，使选官制度流于形式，严重阻塞了太学生和其他人才进入仕途的道路。出于对国家命运和个人前途的担忧，太学生和官僚阶层联合起来，抨击朝政，共同反对外戚、宦官专权，要求政治革新。到桓帝时期，李膺成为这一集团的领袖人物。但宦官依靠皇权，先后两次向党人发动大规模迫害活动，史称“党锢之祸”。

河内郡人张成结交宦官，他得知天下将要大赦，便令其子故意杀人，担任河南尹的李膺将其逮捕后，朝廷果然大赦，李膺不顾命令将其处死。这引起宦官集团的强烈不满，故以此为借口，控告李膺与太学生结成朋党，诽谤朝廷。桓帝下令逮捕李膺等二百余人，后迫于压力赦免不再治罪，但仍将其全部罢官，并终身不许做官，这是“第一次党锢之祸”。

灵帝即位后，太后之父窦武不满宦官专政，便解除党禁，起用被禁锢的党人，并同陈蕃密谋除去宦官势力，但因事情败露，窦武、陈藩反被宦官谋害。169年，宦官将李膺等百余人全部处死，并陆续囚禁、流放、处死受陷害和牵连者六七百人。172年，窦太后死去，宦官集团再次逮捕党人一千多人，宦官曹鸾操纵灵帝下诏，凡党人的门生、故吏、亲属都免官禁锢，史称“第二次党锢之祸”。直到黄巾起义，东汉政权才宣布解除党锢，起用党人镇压起义。

0129. **黄巾起义**

东汉中期以后，外戚和宦官轮流专权，豪族地主兼并土地，社会矛盾尖锐，加上自然灾害不断，迫使大量农民沦为流民。在这样的背景下，太平道首领张角发动了黄巾起义。

张角，巨鹿人。他创立了太平道，并通过给人治病的方法传道。在短短几年时间内，太平道教众发展到数十万人。张角还广泛传播“苍天已死，黄天当立，岁在甲子，天下大吉”的口号，作为起义的号召。184年2月，在原定起义日期前一个月，其弟子唐周向朝廷告密，官兵逮捕太平道信徒，杀害一千多人。张角被迫提前起义，因为每位起义者都裹着黄色的头巾，所以被称为“黄巾军”，张角自称“天公将军”，其弟张宝、张梁分别为“地公将军”和“人公将军”。他们指挥农民起义军焚烧官府、捕杀官吏，夺回被地主豪强霸占的土地，并开仓赈济饥民，所到之处势如破竹，全国其他地方的农民纷纷响应，起义队伍发展到几十万人，震动京都。后随着张梁、张宝先后战死，黄巾军的主力经过激战后失败，但余部仍坚持战斗。

东汉末年的黄巾起义是我国历史上著名的农民武装斗争，给封建割据势力和豪强地主以沉重的打击。它虽然最终失败了，但为了镇压起义军，朝廷给地方政府以更大的政治和军事权力，这就为东汉的衰落以及军阀割据局面的出现创造了条件。黄巾起义成为三国乱世的开端。

0130. 三国鼎立

三国时期是中国历史上的一段重要时期，有魏、蜀、吴三个国家，形成三足鼎立的局面。

黄巾起义后，地方军阀割据势力日渐强大，在这些割据者中又以袁绍和曹操最强。建安元年，曹操"挟天子以令诸侯"，迫使汉献帝迁到许昌。200 年，曹袁两军在官渡大战，曹操以弱胜强，取得胜利。之后又攻占袁氏的大本营邺城，统一了北方大部。208 年，曹操率大军南下，刘备与孙权结盟，以少胜多，大败曹军于赤壁，初步形成三国鼎立局面，并维持四十余年。曹操北归后，将势力范围扩到整个北方。建安二十一年(216)，曹操称魏王。220 年曹操病逝；十月，其子曹丕迫汉献帝禅让，国号为"魏"，都洛阳，史称曹魏。

刘备在诸葛亮、关羽、张飞等人的辅佐下，于 219 年进驻汉中，自称汉中王。221 年在成都称帝，国号"汉"，世称"蜀"，又称"蜀汉"，建元章武。刘备死后，刘禅继立。263 年，魏灭蜀。历二帝，共四十三年。

229 年，孙权在武昌称帝，同年九月迁都建业(今江苏南京)，国号"吴"，史称孙吴或东吴。孙权死后，东吴日趋衰弱，280 年亡。历四帝，共五十二年。

三国时期人才辈出，大量风云人物在后代的唐诗宋词和明清小说、戏曲中出现，由这段历史所撰写的小说《三国演义》更成为中国四大名著之一，受到人们的广泛欢迎。

0131. 五胡乱华

自汉代以来，就不断有胡人向中原内迁，势力不断壮大。西晋八王之乱后，晋朝国力衰退，中原大乱，在 304 年至 439 年(西晋永兴元年至北魏统一)间，相继建立了十六个分裂割据政权，主要有匈奴、羯、鲜卑、氐、羌五个少数民族政权入主中原，史称五胡，故称五胡十六国。这种北方多个少数民族大规模南下而形成与汉族政权对峙的时期，称为"五胡乱华"或"永嘉之乱"。

五胡乱华促使原本在中原的经济中心南移，使江南地区取代中原成为全国的重心，促进了江南地区经济和文化的发展。而北方的少数民族政权与汉族杂居，也有力地促进了民族融合，为隋唐时期的繁荣奠定了基础。

0132. 玄武门之变

李渊反隋并建立唐朝，立李建成为太子。建成又拉拢齐王李元吉，实力很

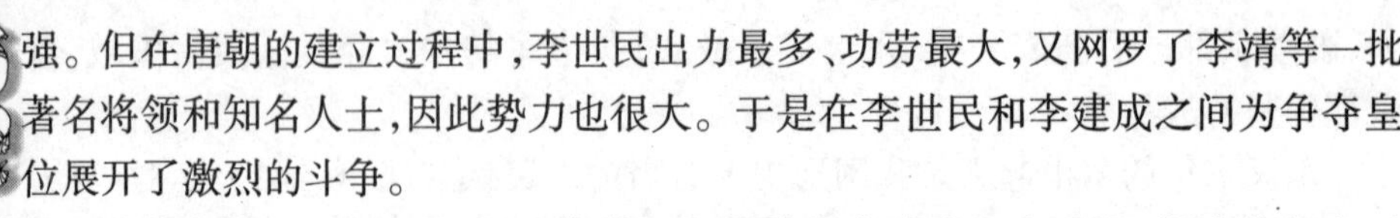

强。但在唐朝的建立过程中，李世民出力最多、功劳最大，又网罗了李靖等一批著名将领和知名人士，因此势力也很大。于是在李世民和李建成之间为争夺皇位展开了激烈的斗争。

武德九年(626)六月三日，李世民上朝控告李建成和李元吉，揭发他们在后宫胡作非为。李渊决定次日询问二人。李建成得知情况，打算先入皇宫，和李世民对质。守卫玄武门的将领叫常何，本是太子亲信，但已经被李世民收买。四日，李世民亲自率领一百多人埋伏在玄武门附近。李建成和李元吉一同入朝，待走到临湖殿，发觉情况异常，急忙拔马往回跑。李世民带领伏兵从后面喊杀而来。李元吉情急之下向李世民连射三箭，无一射中。李世民一箭就射死李建成，尉迟恭也射死李元吉。东宫的部将和秦王的部队在玄武门外发生激烈战斗，最终以李世民为胜。

三天之后，唐高祖宣布立世民为太子，国家大事，一律由太子处理。八月，高祖被迫让位，自称太上皇。李世民当上皇帝，是为唐太宗。第二年，改年号为贞观。历史上把这次政变，叫做“玄武门之变”。

0133. 开元盛世

唐玄宗开元年间，国内政治经济稳定发展，中国进入繁荣昌盛的时期，成为当时世界上最强盛的国家，史称“开元盛世”。

唐玄宗李隆基登基之前，国内朝纲混乱，政权不稳，自武则天退位后，中宗、睿宗懦弱无能，韦武集团与太平公主弄权乱政，李隆基胆识过人，果敢有为，先后除掉了韦武集团与太平公主。景云三年(712)，李隆基由太子即位，于同年改元开元。唐玄宗在其统治的开元年间(713—714)，采取了一系列积极措施，政治上，励精图治，任用贤能，先后起用了姚崇、宋璟、张说、张九龄等著名宰相；在经济上，发展农业，兴修水利。此外他还在提倡文教、改革兵制、抑制佛教等方面作出了努力，使得天下大治。杜甫在天宝之乱中非常怀念曾经的开元盛世，写下了“忆昔开元全盛日，小邑犹藏万家室。稻米流脂粟米白，公私仓廪俱丰实”的诗句，表现了人民安居乐业，社会一片繁荣的景象。开元盛世持续了二三十年时间。

0134. 安史之乱

开元末年，在社会一片升平之下，各种危机暗中潜伏，到了天宝年间，社会矛盾开始显露：军队开支日益增加，兵将邀功，挑起边事，赋税苛繁，农民贫困。朝廷之上，唐玄宗自恃承平，耽于享乐，宠幸奸佞，闭塞视听。天宝十四载(755)，安禄山以“入朝讨杨国忠为名”，在范阳起兵叛变。此年冬，身兼范阳、平卢、河东三节度使的安禄山，联合同罗、奚、契丹、室韦、突厥等民族组成共十五万士兵南下。当时天下承平日久，百姓不识兵革，守城官吏多望风而逃，叛军一路所向披靡，从范阳起兵，渡过黄河，一直到攻陷洛阳，仅用了三十五天的时间。天宝十五载六月，玄宗仓皇离京逃命，行至马嵬，陈玄礼发动兵变，杀死杨国忠等人，其时六军不发，玄宗无奈，赐死杨贵妃。兵变后玄宗入蜀，太子李亨在灵武自行登基，是为唐肃宗。肃宗命郭子仪率军平叛，经过几个月的激战，叛军全线崩溃，唐军收复长安。此时安禄山被其子安庆绪所杀，唐军趁机收复洛阳。乾元元年，九节度使围邺，叛军大势已去，肃宗惧怕郭子仪、李光弼功高盖主，任用宦官鱼朝恩为处置使，致使平叛功亏一篑。上元二年(761)，史思明为其子所杀。宝应元年(762)代宗即位，借用回纥兵收复洛阳，宝应二年，史朝义自杀，安史之乱至此平定。

安史之乱历时八年，使唐朝的人口从五千三百余万锐减到一千七百余万，盛唐气象一去不返。代之而起的，是藩镇割据、佛老蕃滋、宦官专权、民贫政乱以及吏治日坏、士风浮薄等一系列问题，整个社会已处于一种表面稳定实则动荡不安的危险状态。

0135. **黄巢起义**

唐朝末年，以黄巢、王仙芝为首的大规模农民起义。唐僖宗初年，宦官专权，政治黑暗，天灾不断，水旱连年，苛敛繁重，民不聊生，江淮各地，尤为特甚，当地百姓被迫揭竿而起。浙东、徐泗一带纷纷发生了农民起义。

乾符二年(875)王仙芝在长垣(今河南长垣东北)率数千人起义，冤句(今山东曹县西北)人黄巢聚众响应。起义军在山东一带作战，“民之困于重敛者争归之，数月之间，众至数万”。乾符三年，王、黄第一次联手出击山东，在淮南、荆襄一带迂回打击官军。朝廷镇压无效，转而诱降。王仙芝为其所诱，黄巢坚决反对，带兵返回山东。王仙芝不久被斩首，黄巢接收了王仙芝的部众。乾符五年，黄巢自称“冲天大将军”，带领军队，转战黄淮流域，又进军长江下游一带，接着挺进赣浙，由福建向广州进击。攻占广州后，黄巢发布告，痛斥宦官专权，败坏朝纲，禁止官吏贪赃敛财，宣布攻打长安。不久黄巢军从广西挥兵北伐，各州县望风而降。一路上，起义军军纪严明，秋毫无犯，沿途吸收了不少农民入伍，军队很快发展到六十万。东都留守率官吏迎降，军队顺利进入洛阳，十多天后，攻占长安。入都后，起义军不伤百姓，分发财务，惩治污吏，受到长安人民的夹道欢迎。881 年，黄巢在含元殿举行开国大典，定国号为“大齐”，建元金统。唐朝残余部队乘黄巢政权尚未稳固之际，会同长安城内的唐朝官员，夺回长安。但因唐军不得民心，不久黄巢又攻进长安。883 年，黄巢军势力渐弱，官军从南北西三面封锁长安，东面守将朱温不久就投降了官军。同年，唐室重赂沙陀贵族李克用，让他带兵镇压起义军并收复了长安。黄巢退回蓝田。翌年六月，黄巢率领一千多残兵退至虎狼谷，兵败自杀。

黄巢起义虽然失败了，但他瓦解了唐王朝的腐朽统治，对于门阀势力也给予了重重的打击。

0136. 杯酒释兵权

杯酒释兵权是指发生在宋朝初期，宋太祖赵匡胤为了加强中央集权，同时避免黄袍加身的事情在别人身上重演，通过一次宴请，成功削弱禁军力量的典故。

乾德元年(963)春，赵匡胤在退朝后留下石守信、高怀德、王审琦、张令铎、赵彦徽、罗彦环诸高级将领饮酒。酒至半酣，宋太祖对部下们说："没有你们就没有我的今天，但是我身为天子，却没有你们身为节度使自在快乐。我没有一晚能够安枕而卧。"此话令石守信等人大惊失色："陛下，为何出此言，如今天下已定，谁还敢有异心？"太祖曰："人谁不想富贵，一旦有以黄袍加身的事发生在你们身上，你们即使不想当皇上，也由不得你们。"守信等将领谢恩："我们愚昧没有想过这些，请陛下不要怪罪。"宋太祖借机表达了让他们放弃兵权的建议："人生白驹过隙尔，不如多积金，买田宅，留给子孙。陪伴着歌儿舞女，以终天年，君臣之间，无所猜嫌，不好么？"第二天，各位大臣就称病请求辞职，宋太祖一一诏准。

0137. 澶渊之盟

宋自建国之日起，就同辽国保持着对峙的局面，辽国一直对宋北方边境构成巨大的威胁。宋真宗景德元年(1004)，辽承天皇太后、圣宗，以收复关南地区为名，领兵南下，经保、定二州，直逼澶州，严重威胁宋的都城开封。宋朝廷慌乱无策，大臣分成主战和主和两派，宰相寇准陈明利弊，力请真宗亲自领兵前往澶州抗辽。真宗不得已而去，宋军士气大振，射死辽军主将，宋军驻守的定州也同时威胁着辽的后方。辽承天皇太后与圣宗示意与宋议和，这也符合宋真宗的意思。于是十二月双方约定：一、辽宋为兄弟之国；二、以白沟河为国界，双方撤兵；三、宋方每年向辽提供"助军旅之费"银十万两，绢二十万匹；四、双方于边境设置榷场，开展互市贸易。因澶州郡名澶渊，史称"澶渊之盟"。从此至北宋末年，辽宋和平相处。后来，在当时主张南逃的王钦若称"澶渊之盟"是城下之盟，不以为耻反以为荣，景德三年，寇准以"无大臣体"被罢相。

0138. 王安石变法

王安石(1021—1086)，北宋政治家、文学家，字介甫，晚号半山，抚州临川(今江西抚州)人。早年在鄞县、舒州等地做地方官，积累了丰富的从政经验。外任期间，他有感于当时社会的矛盾，立主改革，以此来达到富国强兵的目的。宋神宗熙宁二年(1069)，王安石任参知政事，次年拜相，主持变法。新法以增加财政收入，节俭支出，稳定经济，加强军事为主要内容，具体措施有：①均输法。宋由于设立转运使，造成运转不灵，耗费财力。新法主张徙贵就贱，用近易远，减少财政支出，限制商人牟利，以稳定经济。②农田水利法。由政府计工料，按民户等第出资兴修水利，抑制土地兼并。③青苗法。青黄不接时，政府低息贷给农民款，抑制土地兼并和高利贷。④均税法。清查耕地，标明亩数，优劣以定赋税，使岁入有保证。⑤免役法。由政府募役，改变按户轮流当差办法。费用由主户按等第负担。⑥将兵法。将黄河流域战区驻军分为几个或十几个单位，设将并训练军士。⑦保马法。在京东西，河北、陕西等地，由义勇或保甲养马，以利征用，受政府支持。

由于变法的程度很激烈，所以尽管得到神宗的支持，还是引起了保守势力乃至主张稳健改革的苏轼等人的反对，导致了长达数十年的新旧党争。

0139. 元祐党争

北宋神宗熙宁二年(1069)，王安石实施变法新政，新政虽切中时弊，但遭到以司马光、欧阳修、苏轼为首的旧党的反对。由于新旧两党交替执政，新法时而废除，时而兴起，政治混乱，臣民无所适从。

元祐元年(1086)王安石与司马光相继病逝，守旧派继续掌握大权，党争仍无止息，支持变法者被称之为“元丰党人”，反对变法者被称之为“元祐党人”，这时得势的元祐党人又因意见不合，分裂成三派，即以司马光为主的朔党，程颐为首的洛党，苏轼、吕陶、上官均为主的蜀党。三党形成后，开始了相互攻伐。1087 年，洛党贾易、朱光庭弹劾苏轼考试策问出题是讥讽祖宗，蜀党吕陶认为贾、朱不应公报私仇，洛党贾易又弹劾吕陶与苏轼结为朋党，并牵连文彦博、吕公著。1090 年，文彦博年老告退，吕大防为左相，朔党首领刘挚为右相。左右二相意见不合。御史杨畏依附吕大防，弹劾刘挚，刘挚被罢相。朱光庭为刘挚辩解，也被罢官。对于变法与否的争论变为朝廷官员相互攻击排斥的党争，这成为元祐年间的重要政事。

0140. 靖康之变

宋徽宗时期，北宋朝廷日趋衰落，东北女真族却日益强大。1115 年，阿骨打建立金国。金政权在灭辽之后移兵南下攻宋，目的是统一天下。当时北宋王朝已经积弊重重，政治腐朽，军事衰弱。靖康元年(1126)，金军仅以四万人南下，一路势如破竹，连陷北宋二十七州，黄河北岸无一保全，兵锋直指宋都汴梁。宋徽宗逃至镇江，宋钦宗屡次请求割地讲和，被乡民们所阻止。十一月前后，金兵多次攻城，开封城内军民奋力反抗，多次击退敌军。但宋钦宗竟然相信骗子郭京所谓“六甲神兵”攻打金兵的说法，开门出战。郭京打开城门后逃走，金军轻而易举进入开封城内。于是肆无忌惮地大肆烧杀抢掠，开封平民遭受了巨大灾难。十二月初二，宋钦宗上降表。靖康二年二月，金军俘虏了宋徽宗和宋钦宗，另立原宋朝宰相张邦昌为伪楚皇帝，东京的财物、宝货、图册被洗劫一空。四月，金军将俘虏的两位皇帝“及宗族四百七十余人”，连同大量宝玺、舆服、法物、礼器、浑天仪等押往金国。皇室宗亲们在路过街道时，大喊“百姓救我”，街边百姓与皇亲们相对而泣。徽钦二宗到金国后，被关入井中，坐井观天，至死未能归

国。宋朝在历史上留下了这奇耻大辱的“靖康之变”。抗金名将岳飞留下了气壮山河的千古名句“靖康耻，犹未雪；臣子恨，何时灭”。这里的“靖康耻”，指的就是靖康之难。

0141. 土木堡之变

明英宗朱祁镇在位时，蒙古族的瓦剌部迅速强大。1449 年，瓦剌部首领也先率大军南下，进攻明朝。前线告急，震动朝廷。宦官王振力主明英宗亲自率军迎战，企图侥幸取胜。大臣们竭力反对，明英宗不听。经过两天仓促准备，王振挟持英宗，率领五十万大军从北京出发。明军一路上为狂风暴雨袭击，将士饱受饥寒，士气大减，前线又时有战败消息传来，军中一片混乱。到达大同以后，王振得知各地明军惨败的真相，慌了手脚，竟不战自退，急令班师回朝。王振为了显示自己的威风，挟持明英宗在退兵途中向自己的家乡进发，半路上担心兵马踏坏家乡的庄稼，又下令后撤。当明军退到土木堡时，被瓦剌军包围。土木堡地高无水，五十万将士饥渴交迫，陷入绝境。瓦剌军占据水源，假装撤退，并派人赴明军讲和，王振信以为真，乘讲和之机，急令移营就水。这时，瓦剌骑兵突然从四面八方杀来，明军丢盔弃甲，仓皇奔逃，自相践踏，死者不计其数。明英宗被俘。历史上把这一事件称为“土木堡之变”。祸首王振在乱军之中，被护卫军樊忠杀死。

0142. 闯王李自成

李自成(1606—1645)，明末农民起义领袖。原名鸿基，世居陕西米脂，曾经做过银川驿卒。崇祯二年(1629 年)起义，后为闯王高迎祥部下的闯将，勇猛有识略。八年荥阳大会时，提出分兵定向、四路攻战的方案，受到各部首领的赞同，声望日高。次年高迎祥战死，他继称闯王。崇祯十一年在潼关战败，仅率刘宗敏等十余人，隐伏商雒丛山中(在豫陕边区)。次年出山再起。十三年又在巴西鱼腹山被困，以五十骑突围，进入河南。其时中原灾荒严重，矛盾极度尖锐。李岩提出“均田免赋”等口号，获得广大人民的欢迎，散布“迎闯王，不纳粮”的歌谣。部队发展到百万之众，成为农民战争中的主力军。崇祯十六年(1643)在襄阳称新顺王。政权初建，中央设丞相，置六部，建五营军制。同年，在河南汝州(今临汝)歼灭明陕西总督孙传庭的主力，旋乘胜进占西安。次年正月，建立大顺政权，年号永昌。不久攻克北京，推翻明王朝。由于起义军领袖居功骄纵，内部分裂，迫害吴三桂的家属，逼反吴三桂，致使清兵入关，联合进攻起义军。起义军迎战失利，退出北京，率军在河南，陕西抗击。永昌二年(1645 年)败于潼关，弃西安，在湖北通山九宫山被害。李自成余部联明抗清，一直坚持到康熙三年。

0143. 薙发易服

1644 年，清军入关占据中原后，颁发“薙发令”，要求汉人男子必须改变发式,像满人一样前脑剃光、后脑留辫,并穿满服,表示臣服归化,引起汉人的普遍不满和反抗,于稍后公开废除此令。第二年,原为明臣后投降清廷的孙之獬,为了献媚固宠,突然薙发易服上朝。当时满汉大臣分为两列,他先想站到满人中间,满人瞧不起他这种汉奸,不让他入列;他又想站在汉臣的队列里,汉臣也耻与其为伍,把他挤了出去。等朝会开始,只有他站在中间,无处可去。他恼羞成怒,向摄政王多尔衮提出重新颁发"薙发令"。而清廷一直有此想法,只是碍于形势,见此情形,顺水推舟,允其所奏。规定清军所到之处,无论官民,限十日内尽行剃头,削发垂辫,不从者斩,其口号是"留头不留发,留发不留头"。

历经朝代更迭的汉族人,本来对于明清易代只看作是天道循环,多数都默认了现实。但"薙发易服"却是变华为夷,亡种亡族。汉族人民,尤其是广大江南民众,为保护世代相承的文物衣冠,奋起反抗,进行了此起彼伏的斗争。清朝统治者对此进行暴力镇压,著名的嘉定三屠即与"薙发易服"有关。斗争历经数十年之久,清朝统治者取得胜利,汉族百姓为了活命,无奈剃发结辫,改穿满服;坚持不愿改换衣冠者要么被杀,要么逃到海外,要么遁入空门。

不过,汉奸孙之獬也没有好下场。三年之后,他因卖官被清廷夺职遣还,回乡正好赶上老家山东有人起义,将他一家上下男女老幼百口一并处死。人们痛恨孙之獬数典忘祖,在他头上戳满小洞,争相用猪毛替他重新"植发",并把他的嘴巴用针密密缝起,肢解凌迟而死。

0144. 鸦片战争

从乾隆后期开始,清朝国势渐渐衰落。而同一时期的欧美则日新月异,工商业发展尤其迅猛,地大物博人口众多的中国成为他们扩张海外市场的最好目标。但是当时中国是一个传统农业国家,自给自足的自然经济使得民众对于外来的商品需求很小,相比之下,中国土特产如生丝、绸缎、茶叶等却出口势头良好,整个进出口贸易一直处于出超的地位。工业品的输出有限和贸易上的巨大逆差为资本主义的发展所不容。于是英国一方面借助鸦片走私来扭转对华贸易的不利状态,一方面利用外交手段争取打开中国国门。几次外交试探失败后,英国资产阶级开始鼓噪战争,而这时,清政府的禁烟运动给予英国沉重的打击,英国当局借机发动了侵华战争。

1840 年,英国政府为实现商业扩张和保护鸦片交易,出兵侵华,发动了第一次鸦片战争。鸦片战争期间,关天培、葛云飞、陈化成等爱国将领奋勇御敌,英勇捐躯。然而,清政府腐败已久,投降派势力很大,为了罢兵议和,把林则徐革职查办。因此,人数不足两万的英军得以进犯长江。当英军兵舰逼近南京,清政府彻底屈服,于 1842 年 8 月签订了中英《南京条约》,中国开始沦为半殖民地半封建社会。

1856 年,英国利用"亚罗号事件"作为战争借口,与法国一起,在俄、美的支持下再次发动侵华战争,其实质是鸦片战争的继续和扩大,史称"第二次鸦片战

争”。战争中,英法联军先后攻陷广州、天津、北京,中国被迫签订《天津条约》。之后,清政府痛定思痛,开始了“自强运动”。

0145. 太平天国

鸦片战争以后,西方国家向中国大量倾销廉价工业品,沉重地打击了东南沿海地区的手工业和农村自然经济,加上对华鸦片走私引起的白银外流、银贵钱贱,使普通民众的生活更加困苦。

洪秀全是广东人,与冯云山创立了拜上帝教,在1851年1月于金田宣布起义,建号太平天国。之后在永安颁诏封王,初步建立了政权。1853年,太平军势攻占南京,定为首都,改名为天京。之后为了巩固和扩大胜利,开始北伐和西征。北伐军由林凤翔、李开芳带领,攻至天津城郊,最终因为孤军深入、后援不济而失败。西征军则沿长江而上,占领安庆、九江、武汉等城市,击溃了包围天京的清军江南江北大营,太平天国在军事上达到全盛时期。

定都天京后,洪秀全贪图享乐,不理朝政,东王杨秀清大权在握,想要进一步扩大权势。洪秀全找韦昌辉商量对策,韦昌辉借机杀害杨秀清家属和部将两万多人。石达开自安庆起兵讨韦,洪秀全被迫处死韦昌辉及其党羽。石达开恐怕蹈韦昌辉覆辙,率十万大军出走,因孤军流动作战被清军剿灭。这便是天京事变。天京事变后太平天国元气大伤,洪秀全提拔的陈玉成、李秀成等年轻将领,虽然在军事上取得了一些胜利,但上下离心,军队涣散,难以为继。1864年7月,天京被湘军攻陷,太平天国失败。

0146. 戊戌变法

又称百日维新、维新变法等,是1898年(农历戊戌年)间的一项政治改革运动。领袖人物一般认为是康有为、梁启超二人。以康有为为代表的资产阶级维新派,在甲午中日战争之后登上历史舞台,发起了旨在救亡图存的维新运动,要求变法改革,走资本主义道路。1897年冬,德国强占胶州湾,瓜分狂潮陡然加剧,严重的民族危机促使维新运动空前高涨。康有为组织了保国会,发动了第二次公车上书。光绪帝于1898年六月答应变法,并颁布了一大批新的政令,包括政治上广开言路,允许臣民上书言事,裁汰冗员,精简行政机构,经济上提倡商办实业,奖励发明创造,编制国家预算,裁汰绿营,编练新军,废除八股取士,改试策论,创办京师大学堂等。希望中国能走上君主立宪的现代化道路。

以慈禧太后为首的保守派对新政命令公开抵制,消极对抗,使变法诏书大多成为一纸空文。加上支持变法的光绪没有实权、经验不足,维新派在斗争中逐渐处于弱势。八月,慈禧太后发动政变,将光绪帝软禁,并下令逮捕维新派,谭嗣同、林旭、杨锐、刘光第、杨深秀、康广仁等“戊戌六君子”被杀害,宣告变法失败。而百日维新的成果,只有京师大学堂被保留下来。

0147. **辛亥革命**

十九世纪末、二十世纪初，清政府统治下的中国风雨飘摇，在列强的环伺下，随时都有被瓜分殖民的危险。为了振兴中华，爱国志士开始了各种形式的探索。戊戌变法失败，很多知识分子认识到，改良路线在中国行不通，最激烈的手段莫过于推翻清政府的统治，这种声音最早出现在留学生与华侨青年中。1894 年，孙中山在美国檀香山组建了中国第一个资产阶级革命团体兴中会，开始发动反清武装斗争。1904 年华兴会、光复会相继建立，1905 年联合组成同盟会，提出“驱除鞑虏，恢复中华，建立民国，平均地权”的斗争纲领。在同盟会的领导下，发动了一系列武装起义，为辛亥革命准备了条件。

1911 年 10 月 10 日，武汉地区的革命团体文学社和共进会发动武装起义，成立湖北军政府，各地纷纷响应，清政府迅速解体，孙中山被推举为临时大总统。1912 年 1 月 1 日，中华民国临时政府在南京成立，孙中山宣布就职，颁布了一些有利于资本主义发展的法令和具有资产阶级共和国宪法性质的《中华民国临时约法》。1912 年 2 月 12 日，清朝末代皇帝溥仪宣布退位。但是，在帝国主义和封建势力的强大压力下，资产阶级革命派开始妥协退让，2 月 13 日孙中山向临时参议院提出辞职，15 日袁世凯被选为临时大总统。3 月 10 日袁世凯在北京就职，4 月 1 日孙中山正式解除临时大总统职务，4 月 2 日临时政府迁往北京。至此，辛亥革命的成果被袁世凯窃取，辛亥革命宣告失败。

辛亥革命是中国近代史上最伟大的斗争，他推翻了清朝统治中国两千多年的封建专制制度，使民主共和观念深入人心。

十、地理学

0148. **中国**

中国二字有京城、京师的意思。最早这样用中国一词的是《诗经 · 大雅 · 民劳》，据说是用来规劝暴君周厉王的，让他先从爱护京都的人民开始，然后推而广之，安定天下。《孟子》中记载了一段齐王对大臣说的话：“我欲中国而授孟子室。”意思是说想在京城中给孟子盖间房子而已。

中国一词也指古时华夏民族聚居的区域，是一个地理名词而不是政治名词。黄河是中华民族的摇篮，是五千年中华文明的发源地。大河南北，古称中土、中原，或称中夏、中华。当然也被称为中国。这些称呼，实际是指黄河流域一带。在我国古代社会前期，黄河流域在政治、经济、文化上都要比长江流域和珠江流域发达得多，因此被视为“中华正统”。例如在春秋战国时期，南方的楚国和北方的少数民族政权习惯把自己和黄河流域的政权对立起来，认为它们是“中国”，而自己是“蛮夷”。

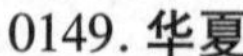

0149. 华夏

中国和汉族的古称,“华”的意思是“荣”,“夏”的意思是“中国之人”,即中原之人。春秋以后,又被称为诸夏。相传伏羲的母亲华胥氏外出,在雷泽无意中看到一个特大脚印,丈量后受孕,怀胎十二年生伏羲。有人认为,这就是中国人以“华”自称的原因。“华夏”既可以指民族,也可以指地域。从民族上说古人将华夏与蛮夷对称,以文化和族类作为区分的标准,“华夏”指的是中原诸侯国民,也是有汉朝以前对汉族先民的称谓,也可代指广泛意义的汉族。从地域上说,“华夏”指华夏族所居住的我国中原地区,也就是作为中华民族摇篮的黄河流域,后来又扩展到我国的全部领土,于是成为我国的古称。

0150. 九州

“九州”原是虚指,是“全国”的意思,后来才逐渐具体化为九个大的行政区域。

“州”字是个象形字,像河流环绕的高地之形,从字面上可以看出,“州”字的本意应当与行政区划无关。古时降水丰沛,人们往往居于傍水的高丘上,因此“州”又成为居住区域的名称。“九”字有两种含义:一是确指,一是虚指,表示很多。既然“州”是很小的地理存在,“九”就不可能是确指,而应是虚指。所以从本意上讲,“九州”决非指九个大型的行政区划,而当是众多有河流环绕的高地(山丘)的总称;从这个概念推而广之,可以引申为“全国”的代称,相当于“天下”、“四海”。

到后来,“九州”终于具体化为九个大型的行政区划。这九个行政区划在不同时代有不同州名版本,一般为《禹贡》中冀州、兖州、青州、徐州、扬州、荆州、豫州、梁州、雍州。后来又有十二州说,即增加了并州、幽州、营州。

0151. 赤县神州

“赤县神州”是中国的别称。与“神州大地”意思相同。出自《史记·孟子荀卿列传》:“中国名曰赤县神州。赤县神州内自有九州。”战国齐人驺衍(一作邹衍)创立“大九州”学说,谓“中国名曰赤县神州。赤县神州内自有九州,禹之序九州是也,不得为州数。中国外如赤县神州者九,乃所谓九州也。”见《史记·孟子荀卿列传》。后以借指中原或中国。梁启超《小说与群治之关系》:“此又天下万国凡有血气者莫不皆然,非直吾赤县神州之民也。”

0152. 五岳

中国五大名山的总称。即东岳泰山、南岳衡山、西岳华山、北岳恒山、中岳嵩山。在中华文化中,五岳的意义超越了作为山本身的地理意义,而具有深厚的文化价值。古代帝王附会五岳是神仙所居住的地方,在诸山举行封禅、祭祀盛典,以此作为权力的象征。唐玄宗、宋真宗封五岳为王,为帝。明太祖尊五岳为神。五岳风景秀美,并且有许多历史悠久的名胜古迹。其中东岳泰山为五岳之首。

泰山古称东岳,自古受着人们的崇拜。东岳大帝是道教因袭民俗崇奉的泰山神。其后,人们将其拟人化,给它取姓氏名讳,定婚配子女。南岳古镇有一座佛教古寺祝圣寺,相传大禹治水时曾经来到这里,并在这里建立清冷宫佘礼舜帝。华山也有一个优美的传说:秦穆公的女儿弄玉姿容绝世,通晓音律,一夜在梦中与华山隐士萧史笙箫和鸣,互为知音,后结为夫妻,乘龙跨凤来到华山。秦穆公追寻女儿来到华山,一无所获,绝望中只好建祠纪念。恒山以道教闻名,被称为道教三十六小洞天中的第五洞天,茅山道的祖师大茅真君茅盈曾在汉代人山隐居修炼几年,八仙的之一的张果也曾在此修道。嵩山被誉为我国历史发展的博物馆,儒、释、道三教汇集,拥有众多的历史遗迹:少林寺、少林寺塔林、北魏嵩岳寺塔、汉三阙、汉封"将军柏"、告城元代观星台。

0153. **四大名镇**

江西景德镇、湖北汉口镇、广东佛山镇、河南朱仙镇并称全国四大名镇。

景德镇即今江西省景德镇市,以产瓷器闻名于世,生产瓷器已有 1400 多年历史,有四大名瓷:青花、粉彩、玲珑、颜色釉,是中外著名的瓷都,文化底蕴深厚。景德镇瓷器享有"白如玉、薄如纸、声如磬、明如镜"的美誉。

汉口得名于地处汉江之口,是著名的商业中心。汉口的发展,始于明成化年间汉水改道以后,其主要是利用长江、汉水的水运之便,作为码头和商业市镇发展起来的。

佛山镇即今广东省的佛山市,是我国南方著名的手工业城镇。水路踞广州上游而处西江、北江下游,是水路通达省城的必经之路。繁荣的商贸带动了以手工业为主的制造业迅速发展。到明清时期,佛山逐步发展成为岭南地区商品集散地和冶铸、陶瓷、纺织、中成药等制造业的中心。

朱仙镇,位于河南省开封市南 20 公里处,朱仙镇木版年画起源于唐,兴于宋,鼎盛于明清,历史悠久,源远流长,是我国四大木版年画之一。

0154. **五湖四海**

五湖指我国的几个大湖,说法不一,一般指洞庭湖、鄱阳湖、太湖、巢湖、洪泽湖;在《地理通释·十道山川考》中,原先的五湖名称是指彭蠡、洞庭湖、巢湖、太湖、鉴湖;但根据《史记·河渠书》集解,认为"五湖"其实是一个湖的名字,就是指太湖。现在,"五湖"也代指全国各地。

四海出自《礼记·祭义》:"夫孝置之而塞乎天地,溥之横四海。"后有"四海之内皆兄弟"的古语。由于古时认为中国四面环海,之后四海就被泛指全国各地。

五湖四海作为一个成语,指全国各地,有时也指世界各地。现有时也比喻广泛的团结。

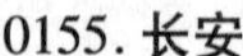

0155. **长安**

长安，从字面上看意思是“长治久安”，是现今西安城的旧称，是我国七大古都之首。与开罗、雅典、罗马并称“世界四大古都”。

长安历史悠久，从公元前十一世纪到公元十世纪左右，先后有周、秦、西汉、隋、唐等十三个朝代或政权在长安建都及建立政权，历时一千一百余年。在长达千余年的历史中，长安作为全国政治、经济、文化中心，以其辉煌的历史闻名于世。不仅是全国首屈一指的大都市，也曾是世界上最先进、最繁华的城市。明代洪武二年(1369)将长安改为“西安府”，并在唐长安城皇城的基础上，修建了城墙，奠定了今日西安城区的风貌。

唐代以后，长安还有抽象的意思。由于“长安”二字频繁出现在文学作品中，具有相对稳定的意象，人们常通称国都为长安。如唐代李白《金陵》诗：“晋朝南渡日，此地旧长安。”用“长安”来指代建康。南宋辛弃疾《菩萨蛮》词：“西北望长安，可怜无数山。”此“长安”指汴京，即今开封。明代蒋一葵的《长安客话》之“长安”指的是北京。

0156. **武林**

杭州的旧称。至今“武林”仍是杭城的重要地名，如武林路、武林广场、武林门等等。

武林之名最早出自《汉书》，与境内武林山有关。班固《汉书》卷二十八《地理志》记载了武林山和武林水。一般认为，武林山即今灵隐、天竺一带群山的总称，这很可能是杭州古称武林的由来。“武林”又称“虎林”，据传唐朝为避李虎之讳而改“虎林”为“武林”，而“武林”在之前的《汉书》、《晋书》均有记载。周密作《武林旧事》，使南宋武林城面貌得到完整的展现。

0157. **汴梁**

汴梁是开封在元明时代的称呼，又称汴京、东京，简称汴，七朝古都，迄今已有2700余年的历史。

相传在两千多年前，周文王之子毕公高曾经在此筑城。而“开封”这个名称始于春秋，是郑庄公取“开拓封疆”之意而得名的。自公元前364年至1233年，先后有战国时期的魏、五代的后梁、后晋、后汉、后周，北宋和金七个王朝在此建都，历经千年梦华。战国时，魏惠王将国都迁到这里，定名“大梁”。五代梁太祖建都开封，改名“东都”。后汉、后周、北宋均沿称“东京开封府”。北宋时期，开封(史称东京)为宋朝国都长达一百六十八年，历经九代帝王。东京城周阔三十余公里，由外城、内城、皇城三座城池组成，人口达到一百五十多万，是一座气势雄伟，规模宏大，富丽辉煌的都城。作为中国政治、经济、文化中心和繁华的世界大都会，而显赫于世。北宋画家张择端绘制的巨幅画卷《清明上河图》描绘了东京开封城的繁华景象。金灭北宋后，改东京为“汴京”。元明时代，开封又曾称为“汴梁”和“北京”。

0158. 金陵

指南京。“金陵”二字最早用于城名是在战国时期。古代地方志记载，公元前 333 年，楚威王打败越国，杀越王无疆，尽取越国夺取的吴国的地域，而在石头山（今清凉山）筑城，称为金陵邑，或石首城。

关于“金陵”之名的由来，主要有两种说法：“因山立号”说认为，金陵原本是钟山最早的名称，后来成为南京的地名。还有一种说法是“埋金”之说。这种说法中，“陵”被解释为坟墓。相传有方士告诉秦始皇，金陵有王者之气。秦始皇为了稳固统治，在金陵一带埋下金子以镇住王气，金陵的名称便由此而得，即“埋金的陵墓”，故名金陵。此外，还有楚威王埋金说，据说当时楚威王觉得南京“有王气”，很是惊慌，于是吩咐手下在今狮子山以北的江边（古称龙湾）埋金。

此外，金陵（南京）还有以下别称：冶城、越城、石头城、秣陵、建业、扬州、建邺、建康、秦淮、升州、蒋州、上元、白下、集庆、应天、江宁、天京、龙盘虎踞、六朝古都、十朝都会、钟山风雨帝王城。

0159. 灵渠

又名湘桂运河、兴安运河，在广西壮族自治区兴安县境内。世界上最古老的运河之一，与四川都江堰、陕西郑国渠齐名，并称为“秦代三大水利工程”。公元前 221 年，秦王嬴政在并吞六国、一统中原后，又挥师岭南，命监察御史史禄率三位石匠，开凿河渠，以便运送军粮。自公元前 218—前 214 年，历经三年艰辛，运河终于开通。初名秦凿渠，后因漓江的上游为零水，故又称零渠、澪渠。唐代以后，方改名为灵渠。

灵渠全长三十七公里，由铧堤、南北渠、秦堤、陡门等组成。设计科学，建造精巧。铧堤为灵渠的枢纽工程，是在湘江内修建的一座滚水低坝，有人小天平石堤与其相连，形成“人”字形。铧堤将湘江水三七分流，其中三分水向南流入漓江，七分水向北汇入湘江，沟通了长江、珠江两大水系。灵渠的凿通，打通了南北水上通道，大批粮草经水路运往岭南，为秦王朝统一岭南提供了重要的保证。灵渠通航的当年，秦兵就攻克岭南，随即设立桂林、象郡、南海三郡。

灵渠自秦代开凿之后，汉、唐、宋、明历代又有所增修，其中汉代马援，唐代李渤、鱼孟威增修最多，元代在南渠岸边所修的四贤祠，供奉着史禄、马援、李渤、鱼孟威四人的塑像。1986 年 11 月，世界大坝委员会的专家到灵渠考察，称赞“灵渠是世界古代水利建筑的明珠，陡门是世界船闸之父”。

0160. 殽山

殽山位于河南省西部，灵宝市、陕县南部，向东延伸的余脉称为邙山。殽山是秦岭山脉东段的支脉，隔黄河与山西省的中条山相望，共同构成一段岩石峡谷，有著名的三门峡。殽山高山绝谷，峻坂迂回，形势险要，自古以险峻闻名，是

陕西关中至河南中原的天然屏障。殽山又是黄河与其支流洛河的分水岭。登殽山向北远眺,可以看见奔腾咆哮的黄河,气象宏大,景色壮观。

古代将殽山与函谷关并称为“殽函”之塞,是山峰险陡、深谷如函的形象表达。自春秋时代这里就发生过多次重大战役,例如秦、晋殽山之战。殽山不仅是一个军事要塞,而且具有深厚的历史文化底蕴,许多先人在这里留下了文明的足迹。山中有南、北二殽道,又被称作南陵、北陵。南陵有夏后皋之墓,北陵有周文王避风雨台遗址。殽山中还有太初宫、鸡鸣台、瞻紫楼等名胜古迹和风景点。

0161. 函谷关

函谷关位于河南省灵宝市北 15 公里处的王垛村,距三门峡市约 75 公里,地处“长安古道”,紧靠黄河岸边。因关在峡谷中,深险如函而得名。

函谷关西据高原,东临绝涧,南接秦岭,北塞黄河,是我国建置最早的雄关要塞之一。始建于春秋战国时期,是东去洛阳,西达长安的咽喉,自古就是兵家必争之地。周慎靓王三年,楚怀王协同六国的军队远征秦国,秦国依傍着函谷天险,使六国军队“伏尸百万,流血漂橹”。秦始皇六年,楚、赵、卫等五国军队犯秦,在函谷关大败而归。后来刘邦也曾经守住函谷关抵御项羽,“安史之乱”的唐军与叛军的“桃林大战”以及 1944 年中国军队与日本侵略军的“函谷关大战”,都是在这里进行的。

函谷关还是古代中原腹地与西北地区文化、经济交流的要点。唐太宗、唐玄宗、司马迁、李白、杜甫、白居易、司马光等历史名人志士临关吟诗作赋。围绕着这座重关名城流传着“紫气东来”、“老子过关”、“公孙白马”、“唐玄宗改元”等历史故事和传说。相传战国时期,孟尝君一行逃离秦国,到达关下正值半夜时分,当时秦法规定函谷关“日入则闭,鸡鸣始开”。随行食客有善口技者,仿鸡鸣,关内群鸡鸣和。关吏遂开启关门,孟尝君一行得以出关。函谷关还是道家的圣地,相传老子入关时,守关官员请教经学。老子连夜写下五千余字的《道德经》。

0162. 京杭大运河

京杭大运河是我国古代伟大的水利工程和水运交通干线,是经过历代逐步开凿,最终形成的北起北京,南至杭州的大运河。

京杭大运河的基础是春秋末期吴国开挖的邗沟,战国时期魏国开挖的鸿沟,西汉开挖的漕渠,东汉开挖的白沟。隋朝对运河进行了大规模的调整、扩展和连接,形成了最早最长的大运河,全长 2000 余公里,包括开挖广通渠、山阳渎、扬子津、通济渠、永济渠、江南河。隋朝大运河是以东都洛阳为中心,覆盖全国主要经济地区的水上交通网,在隋唐至北宋的六百余年时间里,一直是全国最重要的交通干线,对促进政治统一、经济繁荣和文化昌盛都有重要作用。经元代调整，形成了一条从大都出发，经通惠河、运粮河、御河、会通河、济州河、泗水、黄河、淮扬运河、江南河直达杭州的大运河。明清两代又开东运河，使黄河与运河完全分离，形成了今天的运河路线。

大运河全长1794公里，是世界上最早的运河，它沟通了海河、黄河、淮河、长江和钱塘江五大水系，是世界水利史上的伟大工程之一，为历代重要的水运航道，对各时期各流域之间的经济文化交流起过重大作用。

0163. 江左·江右

古时在地理上以东为左，江左即长江以东，即江东，因长江在安徽境内向东北方向斜流，而以此段江为标准确定东西和左右。所指区域有大小之分，可指南京一带，也可指安徽芜湖以下的长江下游南岸地区，即今苏南、浙江及皖南部分地区称作江东。《史记·项羽本纪》："且籍与江东子弟八千人渡江而西，今无一人还，纵江东父兄怜而王我，我何面目见之！"李清照诗云："至今思项羽，不肯过江东。"清魏禧《日录·杂说》："江东称江左，江西称江右，何也？曰：自江北视之，江东在左，江西在右耳。"也有学者认为，江西位于江南地区西部，江右一称应该来自传统中国"东为左，西为右"的文化观念。南北朝时，当时人习惯以江右称呼西晋（统治地域主要在长江北面），也可指江北。以江左指代东晋（统治地域主要在长江南面），也可指江南。

0164.《山海经》

《山海经》是一部富于神话传说的最古地理书。它主要记述古代地理、物产、神话、巫术、宗教等，也包括古史、医药、民俗、民族等方面的内容。除此之外，《山海经》还以流水账方式记载了一些奇怪的事件，例如夸父追日、女娲补天、精卫填海、嫦娥奔月、共工怒触不周山等神话故事，至今流传，表现了古代人民渴望光明、锲而不舍的精神，成为中华民族灿烂文化的一部分。

《山海经》的作者不详。全书共38卷，分为三大部分：一是五藏山经，简称"山经"，大约成书于战国；二是海经，大约成书于西汉；三是大荒经（附海内经），大约成书于西汉以后，其中以山经的地理价值最大。它以山岳为纲，以方向、道里为纬，记载山的位置、水系、动植物、矿产、医药、宗教、民族、神话传说等。

0165.《禹贡》

《禹贡》是《尚书》中的一篇，成书年代晚于《山经》，早于《汉书·地理志》，是先秦最富于科学性的地理记载，被认为是古今地理志的始祖。《禹贡》全篇共一千二百字左右，由九州、导山、导水、五服四部分组成。

九州主要依据名山大川和海洋的自然界限划分，分全国为冀、兖、青、徐、扬、荆、豫、梁、雍九州，每州记述山川、湖泽、土壤、植被、田赋、特产和运输路线，并进行对比，是中国早期区域地理著作。导山记述了20余座山岳，并归纳成几

条自西向东的脉络。导水记述了 9 条河流，是中国早期的水系著作。五服反映了作者大一统的思想。

《禹贡》对后世影响很大，如《汉书·地理志》、《水经注》及唐宋后许多地理专著，都以《禹贡》为论述根据。

0166.《禹贡地域图》

裴秀绘制的大型历史地图集，共十八篇，今已失传。

裴秀(224—271)，字季彦，魏晋期间河东闻喜(今山西省闻喜县)人，一生的主要活动是在政治方面，同时也是我国历史上一位杰出的地图学家。裴秀在详细考证古今地名、山川形势和疆域沿革的基础上，以《禹贡》为基础，并结合当时晋朝的"十六州"分州绘制了《禹贡地域图》，图上古今地名相互对照，是当时最完备、最精详的地图。

更重要的是他采用了科学的绘制方法，创立了"制图六体"理论：①分率，用以反映面积、长宽之比例，即比例尺；②准望，用以确定地貌、地物彼此间的相互方位关系；③道里，用以确定两地之间道路的距离；④高下，即相对高程；⑤方邪，即地面坡度的起伏；⑥迂直，即实地高低起伏与图上距离的换算。制图六体系统总结了前人丰富的绘图经验，为后世的地图绘制工作提供了一套完整的规范，是世界上最早的地图纲要。今天地图学上所应考虑的主要因素，除经纬线和地图投影外，裴秀几乎都已经提出来了。早在一千七百多年前，裴秀不仅已经认识到在地图上表现实际地形的时候有哪些相互影响的因素，而且知道用比例尺和方位去加以校正的方法，在地图发展史上是具有划时代意义的杰出成就。

0167.《水经注》

《水经注》是中国古代地理名著，是北魏地理学家郦道元(？—527)为《水经》所做的注文。他在游历大好河山时所见所闻十分丰富，为了把这些丰富的地理知识传于后人，所以他选定《水经》一书为纲来描述全国地理情况。全书共四十卷，文字超过《水经》的二十倍。它以河川为纲，记述中国及部分邻国的地理，特别是水文地理、地貌和生物地理、城市地理、民族地理、文化地理和农业地理更为翔实，此外还有不少沿革地理和地名资料。

作者摒弃了《水经》枯燥的、纯说明性的记载方法，而是采用了文学艺术手法进行了绘声绘色的描述，写水着眼于动态，写山则致力于静态，语言清丽，描绘生动。被称为是魏晋南北朝时期山水散文的集锦，神话传说的荟萃，名胜古迹的导游图，风土民情的采访录，在文学史上占有一席之地。

0168.《洛阳伽蓝记》

《洛阳伽蓝记》是南北朝时期记载北魏首都洛阳佛寺兴衰的地方志，共五卷，作者是东魏杨衒之，北平郡(今河北卢龙)人。

此书按照城内、城东、南、西、北的次序，以四十多所名寺院为纲，兼顾所在里巷、方位以至名胜古迹，同时叙述相关事迹。从书中可以了解孝文帝迁洛阳到尔朱氏之乱四十年间洛阳的故事和台省坊市的分布，甚至于外商来洛阳居住和各国的风土人情、道里远近书中都有所涉猎。内容包括了政治、经济、社会、文学、艺术、思想、宗教等方面，史料价值极高。其中，第五卷收录的宋云《家纪》、慧生《行记》、《道荣传》，详细记载了宋云去天竺的情况，成为现今研究中印交通史的珍贵史料。此书的文学价值也很高。

0169.《徐霞客游记》

《徐霞客游记》是一部以日记体裁为主的地理名著，作者徐霞客（1587—1641），名弘祖，字振之，别号霞客，南直隶江阴（今江苏江阴市）人。他出生于有文化素养的地主兼手工业家庭，自幼具有强烈的好奇心，爱读奇书，喜欢旅游，从二十二岁开始旅游，直到去世，足迹遍布大半个中国。他在极其艰险的条件下，坚持把所见所闻及时、忠实、生动地记录下来。他的日记、专题论文、诗歌、书信、文章等，都是在他去世后由好友季梦良搜集整理，于崇祯十五年（1642）形成最早的《徐霞客游记》抄本。抄本在明清之际遭到损毁，多种抄本都有不同程度的残缺。康熙二十三年（1684），徐霞客幼子根据多种抄本整理，并补入部分日记和论文，形成散失后第一个较为完整的抄本。

《徐霞客游记》内容涉及地貌、地质、水文、气候、动植物、历史地理、经济地理、城镇聚落、民族风俗等，其中以地貌、水文、植物内容居多，它是世界上第一部广泛系统地探索喀斯特地貌的巨著，在考察范围、时间、成就和思想方面都比欧洲领先。

0170.《读史方舆纪要》

《读史方舆纪要》共 130 卷，作者是清代的顾祖禹（1631—1692），字瑞五，号景范，江苏常熟人。顾祖禹的祖父和父亲精于舆地之学，他又继承先人遗志，致力于地理研究。《读史方舆纪要》前 123 卷叙述历代州域形势，以明末清初的行政区划，分述各省、府、州、县的疆域沿革、山川形势、城市集镇、关塞险隘、津梁道路等。后 6 卷叙述川渎异同。最后一卷讲分野，及黄河、海运、漕运分图。

它选取材料与一般地志不同，着重记述历代兴亡大事、战争胜负与地理形势的关系，而游观诗词则大多删去了。它又具有浓厚的军事地理色彩，作者鉴于明朝统治者不会利用山川形势险要，未能记取古今用兵成败的教训，最后遭致亡国的历史，在书中着重论述州域形势、山川险隘、关塞攻守，引证史事，推论成败得失。它详细记载历代兴亡成败与地理环境的关系，而对名胜古迹的记载则相对简单得多。另外，注重人地关系的辩证思维，始终贯穿着天险地利只是成败得失的从属条件，而决定的因素还在于社会和人事的正确思想。

0171.《大清一统志》

清朝官修的本朝地理总志。是继隋代《隋区域图志》,唐代《元和郡县图志》,宋代《太平寰宇记》、《元丰九域志》,元代《大元一统志》,明代《大明一统志》以来的集大成之作。

《大清一统志》其编纂工作可谓漫长,从清康熙二十五年(1686)一直延续到道光二十二年(1842),有清一代,随着时局、社会状况的变化不断增补删减,加以完善,前后编辑过3部:即康熙《大清一统志》,乾隆《大清一统志》,《嘉庆重修一统志》。其中,《嘉庆重修一统志》不仅仅是嘉庆二十五年以前的清代地理总志,而且也包含了以往各代的地理志内容,因此,它是一部地理志的总汇,代表了地理研究的最高成就,具有相当丰富的内涵,成为每一个研究中国历史、地理工作者的必读物,因此受到官方、学者的重视;除了在地理研究上的重要价值,它也为我们研究清史提供了许多宝贵的资料。可见,它的价值和重要性,超过了以往的任何一部地理总志。

0172.《海国图志》

我国历史上最早系统介绍世界地理知识的专著,清代魏源撰。魏源(1794—1857),原名远达,字默深,祖籍江西,道光二十五年进士,清末著名思想家、文学家和地理学家。

当时,清政府面临内忧外患的社会危机,特别是外敌入侵,使得一些有志之士迫切要求了解西方国家的政治、历史、地理状况,学习西方的先进技术。在这种情况下,林则徐编译了《四洲志》。在鸦片战争中被革职查办后,林则徐把《四洲志》交给魏源。《海国图志》是在《四洲志》的基础上编写成的,以介绍世界各国地理为主,兼及各国历史、宗教、历法、军事、科技状况,内容丰富,涉猎广泛,对渴望开眼看世界的中国人具有启蒙意义,是一部世界知识百科全书。

《海国图志》不同于以往的地理志,它突破了"中国是天下中心"的传统观念,代之以近代意义的世界观;传播了当时较为先进的地理知识,如地球形状、潮汐理论、雷电成因、四季成因等;介绍了全新的世界地理知识。

十一、避讳学

0173. 国讳

国讳指避皇帝本人及其父祖的名讳,有时还讳及其皇后及其父祖、前代年号、帝后谥号、皇帝陵名及其生肖姓名。外交上,尊重对方的国讳是重要礼节。由于国讳的严格性,一旦帝王名字中有一个常见字,就会给政治和日常生活带来极大的麻烦。所以帝王取名大多用生僻字,遵循"难知而易讳"的原则,并尽可能取单名。如汉高祖名邦,《书经》"协和万邦"改为"协和万国"。后汉光武帝名秀,"秀才"改叫"茂才";清康熙帝名玄烨,故玄武门改为神武门,称范晔为范蔚宗等。

0174. **圣讳**

即“为贤者讳”,亦即对封建社会所推崇的圣人贤者的名讳。圣讳并不像国讳、家讳那样严格、广泛。在封建时代,既有朝廷规定的圣人讳,又有人们自发的为圣贤避讳。圣讳各朝略有不同,一般有孔子、孟子、老子、黄帝、周公等,汉以后皇帝之名有时也称圣讳。有关朝廷所规定的圣人讳,最早大概是在宋代,而且这时所说的圣人的范围大大扩大。它包括中华民族的始祖黄帝,宋代帝王赐封的“至圣先师”孔子以及亚圣孟子,甚至还有周公等也列入避讳之列。以“道君皇帝”自称的宋徽宗,迷恋道教,因此把老子也列入避讳之列。

宋大观四年,为避孔子讳,朝廷规定改瑕丘县为瑕县,龚丘县为龚县。甚至连孔子母亲之名“徵在”,也列入避讳之列。从宋代一直到清代,从皇帝到平民百姓,从书面到口头,无不对这个“丘”字避而远之。写起来或缺一笔成“斤”,或写作“某”,或用朱笔圈之。读起来或读为“区”,或读作“休”,不一而足。从宋代起,姓丘的就因为犯了孔子的讳而被迫写作“邱”。

民间也有自发为圣贤避讳的现象。宋人郑诚非常敬仰孟浩然,一次经过郢州浩然亭时,感慨地说:“对贤者怎么能够直呼其名呢?”于是把浩然亭改为孟亭。

0175. **家讳**

家族内部遵守的避父祖名的作法。凡父祖名某某,都必须在言行、做文章时避开以此为名的事物。它其实是国讳的一种延伸,同国讳一样是封建等级、伦理观念的体现。又称私讳。比起国讳,家讳中寄寓着对长辈们的亲敬、崇仰与怀念之情,带有更多的自发性质。

家讳并不全是避父亲的讳,也包含避母亲的讳。唐代人诗人杜甫一生写诗近三千首,题材十分广泛,寓居海棠颇负盛名的四川多年,却从未写过海棠诗,致有“少陵为尔牵诗兴,可是无心赋海棠”之议,好事者以为杜甫母亲小名海棠,故避之。

传说有个叫贾良臣的人,要求家人对自己的名字必须严格避讳。他的儿子一天读到《孟子》里“今之所谓良臣,古之所谓民贼也”,就大声朗诵道:“今之所谓爹爹,古之所谓民贼也。”气得他老头子干瞪眼。

0176. **避讳三法**

古代常见的三种避讳方法,即改字法、缺笔法和空字法。

缺笔法是用本字而省缺笔划。此法大约始于唐初,宋代以后颇为盛行。如唐太宗名李世民,唐《于志宁碑》为避讳,书“世”作“卅”。

空字法是将本字空而不写,或画以“□”,或书以“某”字,或直书以“讳”字。如汉景帝名刘启,在立他为太子时,有司因避讳而曰:“子某最长,纯厚慈仁,请

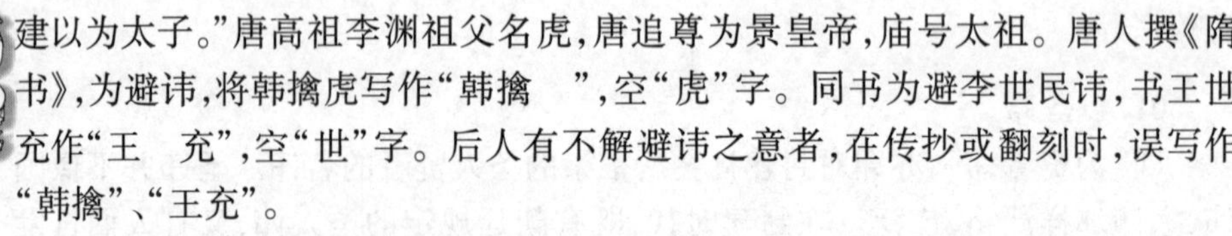

建以为太子。”唐高祖李渊祖父名虎，唐追尊为景皇帝，庙号太祖。唐人撰《隋书》，为避讳，将韩擒虎写作“韩擒　”，空“虎”字。同书为避李世民讳，书王世充作“王　充”，空“世”字。后人有不解避讳之意者，在传抄或翻刻时，误写作“韩擒”、“王充”。

改字法是用同义或同音字以代本字。以用同义字为最多。此法在秦汉时期已经使用，后代继续沿用。例如秦时，改“正月”称“端月”。这是因为秦始皇名政，与正月之“正”同音，因而避讳。五代冯道历朝为相，一次，他命门客讲《道德经》，书中第一句“道可道，非常道”连犯冯道的忌，于是就把第一句念作“不敢说，可不敢说，非常不敢说”。

0177. 不讳嫌名

不讳声音相近的字的避讳原则。譬如“禹”之与“雨”，“丘”之与“蓲”之类，是针对一些荒唐而给人们生活带来不便的避讳的反驳，如唐代诗人李贺之父名晋肃，“晋”与“进”同音，故李贺一生不能举进士。

宋朝的官方曾经修订了一部《礼部韵略》，大宋皇帝的名字、庙号之类的字都要回避，其中高宗赵构的“构”字回避最多，达到五十五个，一网打尽了与“构”读音相同甚至相近的所有汉字。其他皇帝的名字需回避的大多数在二三十字左右。总共达三百二十五字，也就是说，至少这三百二十五个字当时禁止使用：不能书写、不能读、不能用于姓名中，等等。幸亏赵宋天下没有千秋万代，否则，说不定所有的汉字都会被禁用。

0178. 二名不偏讳

按《礼记》规定：“二名不偏讳。”即凡双名不专讳一个字，如孔子的母亲名“徵在”，那么孔子在说“徵”的时候不说“在”，说“在”的时候不说“徵”即可。

古代对偏讳有两种解释。一、君主或尊长之名是两个字，则只避讳其中的一个字，郑玄即持此种观点。他认为，孔子在使用“徵”字时，就绝不同时使用“在”字，使用“在”字时，就绝不同时使用“徵”字，这样就始终避讳了其母双名“徵在”中的一个字。二、君主或尊长之名是两个字，单用其中的一个字也要避讳。这样，双名的两个字实际上皆需避讳。

0179. 君所无私讳

“私讳”则可分为“家讳”与“尊讳”两种。所谓“家讳”，主要是父母、祖宗以及亲戚等的名讳。“尊讳”则涉及官吏、师长、亲朋好友等。私讳没有国讳那样严格。《礼记》称“君所无私讳”，意思是在皇帝面前可以不避私讳。究其原因，因为避讳会使交流沟通出现一定的障碍。

0180. 临文不讳

《礼记·曲礼上》：“诗书不讳，临文不讳。”指作文时不须避讳。可见避讳在创始时还是比较宽松的，只是在发展的过程中，变得越来越严格，甚至影响了正常的交流。

实际上，违反了这一点，不仅会闹出笑话，还可能造成很大的悲剧。如乾隆年间，内阁学士胡中藻引用《周易》中的爻象之说，以“乾三爻不象龙”为试题，题中有“乾龙”二字，龙与隆同音，竟判定是影射乾隆皇帝，被送上断头台。举人王锡侯删改钦定的《康熙字典》，重编作《字贯》，触犯康熙、雍正、乾隆三朝帝名，判处斩刑，封疆大吏也因失察革职治罪。司马迁的父亲叫司马谈，《史记》中因此无一“谈”字，连赵谈都改成了赵同。宋代大文学家苏东坡因为讳“序”，从来不为别人作序，如果必须写序，则改为“叙”，后觉不妥，又改为“引”。这种办法虽然勉强可行，但已经明显地妨碍了文字的准确性。

贰 不可不知的文学知识

一、文学家

0181. 爱国大诗人屈原

屈原(约前340—约前278),名平,字原,战国末期楚国人,楚武王熊通之子屈瑕的后代。屈原是中国文学史上第一位伟大的爱国诗人,自此中国有了以文学著称于世的作家。他创立了"楚辞"这种文体,开创了"香草美人"的文学传统。屈原的作品有《离骚》、《九章》、《九歌》、《天问》等。其中《离骚》是我国最长的抒情诗。西汉末年,刘向将屈原、宋玉的作品以及汉代一些作家承袭模仿屈原、宋玉的作品辑录成集,定名为《楚辞》。屈原是楚国"公室"贵族。他早年受楚怀王信任,任左徒、三闾大夫,常与怀王商议国事,主张联合当时的齐国抗衡秦国。公元前305年,屈原因反对楚怀王与秦国结盟,被楚怀王逐出郢都,流放到汉北。屈原流放期间,创作了大量的文学作品,如《涉江》、《橘颂》。公元前278年,秦国大将白起挥兵南下,攻破了郢都,屈原在绝望和悲愤之下投身汨罗江。传说当地百姓投下粽子喂鱼以此防止屈原遗体被鱼所食,后来逐渐形成一种仪式。以后每年的农历五月初五为端午节,人们吃粽子,划龙舟以纪念这位伟大的爱国诗人。1953年是屈原逝世2230周年,世界和平理事会通过决议确定屈原为当年纪念的世界四位文化名人之一。

0182. 悲秋之祖宋玉

宋玉(生卒年不详),又名子渊,曾事楚顷襄王,好辞赋,为屈原之后辞赋家。关于宋玉的生平,据《史记·屈原贾生列传》载:"屈原既死之后,楚有宋玉、唐勒、景差之徒者,皆好辞而以赋见称。然皆祖屈原之从容辞令,终莫敢直谏。"记述极为简略。相传所作辞赋甚多,《汉书》录有赋十六篇,今多亡佚。流传作品有《九辩》、《风赋》、《高唐赋》、《登徒子好色赋》等。所谓"下里巴人"、"阳春白雪"、"曲高和寡"的典故皆由他而来。宋玉的成就虽然难与屈原相比,但他是屈原诗歌艺术的直接继承者。在他的作品中,物象的描绘趋于细腻工致,抒情与写景结合得自然贴切,在楚辞与汉赋之间,起着承前启后的作用。后人多以"屈宋"并称,可见宋玉在文学史上的地位。《九辩》是宋玉的一篇优秀的抒情长诗。王逸在《楚辞章句·九辩序》中说:"宋玉,屈原弟子也。闵惜其师忠而放逐,故作《九辩》以述其志。"但宋玉未必是屈原弟子,《九辩》也不纯为悯惜屈原之作,实际上《九辩》主要抒发自己落拓无偶的悲愁和不平,开篇"悲哉秋之为气也,萧瑟兮草木摇落而变衰”，将肃杀的秋景与悲怆的心境融为一体，宋玉因此被称为“悲秋之祖”，“悲秋”也成为后世文学作品中不断重复的主题。

0183. 汉大赋名家司马相如

司马相如（约前179—前117），原名犬子，字长卿，因为仰慕战国时代的名相蔺相如而改名，四川成都人，西汉著名辞赋家。他创作出了具有典范意义的汉赋，是汉武帝时期影响最大的文学家之一，后世常将其与司马迁相提并论，称为“文章西汉两司马”。《子虚赋》和《上林赋》为其代表作。其中，《子虚赋》是司马相如的发迹之作，汉武帝在读了这篇作品后，马上召他进京给予封赏。在赋中，司马相如虚构了子虚、乌有两位先生的相互辩难的情形，而这正是“子虚乌有”这一成语的出处。

司马相如少时好读书、击剑，被汉景帝封为“武骑常侍”，但这并非其初衷，故借病辞官，投奔临邛县令王吉。临邛县有一富豪卓王孙，其女卓文君，容貌秀丽，素爱音乐又善于击鼓弹琴，而且很有文才，但不幸成望门新寡。司马相如趁作客卓家的机会，借琴曲《凤求凰》表达自己对卓文君的爱慕之情，卓文君听后怦然心动，在与司马相如会面之后，一见倾心，于是二人一起私奔回成都。卓王孙对两人的行为感到非常愤怒，发誓不给文君钱财。为了生计，他们只得回到临邛，在街上开了一家酒店，文君坐柜台打酒，相如穿上围裙，端酒送菜，洗碗刷碟子。这让卓王孙很是难堪，在朋友相劝之下，给了司马相如和文君一些钱财和奴仆，他俩才过上了安定的生活。这就是“文君当垆”的故事。

0184. 五言宗匠曹植

曹植（192—232），字子建，谯（今安徽亳县）人。他是曹操与卞氏所生第三子，曹丕之弟。汉魏时杰出诗人。他是第一个大力创作五言诗的文人，他的五言诗不仅体现了建安“雅好慷慨”的诗风，还在继承汉代乐府以叙事为主的基础上，使其兼具抒情、说理、写景、赠答等功能，完成五言诗由乐府民歌向文人诗的转变，为确立五言诗在中国文坛的地位作出了重要贡献。代表作有《白马歌》、《野田黄雀行》、《洛神赋》等。

曹植自幼颖慧，十余岁便诵读诗、文、辞赋数十万言，出言为论，下笔成章。谢灵运说：“天下才有一石，曹子建独占八斗，我得一斗，天下共分一斗。”后世称赞人有才华为“才高八斗”即由此而来。曹操曾经认为曹植在诸子中“最可定大事”，几次想要立他为太子。然而曹植行为放任，屡犯法禁，引起曹操的不满，最终立其兄长曹丕为太子。曹丕即位后对曹植进行了打压，比较著名的例子就是逼迫曹植作七步诗：“煮豆持作羹，漉菽以为汁。萁在釜下燃，豆在釜中泣。本自同根生，相煎何太急？”后来《漫叟诗话》和《三国演义》把它改为四句：“煮豆燃豆萁，豆在釜中泣。本是同根生，相煎何太急？”其中“本是同根生，相煎何太急”二语，千百年来已成为人们劝诫兄弟阋墙、自相残杀的普遍用语。

0185. 悲歌慷慨阮籍

阮籍（210—263），字嗣宗，陈留尉氏（今河南开封）人。三国时魏国文学家、思想家。曾做过步兵校尉，世称“阮步兵”。他崇奉老庄之学，政治上则持谨慎避祸的态度，与嵇康、山涛、向秀、刘伶、阮咸、王戎常集于山阳（今河南修武）竹林之下，肆意酣畅，被称为“竹林七贤”。他的诗多抒发个人的忧愤，故被认为“颇多感慨之词”。代表作为《咏怀诗》八十二首，这是中国文学史上第一组政治抒情组诗，陶渊明《杂诗》、李白《古风》等都明显受到它的影响。

阮籍富有个性，豪放高傲，任性不羁，行为怪异放荡。他家门口有个卖酒的铺子，老板娘很漂亮。阮籍常去饮酒，醉后就睡在老板娘身边，毫不避嫌。他家里的人都爱喝酒，以至养的猪也爱喝酒，于是便和猪一起喝。他采取这种极端的方式来蔑视和否定束缚人生自由的封建礼法，也瞧不起拘泥于封建礼法的儒生。据《晋书·阮籍传》记载，阮籍的眸子黑白分明，当志同道合者来访时，他用青眼看人；当儒者来访的时候，则用白眼看人。后世以“青眼”表示对人尊重、“白眼”表示对人轻视，便源于此。

0186. 田园诗人陶渊明

陶渊明（约365—427），字元亮，晚年更名潜。一说名潜，字渊明。自号五柳先生，卒后亲友私谥靖节，世称靖节先生。浔阳柴桑（今九江市）人。晋末宋初杰出的诗人、辞赋家、散文家。陶渊明出生于破落仕宦家庭。曾祖父陶侃，是东晋元勋，军功显著。祖父陶茂、父亲陶逸都作过太守。年幼时，家庭衰微，八岁丧父，十二岁母病逝。早期他有“大济苍生”的志向，担任过数任小官。辞彭泽令是陶渊明前后两期的分界线，此后他不再“为五斗米而折腰”，躬耕隐居，创作了大量文学作品。陶诗今存一百二十五首，多为五言诗。从内容上可分为饮酒诗、咏怀诗和田园诗三大类。陶渊明是中国文学史上第一个大量写饮酒诗的诗人，代表作为《饮酒》二十首。而使他赢得“隐逸诗人”或“田园诗人”桂冠的，是那些描写田园生活的诗歌，他是田园诗的开创者，代表作如《归田园居》、《怀古田舍》等。陶渊明现存文章有十二篇，以《归去来兮辞》、《五柳先生传》、《桃花源记》等最为著名。陶渊明的《桃花源诗并序》大约作于南朝宋初年，描绘了一个乌托邦式的理想社会。此后，“世外桃源”便成为与现实世界不同的、纯净乐土的代名词，更是历代文人遭受挫折后所向往的精神家园。

0187. 山水宗师谢灵运

谢灵运（385—433），陈郡阳夏（今河南太康）人，谢玄之孙。南朝晋宋间著名诗人，被称为“山水诗鼻祖”。出生于会稽始宁（今浙江上虞），因从小寄养在钱塘杜家，故乳名为客儿，世称“谢客”。袭封康乐公，由于性情狂傲，与朝廷发生矛盾，后被降至为康乐侯，故又称“谢康乐”。谢灵运的主要创作活动在刘宋时代，主要成就为山水诗。由他开始，山水诗成为中国文学史上的一个流派。

代表作如《登池上楼》、《石壁精舍还湖中作》等。除诗文创作外，他还兼通史学，精通佛教老庄哲学，工于书法、绘画。宋文帝刘义隆曾称赏他的诗和字为“二宝”。

谢灵运酷爱登山，而且喜欢攀登幽静险峻的山峰，高达数十丈的岩峰他也敢上，可以说是攀岩运动的先行者。他登山时常穿一双木制的钉鞋，上山取掉前掌的齿钉，下山取掉后掌的齿钉，上山下山分外省力稳当，这就是著名的“谢公屐”。

0188. 乡关情思庾信

庾信（513—581），字子山，南阳新野（今属河南）人，南北朝时著名文学家。他自幼随父亲庾肩吾出入于宫廷，后来又与徐陵一起任萧纲的东宫学士，成为宫体文学的代表作家，他们的文学风格也被称为“徐庾体”。后奉梁元帝之命出使西魏，在此期间，梁为西魏所灭，北朝君臣一向倾慕南方文学，庾信又久负盛名，因而他既是被强迫、又是很受器重地留在了北方。历仕西魏、北周，官至骠骑大将军、开府仪同三司，世称“庾开府”。

虽然庾信身居显贵，被尊为文坛宗师，受皇帝礼遇，与诸王结布衣之交，但却深切思念故国乡土，为自己身仕敌国而羞愧，因不得自由而怨愤。这个时期他创作风格发生了较大变化。由南入北的经历，使庾信的文学成就达到了“穷南北之胜”的高度，既吸收了齐梁文学声律、对偶的修辞技巧，又接受了北朝文学刚健的文风，是南北文学互相借鉴、融合的典范，为唐代新诗风的形成做了必要的准备，即所谓的“庾信文章老更成”。而以抒发乡关情思的作品的成就最高，代表作是《咏怀》二十七首。

0189. 诗中有画王维

王维（701—761），字摩诘，太原祁（今山西祁县）人，后居住丁浦（今山西永济），唐朝著名诗人。王维精通佛学，钦佩维摩诘。开元进士科第一，曾任大乐丞、右拾遗等。天宝末年，安禄山攻占长安，王维被迫出任伪职。但是他并不愿意，曾作诗表达了心迹。当安禄山兵败后，王维因此得到了赦免，并任太子中允，后转尚书右丞，故世称“王右丞”。晚年无意仕途，诚心奉佛，故后世又称其为“诗佛”。

王维擅长各种诗体，尤以五言律诗和绝句著称。其中他的山水田园诗数量多，艺术成就高，最能代表他的艺术风格，如《汉江临眺》、《山居秋暝》等。他的山水田园诗，描物精细，状写传神，色彩鲜明如画。语言清新凝炼，含蓄生动。王维除诗作优美外，又擅画，为当时著名画手。苏轼在《书摩诘蓝田烟雨图》中说：“味摩诘之诗，诗中有画；观摩诘之画，画中有诗。”所评极为精当。

0190. 诗仙李白

李白（701—762），字太白，号青莲居士。祖籍陇西成纪（今甘肃秦安县）。

先世于隋时因罪徙居中亚。李白于武后长安元年(701)出生在安西都护府碎叶城(今吉尔吉斯斯坦托克马克城),约五岁时,随父迁居蜀中绵州昌隆县(今四川江油县)青莲乡。他是中国文学史上继屈原之后又一伟大的浪漫主义诗人,素有"诗仙"之称。他经历坎坷,思想复杂,既是一个天才的诗人,又兼有游侠、刺客、隐士、道人、策士等人的气质。儒家、道家和游侠三种思想,在他身上都有体现。"功成身退"是支配他一生的主导思想。

李白的诗富于自我表现的主观抒情色彩,感情的表达具有一种排山倒海、一泻千里的气势。比如,他入京求官时,"仰天大笑出门去,我辈岂是蓬蒿人!"想念长安时,"狂风吹我心,西挂咸阳树。"这样一些诗句都是极富感染力的。这种非凡的气魄和生命激情,充分体现了盛唐昂扬向上的时代精神,具有强烈的阳刚之美。唐文宗曾下诏以李白歌诗、裴旻剑舞、张旭草书为三绝,因为这三者都是追求浪漫个性的典型代表。他与杜甫合称"李杜",代表了唐代诗歌的最高成就,在中国诗歌史上具有不可替代的地位。

0191. 诗圣杜甫

杜甫(712—770),字子美,出生于河南巩县(今巩义市),号少陵野老、杜陵野老、杜陵布衣,盛唐时期伟大的现实主义诗人。杜甫祖籍襄阳(今湖北襄樊市),远祖是晋代功名显赫的杜预(杜甫为杜预二十世孙),他的祖父为初唐诗人杜审言。杜甫曾任左拾遗、检校工部员外郎,因此后世称其"杜拾遗"、"杜工部"。又因为他居住在长安城外的少陵,也称他"杜少陵"。杜甫生活在唐朝由盛转衰的历史时期,他的诗多涉及社会动荡、政治黑暗、人民疾苦,被誉为"诗史"。杜诗格律严谨,感情真挚,平实雅淡,沉郁顿挫,细腻感人,形象鲜明,特别注意遣词炼句,追求"语不惊人死不休"的创作风格。由于杜甫忧国忧民,人格高尚,诗艺精湛,杜诗所展现的人格魅力,集中了儒家文化传统里的一些最重要的品质和情怀,又被称为"诗圣",对后世影响深远。唐代的大文学家韩愈曾把杜甫与李白并论,说:"李杜文章在,光焰万丈长。"杜甫留下的诗有一千四百多首,如"三吏三别",《丽人行》等都是传颂千古的名篇。

0192. 古文运动韩愈

韩愈(768—824),字退之,河阳(今河南省孟州市)人。唐代文学家、哲学家。郡望河北昌黎,世称"韩昌黎"。晚年任吏部侍郎,又称"韩吏部"。谥号文,又称"韩文公"。他是唐代古文运动的倡导者,主张学习先秦两汉的散文语言,破骈为散,扩大文言文的表达功能。一时韩门弟子甚多,李翱、皇甫湜等都追随他积极作古文。宋代苏轼称他"文起八代之衰",明人则推他为唐宋八大家之首。与柳宗元并称"韩柳",有"文章巨公"和"百代文宗"之名。韩愈还是一个语言巨匠,他善于使用前人词语,又注重当代口语的提炼,得以创造出许多新的语句,其中有不少已成为成语流传至今,如"落井下石"、"动辄得咎"、"杂乱无章”等。在思想上，他又是中国“道统”观念的确立者，是尊儒反佛的代表人物。

0193. 新乐府大家白居易

白居易(772—846)，字乐天，下邽(今陕西渭南东北)人，唐代著名诗人。早年热心济世，强调诗歌的政治功能，并力求通俗，作有《新乐府》五十首、《秦中吟》十首。中年以后渐渐以闲适诗为主。晚年官至太子少傅，谥号文，世称“白少傅”、“白文公”。致仕后奉佛，长期居住在洛阳香山，号“香山居士”。

他一生作诗很多，语言通俗易懂，被称为“老妪能解”。叙事诗中《琵琶行》、《长恨歌》等极为有名，代表了他在诗歌艺术上的最高成就。白居易的诗在当时流传广泛，上自宫廷，下至民间，处处皆是。他去世后，唐宣宗李忱写诗悼念他说：“缀玉连珠六十年，谁教冥路作诗仙？浮云不系名居易，造化无为字乐天。童子解吟《长恨曲》，胡儿能唱《琵琶篇》。文章已满行人耳，一度思卿一怆然。”白诗对后世文学影响巨大，晚唐皮日休、宋代陆游及清代吴伟业、黄遵宪等，都受到他的启示。白居易的诗歌在日本的影响最大，他是日本最喜欢的唐代诗人，在日本的古典小说如《源氏物语》中，常常能见到引用他的诗文，可以说在日本人的心中白居易才是中国唐代诗歌的风云人物。

0194. 诗鬼李贺

李贺(790—816)，字长吉，祖籍陇西，是唐宗室郑王李亮后裔。生于福昌县昌谷(今河南洛阳宜阳县)，后人称为“李昌谷”。虽然家道没落，但李贺志向远大，勤奋苦学，博览群书，顺利通过河南府试，获得了“乡贡进士”的资格。但李贺的竞争者毁谤他，说他父名晋肃，当避父讳，不得举进士。韩愈曾为此作《讳辩》，鼓励李贺应试。无奈礼部官员昏庸草率，李贺虽应举赴京，却未能应试。李贺体貌细瘦，巨鼻，通眉，长指爪，一生愁苦多病，仅做过三年的九品微官奉礼郎，二十七岁就英年早逝。

因仕途失意，李贺把全部精力用在写诗上。李贺是中唐重要的作家，受楚辞、古乐府、齐梁宫体、李杜、韩愈等多方面影响，经自己熔铸、苦吟，形成非常独特的风格，因而被称为“诗鬼”。其诗多揭露时弊之作和愤懑不平之音，既有昂扬奋发之气，也有感伤低沉之情；既有热烈奔放的抒怀，也有凄冷虚幻的意境。他作诗态度认真严肃，呕心沥血，属意创新，形成了想象奇特、思维奇谲、辞采奇丽的独特风格。在同时代的韩、孟、元、白诸家之外别树一帜，启迪了晚唐的诗歌创作。但由于过分标新立异，有的作品晦涩险怪。

0195. 花间词人温庭筠

温庭筠(约801—866)，本名岐，字飞卿，太原祁(今山西祁县)人，唐初宰相温彦博的后裔。晚唐著名诗人、词人。诗与李商隐齐名，并称“温李”。词与韦庄齐名，并称“温韦”。他才思敏捷，唐代进士考试要考八韵一篇的律赋，据说他一叉手便可成一韵,八叉手即可完稿,时人称之为"温八叉"。温庭筠的诗赋辞藻华丽,当时颇为有名,但为其词名所掩。他长期出入秦楼楚馆,"能逐弦吹之音,为侧艳之词",是中国文学史上第一个努力作词的人,并把词同南朝宫体与北里倡风结合起来,形成浓艳精巧、绵密隐约的词风。在五代人选编的《花间集》中被列于首位,入选作品达六十六首,被称为"花间鼻祖"。

0196. 独创无题李商隐

李商隐(约812—约858),字义山,号玉溪生、又号樊南生,晚唐著名诗人。他和杜牧合称"小李杜",与温庭筠合称为"温李",与同时期的段成式、温庭筠风格相近,且都在家族里排行十六,故并称为"三十六体"。李商隐才华横溢,但因处于牛李党争的夹缝之中,一直沉沦下僚,郁郁不得志。仅任过九品的秘书省校书郎、正字,和闲冷的六品太学博士,为时都很短。从踏入仕途到去世的三十年中,有二十年是辗转于各处幕府。李商隐是关心现实和国家命运的诗人,各类政治诗不下百首。此外,李商隐诗集中的其他篇章,多半属于吟咏怀抱、感慨身世之作,表现诗人的境遇命运、人生体验和精神意绪。其诗构思新奇,风格浓丽,尤其是一些爱情诗写得缠绵悱恻,为人传诵。以"无题"作为诗的题目是李商隐的独创。这类诗并非成于一时一地,大多以男女爱情相思为题材,其中有的可能别有寓意,也可能以恋爱本事为依托。情思婉转沉挚,辞藻典雅精丽。其内容或因不便明言,或因难用一个恰当的题目表现,所以命名为"无题",这是一类;还有一类无题诗,是用篇首或句中二字为题,如《锦瑟》、《碧城》。他在中唐已经开始凸显的爱情与绮艳题材、在向心灵世界深入等方面,把诗歌的艺术表现力提高到了一个新的高度,卓然为唐代诗歌的大家。

0197. 绝代君王李煜

李煜(937—978),字重光,初名从嘉,号钟隐、莲峰居士、钟峰白莲居士,徐州人。五代十国时南唐国君,元宗李璟第六子,"生于深宫之中,长于妇人之手",961年继位,史称后主。975年,国破降宋,俘至汴京,被封为右千牛卫上将军、违命侯。后来被宋太宗赐药毒死。李煜虽然不是一位称职的国君,但他多才多艺,诗文书画音乐,均有很高的造诣,尤以词的成就最高,在中国词史上占有重要的地位,被称为"千古词帝"。他以国君的身份,在写词过程中能充分展示自己的本色与真情,一任真实情感倾泻,而较少有理性的节制。以降宋为界,把他的词分为前后两期:前期主要为反映宫廷生活、男女情爱以及相应的感受,对自己的沉迷与陶醉,不加掩饰;后期的词主要写亡国之痛,血泪至情,将词的创作向前推进了一大步,扩大了词的表现领域。今存词三十余首,收在《南唐二主词》中。

0198. 市井词人柳永

柳永(约987—约1053),初名三变,字景庄,后改名永,字耆卿,崇安(今福建武夷山)人。排行第七,故称柳七。官至屯田员外郎,故又称"柳屯田"。北宋著名词人,婉约派最具代表性的人物之一。宋仁宗曾在批阅进士名录时说:"此人风前月下,好去浅斟低唱,何要浮名,且填词去。"将柳永名字抹去。他于是自称"奉旨填词柳三变",以毕生精力作词,并以"白衣卿相"自许。柳永在创作上变"雅"为"俗",着意运用通俗化的语言,表现世俗化的市民生活情调。创造和发展了词调、词法,使得词在审美趣味方面朝着通俗化方向变化,在题材取向上朝着自我化的方向发展。他大力创作慢词,从根本上改变了唐五代以来词坛上小令一统天下的格局,使慢词与小令平分秋色。慢词篇幅体制的扩大,相应地扩充了词的内容含量,也提高了词的表现能力。这些都对词的解放与进步作出了巨大贡献,为宋词的发展和后继提供了前提条件。他的词作流传极广,致使"凡有井水饮处,皆能歌柳词"。对后世影响也十分深巨,是北宋前期最有成就的词家之一。

0199. **以文为诗欧阳修**

欧阳修(1007—1072),字永叔,号醉翁,晚年又号六一居士,庐陵(今江西吉安)人。官至参知政事,谥曰文忠,故世称"欧阳文忠公"。北宋杰出的政治家、文学家、史学家。欧阳修博学多才,诗文创作和学术著述都成就卓著,为天下所仰慕。他又是一代名臣,政治上有很高的声望。作为北宋一代文坛盟主,他团结同道,汲引后进,苏轼父子及曾巩、王安石皆出其门下。他自幼喜爱韩文,后来写作古文也以韩、柳为学习典范,内容充实,形式多样,说理畅达,抒情委婉。使得散文的体裁更加丰富,功能更加完备,时人称赞他:"文备众体,变化开合,因物命意,各极其工。"他的诗风与散文近似,重气势而能流畅自然,特点是"以文为诗",对宋诗风格的形成有重大影响,苏轼就承袭了欧阳修以文为诗的特点,并将其发扬光大。词深婉清丽,承袭南唐余风。曾与宋祁合修《新唐书》,并独撰《新五代史》。欧阳修又喜欢收集金石文字,编有《集古录》。

0200. **全才通人苏轼**

苏轼(1037—1101),字子瞻,号东坡居士,眉州眉山(今属四川)人,是古文名家苏洵的长子。北宋著名文学家、书画家。他学识渊博,思想通达,在文、诗、词三方面都达到了极高的造诣:他的诗歌内容广阔,风格多样,而以豪放为主,清新豪健,善用夸张比喻,笔力纵横,穷极变幻,具有浪漫主义色彩,为宋诗发展开辟了新的道路。作为杰出的词人,苏轼变革词风,以诗为词,将诗的表现手法移植到词中,开辟了豪放词风,与杰出词人辛弃疾并称为"苏辛",对后代影响深远。他的散文文理自然,姿态横生,艺术风格生动多样、兼收并蓄,善于翻新出奇,将叙事、抒情、说理三种功能完美地结合起来,无疑是宋代文章中成就最高的一家。不仅如此,他在书法、绘画等领域内的成就都很突出,与黄庭坚、米芾、蔡襄并称"宋四家"。他对医药、烹饪、水利等科学门类也有所贡献,堪称"全才”、“通人”。苏轼在当时文坛上享有巨大的声誉，很多青年作家如黄庭坚、张耒、晁补之、秦观、陈师道等都向他学习请教。他的作品在后世仍作为学习的范式。他进退自如，宠辱不惊的人生态度和文化精神，也成为后世文人学者学习的典范。

0201. 婉约词人李清照

李清照（1084—约1155），宋朝杰出女词人，济南章丘（今属山东）人。北宋著名学者、散文家李格非之女。李清照幼承家学，早有才名。早年生活优裕，18岁与情投意合的赵明诚结婚，夫妇俩诗词酬唱，共同收集整理金石文物，编写了《金石录》。他们的住所为“易安堂”，因此李清照也就自号为易安居士。靖康之难后，李清照家破夫亡，过着颠沛流离、凄凉愁苦的生活，饱经苦难。这些在她的词作中都有生动体现。李清照是中国文学史上创造力最强、艺术成就最高的女性作家。她工书能文，通晓音律，以词著名，语言别开生面，清新素雅，风韵天然，丰富生动地抒写自我的情感世界，改变了男子一统文坛的传统格局，在中国文学史上占有崇高的地位。她还在理论上确立了词体的独特地位，提出了词“别是一家”之说，认为词是与诗不同的一种独立的抒情文体，在词学理论方面意义重大。

0202. 高产诗人陆游

陆游（1125—1210），字务观，号放翁，浙江绍兴人，南宋著名诗人。一生著作丰富，自言“六十年间万首诗”，今尚存九千三百余首。他的诗主要是爱国、军旅题材，慷慨激烈，悲愤昂扬，誓要为国家报仇雪耻，恢复北方疆土，解救沦陷人民，就像梁启超说的“诗界千年靡靡风，兵魂销尽国魂空；集中什九从军乐，亘古男儿一放翁！”另一方面是闲适诗篇，深雅细腻，状物贴切，对偶工致，如“山重水复疑无路，柳暗花明又一村”、“小楼一夜听春雨，深巷明朝卖杏花”等，后人有“古人好对偶被放翁用尽”的说法。他的诗歌艺术创作，继承了屈原、陶渊明、杜甫、苏轼等人的优良传统，风格雄奇奔放，沉郁悲壮，洋溢着强烈的爱国主义激情，在思想上、艺术上取得了卓越成就，在生前即有“小李白”之称，不仅成为南宋一代诗坛领袖，而且在中国文学史上享有崇高地位，是我国文化史上一位卓越的爱国诗人。他的主要著作有《渭南文集》、《剑南诗稿》、《放翁词》、《南唐书》、《老学庵笔记》。

0203. 爱国词人辛弃疾

辛弃疾（1140—1207），字幼安，号稼轩，山东历城（今山东济南）人，南宋著名爱国词人。1161年，金兵南侵，辛弃疾率众人参加抗金义军。翌年，受义军首领耿京之命赴建康奉表归宋，在返回山东之时，义军叛徒张安国杀耿京降金。辛弃疾带领数十骑闯入金营，将张安国缚归斩首。不久归南宋，在地方任职，而且每任时间都不长，曾在十三年间调换过十四任官职。他深谋远虑，智略超群，平生以气节自负、以功业自许，坚决主张抗金，在《美芹十论》、《九议》等奏疏中提出的抗金建议，均未被采纳，并遭到主和派的打击，曾长期落职闲居江西上饶、铅山一带。晚年一度起用，不久病卒。他在大部分词作中抒发了自己力图恢复中原的雄心和壮志难酬的悲愤，并对南宋上层统治集团的屈辱投降进行揭露和批判。辛弃疾的词艺术风格多样，而以豪放为主，展示了虎啸风生、气势豪迈的英雄形象。他的词作情怀雄豪激烈，意象雄奇飞动，境界雄伟壮阔，语言雄健刚劲，与苏轼并称为“苏辛”。他的词集有《稼轩长短句》，今人辑有《辛稼轩诗文钞存》。

0204. 丧乱之悲元好问

元好问（1190—1257），字裕之，号遗山，山西秀容（今山西忻州）人。金代最有成就的作家和历史学家，也是杰出的诗论家。元好问生活在金元兴替之际，在战乱动荡的社会环境里，元好问经历了国破家亡的惨痛、流离逃难的生活。元好问存诗有一千四百余首，而“丧乱诗”尤为有名，面对国家灭亡、人民遭难的现实，把悲壮慷慨的感情表现于苍莽雄阔的意境之中，并把对现实的悲怆情怀与对历史的批判意识融合在一起，从而增加了诗的思想深度，生动地展示了金、元易代之际的历史画卷。对于战争所带来的巨大灾难和国家的危急形势，诗人深为悲怆沉痛，但字里行间仍充溢着一股慷慨壮烈之气。元好问在古代文学批评史上也占有重要的地位。他的《论诗绝句三十首》全面地评论了自汉魏到宋末的一千多年间的重要诗人及诗派，表达出重视自然天成的意境和雄放壮伟的风格的诗学主张，一直为后代的诗论家所重视。

0205. 吴中绝才高启

高启（1336—1374），字季迪，长洲（今江苏苏州）人。元末曾隐居吴淞江畔的青丘，因自号青丘子。明初受诏入朝修《元史》，授翰林院编修。1370 年朱元璋拟委任他为户部右侍郎，他固辞不赴，返青丘授徒自给，后被朱元璋借苏州知府魏观一案腰斩于南京。高启为明初最有成就的诗人，与杨基、张羽、徐贲合称“吴中四杰”。高启的诗雄健有力，富有才情，开始改变元末以来缛丽的诗风。他学诗兼采众家之长，无偏执之病。但从汉魏一直摹拟到宋人，又死于盛年，未能熔铸创造出独立的风格。他反映人民生活的诗质朴真切，富有生活气息，吊古或抒写怀抱之作寄托了较深的感慨，风格雄劲奔放。他的不少作品流露出忧郁、苦闷、彷徨、孤独的情绪，反映了当时生活的动荡及其对时局的恐惶不安和个人前途命运的忧虑，体现出较为强烈的个人主体意识。

0206. 公安作家袁宏道

袁宏道（1568—1610），字中郎，又字无学，号石公，又号六休。荆州公安（今属湖北）人。明代文学家，“公安派”主帅。袁宏道与其兄袁宗道、弟袁中道合称为“公安三袁”。袁宏道在文学上提出“独抒性灵，不拘格套”的“性灵说”，反对前后七子"文必秦汉,诗必盛唐"的文学复古。所谓"独抒性灵,不拘格套",就是在写诗的时候强调真实表现作者个性化思想情感,反对各种陈规旧俗的约束以及"粉饰蹈袭",争取摆脱道理闻识的束缚。在创作上注重有感而发、直写胸臆,崇尚信手而成、随意而出,而不喜欢铺陈道理、刻意雕琢,语言通俗活泼、随意轻巧,追求一种清新洒脱、轻逸自如、意趣横生的创作效果。袁宏道始终无意于仕途,中了进士以后不愿做官,而去访师求学,游历山川。他生性酷爱自然山水,曾辞去吴县县令,在苏杭一带游玩,写下了很多脍炙人口的游记。

0207. 渔洋山人王士祯

王士祯(1634—1711),原名士禛,避雍正帝"胤禛"讳而改作"祯",字贻上,号阮亭,又号渔洋山人,官至刑部尚书,谥文简。山东新城(今桓台县)人。清初杰出诗人。自幼能作诗,早年从明七子入手,"中岁逾三唐而事两宋",晚年又转而宗唐,诗作风格也由清丽澄淡而苍劲,贯穿始终的则一直是其主张的"神韵说"。所谓神韵,就是要求诗歌具有含蓄深蕴、言尽意不尽的特点。以此为宗旨,对清幽淡远、不可凑泊而富有诗情画意的诗特别推崇,典范即为唐代山水田园诗派王维、孟浩然的诗作。他自己的作品中,风神独绝的神韵诗也占了主要部分。王士祯擅长各体,尤工七绝,但未能摆脱最初所师的明七子的摹古余习,时人诮之为"清秀李于麟(李攀龙)"。有《带经堂集》。

0208. 性灵诗派袁枚

袁枚(1716—1797),字子才,号简斋,钱塘(今浙江杭州)人。因居南京小仓山随园,世称随园先生,自号仓山叟、随园老人等。清代乾隆、嘉庆时期代表诗人之一,与赵翼、蒋士铨合称为"乾隆三大家"。他标举性灵说,与沈德潜、翁方纲的格调说和肌理说相抗衡,影响甚大,形成了性灵派。情是其诗论的核心,认为男女是真情本源,并公开为写男女之情的诗歌张目,在当时颇有振聋发聩之效。主张写诗要写出自己的个性,直抒胸臆,写出个人的"性情遭际"。将"性灵"和"学识"结合起来,以性情、天分和学历作为创作基础,以"真、新、活"为创作追求,这样才能将先天条件和后天努力相结合,创作出佳品。袁枚作诗以才运笔,抒发性灵,极有特色,感情奔放、议论新颖、笔调活泼,语言晓畅、句法灵巧,从内容到形式都有一定的创新。著述甚丰,有《小仓山房文集》、《随园诗话》、《子不语》、《随园食单》。

0209. 世情绝作曹雪芹

曹雪芹(约1715—约1763),名霑,字梦阮,号雪芹、芹圃、芹溪,清代最杰出的小说家。他出生于一个"百年望族"的大官僚地主家庭,从曾祖父起三代世袭江宁织造一职,达六十年之久。后来父亲因事受株连,被革职抄家,家庭的衰败使曹雪芹饱尝了人生的辛酸。他在人生的最后几十年里,以坚忍不拔的毅力,专心致志地从事《红楼梦》的写作和修订,死后遗留下《红楼梦》前八十回的稿子。《红楼梦》是一部内涵丰厚的作品，情节曲折、思想认识深刻、艺术手法精湛、内容浑为一体，是中国古典小说中伟大的现实主义作品。从宝黛钗爱情婚姻悲剧和大观园的毁灭，描绘封建大家族没落，书中各类人物血肉丰满、性格独特，展示了人物性格的丰富性。《红楼梦》一书，是对小说传统写法的全面突破与创新，它彻底地摆脱了说书体通俗小说的模式，极大地丰富了小说的叙事艺术，对中国小说的发展产生了深远的影响。《红楼梦》的后四十回，一般认为是高鹗（约1738—约1815）所续。

0210. 尊情贵真龚自珍

龚自珍（1792—1841），字璱人，号定庵；更名易简，字伯定；又更名巩祚，号定盦，别署羽琌山民。浙江仁和（今杭州）人。清末杰出的思想家、文学家，近代改良主义的先驱者。龚自珍出生于世代官宦学者家庭。二十七岁为举人，曾任宗人府及礼部主事等小官。后因忤其长官而辞职南归，两年后暴卒于丹阳。

龚自珍初承家学渊源，从文字、训诂入手，渐涉金石、目录，在汉学方面有一定的造诣。后受当时崛起的"春秋公羊学"影响，面对衰世，具有深沉的忧患意识。他关注现实，讥切时政，一意讲求经世之务，一生志存改革，有"经世致用"之志，在近代历史开端之际得风气之先，是我国近代最早的启蒙思想家。龚自珍直接继承和发扬了周秦诸子散文无所拘忌的创造精神，以自由活泼的体式，大胆地抒写自己的真情实感，以及追求个性解放的精神，开创了经世散文的新风貌。他的诗歌与散文一样富有开创性，既有概括力，含意深远，又多出以象征隐喻，富有形象性。他生平诗文甚富，后人辑为《龚自珍全集》。

二、文学流派

0211. 建安文学

建安是东汉末年汉献帝（196—220）年号，建安文学实指建安年间和魏前期的文学。在当时都城邺城（今河北临漳县境内）以曹操、曹丕、曹植为中心，聚集了一批文人，孔融、陈琳、王粲、徐幹、阮瑀、应玚、刘桢是他们的代表。与汉末儒生不同，他们有自己的政治理想与抱负，个性鲜明，为中国诗歌打开了一个新的局面。建安诗人的诗歌，在汉乐府民歌朴实叙事的基础上，注入文人自己个性，使诗歌富于文采和抒情性。曹操"烈士暮年，壮心不已"的豪迈，"对酒当歌，人生几何"的感叹，以及看到连年征战后"白骨露于野，千里无鸡鸣"的场景，所引发的对民生疾苦的同情，都成就了他古直悲凉的诗风。曹丕的诗歌，多以爱情为题材，伤感悱恻，便娟婉约，他的《燕歌行》是现存最早的七言诗。曹植是这一时期最有名的作家，传世诗赋文一百多篇，《白马篇》、《美女篇》、《洛神赋》等脍炙人口，他的诗歌"骨气奇高，辞采华茂"，是汉魏风骨与文采结合的典范。总之，对于政治理想的追求，对于人生短暂的嗟叹，以及诗人的强烈个性和悲剧色

开心学国学

彩都构成了建安文学慷慨悲凉的特点，被后世誉为"建安风骨"。这种建安风骨成为反对浮靡文风的一面旗帜，被后世文人所不断追慕。

0212. 正始文学

正始是魏齐王曹芳的年号(240—248)，但习惯上所说的"正始文学"，泛指魏国后期的文学。正始时期，玄学开始盛行。玄学中包涵着一种穷究事理的精神，庄子强调的精神自由，也为玄学家所重视，当时，有人主张"越名教而任自然"，以"竹林七贤"(阮籍、嵇康、阮咸、山涛、向秀、王戎、刘伶)为代表，也有主张名教与自然相统一的，以何晏、王弼为代表。这一时期是魏晋历史上最为黑暗的时期之一，司马氏掌权，对国内实行高压政治，文人们不能保全生命和全家。正始文人面对这种严酷的现实，发展了建安文学中"忧生之嗟"，集中抒发了个人在外部力量强大压迫下的悲哀。以阮籍、嵇康为代表的文人们，用诗歌来揭露礼教的虚伪，抒发内心的苦闷。正始文学呈现出浓厚的哲理色彩，深刻的理性思考和尖锐的人生悲哀，是它的基本特点。

0213. 南朝宫体诗

指南朝梁陈之时发展至极至的一种诗歌流派。"宫体"既指描写宫廷生活的诗体，又指在宫廷所形成的诗风，从简文帝萧纲开始。萧纲为太子时，常与文人在东宫相互唱和，内容多是太平生活闺阁情怀，也有一些抒情咏物作品，重情采，追求词藻靡丽，当时人称"宫体"，后来有人把艳情诗叫做宫体诗。宫体诗情调轻艳，诗风比较柔靡缓弱。宫体诗在声律上进一步发展了"永明体"，对声律要求极其精致严格，它对律诗的形成，有着重要推动作用。在内容上咏物描摹，没有什么寄托，不表现高尚志趣，把纤丽的诗风发展至秾丽甚至淫靡。除萧纲、萧绎等人外，宫体诗的主要作家还有徐摛、徐陵父子，庾肩吾、庾信父子及刘孝威等，所以又叫"徐庾体"，后来徐陵又把上述这些人的诗收入《玉台新咏》，又叫"玉台体"。宫体诗的风格，为后来的吴歌西曲奠定了基础。

0214. 山水田园诗派

盛唐时代歌咏山水自然和农林田园生活的诗歌流派。盛唐的经济繁荣，文化昌盛，富足的生活加上佛老思想的盛行，为诗人隐居、闲适提供了物质条件和精神寄托。当时的人们没有消极遁世，成为"为隐居而隐居"的纯粹隐士。文人们或通过"终南捷径"，获得仕途；或通过隐居，表现自己独立傲视的品格。这一时期歌咏山水寄情田园的诗歌逐渐增多，形成山水田园诗派。这一诗派成就最高的是王维和孟浩然，世称"王孟"。另外，储光羲、常建、韦应物等人诗风相近，也属于山水田园派。他们继承了陶渊明、谢灵运朴实、淳厚的传统，还在这个基础上创造出冲淡、幽雅、恬静的独特风格。盛唐诗人们纵情山水，尽情的吟咏山水之妙，我们从这些诗人心灵深处淘洗出的诗句中确实读出了他们象山水一样清澈高洁的人格。

0215. **边塞诗派**

盛唐诗歌的主要流派之一，以描绘边塞风光、反映戍边将士生活为主。唐代疆域广阔，为了维护各民族的团结安宁、维护国家的和平统一，开疆拓土的战争也不断出现。这样，以战事为中心的边关生活便成了盛唐诗人关注的重要内容。他们一方面为奋发向上积极进取的时代精神所鼓舞，渴求建功立业，另一方面也为立功边关做官的道路所吸引，他们有的身赴边塞，有的心向边关。再加上一些将军能武能文，邀请文人学士，使他们得以依附，并获得很好的创作环境，形成规模很大的创作流派。这一派诗人以高适、岑参、李颀、王昌龄最为知名，高、岑成就最高。其他象王之涣、王翰、崔颢、刘湾等也较著名。这些诗人大多数亲身经历过边疆军队生活，他们的诗歌风格多样，内容丰富，既有"走马川行雪海边，平沙莽莽黄入天"的奇伟壮丽，"北风卷地白草折"的大气磅礴，也有"黄河远上白云间，一片孤城万仞山"的壮观凄凉，和"马上相逢无纸笔，凭君传语报平安"的思乡之情。这些诗句在千百年后仍如交响乐的重音，强烈地震撼着读者的心灵。

0216. **唐宋古文运动**

是提倡古文反对骈文的一次文风、文体、文学语言的革新运动。"古文"是指先秦两汉时期的散文，它形式自由，内容翔实。"骈文"指六朝以来讲究排偶、辞藻、音律、典故的文体。当时形式僵化、内容空虚的骈文，成了文学发展的障碍。韩愈等人举起"复古"的旗帜，提倡学古文，习古道，宣传自己的政治主张和儒家思想，得到了柳宗元等人的大力支持，产生广泛的社会反响，形成一次影响深远的"运动"。他们提出"载道"、"明道"的口号，重视作家的品德修养，重视写真情实感，强调要抛弃旧的词语和独立创造合适的词语。他们亲自实践，还培养了许多青年作家，使古文运动的声势日渐壮大。晚唐时期，古文运动趋于衰落，再次出现了雕章琢句的骈辞丽句。北宋时期，以欧阳修为代表的一些文人，极力推崇韩、柳，又掀起一次新的古文运动。一面反对晚唐以来的文风；一面提倡继承韩愈的道统和文统，写了大量平易自然、有血有肉的散文，共同扫清了绮靡晦涩的文风，使散文走上了平易畅达、反映现实生活的道路。人们把唐代的韩愈、柳宗元和宋代的欧阳修、曾巩、王安石、苏洵、苏轼、苏辙共称为"唐宋八大家"，把唐宋的两次古文运动称为"唐宋古文运动"。

0217. **新乐府运动**

中唐时期由白居易、元稹倡导的，以创作新题乐府诗为中心的诗歌革新运动。新乐府是相对古乐府而言的。西汉设置乐府，由乐府采集和创作的诗歌称做"乐府"。乐府诗相当一部分来自民间，通俗易懂、反映现实，可以配乐演唱。后来文人用乐府古题仿作乐府诗，唐把南北朝以前的乐府诗统称作古乐府。新乐府是指唐人自立新题、写时事、不一定配乐演唱的乐府诗，但直接继承了汉乐府的现实主义精神。唐朝贞元、元和之际，广大地主士大夫要求革新政治，以中兴唐朝。白居易、元稹等诗人主张恢复古代的采诗制度，发扬《诗经》和汉魏乐府讽喻时事的传统，使诗歌起到“补察时政”，“泄导人情”的作用，他们主张“文章合为时而著，歌诗合为事而作”，要求叙事要有根据，令人信服，词句通顺，文辞质朴易懂。这种新乐府运动的精神，为晚唐诗人皮日休、聂夷中、杜荀鹤所继承。

新乐府诗中，著名的作品有白居易的《新乐府》五十首和《秦中吟》十首，元稹的《田家词》、《织妇词》等。其中李绅《悯农》诗：“春种一粒粟，秋收万颗子。四海无闲田，农夫犹饿死。”“锄禾日当午，汗滴禾下土。谁知盘中餐，粒粒皆辛苦。”已成为千古名诗。

0218. 婉约词派

婉约词派是宋词的两大流派之一。“婉”为柔美、婉曲。“约”就是缠束，引申为精炼、隐约、微妙。婉约词最早出现在唐五代，文人多把眼光盯在深闺绣房、秦楼楚馆，只留心身边花间月下浅斟低唱的生活，作词的目的多为抒发兴致娱乐客人，在酒宴歌席上由歌妓舞女唱奏（故也称宴乐），被呼为“艳曲”、“女音”，最适合由十七八岁女孩儿拿红牙板演唱。内容多写儿女情长、离愁别绪，音律和谐柔美。北宋时，国家稳定，城市繁荣，繁华的城市生活促进了婉约词的发展，形成了婉约词派。婉约词风格含蓄，隐喻曲折，寄情委婉，文辞绮丽。著名作家有欧阳修、晏殊、晏几道、柳永、秦观、贺铸、周邦彦、李清照等，柳永成就最高。婉约词派把过去的狭窄的艳情词扩展到城市生活的各个方面；过去仅有的小令，又创造出慢词长调，语言多用城市中百姓市民常用的话，因而广受欢迎，相传凡是有井水的地方都能唱柳永的词。婉约词历来被当作词学正宗，名篇佳作有柳永《雨霖铃·寒蝉凄切》、秦观《鹊桥仙·纤云弄巧》、李清照《声声慢·寻寻觅觅》。南宋又出现了姜夔、吴文英、张炎等优秀婉约派词人。

0219. 豪放词派

宋词两大流派之一，因为题材、风格、用调及创作手法等与婉约派多不相同，被婉约派称为“别派”。豪放词题材广阔，不仅描写花间月下，还描写军国重大题材，使词能像诗文一样地反映生活，它境界宏大，气势恢弘，不拘格律，崇尚直率，不求含蓄婉曲。如婉约词要小姑娘唱，豪放词就需关西大汉拿铜琵琶铁棹板来歌。苏轼词风洒脱旷达，开创豪放词风，他用广泛的题材、开阔的视野代替了五代婉约词儿女之情、离别之感；用恢宏豪放的风格取代了含蓄婉约风格；又直接抒发情感，突破了格律的限制；还用诗的语言写词，为词开拓出新天地，《念奴娇·赤壁怀古》最著名。同时代豪放词人还有王安石、范仲淹等。北宋灭亡后，危急的国势为豪放派发展提供了机会。南宋著名豪放派词人有岳飞、张元幹、张孝祥、陆游等，辛弃疾成为最著名的豪放派词人。他的词无所不包，既写景状物又抒情议论。他更用散文的笔法填词，大量运用比兴、典故，极大丰富了词的表现手法，完成了词体的解放，实现了词风的变革，把豪放派词创作推向顶峰。辛词名篇有《水龙吟·登建康赏心亭》、《青玉案·元夕》等。豪放词派丰富了古代文学的宝库，对后代词人产生了深远的影响。

0220. 江西诗派

是我国文学史上第一个有正式名称的诗文派别。北宋后期，黄庭坚在诗坛上影响很大，追随和效法黄庭坚的诗人颇多，逐渐形成以黄庭坚为中心的诗歌流派。宋徽宗时，吕本中作《江西诗社宗派图》，下列陈师道、潘大临、谢逸等二十五人。认为这些诗人与黄庭坚是一脉相承的。后被人归入江西诗派的还有吕本中、曾几、陈与义等。

诗派成员多学杜甫，宋末方回又把杜甫和黄庭坚、陈师道、陈与义称为江西诗派的一祖三宗。江西诗派的诗歌理论强调"夺胎换骨"、"点铁成金"，即或师承前人之辞，或师承前人之意；崇尚瘦硬奇拗的诗风；追求字字有出处。在创作中，诗派"以故为新"，重要作家的诗作风格迥异，自成一体。黄庭坚倡导求新求变，主张多读前人作品，从中汲取艺术营养，熟练地掌握炼字、造句、谋篇等写作技巧，同时力求打破技巧的束缚；陈师道作诗"闭门觅句"，和黄庭坚并称为"黄陈"；吕本中提出了"活法"，主张摆脱既有的法则而自有所得，陆游认为作诗工夫在诗外，杨万里也受到江西诗派影响。江西诗派成为宋代最有影响的诗歌流派。它的影响遍及整个南宋诗坛，延续到近代的同光体诗人。

0221. 前后七子

前后七子是明朝中叶的一个复古诗文流派。当时，八股文、台阁体占据统治地位，弘治、正德间李梦阳、何景明、徐祯卿、边贡、康海、王九思、王廷相七人很活跃，被称为前七子，而以李、何为首。他们主张"文必秦汉，诗必盛唐"，要以它们为学习对象，但何景明强调创造，李梦阳强调模仿。到嘉靖年间，又出现了李攀龙、王世贞、谢榛、宗臣、梁有誉、徐中行、吴国伦七人，被称为后七子，又以李、王为首，活跃于嘉靖、隆庆间。他们对于诗文的见解大体一致，主张模拟古人。前后七子对于打击"台阁体"雍容典雅、千篇一律的文风有一定积极意义，但把诗文写作引上复古道路，产生了许多毫无生气的假古董诗文，使作品失去了生命力。他们也写有少数好作品，如李梦阳的《秋望》诗、李攀龙的《挽王中丞》二绝和宗臣的《报刘一丈书》等。

0222. 公安派

公安派是晚明文学领域一个具有相当影响的文学流派。代表人物有袁宏道、袁中道、袁宗道三兄弟，以袁宏道为首。因为他们是湖北公安人，所以称公安派。重要成员还有江盈科、陶望龄、黄辉、雷思霈等人，他们反对前七子和后七子的拟古风气，主张"独抒性灵，不拘格套"，也就是书写自己独特的心灵，不

要被各种条条框框束缚，反对剿袭，主张通变，猛烈抨击前后七子的句拟字摹、食古不化倾向，冲破一切束缚创作的藩篱；强调世界生活在变，文学也要随着变化；打破了诗文正宗地位，推重民歌小说，提倡通俗文学，重视从民间文学中汲取营养。发前人之所未发。不仅明确肯定人的生活欲望，还特别强调表现个性，表现了晚明人的个性解放思想。公安派在解放文体上颇有功绩，游记、尺牍、小品也很有特色，或秀逸清新，或活泼诙谐，自成一家。但他们多描写身边琐事或自然景物，缺乏深厚的社会内容，因而创作题材愈来愈狭窄。他们的后学随意写作，不加约束，争相使用方言土语，造成了文学的低俗化。但对于解放人们的心灵，破除模拟教条，贡献很大，影响甚至到了近代文学。

0223. **吴江派**

明代戏曲文学流派。古代戏曲至明代形成以沈璟为代表的“吴江派”，属于这一派的还有顾大典、吕天成、王骥德、叶宪祖、冯梦龙、沈自晋等。沈璟戏剧理论的主要内容是要求作曲“合律依腔”，语言“僻好本色”。他与汤显祖的主张“以意趣神色为主”的“临川派”，意见相左，产生了戏曲界的“汤沈之争”。吴江派厘定曲谱、规定句法，注明字句的音韵平仄，给曲家指出规范，但过分强调音韵格律，主张宁肯曲辞不工整，也要符合音律；提倡戏曲语言要“本色”，原本意在反对明初的骈俪颓风，但由于他把“本色”狭窄地理解为只是采用俗言俚语、家常语，也产生了弊病。吕天成《曲品》主张戏曲创作允许虚构，不必都符合事实，重视戏曲结构，注意舞台演出特点。戏曲创作的实践上，比较突出的当数沈璟、沈自晋和沈自征。“吴江派”活跃于明末，对后世的戏曲创作理论与实践都有重大影响。

0224. **桐城派**

即桐城文派，又称桐城古文派、桐城散文派，主要代表人物方苞、刘大櫆、姚鼐均是安徽省桐城人，所以叫桐城派。桐城文派是清代文坛最大的散文流派，其作家多、流布地域广、绵延时间久，文学史所罕见。桐城派文论体系和古文运动的形成，始于方苞，经刘大魁、姚鼐而发展成为一个声势显赫的文学流派，其他代表人物还有戴名世、姚莹、曾国藩、吴汝纶。方苞提出“义法”主张，“义”指中心，“法”指表达中心或基本观点的形式技巧，包括结构、条理、修辞等；倡语言“雅洁”，反对俚俗和繁芜，创造了清真雅正的朴质文体。刘大魁提出“神气”“音节”“字句”。“气”指语言气势，“神”是最本质独特的风格、性格特征的艺术体现；姚鼐要以“词章”为手段，以“考据”为凭借，来阐发儒家的“义理”，提出了富有创见性的阴阳刚柔说，选辑《古文辞类纂》影响了以后二百多年的学术界。

桐城派的文章选取素材、运用语言，只求简明达意、条理清晰，不重罗列材料、堆砌辞藻，不用诗词与骈句，力求“清真雅正”，一般都清顺通畅，尤其是记叙文，如方苞的《狱中杂记》、《左忠毅公逸事》，姚鼐的《登泰山记》等，都是著名的代表作。

0225. 诗界革命

是戊戌变法前后的诗歌改良运动。诗界革命的早期倡导者是夏曾佑、谭嗣同、梁启超三人。他们批判形式主义、复古风气、尊唐宗宋的派别观点。1899年,梁启超提出“诗界革命”口号,并开始试作“新诗”。谭嗣同等人力图开辟诗歌语言的新源泉,表现资产阶级维新思想,有其积极可取的一面。维新运动失败后,梁启超逃亡国外,以主要精力从事文化宣传,推进文学改良和“诗界革命”。他在《清议报》、《新民丛报》、《新小说》等刊物上开辟专栏,发表谭嗣同、康有为、黄遵宪、蒋智由、丘逢甲、夏曾佑等人的作品,又自撰《饮冰室诗话》,阐发理论观点,大力表扬黄遵宪等新派诗人,诗界革命于是形成了一定的规模和声势。

后期诗界革命要求“以旧风格含新意境”,也就是用旧的诗歌形式写出新内容。要求作家努力反映新的时代和新的思想,有名的有黄遵宪的《哀旅顺》、《哭威海》,与现实结合紧密,表达作者爱国思想感情。部分新体诗语言趋于通俗,不受旧体格律束缚,这些在当时都起了解放诗歌表现力的作用,后来成为五四时期新诗的先导。

三、文论知识

0226.《毛诗序》

《毛诗序》是我国诗歌理论的第一篇专论。汉代传《诗》有鲁、齐、韩、毛四家。前三家为今文经学派,早立于官学,但先后亡佚。赵人毛苌传《诗》,为“毛诗”,属古文学派,汉末毛诗兴盛,取代其他三家而独传于世。毛《诗》每篇前都有小序,而首篇《关雎》题下的小序后有一段较长文字,像是一篇总序,世称《诗大序》,又称《毛诗序》。作者不详,写于西汉,很可能经过东汉经学家卫宏修改。《毛诗序》对诗歌的特征、内容、分类、表现手法及社会作用都作了论述。首先,揭示了诗歌抒情与言志相统一的艺术本质,提出了“诗者志之所之也”,“情动于中而形于言”的观点;但同时又提出了“发乎情,止乎礼仪”的口号,认为情感的表达一定要适度,必须要符合礼仪的规范。其次,提出了以“风、赋、比、兴、雅、颂”为基本内容的“六义”说。第三,它特别重视以政教为核心的诗的社会作用,认为诗歌具有“经夫妇,成孝敬,厚人伦,美教化,移风俗”的作用。《毛诗序》的上述主张成了汉以后诗歌创作和批评的准则,而这篇序也就成了儒家文学观的纲领性文献。

0227.《诗品》

《诗品》,又称为《诗评》,是我国文学批评史上第一部论诗专著。“品”是“品第优劣,区分高下”的意思。《诗品》论述的对象主要是五言诗,全书共品评了两汉至梁代的诗人一百二十二人，计上品十一人，中品三十九人，下品七十二人。作者钟嵘在《诗品序》中对历代诗歌创作作了简要评述，阐明了自己对诗歌的理解和主张。其基本观点是：①强调诗要"吟咏情性"，重在情感的表达；②对南朝盛行的"四声八病"说和堆垛典故的诗风进行了批评，认为诗要写出"即目所见"，不可过于雕琢；③对逐渐兴起的五言诗从理论上给予了高度评价，认为"五言居文辞之要，是众作之有滋味者也"；而所谓滋味，就是必须"指事造形，穷情写物"，做到赋比兴并重，言近旨远，形象鲜明，耐人寻味。在对诗人的品评中，钟嵘注重历代诗人之间的继承和发展的关系，为研究诗风的流变开辟了新的途径。《诗品》在很多问题上都具有开创意义：批评方式上，它开启了后代诗话的先河；在对诗歌理论的探究中，因见解新颖、理论精辟而获得了"思深而意远"的美誉。许多学者将它和刘勰的《文心雕龙》并称，称它们为文论史上的"双子星座"。

0228.**《文心雕龙》**

《文心雕龙》是中国文学理论批评史上第一部有严密体系的文学理论专著。章学诚《文史通义》称它为"体大而虑周"，也就是体系严密、思虑周全的意思。作者为刘勰，约成书于501年到502年间。全书五十篇，内容丰富，见解卓越，都是谈"为文之用心"的，也就是全面而系统地论述写作上的各种问题的。全书包括四个重要方面：上部，从《原道》至《辨骚》的五篇，是全书的纲领，其核心则是《原道》、《征圣》、《宗经》三篇，要求一切创作要本之于道，稽之于圣，宗之于经。从《明诗》到《书记》的二十篇，以"论文序笔"为中心，对三十多种文体源流及作家、作品逐一进行研究和评价，是文体论。下部，从《神思》到《物色》的二十篇（《时序》不计在内），以"剖情析采"为中心，重点研究有关创作过程中各个方面的问题，是创作论。《时序》、《才略》、《知音》、《程器》等四篇，则主要是文学史论和批评鉴赏论。中国古代文学理论批评史上的许多问题都在这几部分中都有所涉及。而下部的两个部分，是全书的精华所在。这部著作以骈文成体，颇具文采。由于其深远的影响和卓越的理论成就，成为学术界研究的热点，而研究这部著作的学问被学者们称为"龙学"。

0229.**《二十四诗品》**

《二十四诗品》，又名《诗品》，是探讨诗歌创作，特别是诗歌美学风格问题的理论著作。作者一般认为是司空图。司空图（837—908），字表圣，河中虞乡（今山西临猗县）人，晚唐诗人、诗论家。这部作品注重对诗歌艺术的探索，这里的"品"的含义不同于钟嵘《诗品》之"品"，是品类的意思，"二十四诗品"就是二十四种风格类型。司空图把诗歌的艺术风格和意境分为雄浑、冲淡、纤秾、沉着、高古、典雅、洗炼、劲健、绮丽、自然、含蓄、豪放、精神、缜密、疏野、清奇、委曲、实境、悲慨、形容、超诣、飘逸、旷达、流动等品类，不仅形象地概括和描绘出各种诗歌风格的特点，而且从创作的角度深入探讨了各种艺术风格的形成，对诗歌创作、评论与欣赏等方面有相当大的贡献。这部作品一问世，就为当时诗坛所重视。后来严羽等人的诗歌理论也受到了它的影响，是中国文学理论批评史上的经典名篇之一。

0230.《沧浪诗话》

《沧浪诗话》，是诗话类的理论著作。作者严羽，南宋人，字丹丘，一字仪卿，自号沧浪逋客，《沧浪诗话》之名就因其号而来。这部作品分诗辨、诗体、诗法、诗评、考证五类，是一部以禅喻诗，论述古今诗歌艺术风格与创作的诗歌理论著作。其基本的观点是："学诗者以识为主"，"识"的内涵就是当时人常用的"禅"和"悟"，由有"识"而得"悟"，又由妙悟而通禅道，以达到"言有尽而意无穷"的境界。他反对当时以才学、议论、文字写诗的弊病，以为诗歌创作需要特殊的才能，诗歌本身具有特殊的趣味，和才学、议论没有必然的关系。他推崇汉魏、盛唐诗歌，以为汉魏诗歌语言、理趣、意兴都结合得非常完美；唐诗既有意兴而且还有理趣。这些观点是针对江西诗派的观点提出来的，在当时招来了比较多的非难和攻击。但它在指导后世作者的创作和诗歌理论建设方面具有极为重要的作用和意义。

0231.《录鬼簿》

《录鬼簿》，是元代的戏曲史料性著作。作者钟嗣成。全书两卷，记述了一百五十二位杂剧及散曲作家的生平事迹，及四百余种戏曲作品的目录。

上卷分"前辈已死名公有乐府行于世者"、"方今名公"、"前辈已死名公才人有所编传奇行于世者"三类。据钟嗣成自注，这三类名公、才人的情况，是他的朋友陆仲良从"克斋吴公"那里得来的，并非钟嗣成的第一手材料，因而"未尽其详"。下卷分"方今已亡名公才人余相知者"、"已死才人不相知者"、"方今才人相知者"，"方今才人闻名而不相知者"四类。同时，在书中一些零星的记载中，还揭示了元代杂剧作家的活动和组织情况，并且透露了元代戏曲发展的线索，如院本的创作、杂剧作家的南迁、南戏创作等等。这些记述为元代戏曲的研究提供了宝贵材料。至明初，戏曲家贾仲明又增补了吊词。作者在此书中一反轻视戏曲和戏曲作家的传统偏见，为"门第卑微、职位不振"而才高博识的戏曲作家立传，高度评价他们的艺术成就，表现了作者进步的文艺观点。

0232.《曲律》

《曲律》，中国戏曲理论专著，又称《方诸馆曲律》。作者是明代王骥德，成书于万历年间。这部作品探讨了南北曲源流、南曲声律、传奇作法，以及戏曲创作与理论中的诸多问题，并对元、明两代戏曲家和作品进行了广泛的品评。《曲律》中最有特色最有价值的地方，是对戏曲创作理论和写作规律的探索，对风神、虚实、本色、当行等问题作了深入论述。王骥德的戏曲理论深受徐渭的影

响，重本色，以为词格俱妙，"大雅"与"当行"参间，雅俗共赏，方为上乘之作。王骥德排除门户之见，在临川派与吴江派的论争中，对汤显祖和沈璟各有褒贬。《曲律》对戏曲的布局与剪裁、宫调与语言，都有全面的论述，对戏曲创作规律第一次作了系统的阐发，以其理论的创新性和系统性，雄踞明代曲坛，并对后世的戏曲理论批评产生了深远的影响。清代李渔戏曲理论中的一些重要内容，就是对王骥德戏曲理论的继承和发展。在明清两代戏曲理论批评发展史上，王骥德的《曲律》处在承上启下的关键地位，受到近代研究者的高度重视。

0233.**《人间词话》**

《人间词话》，是中国近代文学批评专著。作者王国维（1877—1927），字静安，晚号观堂，浙江海宁人，是近代中国少见的学贯中西、博通古今的大学者。《人间词话》共六十四则，是王国维接受西方美学思想后，以崭新的眼光用旧的词话形式对中国旧文学所作的评论，具有划时代的意义，极受学术界重视。这部作品最核心的观点是"境界"说，其他的论点都围绕着它而展开。其要点是：认为词以境界为最高；认为境有"写境"与"造境"，"有我之境"和"无我之境"之分；在诗人与现实的关系上，王国维主张："诗人对宇宙人生，须入乎其内，又须出乎其外，入乎其内，故能写之；出乎其外，故能观之。入乎其内，故有生气；出乎其外，故有高致。"认为要以一种非常融通的态度来面对现实人生，只有这样才能写出一流的作品来。另外，他还提出了"词人者，不失其赤子之心者也。故生于深宫之中，长于妇人之手，是后主为人君所短处，亦即为词人所长处"，这样一些极富启发意义的观点。这些观点对后世学者研究文学史提供了一些新的思路和视角，从而在文学理论史上具有极其重要的价值。

四、诗文总集

0234.**《诗经》**

《诗经》是我国最早的一部诗歌总集，原称"诗"或"诗三百"，汉代儒生始称《诗经》。共收录诗歌三百零五篇，收集了周初至春秋中叶五百多年间的作品。现存的《诗经》是汉朝毛亨所传下来的，所以又叫"毛诗"。据说《诗经》中的诗，当时都是能演唱的歌词。按所配乐曲的性质，可分成风、雅、颂三类。"风"包括周南、召南、邶风、鄘风、卫风、王风、郑风、齐风、魏风、唐风、秦风、陈风、桧风、曹风、豳风，称为十五国风，大部分是黄河流域的民歌，小部分是贵族加工的作品，共一百六十篇。"雅"分小雅和大雅，共一百零五篇，基本上是贵族的作品，只有小雅中的一部分来自民间。"颂"包括周颂、鲁颂和商颂，共四十篇。颂是宫廷用于祭祀的歌词。《诗经》是中国韵文的源头，是中国诗史的光辉起点。它形式多样，内容丰富，对周代社会生活的各个方面，如劳动与爱情、战争与徭役、压迫与反抗、风俗与婚姻、祭祖与宴会，甚至天象、地貌、动物、植物等各个方面都有所反映。可以说，《诗经》是周代社会的一面镜子。而它的语言是研究公元前十一世纪到公元前六世纪汉语概貌的最重要的资料，又是汉语语汇的珍贵宝库，现代汉语的许多经典词语都来自于《诗经》，如辗转反侧、雨雪霏霏、在水一方等等。

0235.《楚辞》

《楚辞》有两个含义。最早是指屈原等人在楚国民歌的基础上经过加工、提炼而发展起来的，有着浓郁的地方特色的一种韵文样式。到了西汉，刘向将屈原、宋玉及汉代淮南小山、东方朔、王褒以及自己的楚辞体作品编辑在一起，命名为《楚辞》，因此便又成了诗歌总集的名称。这部总集最早为十六篇，后王逸将自己的《九思》加进去，成十七篇。这本书以屈原的作品为主，其中《离骚》、《九歌》、《天问》等篇是这类作品的代表。由于所收《离骚》的杰出成就，因此“骚”或“骚体”又成了“楚辞”体诗的代名词。《九歌》原为古代乐歌，相传是夏启从天上偷来的。屈原在民间祀神乐歌基础上创作的《九歌》，袭用了古代乐歌的名称，共十一篇。其中保存了关于云神、山神、湘水神、河神、太阳神等的神话故事，是研究上古民俗和楚文化的珍贵资料。《天问》是一首长诗，它对自然宇宙和社会历史提出的一百七十多个问题中，保存了许多神话传说和古史资料。《楚辞》在中国诗史上占有重要的地位。它的出现，打破了《诗经》以后两三个世纪的沉寂而在诗坛上大放异彩。后人也因此将《诗经》与《楚辞》并称为风、骚。

0236.《全上古三代秦汉三国六朝文》

《全上古三代秦汉三国六朝文》，是清代编纂的一部唐以前文章总集，编者严可均(1762—1843)，字景文，号铁桥，清浙江乌程(今浙江湖州)人。好藏书，精于考据。1808 年，清廷开设全唐文馆，当时有名的文人大多被邀请参加。严氏因为自己没有被邀请，心有不甘，因此便独自一人，花了二十七年时间，广搜天下书，编成这部《全上古三代秦汉三国六朝文》，作为《全唐文》的前接部分。这部著作共七百四十一卷，主要取材于明梅鼎祚的《文纪》和张溥的《汉魏六朝百三家集》，共收唐代以前作者三千四百九十七人，按时代先后为序，编为十五集，每集作者又分帝、后、宗室诸王、群雄、诸臣、宦官、列女、阙名、外国、释氏、仙道、鬼神等。绝大多数作者前有小传。本书资料相当丰富，不管鸿篇巨制，还是佚文断句，都加以辑录，搜罗唐以前散文较完备。由于编辑量大，当时未能刻印，1892 年才由王毓藻主持的广雅书局刻印。1958 年，中华书局据广雅书局本影印出版，共四册，另编篇名目录及作者索引一册。

0237.《文选》

《文选》，是中国现存最早的一部诗文总集，由南朝梁武帝的长子萧统组织文人共同编选。萧统死后谥“昭明”，所以他主编的这部文选称作《昭明文选》。

这部书约成书于526到531年之间，共收录作家一百三十家，上起子夏(《文选》所署《毛诗序》的作者)、屈原，下到去世于526年的陆倕。《文选》的选录标准，以词人才子的名篇为主，以“文为本”。因此，凡“姬公之籍，孔父之书”，“老庄之作，管孟之流”，“谋夫之话，辩士之端”，“记事之史，系年之书”，这几类即后来习称为经、史、子的著作一律不选。但是史传中的赞论序述部分却可以收录，因为“赞论之综辑辞采，序述之错比文华，事出于沉思，义归乎翰藻”，合乎“能文”的选录标准。全书的分类，体现了萧统对古代文学发展、尤其是对文体分类及源流的理论观点，反映了文体辨析在当时已经进入了非常细致的阶段。但由于分类过于碎杂，因而也遭到后世一些学者如章学诚、俞樾等人的批评。隋、唐以来，学者文人对《文选》从各种角度作了研究。据不完全统计，今天还可以见到的专著即有九十种左右，其他散见的有关考据、训诂、评论更难数计。研治《文选》成为一种专门的学问，以致从唐初开始就有了“文选学”这一名称。

0238.《六朝文絜》

《六朝文絜》四卷，六朝骈文选集，编选者为清代许梿，字叔夏，号珊林，生卒年不详，浙江海宁人，于1825年刻成此书。“文絜”，取自刘勰“析词尚絜”之说。全书选入上起晋宋，下讫陈隋骈文七十二篇，合为赋、铭、诏、策、令等十八类，收入作家三十六人。名为六朝，实际晋代仅选陆机一篇，其余都是南北朝作家。以全篇构思精练和修辞简洁为选文标准，所选文章多篇幅短小，文笔优美，写景抒情的骈文，也有部分梁元帝等人轻巧靡艳的作品。作为骈文读本，此集基本上能体现各家特点和六朝骈文发展的面貌。骈体文以句式严正、排比整饬、词藻华丽著称，许梿的评语颇能穷源竟委，抉发精华，因此很受读者欢迎。骈体文选以《文选》和李兆洛《骈体文钞》最著名，而《六朝文絜》则以短小精悍得行于世。

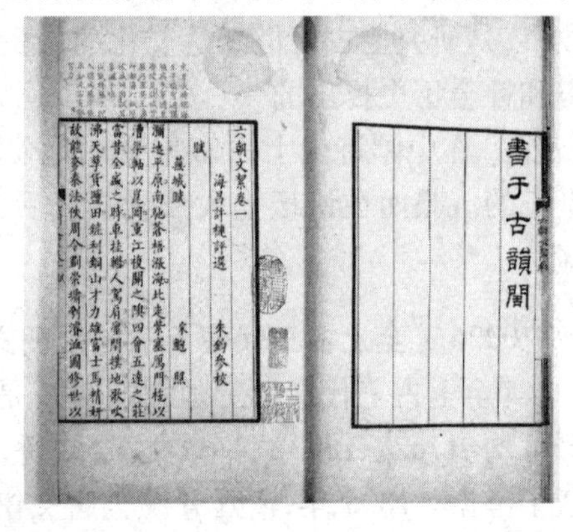
六朝文絜卷一
海昌許槤評選　朱鈞參校
賦
蕪城賦　宋　鮑照
瀰迤平原南馳蒼梧漲海北走紫塞鴈門柂以
漕渠軸以崑岡重江複關之隩四會五達之莊
當昔全盛之時車挂轊人駕肩廛閈撲地歌吹
沸天孳貨鹽田鏟利銅山才力雄富士馬精妍
故能奓秦法佚周令劃崇墉刳濬洫圖修世以

書于古韻閣

0239.《玉台新咏》

《玉台新咏》十卷，南朝徐陵编，除第九卷中的《越人歌》相传作于春秋战国之间外，其余都是自汉至梁的作品。据徐陵《玉台新咏序》说，本书编纂的宗旨是“选录艳歌”，即主要收录男女闺情之作。因此，从内容的广泛性看，它不如成书略早的《文选》。但它也有自己的特色：如它不选《文选》所录的歌功颂德的庙堂诗；入选各篇，大都语言通俗、明白，如所录的汉代和晋代的童谣，都属这一类；又比较重视民间文学，如中国古代著名的长篇叙事诗《孔雀东南飞》就编录于此书；它重视南朝时兴起的五言四句的短歌句，收录达一卷之多，这对于唐代五言绝句这一诗体的发展有一定推动作用。这些诗作比“永明体”更讲究声律和对仗，可以较清楚地看出“近体诗”的成熟过程。《玉台新咏》所选诗篇又有可资考证、补阙佚的，如曹植《弃妇诗》、庾信《七夕诗》，为其他集子所阙如，班婕妤、鲍令晖、刘令娴等女作家的作品，也赖此书得以保存和流传。《玉台新咏》虽有一些情调不大健康的作品，但是表现真挚爱情和妇女思想的作品也不少。如《上山采蘼芜》、《陌上桑》、《羽林郎》等作品，都反映了一定的社会现实。《孔雀东南飞》详尽地写出一个封建家庭悲剧的全部过程。这都说明《玉台新咏》所录诗作并非全是艳情诗。

0240.**《乐府诗集》**

宋代郭茂倩编。郭茂倩，字德粲，郓州须城（今山东东平）人。现存一百卷，是现存收集乐府歌辞最完备的一部。主要辑录汉魏到唐、五代的乐府歌辞兼及先秦至唐末的歌谣，共五千多首。它搜集广泛，各类有总序，每曲有题解，是一部总括我国古代乐府歌辞的著名诗歌总集。《乐府诗集》把乐府诗分为郊庙歌辞、燕射歌辞、鼓吹曲辞、横吹曲辞、相和歌辞、清商曲辞、舞曲歌辞、琴曲歌辞、杂曲歌辞、近代曲辞、杂歌谣辞和新乐府辞等十二大类；其中又分若干小类，如《横吹曲辞》又分汉横吹曲、梁鼓角横吹曲等类。该书的重要贡献是把历代歌曲按其曲调收集分类，使许多作品得以汇编成书，对乐府诗的整理和研究提供了很大方便。《乐府诗集》对各类乐曲的起源、性质及演唱时所使用的乐器等都作了较详尽的介绍和说明。书中这些说明征引了许多业已散佚的著作，如刘宋张永的《元嘉正声伎录》、南齐王僧虔的《伎录》、陈代释智匠的《古今乐录》等书，使许多珍贵的史料得以保存，对文学史和音乐史的研究都有重要价值。

0241.**《全唐诗》**

《全唐诗》是清朝初年编修的汇集唐一代诗歌的总集，全书共九百卷。据今人的统计共收诗四万九千四百零二首，句一千五百五十五条，作者共两千八百七十三人。《全唐诗》是在季振宜编《唐诗》和胡震亨编《唐音统签》的基础上，在1705年至1706年之间，由江宁织造曹寅领衔，在扬州修撰的，参加校刊编修的有赋闲江南的在籍翰林官彭定求、沈三曾等十人。《全唐诗》将有唐一代诗歌汇为一帙，为研究者提供了莫大的方便。但由于成书仓促，存在缺漏、误收、重收等问题。故后来的研究者又作了一系列的考辨、补遗工作。辑补《全唐诗》的著作，以日本上毛河世宁（即市河宽斋）《全唐诗逸》三卷为最早。

0242.**《全唐文》**

《全唐文》，清代官修的唐五代的文章总集，共一千卷。由董诰领衔，阮元、徐松等百余人参加编纂，历时六年（1808—1814）完成。共收文章一万八千四百八十八篇，作者三千零四十二人，每一位作者都附有小传。编次以唐及五代诸

开心学国学

帝居首，其次是后妃、诸王、公主，再次为各朝作者，释道、闺秀、宦官、四裔附编书末。清宫原藏有《唐文》稿本一百六十册，清仁宗认为它“体例未协，选择不精”，下令重编。该书即在这一稿本基础上，用《文苑英华》、《唐文粹》等总集补其缺略，又从《永乐大典》辑录了唐文的单篇残段，并旁采他书和金石资料编校而成。它汇集了唐朝及五代的文章，为学者查阅使用这些资料提供了方便。但该书在编纂、考订上还有不少缺点，包括文章漏收、误收、重出，作者弄错，题目和正文的讹脱，小传记事不确，采用的书不注出处等等。清代劳格和现代学者岑仲勉在读本书的《札记》中曾举出上述问题约四五百条。该书编成后，即颁发扬州，由督理两淮盐政阿克当阿等负责校刻，于1819年刻成。

0243.**《花间集》**

《花间集》是后蜀人赵崇祚编辑的一部词集，在1900年敦煌石室藏《云谣集》发现之前，《花间集》被认为是最早的词选集。集中搜录晚唐至五代十八位词人的作品，共五百首，分十卷。十八位词人，除温庭筠、皇甫松、和凝三位与蜀无关外，其余十五位都曾活跃于五代十国之一的西蜀。欧阳炯在《花间集序》中描述词人的创作情景：“绮筵公子，绣幌佳人，递叶叶之花笺，文抽丽锦；举纤纤之玉指，拍按香檀。”因此《花间集》中所写的是供歌筵酒席演唱的侧艳之词，自然缛采轻艳，绮靡温馥。花间词的内容，不外歌咏旅愁闺怨、合欢离恨，多局限于男女燕婉之私。但也有一部分作品，如鹿虔扆的《临江仙》抒写“暗伤亡国”之情。花间词派的代表词人是温庭筠和韦庄。其他词人的词作，则多学习温、韦。《花间集》在词史上是一块里程碑，标志着词体已正式登上文坛，也确立了宋以来“词为艳科”的词学传统。

0244.**《全宋文》**

《全宋文》是一部包含两宋三百二十年间所有现存单篇散文、骈文、诗词以外韵文的大型文集，2006年由上海辞书出版社正式出版，共三百六十册，收录各种体裁的文章十多万篇，总字数逾一亿字，全书分十五大类，内容遍及文学、艺术、历史、哲学等各个方面。书中不少资料是首次公开发表，百分之九十五的作家在此以前未被编入过专集，因此，在许多方面具有拓荒与填补空白的史料价值。《全宋文》由曾枣庄、刘琳先生主编，由四川大学古籍所及京、沪、蓉等地专家的共同努力历经二十年编纂而成，这是建国以来已完成的规模最大的古籍整理项目，也是迄今为止规模最大的一部断代文学总集。《全宋文》刊行，与已出版的《全宋诗》、《全宋词》和正在陆续出版的《全宋笔记》(已出二辑)一起，共同构建了宋代比较完备的资料库的主体部分。加上《长编》、《宋史》等已经出版的史部书校点本，及正在整理的《宋会要辑稿》、《文献通考》等宋代资料书，必将对宋代文史、哲的研究产生历久而深远的影响。

0245.**《全宋词》**

宋词总集。由今人唐圭璋在综合明末毛晋《宋六十名家词》、清代侯文灿《十名家词集》、秦恩复《词学丛书》、王鹏运《四印斋所刻词》及《宋元三十一家词》诸家辑刻的基础上，广泛搜采，旁求类书、方志、金石、题跋、花木谱等诸书中所载之词，统汇于一处，编为《全宋词》。1940 年由商务印书馆在长沙出版线装本。新中国成立后，编者对此书进行重编，并经王仲闻订补加工，1965 年由中华书局重印出版。新版《全宋词》以善本代替从前的底本，在材料和体例方面较旧版均有很大提高。在体例上改变旧版按“帝王”、“宗室”等分类排列，改为按词人年代先后排列。全书共计辑两宋词人一千三百三十余家，词作约两万首。引用书目达五百三十余种。新版重考词人行实，改写小传。近年来，编者又续作修订补正，写成《订补续记》，附于 1979 年重印本卷末。此书收录齐备，考订也比较精审，改正了不少前人的承谬踵误之处，为研究宋词的重要参考书。

0246.**《全宋诗》**

我国第一部宋代诗歌总集。北京大学出版社自 1991 年 7 月开始陆续出版，计七十二册、三千七百八十五卷，被誉为近百年来最具规模的古籍整理成果之一。《全宋诗》有如下特点：一是取材广博，收录了现存宋人的六百种别集，其中不少是世人难觅的孤本、珍本。此外，还广泛地从历代选集、类书、史籍、方志、笔记、诗话、家乘、族谱、书录等中搜辑大量单篇零句，并克服了《全唐诗》、《全唐文》不收佛道、金石中诗的不足。二是编排科学。所收诗歌，改变了《全唐诗》等以帝王后妃冠首、释道闺秀居末，无法概览唐诗发展的缺点，按作者时代先后排列，使读者可循此把握宋诗发展线索。所收别集，一概保存原貌，不啻向读者提供今存数百种宋集的佳本、善本。三是考订精审。由于一大批专家学者的参与，审别了一些误将唐人和元明人诗作为宋诗，或本朝人诗而张冠李戴的，保证了《全宋诗》总体水平。四是资料详备。《全宋诗》所收诗歌作者均立小传，并随文标注史料来源，增设版本说明，这是《全唐诗》、《全唐文》所没做到的。该集是迄今为止中国断代诗歌史中份量最大的一部，不仅是攻治宋诗以及宋代文学史的学者必读之书，也是研究宋史者必须备置案头的参考读物。

0247.**《中州集》**

金代诗歌总集。由金代元好问编，共十卷，辑录作家二百五十一人，作品两千零六十二首。其中除“南冠”类收入忠于宋王朝的留金使节或官吏朱弁、滕茂实等五人的八十四首作品外，全系金人诗。编选始于 1233 年，金亡不久已有初稿，成书于 1250 年。其材料来源有二：一是编者凭记忆和旁搜远引所得；二是依据金人魏道明和商衡的金诗选《国朝百家诗略》。由于金朝立国后长期据有中原，中州（今河南一带）是金的政治、经济和文化中心，当时人常以中州人物之盛自豪，故此集取名《翰苑英华中州集》，又名《中州鼓吹翰苑英华集》，通称《中

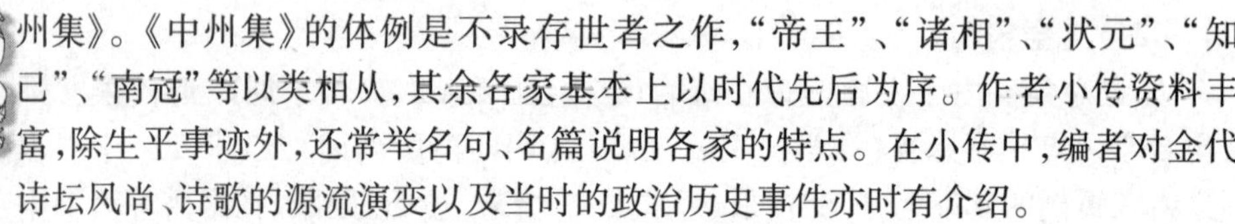

州集》。《中州集》的体例是不录存世者之作,“帝王”、“诸相”、“状元”、“知己”、“南冠”等以类相从,其余各家基本上以时代先后为序。作者小传资料丰富,除生平事迹外,还常举名句、名篇说明各家的特点。在小传中,编者对金代诗坛风尚、诗歌的源流演变以及当时的政治历史事件亦时有介绍。

0248.《全元散曲》

元代散曲总集,今人隋树森编。全书分上、下两册,收入自金代元好问至元末明初谷子敬等二百一十三位散曲作家以及这一时代无名氏的散曲作品。该书以作家为经辑录作品,编排上大体以作家年代的先后为序,每一作家附有小传。对所收散曲作品,于曲尾注明出处。这部作品搜罗详备,作者不但仔细校阅了元、明两代的散曲总集和别集,并且遍阅曲谱、曲话、文集、词集、词话、道藏及有关材料约一百一十余种,尽量网罗、剔抉、校正、比对而成规模。与此同时,作者还采用《小山乐府》、《笔花集》、《南北词广韵选》、残本《北宫词纪外集》等珍本,加以补充和校勘。对所收散曲,于曲尾注明出处,关于作者、异说、题目差异、字句不同等,都附有校勘记。因此,此书比较全面地反映了元朝一代散曲创作概况,对于研究元代散曲有重要参考价值。

0249.《明诗纪事》

明代诗集,清末陈田编录。陈田(1849—1921),字松山,号黔灵山樵,贵阳人。清亡后以遗老身份留居北京。家贫,借住僧寺中。生平喜研究明代文史,主要著作《明诗纪事》。此书自1883年开始编纂,1899年完成初稿。前后历经十七年。录诗四千余家,按天干数分为十签。自甲至辛,依时代为次。这本书虽以纪事为名,实际上以录诗为主,无事可纪者也广为甄录。纪事先录史传,次引诗评,常殿以陈氏评语,或者就以陈氏自己概括的史传评语代替。每签前各有一篇小序,概述当代诗史,简要评骘入选的大家和一代诗风。贯串起来即是一部明代诗史大纲。清代雍乾间,文网严密,明人文集皆属禁毁之列,故诸家选本于天崇以后,皆付阙如。陈田《明诗纪事》特别重视明末诸家,有意补《明诗综》阙漏,对明清之际忠节遗逸诸家收入较多,而且将他们冠于天启、崇祯诸家之前,表彰意思非常明显。乙签多录建文殉节诸家,尤具特色。

0250.《清诗汇》

清代诗歌总集,原名《晚晴簃诗汇》,民国徐世昌编选。徐世昌(1855—1939),字卜五,号菊人,又号涛斋,天津人。在清朝官至体仁阁大学士,入民国,依附袁世凯等北洋军阀,曾在1914年任袁世凯临时政府国务卿,1918年由段祺瑞的“安福国会”选为大总统,至1922年被直系军阀所黜。《诗汇》是由其门客、幕僚协助于1929年编成的。《诗汇》仿吴之振《宋诗钞》、顾嗣立《元诗选》、钱谦益《列朝诗集》、朱彝尊《明诗综》的规模,网罗全清的诗歌加以选录。全帙录诗人六千一百余家,诗两万七千余首,分为二百卷。编次为先选皇帝、亲王的作品;再依科甲次第选录各时期诗人的作品,没有科甲可依的,略按生卒先后为序;接着是闺秀、释道诗;最后是所谓"属国"诗人的诗。《晚晴簃诗汇》的优点是:选录了清代几乎全部重要诗人的代表作;保存了一些流传不广的难见作品和不知名诗人的资料;小传下所附各家诗话,选择颇精。这部书的缺点是:书成于众手,选择标准不一;用心不足,有些入选作品的代表性不够;对反映社会矛盾及清末反帝斗争的作品,很少入选。

0251.《全清词钞》

清词总集。由叶恭绰主编,分纂和襄助者共五十三人。于 1929 年开始编录,至 1952 年才完成。清代号称是词的中兴时期,作家和作品众多。而晚清的朱孝臧,被推为词坛领袖。选本发凡起例,秉承朱氏指示,初稿甄选,一部分取决于朱氏。其取材,则广泛利用了全国图书馆和私家藏书,特别是林葆恒所藏完整的清词别集和总集。因此,此书选词数量远较《箧中词》为广,质量则较《国朝词综》等为精。《全清词钞·例言》自称其编写目的在于:"综合贯串,以供源流正变之推寻。"读者大体可以从中鸟瞰到清词初期、中期到后期的变化以及各种流派发展的轮廓。但由于编者的词学观点属于朱孝臧一派,崇尚清真(周邦彦)、梦窗(吴文英),强调音律,见解难免有失偏颇。而且不同词派入选的比例不均衡。《全清词钞》在作者姓名之下,略注字、号、籍贯、词学著作。全书分四十卷,是目前收录清词最多的选本。

0252.《古文辞类纂》

桐城派代表人物姚鼐编选的古文总集。姚鼐(1731—1815),字姬传,一字梦谷,室名惜抱轩,世称惜抱先生、姚惜抱。他在诗词、文、书法以及文学理论方面都有很高的造诣,是中国文化史上成就卓著的学者之一。他还是一个著名的教育家,他先后主讲扬州梅花书院、安庆敬敷书院、歙县紫阳书院、南京钟山书院,弟子遍及南方各省,其中最著名的有方东树、姚莹、梅宗亮、管同、李兆洛等。这些学生都是笃守师说,遵桐城家法的文人,对桐城派的传播起到很大的推动作用。《古文辞类纂》七十四卷,卷首《序目》略述各类文体的特点和源流,所选文章以唐宋八大家为主,兼选先秦至清代知名作家的作品约七百篇,分为论辨、序跋、奏议、书说、赠序、诏令、传状、碑志、杂记、箴铭、颂赞、辞赋、哀祭等十三类。书成之后,一度颇为流行,被誉为"文章正宗"、"阅此便知为文之门径",并推荐为"人人必读之书"。清末王先谦、黎庶昌都先后编有《续古文辞类纂》。

0253.《骈体文钞》

清代李兆洛编选的骈文总集。李兆洛(1769—1841),字申耆,江苏阳湖(今江苏常州)人。任安徽凤台县知县七年,主讲江阴暨阳书院二十年。家富藏书,工诗古文,专精史学,尤嗜舆地。该书共三十一卷,分上、中、下三编,书成于嘉庆末年。全书上编包括铭刻、颂、箴、谥诔、诏书、策令、檄移、弹劾等十八体,是所谓“庙堂之制，奏进之篇”；中编包括书、论、序、碑记等八体，多属指事述意之作；下编包括设辞、连珠、笺牍、杂文等五体，多属缘情托兴之作。标举魏晋、六朝宗旨，选编了先秦两汉至隋之文，以便学者沿流而溯源。李兆洛认为，文之起源不分骈散，故主张骈散合一，所以书中也选入了《报任安书》、《出师表》等文。

五、少数民族诗作

0254.《敕勒歌》

《敕勒歌》诞生在南北朝时期，最早记录在郭茂倩《乐府诗集·杂歌谣辞》中。据记载，斛律金是首先歌唱这首歌的人。斛律金(488—567)，北齐朔州(今山西朔县)敕勒族人，546年，东魏高欢率兵进攻西魏的军事重镇玉壁，士卒死伤过半，被迫退军，归途中有人谣传高欢中箭将亡，高欢带病强自设宴面会大臣。为振军心，他命部将斛律金歌唱《敕勒歌》，高欢也随之和唱，遂使军心大振。《敕勒歌》也因此在军营中广为流传。这首歌本为鲜卑语，译为汉语后，句式长短不齐：“敕勒川，阴山下。天似穹庐，笼盖四野。天苍苍，野茫茫，风吹草低见牛羊。”描绘了北国草原壮丽的风光，抒发了敕勒人热爱家乡、热爱生活的豪情。

0255.《格萨尔王传》

藏族英雄史诗。产生于公元十一至十五世纪之间，主要流传在青藏高原，与《江格尔》、《玛纳斯》并称为中国少数民族的三大史诗。

《格萨尔王传》是在藏族古代神话传说、诗歌和谚语等民间文学的丰厚基础上产生和发展起来的，是世界上迄今发现的史诗中演唱篇幅最长的史诗，代表着古代藏族文化的最高成就。格萨尔王(1038—1119)，相传是连花生大师的化身，一生降魔驱害，扬善抑恶，弘扬佛法，传播文化，成为藏族人民引以为自豪的旷世英雄。《格萨尔王传》卷帙浩繁，全诗约有一百多部，现在发现的藏文版本有五十多部，经常传唱的有三十部左右。它内容丰富，是研究藏族历史、地理、社会、文化、宗教、风俗习惯、道德、语言等诸方面的重要文献，在某种意义上说，就是一部藏族文化百科全书。

0256.《江格尔》

蒙古族英雄史诗，被誉为中国少数民族三大史诗之一。另外，它同英雄史诗《格斯尔传》、史传文学《蒙古秘史》并称蒙古族古典文学的三大高峰。它长期在民间口头流传，经过历代人民群众，尤其是演唱《江格尔》的民间艺人不断加工、丰富，最后成为一部大型史诗。《江格尔》塑造了一系列的英雄人物，讴歌了以圣主江格尔汗为首的英雄们，讲述他们为保卫美丽富饶的宝木巴，同凶残的敌人进行英勇斗争的历程，充分展现了蒙古民族爱国爱家乡、崇尚自由、崇尚英雄的民族精神。与世界其他著名的史诗相比，《江格尔》有它独特的结构。它不像荷马史诗和印度史诗那样有统一的中心情节贯串，除了少数几章外，这部史诗在总体结构上是分散的，情节上分散独立的数十部长诗构成一个并列复合体。

0257.《阿诗玛》

《阿诗玛》是云南彝族支系撒尼人口头流传的长篇叙事诗，被撒尼人称为“我们民族的歌”。阿诗玛是个聪明美丽而又能干的农家姑娘，当地有财有势的热布巴拉定要娶她做儿媳妇。阿诗玛不肯，热布巴拉就派人抢她。她的哥哥阿黑和热布巴拉家斗智斗勇，终于把妹妹救出来。可是热布巴拉不甘心，求崖神放水淹死兄妹俩。阿诗玛被水冲走后变成了回声。撒尼人怀恋她，呼唤她的名字，山谷里就传来她的回声。《阿诗玛》除了民间口头流传外，还有彝文手抄本。这部长诗1954年由云南省人民文工团圭山工作组搜集，由黄铁、公刘等整理成汉文出版，成为我国民族文学百花园中一块璀璨的瑰宝。

0258.《仓央嘉措情歌》

十七世纪藏族情歌集，第六世达赖喇嘛仓央嘉措(1683—?)著。作者生于西藏南部门隅地区，幼年当过牧童，熟悉农村风情，喜爱民歌，深受民间文学熏陶。十五岁时，他被认定为五世达赖喇嘛的转世灵童，入住拉萨布达拉宫，但仓央嘉措始终未能忘情于世俗生活，遂以亲身感受创作了大量诗歌。后人选出六十多首代表性作品，编成《仓央嘉措情歌》，刻印成书流传于世。因其内容除几首颂歌外，大多是描写男女爱情的忠贞、欢乐，遭挫折时的哀怨，所以一般都译成《情歌》。《情歌》原为藏文，有的以口头形式流传，有的以手抄本问世，有的以木刻本印出，足见流传之广，藏族读者喜爱之深。中文译本海内外有十多种，国外有英、法、日、俄、印地等文字译本。《情歌》不仅在西藏文学史上地位独特，而且在世界诗坛上也享有盛誉。

六、小说戏曲

0259.《穆天子传》

古传记小说，作者不详。西晋初年，在今河南汲县发现一座战国时期魏国墓葬，出土一大批竹简，均为重要文化典籍，通称“汲冢竹书”。其中有《穆天子传》、《周穆王美人盛姬死事》，后合并为至今流传的《穆天子传》。穆天子即是周穆王。全书共六卷。前五卷记周穆王驾八骏西游昆仑山会西王母事，后一卷记周穆王美人盛姬卒而返事。其中，周穆王见西王母的故事极具小说意味，西王母的形象与《山海经》中的记述相比，少了神性增加了人性。明代胡应麟将《穆天子传》看作是小说的滥觞。

0260.《搜神记》

中国现存最早的志怪小说集,可谓是灵怪之祖。作者为东晋干宝(283—351),字令升,新蔡人。《搜神记》在宋代已经散失,今本二十卷,是明代胡应麟从《法苑珠林》、《太平御览》中辑录而成的。全书广泛采集文献典籍以及民间流传的志怪故事,既用以游心寓目,也是为了“发明神道之不诬”。《搜神记》内容十分丰富,其中保留了相当一部分西汉传下来的历史神话传说和魏晋时期的民间故事,优美动人,深受人们喜爱。神话如卷十四的“盘瓠神话”,是关于古时蛮族始祖起源的猜测;“蚕马神话”是有关蚕丝生产的神话。历史传说如卷十一“干将莫邪”讲述赤比的复仇故事;卷十六紫玉传说,讲吴王小女的生死爱情。民间故事如卷十一“东海孝妇”,讲孝妇周青蒙冤的故事;韩凭夫妇的传说则歌颂了忠贞不渝的爱情;卷一仙女下嫁董永的故事也是如此(即牛郎织女故事)。这些故事是《搜神记》的精华所在,历代长传不衰。

0261.《世说新语》

原名《世说》,又名《世说新书》,宋代以后始称今名。是南北朝时期的一部记述魏晋人物言谈轶事的志人小说,由刘宋宗室临川王刘义庆(403—444)组织编写。全书分为德行、言语、政事、文学等三十六门,每门收有若干则故事,共一千二百多则,每则文字长短不一。记述了自汉末到刘宋时名士贵族的遗闻轶事,主要为有关人物评论、清谈玄言和机智应对的故事,可以说是魏晋风流的一部故事集。《世说新语》在艺术上取得了较高的成就,鲁迅赞其“记言则玄远冷隽,记行则高简瑰奇”。《世说新语》除了有文学欣赏的价值外,人物事迹、文学典故,也多为后世作者所取材引用,对后来的笔记小说影响极大。后世许多成语便出于此书,如难兄难弟、拾人牙慧、咄咄怪事、一往情深等。

0262.《游仙窟》

唐代传奇小说,作者张鷟,字文成,深州陆泽(今河北深县)人。当时颇负文名。据《唐书·张荐传》记载:“新罗日本使至,必出金宝购其文。”《游仙窟》是唐人传奇中字数最多的一篇,共一万余字。用第一人称自叙旅途中在一处“神仙窟”中的艳遇。五嫂、十娘都是美丽而善解风情的女子,她们热情招待“下官”,三人相互用诗歌酬答调情,那些诗歌都是提示、咏叹恋情和性爱的。接着那“下官”就逐渐提出要求:先是要求牵十娘的素手,十娘假意推拒,但五嫂却劝她同意。“下官”牵手之后,又向十娘要求“暂借可怜腰”;搂住纤腰之后,又要索吻。而接吻之后,那浪子“下官”提出进一步的请求,随着五嫂

不断从旁撮合,"下官"与十娘的调情渐入佳境,终于与十娘共效云雨之欢。《游仙窟》通篇以散文叙事,以韵语对话,文辞浮华艳丽,结构谨严完整,一脱志怪小说的怪诞色彩,转向描写现实生活,书中还采用了许多民间谚语,是六朝志怪向唐传奇转变的一个标志,在小说发展史上具有特殊地位。

0263.《敦煌变文集》

唐代敦煌变文作品总集。王重民、王庆菽、向达、周一良、启功、曾毅公等编,人民文学出版社 1957 年出版。变文是唐代兴起的说唱文学,"变"指"经变",佛教用语。以佛经的内容为题材写成的文学作品即变文。"变文"最初是寺院里以通俗语言解说佛经的俗讲,连说带唱,后来内容扩大,也演唱历史故事、民间传说。1899 年敦煌千佛洞从佛经中发现大量唐代变文钞本,即敦煌变文。此书根据国内外收藏的一百八十七部敦煌写本,整理校勘,编选出七十八种作品,共八卷,按故事内容分类编排。一至三卷为有说有唱、有说无唱或对话体的历史故事、民间传说,如《舜子变》、《伍子胥变文》、《汉将王陵变》、《王昭君变文》等;四至六卷为佛释迦的故事、佛经讲唱文和佛家故事,如《降魔变文》、《维摩诘经讲经文》等;第七卷为押座文和其他短文,如《八相押座文》、《三身押座文》等;第八卷为《搜神记》、《孝子传》。全书取材广泛,辑录甚丰,最后两卷实已超出变文范围,是研究敦煌变文和通俗文学的重要参考书。

0264.《太平广记》

《太平广记》是一部大型文言小说总集。977 年,李昉、扈蒙、李穆、徐铉等十二人奉宋太宗之命编纂。因为它编成于太平兴国年间,所以定名为《太平广记》。全书五百卷,按题材分为九十二类,又分一百五十余细目。基本上是一部按类编纂的古代小说总集。书中最值得重视的是杂传记九卷,《李娃传》、《柳氏传》、《无双传》、《霍小玉传》、《莺莺传》等传奇名篇,多数仅见于本书。《太平广记》对于后世文学的影响很大。宋代以后,唐人小说单行本已逐渐散失,话本、杂剧、诸宫调等多从《太平广记》一书中选取题材、转引故事,加以敷演;说话人常以"幼习《太平广记》"为标榜。宋人蔡蕃曾节取书中的资料,编为《鹿革事类》、《鹿革文类》各三十卷。明人冯梦龙又据本书改编为《太平广记钞》八十卷。

0265.《五代史平话》

原题《新编五代史平话》,作者不详,一般认为是宋人编写而由元人修订的。作品叙述了后梁、后唐、后晋、后汉、后周五代的兴衰起灭,每朝分上、下两卷。《梁史》、《汉史》都缺下卷。开卷从伏羲、黄帝讲到黄巢起义,随后朱温篡唐,形成五代相替的局面。《五代史平话》与《旧五代史》体例相似,也有采自其他书上的材料,细节上多有虚构。《平话》不少地方采自正史,情节简洁平实,语言文白混杂,应是说书人粗加编纂而未经修饰的底本,也可能是书坊根据话本修订

而成的通俗读物。金元诸宫调、杂剧及《残唐五代志传》中流传的李存孝英雄故事和刘知远、李三娘家庭故事,在《平话》中只有简略的梗概,可见它还是较早的本子。明刻本《南宋志传》中有一部分情节与《五代史平话》相同,显然有承袭的关系,可以据补《平话》的残缺。

0266.**《宣和遗事》**

讲史家话本,编者不详。一名《大宋宣和遗事》,书大约出现于宋元之际。宣和是宋徽宗的最后一个年号,该书大概由讲述历代帝王荒淫误国开始,一直写到宋高宗定都临安为止,穿插了宋代奸臣把持朝政致使生灵涂炭的故事,也为写梁山英雄聚义做了对照。因此成为《水浒传》的蓝本。全书故事有不同的来源,文风也不一致。有些口语化程度较高,像是说话人的创作。其他有部分引自无名氏的《南烬纪闻录》、《窃愤录》(清人题辛弃疾撰)、《窃愤续录》,文字基本相同,并未作重大修改。编者从各种书里摘录资料,作为说话的底本,刊行时也没有加工整理,实际上只是提纲式的讲稿。

0267.**《西厢记诸宫调》**

又称为《西厢记弹词》或《弦索西厢》,通称《董西厢》。作者董解元,"解元"是金、元时期对读书人的敬称,其生平事迹不详。诸宫调是宋金元时期流行的说唱体文学形式之一。演唱时采取歌唱和说白相间的方式。《董西厢》是现存唯一完整的诸宫调作品,也是中国文学中最长的韵文作品之一,堪称一部爱情的史诗,代表了金元时代说唱文学的最高水平。同时,它也是王实甫《西厢记》以前写崔莺莺与张生爱情故事的最完美的作品。《董西厢》的题材来源于唐元稹的小说《会真记》(又名《莺莺传》)。原作是一个男子负心,始乱终弃,给女子带来侮辱伤害的悲剧。这是一个"才子佳人"的恋爱,张生与莺莺一度相爱,终于负心背弃。《董西厢》结构宏伟,情节富于变化,它把原作不足三千字的传奇改为五千多字的说唱文学作品,扩充为包含十四种宫调的一百九十三套组曲的有说有唱的长篇,全书分为八卷。它彻底改变了故事结局,把一出始乱终弃的悲剧改成了皆大欢喜的大团圆结局,纠正了原作认为莺莺是"尤物"和称许张生始乱终弃的行径为"善补过"的封建观念。王实甫《西厢记》就是在董解元作品基础上再创作的结果。

0268.**《清平山堂话本》**

明代洪楩编印,原名《六十家小说》,分为《雨窗》、《长灯》、《随航》、《欹枕》、《解闲》、《醒梦》六集,每集十篇。大约刻印于嘉靖二十年至三十年间。现存《雨窗》、《欹枕》两集的残本,仅十二篇;又残本三册,书名不详,存十五篇,藏日本内阁文库。共计二十七篇,影印本合为一书,题作《清平山堂话本》。《清平山堂话本》是刻印较早的小说话本集,是研究中国小说史的重要资料。《清平山堂话本》的编印,脱文误字较多,但保存了话本的本来面目,可以看到宋元以至明初小说家话本的各种不同体制和风格。如前有“入话”，后有“散场”，与新发现的元刻《新编红白蜘蛛小说》残页可以互相印证，从而证明它比较忠实于原著，没有作过重大的修改。《张子房慕道记》、《快嘴李翠莲记》等又提供了诗话体小说的范本。

0269. **三言二拍**

所谓“三言”即《喻世明言》、《警世通言》、《醒世恒言》的合称，明代冯梦龙编著。“三言”每集四十篇，共一百二十篇。这些作品有的是辑录了宋元明以来的旧本，但一般都做了不同程度的修改；也有的是据文言笔记、传奇小说、戏曲、历史故事，乃至社会传闻再创作而成，故“三言”包容了旧本的汇辑和新著的创作，是我国白话短篇小说在说唱艺术的基础上，经过文人的整理加工到文人进行独立创作的开始。三言的出现，标志着古代白话短篇小说整理和创作高潮的到来。

“二拍”为两部白话小说集《初刻拍案惊奇》和《二刻拍案惊奇》的合称。明凌濛初编著。共收有拟话本小说七十八种，“取古今来杂碎事可新听睹、佐谈谐者，演而畅之”，可见基本上都是个人创作。“二拍”善于组织情节，因此多数篇章有一定的吸引力，语言也较生动。但从总的艺术魅力来说，它比“三言”稍为逊色。

0270. **《金瓶梅》**

明代长篇小说。作者署名兰陵笑笑生。书名从小说中西门庆的三个妾潘金莲、李瓶儿、庞春梅的名字中各取一字而成。《金瓶梅》借《水浒传》中西门庆私通潘金莲一段故事为引子，继而记叙了西门庆强取豪夺、横行乡里的罪恶和荒淫无耻的生活，并借此反映了明代中叶以后，朝廷权贵与地方上的豪绅官商相勾结，压榨人民、聚敛钱财的种种黑幕。一般认为，《金瓶梅》是中国文学史上第一部由文人独立创作的长篇小说。《金瓶梅》之前的长篇小说，莫不取材于历史故事或神话、传说。《金瓶梅》摆脱了这一传统，以现实社会中的人物和家庭日常生活为题材，使中国小说现实主义创作方法日臻成熟，为其后《红楼梦》的出现做了必不可少的探索和准备。作品语言流畅明快，描写细腻，人物塑造鲜明，在艺术上取得了较高的成就。

0271. **四大名著**

明末清初将《三国演义》、《水浒传》、《西游记》、《金瓶梅》称四大奇书，《红楼梦》出现后，代替《金瓶梅》成为“明清四大奇书”，四大奇书至此定型，现在一般称“四大名著”。四大名著都有很高的艺术水平，成功地塑造了一批小说人物形象，如《三国演义》中的诸葛亮、关羽，《水浒传》的李逵、武松，《西游记》中的孙悟空、猪八戒，《红楼梦》中的贾宝玉、林黛玉等。四大名著中细致的刻画和所蕴含的思想也都为历代读者所称道，特别是《红楼梦》更是中国古代小说艺术发

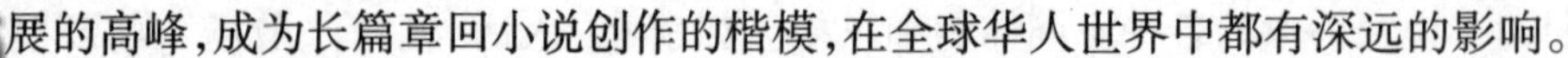

展的高峰，成为长篇章回小说创作的楷模，在全球华人世界中都有深远的影响。

0272.**《封神演义》**

明代长篇小说。俗称《封神榜》，又名《商周列国全传》、《武王伐纣外史》、《封神传》。明许仲琳作（一说为明代道教学者陆西星），全书共一百回，以姜子牙辅佐周室（周文王、周武王）讨伐商纣的历史为背景，描写了阐教、截教诸仙斗智斗勇、破阵斩将封神的故事，包含了大量民间传说和神话。其中的哪吒闹海、姜子牙下山、文王访贤、三抢封神榜、众仙斗阵斗法等情节，都非常引人入胜。书中还展现了古人丰富的想象力：如雷震子用肉翅飞翔，土行孙土遁穿行，哪吒的三头八臂，以及千里眼、顺风耳等等都脍炙人口。其他如腾云驾雾、呼风唤雨、搬山移海、撒豆成兵、光怪陆离的法宝，同样令人眼花缭乱。

0273.**《包公案》**

明代著名公案小说。全名为《京本通俗演义包龙图百家公案全传》，又名《龙图公案》，《龙图神断公案》。全书十卷，编者安遥时，生平事迹不详。包拯，历史上实有其人，庐州（今安徽省合肥市）人。以清正廉洁著称于世，深得百姓爱戴。《包公案》部分源自民间流传的包公故事，也有部分采录自史书、杂记和笔记小说中的有关材料而加以编排敷演成篇的。全书实际上是一部短篇小说集，每篇写一则包公断案的故事。其内容情节虽不连贯，但包公形象却贯穿全书。小说的基本内容是歌颂包公的，写他秉公执法，清正廉明。通过他审理的一系列有关"人命"、"奸情"、"盗贼"、"争占"等类案件，作者塑造了一个为民除害的清官形象。在漫长的封建专制重压下生活的民众百姓苦不堪言，他们往往把对美好生活的向往寄托在"明君"和"贤臣"身上。帝王的生活对百姓来说是既陌生又遥远的，因此，清官、贤臣便成为百姓理想的寄托，并在各种文学艺术形式中成为主角。这也是公案小说在古代流行的一个重要因素。

0274.**《聊斋志异》**

清代文言短篇小说集。作者为蒲松龄（1640—1715），字留仙，一字剑臣，号柳泉居士，山东淄川人。"聊斋"是他的书屋名称，"志"是记述的意思，"异"指奇异的故事。全书共有短篇小说四百九十一篇。题材非常广泛，内容极其丰富。作者称此书是"孤愤"之作，深含"寄托"。多数小说是通过幻想的形式谈狐说鬼，但内容却深深地扎根于现实生活的土壤之中，曲折地反映了蒲松龄所生活的时代的社会矛盾和人民的思想愿望，熔铸进了作家对生活的独特感受和认识。《聊斋志异》的艺术成就很高。它成功地塑造了众多的艺术典型，即使是异类也均具有人的思想感情，可以说《聊斋志异》中的狐鬼花妖精怪形象是用作关照社会人生的。它们多是给人（特别是书生）以安慰，是对现实缺憾的一种补偿。作品文笔简练，描写细腻，堪称中国古典短篇小说之巅峰，在它的影响下产生了一大批效仿之作。

0275.**《儒林外史》**

清代长篇讽刺小说。作者吴敬梓(1701—1754),字敏轩,号粒民,晚年自号文木老人,安徽全椒人。通行本《儒林外史》皆为五十六回。作品主要描写了封建社会后期知识分子及官绅的活动和精神面貌。通过诸如"范进中举"、"匡超人堕落"等讽刺了因热衷功名富贵而造成的极端虚伪、恶劣的社会风习,反对科举制度和封建礼教的对人性的扭曲。作者将理想寄托在杜少卿、虞育德等人身上,对自食其力、不流于世俗的市井奇人给予了褒扬。作品的人物大都实有其人,且原型多为周围的亲友、相知者。如杜少卿身上就有吴敬梓的影子。在结构上,《儒林外史》"虽云长篇,颇同短制",全书像是由许多短篇小说串连而成的,没有主干人物,但却以反对功名、科举的主线贯穿。这种结构形式是作者的一大创造,对以后的谴责小说产生了巨大影响。小说在讽刺艺术方面取得了很高成就,鲁迅认为自此"说部中乃始有足称讽刺之书",即认为《儒林外史》是第一部真正意义上的讽刺小说。

0276.**《东周列国志》**

清代长篇历史小说。明世宗时,余邵鱼在元代"列国"平话的基础上,编成《列国志传》八卷,据正史,采杂说,以时间为经,以国别为纬,叙述了从商纣灭亡到秦并六国八百年间的历史。明末,冯梦龙将它增补改写成《新列国志》,由二十八万字扩展到七十余万字。清乾隆时,蔡元放又将《新列国志》略作删改润色,加入了一些失注和评点,易名为《东周列国志》,凡二十三卷、一百零八回,成为以后最为通行的本子。《东周列国志》写的是西周末年至秦统一六国之间,包括春秋、战国五百多年间的历史故事,内容相当丰富复杂。基本从史书中取材,将分散的历史故事和人物传记按照时间顺序穿插编排,融为一炉,成为一部结构完整的历史演义。全书以国家的兴亡成败为主题,致力探讨气运盛衰、人事成败之间转化变迁的因果关系,阐发"得民心者得天下"的道理。小说通过丰富而生动的故事情节、通俗易懂的语言,把种种是非善恶,忠奸智愚,毕露于光天化日之下,从而达到作者劝善惩恶的目的。

0277.**《七侠五义》**

清代公案武侠小说。清代俞樾由《三侠五义》(本名《忠烈侠义传》)改编而成。《三侠五义》系道光年间著名说书艺人石玉昆所述。俞樾对此书非常赞赏,但对开篇"狸猫换太子"的荒诞情节颇为不满,并认为书中侠客实际有七人而不是三人,所以他在《三侠五义》的基础上改编成了《七侠五义》。七侠分别为:北侠欧阳春(紫髯伯),南侠展昭(御猫),双侠丁兆兰、丁兆惠,东方侠智化(黑妖狐),小侠艾虎,陕西侠柳青(白面判官)。五义即指"五鼠":钻天鼠卢方、彻地鼠韩彰、穿山鼠徐庆、翻江鼠蒋平、锦毛鼠白玉堂。《七侠五义》全书一百二十回。小说情节曲折离奇,结构巧妙,如"五鼠闹东京"、"开封府刀寄无头谏"等

故事跌宕起伏，引人入胜，人物形象也个性鲜明。《七侠五义》是一部比较有代表性的公案武侠小说，在市民阶层中有很大的影响，后有续书《小五义》、《续小五义》、《后续小五义》等。

0278.《杨家将》

又名《杨家府演义》、《杨家通俗演义》、《杨家将演义》。题“秦淮墨客校阅，烟波钓叟参订”。秦淮墨客即纪振伦，字春华，江宁（今江苏南京）人。书中描写杨业祖孙三代忠勇抗辽保宋的故事，始于杨业身陷囹圄撞李陵碑殉国，终于十二寡妇征西克敌凯旋，全书充满爱国主义激情。书中很多情节脍炙人口，比如血战金沙滩、四郎探母、穆桂英挂帅、佘太君百岁出征。也塑造了一大批栩栩如生的人物形象，如老令公杨业、杨六郎、孟良、焦赞、杨文广。书中女英雄的形象尤为突出，如巾帼不让须眉的穆桂英、老当益壮的佘太君。然而杨府一门忠烈，却遭奸臣百般陷害，令人扼腕的同时，也发人深思。书中许多情节于史无征，如穆桂英之遇神女传授神箭飞刀，呼风唤雨等，怪异荒诞。事实上，此书已经超出了历史演义的范围，而属于神怪小说之列。

0279.《儿女英雄传》

清代著名社会小说。又名《金玉缘》、《侠女奇缘》、《日下新书》、《正法眼藏五十三参》。原书五十三回，现存四十回，包括缘起首回。作者文康，字铁仙，一字悔庵，费莫氏，旗籍为镶红旗。晚年生活困顿，感慨良多，遂著此书自遣。小说以何、安二家冤案为由展开情节，何玉凤（化名十三妹）之父为人所害，她立志复仇，遁迹江湖。安骥之父亦为人所陷，安骥携金往救，落难于能仁寺，为何玉凤搭救，何并为安骥与同时落难于能仁寺的村女张金凤联姻。安父后来得救，而何之杀父仇人已前死，何也被说服嫁给安骥，二女相夫，终使安骥探花及第，位极人臣。它是我国小说史上最早出现的一部熔侠义与言情于一炉的社会小说。“儿女英雄”模式的确立，又为侠义、言情小说的合流推波助澜。《儿女英雄传》具有切近世态人情的长处，作家以精细的笔触勾勒出一幅19世纪中国社会风俗画面。文中以市井细民喜闻乐见的评话形式，使用地道的京味语言，于俗白中见风趣，俏皮中传神韵，深刻地影响了其后小说的创作，成为京味小说的滥觞。

0280. 晚清四大谴责小说

清末四部谴责小说的合称。即：李宝嘉（李伯元）的《官场现形记》、吴沃尧（吴趼人）的《二十年目睹之怪现状》、刘鹗的《老残游记》、曾朴的《孽海花》，鲁迅在《中国小说史略》中最早提出这一概念。《官场现形记》是我国第一部在报刊上连载、直接面对社会而取得轰动效应的长篇章回小说，它通过对官场种种丑恶现象的描绘，对腐朽的政治体制进行了无情的抨击。《二十年目睹之怪现状》是一部带有自传色彩的小说，以主人公九死一生二十年来的所见所闻展示了封建社会末期的道德沦丧。《老残游记》以一个走方郎中老残为主人公，记叙了他在北中国大地游历的见闻感受，作品的一大特色就是第一次对“清官”的残酷虐政进行了揭露。在艺术性上，小说也取得了较高的成就，如对“白妞说书”的描写相当出色。《孽海花》的思想更为激进，甚至提出了革命的主张。女主公傅彩云是以清末民初红极一时的名妓赛金花为模特的。晚清四大谴责小说的出现，是中国小说创作进入到又一个繁荣时期的重要标志。当然，这些作品也不是完美无缺的，如它们在结构上多存在松散枝蔓的毛病，表达有时过于直露，对“黑幕小说”产生了不良影响。

0281.**四大民间故事**

指《牛郎织女》、《孟姜女》、《梁山伯与祝英台》、《白蛇传》。这四个故事千百年来，在民间流传很广，影响很大，是宝贵的民族文化遗产。《牛郎织女》讲了一个人仙结合的爱情故事。相传织女是天上的仙女，从天宫跑到人间，在河边洗澡，牛郎藏起了织女的衣服并向她求婚，后来两人结婚并生下一双儿女。王母知道后，将织女抓回天上关起来。牛郎用箩筐挑着一双儿女追到天上。王母娘娘在他面前划了一道天河，不让他们见面。牛郎和两个孩子就用水瓢坚持不懈地舀水，誓要舀干银河的水。王母很感动，答应每年的农历七月初七让牛郎织女在喜鹊搭成的桥上见上一面。这就是七夕节的由来。《孟姜女》讲的是秦始皇为修长城将孟姜女的丈夫抓走了，多年了无音讯，孟姜女就万里寻夫来到长城，得知丈夫已死，就号啕大哭，哭倒万里长城，并以在尸骨上滴血的方式找到了丈夫的遗骨。《梁祝》讲的是千金小姐祝英台女扮男妆到书院读书，爱上同窗好友梁山伯。后来梁山伯知道了祝英台的身份，二人相爱。但祝家父母已把祝英台许给马家公子。梁山伯郁郁而终，死后要求葬在祝英台出嫁的路上。成亲那一天，祝英台跳出花轿祭拜梁山伯，跳进坟墓与之合葬。后从坟幕里飞出两只色彩斑斓的蝴蝶，谓之化蝶。《白蛇传》说的是白蛇精白素贞和许仙的爱情故事。二者的爱情受到了法海和尚的极力阻挠。后来法海将白娘子收伏并压在雷峰塔下。二十年后，白娘子的儿子救出母亲，夫妻得以团圆。相传法海后来在雷峰塔倒后，怕被追杀，躲到贝壳里了。

0282.**《窦娥冤》**

元关汉卿作。关汉卿一生创作的杂剧有六十多种，是我国戏剧的创始人，数量超过了英国的“戏剧之父”莎士比亚，被称为“中国的莎士比亚”。关汉卿的戏剧语言，被称为“本色派之首”。《窦娥冤》是关汉卿的代表作，也是我国古代悲剧的代表作。全名《感天动地窦娥冤》，全剧为四折一楔子，它的故事渊源于《列女传》中的《东海孝妇》。剧情说楚州贫儒窦天章因无钱进京赶考，无奈之下将幼女窦娥卖给蔡婆家为童养媳。窦娥婚后丈夫去世，婆媳相依为命。蔡婆外出讨债时遇到流氓张驴儿父子，被其胁迫。张驴儿企图霸占窦娥，见她不从便想毒死蔡婆以要挟窦娥，不料误毙其父。张驴儿诬告窦娥杀人，官府严刑逼讯婆媳二人，窦娥为救蔡婆自认杀人，被判斩刑。窦娥在临刑之时指天为誓，死后将血溅白绫、六月降雪、大旱三年，以明己冤，后来果然都应验。三年后窦天章任廉访使至楚州，见窦娥鬼魂出现，于是重审此案，为窦娥申冤。作品成功地塑造了“窦娥”这个悲剧主人公形象，使其成为元代被压迫、被剥削、被损害的妇女的代表，成为元代社会底层善良、坚强而走向反抗的妇女的典型。

0283.《琵琶记》

元末南戏，高明撰。高明字则诚，号菜根道人，今浙江瑞安人。全剧四十二出。《琵琶记》是根据早期的宋元南戏《赵贞女蔡二郎》改编的。原剧写蔡二郎（即汉代著名文士蔡邕）考中状元后抛弃双亲和妻子，入赘相府，最终被雷劈死的故事。高明把人物形象和故事的结局进行重大改造，把蔡伯喈变为一个“全忠全孝”的书生，强调了封建伦理的重要性，希望通过戏曲起到教化作用。《琵琶记》的人物很有个性，其主要人物已成为艺术典型。赵五娘是全剧中最为光辉的人物，是一个贤孝妇的形象。丈夫进京赶考，她独自一人在家侍奉公婆，承担起家庭的全部重担。饥荒年间，她把少得可怜的粮食留给公婆，自己却在背后偷偷吃糠。公婆死了，无钱买棺材，她剪下头发，沿街叫卖。无钱请人埋葬公婆，她就用麻裙包土筑坟墓。然后描容上路，进京寻夫。在极度艰难的环境中，她含辛茹苦，任劳任怨，作出自我牺牲，尽心尽力承担起生活重担。在赵五娘身上体现出中华民族多方面的优秀品德。她是一个光彩照人的贤孝妇形象。《琵琶记》被誉为传奇之祖，在明代它成为人们效仿的典范。

0284.《西厢记》

全名《崔莺莺待月西厢记》。作者王实甫，元代著名杂剧作家。《西厢记》故事，最早起源于唐代元稹的传奇小说《莺莺传》，而董解元的《西厢记诸宫调》则是王实甫创作的《西厢记》的直接蓝本。全剧五本二十一折，突破了一剧四折的体例，在杂剧创作史上是一个开创。此剧一上舞台就惊倒四座，博得男女青年的喜爱，被誉为“《西厢记》天下夺魁”。剧中叙述了书生张珙游于蒲州，寄宿普救寺。适逢崔相国夫人携女莺莺扶相国灵柩回家乡安葬，途经普救寺，借宿于此。张生游殿，与莺莺相遇，两人一见倾心。在婢女红娘的帮助下，两人在西厢约会，莺莺终于以身相许。后两人来往之事被老夫人发现，出于无奈，只得答应了张生与莺莺的婚事。但老夫人又以崔家三代不招白衣秀士为由，逼张生赴京应试，待张生应试及第后，才允许他与莺莺成亲。后张生高中皇榜，归来求亲，有情人终成眷属。剧本反封建倾向鲜明，突出了“愿普天下有情人都成眷属”的主题思想。几百年来，它曾深深地激励过无数青年男女的心。对后来以爱情为题材的小说、戏剧创作影响很大，《牡丹亭》、《红楼梦》都不同程度地从它那里吸取了反封建的民主精神。

0285.**《牡丹亭》**

全名《牡丹亭还魂记》，也称《还魂梦》或《牡丹亭梦》。作者汤显祖，《牡丹亭》是他创作的“临川四梦”之一。全剧五十五出，据明人小说《杜丽娘慕色还魂》改编而成。戏剧写了南安太守杜宝的女儿杜丽娘，冲破约束，私自游园，触景生情，梦中与书生柳梦梅幽会，从此一病不起，怀春而死。杜宝升官离任，在女儿的墓地建造了梅花观。柳生进京赴试，借住观中。他在园内拾得杜丽娘的自画像，情有所钟，百般呼唤，终于和画中人的阴灵幽会。柳生依暗示掘墓开棺，杜丽娘起死回生，两人结成夫妇，同往临安。杜丽娘的教师陈最良看到墓地情况，柳生又不辞而别，就往临安向杜宝告发柳生盗墓之罪。柳生在临安应试后，恰逢金兵南侵，延迟放榜。安抚使杜宝在淮安被围。柳生受杜丽娘嘱托，送家信传报还魂的喜讯，反被囚禁。金兵退却后，柳生高中状元。杜宝升任同平章军国大事，拒不承认婚事，强迫女儿离异。纠纷闹到皇帝面前，才得到和解。《牡丹亭》是我国戏曲史上浪漫主义的杰作，洋溢着追求个人幸福、呼唤个性解放、反对封建制度的浪漫主义理想，感人至深。舞台上常演的有《闹学》、《游园》、《惊梦》、《寻梦》、《写真》、《离魂》、《还魂》等几折。

0286.**《长生殿》**

清初洪昇作。初名《沉香亭》，继称《舞霓裳》，最后定名为《长生殿》。取材自唐代诗人白居易的长诗《长恨歌》和元代剧作家白朴的剧作《梧桐雨》。全剧五十出。剧本写唐明皇宠爱贵妃杨玉环，终日与杨贵妃游宴玩乐，不理朝政，朝中大权由杨贵妃的哥哥杨国忠把持。七月七日，杨贵妃与唐明皇在长生殿上情意绵绵，盟誓世世代代结为夫妻。不久，安禄山因与杨国忠争权，发兵叛乱。唐明皇带杨贵妃逃离长安，官军将杨国忠杀死，又逼唐明皇将杨贵妃缢死。安禄山叛乱平息后，唐明皇日夜思念杨贵妃。后来，道士杨通幽运用法术架起一座仙桥，让明皇飞升到月宫，与杨贵妃相会，实现了他们在长生殿上立下的“生生死死共为夫妻”的盟誓。剧本虽然谴责了唐玄宗的穷奢极侈，但同时又表现出对唐玄宗和杨玉环之间爱情的同情，间接表达了对明朝统治的同情，还寄托了对美好爱情的理想。

0287.**《桃花扇》**

清初孔尚任作。《桃花扇》是他经十多年苦心经营，三易其稿写出的一部传奇剧本。全剧共有四十出，戏剧写明代末年曾经是明朝改革派的“东林党人”逃难到南京，重新组织“复社”，和曾经专权的太监魏忠贤余党阮大铖斗争。其中复社中坚侯方域邂逅秦淮歌妓李香君，两人陷入爱河。阮大铖匿名托人赠送丰厚妆奁以拉拢侯方域，被李香君知晓坚决退回。阮大铖怀恨在心。弘光皇帝即位后，起用阮大铖，他趁机陷害侯方域，迫使其投奔史可法，并强将李香君许配他人。李香君坚决不从，欲自尽未遂，血溅诗扇。侯方域的朋友杨龙友，利用血

文学知识

点在扇中画出一树桃花。南明灭亡后,李香君入山出家。扬州陷落后,侯方域逃回寻找李香君,最后也出家学道。全剧穿插当时的历史事件,如南明君臣花天酒地,四镇带兵打内战,史可法守扬州,城破后投河自尽等。《桃花扇》是一部最接近历史真实的历史剧,重大事件均属真实,只在一些细节上作了艺术加工。以男女情事来写国家兴亡,是此剧的一大特色。此剧一出立刻引起轰动,据说康熙皇帝都曾看过该剧本。

0288.《新中国未来记》

晚清新小说开山之作。梁启超(1873—1929),字卓如,号任公,广东新会人,中国近代资产阶级改良派的著名政治活动家、思想家、文学家和学者。其于学术研究,涉猎广泛,在哲学、文学、史学、经学、法学、伦理学、宗教学等领域均有建树,以国学史学研究成绩显著。一生著述等身,总约千万余字,作品以《饮冰室合集》较称完备。梁启超借小说预言六十年后(1962)之中国繁荣富强,百业俱兴,万国来朝。不仅实现了君主立宪,且成为国际政治格局中重要的一极!书中以倒叙方式,叙自1902年以来六十年间中国历史的发展,旨在“发表政见,商榷国计”,主干部分记述改良派与革命派关于革命与改良的辩论,驳诘往复达四十四段,几乎囊括了二十世纪初关于“中国往何处去”论争之基本要旨。故对小说情节、人物刻画等基本艺术要素甚为忽视。且“编中往往多载法律、章程、演说、论文等,连篇累牍,毫无趣味”。此作实肇近代小说创作中言政治而略艺术之风气,它对于激发人民的爱国热忱起到了一定作用,同时也散布了对于君主立宪的幻想。

七、文学体裁

0289. 骚体

先秦文学中的骚体是韵文体裁的一种,是屈原在楚国民歌的基础上所创造的一种抒情韵文,以《离骚》为代表,一般篇幅较长,句式灵活参差,多六、七言,以“兮”字作语助词。骚体诗主要有以下特征:一是句式上的突破。屈原创造了一种以六言为主,掺进了五言、七言的大体整齐而又参差灵活的长句句式,这是对四言的重大突破。二是章法上的革新。屈原“骚体”不拘于古诗的章法,放纵自己的思绪,或陈述,或悲吟,回环照应,脉络极分明。三是体制上的扩展。屈原以前的诗歌大多只是十多行、数十行的短章。而他的《离骚》则长达三百七十二句,奠定了中国古代诗歌的长篇体制。

骚体也可以指赋,骚体赋是汉赋中的一类,它是从楚辞中发展而成的,形式上属于骚体,所以称为骚体赋。这种赋在内容上侧重于咏物抒情,且多抒发哀怨之情,近于《离骚》的情调。在形式上也与楚辞接近,常用带有“兮”字的语句。首先提倡的是西汉初年的贾谊，著名的如贾谊的《吊屈原赋》、《服鸟赋》，司马相如的《长门赋》，司马迁的《悲士不遇赋》等。

0290. **古体诗**

与近体诗相对而言的诗体。近体诗形成前，除楚辞外的各种诗歌体裁，都可以称为古体诗，也称古诗、古风。古体诗格律自由，不拘对仗、平仄，押韵较宽，一般都是隔句押韵，韵脚可平可仄，也可换韵。篇幅长短不限。句子可以整齐划一为四言、五言、六言、七言体，也可杂用长短句，随意变化，为杂言体。

《诗经》以四言诗为主，魏晋四言诗名篇有曹操《观沧海》、陶渊明《停云》。五言古体诗最早产生于汉代，象《古诗十九首》。到了唐代，七言古诗大量出现，唐人又称七言古诗为长句。汉魏以来乐府诗原是配合音乐的，有歌、行、曲、辞等。唐人摹仿乐府诗，有沿用乐府古题的如李白《蜀道难》，有即事名篇另立新题的如杜甫"三吏"、"三别"、白居易新乐府，都已不合乐，属古体诗。

0291. **乐府诗**

两汉乐府指音乐官署的名称，负责制谱度曲，训练乐工，采辑诗歌民谣，以供朝廷祭祀宴享时演唱，并可以观察风土人情，考见政治得失。它除了将文人歌功颂德的诗制成曲谱并制作、演奏新的歌舞外，又收集民间的歌辞入乐。

魏晋六朝时，乐府乃由机关的名称变为一种带有音乐性的诗体的名称，能够配乐歌唱的新诗体，叫做"乐府"。郭茂倩《乐府诗集·梁鼓角横吹曲》中的北朝乐府诗，题材广泛，反映了广阔的社会生活，富有与南方大相异趣的粗犷豪放的气概，呈现出另外一种风情民俗的画卷。《木兰诗》与《古诗为焦仲卿妻作》被誉为乐府诗中的"双璧"。唐新乐府是指唐人自立新题而作的乐府诗。这类新题乐府，至杜甫而大有发展，元结、韦应物、戴叔伦、顾况等也都有新题乐府诗。他们是新乐府运动的先驱。宋元以后也称词、曲为乐府。

0292. **歌行**

"行"是乐曲的意思；"歌"与"行"名称虽不同，但并无严格的区别，后来就有"歌行"一体。"歌行"是我国古代诗歌的一种体裁，属乐府诗一类。汉魏以后乐府诗名为"歌"和"行"的很多，就有"歌行"体。歌行体为南朝宋鲍照所创，鲍照模拟和学习乐府，经过充分地消化吸收和熔铸创造，不仅得其风神气骨，自创格调，而且发展了七言诗，创造了以七言体为主的歌行体。初唐刘希夷《代悲白头吟》与张若虚的《春江花月夜》是这种体裁正式形成的标志。以"歌"命名的，如白居易的《长恨歌》、岑参的《白雪歌送武判官归京》、杜甫的《茅屋为秋风所破歌》等；以"行"命名的，如白居易的《琵琶行》、杜甫的《兵车行》等；以"歌行"命名的，如高适的《燕歌行》。歌行篇幅可短可长；保留着古乐府叙事的特点，把记人物、记言谈、发议论、抒感慨融为一体，内容充实而生动；声律、韵脚比较自由，平仄不拘，可以换韵；句式比较灵活，以七言为主，其中可以穿插三、五、

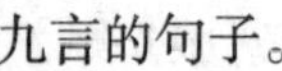

九言的句子。

0293. **近体诗**

诗体名,也叫"今体诗",唐代形成的律诗和绝句的通称,同古体诗相对而言。句数、字数和平仄、用韵等都有严格规定。近体诗包括绝句(五言四句、七言四句)、律诗(五言八句、七言八句)、排律(十句以上)三种,以律诗的格律为基准。(绝句的格律是半首律诗。排律则是律诗的延长)。律诗八句分为四联,第一二句合成为首联,第三四句合成为颔联,五六句合成为颈联,七八句合成为尾联。律诗最基本的格律包括:字数、句数、平仄、用韵和对仗(绝句不要求对仗)几个方面,主要有三点:一是每句必须平仄相间,也就是说,七言句当中,第二、四、六字的平仄必然是间隔开的,如第二个字是平声,第四个字必然是仄声,第六个字则又是平声,反过来一样。同联的两句必须平仄相对即每联的对句(即后一句)和出句(即前一句)在平仄上必须相对。联与联之间必须平仄相粘,即下一联出句的平仄必须和上一联对句类型相同,平粘平,仄粘仄;二是除首尾二联外,必须要对仗;三是要用一韵到底的平声韵。

0294. **律诗**

中国近体诗的一种。格律严密。发源于南朝齐永明时沈约等讲究声律、对偶的新体诗,至初唐沈佺期、宋之问时正式定型,成熟于盛唐时期。律诗要求诗句字数整齐划一,每首分别为五言、六言、七言句,简称五律、六律、七律,其中六律较少见。通常的律诗规定每首八句。如果仅八句,则称为小律或三韵律诗;超过八句,则称排律或长律。通常以八句完篇的律诗,每两句成一联,计四联,习惯上称第一联为破题(首联),第二联为颔联、第三联为颈联、第四联为结句(尾联)。每首的二、三两联(即颔联、颈联)的上下句必须是对偶句。排律除首尾两联不对外,中间各联必须上下句对偶。小律对偶要求较宽。律诗要求全首通押一韵,限平声韵;第二、四、六、八句押韵,首句可押可不押,律诗每句中用字平仄相间。上下句中的平仄相对,有"仄起"与"平起"两式。另外,律诗的格律要求也适用于绝句。唐代律诗在定型化过程中和定型后,都存在变例,有些律诗不完全按照格式写作,如崔颢的《黄鹤楼》,即前半首为古体格调,后半首才合律。律诗的这种变化被称为拗体。

0295. **绝句**

绝句,又叫"绝诗",或称"截句"、"断句",近体诗一种,截和断都含有短截的意思,按照《诗法源流》的解释,绝句是"截句"的意思,就是截取律诗四句,或截首尾二联,或截前二联或后二联,或是中间二联。另外一种说法是从五言短古、七言短歌变化而来,绝句每首四句,通常有五言、七言两种。简称五绝、七绝,也偶有六绝。绝句分为律绝和古绝。律绝是律诗兴起以后才有的,古绝远在律诗出现以前就有了。南朝陈代的徐陵主编《玉台新咏》就有"古绝句"的名称。但这种绝句虽然押韵，而相对来说平仄较为自由，或者可以说有些诗人不愿受格律的约束。在律绝盛行以后，古绝句仍然被沿用发展下来。古绝句五言特多，而七言特少。唐人赋予它以声律，使它定型，就成绝句。绝句来源于两汉，成形于魏晋南北朝，兴盛于唐朝。当时都是四句一首，称为“联句”。《文心雕龙·明诗》认为是柏梁演变来的。唐宋两代，是我国古典诗歌的黄金时代，绝句风靡于世，创作之繁荣，名章佳作犹如群芳争艳，美不胜收，可以称为空前绝后。

0296. **赋**

中国古典文学中一种介于诗、文之间的重要文体。“赋”的名称最早见于战国后期荀况的《赋篇》。赋最能彰显汉代时代精神，它远承《诗经》赋颂传统，近接《楚辞》，兼收战国纵横之文的铺张恣意之风和先秦诸子作品的相关因素，综合而成的一种新文体。特点是“铺采摛文，体物写志”。体物写志就是通过摹写事物来达到抒发情感的目的。铺采摛文就是要注重铺叙和形容，在语言上讲究词藻的华美。赋在句式上以四六言为主，但夹杂散文句式，句与句间用连接词。它把散文的章法、句式与诗歌的韵律、节奏结合起来，借助参差错落的句式，灵活多变的韵脚及排比、对偶、夸张等，形成一种自由而又严谨、流动而又凝滞的文体，兼有散文和诗的性质，成为汉代文学的标志。赋体经历几次演变，明徐师曾《文体明辨》把赋分为古赋、俳赋、律赋、文赋四种。古赋主要指汉代流行的大赋，代表作有枚乘《七发》、司马相如《子虚赋》、《上林赋》，扬雄《甘泉赋》、《羽猎赋》，班固《两都赋》。此外还有抒情的短赋，如贾谊的《吊屈原赋》，张衡的《归田赋》。俳赋也叫骈赋，特点是骈四俪六，盛行于魏晋南北朝。律赋是唐宋的科举考试采用的试体赋，限八韵；文赋接近散文，如杜牧《阿房宫赋》，苏轼《赤壁赋》。

0297. **古文**

本来指春秋战国及其以前古书上的文字。许慎在《说文解字叙》把古文与大篆相提并论，说古文是史籀以前的文字的通称。后来古文与骈文相对而言，指奇句单行、不讲对偶声律的散体文。魏晋以后骈俪文盛行，讲究对偶，句法整齐而文词华丽。北朝后周苏绰反对骈体浮华，仿《尚书》文体作《大诰》，以为文章标准体裁，时称“古文”，即以先秦散文语言写作文章。其后至唐代韩愈、柳宗元等，主张恢复先秦和汉代散文内容充实、长短自由、朴质流畅的传统，即称这样的散体文为古文。韩愈正式提出了古文的名称，并为后世所沿用。唐代优秀的古文家，虽以复古为号召，却富有革新精神。他们既强调“道”的重要，也很注重“文”的作用，并崇尚创造，主张词语要自己创造，文章要风格平易，语句通畅。他们所作的古文，实际上是一种新型散文，从当时口语中提炼而成为一种新的书面语言，有自己的个性与时代现实性，也有部分较为艰深僻涩的，但非主流。

韩愈的所谓古文与先秦汉代之文不同,它是既有所继承又有所创新的。

0298. 骈文

也称“骈体文”、“骈俪文”或“骈偶文”,是中国古代魏晋以后产生的一种文体,因它常用四字、六字句,故也称“四六文”或“骈四俪六”。南北朝是骈体文的全盛时期。骈文是与散文相对而言的。其主要特点是以四六句式为主,讲究对仗,因句式两两相对,犹如两马并驾齐驱,故称骈体。在声韵上,讲究运用平仄,韵律和谐;修辞上注重藻饰和用典。骈文注重形式技巧,往往束缚内容的表达,但运用得当,也能增强文章的艺术效果。南北朝骈文中也不乏内容深刻的作品。如鲍照的《芜城赋》,通过对比广陵昔盛今衰的兴亡变化,揭露了统治阶级的豪华奢侈,抒发了华屋丘山、人生无常的感慨;孔稚珪的《北山移文》辛辣地嘲讽了身在江湖、心在魏阙的假隐士;庾信的《哀江南赋》描写了自己的身世之悲,谴责了梁朝君臣的昏庸,表达了对故国的怀念之情。这些都不失为优秀的骈文。中唐古文运动以后,稍告衰落。唐以后,骈文的形式日趋完善,出现了通篇四、六句式的骈文,所以在宋代一般又称骈文为四六文。

0299. 唐传奇

传奇本是传述奇闻异事的意思,唐传奇是指唐代流行的文言短篇小说。它远继神话传说和史传文学,近承魏晋南北朝志怪和志人小说,发展成为一种以史传笔法写奇闻异事的小说体式。唐传奇内容更加丰富,题材更为广泛,艺术上也更成熟。唐传奇“始有意为小说”,标志着中国古代小说创作进入了一个新的创作阶段。初、盛唐是唐传奇的发端期,现存有王度的《古镜记》、无名氏的《补江总白猿传》、张鷟的《游仙窟》,内容近于志怪,艺术上也不够成熟。中唐是唐传奇的鼎盛期。这一时期名家名作涌现,如沈既济的《任氏传》、李朝威的《柳毅传》、元稹的《莺莺传》、白行简的《李娃传》、蒋防的《霍小玉传》、陈鸿的《长恨歌传》等。内容题材涉及到爱情、历史、政治、豪侠、志怪、神仙等,创作方法与艺术技巧更加成熟。晚唐是唐传奇的衰落期。虽然作品数量不少,但出现了专集,如牛僧孺的《玄怪录》、皇甫枚的《三水小牍》、裴铏的《传奇》等,内容较为单薄,艺术上也较为粗俗。唯有豪侠题材的作品成就较高,如传为杜光庭的《虬髯客传》就是最著名的作品。

0300. 词

词是一种押韵的可以配乐歌唱的文体。词又称曲子词、长短句、诗余,大都可以入乐而歌唱。作为诗歌的一种,词是唐代兴起的一种新的文学样式,到了宋代,经过长期不断的发展,进入了全盛时期。词的特点在于它是长短句,有小令和慢词两种,一般分上下两阕。有人认为词按字数分:五十八字以内为小令,五十九至九十字为中调,九十一字以外为长调。词的形式有如下特点:一是每首词都有一个表示音乐性的词调(词牌)。一般说,词调并不是词的题目,仅只能把它当作词谱看待。到了宋代，有些词人为了表明词意，常在词调下面另加题目，或者还写上一段小序。二是词一般都分两段(叫做上下片或上下阕)，不分段或分段较多的是极少数。三是一般词调的字数和句子的长短都是固定的，有一定的格式。四是词的句式参差不齐，基本上是长短句。五是词中声韵的规定特别严格，用字要分平仄，每个词调的平仄都有所规定，各不相同。

0301. **散曲**

散曲，元人称为"乐府"或"今乐府"。散曲之名最早见之于文献，是明初朱有燉的《诚斋乐府》。包括小令和套数，以及介于两者之间的带过曲。所谓小令又叫"叶儿"，单片只曲，调短字少是其基本特征。"套数"，又称"套曲"、"散套"或"大令"，一般有三个特征：一是全套必须押韵相同；二是有"尾声"；三是同宫调的两个以上的只曲连缀而成。套曲以其较长的篇幅表达相对复杂之内容，或抒情，或叙事，或抒情叙事兼而有之。如关汉卿《南吕・一枝花》(不伏老)。带过曲属于小型曲组，与套数比，容量小的多，且没有"尾声"。他只是小令与套数之间的特殊形式。散曲的押韵比较灵活，可以平仄通压，句中还可以衬字。衬字具有口语化，俚语化，并使曲意明朗活泼、穷形尽相的作用，《不服老》【黄钟尾】衬字豪放泼辣。散曲句式灵活多变伸缩自如，语言风格口语化、散文化。以俗为美，有俗语、蛮语(少数民族之语)、谑语(戏谑调侃之语)、嗑语(唠叨琐屑之语)、市语(行语、隐语、谜语)，明快显豁自然酣畅。

0302. **诸宫调**

中国宋、金、元时期的一种大型说唱艺术。由韵文和散文两部分组成，演唱时采取歌唱和说白相间的方式，基本上属叙事体，其中唱词有接近代言体的部分，歌唱部分是用多种宫调的若干不同曲调组成，故称为"诸宫调"，亦称"诸般宫调"。这一曲种形成于北宋神宗年间，诸宫调相传为北宋人孔三传首创。它的语言通俗生动，在艺术上超越了以往的各种说唱艺术，获得了人们的喜爱。包含有：单个曲牌的只曲；由一支曲牌反复或多次反复再加上尾声而构成的短套形式；用属于同一宫调的若干曲牌联接而成的套曲形式。诸宫调所用的伴奏乐器，宋时主要用鼓、板、笛；金、元时，有加用弦乐器和其他打击乐器，又因为它用琵琶等乐器伴奏，故又称"弹词"或"弦索"。后来的明、清人又称诸宫调为"□弹词"或"弹唱词"。诸宫调的出现，为后世戏曲音乐开辟了道路。曲调对北方杂剧的形成起到了重要作用，它的主要的艺术手段，都为元杂剧所吸收。元杂剧分为旦本、末本，一本由一个角色主唱到底，套曲的组织方式等，都直接受到诸宫调的影响。

0303. **元杂剧**

元杂剧又称北杂剧、北曲、元曲。元曲包括元杂剧和元代散曲两个部分，它是在金院本的基础上孕育发展而形成的。十三世纪后半期是元杂剧雄踞剧坛最繁盛的时期。特点是四折一楔子的结构形式;"一人主唱",唱与说白紧密相连;剧本注重舞台性,角色分工类型化,杂剧角色分为旦、末、净、杂,漠视生活外部形态真实,以类型化、象征化的手法,表现剧作的内在情绪,具备了戏曲的本质特征。元杂剧是在金院本和诸宫调的直接影响之下,融合各种表演艺术形式而成的一种完整的戏剧形式。并在唐宋以来话本、词曲、讲唱文学的基础上创造了成熟的文学剧本。作为一种成熟的戏剧,元杂剧在内容上不仅丰富了久已在民间传唱的故事,而且广泛地反映了当时的社会现实,成为广大人民群众最喜爱的文艺形式之一。

元杂剧分为前后两期,以大德年间为界。前期是高度繁盛的时期,活动的中心在大都,主要作家有关汉卿、王实甫、马致远、白朴等,后期活动的中心南移,主要作家有秦简夫、郑光祖、乔吉等。

0304. 南戏

南戏也称"戏文",是元朝时用南曲演唱的戏曲形式。由宋杂剧、唱赚、宋词以及里巷歌谣等形式,综合发展而形成的。一般认为是中国戏曲最早的成熟形式。在南方民间广为流传。在元代南北统一之后,南戏逐渐北上,出现了南北戏剧艺术交流的局面。到了元末明初,南戏就更加成熟,在创作上出现了新的高峰,当时产生了"五大南戏":《荆钗记》、《白兔记》、《拜月亭记》、《杀狗记》、《琵琶记》。在戏曲史上有着重大的影响和作用。在明成化、弘治以后,南戏进一步发展演变为"传奇",对明、清两代的戏曲影响很大。剧本有一百七十多种左右,但是全本留传的仅有《小孙屠》、《张协状元》、《宦门子弟错上身》等。

0305. 八股文

也称"时文"、"制艺"、"制义"、"八比文"、"四书文"。八股文是明朝考试制度所规定的一种特殊文体。八股文讲究代圣人立言,文章的每个段落死守在固定的格式里面,连字数都有一定的限制,人们只是按照题目的字义敷衍成文。分为破题、承题、起讲、入手、起股、中股、后股、束股、落下等组成部分。所谓股就是对偶。破题是用两句话将题目的意义破开,承题是承接破题的意义而说明之。起讲为议论的开始,首二字用"意谓"、"若曰"、"以为"、"且夫"、"尝思"等开端。"入手"为起讲后入手之处。起股、中股、后股、束股才是正式议论,以中股为全篇重心。在这四股中,每股又都有两股排比对偶的文字,合共八股,故名八股文。题目主要摘自四书、五经,所论内容主要据宋朱熹《四书章句集注》,不得自由发挥。一篇八股文的字数一般限定在五百五十字到七百字之间。八股文使士人的思想受到极大的束缚,而且败坏学风。八股文的产生经过漫长的历史过程。它滥觞于北宋的经义。到明初被确定为一种独立的八股文体,成化年间,经王鏊、谢迁、章懋等人提倡,逐渐形成比较严格的程式。此后一直沿用下来,由明中期而泛滥整个清代,直到 1902 年才随着科举考试的停止而废除。

0306. **明清传奇**

传奇是指明清以唱南曲为主的长篇戏曲。明代初年，元末涌现的《琵琶记》、《荆钗记》、《白兔记》、《拜月亭》和《杀狗记》等南戏，通过改编在民间广泛流传。这一时期出现了一些较好的作品，如《寻亲记》对豪绅暴虐行为的抨击，《金印记》对世态炎凉的讽刺，《跃鲤记》对封建宗法制度支配下婆媳关系、家庭矛盾的揭露，《绣襦记》对真挚爱情的歌颂，都有一定的思想深度。从艺术形式看，这些作品虽然保持着南戏的传统特征，但也通过某些改革逐步确立了传奇的剧本体制，到明代嘉靖年间已盛行。音乐上则插用北曲或南北合套，因而更加丰富。当时的声腔剧种，如昆腔、余姚腔、弋阳腔、海盐腔等，都以演唱传奇剧本为主，所以也有传奇是南戏系统各剧种剧本的总称之说。清乾隆以后，传奇创作趋向衰落，地位逐渐被各种地方戏所取代。明清传奇作品有目可考的达两千六百多种，现存《浣纱记》、《清忠谱》、《牡丹亭》等六百多种。

八、文字音韵

0307.**《说文解字》**

我国第一部字典。东汉许慎（约 58 - 约 147，字叔重）著，成书于永元十二年（100），二十年后由其子许冲进献给朝廷。利用“六书”理论对汉字进行具体分析，指出字形与字义、字音的关系，是《说文解字》的主要内容和重大贡献。全书收字九千三百五十三个，重字一千一百五十三个，分为五百四十部，开创了部首检字的先河，后世的字典大多采用这个方式。此外，本书还是研究甲骨文、金文和古音、训诂不可缺少的工具，书中关于秦汉时期全国各地方言的介绍使其成为了解古代方言的极具价值的文献资料。历代对于《说文解字》都有许多学者研究，清代研究最为兴盛，代表人物有段玉裁、桂馥、王筠、朱骏声。

0308.**《尔雅》**

中国最早的一部综合性百科词典，首创按内容性质分类解释词语的先例。唐代以后将它列入“经部”，成为了儒家经典之一。作者说法不一：有的认为是孔子门人所作，有的认为是周公所作，一般认为是战国至秦汉之际研究文字训释的人代代相传，各有增益，在西汉时被整理加工而成。“尔”是近正的意思，“雅”是“雅言”，是某一时代官方规定的规范语言，“尔雅”就是使语言接近于官方规定的语言。《尔雅》被认为是中国训诂学的开山之作，在训诂学、音韵学、词源学、方言学、古文字学方面都有着重要影响，它总结和整理了历代各种不同的语词，包含了多方面的广博知识，是疏通包括五经在内的上古文献中词语古文的重要工具书。《尔雅》还著录了近六百种动植物及其名称，而且还根据它们的形态特征，纳入一定的分类系统中，保存了中国古代早期丰富的生物学知识，是研究动植物的重要著作。

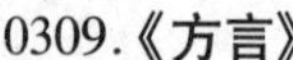

0309.《方言》

全名《輶轩使者绝代语释别国方言》，简称《方言》，名称由来是因为秦朝以前，政府每年都会派遣“輶轩使者”到各地搜集方言，并记录整理。这是中国第一部对方言词汇进行比较的重要著作。西汉扬雄撰，但扬雄的原本已散佚，今存十三卷，即东晋郭璞的《方言注》，这是《方言》的第一个注本。《方言》广泛采录了黄河和长江流域的绝大部分地区的方言，以及朝鲜、辽东等地的方言，它还掺杂了一些当时少数民族的语言。它的体例是先列举词条，然后分别说明通行情况。如：“党、晓、哲，知也。楚谓之党，或曰晓，齐宋之间谓之哲。”它的内容和编排基本上模仿《尔雅》，但是没有类名。《方言》对所记录的词汇，往往注明“通语”、“某地语”、“某地某地之间语”、“转语”等。通语即当时通行的语言，某地语即当时某个地方的方言，某地某地之间语即通行区域比通语小比某地语大的方言，转语则是由于时间和地域上的不同而语音发生变化的词。《方言》对所记词汇大都说明通行区域，可从中大体了解汉代方言分布的轮廓。《方言》以各地的活方言作为记录对象，不受文献记载和文字形义的限制，并注意综合时间和地域的不同去研究方言，这在研究方法上为后世树立了优良传统。《方言》以它突出的成就，不仅在中国方言学史上，而且也在世界的方言学史上成为一部不朽的著作。

0310. 六书

古人分析汉字构造和使用而归纳出来的六种规则。最早解释“六书”内容的是西汉末年的刘歆。许慎在《说文解字》中，不仅对“六书”作了系统全面的解释，而且还利用“六书”理论对九千三百五十三个汉字作了具体分析，从此，“六书”成为研究汉字的专门之学。一般用许慎提出的名称，班固排的顺序：象形、指事、会意、形声、转注、假借。六书中象形、指事、会意、形声属于造字之法，即汉字结构的规则；转注、假借则属于用字之法。

0311. 隶变

汉字由篆书演变为隶书的过程。字形变圆为方，线条变弧线为直线，笔画变繁杂为简省。隶变是古今汉字的分水岭，是汉字形体演变过程中最重要的一次变革。隶变主要有以下五个特点：①改曲为直：隶书不再顾及象形原则，把古字分解或改成平直的笔画，以便书写。②偏旁分化：在隶书里，独立成字和用作偏旁的写法明显不同。③偏旁混同：把某些生僻或笔画较多的偏旁，改成形状相近，笔画较少，又比较常见的偏旁。④结构简省：隶书往往把篆文的两笔并为一笔，或是把两个以上的偏旁或偏旁所包含的部分合并起来，改成较简单的笔画结构。⑤圆转不断的线条变为方折的断笔：隶书为提高书写速度，形成点、横、竖、捺、钩、折等笔画。

0312. **四声八病**

四声是指平声、上声、去声、入声，这是我国古代对汉语声调的分类。汉语的声调自古就有，但是对汉语的声调加以分析并且定名为平、上、去、入四声，这是从南北朝齐梁的时候才开始。当时沈约、周颙等人分辨出汉语的四声规律，并运用到文学创作中，造成了声调的低昂顿挫与诗文的音乐美感。人们称这种新变的讲究声韵的诗体为“永明体”。唐代初年出现的格律诗，就是在这个基础上形成的。

八病是指在运用四声的规律进行文学创作时应该避免的八种弊病，即平头、上尾、蜂腰、鹤膝、大韵、小韵、旁纽、正纽。随着语言的演变，入声逐渐消失。在元朝周德清的《中原音韵》中就根据当时的实际情况，把入声派入平、上、去三声中。明、清两代的韵书却没有接受，还是延续古代做法。现代普通话中入声已经完全消失，四个声调为阴平、阳平、上声、去声。

0313. **反切**

反切，最初也称为“反”或“翻”，后来叫“切”，是“反”和“切”两种说法的合称。在使用音标和字母注音之前，它是中国古代最主要和使用时间最长的一种注音方法。反切法就是利用双声、叠韵的方法，用两个汉字来拼出另一个汉字的读音。用作反切的两个字，前字叫反切上字，简称切上字，后字叫反切下字，简称切下字。被注音字叫被反切字，简称被切字。反切的基本规则是上字与被切字的声母相同，下字与被切字的韵母和声调相同。即上字取声、下字取韵和调。例如，“冬，都宗切”，就是用都的声母、宗的韵母和声调为冬注音。最早，给汉字注音是用“譬况法”、“读若法”、“直音法”等。如汉代注疏以及《说文》大都用“某字读若某字”来注音，这就是读若法。读若的两个字，往往并不完全同音，因此有时会加一些描述，“某读若某，急气言之乃得”、“读若某，长言之”之类，这就是“譬况法”。直音法就是用同音字注音，相对于读若和譬况，直音法用完全同音的字注音是一大进步，但是，有时同音字较少，或者用来注音的同音字本身就是个生僻字，也会影响注音效果。东汉初期，僧人和学者受梵文拼音方法的启发，结合汉字的特点创造了反切的注音方法。它的产生，是为了补救这些注音方法的不足，这种对汉字音节进行两分的方法，把音节离析为“声”和“韵”，为归纳汉字的声母韵母奠定了基础，标志着汉语语音学的开始。

0314. **广韵**

我国第一部官修韵书，宋代陈彭年、丘雍等人奉旨编撰。书成后皇帝赐名《大宋重修广韵》，简称《广韵》。此前，较为重要的韵书是隋代陆法言《切韵》，该书收字一万二千一百五十八个，分一百九十三韵，惜原书早佚。唐代又有孙愐《唐韵》五卷，是为《切韵》增字作注而成。《广韵》是在《切韵》、《唐韵》的基础上增广而成的，“广”就是扩大、补充的意思。全书共五卷，分二百零六韵，收字二万六千一百九十四个，按声调分卷，由于平声字多，为上下两卷；同声调的字放在同一卷里，同属一韵的字汇集在一起，称为一韵；每一韵有个名称，叫作韵目，如一东、二冬、三钟；每一韵的排列次序，都是经过精心设计的，相邻次的韵，韵母相近；一个小韵把同韵中所有同音字汇集在一起，在小韵的第一个字下注出反切，并标出这个小韵同音字的数目。小韵的第一个字，也称这个小韵的代表字。《广韵》按韵编排，考查韵部比较容易。如果考查声母系统，就比较困难了，因为韵书并没有明确标出全书的声母系统，为此，清代学者陈澧创造了反切系联法。《广韵》代表了隋唐《切韵》、《唐韵》的语音系统，所以它是研究汉语中古音的重要依据。另外，进行方言调查、研究古今语音的变化，都可以《广韵》为参照的依据。

0315.《康熙字典》

《康熙字典》是清代张玉书、陈廷敬等三十多位著名学者奉旨编撰的一部官修大型字典。该书编撰于康熙年间，历时六年，因此书名叫《康熙字典》。《康熙字典》是依据明朝梅膺祚的《字汇》和张自烈的《正字通》两书加以增订编修而成。对两书的错误之处，《康熙字典》还做过一番“辨疑订讹”的工夫。《康熙字典》吸收了历代字书编纂的经验，全书共分为十二集，从子集到亥集，每集又分为上、中、下三卷，分别排列二百一十四个部首。总共收录了四万七千零三十七个字，并注有反切注音、出处及参考等，引用古代诗文以追溯字源，举例多为原始出处，同时还注明了历代的用法以佐证其变迁。《康熙字典》作为我国古代字书的集大成者，收字多，字之别体、俗写均有收录，注音最全面，搜罗字音最为完备，被清代学者王引之誉为“体例精密，考证赅洽，诚字学之源薮，艺苑之津梁”。《康熙字典》问世后，社会影响巨大，它的文字、音义、书证被广泛引用，它的体例也成为了后世出版字书的蓝本。

0316.《马氏文通》

《马氏文通》是我国第一部用现代语言学理论研究中国语法的著作，在我国语言学史上具有划时代的意义。中国语言学虽然源远流长，但却一直没有形成系统的科学，也没有一部系统的专著。十九世纪末，曾在法国留学的马建忠，借鉴拉丁文的语法研究古代汉语，写出了中国第一部较系统的语法著作《马氏文通》。这部著名的语法著作写于1898年，作者马建忠，字眉叔，江苏丹徒（今镇江）人。他精通拉丁语、希腊语、英语、法语等多种西方语言，又对中国古籍和中国传统语文研究有深厚功底，长期从事中、西语之间的翻译工作，具有较为明确的语法观念，更重要的是他把撰写语法著作视为发展民族文化、振国兴邦的良策之一。加之马建忠还有一位同样精通西方语言、著有《拉丁文通》并多年从事双语教学和翻译工作的哥哥马相伯可与商酌切磋。所以，经十余年的勤求探讨，马建忠终于完成了三十余万言的《马氏文通》。《文通》既是第一部汉语语法书,也是中西方文化开始结合的产物。

九、古籍常识

0317. **七略**

《七略》是我国第一部综合性的系统反映国家藏书的分类目录,又是我国最早的一部图书分类法,成书于公元前6年,是根据当时的国家藏书编制而成,作者刘歆。《七略》是在刘向《别录》基础上摘取要点编撰而成,比较简略,所以叫做“略”。它包括辑略、六艺略、诸子略、诗赋略、兵书略、数术略、方技略,所以称《七略》。

辑略为说明其他六略的意义与学术源流,阐述六略的相互关系和六略书籍的用途,是六略之总括,相当于全书的概要。六艺略分易、书、诗、礼、乐、春秋、论语、孝经、小学九种。诸子略分儒、道、阴阳、法、名、墨、纵横、杂、农、小说十种。诗赋略分屈原赋之类、陆贾赋之类、孙卿赋之类、杂赋、歌诗五种。兵书略分兵权谋、兵形势、兵阴阳、兵技巧四种。数术略分天文、历谱、五行、蓍筮、杂占、刑法六种。方技略分医经、经方、房中、神仙四种。以上六略共三十八种,即刘歆对当时书籍的分类。刘歆《七略》早已亡佚,但班固《汉书·艺文志》存有它的目录,我们可窥见《七略》的概貌。《七略》在中国目录学史上具有开创之功,它在校勘整理古籍的基础上创立了撰写叙录、总序、大序、小序等方法,著录了数万卷图书,实际上是一部古代文化史。

0318. **三洞四辅**

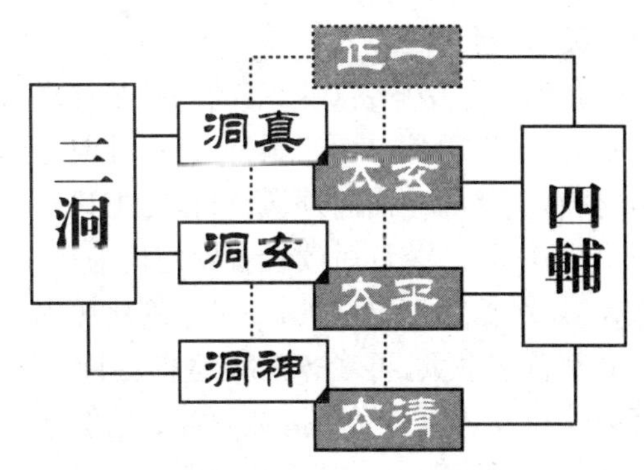

道教经书分部的总称。三洞指洞真部、洞神部、洞玄部。又分三乘,洞真为上乘,洞玄为中乘,洞神为下乘。四辅即太玄部、太平部、太清部、正一部。也就是说:三洞是经,四辅是对三洞经文的论述和补遗,太玄辅洞真,太平辅洞玄,太清辅洞神,正一则为以上各部的补充。道教经书首由南朝宋道士陆修静于泰始年间编成《三洞四辅目录》,后宋代张君房和明代邵以正督校《道藏》,仍以三洞四辅分类,故三洞四辅成为道藏分类的代称。

0319. **三藏**

佛教书籍的分类方法。藏,本意为筐箧等容纳物件的用具,引申为“摄”,总摄一切所应知之意,即以谙诵之法而师徒口传。三藏指佛经中的经、律、论三个部分。经藏是佛亲口宣说阿难复述的佛法,也就是佛本人的言教;律藏是佛制

定的戒律，即律是佛针对僧团集体因时因地所作的纪律规定；论藏是僧人或菩萨对佛法的论述，就是对经、律中要点进行的阐释解说。所以《西游记》中玄奘法号“三藏”，就是佛典总称。

有关三藏的顺序，到现在没有定论，就三藏结集之先后而言，它的顺序为经、律、论；若就行修之顺序而言，为律、经、论。三藏各有不同作用，经藏用来解除疑问烦恼，律藏用来解除受用两方面烦恼，论藏解除自我固执带来的烦恼。此外，西藏喇嘛教把三藏同三毒相配，律藏可断除贪欲，经藏可断除嗔恚，论藏可断除愚痴。

0320. 校勘四法

著名史学家陈垣在《校勘学释例》中第一次用近代科学方法对传统校勘学作了总结，归纳了古籍致误的通例，提出“对校”、“本校”、“他校”和“理校”等四法，以四法校版本、核异同、辨真伪、定是非，四者互相联系，各有长短，须综合运用，便能取长补短。对校法也称为“版本校”，是最基本的校勘方法，是在广泛搜集同一书籍的不同版本的基础上，从中选择一个错误较少的版本作为底本，再用其他版本进行校勘的方法，可以发现并改正书面材料错误。本校法是一种用本书校本书的校勘方法，通过前后文字的对照，比较分析其异同，从而找出其中的错误并加以改正。他校法是用其他文献中的引文及相关文字来校勘的方法。理校法运用推理的方法进行校勘。我们发现了书面材料中的确存在着错误，可是又没有足够的资料可供比勘时，就运用分析、类比、综合等手段，据理推断文献中的错误。

0321. 包背装

包背装是中国古代图书的一种装订形式，兴起于南宋后期。包背装用相反的折叶，每版仍然单面印刷，但是折叶时是向外折叠，即将书页背对背地正折起来，使有文字的一面向外，版口作为书口。折好的书页依顺序排好，这意味着空白页折在里面，装订后读者看到的均为有字页面。然后将书页的两边粘在书脊上，再用纸捻穿订，最后用一张厚纸比照书脊厚度，双痕对折，作为封皮，以保护书脊和首末书页，再裁齐天头地脚、封面的左边，这样书衣包裹书背，所以叫包背装。包背装流行元明清数百年，直到清朝末年，特别是明清政府官书都是包背装。包背装解决了蝴蝶装开卷就是无字反面和装订不牢的问题。但由于包背装的书口向外，竖放会磨损书口，所以包背装图书一般是平放在书架上。包背装图书的装订及使用较蝴蝶装方便，但装订的手续仍较复杂，后被线装所取代。

0322. 雕版印刷

我国最早出现的印刷形式。雕版印刷的过程是这样的：先将文字、图像雕刻在平整的木板上，再在版面上刷上油墨，然后在上面覆上纸张，用干净的刷子轻轻地刷过，使印版上的图文清晰地转印到纸张上。雕版在我国古代有各种各样的叫法，常见的有“镂版”、“刻版”、“梓版”等。通常所用的雕版材料主要是选用纹理较细又坚硬的木材，如枣木、梨木、梓木、黄杨木等。所以雕版印刷有时也称“付梓”或“梓行”等。在古代的出版、印刷的文献中，往往是“版”、“板”通用，较多的则是运用“板”字。到了清代，才普遍使用“版”字。现存最早的雕版印刷品是868年的《金刚经》，现存大英博物馆。

0323. **宋本**

宋代刻印的线装书。雕版印书约始于唐代，至宋大盛。当时的浙江杭州、福建建阳、四川眉山等地都是刻书的中心，分官刊、家刻、坊刻三种。刻书时，选用工于书法的人缮写，字体既美，校刻也精，由于他们多是根据隋、唐写（抄）本刊刻的，比以后的明清翻刻本更接近于原书；而且很少甚至没有经过后人臆改，因而更多保存了原书的本来面目，比如宋黄善夫本《史记三家注》、宋本《资治通鉴》都可以用来校正后世刻本的错误。由于战乱等原因宋版书传世很少，所以宋本极其珍贵，为后世所重。如明清刻本书每页一铜钱，宋本书每页要用黄金来计算。藏书家也多以拥有宋本书为荣，黄丕烈把自己的藏书楼叫“百宋一廛”；陆心源称自己的藏书楼为“皕宋楼”，夸耀藏有宋版书二百部，以傲视黄丕烈的“百宋”。

0324. **善本**

善本最初的概念是指经过严格校勘、无讹文脱字的刻本。印刷术产生前，把原稿或别本认真缮写下来，经过与原文校核无误，就成为善本。唐以后，雕版印刷盛行，善本的内涵也比原来更扩大了，往往指校勘严密、刻印精美的古籍，包括刻印较早、流传较少的各类古籍。张之洞在《书目答问》中认为，所谓的善本之义有三：一是足本，无阙卷，无删削；二是精本，即精校精注；三是旧本，包括旧刻、旧抄。清末藏书家丁丙对善本也提出了四条标准：一是旧刻；二是精本；三是旧抄；四是旧校。现在通用的善本“三性”、“九条”说。“三性”指书籍应具备较高的历史文物性、学术资料性和艺术代表性。“九条”主要包括：元代及元代以前刻印抄写的图书；明代刻、抄写的图书；清代乾隆以前流传较少的刻本、抄本；太平天国及历代农民革命政权所刊印的图书；辛亥革命前，在学术研究上有独到见解，或有学派特点，或集众说较有系统的稿本以及流传很少的刻本、抄本；辛亥革命以前，反映某一时期、某一领域或某一事件资料方面的稿本以及流传很少的刻本、抄本；辛亥革命以前的名人学者批校、题跋或过录前人批校而有参考价值的印本、抄本；在印刷术上能反映古代印刷术发展，代表一定时期技术水平的各种活字印本、套印本或有精校版画、插画的刻本；明代的印谱、清代的集古印谱、名家篆刻印谱的钤印本，有特色的亲笔题记等。

0325. **百衲本**

指用同一种书的不同版片拼印或用一种书的不同版本拼配起来的刻本。这是个借喻性的版本称谓。衲,原义补缀。百衲,指用零星材料集成一套完整的东西。王隐《晋书》说,董威在集市上乘车,得到残破的布片就制成衣服,叫做百衲衣。蔡绦《铁围山丛谈》说唐济公号称擅长弹琴,于是自己积累材料制琴,称为百衲琴。可见"百衲"具有杂拼的意思。所以用同一种书的不同版片拼印,或用同一种书的不同版本拼配而成的书本,也就名为"百衲本"了。百衲本书始出于清初的宋荦,他用两种宋本、三种元本,配置成一部《史记》八十卷,称为《百衲本史记》。傅增湘用几种宋本拼配了一部《资治通鉴》,称为《百衲本资治通鉴》。民国时期,商务印书馆曾汇集不同版本的史书,拼配了一部《二十四史》,称为《百衲本二十四史》,最为人所熟知。

0326. **内府本**

唐代有内府之役,它是指划归五府三卫和东宫三府三卫管辖的折冲府,下设几个监分管内廷庶务。内府刻本,并不是专指由内务府各监所刻的书本。现在一般指中央各部院衙署和内廷各部门所刻的书本,或指官刻本中属中央国家机关所刻的那一部分书。我们在使用内府本时应谨慎,凡能够指出具体刻书单位的,都应当具体著录,尽量准确。

0327. **坊刻本**

版本类型之一,指中国唐至清历代各地书坊刻印的书本。编刻图书并经营书业的书坊,唐代已经出现,至两宋而兴盛。书坊,又名书斋、书轩、书林、书堂、书肆、书棚、经籍铺、书籍铺、纸马铺等。清代书坊遍布全国各地,但有的已是单纯经销,并不编刻图书。所有这些历代书坊刻印的书,都可以成为坊刻本。书坊刻书有营利的目的,所刻的书多为社会所需要。早期书坊的书商为了速成易售,降低工本,印得狭行细字,纸墨粗糙,校勘不精,避讳不严,开本瘪曲的也不少。后来加强编纂,校勘日精,不乏精刊本。为了推销书籍,历代书坊在版面设计上,诸如二节版、字栏、竹节栏、博古栏及插图形式、牌记广告等装帧艺术方面,也有不少发明创造。

0328. **三通**

唐朝杜佑《通典》、宋朝郑樵《通志》、元朝马端临《文献通考》,合称三通。《通典》二百卷,记载自上古至唐代宗时期历代典制的沿革,内容丰富,对唐代制度叙述尤为详尽。《通志》二百卷,是上古到隋唐的纪传体通史,多抄录前史和《通典》,其中总序和二十略是全书的精华。《文献通考》三百四十八卷,记载自上古至宋宁宗时期历代典制沿革,分田赋、钱币、户口、职役、征榷、市籴、土贡、国用、选举、学校、职官、经籍、郊社、宗庙、王礼、乐、兵、刑、舆地、四裔、帝系、封建、象纬、物异二十四门,内容较《通典》丰富,所记宋朝制度更加详备。

“三通”记录了从上古到唐宋时期典章制度的沿革发展，对于经世治国具有重要价值。但明清八股文士却很少读这类书，所以清代徐灵胎批评他们不通历史：“可知道三通、四史是何等文章？汉祖、唐宗是那一朝皇帝？”

0329.《五经正义》

唐孔颖达等奉唐太宗李世民之命编撰，初名《五经义疏》，是具有代表性和权威性的儒家经典注释本。古代经书流传到唐代时，因版本差异、传抄讹误等原因，存在着不少异字别文。而那些注经释义的书，又各持己见，多有歧意。解经者为了阐明自已的主张，往往不惜笔墨，详作解释，致使字多文繁，冗杂难读。贞观年间，唐太宗诏令中书侍郎颜师古校定五经文字，国子监祭酒孔颖达等撰写义疏，后改为正义。所谓正义，即对经书原有的注释再作注释，以统一异说，便于阅读。《五经正义》历时近三十年而修成刊行，全书共一百八十卷。《五经正义》所采用的旧注（即正注），《周易》为魏王弼、晋韩康伯注，《尚书》为汉孔安国传，《诗经》为汉毛公传、郑玄笺，《礼记》用郑玄注，《左传》为晋杜预注。《五经正义》先释经，后释注，广征博引，采选众说，并对各派经学家的见解进行了协调折衷。《五经正义》颁布之后，作为官方的定本而被广泛接受，一直处于独尊的地位。科举考试均以此书为依据。后来成为《十三经注疏》的组成部分。

0330. 十三经

是指由汉朝的五经逐渐发展而来的，最终形成于南宋的十三部儒家经典。汉代以《易》、《诗》、《书》、《礼》、《春秋》为“五经”。唐朝时，《春秋》分三传：《春秋左传》、《春秋公羊传》、《春秋谷梁传》；《礼经》分为三礼，《周礼》、《仪礼》、《礼记》，加上《易》、《书》、《诗》，并称为“九经”，用于开科取士。晚唐文宗在国子学刻石，除了“九经”之外，加上《论语》、《尔雅》、《孝经》，南宋时加上《孟子》，合称“十三经”。

《十三经》是儒家文化的基本著作，《易》、《诗》、《书》、《礼》、《春秋》是“经”，《左传》、《公羊传》、《谷梁传》属于《春秋》经的“传”，《礼记》、《孝经》、《论语》、《孟子》均为“记”，《尔雅》则是汉代经师的训诂著作。这十三种文献，“经”地位最高，“传”、“记”次之，《尔雅》又次之。清阮元刻《十三经注疏》，“十三经”的尊崇地位更加深入人心，了解和研究中国社会必须阅读《十三经》。

0331. 二十四史

二十四史是我国古代二十四部正史的总称，总共三千二百一十三卷，约四千万字。它记叙的时间，从《史记》传说中的黄帝起，到《明史》的1644年止，前后历时四千多年，用统一的本纪、列传的纪传体编写。二十四史的内容非常丰富，记载了历代经济、政治、文化艺术和科学技术等各个方面。清朝乾隆年间武英殿刻印的《钦定二十四史》，是中国古代正史最完整的一次大规模汇刻。

二十四史作者、篇目、卷数表

书名	作者（领衔编撰人）	各篇卷数						总卷数
		纪	表	书、志	世家	列传	其他	
史记	西汉·司马迁	12	10	8	30	70		130
汉书	汉·班固	12	8	10		70		100
后汉书	南朝宋·范晔	10		30		80		120
三国志	西晋·陈寿	4				61		65
晋书	唐·房玄龄等	10		20		70	30	130
宋书	南朝梁·沈约	10		30		60		100
南齐书	南朝梁·萧子显	8		11		40		59
梁书	唐·姚思廉	6				50		56
陈书	唐·姚思廉	6				30		36
魏书	北齐·魏收	12		10		92		114
北齐书	唐·李百药	8				42		50
周书	唐·令狐德棻等	8				42		50
隋书	唐·魏征等	5		30		50		85
南史	唐·李延寿	10				70		80
北史	唐·李延寿	12				88		100
旧唐书	后晋·刘昫等	20		30		150		200
新唐书	宋·欧阳修、宋祁	10	15	50		150		225
旧五代史	宋·薛居正等	61		12		77		150
新五代史	宋·欧阳修	12			10	45	7	74
宋史	元·脱脱等	47	32	162		255		496
辽史	元·脱脱等	30	8	32		45	1	116
金史	元·脱脱等	19	4	39		73		135
元史	明·宋濂等	47	8	58		97		210
明史	清·张廷玉等	24	13	75		220		332
合计		403	98	607	40	2027	38	3213

按：上表篇目、卷数按中华书局标点本统计。

0332. 二十二子

先秦至魏晋二十二部子书的合称。包括《老子》、《庄子》、《管子》、《列子》、《墨子》、《荀子》、《尸子》、《孙子》、《孔子集语》、《晏子春秋》、《吕氏春秋》、《贾谊新书》、《春秋繁露》、《扬子法言》、《文子缵义》、《黄帝内经》、《竹书纪年统笺》、《商君书》、《韩非子》、《淮南子》、《文中子中说》、《山海经》。它集中保存了我国丰富的思想、文化及学术资料。代表了历代研究诸子书的学术成果，其中包括了儒家、道家、墨家、法家，史家、医家。清光绪初年由浙江书局辑刊的《二十二子》，注重吸收历代学者，尤其是清代诸家整理和研究诸子书的成果，汇编了历代刊本中较有代表性的精校、精注本，有些子书还附录了有关参考资料。选目精当，刻印尤善，在这一时期所出版的诸子书汇刻本中，堪称上乘之作。

0333. **宋代三大千**

北宋初期官方修纂的三部类书：百科全书性质的《太平御览》、史学类《册府元龟》、文学类《文苑英华》。因为它们的卷数均达千卷，故称为“宋代三大千”。《册府元龟》的规模最大，初名《历代君臣事迹》，北宋真宗年间由王钦若、杨亿等人修撰，历时八年完成。全书分三十一部，一千一百零四门，收集广泛，可以说概括了十七史。《太平御览》编纂于宋太宗太平兴国年间，由翰林学士李昉奉宋太宗命主纂。全书分五十五部，保存了大量古代佚书。宋敏求《春明退朝录》说：书成之后，太宗每天读三卷，一年内全部读完，赐名《太平御览》。《文苑英华》由李昉、徐铉等人奉宋太宗诏命编纂。全书分三十九类，选录作家两千余人，作品近两万篇，选材范围与《文选》相衔接，上起南朝梁代，下迄五代，按文体分赋、诗、歌行、杂文，还收录了诏诰、书判、表疏、碑志等。这三部类书和小说类的《太平广记》（五百卷）一起又称被为“宋代四大类书”。

0334. **《永乐大典》**

是明永乐年间编纂的一部大型类书，初名《文献大成》。1403 年七月，明成祖朱棣命解缙、姚广孝、王景、邹辑等人纂修大型类书，1404 年十一月编成《文献大成》。全书目录六十卷，正文两万两千八百七十七卷，装成一万一千零九十五册，收录古代重要典籍至七八千种之多，上至先秦，下到明初，内容包括：经、史、子、集、释庄、道经、戏剧、平话、工技、农艺、医卜、文学等，无所不包。所辑录书籍，一字不易，悉照原著整部、整篇、或整段分别编入，这就更加提高了保存资料的文献价值。全书体例用韵母统领字用字以系事，检索非常方便。《永乐大典》仅抄写一部，存于皇宫深院中。嘉靖末年虽抄写成副本，而正本却杳如黄鹤，不知踪迹。副本《永乐大典》清代收藏不善，续有遗失；近代更是被八国联军焚毁、劫掠。至今残存的嘉靖副本由于其重要的文献价值仍被学术界视为珍宝。据统计，现在嘉靖副本《永乐大典》在全球范围尚存四百余册，国内藏有二百二十三册（其中国家图书馆藏二百二十一册）。

0335. **《四库全书》与七阁**

《四库全书》是中国历史上规模最大的一套丛书，共收书三千五百零三种，七万九千三百三十七卷，三万六千三百零四册，近二百三十万页，约八亿字。全书收录了从先秦到清乾隆之间的大量重要古籍，分为经、史、子、集四部，四十四类，甚至还有日本、朝鲜、越南、印度以及来华欧洲传教士的一些著作，为后代学者研究中国古代文化提供了较完善的文献资料。但修书过程中，对古籍的销毁

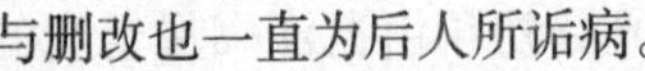

与删改也一直为后人所诟病。

《四库全书》修成后,共抄写七部,乾隆时专门修建了七座藏书阁,用于存放此书。

①文渊阁,在北京故宫,乾隆三十九年建。第一部《四库全书》存于此,全书现存台湾故宫博物院。

②文溯阁,在沈阳故宫,乾隆四十七年建。全书现存甘肃省图书馆。

③文源阁,在北京圆明园,乾隆四十年建。咸丰十年书、阁俱被八国联军焚毁。

④文津阁,在河北承德避暑山庄,乾隆四十年建。全书现存国家图书馆。

⑤文汇阁,在江苏扬州大观堂,乾隆四十五年建。咸丰四年被焚。

⑥文宗阁,在江苏镇江金山寺,乾隆四十四年建。咸丰三年被焚。

⑦文澜阁,在杭州圣因寺,乾隆四十九年建。咸丰十年倒毁,书亦流散,光绪六年重建。

前四阁称“内廷四阁”,后三阁在江浙一带,称“江浙三阁”。七阁都是仿浙江宁波范氏“天一阁”样式建造的。

0336. 晚清四大藏书楼

①山东聊城“海源阁”。创始于杨以增(1787—1856),其子杨绍和、孙杨保彝秉承先志,收书不辍,历史长达百年,到清末,藏书已达三千余种、二十多万卷。后历经战乱,所藏图书大部散失。

②江苏常熟“铁琴铜剑楼”。原名为“恪裕斋”。瞿镛继承藏书楼后,珍藏铁琴一张,铜剑一把,故更名“铁琴铜剑楼”。藏书达十余万卷,而且管理极为严格。后经几代人相继守护,藏书大部分入藏北京图书馆。

③浙江吴兴“皕宋楼”。主人陆心源(1834—1894),藏书总数在十五万卷以上,多是《四库全书》未收之书,为江南之望。陆心源搜购宋版书二百种,取楼名为“皕宋楼”。另“十万卷楼”,专藏明以后精本,建“守先阁”贮一般书籍。1907年,皕宋楼、十万卷楼、守先阁的全部藏书被陆心源之子陆树藩售与日本静嘉堂文库,令国人扼腕叹息。

④浙江杭州“八千卷楼”。由丁国典创立,因为追慕其远祖宋朝丁顗曾藏书八千卷,故名。到其孙丁丙(1832—1899)、丁申(?—1880)时,又增建后八千卷楼与小八千卷楼,藏书一万五千余种、二十多万卷,其特点是藏明人著作甚多。现仍完好保存于南京图书馆。

十、必背诗文名篇

0337.《诗经·关雎》　春秋

关关雎鸠,在河之洲。窈窕淑女,君子好逑。

参差荇菜，左右流之。窈窕淑女，寤寐求之。
求之不得，寤寐思服。悠哉悠哉，辗转反侧。
参差荇菜，左右采之。窈窕淑女，琴瑟友之。
参差荇菜，左右芼之。窈窕淑女，钟鼓乐之。

0338.《诗经·蒹葭》 **春秋**
蒹葭苍苍，白露为霜。所谓伊人，在水一方。
溯洄从之，道阻且长。溯游从之，宛在水中央。
蒹葭萋萋，白露未晞。所谓伊人，在水之湄。
溯洄从之，道阻且跻。溯游从之，宛在水中坻。
蒹葭采采，白露未已。所谓伊人，在水之涘。
溯洄从之，道阻且右。溯游从之，宛在水中沚。

0339.《楚辞·国殇》 **战国·屈原**
操吴戈兮披犀甲，车错毂兮短兵接。旌蔽日兮敌若云，矢交坠兮士争先。
凌余阵兮躐余行，左骖殪兮右刃伤。霾两轮兮絷四马，援玉枹兮击鸣鼓。
天时怼兮威灵怒，严杀尽兮弃原野。出不入兮往不反，平原忽兮路超远。
带长剑兮挟秦弓，首身离兮心不惩。诚既勇兮又以武，终刚强兮不可凌。
身既死兮神以灵，魂魄毅兮为鬼雄。

0340.《楚辞·橘颂》 **战国·屈原**
后皇嘉树，橘徕服兮。受命不迁，生南国兮。
深固难徙，更壹志兮。绿叶素荣，纷其可喜兮。
曾枝剡棘，圆果抟兮。青黄杂糅，文章烂兮。
精色内白，类任道兮。纷缊宜修，姱而不丑兮。
嗟尔幼志，有以异兮。独立不迁，岂不可喜兮。
深固难徙，廓其无求兮。苏世独立，横而不流兮。
闭心自慎，不终失过兮。秉德无私，参天地兮。
愿岁并谢，与长友兮。淑离不淫，梗其有理兮。
年岁虽少，可师长兮。行比伯夷，置以为像兮。

0341.《迢迢牵牛星》 **汉·无名氏**
迢迢牵牛星，皎皎河汉女。纤纤擢素手，札札弄机杼。
终日不成章，泣涕零如雨。河汉清且浅，相去复几许。
盈盈一水间，脉脉不得语。

0342.《出师表》 **三国·诸葛亮**
先帝创业未半而中道崩殂，今天下三分，益州疲敝，此诚危急存亡之秋也。然侍卫之臣不懈于内，忠志之士忘身于外者，盖追先帝之殊遇，欲报之于陛下

也。诚宜开张圣听，以光先帝遗德，恢弘志士之气，不宜妄自菲薄，引喻失义，以塞忠谏之路也。

宫中府中俱为一体，陟罚臧否不宜异同。若有作奸犯科及为忠善者，宜付有司论其刑赏，以昭陛下平明之治，不宜偏私，使内外异法也。侍中侍郎郭攸之、费祎、董允等，此皆良实，志虑忠纯，是以先帝简拔以遗陛下。愚以为宫中之事，事无大小，悉以咨之，然后施行，必能裨补阙漏，有所广益。将军向宠，性行淑均，晓畅军事，试用于昔日，先帝称之曰能，是以众议举宠为督。愚以为营中之事，事无大小，悉以咨之，必能使行阵和睦，优劣得所也。

亲贤臣，远小人，此先汉所以兴隆也；亲小人，远贤臣，此后汉所以倾颓也。先帝在时，每与臣论此事，未尝不叹息痛恨于桓、灵也。侍中、尚书、长史、参军，此悉贞良死节之臣也，愿陛下亲之信之，则汉室之隆，可计日而待也。

臣本布衣，躬耕于南阳，苟全性命于乱世，不求闻达于诸侯。先帝不以臣卑鄙，猥自枉屈，三顾臣于草庐之中，谘臣以当世之事，由是感激，遂许先帝以驱驰。后值倾覆，受任于败军之际，奉命于危难之间，尔来二十有一年矣。先帝知臣谨慎，故临崩寄臣以大事也。受命以来，夙夜忧叹，恐托付不效，以伤先帝之明，故五月渡泸，深入不毛。今南方已定，兵甲已足，当奖率三军，北定中原，庶竭驽钝，攘除奸凶，兴复汉室，还于旧都。此臣所以报先帝而忠陛下之职分也。至于斟酌损益，进尽忠言，则攸之、祎、允之任也。愿陛下托臣以讨贼兴复之效；不效则治臣之罪，以告先帝之灵。若无兴德之言，责攸之、祎、允等之慢，以彰其咎。

陛下亦宜自谋，以谘诹善道，察纳雅言，深追先帝遗诏。臣不胜受恩感激。今当远离，临表涕零，不知所言。

0343.《陈情表》 晋·李密

臣密言：臣以险衅，夙遭闵凶。生孩六月，慈父见背；行年四岁，舅夺母志。祖母刘，愍臣孤弱，躬亲抚养。臣少多疾病，九岁不行，零丁孤苦，至于成立。既无伯叔，终鲜兄弟，门衰祚薄，晚有儿息；外无期功强近之亲，内无应门五尺之僮。茕茕独立，形影相吊。而刘夙婴疾病，常在床蓐，臣侍汤药，未曾废离。逮奉圣朝，沐浴清化。前太守臣逵察臣孝廉，后刺史臣荣举臣秀才。臣以供养无主，辞不赴命，诏书特下，拜臣郎中；寻蒙国恩，除臣洗马。猥以微贱，当侍东宫，非臣陨首所能上报。臣具以表闻，辞不就职。诏书切峻，责臣逋慢；郡县逼迫，催臣上道；州司临门，急于星火。臣欲奉诏奔驰，则刘病日笃；欲苟顺私情，则告诉不许。臣之进退，实为狼狈。伏惟圣朝以孝治天下，凡在故老，犹蒙矜育，况臣孤苦，特为尤甚。且臣少仕伪朝，历职郎署，本图宦达，不矜名节，今臣亡国贱俘，至微至陋，过蒙拔擢，宠命优渥，岂敢盘桓，有所希冀？但以刘日薄西山，气息奄奄，人命危浅，朝不虑夕。臣无祖母，无以至今日；祖母无臣，无以终余年。母孙二人，更相为命。是以私情区区，不能废远。臣密今年四十有四，祖母刘今年九十有六:是臣尽节于陛下之日长,而报养刘之日短也。乌鸟私情,愿乞终养。臣之辛苦,非独蜀之人士及二州牧伯,所见明知;皇天后土,实所共鉴。伏愿陛下矜愍愚诚,听臣微志,庶刘侥幸,卒保余年。臣生当陨首,死当结草。臣不胜犬马怖惧之情,谨拜表以闻。

0344.《兰亭集序》 东晋·王羲之

永和九年,岁在癸丑。暮春之初,会于会稽山阴之兰亭,修禊事也。群贤毕至,少长咸集。此地有崇山峻岭,茂林修竹。又有清流激湍,映带左右,引以为流觞曲水。列坐其次,虽无丝竹管弦之盛,一觞一咏,亦足以畅叙幽情。是日也,天朗气清,惠风和畅。仰观宇宙之大,俯察品类之盛,所以游目骋怀,足以极视听之娱,信可乐也!

夫人之相与,俯仰一世。或取诸怀抱,晤言一室之内;或因寄所托,放浪形骸之外。虽取舍万殊,静躁不同,当其欣于所遇,暂得于己,怏然自足,曾不知老之将至。及其所之既倦,情随事迁,感慨系之矣。向之所欣,俯仰之间,已为陈迹,犹不能不以之兴怀,况修短随化,终期于尽?古人云:"死生亦大矣",岂不痛哉!

每览昔人兴感之由,若合一契,未尝不临文嗟悼,不能喻之于怀。固知一死生为虚诞,齐彭殇为妄作。后之视今,亦犹今之视昔,悲夫!故列叙时人,录其所述。虽世殊事异,所以兴怀,其致一也。后之览者,亦将有感于斯文。

0345.《桃花源记》 东晋·陶潜

晋太元中,武陵人捕鱼为业。缘溪行,忘路之远近。忽逢桃花林,夹岸数百步,中无杂树,芳草鲜美,落英缤纷。渔人甚异之。复前行,欲穷其林。

林尽水源,便得一山。山有小口,仿佛若有光。便舍船从口入。初极狭,才通人。复行数十步,豁然开朗:土地平旷,屋舍俨然。有良田、美池、桑竹之属。阡陌交通,鸡犬相闻。其中往来种作,男女衣著悉如外人。黄发垂髫,并怡然自乐。见渔人,乃大惊,问所从来,具答之。便要还家,设酒杀鸡作食。村中闻有此人,咸来问讯。自云先世避秦时乱,率妻子邑人,来此绝境,不复出焉,遂与外人间隔。问今是何世,乃不知有汉,无论魏晋。此人一一为具言所闻,皆叹惋。余人各复延至其家,皆出酒食,停数日,辞去。此中人语云:"不足为外人道也。"

既出,得其船,便扶向路,处处志之。及郡下,诣太守说如此。太守即遣人随之往,寻向所志,遂迷不复得路。

南阳刘子骥,高尚士也。闻之,欣然规往,未果,寻病终。后遂无问津者。

0346.《木兰辞》 南北朝

唧唧复唧唧,木兰当户织。不闻机杼声,唯闻女叹息。
问女何所思,问女何所忆,女亦无所思,女亦无所忆。
昨夜见军帖,可汗大点兵。军书十二卷,卷卷有爷名。

阿爷无大儿，木兰无长兄。愿为市鞍马，从此替爷征。
东市买骏马，西市买鞍鞯，南市买辔头，北市买长鞭。
旦辞爷娘去，暮宿黄河边。不闻爷娘唤女声，但闻黄河流水鸣溅溅。
旦辞黄河去，暮至黑山头。不闻爷娘唤女声，但闻燕山胡骑鸣啾啾。
万里赴戎机，关山度若飞。朔气传金柝，寒光照铁衣。
将军百战死，壮士十年归。归来见天子，天子坐明堂。
策勋十二转，赏赐百千强。
可汗问所欲，“木兰不用尚书郎，愿驰千里足，送儿还故乡。”
爷娘闻女来，出郭相扶将。阿姊闻妹来，当户理红妆。
小弟闻姊来，磨刀霍霍向猪羊。开我东阁门，坐我西阁床。
脱我战时袍，著我旧时裳。当窗理云鬓，对镜帖花黄。
出门看伙伴，伙伴皆惊忙：“同行十二年，不知木兰是女郎”。
雄兔脚扑朔，雌兔眼迷离。双兔傍地走，安能辨我是雄雌。

0347.**《滕王阁序》　唐·王勃**

南昌故郡，洪都新府。星分翼轸，地接衡庐。襟三江而带五湖，控蛮荆而引瓯越。物华天宝，龙光射牛斗之墟；人杰地灵，徐孺下陈蕃之榻。雄州雾列，俊彩星驰。台隍枕夷夏之交，宾主尽东南之美。都督阎公之雅望，棨戟遥临；宇文新州之懿范，襜帷暂驻。十旬休暇，胜友如云；千里逢迎，高朋满座。腾蛟起凤，孟学士之词宗，紫电青霜，王将军之武库。家君作宰，路出名区，童子何知，躬逢胜饯。

时维九月，序属三秋。潦水尽而寒潭清，烟光凝而暮山紫。俨骖騑于上路，访风景于崇阿。临帝子之长洲，得仙人之旧馆。层峦耸翠，上出重霄。飞阁流丹，下临无地。鹤汀凫渚，穷岛屿之萦回；桂殿兰宫，列冈峦之体势。披绣闼，俯雕甍，山原旷其盈视，川泽盱其骇瞩。闾阎扑地，钟鸣鼎食之家。舸舰迷津，青雀黄龙之轴。虹销雨霁，彩彻云衢，落霞与孤鹜齐飞，秋水共长天一色。渔舟唱晚，响穷彭蠡之滨；雁阵惊寒，声断衡阳之浦。遥吟俯畅，逸兴遄飞。爽籁发而清风生，纤歌凝而白云遏。睢园绿竹，气凌彭泽之樽；邺水朱华，光照临川之笔。四美俱，二难并。穷睇眄于中天，极娱游于暇日。天高地迥，觉宇宙之无穷；兴尽悲来，识盈虚之有数。望长安于日下，指吴会于云间。地势极而南溟深，天柱高而北辰远。关山难越，谁悲失路之人？萍水相逢，尽是他乡之客。怀帝阍而不见，奉宣室以何年？

嗟乎！时运不齐，命途多舛！冯唐易老，李广难封。屈贾谊于长沙，非无圣主；窜梁鸿于海曲，岂乏明时？所赖君子安贫，达人知命。老当益壮，宁知白首之心？穷且益坚，不坠青云之志。酌贪泉而觉爽，处涸辙以犹欢。北海虽赊，扶摇可接；东隅已逝，桑榆非晚。孟尝高洁，空怀报国之心；阮籍猖狂，岂效穷途之哭！

勃，三尺微命，一介书生。无路请缨，等终军之弱冠；有怀投笔，慕宗悫之长风。舍簪笏于百龄，奉晨昏于万里。非谢家之宝树，接孟氏之芳邻。他日趋庭，叨陪鲤对；今晨捧袂，喜托龙门。杨意不逢，抚凌云而自惜；钟期既遇，奏流水以何惭？

呜呼！胜地不常，盛筵难再。兰亭已矣，梓泽丘墟。临别赠言，幸承恩于伟饯；登高作赋，是所望于群公。敢竭鄙诚，恭疏短引。一言均赋，四韵俱成：

滕王高阁临江渚，佩玉鸣鸾罢歌舞。画栋朝飞南浦云，珠帘暮卷西山雨。
闲云潭影日悠悠，物换星移几度秋。阁中帝子今何在？槛外长江空自流。

0348.**《春江花月夜》　唐·张若虚**

春江潮水连海平，海上明月共潮生。滟滟随波千万里，何处春江无月明。
江流宛转绕芳甸，月照花林皆似霰。空里流霜不觉飞，汀上白沙看不见。
江天一色无纤尘，皎皎空中孤月轮。江畔何人初见月，江月何年初照人。
人生代代无穷已，江月年年望相似。不知江月待何人，但见长江送流水。
白云一片去悠悠，青枫浦上不胜愁。谁家今夜扁舟子，何处相思明月楼。
可怜楼上月徘徊，应照离人妆镜台。玉户帘中卷不去，捣衣砧上拂还来。
此时相望不相闻，愿逐月华流照君。鸿雁长飞光不度，鱼龙潜跃水成文。
昨夜闲潭梦落花，可怜春半不还家。江水流春去欲尽，江潭落月复西斜。
斜月沉沉藏海雾，碣石潇湘无限路。不知乘月几人归，落月摇情满江树。

0349.**《将进酒》　唐·李白**

君不见黄河之水天上来，奔流到海不复回。
君不见高堂明镜悲白发，朝如青丝暮成雪。
人生得意须尽欢，莫使金樽空对月。天生我材必有用，千金散尽还复来。
烹羊宰牛且为乐，会须一饮三百杯。岑夫子，丹丘生，将进酒，杯莫停。
与君歌一曲，请君为我倾耳听。钟鼓馔玉不足贵，但愿长醉不复醒。
古来圣贤皆寂寞，唯有饮者留其名。陈王昔时宴平乐，斗酒十千恣欢谑。
主人何为言少钱，径须沽取对君酌。
五花马，千金裘，呼儿将出换美酒，与尔同销万古愁。

0350.**《蜀道难》　唐·李白**

噫吁嚱，危乎高哉！蜀道之难，难于上青天。
蚕丛及鱼凫，开国何茫然。尔来四万八千岁，不与秦塞通人烟。
西当太白有鸟道，可以横绝峨眉巅。地崩山摧壮士死，然后天梯石栈相钩连。
上有六龙回日之高标，下有冲波逆折之回川。
黄鹤之飞尚不得过，猿猱欲度愁攀援。
青泥何盘盘，百步九折萦岩峦。扪参历井仰胁息，以手抚膺坐长叹。

问君西游何时还，畏途巉岩不可攀。但见悲鸟号古木，雄飞雌从绕林间。
又闻子规啼夜月，愁空山。蜀道之难，难于上青天，使人听此凋朱颜。
连峰去天不盈尺，枯松倒挂倚绝壁。飞湍瀑流争喧豗，砯崖转石万壑雷。
其险也若此，嗟尔远道之人胡为乎来哉！
剑阁峥嵘而崔嵬，一夫当关，万夫莫开。所守或匪亲，化为狼与豺。
朝避猛虎，夕避长蛇。磨牙吮血，杀人如麻。锦城虽云乐，不如早还家。
蜀道之难，难于上青天，侧身西望常咨嗟。

0351.《石壕吏》 唐·杜甫

暮投石壕村，有吏夜捉人。老翁踰墙走，老妇出门看。
吏呼一何怒，妇啼一何苦。听妇前致词，三男邺城戍。
一男附书至，二男新战死。存者且偷生，死者长已矣。
室中更无人，惟有乳下孙。孙有母未去，出入无完裙。
老妪力虽衰，请从吏夜归。急应河阳役，犹得备晨炊。
夜久语声绝，如闻泣幽咽。天明登前途，独与老翁别。

0352.《丽人行》 唐·杜甫

三月三日天气新，长安水边多丽人。态浓意远淑且真，肌理细腻骨肉匀。
绣罗衣裳照暮春，蹙金孔雀银麒麟。头上何所有，翠微㔩叶垂鬓唇。
背后何所见，珠压腰衱稳称身。就中云幕椒房亲，赐名大国虢与秦。
紫驼之峰出翠釜，水精之盘行素鳞。犀箸厌饫久未下，鸾刀缕切空纷纶。
黄门飞鞚不动尘，御厨络绎送八珍。箫鼓哀吟感鬼神，宾从杂遝实要津。
后来鞍马何逡巡，当轩下马入锦茵。杨花雪落覆白蘋，青鸟飞去衔红巾。
炙手可热势绝伦，慎莫近前丞相嗔。

0353.《陋室铭》 唐·刘禹锡

山不在高，有仙则名。水不在深，有龙则灵。斯是陋室，惟吾德馨。苔痕上阶绿，草色入帘青。谈笑有鸿儒，往来无白丁。可以调素琴，阅金经。无丝竹之乱耳，无案牍之劳形。南阳诸葛庐，西蜀子云亭。孔子云："何陋之有！"

0354.《长恨歌》 唐·白居易

汉皇重色思倾国，御宇多年求不得。杨家有女初长成，养在深闺人未识。
天生丽质难自弃，一朝选在君王侧。回眸一笑百媚生，六宫粉黛无颜色。
春寒赐浴华清池，温泉水滑洗凝脂。侍儿扶起娇无力，始是新承恩泽时。
云鬓花颜金步摇，芙蓉帐暖度春宵。春宵苦短日高起，从此君王不早朝。
承欢侍宴无闲暇，春从春游夜专夜。后宫佳丽三千人，三千宠爱在一身。
金屋妆成娇侍夜，玉楼宴罢醉和春。姊妹弟兄皆列土，可怜光彩生门户。
遂令天下父母心，不重生男重生女。骊宫高处入青云，仙乐风飘处处闻。

缓歌谩舞凝丝竹，尽日君王看不足。渔阳鼙鼓动地来，惊破霓裳羽衣曲。
九重城阙烟尘生，千乘万骑西南行。翠华摇摇行复止，西出都门百余里。
六军不发无奈何，宛转蛾眉马前死。花钿委地无人收，翠翘金雀玉搔头。
君王掩面救不得，回看血泪相和流。黄埃散漫风萧索，云栈萦纡登剑阁。
峨嵋山下少人行，旌旗无光日色薄。蜀江水碧蜀山青，圣主朝朝暮暮情。
行宫见月伤心色，夜雨闻铃肠断声。天旋地转回龙驭，到此踌躇不能去。
马嵬坡下泥土中，不见玉颜空死处。君臣相顾尽沾衣，东望都门信马归。
归来池苑皆依旧，太液芙蓉未央柳。芙蓉如面柳如眉，对此如何不泪垂。
春风桃李花开日，秋雨梧桐叶落时。西宫南内多秋草，落叶满阶红不扫。
梨园子弟白发新，椒房阿监青娥老。夕殿萤飞思悄然，孤灯挑尽未成眠。
迟迟钟鼓初长夜，耿耿星河欲曙天。鸳鸯瓦冷霜华重，翡翠衾寒谁与共。
悠悠生死别经年，魂魄不曾来入梦。临邛道士鸿都客，能以精诚致魂魄。
为感君王辗转思，遂教方士殷勤觅。排空驭气奔如电，升天入地求之遍。
上穷碧落下黄泉，两处茫茫皆不见。忽闻海上有仙山，山在虚无缥缈间。
楼阁玲珑五云起，其中绰约多仙子。中有一人字太真，雪肤花貌参差是。
金阙西厢叩玉扃，转教小玉报双成。闻道汉家天子使，九华帐里梦魂惊。
揽衣推枕起徘徊，珠箔银屏迤逦开。云鬓半偏新睡觉，花冠不整下堂来。
风吹仙袂飘飘举，犹似霓裳羽衣舞。玉容寂寞泪阑干，梨花一枝春带雨。
含情凝睇谢君王，一别音容两渺茫。昭阳殿里恩爱绝，蓬莱宫中日月长。
回头下望人寰处，不见长安见尘雾。唯将旧物表深情，钿合金钗寄将去。
钗留一股合一扇，钗擘黄金合分钿。但教心似金钿坚，天上人间会相见。
临别殷勤重寄词，词中有誓两心知。七月七日长生殿，夜半无人私语时。
在天愿作比翼鸟，在地愿为连理枝。天长地久有时尽，此恨绵绵无绝期。

0355.《琵琶行》　**唐·白居易**

浔阳江头夜送客，枫叶荻花秋瑟瑟。主人下马客在船，举酒欲饮无管弦。
醉不成欢惨将别，别时茫茫江浸月。忽闻水上琵琶声，主人忘归客不发。
寻声暗问弹者谁，琵琶声停欲语迟。移船相近邀相见，添酒回灯重开宴。
千呼万唤始出来，犹抱琵琶半遮面。转轴拨弦三两声，未成曲调先有情。
弦弦掩抑声声思，似诉平生不得志。低眉信手续续弹，说尽心中无限事。
轻拢慢捻抹复挑，初为霓裳后六幺。大弦嘈嘈如急雨，小弦切切如私语。
嘈嘈切切错杂弹，大珠小珠落玉盘。间关莺语花底滑，幽咽泉流水下滩。
水泉冷涩弦凝绝，凝绝不通声渐歇。别有幽愁暗恨生，此时无声胜有声。
银瓶乍破水浆迸，铁骑突出刀枪鸣。曲终收拨当心画，四弦一声如裂帛。
东船西舫悄无言，唯见江心秋月白。沉吟放拨插弦中，整顿衣裳起敛容。
自言本是京城女，家在虾蟆陵下住。十三学得琵琶成，名属教坊第一部。
曲罢常教善才服，妆成每被秋娘妒。五陵年少争缠头，一曲红绡不知数。

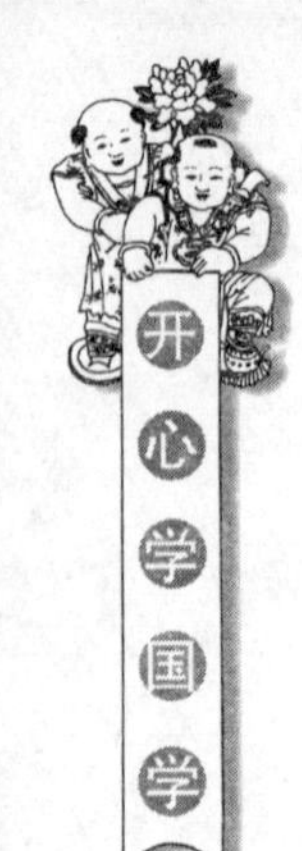

钿头银篦击节碎，血色罗裙翻酒污。今年欢笑复明年，秋月春风等闲度。
弟走从军阿姨死，暮去朝来颜色故。门前冷落车马稀，老大嫁作商人妇。
商人重利轻别离，前月浮梁买茶去。去来江口守空船，绕船月明江水寒。
夜深忽梦少年事，梦啼妆泪红阑干。我闻琵琶已叹息，又闻此语重唧唧。
同是天涯沦落人，相逢何必曾相识。我从去年辞帝京，谪居卧病浔阳城。
浔阳地僻无音乐，终岁不闻丝竹声。住近湓城地低湿，黄芦苦竹绕宅生。
其间旦暮闻何物，杜鹃啼血猿哀鸣。春江花朝秋月夜，往往取酒还独倾。
岂无山歌与村笛，呕哑嘲哳难为听。今夜闻君琵琶语，如听仙乐耳暂明。
莫辞更坐弹一曲，为君翻作琵琶行。感我此言良久立，却坐促弦弦转急。
凄凄不似向前声，满座重闻皆掩泣。座中泣下谁最多，江州司马青衫湿。

0356.**《马说》　唐·韩愈**

世有伯乐，然后有千里马。千里马常有，而伯乐不常有。故虽有名马，只辱于奴隶人之手，骈死于槽枥之间，不以千里称也。马之千里者，一食或尽粟一石。食马者，不知其能千里而食也。是马也，虽有千里之能，食不饱，力不足，才美不外见。且欲与常马等不可得，安求其能千里也？

策之不以其道，食之不能尽其材，鸣之而不能通其意，执策而临之曰："天下无马！"呜呼！其真无马邪？其真不知马也！

0357.**《小石潭记》　唐·柳宗元**

从小丘西行百二十步，隔篁竹，闻水声，如鸣珮环，心乐之。伐竹取道，下见小潭，水尤清冽。全石以为底，近岸卷石底以出，为坻为屿，为嵁为岩。青树翠蔓，蒙络摇缀，参差披拂。潭中鱼可百许头，皆若空游无所依。日光下澈，影布石上，佁然不动；俶尔远逝，往来翕忽，似与游者相乐。

潭西南而望，斗折蛇行，明灭可见。其岸势犬牙差互，不可知其源。坐潭上，四面竹树环合，寂寥无人，凄神寒骨，悄怆幽邃。以其境过清，不可久居，乃记之而去。同游者吴武陵、龚古，余弟宗玄；隶而从者，崔氏二小生，曰恕己，曰奉壹。

0358.**《阿房宫赋》　唐·杜牧**

六王毕，四海一。蜀山兀，阿房出。覆压三百余里，隔离天日。骊山北构而西折，直走咸阳。二川溶溶，流入宫墙。五步一楼，十步一阁；廊腰缦回，檐牙高啄。各抱地势，钩心斗角。盘盘焉，囷囷焉，蜂房水涡，矗不知其几千万落。长桥卧波，未云何龙？复道行空，不霁何虹？高低冥迷，不知西东。歌台暖响，春光融融；舞殿冷袖，风雨凄凄。一日之内，一宫之间，而气候不齐。

妃嫔媵嫱，王子皇孙，辞楼下殿，辇来于秦。朝歌夜弦，为秦宫人。明星荧荧，开妆镜也；绿云扰扰，梳晓鬟也。渭流涨腻，弃脂水也；烟斜雾横，焚椒兰也。雷霆乍惊，宫车过也；辘辘远听，杳不知其所之也。一肌一容，尽态极妍，缦立远视，而望幸焉。有不得见者三十六年。燕、赵之收藏，韩、魏之经营，齐、楚之精英，几世几年，取掠其人，倚叠如山。一旦不能有，输来其间。鼎铛玉石，金块珠砾，弃掷逦迤，秦人视之，亦不甚惜。

嗟乎！一人之心，千万人之心也。秦爱纷奢，人亦念其家。奈何取之尽锱铢，用之如泥沙？使负栋之柱，多于南亩之农夫；架梁之椽，多于机上之工女；钉头磷磷，多于在庾之粟粒，瓦缝参差，多于周身之帛缕；直栏横槛，多于九土之城郭；管弦呕哑，多于市人之言语。使天下之人，不敢言而敢怒。独夫之心，日益骄固。戍卒叫，函谷举，楚人一炬，可怜焦土！

呜呼！灭六国者，六国也，非秦也。族秦者，秦也，非天下也。嗟夫！使六国各爱其人，则足以拒秦；秦复爱六国之人，则递三世，可至万世而为君，谁得而族灭也？秦人不暇自哀，而后人哀之。后人哀之而不鉴之，亦使后人而复哀后人也！

0359.**《爱莲说》 北宋·周敦颐**

水陆草木之花，可爱者甚蕃。晋陶渊明独爱菊，自李唐来，世人甚爱牡丹。予独爱莲之出淤泥而不染，濯清涟而不妖。中通外直，不蔓不枝。香远益清，亭亭净植。可远观而不可亵玩焉。予谓菊，花之隐逸者也；牡丹，花之富贵者也；莲，花之君子者也。噫！菊之爱，陶后鲜有闻。莲之爱，同予者何人？牡丹之爱，宜乎众矣！

0360.**《前赤壁赋》 北宋·苏轼**

壬戌之秋，七月既望，苏子与客泛舟游于赤壁之下。清风徐来，水波不兴。举酒属客，诵《明月》之诗，歌《窈窕》之章。少焉，月出于东山之上，徘徊于斗牛之间。白露横江，水光接天。纵一苇之所如，凌万顷之茫然。浩浩乎如冯虚御风，而不知其所止；飘飘乎如遗世独立，羽化而登仙。

于是饮酒乐甚，扣舷而歌之。歌曰：“桂棹兮兰桨，击空明兮溯流光。渺渺兮予怀，望美人兮天一方。”客有吹洞箫者，倚歌而和之。其声呜呜然，如怨如慕，如泣如诉，余音袅袅，不绝如缕。舞幽壑之潜蛟，泣孤舟之嫠妇。苏子愀然，正襟危坐而问客曰：“何为其然也？”客曰：“月明星稀，乌鹊南飞，此非曹孟德之诗乎？西望夏口，东望武昌，山川相缪，郁乎苍苍，此非孟德之困于周郎者乎？方其破荆州，下江陵，顺流而东也，舳舻千里，旌旗蔽空，酾酒临江，横槊赋诗，固一世之雄也，而今安在哉！况吾与子渔樵于江渚之上，侣鱼虾而友麋鹿，驾一叶之扁舟，举匏樽以相属。寄蜉蝣于天地，渺沧海之一粟，哀吾生之须臾，羡长江之无穷。挟飞仙以遨游，抱明月而长终。知不可乎骤得，托遗响于悲风。”

苏子曰：“客亦知夫水与月乎？逝者如斯，而未尝往也；盈虚者如彼，而卒莫消长也。盖将自其变者而观之，则天地曾不能以一瞬；自其不变者而观之，则物与我皆无尽也。而又何羡乎？且夫天地之间，物各有主，苟非吾之所有，虽一毫

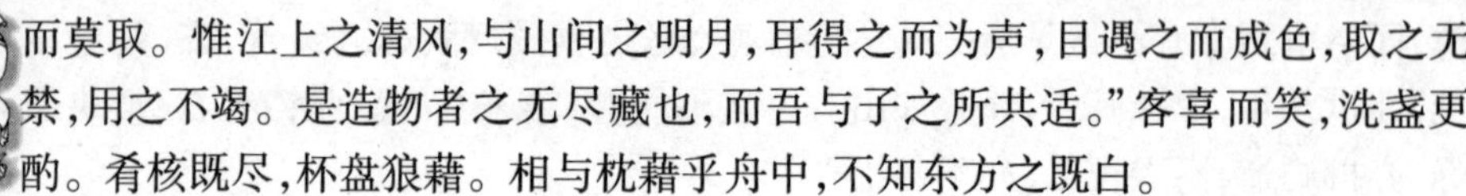

而莫取。惟江上之清风，与山间之明月，耳得之而为声，目遇之而成色，取之无禁，用之不竭。是造物者之无尽藏也，而吾与子之所共适。”客喜而笑，洗盏更酌。肴核既尽，杯盘狼藉。相与枕藉乎舟中，不知东方之既白。

0361.**《岳阳楼记》　北宋·范仲淹**

庆历四年春，滕子京谪守巴陵郡。越明年，政通人和，百废俱兴，乃重修岳阳楼，增其旧制，刻唐贤、今人诗赋于其上，属予作文以记之。

予观夫巴陵胜状，在洞庭一湖。衔远山，吞长江，浩浩汤汤，横无际涯。朝晖夕阴，气象万千。此则岳阳楼之大观也，前人之述备矣。然则北通巫峡，南极潇湘，迁客骚人，多会于此。览物之情，得无异乎？

若夫霪雨霏霏，连月不开，阴风怒号，浊浪排空，日星隐耀，山岳潜形；商旅不行，樯倾楫摧；薄暮冥冥，虎啸猿啼。登斯楼也，则有去国怀乡，忧谗畏讥，满目萧然，感极而悲者矣。

至若春和景明，波澜不惊，上下天光，一碧万顷，沙鸥翔集，锦鳞游泳，岸芷汀兰，郁郁青青。而或长烟一空，皓月千里，浮光耀金，静影沉璧，渔歌互答，此乐何极！登斯楼也，则有心旷神怡，宠辱皆忘，把酒临风，其喜洋洋者矣。

嗟夫！予尝求古仁人之心，或异二者之为，何哉？不以物喜，不以己悲。居庙堂之高，则忧其民；处江湖之远，则忧其君。是进亦忧，退亦忧；然则何时而乐耶？其必曰“先天下之忧而忧，后天下之乐而乐”欤！噫！微斯人，吾谁与归！

0362.**《醉翁亭记》　北宋·欧阳修**

环滁皆山也。其西南诸峰，林壑尤美。望之蔚然而深秀者，琅琊也。山行六七里，渐闻水声潺潺，而泻出于两峰之间者，酿泉也。峰回路转，有亭翼然临于泉上者，醉翁亭也。作亭者谁？山之僧智仙也。名之者谁？太守自谓也。太守与客来饮于此，饮少辄醉，而年又最高，故自号曰“醉翁”也。醉翁之意不在酒，在乎山水之间也。山水之乐，得之心而寓之酒也。

若夫日出而林霏开，云归而岩穴暝，晦明变化者，山间之朝暮也。野芳发而幽香，佳木秀而繁阴，风霜高洁，水落而石出者，山间之四时也。朝而往，暮而归，四时之景不同，而乐亦无穷也。

至于负者歌于途，行者休于树，前者呼，后者应，伛偻提携，往来而不绝者，滁人游也。临溪而渔，溪深而鱼肥；酿泉为酒，泉香而酒洌；山肴野蔌，杂然而前陈者，太守宴也。宴酣之乐，非丝非竹，射者中，弈者胜，觥筹交错，起坐而喧哗者，众宾欢也。苍颜白发，颓乎其中者，太守醉也。

已而夕阳在山，人影散乱，太守归而宾客从也。树林阴翳，鸣声上下，游人去而禽鸟乐也。然而禽鸟知山林之乐，而不知人之乐；人知从太守游而乐，而不知太守之乐其乐也。醉能同其乐，醒能述以文者，太守也。太守谓谁？庐陵欧阳修也。

0363.**《正气歌》** **南宋·文天祥**

天地有正气,杂然赋流形。下则为河岳,上则为日星。
于人曰浩然,沛乎塞苍冥。皇路当清夷,含和吐明庭。
时穷节乃见,一一垂丹青。在齐太史简,在晋董狐笔。
在秦张良椎,在汉苏武节。为严将军头,为嵇侍中血。
为张睢阳齿,为颜常山舌。或为辽东帽,清操厉冰雪。
或为出师表,鬼神泣壮烈。或为渡江楫,慷慨吞胡羯。
或为击贼笏,逆竖头破裂。是随所旁薄,凛烈万古存。
当其贯日月,生死安足论?地维赖以立,天柱赖以尊。
三纲实系命,道义为之根。嗟予遘阳九,隶也实不力。
楚囚缨其冠,传车送穷北。鼎镬甘如饴,求之不可得。
阴房阒鬼火,春院閟天黑。牛骥同一皂,鸡栖凤凰食。
一朝蒙雾露,分作沟中瘠。如此再寒暑,百沴自辟易。
嗟哉沮洳场,为我安乐国。岂有他缪巧,阴阳不能贼?
顾此耿耿在,仰视浮云白。悠悠我心悲,苍天曷有极!
哲人日已远,典刑在夙昔。风檐展书读,古道照颜色。

0364.**《卖柑者言》** **明·刘基**

杭有卖果者,善藏柑,涉寒暑不溃,出之烨然,玉质而金色。剖其中,乾若败絮。予怪而问之曰:“若所市于人者,将以实笾豆,奉祭祀,供宾客乎?将衒外以惑愚瞽乎?甚矣哉!为欺也!”

卖者笑曰:“吾业是有年矣。吾赖是以食吾躯。吾售之,人取之,未闻有言,而独不足子所乎?世之为欺者不寡矣,而独我也乎?吾子未之思也!今夫佩虎符、坐皋比者,洸洸乎干城之具也,果能授孙、吴之略耶?峨大冠、拖长绅者,昂昂乎庙堂之器也,果能建伊、皋之业耶?盗起而不知御,民困而不知救,吏奸而不知禁,法斁而不知理,坐糜廪粟而不知耻。观其坐高堂,骑大马,醉醇醴,而饫肥鲜者,孰不巍巍乎可畏、赫赫乎可象也?又何往而不金玉其外、败絮其中也哉!今子是之不察,而以察吾柑。”予默然无应。退而思其言,类东方生滑稽之流。岂其忿世嫉邪者耶?而托于柑以讽耶?

0365.**《西湖七月半》** **明·张岱**

西湖七月半,一无可看,只可看看七月半之人。看七月半之人,以五类看之。其一,楼船箫鼓,峨冠盛筵,灯火优傒,声光相乱,名为看月而实不见月者,看之;其一,亦船亦楼,名娃闺秀,携及童娈,笑啼杂之,还坐露台,左右盼望,身在月下而实不看月者,看之;其一,亦船亦声歌,名妓闲僧,浅斟低唱,弱管轻丝,竹肉相发,亦在月下,亦看月而欲人看其看月者,看之;其一,不舟不车,不衫不帻,酒醉饭饱,呼群三五,跻入人丛,昭庆、断桥,嘄呼嘈杂,装假醉,唱无腔曲,月

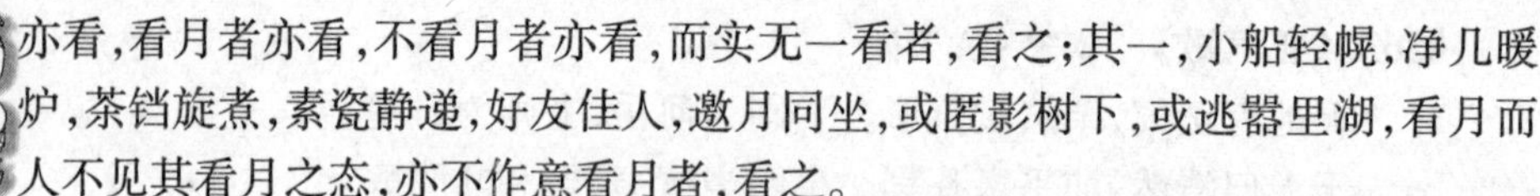

亦看,看月者亦看,不看月者亦看,而实无一看者,看之;其一,小船轻幌,净几暖炉,茶铛旋煮,素瓷静递,好友佳人,邀月同坐,或匿影树下,或逃嚣里湖,看月而人不见其看月之态,亦不作意看月者,看之。

杭人游湖,巳出酉归,避月如仇。是夕好名,逐队争出,多犒门军酒钱,轿夫擎燎,列俟岸上。一入舟,速舟子急放断桥,赶入胜会。以故二鼓以前,人声鼓吹,如沸如撼,如魇如呓,如聋如哑。大船小船,一齐凑岸,一无所见,止见篙击篙,舟触舟,肩摩肩,面看面而已。少刻兴尽,官府席散,皂隶喝道去。轿夫叫,船上人怖以关门,灯笼火把如列星,一一簇拥而去。岸上人亦逐队赶门,渐稀渐薄,顷刻散尽矣。

吾辈始舣舟近岸,断桥石磴始凉,席其上,呼客纵饮。此时月如镜新磨,山复整妆,湖复颒面,向之浅斟低唱者出,匿影树下者亦出,吾辈往通声气,拉与同坐。韵友来,名妓至,杯箸安,竹肉发。月色苍凉,东方将白,客方散去。吾辈纵舟酣睡于十里荷花之中,香气拍人,清梦甚惬。

0366.《登泰山记》 **清·姚鼐**

泰山之阳,汶水西流;其阴,济水东流。阳谷皆入汶,阴谷皆入济。当其南北分者,古长城也。最高日观峰,在长城南十五里。

余以乾隆三十九年十二月,自京师乘风雪,历齐河、长清,穿泰西北谷,越长城之限至于泰安。是月丁未,与知府朱孝纯子颖由南麓登。四十五里,道皆砌石为磴,其级七千有余。泰山正南面有三谷,中谷绕泰安城下,郦道元所谓环水也。余始循以入,道少半,越中岭,复循西谷,遂至其巅。古时登山,循东谷入,道有天门。东谷者,古谓之天门溪水,余所不至也。今所经中岭及山巅,崖限当道者,世皆谓之天门云。道中迷雾冰滑,磴几不可登。及既上,苍山负雪,明烛天南,望晚日照城郭,汶水、徂徕如画,而半山居雾若带然。

戊申晦,五鼓,与子颖坐日观亭,待日出。大风扬积雪击面,亭东自足下皆云漫,稍见云中白若樗蒱数十立者,山也。极天,云一线异色,须臾成五彩。日上,正赤如丹,下有红光,动摇承之。或曰:此东海也。回视日观以西峰,或得日,或否,绛皓驳色,而皆若偻。

亭西有岱祠,又有碧霞元君祠。皇帝行宫,在碧霞元君祠东。是日,观道中石刻,自唐显庆以来,其远古刻尽漫失。僻不当道,皆不及往。

山多石,少土。石苍黑色,多平方,少圜。少杂树,多松,生石罅(音下),皆平顶。冰雪,无瀑水,无鸟兽音迹。至日观数里内无树,而雪与人膝齐。

桐城姚鼐记。

十一、诗词名句

0367. **励志类**

1. 路漫漫其修远兮,吾将上下而求索。——战国·屈原
2. 大风起兮云飞扬,威加海内兮归故乡。——汉·刘邦
3. 少壮不努力,老大徒伤悲。——汉乐府
4. 老骥伏枥,志在千里。烈士暮年,壮心不已。——三国·曹操
5. 及时当勉励,岁月不待人。——晋·陶渊明
6. 安得倚天剑,跨海斩长鲸。——唐·李白
7. 长风破浪会有时,直挂云帆济沧海。——唐·李白
8. 莫道桑榆晚,为霞尚满天。——唐·刘禹锡
9. 千淘万漉虽辛苦,吹尽狂沙始到金。——唐·刘禹锡
10. 一点浩然气,千里快哉风。——宋·苏轼
11. 生当作人杰,死亦为鬼雄。——宋·李清照
12. 壮心未与年俱老,死去犹能作鬼雄。——宋·陆游
13. 零落成泥碾作尘,只有香如故。——宋·陆游
14. 宁可枝头抱香死,何曾吹落北风中。——宋·郑思肖
15. 不要人夸颜色好,只留清气满乾坤。——元·王冕
16. 粉身碎骨浑不怕,要留清白在人间。——明·于谦
17. 咬定青山不放松,立根原在破岩中。——清·郑燮

0368. **亲情类**

1. 昔我往矣,杨柳依依。今我来思,雨雪霏霏。——《诗经》
2. 人归落雁后,思发在花前。——隋·薛道衡
3. 近乡情更怯,不敢问来人。——唐·宋之问
4. 海上生明月,天涯共此时。——唐·张九龄
5. 少小离家老大回,乡音无改鬓毛衰。——唐·贺知章
6. 唯有门前镜湖水,春风不改旧时波。——唐·贺知章
7. 举头望明月,低头思故乡。——唐·李白
8. 此夜曲中闻折柳,何人不起故园情。——唐·李白
9. 洛阳亲友如相问,一片冰心在玉壶。——唐·王昌龄
10. 日暮乡关何处是,烟波江上使人愁。——唐·崔颢
11. 独在异乡为异客,每逢佳节倍思亲。——唐·王维
12. 马上相逢无纸笔,凭君传语报平安。——唐·岑参
13. 今夜月明人尽望,不知秋思落谁家。——唐·王建
14. 露从今夜白,月是故乡明。——唐·杜甫
15. 共看明月应垂泪,一夜乡心五处同。——唐·白居易

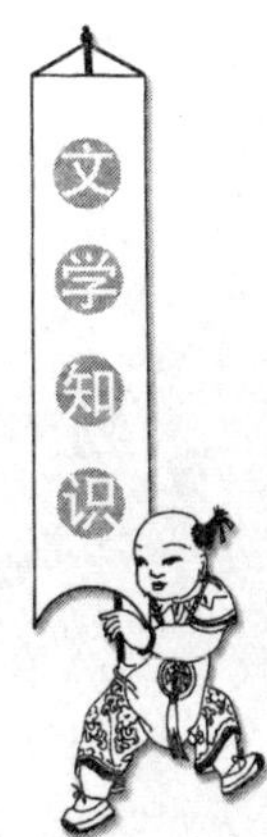

16. 谁言寸草心，报得三春晖。——唐·孟郊
17. 若为化得身千亿，散上峰头望故乡。——唐·柳宗元
18. 春风又绿江南岸，明月何时照我还。——宋·王安石

0369. **爱情类**

1. 关关雎鸠，在河之洲。窈窕淑女，君子好逑。——《诗经》
2. 生死契阔，与子成说。执子之手，与子偕老。——《诗经》
3. 红豆生南国，春来发几枝。劝君多采撷，此物最相思。——唐·王维
4. 东边日出西边雨，道是无晴却有晴。——唐·刘禹锡
5. 人面不知何处去，桃花依旧笑春风。——唐·崔护
6. 在天愿作比翼鸟，在地愿为连理枝。——唐·白居易
7. 曾经沧海难为水，除却巫山不是云。——唐·元稹
8. 春蚕到死丝方尽，蜡炬成灰泪始干。——唐·李商隐
9. 身无彩凤双飞翼，心有灵犀一点通。——唐·李商隐
10. 春心莫共花争发，一寸相思一寸灰。——唐·李商隐
11. 此情可待成追忆，只是当时已惘然。——唐·李商隐
12. 天涯地角有穷时，只有相思无尽处。——宋·晏殊
13. 衣带渐宽终不悔，为伊消得人憔悴。——宋·柳永
14. 但愿人长久，千里共婵娟。——宋·苏轼
15. 金风玉露一相逢，便胜却人间无数。——宋·秦观
16. 两情若是久长时，又岂在朝朝暮暮。——宋·秦观
17. 月上柳梢头，人约黄昏后。——宋·朱淑真
18. 问世间情是何物，直教人生死相许。——金·元好问

0370. **友情类**

1. 江南无所有，聊赠一枝春。——晋·陆凯
2. 相知何必旧，倾盖定前言。——晋·陶渊明
3. 海内存知己，天涯若比邻。——唐·王勃
4. 相知无远近，万里尚为邻。——唐·张九龄
5. 浮云游子意，落日故人情。——唐·李白
6. 桃花潭水深千尺，不及汪伦送我情。——唐·李白
7. 我寄愁心与明月，随风直到夜郎西。——唐·李白
8. 请君试问东流水，别意与之谁短长。——唐·李白
9. 莫愁前路无知己，天下谁人不识君。——唐·高适
10. 青山一道同云雨，明月何曾是两乡。——唐·王昌龄
11. 劝君更尽一杯酒，西出阳关无故人。——唐·王维
12. 故人入我梦，明我长相忆。——唐·杜甫

13. 正是江南好风景，落花时节又逢君。——唐·杜甫
14. 花径不曾缘客扫，蓬门今始为君开。——唐·杜甫
15. 同是天涯沦落人，相逢何必曾相识。——唐·白居易
16. 若知四海皆兄弟，何处相逢非故人。——宋·陈刚中
17. 桃李春风一杯酒，江湖夜雨十年灯。——宋·黄庭坚

0371. **哲理类**

1. 非必丝与竹，山水有清音。——晋·左思
2. 年年岁岁花相似，岁岁年年人不同。——唐·刘希夷
3. 人事有代谢，往来成古今。——唐·孟浩然
4. 欲穷千里目，更上一层楼。——唐·王之涣
5. 会当凌绝顶，一览众山小。——唐·杜甫
6. 细推物理须行乐，何用浮名绊此身。——唐·杜甫
7. 野火烧不尽，春风吹又生。——唐·白居易
8. 沉舟侧畔千帆过，病树前头万木春。——唐·刘禹锡
9. 只在此山中，云深不知处。——唐·贾岛
10. 夕阳无限好，只是近黄昏。——唐·李商隐
11. 天意怜幽草，人间重晚晴。——唐·李商隐
12. 不畏浮云遮望眼，自缘身在最高层。——宋·王安石
13. 不识庐山真面目，只缘身在此山中。——宋·苏轼
14. 人生到处知何似，应似飞鸿踏雪泥。——宋·苏轼
15. 等闲识得东风面，万紫千红总是春。——宋·朱熹
16. 问渠哪得清如许，为有源头活水来。——宋·朱熹
17. 山重水复疑无路，柳暗花明又一村。——宋·陆游
18. 落红不是无情物，化作春泥更护花。——清·龚自珍

0372. **爱国类**

1. 捐躯赴国难，视死忽如归。——三国·曹植
2. 风尘三尺剑，社稷一戎衣。——唐·杜甫
3. 向北望星提剑立，一生长为国家忧。——唐·张为
4. 愿得此身长报国，何须生入玉门关。——唐·戴叔伦
5. 欲将血泪寄山河，去洒东山一抔土。——宋·李清照
6. 僵卧孤村不自哀，尚思为国戍轮台。——宋·陆游
7. 王师北定中原日，家祭无忘告乃翁。——宋·陆游
8. 楼船夜雪瓜洲渡，铁马秋风大散关。——宋·陆游
9. 位卑未敢忘忧国，事定犹须待阖棺。——宋·陆游
10. 人生自古谁无死，留取丹心照汗青。——宋·文天祥

11. 臣心一片磁针石，不指南方不肯休。——宋·文天祥
12. 山河频入梦，风雨独关心。——元·王冕
13. 一自悲风生易水，千秋白日贯长虹。——清·屈大均
14. 青山处处埋忠骨，何须马革裹尸还。——清·龚自珍
15. 苟利国家生死以，岂因祸福避趋之。——清·林则徐
16. 杜鹃再拜忧天泪，精卫无穷填海心。——清·黄遵宪
17. 拼将十万头颅血，须把乾坤力挽回。——清·秋瑾
18. 我自横刀向天笑，去留肝胆两昆仑。——清·谭嗣同

0373. 风景类

1. 池塘生春草，园柳变鸣禽。——南朝宋·谢灵运
2. 春江潮水连海平，海上明月共潮生。——唐·张若虚
3. 大漠孤烟直，长河落日圆。——唐·王维
4. 明月松间照，清泉石上流。——唐·王维
5. 江流天地外，山色有无中。——唐·王维
6. 忽如一夜春风来，千树万树梨花开。——唐·岑参
7. 两个黄鹂鸣翠柳，一行白鹭上青天。——唐·杜甫
8. 春潮带雨晚来急，野渡无人舟自横。——唐·韦应物
9. 曲终人不见，江上数峰青。——唐·钱起
10. 月落乌啼霜满天，江枫渔火对愁眠。——唐·张继
11. 日出江花红胜火，春来江水绿如蓝。——唐·白居易
12. 千山鸟飞绝，万径人踪灭。——唐·柳宗元
13. 停车坐爱枫林晚，霜叶红于二月花。——唐·杜牧
14. 溪云初起日沉阁，山雨欲来风满楼。——唐·许浑
15. 绿杨烟外晓寒轻，红杏枝头春意闹。——宋·宋祁
16. 竹外桃花三两枝，春江水暖鸭先知。——宋·苏轼
17. 春色满园关不住，一枝红杏出墙来。——宋·叶绍翁
18. 接天莲叶无穷碧，映日荷花别样红。——宋·杨万里

0374. 军旅类

1. 万里赴戎机，关山度若飞。——北朝民歌《木兰诗》
2. 宁为百夫长，胜作一书生。——唐·杨炯
3. 愿将腰下剑，直为斩楼兰。——唐·李白
4. 由来征战地，不见有人还。——唐·李白
5. 一身转战三千里，一剑曾当百万师。——唐·王维
6. 秦时明月汉时关，万里长征人未还。——唐·王昌龄
7. 黄沙百战穿金甲，不破楼兰终不还。——唐·王昌龄

8. 醉卧沙场君莫笑，古来征战几人回。——唐·王翰
9. 战士军前半死生，美人帐下犹歌舞。——唐·高适
10. 射人先射马，擒贼先擒王。——唐·杜甫
11. 落日照大旗，马鸣风萧萧——唐·杜甫
12. 战血流依旧，军声动至今。——唐·杜甫
13. 欲将轻骑逐，大雪满弓刀。——唐·卢纶
14. 男儿何不带吴钩，收取关山五十州？——唐·李贺
15. 三十功名尘与土，八千里路云和月。——宋·岳飞
16. 醉里挑灯看剑，梦回吹角连营。——宋·辛弃疾
17. 一年三百六十日，多是横戈马上行。——明·戚继光
18. 新栽杨柳三千里，引得春风度玉关。——清·杨昌浚

0375. **闲适类**

1. 目送归鸿，手挥五弦。俯仰自得，游心太玄。——晋·嵇康
2. 采菊东篱下，悠然见南山。——晋·陶渊明
3. 春眠不觉晓，处处闻啼鸟。——唐·孟浩然
4. 桃花流水窅然去，别有天地非人间。——唐·李白
5. 且就洞庭赊月色，将船买酒白云边。——唐·李白
6. 行到水穷处，坐看云起时。——唐·王维
7. 坐看苍苔色，欲上人衣来。——唐·王维
8. 人闲桂花落，夜静春山空。——唐·王维
9. 曲径通幽处，禅房花木深。——唐·常建
10. 掬水月在手，弄花香满衣。——唐·于良史
11. 晚来天欲雪，能饮一杯无？——唐·白居易
12. 因过竹院逢僧话，偷得浮生半日闲。——唐·李涉
13. 草色人心相与闲，是非名利有无间。——唐·杜牧
14. 细数落花因坐久，缓寻芳草得归迟。——宋·王安石
15. 云淡风轻近午天，傍花随柳过前川。——宋·程颢
16. 有约不来过夜半，闲敲棋子落灯花。——宋·赵师秀
17. 闲坐小窗读周易，不知春去几多时。——宋·叶采
18. 小楼一夜听春雨，深巷明朝卖杏花。——宋·陆游
19. 蛱蝶乍从帘影度，樱桃半是鸟衔残。——清·纳兰性德
20. 窗前日暖闲欹枕，竹里灯明夜读书。——清·袁枚

0376. **怀古类**

1. 精卫衔微木，将以填沧海。——晋·陶渊明
2. 前不见古人，后不见来者。——唐·陈子昂

3. 宫女如花满春殿，只今惟有鹧鸪飞。——唐·李白

4. 千载琵琶作胡语，分明怨恨曲中论。——唐·杜甫

5. 出师未捷身先死，长使英雄泪满襟。——唐·杜甫

6. 不见只今汾水上，惟有年年秋雁飞。——唐·李峤

7. 旧时王谢堂前燕，飞入寻常百姓家。——唐·刘禹锡

8. 山围故国周遭在，潮打空城寂寞回。——唐·刘禹锡

9. 历览前贤国与家，成由勤俭败由奢。——唐·李商隐

10. 东风不与周郎便，铜雀春深锁二乔。——唐·杜牧

11. 江东子弟多才俊，卷土重来未可知。——唐·杜牧

12. 商女不知亡国恨，隔江犹唱后庭花。——唐·杜牧

13. 时来天地皆同力，运去英雄不自由。——唐·罗隐

14. 凭君莫话封侯事，一将功成万骨枯。——唐·曹松

15. 大江东去，浪淘尽、千古风流人物。——宋·苏轼

16. 千古兴亡多少事，悠悠，不尽长江滚滚流。——宋·辛弃疾

17. 青山依旧在，几度夕阳红。——明·杨慎

十二、神话故事

0377. 盘古创世

中国古代的创世神话之一。盘古是神话中开天辟地的神。传说在天地还没有开辟以前，有一个叫作帝江（也有人叫他混沌）的东西，他的样子如同一个没有洞的口袋，倏和忽是他的好友。有一天，倏和忽商量为帝江凿开七窍，帝江同意了。倏和忽用了七天为帝江凿开了七窍，但是帝江却因为凿七窍死了。帝江死后，它的肚子里出现了一个人，名字叫盘古。盘古在这个“大口袋”中酣睡了约一万八千年后醒来，发现周围一团黑暗，感到浑身燥热不堪，于是他拔下自己一颗牙齿，把它变成威力巨大的神斧，抡起来用力向周围劈砍。一阵巨响过后，“大口袋”中一股清新的气体散发开来，飘扬到高处，变成天空；另外一些浑浊的东西缓缓下沉，变成大地。从此，混沌不分的宇宙一变而为天和地，不再是漆黑一片。盘古担心天地会重新合在一起，于是叉开双脚踩在地上，用双手托住天空，然后施展法术，身体在一天之内变化九次。每当盘古的身体长高一尺，天空就随之增高一尺，大地也向下增厚一尺。经过一万八千多年的努力，盘古变成一位顶天立地的巨人，而天空也升得高不可及，大地也变得厚实无比。最后，等天不能再高，地不能再厚时，盘古也累死了。他临死时，左眼变成了太阳，右眼变成了月亮，呼出的气变成了风和云，发出的声音变成了雷鸣，他的头发和胡须变成了闪烁的星辰，头和手足变成了大地的四极和高山，血液变成了江河湖泊，筋脉化成了道路，肌肉化成了肥沃的土地，皮肤和汗毛化作花草树木，牙

齿骨头化作金银铜铁、玉石宝藏，他的汗变成了雨水和甘露。盘古生前完成开天辟地的伟大业绩，死后永远留给后人无穷无尽的宝藏，成为中华民族崇拜的神话英雄。

0378. **共工怒触不周山**

上古传说故事。据记载，颛顼是黄帝的孙子，号高阳氏，居于帝五（今河南濮阳附近）。他聪明敏慧，有智谋，在民众中有很高的威信。与他同时有个部落领袖，叫做共工氏，姓姜，是炎帝的后代。他的部落在现在今天的河南北部。共工的儿子后土精通农业，他发现部落的土地有的地方地势太高，田地浇水很费力；有的地方地势太低，容易被淹，非常不利于农业生产。因此制订了一个计划，把土地高处的土运去垫高低地。但是这种作法遭到了颛顼的反对，两部族之间从而发生了激烈冲突。当时颛顼得到了多数民众的支持，共工氏却得不到一点理解，但他坚信自己的计划是正确的，坚决不肯妥协。为了天下人民的利益，他决心不惜牺牲自己，用生命去殉自己的事业。他来到不周山（今昆仑山），想把不周山的峰顶撞下来，来表示自己的坚强决心。他驾起飞龙，来到半空，猛地一下撞向不周山。霎时间，一声震天巨响，不周山被拦腰折断，天地发生巨变，天空中，日月星辰都变了位置；大地上，山川移动，河川变流。原来不周山是天地之间的支柱，天柱折断了，使得系着大地的绳子也崩断了，使得大地向东南方向塌陷，天空向西北方向倾倒。这虽然是个传说故事，但共工氏英勇的行为得到了人们的尊敬。他死后，人们奉他为水师，他的儿子后土也被人们奉为社神，以表示对他们的敬重。

0379. **女娲补天**

中国古代最著名的神话之一。传说当人类繁衍起来后，水神共工和火神祝融忽然打起仗来，他们从天上一直打到地下，闹得到处不宁，结果祝融打胜了，共工不服，一怒之下，把头撞向不周山。不周山崩裂了，支撑天地之间的大柱断折了，天倒下了半边，出现了一个大窟窿，地也陷成一道道大裂纹，山林烧起了大火，洪水从地底下喷涌出来，龙蛇猛兽也出来吞食人民。人类面临着空前大灾难。女娲目睹人类遭到的灾祸后痛苦无比，决心补天以终止这场灾难。她选用各种各样的五色石子，架起火将它们熔化成浆，用这种石浆将残缺的窟窿填好，随后又斩下一只大龟的四脚，当作四根柱子把倒塌的半边天支起来。她还擒杀了残害人民的黑龙，刹住了龙蛇的嚣张气焰。最后为了堵住洪水不再漫流，女娲还收集了大量芦草，把它们烧成灰，埋塞向四处铺开的洪流。经过女娲一番辛劳整治，苍天总算补上了，地填平了，水止住了，龙蛇猛兽敛迹了，人民又重新过上了安乐的生活。但是这场特大的灾祸还是留下了痕迹：天还是向西北倾斜，地向东南倾斜。因此太阳、月亮和众星辰都很自然地归向西方，而地上的一切江河都向东汇流。这个故事后来成了改造天地的雄伟气魄和大无畏的斗

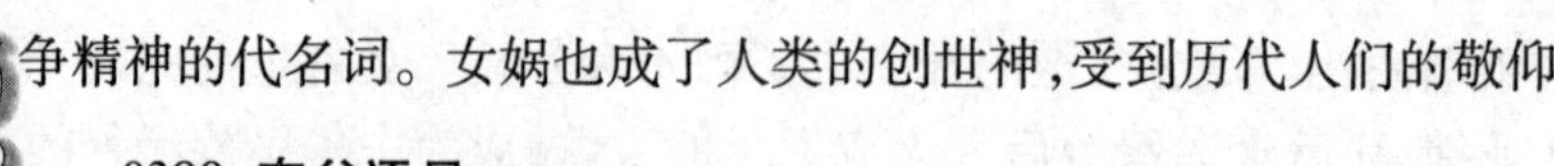

争精神的代名词。女娲也成了人类的创世神，受到历代人们的敬仰。

0380. 夸父逐日

中国最早的著名神话之一。夸父是古代神话传说中的巨人，是幽冥之神后土的后代，住在北方荒野的成都载天山上。他双耳挂两条黄蛇、手拿两条黄蛇，去追赶太阳。当他到达太阳将要落入的禺谷之际，觉得口干舌燥，便去喝黄河和渭河的水，河水被他喝干后，口渴仍没有止住。他想去喝北方大泽的水，还没有走到，就渴死了。夸父临死前，抛掉手里的杖，这杖顿时变成了一片鲜果累累的桃林，为后来追求光明的人解除口渴。夸父追日的神话，曲折地反映了远古时代人们向大自然竞胜的精神。《山海经》记载这个神话时说他“不量力”，晋代陶潜在《读山海经》诗中却称赞说“夸父诞宏志，乃与日竞走”。夸父之山，有人说又叫秦山，与太华相连，在今河南灵宝县。后代以“夸父”名山的还有一些地方，其中也多有与夸父追日相联系的传说。而夸父也成了人类的英雄，深受历代人们的崇敬。

0381. 后羿射日

中国古代著名的神话故事之一。传说在尧的时代，有十个太阳同时出现在天空，把土地烤焦了，庄稼枯干了，人们热得喘不过气来，倒在地上昏迷不醒，一些怪禽猛兽也都从干涸的江湖和火焰似的森林里跑出来，残害人民。人间的灾难惊动了天上的神，天帝常俊命令善于射箭的后羿下到人间，协助尧除去人民的苦难。后羿带着天帝赐给他的红色的弓、白色的箭，与美丽的妻子嫦娥一起来到人间。后羿立即开始了射日的战斗。他取下弓，拿出箭，一支一支地向骄横的太阳射去，顷刻间十个太阳被射去了九个，只留下了最后一个。由于这个故事流传较广，再加上人们对后羿这个英雄非常喜爱，不同时代里，人们又赋予它以新的含义和情节。这个故事所表现的试图战胜干旱、洪水及其他自然灾害的主题，是我国和世界各民族所流传下来的远古神话的共同主题之一。

0382. 嫦娥奔月

中国古代著名的神话之一。“嫦娥”亦作“常娥”，是神射手后羿的妻子。据《淮南子》记载，后羿从西王母处请来不死之药，嫦娥偷吃了这颗灵药而成仙，身不由主飘飘然地飞往月宫之中，在那荒芜的月宫中过着无边的寂寞岁月。这个故事给中国文学提供了源源不断的灵感和话题，尤其是嫦娥飞升月宫后，住在凄清冷漠的广寒宫内，思念着后羿，她的心境和生活引发了不少文人骚客的感慨和遐想。唐代诗人李商隐的《嫦娥》诗深刻表现了她的寂寞和悔恨：“云母屏风烛影深，长河渐落晓星沉。嫦娥应悔偷灵药，碧海青天夜夜心。”

民间的传说对这一故事稍作了加工，大体是说嫦娥偷吃了丈夫从西王母那儿讨来的不死之药后，飞到月宫，但琼楼玉宇，高处不胜寒，因此常向丈夫倾诉懊悔，又说：“平时我没法下来，明天乃月圆之时，你用面粉作丸，团团如圆月形状，放在屋子的西北方向，然后再连续呼唤我的名字。到三更时分，我就可以回家来了。”第二天，后羿照妻子的吩咐去做，到月圆时分，嫦娥果然从月中飞来，夫妻重圆。中国很多地方有中秋节做月饼供嫦娥的习俗，它的形成就和这种传说有密切的关系。

0383. 仓颉造字

中国古代传说。仓颉，又称苍颉，姓侯刚，号史皇氏，黄帝时史官，生有“双瞳四目”，非常聪明。在仓颉以前，人们采用结绳记事的方法，即大事打一大结，小事打一小结，相连的事打一连环结。后又发展到用刀子在木竹上刻以符号作为记事。随着历史的发展，文明渐进，事情繁杂，名物繁多，用结绳和刻木的方法，远不能适应需要，这就有创造文字的迫切要求。黄帝生活的时期是上古发明创造较多的时期，那时不仅发明了养蚕，还发明了舟、车、弓弩、镜子和煮饭的锅与甑等，在这些发明创造影响下，仓颉也决心创造出一种文字来。他到处观察，看了天上星宿的分布、地上山川的脉络、鸟兽虫鱼的痕迹、草木器具的形状，描摹绘写，造出种种不同的符号，并且定下了每个符号所代表的意义，他把这种符号叫作“字”。仓颉造完字之后，“天雨粟、鬼夜哭”，可见文字威力之大。这一传说有一些历史的依据，但学者普遍认为汉字由仓颉一人创造只是传说，他可能是汉字的整理者。

0384. 精卫填海

中国古代神话之一。传说炎帝小女儿名叫女娃。有一次，女娃去东海游泳，溺水身亡。女娃的灵魂化为精卫鸟，经常口衔西山上的树枝和石块，用来填塞东海。这个故事是中国远古神话中最为有名，也是最为感人的故事之一，世人常因炎帝小女儿被东海波涛吞噬化成精卫鸟而叹息，更为精卫鸟衔运西山木石以填东海的顽强执著精神而抛洒热泪。精卫锲而不舍的精神，善良的愿望，宏伟的志向，受到人们的尊敬。“精卫衔微木，将以填沧海”，诗人陶潜热烈赞扬精卫敢于同大海抗争的悲壮战斗精神。后世人们也常常以“精卫填海”比喻志士仁人所从事的艰巨卓越的事业。人们同情精卫，钦佩精卫，把它叫作“冤禽”、“誓鸟”、“志鸟”、“帝女雀”，并在东海边上立了个古迹，叫作“精卫誓水处”。

0385. 刑天舞干戚

中国古代神话传说。据《山海经·海外西经》记载，刑天是作战勇敢的巨人，是炎帝的手下。自炎帝被黄帝在阪泉之战打败之后，刑天便跟随在炎帝身边，定居在南方。当时，蚩尤起兵复仇，却被黄帝打败，落了个身首异处的结局。刑天听说以后，便手拿着利斧，杀到天庭中央的南天门外，指名要与黄帝独斗。最后刑天不敌，被黄帝斩去头颅。而没有了头的刑天并没有因此死去，而是重新站了起来，并把胸前的两个乳头当作眼睛，把肚脐当作嘴巴；左手握盾，右手拿斧。因为没了头颅，所以他只能永远的与看不见的敌人厮杀，永远的战斗。

刑天与黄帝的争斗,乃是炎黄战斗的延续。刑天部落虽然失败,但刑天那种不屈不挠绝不服输的顽强的战斗精神,深深地烙印在后世人民的心中,常为后人称颂。东晋诗人陶渊明亦深受感动,做《读山海经》诗曰:"精卫衔微木,将以填沧海。刑天舞干戚,猛志故常在。""刑天舞干戚",象征着一种永不妥协的斗争精神!

0386. **神农尝百草**

中国古代传说故事。许多典籍对此有记述。记述的版本不同,但大致情节是相同的。据说,远古时期,百姓以采食野生瓜果、生吃动物蚌蛤为生,腥臊恶臭伤害腹胃,经常有人受毒害得病死亡,寿命很短。炎帝神农氏为"宣药疗疾",使百姓益寿延年,便跋山涉水,行遍三湘大地,尝遍百草,了解百草之平毒寒温之药性。为民找寻治病解毒良药,他几乎嚼尝过所有植物,"一日遇七十毒"。在尝百草的过程中,他识别了百草,发现了具有攻毒祛病、养生保健作用的中药,使百姓不复为"疾病"所困扰。炎帝神农氏终因误尝断肠草而死,葬于长沙茶乡之尾。对这个故事的真实性,历来有很多争议,但是,抛开这一点不说,神农氏这种为了民众的利益而勇于献身的精神,受到了各个时代人们的尊敬,先民封他为"药神",就是敬仰他的一种表现。

十三、楹联隐语

0387. **桃符**

原指用来书写对联的桃木板,后常代指对联。传说上古的时候,东海度朔山桃树下住着俩兄弟,叫荼和郁,专门管理小鬼,如果有鬼干坏事,就逮住送给老虎吃掉。恶鬼很畏惧他们,连见到他们居住的桃树都害怕。于是人们就把桃木板挂在门两旁,以祛避恶鬼。每到除夕那一天,大家都会把旧的桃符拿下来,换上新的。后来桃木上由书写二神的名字或描绘图像,演变为书写吉祥语,进而发展成为对偶的诗句。到了明代,连桃木板也被红纸所代替,形成了我们今天所见到的春联。

0388. **最早的楹联**

过去一般认为,最早的春联可以追溯到五代末宋初蜀主孟昶桃板题字的故事。据《宋史·蜀世家》记载,五代后蜀主孟昶"每岁除,命学士为词,题桃符,置寝门左右。岁末,学士辛寅逊撰词,昶以其非工,自命笔题云:新年纳余庆,嘉节号长春。"但是,敦煌藏经洞出土的桃符题辞推翻了这一说法,其曰:"岁日:三阳始布,四序初开。福庆初新,寿禄延长……立春日:铜浑初庆轨,玉律始调阳。五福除三祸,万吉殄百殃……书门左右,吾党康哉。"从时间看,"岁日"、"立春日"正是挂桃符之时;从内容看,所述皆是祈福禳灾之属;从句式看,四言、五言对仗,正是楹联格式,而且文中有"书门左右"的明确交待,故可断定该文书为桃符题辞,也就是后来所说的楹联或对联。该文书正面抄写的《启颜录》,上有“开元十一年八月五日写”的末题,则文书中桃符题辞抄写年代应不晚于唐代。这一时间,明显早于后蜀孟昶所处的五代时期,因此可说,敦煌桃符题辞是中国迄今发现保存最早的楹联。

0389. **古今第一长联**

在云南昆明的大观楼上,悬挂一幅长联,共一百八十字,被誉为“古今第一长联”:

“五百里滇池,奔来眼底,披襟岸帻,喜茫茫空阔无边。看东骧神骏,西翥灵仪,北走蜿蜒,南翔缟素。高人韵士,何妨选胜登临。趁蟹屿螺洲,梳裹就风鬟雾鬓;更苹天苇地,点缀些翠羽丹霞。莫辜赠四围香稻,万顷晴沙,九夏芙蓉,三春杨柳。

数千年往事,注到心头,把酒凌虚,叹滚滚英雄谁在!想汉习楼船,唐标铁柱,宋挥玉斧,元跨革囊。伟烈丰功,费尽移山心力。尽珠帘画栋,卷不及暮雨朝云;便断碣残碑,都付与苍烟落照。只赢得几杵疏钟,半江渔火,两行秋雁,一枕清霜。”

该对联作者为清代孙髯翁(1685—1774),被后人尊为联圣。郭沫若在他的《登大观楼》诗里盛赞说:“长联犹在壁,巨笔信如椽。”

0390. **春联**

春联即春节时贴在门上的对联。“春联”一词最早出现在明代。明代朱元璋建都南京后,喜欢排场热闹,曾令各家贴对联,并将门联改名为春联,一律用红纸书写。大年初一的早晨,朱元璋微服巡视,挨家挨户察看春联。每当见到写得好的春联,他就非常高兴,赞不绝口。传说有一次,朱元璋亲自到民间察看,只 ·户人家没贴春联。 问,原来这人家是从事杀猪和劁猪营生的,不识字,于是他亲自动笔为他写了一联:“双手劈开生死路,一刀割断是非根”。由于历代大力提倡,春联成为我国一种特殊的民间文艺形式。中国百姓通过春联寄希望于新的一年,祈盼新年会给自己带来好运。像“忠厚传家久,诗书济世长”,“向阳门第春长在,积善之家庆有余”,“爆竹二三声人间易岁,梅花四五点天下皆春”等春联,为我们所熟知。

0391. **回文联**

利用汉字的特点,既可顺读也可倒读的对联,颇具奇趣。如:“斗鸡山上山鸡斗,龙隐岩中岩隐龙。”(“斗鸡山”和“龙隐岩”为河南鸡公山中两处景观)。又如“客上天然居,居然天上客;人过大佛寺,寺佛大过人。”(天然居,清代北京城一家著名的饭馆)。

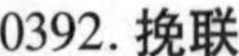

0392. **挽联**

挽联，也叫丧联，是一种人们用于对先人、死者表示缅怀、寄托哀思的对联，白纸黑字，多贴在门口、骨灰盒两侧、追悼会会场两侧或花圈上。挽联，最早见于宋人叶梦得《石林燕语》的记载，苏子容作对联挽韩绛："三登庆历三人第，四入熙宁四辅中。"另一种说法认为最早的挽联是苏东坡写给朝云的："不合时宜，惟有朝云能娱我；独弹古调，每逢暮雨便思卿。"比较有名的挽联，有康熙挽郑成功的对联是："四镇多二心，两岛屯师，敢向东南争半壁；诸王无寸土，一隅抗志，方知海外有孤忠。"

0393. **集句联**

集句联是从古今文人的诗词、赋文、碑帖、经典中分别选取两个句子，组成对联。因其"行之有文，文有出处"而备受广大楹联爱好者的喜爱。

集诗文联：可集同一作者的不同诗文，也可以集不同作者的诗文，既可集同代作者的诗文，也可以集异代作者的诗文。如"秋水为神玉为骨（杜甫《徐卿二子歌》），芙蓉如面柳如眉（白居易《长恨歌》）"，"劝君更尽一杯酒（王维《渭城曲》），与尔同消万古愁（李白《将进酒》）"，"青女素娥俱耐冷（李商隐《霜月》），名花倾国两相欢（李白《清平调》）"，后来集诗这种形式发展为诗钟。

集碑帖联：集同一碑帖中的字作楹联。如集《兰亭序》字联："知足是人生一乐，无为得天地自然。""每临大事有静气，不信今时无古贤。"集《争坐位帖》字联："修身岂为名传世，作事惟思利及人。"

同一作品中的现成对句不能算集句，只能为摘句；不能修饰和改动原句中的字，否则只能称为仿改联。如梁启超赠给胡适的一幅对联，便是集的宋词联："蝴蝶儿，晚春时，又是一般闲暇；梧桐树，三更雨，不知多少秋声。"

0394. **谜语**

谜语，又称"廋辞"、"隐语"，指字面无法直接解释，暗射事物或文字等，供人猜测的言辞语句。一般地讲，谜语可以分成两大类，一类叫事物谜，就是常说的谜语；另一类叫文义谜，也就是常说的灯谜。谜语起源非常早，最初产生于民间，是古人集体智慧的结晶。据说《商书·汤誓》记载民众的"时日曷丧？予以汝偕亡"一语，就是隐射夏桀所说"天之有日，犹吾之有民，日有亡哉？日亡吾乃亡矣"的。到了春秋战国时期，这种谜语雏形已十分流行，并有了名称，叫"廋辞"和"隐语"。有的君主喜欢隐语，而不愿意听直截了当的逆耳忠言。刘勰的《文心雕龙》中说："楚庄齐威，性好隐语。"就是讲这件事情。战国后期出现了赋体隐语，其中以荀子的《附论篇》最具代表性。此赋体已基本具备了民间谜语中赋体谜的特征，大约产生于两千三百年前。到了汉代出现了射履活动，就是把东西放在器物下面让人猜。现在，我们有时候还把猜谜语叫做射履或射，即源于此。谜语一般由谜面、谜目和谜底三部分组成。比如："花。（打《礼记》一句)”答案“腐草为萤”。那么谜面是“花”,谜目是“打《礼记》一句”,谜底是“腐草为萤”。

十四、近代学者

0395. **俞樾**

俞樾(1821—1907)字荫甫,号曲园,浙江德清人,俞平伯的曾祖,章太炎的老师。清道光二十四年进士,官至河南学政,罢官后侨居苏州,主讲紫阳书院,晚年主讲杭州诂经精舍。长于经学和诗词、小说、戏曲的研究。晚清著名文学家、教育家、书法家。俞樾一生著述不倦,主要著述有《春在堂全书》、《小浮梅闲话》、《右台仙馆笔记》、《茶香室杂钞》等。此外他把小说《三侠五义》修改加工,创作出《七侠五义》,广泛流传。据说当年俞樾参加礼部复试,题为“淡烟疏雨落花天”,俞樾以“花落春仍在,天时尚艳阳”开篇,巧妙的摆脱“落花悲伤”的常规思维定势,博得阅卷大臣曾国藩的激赏,取为第一。俞樾为了感激曾国藩的知遇之恩,遂命“春在”为自己的堂号。

0396. **廖平**

廖平(1852—1932),字季平,四川井研人。初名登廷,字旭陵,号四益;继改字季平,改号四译;晚年更号为六译。这些名号的更改,反映了他思想和经学的变化过程。

廖平以经学知名,曾先后问学于张之洞、王闿运等晚清学术大家,获益良多。其学一生共经六变,这也是他学术思想发展的几个阶段。六变各有千秋,不断自我否定,其中最广为人知的今文、古文之分,是初变和二变。初变阶段的代表作是《今古学考》,二变阶段的代表作是《辟刘篇》(后改订为《古学考》)和《知圣篇》。康有为在光绪十四、五年间得到《今古学考》,引为知己。后二人在广州广雅书局相见,廖氏示以新作《知圣篇》,康一时不能接受,随之在安徽会馆晤谈,才“两心相协”。后来康才有了《新学伪经考》、《孔子改制考》二书,但康在《重刻伪经考后序》中说这些观点都是自己发现和领悟的,丝毫不提廖平。章太炎说康氏“剽窃”,指的就是这一点。包括张之洞、梁启超、钱穆在内的知名学者,均认为尽管康书与廖书有本质的区别,但康有为之书是受廖平启发而成,当是一个不容否认的事实。张之洞甚至认为康有为是廖平的嫡传弟子,梁启超为再传弟子。廖平不仅在经学史上有重大贡献,而且在整个近代思想史上都有独特的意义。

廖平一生研治经学,做出了超越前人的学术贡献,并创立了一个融合古今中西、富有时代特色的经学理论体系,是中国近代最著名的经学大师,在中国近代学术界占有极其重要的地位。他生平著述达一百一十八种,除经学著作外,兼及医术、堪舆,撰有《四益馆经学丛书》,后又增益为《六译馆丛书》。

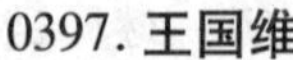

0397. **王国维**

王国维(1877—1927),字伯隅、静安,号观堂、永观,浙江海宁人。早年屡应乡试不中,遂弃绝科举。二十二岁起,他至上海《时务报》馆充书记校对,利用公余,他到罗振玉办的"东文学社"研习外交与西方近代科学,在罗振玉资助下于1901年赴日本留学。1902年归国,开始其"独学"阶段。1911年辛亥革命后,王国维随罗振玉逃居日本京都,从此以前清遗民处世。1924年,王国维受聘任清华国学研究院导师,教授古史新证、《尚书》、《说文》等,与梁启超、陈寅恪、赵元任并称为清华"四大导师"。1927年6月,王国维有感"经此世变,义无再辱",自投于颐和园昆明湖,在其五十岁人生学术鼎盛之际,为国学史留下了最具悲剧色彩的谜案。

王国维是近代中国最早运用西方哲学、美学、文学观点和方法剖析评论中国古典文学的开风气者,又是中国史学史上将历史学与考古学相结合的开创者。这位集史学家、文学家、美学家、考古学家、词学家、金石学家和翻译理论家于一身的学者,生平著述六十二种,批校的古籍逾二百种,被誉为"中国近三百年来学术的结束人,最近八十年来学术的开创者"。

0398. **章太炎**

章太炎(1869—1936)初名学乘,字枚叔,后改名绛,号太炎,浙江余杭人。1897年任《时务报》撰述,因参加维新运动被通缉,流亡日本。1903年因发表《驳康有为论革命书》并为邹容《革命军》作序,触怒清廷,被捕入狱。出狱后被孙中山邀至日本,参加同盟会,主编同盟会机关报《民报》。1911年上海光复后回国,主编《大共和日报》,并任孙中山总统府枢密顾问。1935年,为"阐扬国故,复兴国学",在苏州再办"章氏国学讲习会",以讲学为业,其研究范围涉及小学、历史、哲学、政治等。一生著作甚多,约四百余万字。著述除刊入《章氏丛书》、《续编》外,遗稿又刊入《章氏丛书三编》。他对待治学就像对待革命一样,充满激情,百折不挠,兼革命大家与国学大师于一身,一生特立独行、卓尔不群,鲁迅为之倾倒,说:"我以为先生的业绩,留在革命史上的,实在比在学术史上还要大。""考其生平,以大勋章作扇坠,临总统府之门,大诟袁世凯的包藏祸心者,并世无第二人;七被追捕,三入牢狱,而革命之志,终不屈挠者,并世亦无第二人;这才是先哲的精神,后生的楷范。"

0399. **罗振玉**

罗振玉(1866—1940),字叔蕴,一字叔言,号雪堂,又号贞松老人。祖籍浙江省上虞县。1890年在乡间为塾师,曾于1896年在上海创办农学社,1897年创办《农学报》,次年创办东文学社。1901年在上海创办《教育世界》杂志。1904年创办江苏师范学堂。1911年辛亥革命爆发,以清朝遗民身份与王国维等避居日本,从事学术研究。1924年奉溥仪之召入值南书房。宣统元年,他看到伯希和所获敦煌写卷，并得知藏经洞仍有数千卷文书，乃力促学部查封石室，将所余遗书悉数解送京师，入藏于京师图书馆。对于流散的敦煌文也留心求购，所得文书及海外藏卷照片大多收入《鸣沙石室佚书》、《鸣沙石室佚书续编》、《鸣沙石室古籍丛残》、《敦煌石室遗书三种》、《贞松堂西陲秘籍丛残》、《敦煌石室碎金》、《敦煌零拾》、《沙州文录补》、《敦煌石室遗书》、《佚籍丛残初编》、《石室秘宝》等书中。与王国维将斯坦因在敦煌、罗布泊等地发现的汉晋木简照片汇为《流沙坠简》。撰有《雪堂校刊群书叙录》二卷、《补唐书张义潮传》、《瓜沙曹氏年表》等多种敦煌学论著。罗振玉在语言文字方面的贡献主要体现在甲骨文的收集研究、铜器铭文的编纂印行、简牍碑刻等古文字资料的搜罗与刊布等方面，是甲骨学的奠基者，郭沫若认为罗振玉“为我们提供出了无数的真实的史料”。

0400. 黄侃

黄侃（1886—1935），字季刚，湖北蕲春人。原名乔馨，字梅君，后改名侃，又字季子，号量守居士。1900 年考中秀才，1905 年留学日本，在东京师事章太炎，受小学、经学，为章氏门下大弟子。黄侃在经学、文学、哲学各个方面都有很深的造诣，尤其在传统“小学”的音韵、文字、训诂方面更有卓越成就，他与章太炎被称为“乾嘉以来小学的集大成者”。黄侃治学勤奋，以愚自处，主张“为学务精”、“宏通严谨”，常以“刻苦为人，殷勤传学”自警。虽是名声赫赫之学者，仍致力学术而不倦，“惟以观天下书未遍，不得妄下雌黄”。在音韵学方面对古音作出了切合当时言语实际的分类。晚年主要从事训诂学之研究。黄侃发愿五十岁以后才著书，这成为他治学严谨的证明。1935 年黄侃五十大寿，他的老师章太炎亲赠一副对联：“韦编三绝今知命，黄绢初裁好著书”。此联竟成谶语，同年 10 月 8 日，黄侃因饮酒过量而死。黄侃的著作都是由亲友生徒整理，重要的有：《音略》、《说文略说》、《尔雅略说》、《集韵声类表》、《文心雕龙札记》、《日知录校记》、《黄侃论学杂著》等数十种。

叁 不可不知的哲学知识

一、哲学流派

0401. 儒家

创始于春秋末期以孔子为宗师的重要学派。儒,指古代从巫、史、祝、卜中分化出来专为贵族人家相礼的人。孔子早年曾从事过相礼,精通礼、乐、射、御、书、数六艺。中年则聚徒讲学,弟子日多,约有三千人,兼通六艺的就有七十二人。后世把这一学派称为儒家。

儒家为先秦时期较大学派,被列为九流十家之首。孔子思想以仁为核心,政治上继承西周以来敬德保民思想,倡导德治。强调维护君臣、父子、夫妇、兄弟之间的伦常秩序,注重伦理道德教育和自我修养,标榜仁义、中庸、忠恕等行为准则。这些都为后世儒家学说的完善奠定了基调。

儒家思想作为中国封建社会的主导思想,二千多年来一直起着稳定和发展人类社会的重要作用。儒家在整理、保存、阐发和推动中华民族文化发展的过程中,也做出了巨大的贡献。其注重道德修养,积极用世,以及自强不息、厚德载物的精神和孝悌忠信、礼义廉耻的教化等等,都是我国传统文化中的精华。

直到今天,一些外国学者都提出要从两千五百年前中国的孔子那里寻求人类生存和发展的智慧,中国人更应该反思儒家思想之所以能够引领我们两千多年的深层原因,真正让中华民族的根祖文化得以发扬光大。

0402. 墨家

战国时期墨翟创建的重要学派,是与儒家相对立的显学。墨翟死后,墨家分为三派。而其后传承墨子的,史称后期墨家。墨家的思想主要保存在《墨子》中。

以墨翟为代表的前期墨家在社会政治观上,主张崇尚贤人,使用能人;提出官无常贵,民无终贱;有能力的就推举,无能力的就下来。即使对待贫贱出身的人,也应一视同仁。这与儒家的"亲亲、尊尊"思想相对立。又主张统一天下的道理和说法,建立严格的等级管理秩序,使社会思想最终统一于天子:天子肯定的,全都肯定;天子否定的,全都否定,从而达到思想上的上下一致。在社会生活中还主张节葬、节用、非乐,强调功利,提倡兼相爱,交相利,认为"爱人者,人必从而爱之;利人者,人必从而利之"。主张普遍的互利互爱,反对攻伐掠夺和不义之战。提出非命观念,反对命定论,强调要用强、力来改变生活境遇。

后期墨家继承发挥了墨翟的思想，更注重实际功利和人为的作用，提出“义，利也”的观点，认为合义的行为就能给人以利。否认天能赏善、鬼神罚恶。

墨家有着严格的纪律和从政原则，奉行舍身行道，在先秦时期影响很大，独树一帜。虽然墨学雄辩而且合乎逻辑，但却往往不合乎人情，最终被强调民本和人性的儒家思想所挤垮，秦以后很快衰没，后继无人。

0403. **道家**

先秦时期以论说“道”为主旨的学派。道家的创始人为春秋末期的老子（老聃）。《老子》一书为道家主要经典，又称《道德经》。书中提出了以“道”为核心的宇宙、社会和人生体系，用道说明宇宙万物的本原以及生成、运动和变化的法则，尤其是探讨自然与人类的关系，这即是道，强调的是宇宙观和世界观；由此再以自然规律来解说演绎社会生活的准则，寻求修身治世之术，讲究人法地，地法天，天法道，道法自然，这就是德，就是人生观和社会观。社会的德的管理要学自然的道的管理，才是有道德。所以，《道德经》其实揭示了人类社会最完善和理想的道德体系。

战国时期道家的主要代表是庄周，继承发展了老聃的思想。《庄子》一书强化了道的混沌、自然的性状，强调天地万物最终的无差别统一性，主张万物的齐同和养生。其人生哲学强调自由的精神生活，独与天地精神往来而不敖倪于万物，主张通过心斋和坐忘的方法，超脱形骸的束缚，从而达到物我一齐、逍遥自在的境界。

老子和庄周的思想构成道家思想的主体。道家思想对中国文化思想和中国哲学的发展有着重要的作用，而且对中国的政治和经济思想、伦理道德、文学艺术、科学技术、生活方式等领域，均有深刻的影响，是中国传统文化的重要组成部分。

0404. **法家**

战国时期以法治为思想核心的学派。该学派主张强化君主集权，以严刑峻法治国。凡事不管亲疏远近，也不分富贵贫贱，全靠法律来断决。春秋时的管仲、子产为法家思想先驱。前期和中期法家有李悝、商鞅、申不害、慎到等。李悝所编《法经》，是中国历史上第一部较完整的法典。商鞅重法，申不害重术，慎到重势。战国末期法家集大成者韩非，建立了法、术、势相结合的完整法治理论体系。

法家在哲学上，有过不少重要论述；在自然观方面，管仲及其后学提出，上天不会改变常规，大地不会变易法则，春夏秋冬也不替换节气，自古及今一个样，自然界有其运动变化的规律性；子产提出，天道远，人道近，两者是不相关的。这是较早的天人相分思想；韩非继承发挥了荀况和老子的哲学，提出道是宇宙万物的根本，是所有法理的准则；法理是成就万物的条理，道却是万物能够

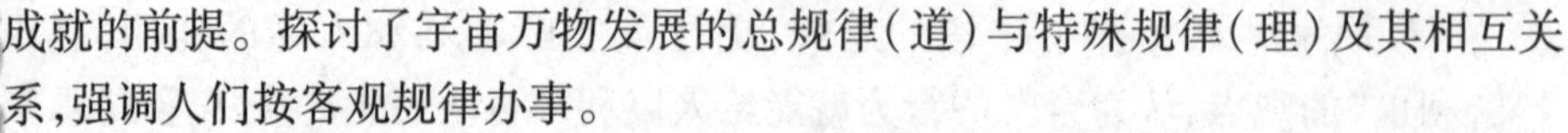

成就的前提。探讨了宇宙万物发展的总规律(道)与特殊规律(理)及其相互关系,强调人们按客观规律办事。

法家也有自己的朴素辩证法,韩非在中国哲学史上首先用“矛盾”的概念来表述矛盾对立的双方。同时,法家又强调人类社会是一个不断发展进步的历史进程。这些认识的提出在中国和世界思想史上都是最早的。

0405. 名家

先秦时期以名词概念为主要探讨对象的哲学派别。主要代表有惠施、公孙龙。见于史籍的还有田巴、兒说、桓团等人。名家以能言善辩著称,通过相互辩难对名实关系、思维方法和规律进行考察研究。

在哲学的基本观点上,惠施一派主张“合同异”,强调事物同异的相对性和事物的统一性,并把同异差别的相对性推向极端,从而否定不同事物间质的差别。他还提出大一和小一的概念,探讨宇宙的无限大和无限小问题,无论大和小,都是一。这里与庄子的齐物论有些相似处。

然而公孙龙一派则主张“离坚白”,与惠施的“合同异”正相对立。他用石头的坚硬和白色来做譬喻,眼睛看不到它的坚硬,只能看见它的白色,坚硬便不存在;手摸触不到它的白色,只能感到它的坚硬,白色就不存在。他还提出了著名的“白马非马”命题。名家的辩题还有“鸡三足”、“火不热”、“目不见”、“狗非犬”等,基本上也是探讨一般与个别、主观感觉与事物属性等方面的关系问题。

名家学派对事物名词概念的探讨,具有高度抽象思维的特点,其在一般与个别、名与实的关系上所达到的理论思维程度是相当深刻的,对于中国古代抽象思维和逻辑学的发展,有着重要的推动作用。后期墨家和荀子在批判名家名辩学说的基础上,建立起先秦时期较完整的逻辑体系。名家学派的许多命题违背常识情理,并且探讨的是抽象的名词概念和思维规律,较难为大众接受,秦以后逐渐衰没。

0406. 阴阳家

先秦时期以阴阳、五行说为主旨的哲学派别。《汉书》认为:阴阳家最早出于传说中尧舜时代执掌天文历数、预测吉凶祸福的官吏,他们长期观测天象,掌握了自然界的变化和规律,用以预测人事变化、祸福吉凶。被称为阴阳家,或者阴阳五行家,列为九流十家之一,代表人物有战国末期齐国的邹衍。

《礼记·月令》和《吕氏春秋·十二纪》中记有阴阳家的一些思想。他们一方面试图用五行的盛衰和阴阳的消长去说明天地万物运动变化的规律,一方面又不可能不夹杂自己的某种神学思想和宗教观念,开创了《黄帝内经》和王充从阴阳五行相生相克的角度去管理社会和生命的养生学说,又导致了董仲舒和谶纬神学用“天人感应”来为统治者提供调整国策的理论依据。

0407. **农家**

先秦注重农业生产的学派。农家又分为两派:一是专门探讨种谷树木之事,关注的是人伦日用;二是由人伦日用而进入到政治。是十家九流之一。

农家学派主张推行耕战政策,奖励发展农业生产,研究农业问题。他们对于农业生产技术经验之总结与其朴素辩证法思想,可见于《管子·地员》、《吕氏春秋》、《荀子》等。战国时,农家代表人物有许行。许行,楚国人,约与孟子同时代,生平事迹可见于《孟子》。当时随行学生几十人,颇有影响。连儒家门徒陈相、陈辛兄弟二人也都弃儒学农,投入许行门下。

农家著作有《神农》、《野老》、《宰氏》、《董安国》、《尹都尉》、《赵氏》等,均已佚。农家没有一部完整著作保存下来,其思想和活动多散见在诸子著述中。虽星星点点,但仍然值得重视,尤其对于现在解决农业问题,也不乏借鉴。

0408. **纵横家**

纵横,即合纵连横。战国时以从事政治外交活动为主的一派,属于九流之一。《韩非子》认为:纵,就是联合各个弱国去攻击一个强国;横,就是事奉一个强国去攻击众多弱国。纵横家出现于战国至秦汉之际,多为策辩之士,也算是中国最早也最特殊的外交政治家。他们的出现,主要是因为当时割据纷争,王权不能稳固统一,各国都需要在各自利益的基础上,利用联合、排斥、危逼、利诱或者辅之以军事等手段达到壮大自己、削弱对方的目的。

纵横家的代表人物是鬼谷子,曾教授苏秦、张仪、孙膑、庞涓等四大弟子,都是战国时代的风云人物。其后修习鬼谷子纵横术的人还有不少,著名的如甘茂、司马错、乐毅、范睢、蔡泽、邹忌、毛遂、郦食其、蒯通等,事皆详于《战国策》。

纵横家的著作,今存《鬼谷子》、《战国策》、《苏子》、《张子》。

0409. **杂家**

杂家,战国末至汉初兼采各家之学的综合哲学学派。属于九流之一。杂家著作以秦代相国吕不韦《吕氏春秋》、西汉淮南王刘安招集门客所集《淮南子》为代表,对诸子百家兼收并蓄,集其大成。杂家著作多含有道家思想,也称为新道家学派。后有赵蕤著《反经》综述杂家。

战国末期,经过激烈的社会变革,新兴的社会阶层便要求在政治上、思想上的统一和文化学术的整合,于是学术思想上出现了把各派思想想融合为一的杂家。杂家的特点是集合众说,通过采集各家智慧,贯彻其政治意图和学术主张。杂家著作现存《吕氏春秋》、《淮南子》、《尸子》三种。

0410. **汉学**

即汉代研究经典、重视训诂和考据的学派。两汉时代,因为经典来源和本身的各异,汉学又演变为三大派别:一是今文学派,二是古文学派,三是通学派。今文学派起源于汉初,盛行于西汉。古文学派起源于西汉末年,盛行于东汉。

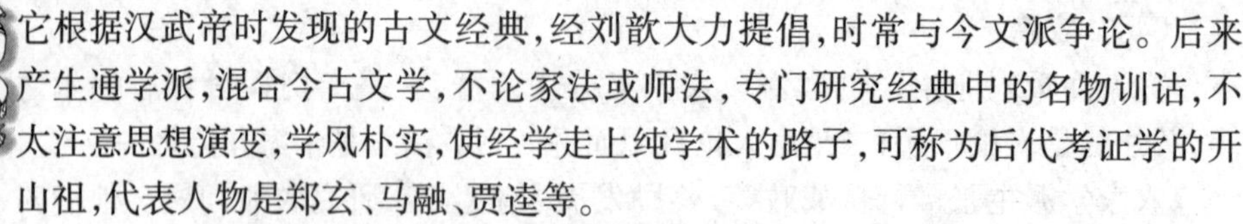

它根据汉武帝时发现的古文经典,经刘歆大力提倡,时常与今文派争论。后来产生通学派,混合今古文学,不论家法或师法,专门研究经典中的名物训诂,不太注意思想演变,学风朴实,使经学走上纯学术的路子,可称为后代考证学的开山祖,代表人物是郑玄、马融、贾逵等。

明清之际学者顾炎武等主张“通经致用”,推崇汉儒朴实学风,反对宋儒空谈义理。至乾隆、嘉庆年间,学者愈发崇尚汉代经学注重训诂考据的学风,形成与“宋学”相对的“乾嘉学派”,也称“汉学”,又称“朴学”、“考据学”。清代汉学治学严谨,对文字训诂、古籍整理、辑佚辨伪、考据注释等,有较大的贡献。但存在泥古、繁琐及脱离实际等流弊。

0411. 古文经学

研究古文经的一个流派。与今文经学派相对。古文经是指战国时代用六国文字(古籀文)所书写的儒家经典。汉代的古文经有三个来源:一是鲁恭王在孔子旧宅壁中发现的《古文尚书》、《逸礼》,一是流传于民间的《毛诗》及费直和高相所传的《易》,一是秘府所藏的《周官》和《春秋左氏传》。

古文经学派认为,《六经》是孔子所整理和保存下来的历史,因此孔子则是一个史学家、教育家。他们研究和传授《六经》,自然遵循孔子的信而好古,述而不作,讲求实学,着力研究经籍中的名物训诂,推动了中国古代文字学的研究与传授。古文经学派在政治上有复古倾向,反对迎合世务。无论是古文经学还是今文经学,都直接作用于汉代的经学教育。古、今文经学派从西汉末年开始,为了争夺儒学正统的地位,双方互相攻讦并进行激烈的论辩。到东汉末年,郑玄杂糅了今、古文两派学说,今、古文之争方告结束。

总的看来,古文经学盛于东汉;六朝、隋、唐的经学,由于重视郑学,所以古文经学影响较大。清代学者们继承古文经学派的训诂方法而加以条理说明,用于古籍整理及语言文字的研究,取得较大成就。

0412. 今文经学

研究今文经的一个流派。与古文经学派相对而言。今文经学认为《六经》是孔子的托古改制之作,是孔子的政治之道。汉代学者所传述的儒家经典是用汉代的通行的隶书记录,大多没有先秦古文原本,而是由战国以来的父子师徒相传,到汉代才逐渐写成定本的。

今文经学派根据隶书体的经典,依照家法、师法,承受师说,专经研究,不相混乱。并且发挥儒家的微言大义,追求通经致用,往往与方士混合,相信天人相与,专谈阴阳、占验、灾异。重视《春秋公羊传》,重在阐发微言大义,旨在从《六经》中寻求治国安邦之道。西汉时期,今文经学盛行,几乎垄断了太学讲坛。选才取士,皆以今文经为准。

今、古文经学的提倡和兴盛,直接作用着汉代的经学教育,并且完善了一套与之相应的教学方法、原则和内容以及学风和士气。自西汉末年今、古文学派为了争夺儒学正统，互相攻讦、激烈辩论，直到东汉末，郑玄才杂糅了今、古文两派学说，合而为一。到清代中叶，由于西方列强的入侵，国内矛盾尖锐，有的学者继承今文经学派的传统，发挥《公羊传》学说，开始干预时政，今文经学得以大兴，成为资产阶级改良主义变法主张的重要理论依据。

0413. 董学

专指汉代董仲舒的思想学说。汉代是一个汉传统确立、各宗教勃兴、众学术发生的时代。儒学开始宗教化，道教正式诞生，佛教随之传入，都表明了汉代社会拥有对宗教的急切需要和宗教发生的适宜环境，由董仲舒所代表的汉代经学家也开始热衷于构建国家宗教理论。

他提出：《春秋》所体现的道，就是崇奉上天而效法上古。上天，是百神的大君主。崇奉上天不周到，再怎么崇拜百神都是无益的。明白提出了宗教特性，从而确立了国家宗教。他又说：接受天命的君王，天道会在他身上得到大大的彰显。因此委屈百姓从而伸张君王，委屈君王而伸张上天，就是《春秋》所表现的大义。从中可看出董仲舒的君权神授和神道设教观念，一方面抑制地方诸侯势力，从而树立天子的权威；另一方面用天道来制约天子的权力，使之奉行儒家仁政。

在西汉当时的社会历史条件下，董仲舒借重国家宗教观念和《易传》的“圣人以神道设教”思想来表达他的政治理想，是值得重视的人本内容。

0414. 魏晋玄学

魏晋时期，以老庄思想为核心的一种特定的哲学思潮。讨论的中心是本末和有无，即有关天地万物存在的根据，也即是远离了世务和事物的形而上学本体论的问题。它以《老子》、《庄子》、《周易》为典籍，称为三玄。

玄学的兴起，有其具体的历史条件、社会基础和思想渊源。其发展可分四个阶段：一是在正始年间，以何晏、王弼为代表，主张贵无，以老子学为主；二是竹林七贤时期，以阮籍、嵇康为代表，主张超越名教而任其自然，以老子、庄子学为特征，是贵无向崇有的过渡时期；三是元康时期，以郭象为代表，主张独化，自生，崇有，以庄学为主；四是玄佛合流时期，以道安、支遁、僧肇等人为代表。僧肇从思想上对魏晋玄学作了总结，主张“虽有而不有，虽无而非无”，认为有和无名称虽然不同，但其目的却是一致的，完成了玄学思想发展的由贵无到崇有，再到非有非无、有无为一的认识过程。

魏晋玄学在哲学史上占有重要的地位，为尔后的中国佛学即禅宗的创立，乃至对宋明理学和全真教的诞生和发展都起到了重大的推动作用。

0415. 禅学

禅学，就是研究禅定、禅道和禅宗的学问。禅是梵文禅那的音译，意思是思维修或者静虑，又称禅定或者三昧，属于菩萨六度之一，指的是一种修行的方法，类似于今天的瑜伽。佛陀立教，戒、定、慧是佛教三学，是教门学问。佛教传入中国后，历代祖师和各个宗派，无不以禅定或禅观为其修行和立宗的根本，因时代、地区和派别的不同，禅学发展具有不同的内容和特色。

至唐代慧能禅宗，禅学进一步中国化，较以前的禅学产生了重大的差异，乃是判教立宗后的禅宗的宗门学问，升华出一种道、境界、本体、真谛、觉悟等的整体意义来。禅不仅是手段，而且还是目的。禅的目的是觉悟成佛，最直接简单的办法就是直指人心、见性成佛，于是明心见性、立地成佛就成了禅宗最大的特色。

再看看这个“禅”字，从礻从单，单是个捕猎的工具，也表示简单直截；礻即示，是神灵的标志。宇宙的真谛对于人类来说不可思议，充满神秘和灵妙。如何一下子捕捉住这个神秘灵妙的宇宙人生真谛，就是禅宗要解决的问题。由于它解决的是佛教最核心即身成佛、即心是佛的问题，所以往往度脱的是最上乘根器的人。

禅学作为古代哲学，尤其是隋唐哲学的重要部分，对其他哲学流派产生了重要影响。它倡导的不信权威、废除经典的口号，曾为一些进步思想家如李贽、谭嗣同等利用，用以攻击封建正统思想；它所宣扬的心性学说，为宋明理学家如程颢、程颐、朱熹、陆九渊、王守仁等和道教全真道学者所吸取和发扬。

0416. 宋学

主要指宋儒理学，同汉学相对。汉学专重训诂，宋学以义理为主，亦称理学。《宋史》为周敦颐、程颐、朱熹等人特立道学传，故又称道学。元、明、清的理学也称宋学。宋学以“理”为天地万物的本源，以“三纲五常”为核心，虽标榜孔孟之道，但亦参以佛、道之说。宋学大致分为三个时期：宋学开山祖师是周敦颐，发展时期的代表人物是张载、程颢和程颐，集大成时期的代表人物是朱熹。宋明理学的主要学派包括周敦颐的道学派（以“道”为核心概念）、邵雍的数学派（以“数”为核心概念）、张载与王夫之的气学派（以“气”为核心概念）、二程与朱熹的理学派（以“理”为核心概念）、陆九渊与王守仁的心学派（以“心”为核心概念）、陈亮与叶适的事功学派（以“事功”为核心概念）等。陆王心学于程朱理学日趋僵化之际，而盛于明代中后期。张载与王夫之气学则于心学日趋式微之际，与事功学派合流而盛于清代。钱穆在《中国近三百年学术史》中说：“宋学精神，厥有两端：一曰革新政令，二曰创通经义，而精神之所寄则在书院。革新政令，其事至荆公而止；创通经义，其业至晦庵而遂。而书院讲学，则其风至明末之东林而始竭。”

0417. 程朱理学

宋代以程颢、程颐和朱熹为代表的标榜理或天理的哲学学派，又称程朱学派，是宋明理学中影响最大的学派。肇始于北宋周敦颐，奠基于程颢、程颐，完成于南宋朱熹。

程朱以抽象的精神性实体“理”作为宇宙万物本原，在本体论和人性论上强调理一分殊，理是一样的，但分布在万物当中，所以每个人虽然各有差异，但承载的理却是一同的；认识论和伦理观上则主张探索事物而穷究真理，要想获得真理，必须灭掉各种欲望；在治学的方法上，则主张修养身心、穷究真理和躬行实践三者要统一起来。

南宋后期，程朱学说逐步受到统治者的重视和提倡，长期占居思想界的统治地位，成了封建社会后期的官方意识形态。其思想学说浸润到了社会生活的各个方面，对社会经济、政治、文化等领域均有重大影响。程朱理学蕴含着大量的辩证法因素，特别是在其理气关系的论述中，对共相与殊相，即一般与个别的关系的研究和探讨非常深刻，是对理论思维的一大贡献。

0418. **陆王心学**

宋明时期以陆九渊、王守仁为代表的标榜心学的哲学派别，又称陆王学派。该学派在世界观方面，反对程朱学派以理为宇宙本原，而把宇宙本体安置于人心之中，提出心即理、心外无物、心外无理的命题。在认识论和修养论方面则强调反省内求，寻觅和开发良知，培养良心。在方法论上，反对程朱理学的支离烦琐，提倡反本归心，简易直截。

陆王心学强调人的精神自觉，直认本心，否定传统经典文献以及圣贤的绝对权威，客观上冲破了理学的思想禁锢，开创了思想界的新局面。尤其是在对心学的论证过程中，阐明了心物关系、心理关系，也即主、客体关系，对于人们修心养性，完善人格，有着深远的指导意义。

0419. **稷下学派**

战国时期齐国稷下学士所形成的学术派别。约在齐桓公时，齐国开始在都城临淄（今山东淄博）城西稷门外设置讲堂，招揽天下游说之士讲学议论。其地称稷下学宫，游学者称稷下学士，其思想学说总称为稷下之学。至齐宣王时，游学之士多近千人，其中七十六人被尊为上大夫。邹衍、淳于髡、田骈、慎到、接子、季真、环渊、彭蒙、宋銒、尹文、田巴、兒说、鲁仲连、邹奭和荀况等著名学者，皆曾游学于此。齐襄王之后，学宫逐渐衰落，历时约一百四五十年。

稷下各派通过讲学、辩论，各种思想学问，互相交流吸收，汇集了道、法、儒、名、兵、农、阴阳、轻重等所谓百家学说，逐渐形成了具有一定倾向和特色的学说思潮。在稷下著名学者中，学修黄帝老子道德之术的很多，都有所阐明发挥，于是使得经过改造的道家思想居于稷下之学的主导地位。

史籍记载的有关学术著述有《宋子》、《尹文子》、《田子》、《蜎子》、《捷子》等，均已佚失。只有在《管子》、《司马法》、《周官》等书中，还能看到掺杂的稷下

学士的思想痕迹。稷下之学的形成，是战国时期诸子百家争鸣、学术文化繁荣的产物。

0420. 黄老学派

始于战国而盛行于汉初的古代道家流派，尊轩辕黄帝及老子为祖师。重要典籍有：《道德经》、《经法》、《十六经》、《称》、《道原》等。

汉初黄老学派思想家，有河上公、安期生、毛翕公、乐瑕公、乐臣公、盖公等，盖公曾是相国曹参的老师。陆贾在《新语》提出：道理没有大过无作无为的，行为没有大过谨慎恭敬的。强调统治者要宽松刑法，简约政治，让人民休养生息，恢复被破坏的生产经济。而朝中的重臣如萧何、曹参、陈平等，也好喜欢黄帝老子的学问。此后，文、景二帝以及参预朝政 40 余年的窦太后也都喜好黄帝老子，黄老之学遂蔚成风气。

该学派认为，道是客观世界的总纲，而且是道生出了法则，所以一切活动都应以体道为执法的准则。因此，在社会政治方面，应该保持身心的恬静淡泊，垂拱无为，不可胡乱折腾生事。统治者只要掌握政治枢要，虚静心灵，谨慎视听，即可达到无心去作为而万物自然转化，无意去产生而万物自然成就的最高境界。

这一政治哲学对汉初政治的安定与教化、经济的恢复和发展，起到了积极的作用，造成了文景之治和汉武盛世；对后世中国文化与哲学的发展与完善，影响也极为深远。

0421. 东林学派

明代以顾宪成、高攀龙为代表的活动在东林书院的学术派别。万历年间在江苏无锡建立了东林书院，顾、高还有钱一本、孙慎行、顾允成、黄尊素等都在这里从事学术思想活动。东林诸子在学术上效法杨时，推崇程朱理学，对当时流行的王守仁心学末流则力加否定，从而独树一帜。一批身在中枢和地方任职的正直官吏如赵南星、邹元标、冯从吾、李三才等，与之遥相呼应。于是作为一个学术团体的东林学派便扩大而成为政治团体，保守势力将其称为东林党人。

该学派强调治世和入世而反对出世和遁世，要求讲学自由和结社自由。他们从地主、商人和市民的利益出发，提出：在野的人所肯定的，朝廷必定认为不对；在野的人所否定的，朝廷必定认为正确。所以天下的正确与否，自然应当听信天下人的判断！在同朝廷阉党宦官的斗争中，主张革新朝政，要求惠商恤民，重视工商业的发展。这些进步思想，对明清之际启蒙思潮的兴起和资本主义萌芽的产生，起到了积极的影响。

他们的斗争曾遭到统治者的残酷镇压。黄宗羲在《明儒学案·东林学案》中盛赞他们是：一堂师友，冷风热血，洗涤乾坤！

0422. 浙东学派

活动于今浙江一带及籍贯为浙江的学者构成的与程朱理学派对立的学术派别。源起于宋,发达于明清时期。其学术思想体系庞杂,著作繁多,主要是经世致用。广义的包括金华学派、永嘉学派、永康学派。清初以黄宗羲、万斯同、全祖望、章学诚、邵晋涵等为代表,一般主张治学先穷经而求证于史,倡导注重研究史料和通经致用的风气。狭义的则指今绍兴、宁波、台州一带学者所发展的学术。

该学派学术思想博大闳富,史学成就最著,文学思想亦有可取,讲究文史兼通,开拓创新,兼容并蓄,有不少独到而深刻的见解。

0423. 颜李学派

清初颜元与其弟子李塨合创的学派。学说主"气",认为气先于理,理在事中,所以气不能离开事物而独立存在。反对程、朱分理、气为二、理先于气的观点。强调学习、实践对于认识的作用,指出致知主要不在于读书、讲问、思辨,而在亲自下手去做一番。注重实学、实事、实功,倡导礼、乐、射、御、书、数六艺之学。他以为这六种艺能,可以修身、齐家,可以治国、平天下。比那些无病呻吟的填辞作赋,真是不可同年而语的。

在人性问题上,反对理善而气质有恶的说法,指出:气即是理的气,理即是气的理,怎么可能说理是纯粹善良而气质偏偏会恶劣吗!在政治上,主张平均田地,减少税收,使家家都有粮食吃;军队和老百姓要合一,采用严刑峻法,强化国家政权。该学派的主要理论著作有颜元的《四存编》及李塨的《大学辨业》,大部分被编入《颜李遗书》。颜、李各有弟子一百人左右,其中著名的有王源、恽鹤生、程廷祚等。

0424. 乾嘉学派

清代乾隆、嘉庆年间讲究训诂考据的经学派系,亦称汉学,称或朴学。发端于明清之际的顾炎武,主张依经书和历史立论,达到明道救世的目的。到乾嘉时,学者们继承了古文经学的训诂方法而加以条理发明,整理古籍,研究语言文字。当时分为两派:以惠栋为首的"吴派"和以戴震为首的"皖派"。

吴派的学风特点是"唯汉是信",即推崇汉代经说,遵循汉代经学研究方法。皖派则在强调汉代经学宗法与师法的同时,不一味的遵信。运用小学训诂的方法,重新研究经注,以期恢复儒家的基本精神,则是吴皖两派汉学研究的共同特点。乾嘉学派研究的范围很广,包括经学、史学、文字学、文物学、历算学、音律学、地理学、校勘学、目录学等,也包含自然科学。在这些方面,乾嘉学者们取得了重大成就,无疑是对清初考据之学的发展。但由于清政府推行文化专制政策,迫使他们不得不避祸书斋,埋首考据,从这个角度来说,乾嘉学派又是清初经世致用之学的倒退。

二、哲学名著

0425.《周易》

儒家重要经典，为六经之首。周有二义，一指周朝、周文王，一指周遍、周密；易有三义，一是变易，二是不易，三是简易。合起来，即指周朝探讨宇宙人生变易法则的书。

《易经》为占筮之书，相传伏羲画八卦，传至夏朝名《连山》，至商朝名《归藏》，周文王被拘于羑里而演绎成《周易》，包括《经》和《传》两部分。共记六十四卦和三百八十四爻，并有卦辞、爻辞作说明。《易传》为后人对《易经》所作的解释，共十篇，亦称“十翼”，以示辅助之义，传为孔子所作。

《易经》以阴阳变化的规律为前提，揭示了自然、社会、人生的各个方面的规律，包含着朴素的辩证法思想。通过对损益、否泰、吉凶、得失、祸福等一系列现象的描述和分析，表达了宇宙万物对立统一的关系，对统治者的管理和人生的把握起着积极的指导作用。《周易》对中国传统哲学的形成和发展有着极重要的影响。汉代以来，《周易》被儒家奉为经典，对《周易》的众多阐释研究，形成了“易学”的诸多流派，如象数派、义理派等。宇宙和社会充满着神秘，而人生也需要神秘，所以《周易》就成为人们进入神秘、破解神秘、享受神秘的金钥匙。

0426.《大学》

儒家经典《礼记》中的一篇。其中的“经”为曾参所记孔子的言论，“传”则为曾参门人所记曾参的言论。古人的教学，设立有小学和大学。小学指的是小人之学，教儿童识文断字；大学指的是大人之学，教成童经籍和六艺等修身、齐家、治国、平天下的学问。

宋儒将《大学》与《论语》、《孟子》、《中庸》合编为《四书》，被封建统治者奉为“初学入德之门”，影响极大。《大学》论及的内容较广泛，对国家政治纲领、伦理道德和天命思想等都有涉及，主要是论说个人道德修养与治国理家的关系。提出“大学之道，在明明德，在亲民，在止于至善”的纲领，认为统治者治理国家，要在修明天赋之德，要使臣民日新其德，要在行为方面达到至善。这是大学的“三大纲领”。还提出了实现天下大治的“八条目”：格物、致知、诚意、正心、修身、齐家、治国、平天下，即探索事物的道理，获得真正的智慧，真诚意念，端正内心，修养自身，管好家族，治理国家，平定天下。这是古人的人生必修课。拥有了这八大本领，自然达可以兼善天下，穷可以独善其身，所以永远是健康自在、进退安详的。这对今天培养我们的人生境界和爱国情怀，都是很有意义的。

因为我们老祖先的思维模式是觉悟，所以认识世界的方法千差万别。宋明时代程、朱学派与陆、王学派论争之焦点，就在于“致知”与“格物”，极大地丰富了人们的哲学思想和认识途径，意义深远。

0427.《中庸》

儒家经典《礼记》中的一篇。出自孔子的孙子子思，重点阐发孔子的中庸思想。中，中正，中和，不偏不倚；庸，平常，常道，日用。首见于《论语·雍也》孔子："中庸之为德也，其至矣乎。"

《中庸》要求人们遵循和而不流、中立不倚的处世原则，以诚意正心为本。"诚"原本指一种完美至善的道德境界，《中庸》从世界本源的意义上进行引伸发挥，提出一个人若能达到至诚，就会与天道合一，成为圣人。而要达到至诚，则必须尊德性，道问学，即重视保持自身天赋德性，认真学习人生智慧。诚的具体表现就是中庸，亦称中道、中和，而中庸又是天道在社会关系中的体现，因此承载天道的君子必须以中庸处世："君子之中庸也，君子而时中"。

《中庸》提出"博学之，审问之，慎思之，明辨之，笃行之"的行为目标，对于经世致用、为人处世、探索真谛、提升境界等社会人生的方方面面，不无益处。尤其是中庸之道作为中国思维或者模式的标志，对于缓和人与人之间、与社会之间、与自然之间日益恶化的矛盾，推进和谐社会早日来到的当今社会来说，仍然有着不可估量的意义。

0428.《论语》

儒家学派的经典著作之一，四书之首，由孔子弟子编撰而成，现存二十篇，四百九十二章。它以语录和对话体为主，记录了孔子及其弟子的言行，集中体现了孔子的政治主张、伦理思想、道德观念及教育原则等。《论语》成书于战国初期，因秦始皇焚书坑儒，到西汉时期仅有口耳传授及从孔子住宅夹壁中所得的本子。《论语》首创语录体，汉语文章的典范性也发轫于此。

《论语》一书比较真实地记述了孔子及其弟子的言行，集中地反映了孔子的思想：人要爱人，统治者要爱百姓就是仁政、仁德，否则我们人类就跟禽兽没有差别；为了实现仁爱、仁德，天下就必须建立或者恢复周公所建立的礼制，叫做克己复礼。因为大家如果都自私，就不会爱别人，社会就充满了战争和动荡；要实现克己复礼，就得知道什么该做什么不该做。该做的就是义，义的意思是适宜、合礼，不义就是不该做的；那要怎么知道这是义不是义呢？就得靠教化，教化最好的手段就是音乐。通过音乐的熏陶和感染，便能知道什么合义不合义，这就是乐或者乐教。仁义礼乐四字是儒家创始人孔子的政治思想核心。仁义是目的，礼乐是手段。礼辅助仁，乐成就义。

《论语》中所记孔子循循善诱的教诲之言，或简单应答，点到即止；或启发论辩，侃侃而谈；富于变化，娓娓动人。许多名言至今仍受到广泛认同和推崇，充分展示了东方哲人特有的识见和智慧。

0429.《孟子》

记载孟子及其学生言行的著作，四书之一。孟子（约前372—前289），名轲，字子舆，战国中期邹国（今山东邹县东南）人，与孔子故乡曲阜相邻。著名思想家、政治家、教育家，孔子学说的继承者，儒家的重要代表人物。

孟子和孔子一样，带领学生游历魏、齐、宋、鲁、滕、薛等国，曾担任过齐宣王的客卿。但他的政治主张不被重用，所以便回家聚徒讲学，与学生万章等人著书立说。到南宋孝宗时，朱熹将《孟子》编入《四书》。元、明以后又成为科举考试的内容，更是读书人的必读书。东汉赵岐的《孟子注》和宋代朱熹的《孟子集注》以及清代焦循所撰《孟子正义》，都是研究和学习《孟子》的重要资料。

孟子主张仁政爱民；孝悌忠信，仁者无敌；民为贵，君为轻，社稷次之；天听自我民听，天视自我民视等，在今天仍然有着广泛的政治意义和人生价值。

与《论语》一样，《孟子》也是以记言为主的语录体散文，又有明显的发展。《论语》的文字简约、含蓄，《孟子》却有许多长篇大论，气势磅礴，议论尖锐，机智而雄辩。如果说《论语》给人的感觉是仁者的谆谆告诫，那么《孟子》给人的感觉就是侃侃而谈，对后世的散文写作产生了深刻的影响。

0430.《荀子》

战国后期赵国人荀况的主要著作，包含了荀况的哲学、伦理、政治、人生等各方面的思想主张，同时又是一部著名的古代教育著作。他居家不仕，著书立说达数万言，对当时的齐国和其他国家的思想文化发展起了巨大的促进作用。与“亚圣”孟子齐名，后来的著名法家学者和政治家韩非、李斯等人都是他的学生。

荀况继承并发展了孔子的儒家思想，主张以礼制治国，用刑法的手段来制裁那些不安分守礼的人，以求得天下的安定和统一。因此就必须强调礼的教化，让人知道礼。在礼的教化中，荀况极重视闻见、知、行三个方面。在教学方法上，学生必须主动学习，要从“求诸已”入手，而教者必须察言观色，待学生先问而后告知，反对不问而告与问一告二的教法。这与孔子的“不愤不发，不悱不启”意思相似。

在《劝学篇》中，荀子认为，学习的方法在于“积累”与“专心”，圣贤之所以为圣贤，全在于积善不息。只要专心致志，虚一而静，便可最终达到大清明的境地，即所谓的锲而不舍，金石可镂。著名的论断有：“青，取之于蓝而青于蓝；冰，水为之而寒于水。”“君子生非异也，善假于物也。”“学莫便乎近其人，学之经莫速乎好其人！”对于教师，荀况认为他们的作用比“礼”还要重要，可与天地君亲列在同等的地位，后世便有了天、地、君、亲、师的五大。

0431.《管子》

管仲学派著述总集。主要收录管仲遗说和战国时期齐国稷下学士的著作，托名管仲所作，共三百八十九篇。现存《管子》，为汉代刘向编定，实存七十六篇。

《管子》内容较庞杂，涉及了自然和社会的众多领域，兼有道、法、名等多家学派的思想。主张宗法制与中央集权制相结合，礼法兼用，注重耕战，提倡“以人为本”。哲学上的精气说对后世如汉代的王充、唐代的柳宗元等的自然观有着重要的、深刻的影响。《管子》还提出自然变化规律的“天道”和人的趋利避害的自然本性的“人情”的两大基本范畴，作为其政治、经济思想的哲学前提。尤其是在《牧民》当中提出的：“礼义廉耻，国之四维。四维不张，国乃灭亡。”不仅对八德的形成和发扬作出了贡献，对国家管理和伦理教化的实施也发挥了巨大的作用。

0432.《公孙龙子》

战国后期名家代表人物公孙龙的著作。公孙龙，字子秉，魏国（今山西省南部）人，活动年代约在前320—前250年间。战国时期哲学家，名家离坚白派的代表人物。《汉书·艺文志》收录《公孙龙子》十四篇，现存六篇。第一篇《迹府》为后人搜集的有关他的事迹，其他五篇为公孙龙所作。

他的《白马非马论》和《坚白论》是名辨思想的核心内容，主要研究了概念的内涵和外延，以及事物的共性和个性所具有的内在矛盾，并且夸大这种矛盾，再否认两者的统一，最后自然会得出违背常理的结论。即白马不是普通所说的马，颜色中的白色和质地的坚硬也是可以人为地分裂开来论述的。《指物论》还着重论述了指与物的关系。“指”即事物的概念或名称，“物”是具体的事物，二者的关系也就是物质与意识的关系。《通变论》则论述了对运动变化的看法，《名实论》讨论名与实的关系。这五篇共同组成了一个完整的名家学说体系。

0433.《墨子》

记载春秋战国之际鲁国人墨翟思想的著作。《汉书·艺文志》载该书七十一篇，今仅存五十三篇。墨翟时代，社会动荡不安，学在官府的局面被打破，私学已经盛行。他早年曾学儒术，因不满其繁琐的礼，而另立新说，聚徒讲学，在当时成为和儒家并重而且对立的显学。

《墨子》把“兴天下之利，除天下之害”作为教育的目的，尤其重视服从纪律和艰苦实践。认为生活环境对于人才的培养起到很关键的作用，所以应该把道德教化放在首位。尤为可贵的是墨翟本人在自然科学和形式逻辑方面都有很深的造诣，所以书中包括了机械、数学、物理、几何、光学等方面的内容，并有较完整的逻辑思想体系。墨翟把这些知识和思想教给弟子，使之在知识掌握的深度和广度上都大大超过了当时其他各家，也使墨翟成为中国最早见诸史料的科技教育家和逻辑家。

0434.《韩非子》

战国末期法家韩非的著作。韩非，战国时韩国人，为韩国公子，后世称韩子或韩非子。该书现存五十五篇，大部分为韩非自己的作品。

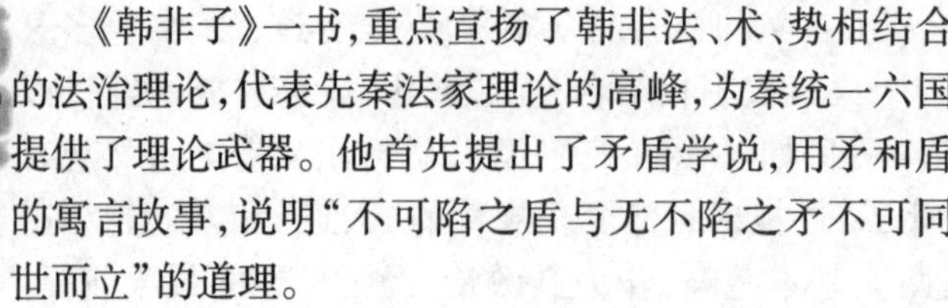

《韩非子》一书，重点宣扬了韩非法、术、势相结合的法治理论，代表先秦法家理论的高峰，为秦统一六国提供了理论武器。他首先提出了矛盾学说，用矛和盾的寓言故事，说明“不可陷之盾与无不陷之矛不可同世而立”的道理。

韩非的文章说理精密，文锋犀利，议论透辟，推证事理，切中要害。当时思想界以儒家、墨家为显学，崇尚法先王，主张复古，他却坚决反对复古，主张因时制宜。他还根据当时情况，主张法治，提出重赏、重罚、重农、重战四个政策。他还提倡君权神授，为历代封建王朝的治国理念提供借鉴。

书中记载了大量脍炙人口的寓言故事，蕴含着深隽的哲理，给人们以智慧的启迪，具有较高的人生意义和文学价值。

0435.《老子》

春秋晚期老子著，又名《道德经》，分《道经》和《德经》两篇，共八十一章，仅五千余字。

《道经》讲宇宙自然观，以道解释宇宙万物的演变规律；《德经》讲社会人生观，以德解释人在社会的态度和作为。《老子》建构了人类理想社会最完整的道德体系，为后世的统治管理和圣贤教化，尤其是对道教的产生和发展起着关键性的作用。《老子》提出“道生一，一生二，二生三，三生万物”，因而应该人法地，地法天，天法道，道法自然。道为客观自然规律，独立不改，周行而不殆，因此要尊道而贵德。《老子》中还包括了大量朴素辩证法观点，如有无相生，难易相成，长短相形，高下相倾，音声相和，前后相随；再如曲则全，枉则正，少则得，多则惑等。所以对立的事物都相互存在，并能由相互转化，正复为奇，善复为妖；祸兮福之所倚，福兮祸之所伏。这些观念对于人们认识世界、把握人生、管理社会都有一定的启迪。

此外，书中也有大量的民本思想：天道是损有余而补不足，人道却不然，是损不足而奉有余。百姓的饥饿，是因为统治者收的税太多；老百姓轻易敢死，是因为统治者追求生活享受太厚；老百姓不害怕死亡，用死亡去恐吓他又有什么用呢！这样就造成了社会的不公，并且带来了革命。所以历来的起义革命，几乎都受到老子道教的影响。

0436.《庄子》

庄子及其门人等著，被道教奉为《南华经》，道家经典之一。庄子（约前369—前286），名周，字子休，战国时期宋国蒙人，后世称南华真人。著名思想家、哲学家、文学家，是道家学派代表人物，老子哲学思想的继承和发展者，先秦庄子学派的创始人。

《庄子》共三十三篇：内篇七篇，为庄子所写；外篇十五篇，为庄子弟子所写，或者是他与弟子一起合作写成的，基本反映了庄子的真实思想；杂篇十一篇，是庄子学派或后学者所写。

内篇最集中表现庄子哲学思想的是《齐物论》、《逍遥游》、《大宗师》等，强调天道无为，万物一齐。认为一切事物都在变化，而道是先天地而生的，本来无有边界差别。所以圣贤政治要效法道体，无为而治，反对一切压迫人性的社会制度，摈弃一切扰乱人心的文化知识。应该通过心斋、坐忘的修炼，进入逍遥无为的大自在境界。这种观念，对魏晋的玄学和佛教的禅宗、全真道的修炼，都有极其重要的影响。庄子的文章，想象力很强，文笔变化多端，并采用寓言故事形式，富有幽默讽刺的意味。

0437.《吕氏春秋》

亦称《吕览》，战国末期秦相国吕不韦组织门客编写，成书于秦始皇八年（前239）。共二十六卷，一百六十篇，分为八览六论十二纪。

书中汇集了先秦百家之说，兼收并蓄，细大不捐，并将先秦诸家的哲学思想加以发挥。在自然观方面，提出太一是产生大地、阴阳、万物的本原；在认识论方面，吸收了宋尹学派的别宥思想和《管子》的静因之道的方法；在历史观方面，提出知道现在就认识古代，知道古代就可以认识未来，古今前后本来就是一体；在政治思想方面，提倡尊敬人民与约束君王，认为君王如有能够替人民着想的，天下百姓一定会归顺他。又继承和发挥了儒家公天下和道家的贵公思想，提出天下不是君王一个人的天下，乃是天下人的天下，所以要限制君主的权利。据《史记》载，书成之后，吕不韦将其内容公布于咸阳城门，称有人能增删一字者赏千金，以此来昭示他治理天下的政见。此即“一字千金”成语典故的出处。

《吕氏春秋》思想驳杂，但从整体上反映了古代哲学思想和各家学派，同时注意对先秦各家的优长给以吸收，对汉代中国思想和文化传统的构建起到了重要的作用。

0438.《淮南子》

西汉初年淮南王刘安（前179—前122）招集门客编辑的哲学著作，又称《淮南鸿烈集》。现存二十一篇。

书中提出宇宙万物的总根源是道，认为阴阳二气化生万物，进而论述自然和社会中常与权、本与末、利与害、取与予、祸与福、为与败、备与致、刚与柔、奇与正等对立统一关系。提出法制要与时势变易，礼制要与风俗转化；衣服器械，各要方便自己的使用；法度制令，各要合乎自己的方便。只要有利于百姓，不必去效法古人；只要适合于事情，不必去遵循旧制。所以变革古制未必可去贬低，而遵循风俗也未必值得赞美。此外，《淮南子·要略》还综述了先秦孔子、墨子、管仲、晏婴、申不害、商鞅等名家、法家思想源流，是一篇颇有价值的哲学史学史

论文。总之,该书是汉初学者对汉以前的中国古代思想文化的一次大规模的综合。唐代刘知己称其“牢笼天地,博极古今”,近代梁启超则盛赞“其书博大而有条贯,汉人著述中第一流也”,“为两汉道家之渊府”。

0439.《春秋繁露》

汉代哲学家董仲舒研究解释《春秋公羊传》的著作,十七卷,八十二篇。或以为是后人辑录董仲舒遗文而成书,书名为辑录者所加。有《春秋繁露义证》等注本。

《春秋繁露》宣扬天人合一、天人感应的神学目的论,认为天有意志,是宇宙万物的主宰,是至高无上的神。天造出万物,所以自然现象和社会现象往往会神秘感应。天会通过阴阳、五行之气的变化而体现其意志,主宰社会与自然。天子便是代替天并按天的意志来统治人民,即君权神授。天不但为人世安排秩序,还密切注视人间万象。如果人间违背天理伦常,君主有了过失而不省悟,天便会降下灾异警告,即是谴告。反之,如果君主治理天下太平,百姓安居乐业,天就会出现符瑞。统治者必须调整自己的政策,才能导致祥瑞的出现。正是天不变道亦不变,所以一定要有伦理纲常来安定社会,和睦家庭。这就是天人感应,对于社会安定和人与自然的和谐有着深远的意义。

0440.《论衡》

东汉王充撰。王充(27—约 97),字仲任,会稽上虞人,博学多闻,勤于著述,是东汉初期著名的唯物主义无神论思想家。《论衡》大约作成于汉章帝元和三年(86 年),全书三十卷,共八十五篇,其中《招致篇》有录无文。

“衡”本指称量物体的工具,“论衡”的意思就是评定当时言论价值的天平。全书以“疾虚妄”为核心,以“实”为根据,解释世俗之疑,辨析是非之理,对当时盛行的谶纬迷信及唯心主义的神学思想体系进行了无情的抨击,“冀悟迷惑之心,使知虚实之分”。王充在书中认为,天和地都是无意志的自然的物质实体,宇宙万物的运动变化和事物的生成是自然无为的结果;人也是自然的产物,有生即有死,“人死血脉竭,竭而精气灭,灭而形体朽,朽而成灰土,何用为鬼?”而且今人与古人气禀相同,古今不异,没有根据说古人总是胜于今人,没有理由颂古非今。这种自然无为的朴素唯物主义和无神论,是中国古代哲学思想的一大进步。据说王充作《论衡》,一直没有流传到北方,汉末蔡邕到江南的时候得到了一部,“叹其文高,度越诸子”。等他回被北方的时候,“诸儒觉其谈论更远”,认为他去江南肯定得到了“异书”。后来终于在隐蔽处搜到了《论衡》,别人拿了一部分走,蔡邕还叮咛嘱咐:“惟我与尔共之,勿广也。”

0441.《神灭论》

古代无神论哲学名篇,南朝范缜作于萧齐永明年(483—493)中。当时佛教盛行,以致为祸国民。范缜便以偶然论观点痛斥因果报应论,反对宣扬佛教。

《神灭论》系统地阐述了无神论思想，指出人的精神和形体是互相结合的统一体：精神即是形体，形体即是精神。形体存在则精神存在，形体凋谢则精神消灭。他把人的形体与精神，用刀刃与锋利的关系作譬：形体是精神的本质，精神是形体的功用；精神对于体质，犹如锋利之于刀刃；形体对于精神，犹如刀刃之于锋利。没有听说过刀刃没了而锋利还存，怎能容忍形体灭亡而精神仍在！

《神灭论》严厉驳斥"神不灭"的谬说，不仅从理论上揭穿了神学谎言，而且也谴责了当时封建帝王和世家大族佞佛所造成的社会危机，一经发表，朝野为之哗然、震惊，在古代思想发展史上具有划时代的意义。

0442.《原道》

古代哲学名篇，是韩愈复古崇儒、攘斥佛老的代表作。韩愈（768—825），字退之，孟州河阳（今河南孟县）人，唐代杰出的思想家、文学家，主张文以载道，复古崇儒，抵排异端，攘斥佛老。

《原道》观点鲜明，有破有立，引证今古，从历史发展、社会生活等方面，层层剖析，力拒释道二教，高扬孔孟仁义，建构起儒家道统，开启了宋学先声。他说：博爱就叫做仁，实行而且与它合宜就叫做义；由此而进步就叫做是道，内心充满而无需等待外力就叫做是德。道和德都是随着仁和义走的，所以，仁与义是个固定的名称，道与德却是虚位，可以受纳种种不同内容。因此，他所说的道与老子和佛教说的道，是有区别的。

早在《淮南子》里就有一篇《原道》，而且开宗名义，从宇宙本原一直谈到人之所以感应无方。后来章学诚也写过《原道》，探讨道统的历史和发展。

0443.《近思录》

北宋理学家哲学语录。南宋理学家朱熹和吕祖谦，阅读北宋理学家周敦颐、程颢、程颐、张载四人的语录时，觉得"广大闳博，若无津涯"，怕初学者不易把握其要义，于是精选六百二十二条，辑成《近思录》，共分十四卷。"近思"二字，取自《论语》："博学而笃志，切问而近思，仁在其中矣。"朱熹要把《近思录》当作学习四子著作的阶梯，四子著作又为学习《六经》的阶梯，以改正厌恶卑近而好高骛远的毛病。

《近思录》依据朱、吕二人的理学思想体系来编排，从宇宙生成的世界本体到孔子颜回乐处的圣人气象，从格物以穷理，存养而诚意，正心而迁善，修身而复礼，齐家而正伦理，至于治国平天下及古圣王的礼法制度，然后批判异端而阐明圣贤道统，全面地阐述了理学思想的主要内容。该书囊括了北宋五子及朱吕一派学术的主体，在理学史上具有重要地位，为确立儒家道统，传播理学思想起到了重要作用。钱穆说："后人治宋代理学，无不首读《近思录》。"

0444.《朱子语类》

朱熹与其弟子问答的语录汇编。朱熹（1130—1202），字元晦，南宋著名理

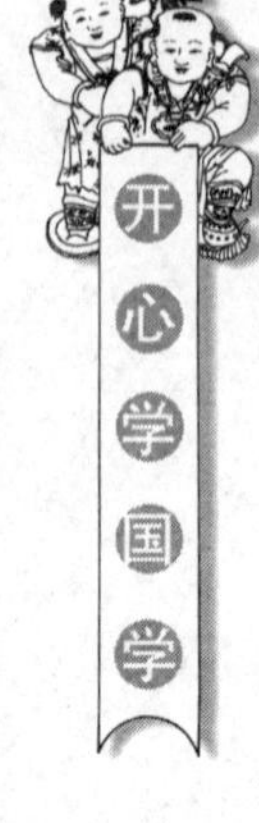

学家。他继承了北宋程颢、程颐的理学，完成了客观唯心主义的体系，是宋代理学的集大成者。“朱子”是其门人后学对他的尊称。朱熹一生主要从事儒学的研究和教学，先后在江西庐山白鹿洞书院、福建武夷精舍、湖南岳麓书院、福建沧州精舍等地聚徒讲学，从学者最多时达到数百人。朱熹授徒，循孔子“教学相长”、“诲人不倦”之法，鼓励弟子提问。而在师徒一问一答之间，尽得儒学性命道德之精微、天人事物之蕴奥，较之朱氏之经传，语言更详明晓畅。朱门弟子记录其师谈经、论事、明理之言，遂成“语录”，有“池录”、“饶录”等，各本互有出入，又因翻刻不一，错讹间出。景定四年（1263），黎靖德集诸本之大成，以类编排，删除重复的一千一百五十余条，分为二十六门，遂成定编，于咸淳二年（1270）刊为《朱子语类大全》一百四十卷，即今通行本《朱子语类》。此书编排次第，首论理气、性理、鬼神等世界本原问题，以太极、理为天地之始；次释心性情意、仁义礼智等伦理道德及人物性命之原；再论知行、力行、读书、为学之方等认识方法。又分论《四书》、《五经》，以明此理，以孔孟周程张朱为传此理者，排释老、明道统。《朱子语类》内容丰富，析理精密，基本代表了朱熹的思想。

0445.《传习录》

明代哲学家、宋明道学之心学派的代表人物王守仁的语录和论学书信集。“传习”一词，源出自《论语》“传不习乎”。

《传习录》包含了王守仁的主要哲学思想，是研究王守仁思想及心学发展的重要资料。上卷经他本人审阅，中卷之书信出自他的亲笔，是晚年著述；下卷虽未经本人审阅，但较为具体地解说了他晚年的思想，并记载了他所提出的四句教。他继承了程颢和陆九渊的心学传统，并在陆九渊的基础上进一步批判了朱熹的理学。

0446.《焚书》

明代李贽著，又称《李氏焚书》，六卷，还有《续焚书》共五卷。二书对数千年来一直占统治地位的儒家传统说教，以及束缚人们思想的程朱理学提出了大胆的怀疑和批判。反对把孔子当做偶像崇拜，指出孔夫子也是个平庸的凡人，《六经》、《论语》、《孟子》等乃是道学家的口实，虚伪人的渊薮。书中还揭露那些假道学不过是些“口谈道德而心存高官”、欺世获利、患得患失，“被服儒雅，行若狗彘”的伪君子。二书虽遭明清两代封治阶级禁毁，但仍流行不绝。二十世纪初，《焚书》又重新印行，对近代启蒙思想有一定的启发作用。

0447.《宋元学案》

学术史著作。明清之际黄宗羲（1610—1695）、清全祖望（1705—1755）等撰。一百卷，二百万字。黄宗羲于康熙十五年（1676）开始编辑，仅成十七卷并序。其子黄百家续作八卷，全祖望再为续作九十一学案。后由黄氏裔孙黄平黼补充为八十六卷。道光年间王梓材、冯云濠又为整理校补，始成百卷。前后历时一百六十余年，记宋元学者两千余人。如此卷帙浩繁、内容宏富，在我国学术史上罕见。

从学术史角度看，此书有四长：①案卷设立以理学家为主干，并不排除其他重要学派和学者；②案卷的资料编选重在体现各家各派的学术特色，而不以某一既定标准做取舍，有助于完整体现案主的学术思想风貌；③凡属重大学术争论，注意综罗各家文献，兼取各派之说，而不专主一家一派之言，使得学术歧见得以呈现；④体例结构，着力体现学统师承关系。另设附录，记载轶事及后人评论。组织编排极为细密。

《宋元学案》标志着我国学术史体裁的主要形式——学案体的最终确立，也代表了我国学案体学术史著作的最高成就。

0448.《明儒学案》

中国学术史、哲学史著作。黄宗羲撰，清康熙十五年(1676)成书。六十五卷，立十九学案，记二百零八人。全书首列《师说》，以下分述诸家。

明前期以程朱学为主，陆学为次，立崇仁、白沙、河东、三原四家学案；中期专述阳明学，首列姚江学案，再分为王学之浙中、江右、南中、楚中、北方、粤闽六家学案，并别立止修、泰州、泉州三家学案，单叙诸派以外的儒学案。末期记王学修正派，立东林、蕺山二学案。每案首列小序，述学术渊源及学术要旨；再列小传，分载学者生平、经历、著述、师承；最后摘其文集、语录等不一，以体现其思想学说。间或加以评论，以申明自己见解。形成我国第一部体例精严、内容宏富、观点鲜明的明代学术史、哲学史专著，历来受到学者好评。

另外，作者还提出了许多很有见地的学术史观，极富心得，对后世治学术史者影响其大。

0449.《大同书》

康有为(1858—1927)撰。分入世界观众苦、去国界合大地、去级界平民族、去种界同人类、去形界保独立、去家界为天民、去产界公生产、去乱界治太平、去类界爱众生、去苦界至极乐等十部。成于光绪二十八年(1902)，民国二年(1913)曾在《不忍》杂志上发表甲、乙两部，后又不断修改。民国二十四年(1935)由弟子钱定安整理，中华书局出版。

书中糅合中国古代儒家经典《礼记·礼运篇》中的“大同”、“小康”以及近代西方进化论、空想社会主义诸学说，提出大同思想。康氏的大同思想建立在资本主义大工业基础上，“凡百举动，皆有机器”，“机器日新，足以代人之劳”，“一人之用，可代古昔百人之劳”，“农耕皆用机器化料”。在大同世界中，人权平等，如有人敢提倡“独尊”，“成一人之尊”，“反判平等之理”，大家就共同去除掉他。人们的物质生活水平是很高的，衣食住行都很美满。同时，科学、文化、教育以及道德风尚都高度发展，整个社会形成“竞美”、“奖智”、“崇仁”的良好风气。

康有为的大同之世,绝不是向原始社会倒退,而是在人本主义旗帜下,设计一个高度工业化的社会前景,构想一幅高度文明的社会蓝图。远远超过了洪秀全所描绘的农业社会主义的设想,反映了中国资产阶级乌托邦的历史进步性。

0450.《仁学》

近代谭嗣同的哲学著作。于1896—1897年间陆续写成。谭嗣同遇难后,1899年梁启超、唐才常分别在日本出版的《清议报》和上海出版的《亚东时报》上连载发表。全书凡五十篇,分为两卷。

谭氏自称《仁学》的思想来源:凡是研究仁学的,于佛书里应当精通《华严经》及心学、法相宗的书籍;于西方书应当精通《新约》以及算学、科学、社会学的书籍;于中国书应当精通《易经》、《春秋公羊传》、《论语》、《礼记》、《孟子》、《庄子》、《墨子》、《史记》以及陶渊明、周茂叔、张横渠、陆子静、王阳明、王船山、黄梨洲等人的书籍。

《仁学》的上卷通过阐发以太、仁、通、平等的道理,鼓吹中外通、上下通、男女内外通、人我通,宣传资产阶级的平等、民主、自由思想;下卷通过对纲常名教、君主专制主义的深刻揭露和激烈抨击,提出变法维新、改革社会的主张。该书把改革扩展到道德上、思想上、文化上,并且提出了一个相当完整的哲学体系,作为总的说明,这就把改革的范围扩大了,深度加深了。

三、哲学概念

0451. 天人

天本指人的头,后引申出自然的天、主宰一切的超自然超社会的人格神、或支配主宰人事的神秘力量以及神仙上帝居住的地方、客观的自然界及其规律。这里主要指与人相对的但人却离不了的一切自然因素,也即宇宙或者宇宙本体。人是指人类和人类所创造的一切,包括人的自然和社会属性,即与宇宙本体相对的一切。

天人这一概念是对天人关系的探讨,是中国古代哲学极其重要的命题,一直以来引起人们的极大关注。早在春秋战国时期,人们就开始探讨天人关系。老子说:“人法地,地法天,天法道,道法自然”,主张人和自然的一致;孟子说:“万物皆备于我”,自然是天人合一;庄子说:“天地与我并生,而万物与我为一”,认为人的行为与自然法则完全一致;荀子则提出了“天人相分”的观念,指出人靠自己的努力可以认识和利用自然,“制天命而用之”。到了西汉,董仲舒将天命论和阴阳五行说融合,提出了一套“天人感应”的理论体系:即认为“天人之际,合而为一”,人间出了问题,上天会示警,人间和平安宁,上天就会降祥。唐代刘禹锡继承发展天人相分说,提出“天人交相胜”,谓自然造物和人类社会各有其特定的作用和规律,可以相互胜出。而宋代的张载和程颐则认为天人本来就是一体,不必再说合与分的问题。

0452. **道器**

道,本指人走的道路,引申为天与自然走的道路,后来便指宇宙事物的规律和法则。这里指具体事物所承载的道理;器,本指容器、器皿,这里指与道相对而承载道理的具体可感知的事物。道器关系所探讨的是具体事物同规律的关系以及个别与一般的关系问题。

《周易·系辞上》说:“形而上者谓之道,形而下者谓之器。”从一个具体形象上说,形象以下的部分看得见,就叫做器;形象以上的部分看不见,就叫做道。道器合在一起,才是一个完整的事物,本来就没有分别。但为了研究它,把握它,又不得不去分开来说。于是,道是靠抽象思维把握的道理或原则,就是形而上;器是可感可见的具体和个别事物,便是形而下。

对道器关系的较多论争开始于宋代。程颐认为道与器相一致而不可分离,后来的朱熹又引入了理气概念,认为道器不可分离。明清之际的王夫之则认为道和器并非分离存在,而是统一于具体事物之中:天下只有事物,道理是事物的道理,事物不是道理的事物。没有事物,自然也就没有了事物的道理。他已经触及了个别包括一般、一般寓于个别的辩证关系问题。

中西方文化交流之后,道器之辨又成为热点。西人强调科学技术,即是形而下,是器学文明;中人讲究人伦日用,即是形而上,是道学文明。道器本来一体,中西自然不分。能够中西合璧,自然是人类的福气。

0453. **体用**

体指有形的身体、物体和实体,后来又指抽象的整体和本体;用指的是具体事物的功用和性能。体用关系的含义有多种,但主要的有两种:一是指实体、形体与其功能、作用的关系;二是指本体、本质与现象的关系。

老子最早提出了体用的关系,认为万物有形象的地方是体,无形象的地方则是用,叫做“有之以为体,无之以为用”。比如说一个容器是体,空的地方则能盛物,便是它的用处;后来的荀子也认为万物形体虽然各异,但各有其功用。到了隋唐时期,由于佛教的传入和流行,中国学者引用玄学的体用观去阐释佛教理论,发展了对体用关系的认识。近代以来,由于中西文化的交流,体用论又侧重于主与辅、偏与全、根本原则与具体手段方法的关系,如张之洞等人提出“中学为体,西学为用”的观念,告诉中国人自己的道德文明是根本,而西方的科技文明是功用。

0454. **名实**

名,指名称、概念、语言,是对事物实情的表述和概括;实,指客观事实,也指宇宙的本体。名实关系是中国古代哲学、逻辑学的一对重要范畴,探讨名称概念与其指称的客观事实是否相符、怎样相符的问题。

在春秋战国时期,社会变革打破了原有的生活秩序,“名实相怨”引起了人们的哲学探讨。老子认为通常的名称概念只能概括具体的事物,而不能用来概括作为宇宙本体和总规律的道:“道可道,非常道;名可名,非常名”。可以名说的都不是永恒的道和名,可见任何名称概念所概括的内容都是有限的、蹩脚的。所以,人们只能摆脱一切人间的概念而用觉悟的思维模式,也即玄之又玄的变化角度去认识宇宙万物的道。

孔子则从克己复礼、和谐社会的角度,较早提出了正名问题,主张为政先正名,名正才能言顺。人们生活在伦理之中,离不开父母子兄弟五伦关系,这是实。有了这个实,就必须有与之相应的包含责、权、利的名分:父义、母慈、子孝、兄友、弟恭。名正之后才能言顺,言顺而后才能实至。名实相符,社会才能和谐。

后来的荀子认为,名称概念指称什么样的“实”,并非固有的,而是来自人们的“约定俗成”,所以名与实可以相符。韩非则把名实相符的思想用于考核臣下推行法制,主张在考察臣下时,应该“循名而责实”。有名无实,名不符实,都是诈伪狡猾,必须剪除。

秦以后,对名实关系问题虽有哲学探讨,但已大不如前。

0455. 形神

形,指人的形体、肉体、形状、相貌,也指宇宙天地间的所有物体,是看得见、摸得着的空间存在;神,指人的精神、灵魂,也指天地万物的主宰、本体,是看不见、摸不着的时间存在。形神的产生及相互关系问题,也如道器的关系一样。道器合一,形神不二。无神无形,无形无神,神形兼备,造化自然。

《易经》说神无方而易无体,神和易都存在于时间当中,神无方而随万物方圆,易无体而随天地高下。管子则说,要想神存形好,就得虚心去欲。庄子则主张形神不能分,神于内而形于外,道德全才能精神内守。列子则认为神属天而形属地,神形合则为人,神离形则为鬼。《淮南子》谓形神兼备最好,但志与心变,神与形化。只有修心养性,才能形神兼备。

魏晋南北朝时期,形神关系成为哲学关注的重要内容。陶渊明写过三首《形影神》的诗,专门谈形神的关系。南朝的范缜针对佛教的“神不灭”观点和灵魂离体转移并能独立存在的观念,写下了《神灭论》,提出“形存则神存,形谢则神灭。”认为形体是精神的物质基础,精神只是物质形体的功用。

0456. 阴阳

阴本指月亮,后来便指与月亮性质相近的一切事物,比如坤、大地、黑夜、雌性、看不见的等等;阳本指太阳,后来便指与太阳性质相近的一切事物,比如乾、天体、白昼、雄性、看得见的等等。以日月为象征和基本的阴阳概念是中国古人认识世界、分析事理的最实用和强大的认识武器，依据类比推理的方法涵盖了宇宙间的所有人事情理。以此为出发点的《易经》和以后的阴阳五行体系，奠定了中华民族最基本的思维模式和文化架构。

西周末年，伯阳父用阴阳来解释地震的原因。春秋末年老子提出“万物负阴而抱阳”，用阴阳表示普遍的矛盾对立属性。越国大夫范蠡又提出“阳至而阴，阴至而阳”，认为阴阳两种势力发展到极端就会相互向对立面转化，提示了关于矛盾转化的特点。战国时期庄子用阴阳的相互交和作用，来解释事物的产生原因。《易传》则把阴阳的对立和相互作用上升为事物变化运动的普遍规律。

阴阳的认识对中国医学的影响极大，以阴阳来分析疾病的原因并作为治疗的理论指导。西汉董仲舒利用阴阳关系来论证其神学目的论，认为“天尊地卑，阳尊阴卑”，用阴阳关系来比附人事。明清之际的王夫之在前人认识的基础上，认为“阴阳”就是构成世界物质本原的“气”的两个方面，本为一体，不可分割。

阴阳范畴是中国古代对矛盾对立双方的抽象概括，对于中国古代认识世界矛盾运动变化起了重要的作用。

0457. 慎独

语出《礼记》。慎字从心从真，指谨慎诚心；独是独处，即没有人约束的地方。谓一个人在公众场合，往往会约束自己。但在一个人独处没有监督的时候，更要诚意正心，不敢懈怠。因为不诚心正意，就是自欺。越是细小微妙的地方，越能显现一个人的道德修养。这种注意个人独处时的道德修养、慎重自己的行为的中国传统道德观念，有益于君子人格的培养。

宋代邵雍提出只要加强个人内心的道德修养，即使独处之时，也能不受情欲支配而谨慎行事，自觉选择合乎道义的行为。朱熹也提出“谨独”，也即是“慎独”，并把它的内涵扩大为指事不论大小，都要办得合乎“义理”。

总之，人们无论是在光天化日之下，还是独处一室之时，都能够诚心正意，不欺暗室，不仅有利于自己的身心健康，也有利于和谐社会的构建。

0458. 气节操守

气节即志气、节操，谓一个人的气质和德行；操守即操持、坚守，谓一个人长期以来所操持坚守的道德原则。中国传统文化崇尚气节，注重德操，把做一个顶天立地的君子、完成“与天地参”的圣贤人格，看得比生命更重要。孔子指出：“志士仁人，无求生以害仁，有杀身以成仁。”孟子则提出“舍生而取义”，主张养“浩然之气”，并把“富贵不能淫，贫贱不能移，威武不能屈”称颂为“大丈夫”精神。

这种崇尚气节德操的道德传统儒学对中国民族君子人格的形成和发展有着重要的影响。此后，中国人把松、竹、梅称作“岁寒三友”，正好是气节操守的象征。至如“见义勇为”、“当仁不让”、“人无信不立”、“非礼勿言，非礼勿听，非礼勿动”、“不降其志，不辱其身”、“宁死不屈”、“精忠贯日”、“大义参天”等等信条，也都为中国人民千百年来所津津乐道和身体力行，造就了中华民族的文明礼义之邦。这种高尚德操已经成为中国人宝贵的民族精神。

0459. 三纲五常

纲指提网的总绳，又称纲纪、纲维、法度，谓事物的根本；常指永恒不变，借指伦常、法度、典章、规律，谓不变的法则。

汉代大儒董仲舒提出了“三纲五常”的观念：“三纲”即君为臣纲、父为子纲、夫为妻纲。君王要为臣子做榜样，父亲要为儿子做榜样，丈夫要为妻子做榜样，才能达到国安、家和、人福。五常又称“五伦”，即父子有亲，君臣有义，夫妇有别，长幼有序，朋友有信。意思是父子要有亲情，君臣要讲道义，夫妇要别尊卑，长幼要立次序，朋友要讲信用。孔子说：“君君臣臣，父父子子。”君要像君，臣才能像臣；父要像父，子才能像子，这是千古不变的法则。这些伦理道德观念，为社会安定和进步提供了一个基本的道德底线。

0460. 中庸之道

中指中间，即不偏不倚，无过无不及；庸指平庸，即平常、常道、平凡等义。中庸之道是中国古代哲学的方法论原则和道德实践原则。中庸就是用中，亦称中和、中道。

早在《尚书》中，舜就给禹提出了“允执厥中”的观点。凡事不要走极端，要把握住中间点。孔子《论语·雍也》说：中庸作为一种道德，那是最高的境界！所以自己一生都在努力地实践着中庸之道，即对待事物的不偏不倚的认识和行为原则。凡事“过犹不及”，做过了头和没有达到同样不可取。他的孙子子思及其门人发挥了孔子的思想，作《中庸》一书，要求人们遵循“和而不流”、“中立不倚”的处世原则，提倡“君子之中庸”。

中庸之道作为一种道德实践原则，既能适中把握事情，又能调和化解矛盾；既能发展壮大，又不伤害生灵；既不崇洋媚外，又能取长补短；既重道德文明，又可科学发展。这才是中国特色的最大体现。

0461. 贵信

语出《吕氏春秋·贵信》。信字从人从言，古人造字就是“人言为信”。诚信的“诚”字，也是从言从成，谓完成兑现自己的诺言就是诚。贵信是中国传统道德的实践观念，意思指在处理人际关系中崇尚真诚无欺，忠实于自己的诺言和义务。这种美德几乎为所有的中国古代思想家和政治家、道德家所倡导和阐释。孔子把“信”看成是人的最大特点：“人而无信，不知其可也。”他要求人们每日三省的事情之一就是“与朋友交而不信乎”，并且开设了一门课程专讲“信”。就连讲究“兵不厌诈”的军事家孙子也提出“素信者昌”，平常讲信用的军队能打胜仗。而战斗力的强弱，“其利在于信”。汉代以后，董仲舒又将“信”

与仁、义、礼、智并列为“五常”，视为中国人最基本的社会行为规范。“贵信”作为中国人的传统美德之一，对中国国民性格的形成和发展有重大影响，到今天更值得提倡。

0462. 圣人有情

圣人，指具有最高道德境界的人，与凡人相对。古指尧、舜、禹、汤、文、武、周公等，后来也专指孔子；情，指喜、怒、哀、乐、爱、恶、惧之七情。人非草木，孰能无情。只是圣人能够依照道德原则去把握和处理感情，所以就少了烦恼和痛苦而已。

圣人有情与无情是魏晋时期名士们所讨论的问题之一。因为到了魏晋时期，儒家的圣人也被老子和庄子化了，都变成了“无为”、“无心”或“体无”的人，表现了老、庄与周、孔结合后的玄学特征。当时维护名教的名士和倡导玄风的玄学家一样，都认为无情的境界比有情高，而圣人既然与无同体，那么一切欲望和感情也就都没了。儒家注重情之发而中节，道家却主张无情。玄学家王弼则综合儒道两家之说，讲有情而不累于情，也即是有情而无情。这种境界与后来的禅宗、理学、心学和全真教的教义几乎完全相同，完全可以说是后者的滥觞。

至于圣人有情与无情，反映了玄学中一般与特殊的哲学问题，又是一个精神境界问题，更是人类需要永远面对的问题。

0463. 才性

才，指人的才能，天赋；性，指人的禀性，特质。才性之说，最早见于《荀子·修身》：“彼人之才性之相县也，岂若跛鳖之与六骥足哉？”谓人的才能禀赋其实相差不了多少，也不至于像一只跛鳖和一匹千里马之间的差距。但往往跛鳖能干了的事，而千里马却达不到，就在于肯不肯干，有没有恒心的问题。

魏晋玄学兴起后，“才性”之说更是被广泛清谈的问题之一，后被运用于文学批评，泛指作家的天才与气质，指文学创作中作家主观方面的条件。“才”指天才和才能，“性”指作家的气质和个性，两者都直接地影响着作者的创作。曹丕的《典论·论文》第一次触及到作家的气质与作家的创作之间的关系。他认为作家独特的气质、个性形成了各自的独特风格。到了刘勰的《文心雕龙》，对作家的才能、个性之与作家创作的关系，才有更深的认识和探讨。作家才性的不同，造就了作品的辞理的平庸或杰出、风格上的阳刚和阴柔。可见，作家的才性是形成其作品独特风格的基础。作家外在的文辞风格的表现，都是他内在性格的一种自然而然的反映。这些看法对于促进人们对于风格理论的研究，具有积极意义。

0464. 声无哀乐

“声无哀乐”出自于嵇康的《声无哀乐论》。该文不仅讨论了音乐有无哀乐、音乐能否移风易俗，还涉及音乐美学上的一系列重大问题，即音乐的本体与

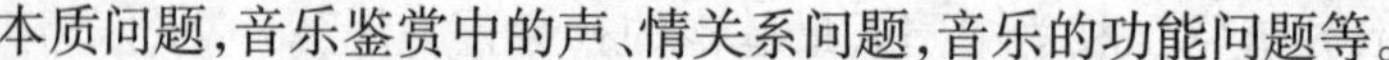

本质问题，音乐鉴赏中的声、情关系问题，音乐的功能问题等。

自舜开始教化百姓五伦孝道，就明确提出音乐的教化作用，命令夔去负责乐教，使“八音克谐，无相夺伦，神人以和”。之后《礼记》还专门设立一篇《乐记》，历代诸子都有过音乐教化、熏陶感染的论述。然而嵇康却认为，声音本是客观存在的音响，而悲哀和快乐是人们的精神被触动后产生的感情，两者并无因果关系。音乐本身的变化和美与不美，与人在情感上的哀乐是毫无关系的。他大胆反对把音乐简单等同于政治、完全无视音乐本身之艺术性的作法。主张音乐脱离政治功利的民间音乐思想与主张“礼乐刑政”并举的官方音乐思想，构成了古代音乐美学思想的两大潮流。

其实，音乐本身就是人类的发明和创造，表达着人的思想感情、悲欢离合，自然会感染听众。“此夜曲中闻折柳，何人不起故园情”，就是最好的写照。

0465. 得意忘言

意，指主题、意思；言，指文字、语言。从写作的角度说，作者通过语言塑造一种形象，然后传达一个主题，叫做以言塑象，以象达意；再从读者的角度说，通过语言看到了形象，通过形象悟到了主题，叫做以言寻象，以象悟意。寻到象时自然忘言，悟到意时自然忘象。《庄子·外物篇》提出：“荃者所以在鱼，得鱼而忘荃；蹄者所以在兔，得兔而忘蹄；言者所以在意，得意而忘言。”

到三国魏时，“得意忘言”成了王弼哲学认识论和方法论的命题之一。他认为，意指事物的本体，言是意的代表，言生于意，故可以“寻言以观意”，但言并不等于意。如果执着言，以言为意，则“非得意者也”，所以“得意在忘言”。王弼玄学的这一方法论用以解经，则一扫汉代因循章句烦琐之风。它本身又是实现由汉学向玄学转变的关键，达到了调和自然和名教、儒道兼综的目的。正是借助这一方法，玄学家们可以不离现实世界而实现其所追求的自由、超然的精神境界。

后来传到中国的《金刚经》，佛祖所说：“我所说法，以筏喻者。筏尚应舍，何况非法。”正好印证了庄子的这一观念。

0466. 寄言出意

这是西晋哲学家郭象注《庄子》和建立其思想体系的哲学方法。寄，即寄托，借寓，谓语言只是为了表达意思，应该通过言来表达意思，然后再撇开语言从而领会言外之意。

王弼所说的“得意忘言”，重在得意，是以无为本；郭象所说的“寄言出意”，重在出意，是造物无物。从此，完成了他的齐一儒道、调和名教和自然的矛盾，遂使郭象《庄子注》达到了玄学理论的新高峰。

0467. 天行有常

天，指自然界；行，指运动变化；常，指规律、法则。战国末期《荀子·天论》

说:“天行有常,不为尧存,不为桀亡。”自然界的运动变化有自己的法则和规律,不会因为是尧舜的天下就存在,也不会因为是夏桀的王朝就不存在。这种观念是对殷周以来人格神的“天”和具有神秘性的“天命”的批判和否定。荀子认为万物所有的自然现象,都是按照自身固有的规律在运动变化,并不因社会人事的好坏而有所改变。因而人们只要努力,把握机会,都有可能得获得成功。后世哲学家如王充、柳宗元、刘禹锡等人,都曾对此观念加以弘扬和发展,强调了人的能动性。

0468. **玄览**

玄览是用变化的角度去观察变化的宇宙万物,这就是觉悟思维。宇宙是变化着的,用一个公式或者定理是永远也认识不了它的真理的,唯一的办法,就是随着它变化的节奏,用变化着的角度去领悟它。

如何能够领悟宇宙的真理呢?《老子》第十:“涤除玄览,能无疵乎?”只要你能够扫除一切主观的杂念欲望,让心地清净无疵,然后“塞其兑,闭其门”,放下一切耳目口鼻等感官与客观世界的接触,然后便可直入宇宙而顿悟真谛。

这种认识宇宙的方法叫做“觉悟”,可以达到“不出户,知天下;不窥牖,见天道”的境界,而那些放弃内心领悟却追求外在感官知识的人跑得越远,智慧越少。老祖宗靠着这种觉悟思维创造了无比光辉灿烂的中华文明,不能够因为西方今天强大了,我们就一定要放弃觉悟思维而一味地跟着西方人学习逻辑思维和定式思维。

0469. **道法自然**

这是老子的天道自然观。道,即宇宙运行的规律;法,遵循效法;自然,意谓自然而然,不假人为。《老子》第二十五章:“人法地,地法天,天法道,道法自然。”因为道生出了天地万物,所以万物应该效法祖宗。道的特点是什么呢?就是“道法自然”,他只有顺应天地万物之自然,万物怎样,道便怎样,决不加以干涉。正是因为道效法天地万物之自然,也不需要做出任何自己的主张和行为,所以是“道常无为而无不为”。道不需要做任何事情,这是无为;但他又体现在万物当中,万物的为也正是他的为,所以是无不为。

“道”是宇宙本原和万物运动变化的最高法则,它顺万物之自然而无作无为,生养万物而不占有干扰万物。这种观念,对于统治者和领导者们的管理来说,对于我们每一个人的奋斗成长来说,有着非常深刻的借鉴意义。

0470. **无为而治**

这是道家的治世主张。《老子》说:“道常无为而无不为。”天地万物包括人类都是由道生出来的,但道对于它生物的管理却是不违背任何事物的本然状态,顺其自然。结果是把天地万物管理得井井有条,各得其所,这才是无不为。可见,无为是手段,而无不为是目的。为了达到无不为,就必须保持无为,所以

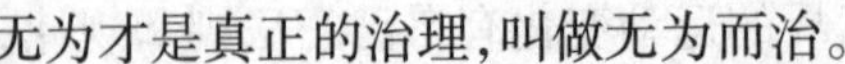

无为才是真正的治理，叫做无为而治。

在老子看来，“民之难治，以其上有为，是以难治”。统治者如果采取“无为”的作法，不以繁政苛举扰害百姓，百姓便会纯朴自处，生活自然富足安定。后来的庄子又主张从精神上彻底摆脱“有为”的欲念，达到绝对的自由。汉初推崇黄老之学，统治者吸取了秦朝灭亡的教训，以道家无为而治的方针，采取与民生息的政策，减少了繁政苛举，从而迎来了“文景之治”和“汉武盛世”。

0471. **反者道之动**

反，即相反，返还。《老子》第四十章：“反者道之动，弱者道之用。”这是对道的运动法则的概括：即是向相反方面的转化，比如说“祸兮福之所倚，福兮祸之所伏”。看着是祸，但却因祸得福；明明是福，但却乐极生悲。

再引申一下，因为天是圆的，所以天道也是循环的。阴阳的相互转化，其实也是往返循环，比如说“天道好还”。天道就喜欢转圆圈，眼看着我们就飞出去了，没有想到他却又转回来了，所以谁都不要太绝对。因为宇宙没有任何绝对的真理，唯一绝对的真理其实就是变化！

认识和把握了这个变化的真理，我们就会和善地对待一切，而不会走极端，也不会执著，更不会给自己带来遗憾。《老子》历来被认为是帝王学，是教帝王如何和谐社会和完美管理的，可见其中充满了智慧。如果我们能够真诚耐心地学习《老子》给我们提供的智慧，人类的和谐社会也将指日可待了。

0472. **尚同**

尚，崇尚，尊奉；同，统一，雷同。战国初期思想家墨子的政治主张。墨子认为，在古代没有刑政之时，天下之人各有自己的一套看法，就会相互排斥，便造成了社会的混乱，争斗不止。

为了解决争斗，使天下的安定，墨子提出天下应有同一的是非标准和共同的人生目的。具体作法就是，先选一个圣贤立为天子，然后再建立一套从天子到诸侯、将军、里长、乡长、百姓的一级级统治系统，下一级必须与上一级的是非标准保持一致，从而达到上下思想认识、是非标准的统一。这样就能够齐心协力，上下一同，从而实现国富民强，天下大治。墨子的“尚同”主张，虽然对商鞅、韩非的政治和法制思想有一定的影响，但过分的非人性化和雷同复制，首先就遭到了儒家的坚决反对。正是孔子所主张的“君子和而不同”，才给中华民族带来了如此灿烂辉煌的文明生活。

0473. **兼爱**

墨子的政治伦理主张。《墨子·兼爱中》说：当今天下的君子们，从心理讲都希望国家富强而讨厌贫穷，都希望天下治理而讨厌离乱。然而为什么不能使天下富强和治理呢？就因为没有做到兼相爱、交相利。只要做到兼相爱、交相利了，天下自然会安定富强。

兼爱，意谓人与人之间要相爱互利。天下的各种纷争，也都是因为人与人之间不能够相爱互助。如何兼爱呢？那就是把别人的国家当成自己的国家，把别人的家庭当成是自己的家庭，把别人的身体当成是自己的身体，然后就能够做到爱别人就像爱自己一样，因为别人就是自己。这与西方的“博爱”有着相同之处。兼爱不仅于他人有利，而且对兼爱者也有利。人人利他，也就实现人人利己。只要做到天下之人皆相爱，就能达到天下大治。“兼爱”思想是墨子思想的核心，贯穿于其他政治主张之中。兼爱思想反映的是当时小生产者的平等要求，在处理个人利益和社会利益的关系上，强调二者的一致性，既注重社会利益，又不排斥个人利益，在当时具有进步意义。

0474. 性善说

性，指人的本性、禀性、天赋。孟子是春秋时期第一个系统论述人性善的思想家，认为人性中天生就有善的因素，善的萌芽，即善端：恻隐之心、羞恶之心、辞让之心、是非之心，也称为四端。由这四个善端加以发展和修养，便成了仁、义、礼、智的四种道德意识和行为，从而达到圣贤境界。

既然每一个人一生下来都有此四端，那么就有可能都成为拥有四德的圣贤，因此，孟子强调后天的教化和自我修养，以此培养良好的道德，而使人人都能成尧舜。正是这种人人可以为尧舜的观念，才使得佛教进入中国后大行其道，从而发展出即心即佛、即佛即心，佛即众生、众生即佛的中国佛教思想。这种观念，对于宋明理学、心学的人性论和全真道的人性论也都有着重要的影响。

孟子从人本主义角度出发，注重圣贤教化和自我修养从而提高道德品质的主张，在中华民族道德发展史上有着不可磨灭的贡献，直到今天还具有不可估量的价值和意义。

0475. 性恶说

人生之初，无善无恶。就像一块田地，种香草便收香草，种恶蒿便获恶蒿。只是后天的习染熏陶不同，才使人们有了贤愚善恶的差距。人性是善还是恶，是中国古代争论较多的一个问题。孟子的性善说，强调了人性中善良的部分加以教化，所以能够使人成为圣贤。

后来的荀子又强调了人性中邪恶的部分。他认为，所谓性，是生来如此的，是天生自然的。而人生下来的本性就是好利、疾恶、爱好声色的，并由此产生了争夺、残贼和淫乱。如果顺着这样的本性任其发展则必然天下大乱，只有通过后天“起礼义、制法度”加以纠正和教化人的恶的本性，才能使人成为君子。

在这种性恶说的基础上，荀子提出了法治理论，为韩非和李斯等人的法治思想提供了理论依据。

0476. 仁政说

仁，从人从二，即相爱，仁爱，施恩。“仁政说”是孟子明确提出来的政治哲学思想。在他之前的孔子便提出了“为政以德”、“仁者爱人”的政治主张，强调统治者必须抱着爱人的前提，才能治理好国家。

孟子强调以仁义道德原则作为统治者施政的根据，施政即是“施仁”：在经济上，要保持小农生产的相对稳定，适当满足农民的土地要求，提出“制民之产”，认为百姓如果没一定的耕地和住宅，民心就不稳定，社会就会动乱，所以明智的统治者必须使农民拥有可以养活父母妻子的土地，凶年不致于流离死亡，这样就容易使他们安分守法了。

孟子从历史上朝代更替的经验中，看到了“民”对社稷存在的重要作用，还提出了民贵君轻的思想。他的仁政学说为后来儒家奠定了政治思想的理论基础。

0477. 民贵君轻

这是孟子的民本思想。《孟子·尽心下》：“民为贵，社稷次之，君为轻。”在争夺天下和维护统治的问题上，人民的作用最为宝贵，其次在是江山社稷，最后才是君王。没有人民就不会有国家，自然也就没有国君了。可见，谁能得民，谁就能得天下；如果失民，也就会失江山。然而得民则在于得民心，注重民心的向背，随时调整政治策略和管理方针以获得民心，才是国家存在的根本。

“民贵君轻”思想，继承了《尚书》“民惟邦本，本固邦宁”的“民本”思想，完善了孟子的“仁政学说”，对后世的一些思想家和政治家产生过积极的影响。出现在《荀子·哀公》中孔子所说的“君者，舟也；庶人者，水也。水则载舟，水则覆舟”的观念，与孟子的民本思想是相一致的。

0478. 内圣外王

语出《庄子·天下》。内圣，指内有圣人之德，谓内心修养已经达到最高的道德境界；外王，指外有君王之政，谓对外能够施展出卓越的治国才干。内圣外王是中国古代的理想人格，也即是《大学》所强调的“修身、齐家、治国、平天下”。

庄子认为内心有高尚的道德修养，对外有治世的才能，这才是最理想的人格，便是“内圣外王”。但是在当时的乱世，“内圣外王之道”早已晦暗不张，所以只能徬徨逍遥，在无何有之乡去实现这种理想人格了。

近代学者梁启超认为：“内圣外王之道”一语，包举了中国学术的全部，其宗旨在于内心足以资修养而外面足以经世济民。

0479. 离坚白

战国时期公孙龙子的哲学观点。离，分离，剖析；坚，坚硬，这是手摸到的感觉；白，白色，这是眼看到的颜色。公孙龙子用石头的坚硬和白色来做譬喻，用眼睛看不到它的坚硬，只能看见它的白色，坚硬便不存在；用手摸触不到它的白色，只能感到它的坚硬，白色就不存在。这就是所谓的“离”。

这种认识方法否认了事物各个概念之间的联系，强调了事物内部属性的差异性。实际是承认事物的抽象属性可以脱离具体事物而独立存在，是割裂一般和个别的联系。其实，宇宙万物自然存在，无需人们离不离坚白。人类只是为了认识自然，才设立了东西南北、坚白异同的概念，可见这只是我们自己的认识体系，与自然万物毫无关系。公孙龙一派还提出了一些违背常识的命题，如“白马非马”等，都带有诡辩论的色彩。但他深刻探讨了事物内部各种属性的差别关系、一般和个别的关系，是人类理论思维发展史上不可缺少的重要一环。

0480. 白马非马

本是先秦时期名家学派的重要论题之一，较早为齐国辩者所提出，认为“白马”与“马”并不等同，实际探讨的是一般与个别的关系问题。

公孙龙说：“马者，所以命形也；白者，所以命色也。命色者非命形也，故曰‘白马非马’。”“马”指的是形体，“白”命名的是颜色。指称颜色就不能指称形体，所以“白马”就不是“马”。这个命题对中国哲学认识论和古代逻辑学的发展是一大贡献。后期墨家正是在批判扬弃名家思辨学说的基础上，建立起比较完整的逻辑学体系。但是“白马非马”的诡辩命题忽视了一般和个别的联系，在崇尚人伦日用和道德生活的中国自然是没有市场的。

0481. 循名责实

循，即依照，遵循；名，官职，名分；责，考核，督责；实，实在，政绩。“名实”之辩，是中国古代哲学思想和道德实践的一大命题，而循名责实在法家申不害之后却成就了韩非子的法治主张。

韩非的法制规定，君王应该依照官职名位来考察臣下的实际政绩，就叫做“循名责实”。要考核群臣执法为政的实际政绩，才能赏罚分明，不能只听人们的言辞。必须用“参验”的方法，去看名分和实绩是否相符，从而避免轻听轻信而受臣下的蒙蔽。在选用人才上，也强调名实的一致。

“循名责实”的主张，对于整饬吏制、树立廉风、戒除贪渎、实施仁政，是有积极意义的。

0482. 矛盾

战国末期思想家韩非的辩证法观点。《韩非子·难一》中有一则寓言，说楚国有一人卖矛又卖盾。夸耀盾时说：“我的盾坚固无比，任何锋利的东西都穿不透它。”夸耀矛时又说：“我的矛非常锋利，没有扎不进去的东西。”旁边有一人说：“要是用你的矛，去刺你的盾，你看会怎么样？”楚人一时无语了。韩非在讲完这则寓言后，感叹说：“夫不可陷之盾与无不陷之矛，不可同世而立。”韩非用这个故事，说明事物的矛盾对立现象，这是中国哲学史上首次用“矛盾”来概括事物间的对立现象。“矛盾说”的提出，反映了韩非对事物矛盾属性的认识。但韩非不只是强调两者“不可同世而立”的对立属性，他还认为“万物必有盛衰，万

事必有弛张”，承认对立双方可以互相转化。这则是对老子祸福相依理论的进一步解说和阐发。

0483. 人定胜天

定，指安心，定志；胜，超过，战胜，改变；天，指命运，天意。人只要安心定志，持之以恒，自然会改变命运。这是明代哲学家宋濂、吕坤诸人的天人观。

吕坤说：“圣人学问，只是人定胜天”，“人事就是天命”。圣贤的学问，全在通过人自心的安宁净定，就能够改变命运。人事就是天命，只要把人事做好了，也就合乎天意了。这话并不是说人一定能够战胜天，而是“人定真足胜天”，人安定后真可以改变命运。

这种积极进取的精神，并没有号召人们与天斗、与地斗、与人斗，而是要人们与自心中的杂念欲望斗争，修心养性，安静恒定，才能把握自己的命运。

0484. 诚意

诚字从言从成，谓兑现诺言，坚守诚信；意，内心，意愿，情意。语出《礼记·大学》：“所谓诚其意者，毋自欺也。如恶恶臭，如好好色，此之谓自谦。故君子必慎其独也。”要使自己的意念诚实，就不要欺骗自己。就如同厌恶污秽的气味，如同喜爱美丽的女子，这就叫做自己满意。所以君子一定会谨慎自己的独处，因为不能欺骗自己的内心。

小人在独处的时候，因为没有人监督，所以什么坏事都会做出来。但一见到君子便感到自己猥琐了，于是会掩盖起自己的不善，而表现自己的善良，好让别人见到和赞扬自己的美好。这其实就是人们常说的伪君子。但是别人虽然看不到自己的不善，但自己却知道自己干了什么，就好像看见自己的心肝脾肺一样，掩盖也是没有用的。

况且面对自己的时候是一套，面对大众的时候又是一套，这样会严重地影响自己的心理和生理健康。只有不自欺欺人，内心的真诚便会直达外表，内外一体，表里不二，那样的善良才是真正的善良。所以君子一定会真诚地面对自己，才能更好地面对大众。

0485. 虚一而静

《荀子·解蔽》：“人何以知道？曰：心。心何以知？曰：虚一而静。”虚，空虚，谦虚，因为空虚才能够容纳和接收事物；一，专注，一心，不杂乱，因为专注，才能与事物的内心沟通；静，安静，清净，因为宁静才能致远，才能与宇宙沟通。一句话，只有排除杂念，一心不乱，才能达到觉悟的境界。

人怎么能够认识宇宙人生之大道呢？靠心。心怎么能够认识呢？靠的就是虚一而静。这里强调：人们在认识过程中要排除内心的种种干扰，使心保持高度的清醒专注。这样才能领悟真谛。“虚一而静”的认识方法，是对老子“致虚极，守静笃”思想以及《管子》“洁其宫，开其门”思想的改造和发挥。其认识方法体现了主体的进取精神,是对觉悟思维的高度概括。

0486. 致良知

致,招致,使来;良知,即人先天具有的道德意识。王守仁,字阳明,在继承思孟学派的“尽心”、“良知”和陆九渊的“心即理”等学说的基础上,吸收了朱熹那种超感性的先验范畴的“理气”为本体学说,创立了王学,也即阳明心学。王学的内在结构是由知行合一和致良知构成的。就如孟子所主张的“性本善”,圣贤人格的“良知”也深藏在其中。只要能够把这个良知调动招致出来,孟子说的“人人可以为尧舜”的局面就会出现,所以这里强调的是“致良知”。

在这里,王守仁突破了朱熹那种“天理”的绝对性,从而肯定了人欲的合理性。“致良知”就是如何为圣的过程,变本然的知为主体意识自觉把握的知的过程,也就是他所说的“知行合一”。人若复得“良知”,就可以与天地万物同体一气,达到超然自乐的人生境界。在这种境界中,主体人格精神获得了高扬,个体的生命存在价值得到了肯定,人的心灵被提升为与天地同体而无古无今的永恒。这正是生命的审美体验和升华过程。

0487. 体验天理

理,是中国哲学最基本的范畴,它在古代哲学中表现为天理。庄子首先提出“天理”的概念,宋明学者则以“理”为核心构筑了自己的哲学体系。理学家程颐提出“性即理”的命题,就是说,理是事物的本性,认识了理,也便认识了事物的本性。体验天理,就是要体验事物的本性,用理的规范来达到自我对于经验之心的约束,这样才能达到修身的目的。理学发展到王守仁时,冲破了理的樊篱,产生了“心即理”的心学理论。他认为,心为事物定出规范,而不是物,最后的本体是心而不是性。所以这时的“体验天理”就发展为“发明本心”,由内而外,用心灵体验外物,并付诸实践。比较而言,王守仁的心学理论更鲜明地标举了人的神圣性。

0488. 天下惟器

语出明清之际王夫之《周易外传》:“天下惟器而已矣。”器,器皿,物质,是指具体的、有形有象的事物,与指称事物的规律和原则的“道”相对而言。道器关系含有事物和规律、特殊和一般的双重含义。“天下惟器”说的是天下也只是一个器而已,并非否认道的存在,而是说器是第一性的、根本的、决定性的,道则是第二性的、派生的、被决定的。

王夫之赞成“无其器则无其道”,而反对“无其道则无其器”,认为没有了事物,自然没有事物所承载的道。这种道器观念给近代谭嗣同的改革思想提供了依据,得出了“道器相为一也”的结论,成为了变法的思想武器:如果说道不能离开器而存在,那么天下这个器也该算个大器了。器都已经改变了,那个道怎么能够独独不变呢?

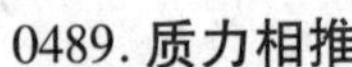

0489. **质力相推**

质,即西方近代自然科学所讲的物质,即原子;力,主要指机械力,特别是指牛顿所提出的万有引力。这是近代哲学家严复提出的一个重要哲学命题。

严复把“质”和“力”看成是宇宙存在发展的基础,提出:“大宇之内,质力相推。非质无以见力,非力无以呈质。”在浩瀚宇宙中,质和力是统一的,没有质就不能表现力,没有力也同样不能表现质。二者相互依存,相互推动。可见宇宙万物是由相互作用的物质构成的,其演化自然也都受这个质力相推法则所支配。这一学说取代了中国传统的元气说,标志中国哲学进入到了一个机械唯物主义的新阶段。

0490. **格物致知**

格,感格,沟通,引申而为推究,探索;致,招致,获得。这是一个古老的认识论命题,出自儒家经典《大学》的“致知在格物,物格而后知至”。要想获得知识,就必须与事物感通。事物被感通了,智慧和知识才能获得。

程朱学派认为先验存在的“天理”是万物的本原和主宰,也是最高的道德原则。“格物”就是格去外物的迷障、人欲之私的杂念,逐渐由外物而及心性,达到穷尽天理、恢复天性、体认天命的认识高度,实现“穷天理,明人伦,讲圣言,通世故”的终极目的,从而对人生作出智慧的指导。

陆王学派认为“吾心”是宇宙万物的本原和主宰:所说的“致知格物”,就是要把“吾心之良知”送达给天下所有的事事物物。他把“致”字理解为送达、给予的意思。只要我们能够“发明本心”,则事事物物也都拥有了我们的良知,同时也就实现了我们人生的认识和道德修养的目标。

南宋的叶适则把格物释作“以心应物”、“以心尽物”,反而比较合乎《大学》的本意。明清之际的王夫之则把格物与致知解释为认识的感性阶段和理性阶段等等,都是值得借鉴的。

0491. **百姓日用即道**

这是明中叶王艮的哲学思想,又称“百姓日用即道”或“百姓日用之学”。这个“道”以百姓为本,而百姓则包括士、农、工、商和所有民众,愚夫愚妇。这“道”是平民百姓日用常行之道:“圣人经世,只是家常事。”统治者经营世界,其实也只是家常事,没有别的,所以圣人之道,也无异于百姓的人伦日用。如果跟老百姓有不一样的,都可以称之为异端邪教。在他看来,只有合乎平民百姓日常生活需要的思想学说,才是真正的“圣人之道”。否则,便是“异端”。

他所谓的“道”,不仅具有道德精神内涵,而且包含了人民最起码的物质生活要求。总之,对呻吟在苦难中的人民表示同情,要求摆脱贫困,争取生存权利的观点,在明中叶出现资本主义生产关系萌芽的历史条件下,反映了时代的要求,具有启蒙的意义。

0492. **童心即是真心**

这是明代思想家李贽的用语。他将童心定义为“真心”，为“绝假纯真，最初一念之本心”。童心是没有受到道学家义理观念或者任何后天恶习熏染的赤子之心，其特性是“穿衣吃饭”、“趋利避害”等属于人类的自然本性。怎么才能获得呢？就应该排除一切后天获得的见闻知识，而去认知、拥有、护持这份童心。

李贽要求存“真心”，做“真人”，呼唤“最初一念”之觉醒，表现了新兴市民阶段个性解放的要求和对封建礼教重压的反抗，在政治上具有启蒙意义。

0493. **穿衣吃饭即是人伦物理**

语出明代思想家李贽《焚书·答邓石阳》：“穿衣吃饭，即是人伦物理。除却穿衣吃饭，无伦物矣。”穿衣吃饭是最简单但又最日常的生活，任何人都逃脱不了。所以，其中一定体现了每一个人类个体对于伦理、道德、社会、人生的理解和把握。离开了这两件事情去谈伦理道德，也就失去了意义。所以，圣人教化天下，就当以此穿衣吃饭为根本，一下便把伦理道德落到了最实在处。

把伦理道德同人们的物质生活相联系，强调二者的一致性，并把穿衣吃饭上升到人伦物理的高度，同道学家的“存天理，去人欲”形成了鲜明的对立，带有政治启蒙色彩。

0494. **心外无物**

“心外无物”、“心外无理”，是明代哲学家王守仁的基本观点。陆九渊曾提出“心即理也”，以及“宇宙即是吾心，吾心即是宇宙”，谓我的心就是宇宙，宇宙也就是我的心，所以我的心也就是天理。认识了我的心，也就认识了天理。

王守仁发展了陆九渊的这些思想，提出了“心外无物、心外无事、心外无理”。这个“心”，既指最高的宇宙本体，如说“心即道，道即天”；也指个人的道德意识，如说“心一而已，以其全体恻怛而言谓之仁，以其得宜而言谓之义，以其条理而言谓之理”。心虽然只有一个，但从对整个人类的恻隐之心来说就是仁，对做事合宜来说就是义，对条理不紊来说就是理。

心与物本来同体，物不能离开心而存在，心也不能离开物而存在。离开了灵明的心，便没有天地鬼神万物；离开了天地鬼神万物，也没有灵明的心。灵明的心既是天地万物的主宰，但心无体，则以天地万物之感应为体。客观的事物没有被心知觉，就处于虚寂的状态。一旦被心感知，便生机勃勃。正是《易经》说的：“寂然不动，感而遂通。”王守仁的心外无物、心外无理的思想，为他的知行合一学说奠定了宇宙观基础，对后世产生了广泛的影响。

0495. **变化日新**

这是明清之际王夫之提出的辩证发展观。“变化”、“日新”均出自于《周易·系辞上》。历代对此多有发挥，而以王夫之在其《周易外传》中所阐发的最为详赡深刻。

他认为整个自然界及人类社会都在“日新之化”,无论是天上的日月风雷,地上的山川草木,还是人体的爪发肌肉,每日每时都在推陈出新、不断变化。许多事物外表看似没有什么变化,而实质上却时时刻刻都有质的更新。

这一观点运用于自然,即为辩证法的自然观;运用于社会历史,即为进化论的历史观;运用于政治生活,即为趋时更新的进取精神。这种“变化日新”的思想具有深远的理论意义和社会价值。

0496. 理势合一

这是明清之际王夫之的社会历史观点。理,事理,天理,指体现在天地万物及社会历史发展中的规律性;势,形势,趋势,指历史发展的必然趋势和客观过程。他认为二者统一而不可分。

历史规律就体现在历史发展的趋势之中,并不可能在历史发展之外还有“天理”、“神意”来主宰历史。同样,“得理自然成势”,合理的历史活动就会形成历史事变的必然趋势。理和势不可分割,本来一体:发展趋势只要顺乎道理,也就是天理的应当如此。发展趋势既然如此,而且也不得不如此,这就是天理。

他把支配历史发展的客观力量叫做“天”:势字精深微妙,理字广大无边,二者相合,才可称做是天。王夫之力图从社会历史内部去寻求历史发展的趋势和规律,是为唯物史观的因素和萌芽。

0497. 理存于欲

这是清初哲学家戴震的理欲观。理,天理,事理;欲,欲望,人欲。首先,他对“天理”和“人欲”重新加以诠释:天理并不是超验的、先天的、至善的封建道德,而是人情当中由不得自己的地方,所以与人们的欲望是不矛盾的。而人欲本来也无所谓善恶,是人类的自然本性,是来自于阴阳五行的天性。

其次,他强调理与欲并非绝对对立,“理者,存乎欲者也”。天理是存在在人欲当中的,这确实比程朱理学家把二者对立起来是一个进步。他认为,理学家说的“天理人欲不能并”,“存天理,灭人欲”等,完全是“以意见为理而祸天下”,是以一己的意见为天理而祸害天下万物。而这种“理欲之辨”,正好成为残忍无道、压迫杀害卑者、幼者、贱者的反动工具。

他提倡人欲合理,并不主张人欲横流:“欲不可穷,非不可有。有而节之,使无过情,无不及情。”人欲不可以穷尽,但并非不可以有。有了人欲,再加以节制,使它既不要超过情理,也不要达不到情理。

他的这些合情合理的主张,反映了当时新兴市民阶级和广大人民群众的心声。在今天重建和谐社会和伦理道德的活动中,这种观念也是值得借鉴的。

0498. 公羊三世说

公羊,即公羊寿,西汉齐国人,曾传注《春秋》,称为《春秋公羊传》。后来汉代经学家何休在为《公羊传》作注时,提出了一种关于历史演变的观点,即由“据乱世”进入“升平世”，再进入“太平世”，称之为“公羊三世”。

康有为把公羊三世和《礼记·礼运》的“大同理想”相结合，发挥为：人类社会的发展规律，应该是自君主专制政体的据乱世进入君主立宪政体和小康之世的升平世，最后再进入到民主共和政体和大同之世的太平世。他认为当时中国尚处在据乱世，而西方各国已经进入了升平世，中国落后了一大截，因此必须通过变法维新，争取早日进入升平世。

这一学说，在旧的理论形式中纳入天道尚变、历史进化和资产阶级民主自由等思想，指导了当时的维新变法，对今天的社会变革还有着一定的指导意义。

0499. 以太说

“以太”，源于希腊文（Ether）音译，意为燃烧、点火。古代希腊毕达哥拉斯派承认宇宙有以太，但只是一种猜测。后来西方的一些自然科学家，则提出以太假说，认为它是一种密度小、弹性大、无重量、充满整个宇宙的物质，是光、电、磁等现象的物质基础。

这一假说对中国近代思想家、改革家谭嗣同等人颇有影响。他用以太来建立自己的物质观和本体论，说以太是一切自然现象和社会现象的本原。他用物质性的以太来解释万物的本原和万物多样的统一，容纳了新的自然科学材料，但又用精神性的“心力”来规定以太的性质，还是没有超出传统哲学的范围。其后的章炳麟则提出“阿屯（Atom）以太”，也即“原子以太”的概念，把它当作眼看不见而有形、手摸不着而有质的物质实体。

“以太”概念的出现，标志中国近代哲学已脱离古代“元气”论的阶段，而进入到机械唯物主义的新阶段。

0500. 物竞天择

这是近代哲学家严复介绍达尔文进化论时所用的术语。在《原强》中，严复概括达尔文《物种起源》一书的要旨为物竞天择：“物竞者，物争自存也；天择者，存其宜种也。”万物之所以要竞争，是因为要争取自己的存在；上天之所以要选择，是因为要保存适宜的物种。他赞同达尔文关于生物界通过生存竞争、自然选择的规律实现物种进化的观点。

严复根据斯宾塞等人的理论又强调，物竞天择的生物学规律对于人类社会各领域也同样适用，认为人与人、民族与民族之间也存在着生存的竞争。只有“最宜者”才能免遭淘汰，表现出社会达尔文主义的观点。但是，这种观点本来是为帝国主义，尤其是法西斯帝国主义提供弱肉强食的侵略政策服务的错误理论，只是经过严复有选择的介绍，却对当时中国人民救亡图存的运动起到了警醒作用，曾鼓舞了中国人民奋发图强，变法维新。“物竞天择，适者生存”也因此而成为近现代中国思想界最流行的哲学观点。

四、哲理名句

0501. 天行健，君子以自强不息

语出《周易·乾卦·象传》。大意是：天(也就是自然)的运动规律刚强劲健、永不停止。君子应当像天宇那样，刚毅坚定，发愤图强，即使颠沛流离、历尽挫折和磨难，也不屈不挠，永不止步，生命不息，奋斗不止。这就好像司马迁在腐刑的耻辱下，写出了千古流传的《史记》。一个人如此，一个国家也是如此。没有自强不息的精神，我们中华民族也不会始终屹立于世界的东方。

0502. 穷则变，变则通，通则久

语出《周易·系辞下》。是说事物到了尽头的时候就会发生变化，变化之后才能通达，通达之后便能够长久。这句简单的话说出了一个真理：世间的万物，都有一个发生、发展、衰落的过程，任何事物在事物发展到衰落阶段时，就要寻求变化以谋出路。如果一味坚持原来的旧规矩而不思变化，只能僵化致死；反之，如果能适应环境的变化而改变策略，做出相应的调整变化，就能立于不败之地。比如一个陀螺，静止不动时只能躺在地上，在高速旋转的运动状态，反而能达到新的平衡，稳稳地、优美地在地上起舞。可见，“变”是常态，是根本的规律，我们应学会在变动不居中把握事物、把握我们的事业和人生。

0503. 满招损，谦受益

语出《尚书·虞书·大禹谟》。意思是：谦虚谨慎的人会受到益处，骄傲自满的人会招来损害。这是因为，人一旦有自满高傲的心，就无法客观地看待自我和认识事物，那么失败也就悄悄隐伏其中了。只有以谦虚谨慎的态度，以宽广的胸怀包容吸纳不同意见，才能建大功，立大业。历史上，谦虚谨慎、器量宏大的人获得成功，而骄傲自满、拒谏饰非的人遭到失败的事例不胜枚举，成功者如刘邦、刘秀、王导、李世民，失败者如项羽、关羽、杨广、李存勖等。崇尚谦虚谨慎、从善如流，摈弃骄傲自满、不纳忠言，已经成为中国人千百年来的共识。

0504. 三人行，必有我师焉

语出《论语·述而篇》。意思是说三个人并肩而行，他们其中必定有我的老师。这句话表现出孔子自觉修养，虚心好学的精神，告诉大家一定要注意学习他人之长，随时随地向所有人学习。只要别人有哪方面优点是自己所没有的，那么我们就要不问其余，虚心去学习，这样的话，谁都可以成为我们的老师，我们也就没有固定的老师。孔子好学如此，他的好学精神世代被传承。唐代韩愈写过《师说》就讲到学生不一定就不如老师，老师也不一定比学生强，只不过是时间上有先学有后学、专业上有钻研领域不同的区别罢了。所以我们求取的是真理，不用在乎我们请教的是什么样年龄、职业、资历的人，只要他在这个方面懂得比我们多就行了。

0505. **三思而后行**

语出《论语·公冶长篇》。原文是说有个叫季文子的人,他做事情时总有一个特点就是反复再三思考之后才行动,孔子听说他这个特点后评价说,一件事情想一想、再想一想就可以去做了。“三思而后行”是说反复思考、彻底想清楚才下决心去做的行事方式。强调事前多思考、处事谨慎小心的态度。当遇要做重大决定时,“三思而后行”显然非常必要,但并不是胆小怕事、瞻前顾后,更不是“多谋而寡断”。孔子的看法是有先见之明的,想想、再想一想就够了,我们确实需要思考,但我们需要的是适度思考。

0506. **天时不如地利,地利不如人和**

语出《孟子·公孙丑下》。意思是适宜作战的时令与天气,比不上有利于作战的地形与军事工事,有利于作战的地形与军事工事比不上人们的上下团结。孟子在这句话中阐述了用兵的道理:作战的时候时令与天气固然重要,但是得到了天时的一方却无法战胜拥有险峻的地形或是坚固的城池的一方;拥有了险峻的地形或是坚固的城池,如果上下不能同心,那也无法赢得胜利。现在这句话也常常应用于商业竞争、体育比赛中。

0507. **机不可失,时不再来**

语出《旧五代史·安重荣传》。意思是指时机难得,必需抓紧,不可错过。晋高祖石敬塘本人是靠契丹的扶持才称帝的,所以他在位的时候一直对契丹抱着姑息忍让的态度。然而晋高祖手下有一个将军叫做安重荣,他性格暴戾,甚至对契丹使者箕踞谩骂,更是杀死契丹骑士,惹得契丹主大怒,责令晋高祖杀掉安重荣。但是高祖隐忍,一直都没有治他的罪。安重荣又联合了吐浑和其他一些民族,想要和契丹进行对抗。并上书高祖,“仰认睿智,深惟匿瑕,其如天道人心,难以违拒,须知机不可失,时不再来。”一方面指斥高祖对于契丹的软弱行为,另一方面试图得到朝廷的准许去抗击匈奴。佛教也有“天晴不肯去,直待雨淋头”的谚语,意思是做事错过了时机,不仅不能取得预期效果,甚至可能遭致某种灾祸或不利后果。

0508. **得道多助,失道寡助**

语出《孟子·公孙丑下》。这句话的意思是站在正义方面,会得到多数人的支持帮助;违背正义,必陷于孤立。此语原文是:“得道者多助,失道者寡助。寡助之至,亲戚畔之;多助之至,天下顺之。以天下之所顺,攻亲戚之所畔,故君子有不战,战必胜矣。”丧失道义到了极端的程度,就连亲戚都会反对他;拥有道义到了完美的程度,全天下的人都会顺从他。拿全天下都顺从的力量,来攻打连亲戚都反对的人,要么不战,一战必胜。孟子在这里所说的得道和失道的人并不是指普通的个人,而是指一国的君主。孟子的“道”指的就是施行仁政,施行仁政便会得到人民的支持;只有施行仁政,才能民心归服,天下归服,行事也

会无往而不胜。

0509. 己所不欲,勿施于人

语出《论语》。这句话的意思是自己不想接受的东西,不要强加给别人。这句话在《论语》中出现过两次,一次是《颜渊篇》,“子曰:出门如见大宾,使民如承大祭。己所不欲,勿施于人。在邦无怨,在家无怨。”;另一次是《卫灵公篇》,“子贡问曰:‘有一言而可以终身行之者乎?’子曰:‘其恕乎!己所不欲,勿施于人。’”这句话是《论语》中孔子思想的核心部分之一。强调了人应当懂得宽恕的道理,应当以对待自身的行为为参照物来对待他人。人应该有宽广的胸怀,待人处事之时千万不要心胸狭窄,要宽宏大量,宽恕地对待别人。倘若自己讨厌的事,就不要强加给他人。这是互相尊重,平等待人的理念,现在仍然是处理人际关系的重要原则。

0510. 皮之不存,毛将焉附

语出《左传·僖公十四年》。意思是皮都没有了,毛往哪里依附呢?比喻事物失去了借以生存的基础,就不能存在。这句话的原文是这样的:“冬,秦饥,使乞籴于晋,晋人弗与。庆郑曰:‘背施无亲,幸灾不仁,贪爱不祥,怒邻不义。四德皆失,何以守国?’虢射曰:‘皮之不存,毛将安傅?’”说的是春秋僖公十四年的时候,秦国发生了大的饥荒,于是秦国便向邻近的晋国借粮食。晋国的庆郑主张借给秦国粮食,因为这是仁德的表现。但由于之前晋国曾经答应要送给秦国几座城池但是最终反悔与秦国结下了仇怨,所以虢射主张不借给秦国粮食。这里他以皮来比喻承诺送给秦国的城池,用毛来比喻粮食。他的意思是,既然晋国已经与秦国结下了很深的仇怨,即使现在借给他们粮食,就好像没有皮却给人毛一样,无补于两国的关系。

0511. 知者乐水,仁者乐山

语出《论语·雍也篇》。原文是:“知者乐水,仁者乐山;知者动,仁者静;知者乐,仁者寿。”智者喜欢水,是因为智者的才智敏捷,喜欢运用自己的才智来治世,就好像水在流动而不知道停止一样。仁者喜欢山,是因为仁者安于义理,性情稳固,自然不动而万物自得。智者常常务求进取,因而处于动态;仁者没有贪欲,故而处于静态;智者运用自己的才智成功了之后会很欢乐,而仁者少思寡欲,性情安静,故而多长寿。这句话现在多用来比喻各人的喜好不同,性情动静各异。

0512. 不患人之不己知,患不知人也

语出《论语·学而篇》。意思是不要为别人不了解自己而忧虑,要担心自己不能够了解别人。人常常会忽视了要去了解别人,而常常希望别人能够了解自己。一般人的才德修养不够,因此难以宽容地对待别人;另一方面也容易使自己误解别人,由此而产生评价失误。但君子却不能这样。君子以宽恕的心态来对待别人,不求全责备,当自己不被别人了解的时候,希望被了解,却不责怪别人的不了解。孔子在这里说明了一个责己不责人的道理,充分体现了他的宽恕思想。《论语》中还有类似的话,《宪问篇》"不患人之不己知,患其不能也";《卫灵公篇》"君子病无能焉,不病人之不己知也",都在讲同样的道理。

0513. 往者不可谏,来者犹可追

语出《论语·微子篇》。意思是已经过去的事情不可挽回,未来的却还来得及去把握。原文是:"楚狂接舆歌而过孔子曰:'凤兮,凤兮!何德之衰?往者不可谏,来者犹可追。已而,已而!今之从政者殆而!'孔子下,欲与之言。趋而辟之,不得与之言。"说的是一个楚国的狂人唱着歌从孔子的车旁经过,他唱到"凤呀!凤呀!为什么你的德行(运道)竟如此衰败?已往的事情不可挽回,未来的事却还来得及。算了吧!算了吧!如今从政太危险了!"这个狂人唱这支歌来劝告孔子,他周游列国宣传自己政治主张的做法是徒劳的,已经过去的就算了,以后还是不要过问政治了。孔子听到了这样的歌,下了车想要和这个狂人交谈,但是这个狂人却赶快避开,使得孔子最终也没办法与他交谈。时至今日,"往者不可谏,来者犹可追"对我们处理生活中的事情,总结自己的成败得失等,都还有着重要的借鉴意义。

0514. 水至清则无鱼,人至察则无徒

语出《汉书·东方朔传》。原文是:"水至清则无鱼,人至察则无徒。冕而前旒,所以蔽明;黈纩充耳,所以塞聪。"《大戴礼记》中也有同样的话。水过于清澈,鱼就无法在其中生存,是一个尽人皆知的道理。而"人至察则无徒",这里"察"是苛察,人如果过于精明苛察就没有朋友,因为过于精明苛察的人标准太高,往往容不得别人犯错或违背自己的意思,因而很难交到朋友。这句话是东方朔所作《答客难》中的一句,是东方朔在上书"陈农战强国之计"遭冷遇后写来自我安慰的。全篇带有俳谐的特点,发泄了他怀才不遇的牢骚情绪。但"水至清则无鱼,人至察则无徒"却成为后世人们立身处事的原则之一。

0515. 天下皆知美之为美,斯恶已

语出《老子》第二章。意思是说天下都知道美之所以为美,丑的观念也就产生了。原文是:"天下皆知美之为美,斯恶矣;皆知善之为善,斯不善已。故有无相生,难易相成,长短相形,高下相倾,音声相和,前后相随。"这几句话通过日常的社会生活现象阐述了世间万物的存在都具有相互依存,相互联系,相互作用的关系。这是一种相对主义观念,在某种意义上揭示了事物的客观相对性。

0516. 为学日益,为道日损

语出《老子》第四十八章。"为学"指钻研学问,因年积月累,知识日益渊博。“为道”靠自我修养，要求静观玄览，虚静无为，无知无欲，故以情欲自损，复返纯朴。“益”是指增加、扩充、完善，即精益求精；“损”乃减、剪、简。这句话点明“为道”的途径和“为学”是不同的。就学习来讲，知识的积累一天天增加，学习一天天进步，应该力求做到精益求精；而就“为道”来讲，则是对虚幻的声色名利的欲望一天天减少，从现实到理想、从物质追求到精神追求过程中的阻隔障碍都要一一剪除，将影响学习的诱惑或者不良情绪排斥在外。如果一直减损到“无为”的境界，这时就可以“无不为”了。

0517. 甚爱必大费，多藏必厚亡

语出《老子》第四十四章。意思是，过分的溺爱必定造成极大的耗费，储存过于丰富必定招致惨重的损失。这是告诫人们对物质的追求不要太过分。

名利权势都是身外之物，他们是为生命服务的东西。但人们往往本末倒置，喧宾夺主，为了名利权势不惜牺牲自己的生命。“爱”和“藏”是人们现实生活中需要的，但要有一个度，“甚爱”和“多藏”就离损失不远了。

0518. 知其雄，守其雌，为天下谿

语出《老子》第二十八章。意思是，心中深知什么是雄强，却安守雌柔的地位，甘愿做利于天下的溪涧。

在繁殖季节，雄鸟极尽所能展示华丽的羽毛，终日躁动不安，四处争斗，然而却是默默无闻的雌鸟负担着繁衍生息的伟大使命。“守雌”含有持静、处后、守柔的意思，同时也含有内收、凝敛、含藏的意义 。

“水”在《老子》中有着特殊的意义。“上善若水。水善利万物又不争，处众人之所恶故几于道。”最伟大的善就像水一样，滋养哺育万物却不争名利。了解常人好胜争强的雄心，不断检点和反省自己，祛除自己的野马之心，以山一样的沉静从容安守雌伏之道，才能真正成为利于别人、利于天下的溪水。人也应该踏实无争、默默工作，像小溪般于无声中滋养大地。

0519. 道生一，一生二，二生三，三生万物

语出《老子》第四十二章。这是老子对宇宙万物来源的推论假说。“道”为万物之始，其原始状态是阴阳未分的“无极”。“一”就是阴阳初分而仍浑沌的“太极”，“道生一”就是无极生太极。“二”就是阴、阳两仪，亦谓天地。“一生二”就是太极生两仪。“三”就是阴阳化合天地气合而生的“和气”，“二生三”就是两仪化生和气；“三生万物”就是从和气中化生出天下万物。

0520. 千里之行，始于足下

语出《老子》第六十四章。老子说：“为之于未有，治之于未乱。合抱之木，生于毫末。九层之台，起于累土。千里之行，始于足下。”意思是：合抱的大树是由细小的幼苗长成的，九层的高台由一筐一筐的土堆砌而成的，千里远的行程是从迈出脚下的第一步开始的。“千里之行，始于足下”尤为著名，这个比喻是说人们要想实现任何远大理想，成就大事业，都必须从头开始，一步一步地前进的道理。

在现实世界里，每个人都有梦想，都渴望成功，然而志大才疏，不愿从细微处做起的毛病，往往是阻碍人们成功的最大障碍。要想达到目标，使理想成为现实，积累是绝不可少的。无论多么远大的理想，多么伟大的事业，都必须从小处做起，从平凡处做起。

0521. **信言不美，美言不信**

语出《老子》第八十一章。信言是指真实、朴素、诚信的话，美言则指华美、中听的话语。这句话的意思是说，真实朴素可信的话是不虚饰、不华美、不夸夸其谈的，而华美、中听、花言巧语的话则往往是不可信的。这体现了老子对“信言”与“美言”关系的思考，包含了他的辩证法思想。

老子认为“信言不美，美言不信”，是从生活历史中总结出来的智慧，不论从历史上，还是从现实生活中，这句话都在不断地证明着其正确性。《论语》中有记载说“巧言令色，鲜矣仁”，对花言巧语的伪善面目进行了揭露和批评。在我们现实的生活中，的确存在着这样的现象：即有人把话说得很漂亮，可谓是巧言令色，巧舌如簧，使人不得不信，但实际上却是不折不扣的假话；有些人不善言辞，话说得很平常，甚至是显得木讷，但是所说的却句句属实。如果我们不认真思考，仔细分辨，就有可能被假话迷惑，而把假话当成真话，把良言当成假话。老子提出“美言不信，信言不美”，正是对当时社会存在的用漂亮言辞掩盖假、恶、丑的现象的批判，也反映了他对真、善、美的追求。这与老子推崇本真、自然的哲学思想也是一致的。

0522. **少则得，多则惑**

语出《老子·第二十三章》，原文如下：“曲则全、枉则直、洼则盈、敝则新。少则得、多则惑。是以圣人抱一，为天下式”。“少则得，多则惑”的意思是说，人在面对较少选择、诱惑的时候，往往会有所得，而一旦面临更多选择、诱惑之时，则可能受到迷惑而迷失自我，最后反而一无所得。老子在此是要告诫人们，在面对种种诱惑之时，要学习“圣人”们的“抱一”精神，坚守住对理想信念不懈的追求，不可贪多贪得，否则就会变得无所适从，陷入迷茫之中。

这句话对我们修身、养性和日常生活也具有重要的指导意义。五彩缤纷的当今世界，每个人都面临着各种各样的可能性和诱惑，“少则得，多则惑”提示我们，要学会在纷繁芜杂的选择中保持清醒的头脑和对理想信念的追求，淡看一时的利益得失，如此方能有所成功，反之，则可能事与愿违，陷入迷惑的境地。

0523. **一尺之棰，日取其半，万世不竭**

语出《庄子·天下篇》，其意为，一尺长的木杖，每天截取一半，这样不停地截取下去,总会有一半留下,所以永远也不会穷尽。

这句话讲的是理论上的物质无限可分性,体现了高度的辩证思想。庄子认为,从理论上来说,物质是无限可分的,就像一尺长的木杖一样,一半一半的截取下去,虽然人们的肉眼已经无法辨识,但是总会有剩余,所以可以永远分割下去。科学发展证明,这句话体现出来的对物质构成的探索精神是难能可贵的。

0524. **水可载舟,亦可覆舟**

语出《荀子·王制》:"君者舟也,庶人者水也。水则载舟,水则覆舟。"意思是,君王就如同行在水上的船,而老百姓则是水。老百姓虽然可能载着船顺利航行,但也可能使船倾覆。后来,唐朝的魏征曾以此劝诫唐太宗,唐太宗深以为是,把此语作为他治理国家的座右铭,久之,许多人以为此话出自唐太宗。

"水可载舟,亦可覆舟"是劝诫统治者要尊重民意,勤勉执政,与民造福,这样民众才能支持国家政权,使得国泰民安;而如果统治者昏庸腐败,站到了人民的对立面,那么人民就可能起来推翻现政权,实现政权的更替。

此语最初讲的是君主与民众的关系,随着时代的变化,这句话的内涵也发生了很大的变化,现实生活中,也有很大的指导意义。比如,许多事物具有相互依存、唇亡齿寒的联系,也是相互制约的,按照"水可载舟,亦可覆舟"的道理,必须正确处理好相互之间的关系,这样才能促进和谐的发展,否则就有可能阻滞发展,甚至带来不可挽回的局面。

0525. **流水不腐,户枢不蠹**

语出《吕氏春秋·尽数》。意思是,流动的水不会发臭,经常转动的门轴不会生蛀虫腐烂,是说经常运动的东西不会受到侵蚀。这是从客观现象中领悟到的自然与人生哲理。这句话包含的道理很丰富,可以从不同的方面进行解读。比如,在社会政治上,要与时俱进,不断变革,以适应时代发展,不致停滞落后。在日常生活中,我们要经常进行体育锻炼,因为"生命在于运动",人体只有不断运动才能保持活力,才能增强抵抗力,不受疾病的侵蚀。而在学习问题上,"流水不腐,户枢不蠹"也有鲜明的指导意义。所谓"活到老,学到老","学不可已","学如逆水行舟,不进则退",在知识爆炸,日新月异的当今社会,只有树立终身学习的理念,坚持学习,更新知识,才能始终保持积极向上的活力,才能不断提高,不断进步,适应时代的脚步,也才能在竞争激烈的社会立于不败之地,如果故步自封,裹足不前,则最终会被社会所淘汰。

0526. **塞翁失马,焉知非福**

语出《淮南子·人间训》。讲的是一个边塞老人家里养的马跑到胡地去了,别人都为他感到惋惜,老人却觉得祸事也许会转变成好事。果然,很快老人的马带着一些胡地的马一起回来了,别人都为他感到庆幸,老人却觉得好事也许会转变成坏事。不久老人的儿子在骑马的时候从马上摔了下来,瘸了一条腿。

别人又为老人感到悲伤，但老人还是认为这次也未必是坏事。不久战争爆发，年轻男子都上了战场，许多人死去了，而老人的儿子因为腿已残疾没有被征入军队而得以保全了性命。故事通过福祸之间的几次转换说明事物性质不是绝对的，在一定条件下是可以相互转化的，这要求我们用发展的、辩证的眼光审视问题。“塞翁失马，焉知非福”可以说是《道德经》中“祸兮福之所倚，福兮祸之所伏”思想的形象说明。

0527. **智者千虑，必有一失；愚者千虑，必有一得**

语出《史记·淮阴侯列传》，广武君李左车向汉王大将韩信进言道：“臣闻智者千虑，必有一失；愚者千虑，必有一得。”广武君的本意是说自己虽然愚笨，说的话不一定有道理，但还是希望韩信能够听听自己的观点，也许会有帮助，因为即使聪慧如圣人也会从狂夫的话中找到一些启发。后来“智者千虑，必有一失；愚者千虑，必有一得”作为一个成语广泛流传，是说即使最聪明、最有智慧的人考虑问题也总会有失算的时候，而即使是愚笨的人考虑问题也总会有正确的时候，所以我们要广泛吸纳各种意见来全面地审视问题，不要过于自信个人的聪明才智，这样才可以避免考虑不周而遭到失败。

0528. **一叶落而知天下秋**

语出《淮南子·说山训》“尝一脔肉，知一镬之味；悬羽与炭，而知燥湿之气；以小明大。见一叶落，而知岁之将暮；睹瓶中之冰，而知天下之寒；以近论远。”品尝煮好的一小片肉，就可以知道锅里所有肉的味道；看见一片树叶凋零了，就知道秋天即将来临，意思是说通过观察身边的细小事物的变化迹象可以推断出即将来临的大的变化，即见微知著。这要求我们善于观察事物，并能够通过事物的微小变化而预测出未来的走向。佛教“隔墙见角，便知是牛；隔山见烟，便知是火”，与此语意近。

0529. **修学好古，实事求是**

语出《汉书·景十三王传》。说的是西汉景帝的皇子之一河间献王刘德的故事。刘德虽贵为诸侯王，但他不爱飞鹰走马、宴饮享乐，而一心爱好儒术，亲自修订礼乐，派人从民间广泛地搜集先秦古书并加以认真地抄写，将原本留下，抄写本还给书的主人，并赏以金帛。刘德的修学好古之风感染了民众，大家纷纷慷慨地向其献书，一时间，河间献王搜集到的书籍数量之多堪比西汉朝廷，其中包括《周官》、《尚书》、《礼》、《礼记》、《孟子》、《老子》等经传说记，为我国文化的恢复与承传做出了巨大的贡献。后世遂用“修学好古，实事求是”来形容一个人一心向学，不伪饰，真挚诚实的性格。

0530. **知足不辱，知止不殆**

语出《老子》第四十四章：“知足不辱，知止不殆，可以长久。”意思是知道满

足就不会招致羞辱，适可而止就能够避免危险，这样才可以长久。这种观点在《老子》中处处可见，比如“祸莫大于不知足，咎莫大于欲得，故知足之足常足矣”、“知足者富”。正确的生活态度，应该对各欲望加以节制，在财富、地位、荣誉、享乐面前要懂得满足，适可而止。如果贪得无厌，人心不足蛇吞象，最终只会把自己撑死、噎死。春秋时期，范蠡、文种辅助越王勾践灭吴称霸，二人功高名重。此时，范蠡深谙“功成、名遂、身退”之道，激流勇退，飘然而去，泛舟五湖，乐享天年；而文种居功自大，贪恋权位，最终落得个赐剑自杀的下场。伍子胥、李斯、韩信、黥布、彭越……古往今来，有多少人因为不知足、不知止而身死族灭？“知足”、“知止”不是要求每个人都满足于小富即安，而是让每个人量力而行，审时度势，不要做超出自己能力范围以外的事，不要追求不该拥有的东西，否则就会遭遇危险，招致侮辱，甚至大祸临头。欲望无止境，知足者常乐，满足是快乐的基础。

肆 不可不知的军事知识

一、古代战役

0531. 涿鹿之战

我国古代文献记载中最早的一次大规模的原始部落战争。《史记·五帝本纪》:"黄帝乃征师诸侯,与蚩尤战于涿鹿之野,遂禽杀蚩尤。"

传说发生在黄帝与蚩尤之间的一场部落战争,起源于部落之间生存资源的争夺。相传约在四五千年前中国父系氏族社会晚期,在炎帝族沿黄河向东扩展其领域时,进入约今河南北部地域,与以蚩尤为首领的九黎部族发生了冲突。双方在涿鹿交战后,蚩尤族不仅打败了炎帝族,而且占领了炎帝族居住的"九隅"(即"九州")。炎帝族被迫向黄帝族求援。于是炎、黄两部族联合起来,在涿鹿(在今河北境内)同蚩尤发生大战。蚩尤战败被杀,黄帝族遂控制了黄河中下游地区。这次战争对中华民族的形成起了积极的推动作用。

0532. 牧野之战

商朝末年,周武王为兴周灭商,统兵直捣商都朝歌(今河南淇县),与商军在朝歌郊外的牧野(今淇县以南、渭河以北)展开的决战,史称"武王伐纣"。

商朝末年,纣王残暴无道,民不聊生,而其西面的周族却日益强大。周文王不断扩充实力,各个击破商朝西部的属国,并在孟津(今河南孟津东北)联合各诸侯国,待机兴师灭商。周武王继位后四年(前1027,另有前1057年等多说),商纣王横征暴敛,众叛亲离,重臣比干被杀,箕子被囚,微子被迫出奔,纣王又派主力远征东夷,使都城朝歌兵力空虚。周武王乘机率精锐三千人,甲士四万五千人,战车三百乘伐商。当年十二月下旬,周军到达孟津,与各路反商诸侯军会合后兼程东进,至次年一月初进抵牧野。纣王派守卫国都的军队及临时武装起来的大批奴隶迎战。周武王历数纣王罪行,激励将士斗志,申令不杀降者,以瓦解商军。作战开始后,命精兵冲击商军前阵,商军阵中大批奴隶倒戈。周武王乘势挥军猛攻,商军大败。纣王见大势已去,仓皇逃回朝歌登鹿台自焚。周军乘胜攻占商都灭亡了商朝。此战是中国古代车战初期的著名战例,周武王在战前争取与诸侯联合,作战中又以正确的谋略、周密的部署、不杀降者,对作战胜利起到了积极作用。

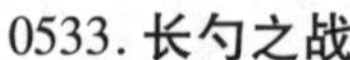

0533. 长勺之战

春秋时期发生于齐鲁之间的一次后发制人而取胜的著名战例。周庄王十三年（前684），齐桓公因在乾时一战战胜鲁国而巩固了君位，自恃实力强大，企图继续征服鲁国，于正月兴兵伐鲁。鲁庄公自乾时战败后，发奋图强，取信于民，整军备战。鲁军根据齐强鲁弱的客观形势，在预设战场长勺以逸待劳，迎击来犯的齐军。两军列阵后，鲁庄公欲先发制人，被曹刿劝阻。齐军见鲁军按兵不动，误认鲁军怯战，便接二连三地向鲁军发起猛烈攻击，均未奏效，士气受挫。此时，鲁军却阵势稳固，士气高昂。曹刿见双方阵势已呈现“彼竭我盈”的有利变化，遂建议鲁庄公果断下令，实施反击。鲁军一鼓作气，击溃齐军。庄公见胜利在握，便急于追击。曹刿恐齐军佯败设伏，下车察看齐军车辙痕迹，又登车眺望齐军旗帜，确已辙乱旗靡，败迹显露，便建议乘胜追击，一举将齐军逐出鲁境。此战是中国古代战争史上，后发制人、敌疲再打的著名战例。

0534. 马陵之战

马陵之战是发生在战国时期齐魏两国争霸中原的一场重要战争，地点即在马陵（今河南范县）。周显王二十七年（前342），魏惠王命庞涓率兵攻韩，一举攻克韩国腹地梁、赫（今河南临汝及西南），似有包围韩国之势。韩遣使向齐国求救。齐威王采纳孙膑的建议，答应救韩，使韩坚持抗魏作战，同时又不立即出兵，以便韩、魏久战兵疲之时，再出兵攻魏。韩国仗恃有齐国相援，倾全力抗魏，五战皆败，只得于前341年再次向齐求救。齐威王才命田忌为主将、孙膑为军师，率军直趋魏都大梁（今河南开封），诱使魏军从韩国撤围，回师自救。魏军果然中计撤回，并以太子申为上将军、庞涓为将，率军十万迎击齐军。孙膑利用魏军轻视齐军、庞涓求胜心切的弱点，采取避战示弱，退兵减灶，以示齐军兵力日减的策略，引诱魏军追击。庞涓果然丢下步军，只率领轻车锐骑兼程紧追。齐军退至树木茂密、路狭地险的马陵设伏。当经过长途追击而疲惫不堪的魏军，于日落后进入马陵的齐军设伏地域时，齐军万弩簇发，魏军大败，庞涓愤愧自杀。齐军乘胜全歼魏军十万，俘虏了太子申。此战是中国战争史上设伏歼敌的著名战例。战中，孙膑利用庞涓的弱点，制造假象，诱敌进入埋伏，达到歼灭魏军的目的。此战之后魏国一蹶不振，齐国一跃而成为当时的强国。

0535. 长平之战

长平之战是秦军在长平（今山西高平西北）围攻赵军的一次大规模歼灭战。周赧王五十四年（前261）初，秦昭襄王派王龁率军猛攻赵国上党，意在速胜。赵军初战不利，由上党退守长平。赵国名将廉颇鉴于实际情况，采取守势，依托有利地形，筑垒固守不战，以逸待劳，疲惫秦军，待机破敌。秦赵两军在长平一带相持不决。于是，秦派人持重金入赵施离间计，赵王中计撤换廉颇，另派只会“纸上谈兵”的赵括为将。秦王也密令以上将军白起代替王龁。公元前260年，赵括全盘废弃廉颇坚壁固守的战略战术，下令赵军全线出击。白起则采取佯败诱敌、包围歼灭的策略，主动后撤，诱敌深入；同时分遣两支奇兵从侧翼迂回包抄、分割赵军后路，断绝其粮道。正当赵军长驱直进，大部队云集丹河待渡时，相继发现前方进攻受挫、后方退路已断，只得被迫放弃进攻，仓促构筑壁垒，固守待援。秦昭襄王亲赴河内，征调十五岁以上壮丁至长平，阻隔赵军的援兵和粮道。赵括所部被围四十六天，粮尽援绝，到了内部暗中相杀而食的境地。赵军多次轮番冲击突围，皆为秦军所阻。赵括在绝望之余，亲率锐卒搏战，被秦军射死。赵军四十余万饥疲之师全部降秦，被白起坑杀。此战是战国后期一次规模空前的战略性决战。白起采用示弱诱敌、迂回包抄、长围久困、待敌饥疲而全歼的作战指导，是取胜的关键。

0536. **官渡之战**

官渡之战是东汉末年发生在袁绍与曹操之间的一次以少胜多的著名战争。建安四年(199)初，袁绍发布讨曹檄文，率领十万大军向曹军进攻。曹操闻讯，决定集中2万精兵抗击袁军。建安四年二至六月，袁曹两军先后战于白马、延津，曹军胜，斩袁绍大将颜良、文丑。袁军初战失利后，企图以优势兵力迫曹军决战。曹操为争取战争主动，率胜利之师退守官渡(古黄河流经今河南延津西北至滑县以北的一段)。七月，袁军推进至官渡，双方各施计谋，相持不下。十月，袁绍派大将淳于琼率兵万人护送运粮车，屯粮于大营北四十里之乌巢(今河南封丘西)。曹操得悉此情报，亲率精锐，冒用袁军旗号，乘夜取小道奔袭乌巢，焚毁了袁军全部粮草。乌巢粮草被烧的消息传到前线，袁军军心动摇，内部分裂。曹操乘机进攻，大败袁军，俘敌七万，缴获全部军资。袁绍仅率三百余人北逃，从此一蹶不振。此战，曹操善于利用袁绍恃强骄躁、用兵无谋、指挥无术的弱点，后发制人，把握战机，焚毁袁军粮草，出奇制胜。官渡之战的胜利，从根本上改变了曹操的战争劣势，结束了他战略内线作战的态势，为其统一北方奠定了坚实的基础。

0537. **赤壁之战**

赤壁之战是三国形成时期孙权、刘备联军于汉献帝建安十三年(208)在长江赤壁(今湖北蒲圻西北)一带大败曹军，奠定三国鼎立基础的著名战役。

建安十三年(208)，曹操消灭了袁氏集团的残余势力，基本平定了北方诸郡，为实现统一天下的宏伟目标，迅速挥军南下，逼降荆州，击败刘备。轻易的胜利助长了曹操骄傲轻敌的情绪，亲率军二十万，号称八十万大军，乘胜沿汉水与长江顺流东下，剑锋直指江南吴地。被曹操击败的刘备退守长江南岸的樊口(今湖北鄂城东北)，派诸葛亮到柴桑(今江西九江西南)会见孙权。孙权为确保江东，决心与刘备结盟抗曹，于是命周瑜为主将，率三万精兵，联合刘备所部共约五万人，溯江而上，与顺流东下的曹军遭遇，战于赤壁。曹军初战失利，退据乌林(今湖北嘉鱼西北),与孙刘联军隔江对峙。曹军大部分是北方人,不惯于水上的风浪颠簸,便用铁环将战船首尾互相联接起来。周瑜采纳黄盖火攻的建议,命黄盖诈降,用蒙冲斗舰十艘暗载燃烧器材驶向曹军水寨,纵火焚烧曹军战船,曹军大败。曹操率残部由陆路向江陵撤退。刘备、周瑜水陆并进,追击至南郡。曹操命曹仁、徐晃守江陵,乐进守襄阳,自己率余部北退。次年十二月,曹军自动放弃江陵,退守襄樊。至此,孙权占领江陵,东吴在长江中游的形势更加巩固;刘备也乘机略取了荆州在江南的长沙、零陵、武陵、桂阳四郡,开始建立自己较巩固的立足之地,三国鼎立的格局基本形成。赤壁之战是孙刘联军以弱势兵力战胜了具有绝对优势兵力的曹操,开创了在长江之上以水、陆联军作战的先例。

0538. **淝水之战**

淝水之战是发生于东晋太元八年(前秦建元十九年,383),东晋在淝水(今安徽瓦埠湖一带)击败前秦进攻的著名战例。

前秦主苻坚统一北方后,欲进而统一天下,遂不断向南扩张。前秦朝臣多反对攻晋,惟冠军将军慕容垂力主灭晋。苻坚自恃国强兵众,坚持攻晋。东晋太元八年八月,苻坚令苻融等将率步骑二十五万为前锋,自统戎卒六十余万、骑兵二十七万,对东晋发动大规模进攻。时东晋宰相谢安主持朝政,对前秦军南进早有准备,令谢石、谢玄等将兵八万余在荆州和淮南两个方向设兵御敌。十一月,东晋与前秦两军隔淝水对峙。东晋将领谢玄针对前秦军将士厌战、苻坚恃众急于决战的心理,派人前往前秦军营,要求前秦军由淝水西岸略向后撤,以便晋军渡水决战。前秦诸将认为己众彼寡,应扼守淝水,阻其上岸,可保万全。苻坚主张待东晋军半渡时以铁骑突袭取胜。苻融亦以为然,遂下令稍退。不料前秦军一退不可复止,东晋降将朱序乘机在阵后大呼秦败了。前秦兵信以为真,竞相奔逃,导致全军大溃,自相践踏。东晋军乘势追击,大败前秦军,加之饥寒交迫,死者十之七八。苻坚逃往淮北,及至洛阳,仅剩十余万人。此战是东晋十六国时期南北之间一次大规模的战争。前秦主苻坚无视内部不稳、民疲兵倦的状况,恃众轻晋、单路突进、急于决战,导致大败。东晋面临强秦进犯,一致抵抗,并据敌情及时改变方略,抓住时机,与之决战,终获全胜,成为中国战争史上以少胜多的著名战例之一。

0539. **黄天荡之战**

南宋建炎四年(金天会八年,1130),宋军在长江黄天荡(今南京东北)东西水域,截击金军归师的经典水战。建炎三年冬,金太宗完颜晟以完颜宗弼为统帅,率军号称十万南下攻宋。南宋守将韩世忠为避其锋,自镇江引军退守江阴。次年正月,完颜宗弼迫降建康(今南京)后,迅速挥师南下。而韩世忠乘金军不备,率军八千、战船百余艘急趋镇江,欲阻断金军归路。二月十二日,完颜宗弼获悉，恐归路被截，率军自临安沿运河北上，计划由镇江渡江北归。三月十五日，完颜宗弼引军抵达镇江，此时韩世忠已先机控制金山、焦山等有利地形，严密封锁沿江渡口，并用破船堵塞运江入江口，切断金军退路。双方于是在金山脚下展开激战。韩世忠指挥水师迎战金军，其妻梁氏亲自擂鼓助战，声威大振。金军伤亡甚众，无法突破宋军防线北归，只得沿长江南岸西行，另寻渡江之路。宋军紧追不舍，金军不谙长江水道，仓促驶入建康东北死水港黄天荡。待金军入港后，韩世忠挥军封锁入江水道。金军进退无路，只得悬赏问路。四月十二日夜，完颜宗弼采纳当地乡民建议，命金军利用老鹳河故道，开渠三十余里，连通江口，于次日冲出黄天荡，驶至建康附近江面。韩世忠发觉后率军沿江西上追击堵截，至建康以北江中扼守，继续阻遏金军渡江。完颜宗弼突围无望，于是改换轻舟迂回至宋军上游。二十五日，完颜宗弼利用天晴无风，宋军船大难行，率机动小舟以火箭环射宋船，宋军大败。此后，金军渡江北撤，韩世忠亦率宋军还屯镇江。此战，韩世忠正确审料敌情，先占有利地势，凭借长江天险，充分发挥水战之长，阻扼金军四十日不得渡江。完颜宗弼因势用兵，适时改造舟楫，利用火攻，终于突围北撤。

0540. 采石之战

南宋绍兴三十一年(1161)，南宋文臣虞允文率领军民于采石(今安徽马鞍山市西南)阻遏金军渡江南进的江河防御战。

绍兴三十一年秋，金帝完颜亮调集三十二总管之兵，分路南下，企图一举灭宋。十月初，完颜亮亲率大军十余万，号称四十万，攻占两淮，进入和州(今安徽和县)，拆民舍造战船，准备渡江。宋高宗为挽救危局，命李显忠为建康府都统制，取代王权。中书舍人兼督视江淮军马府参谋军事虞允文连夜前往芜湖(今属安徽)，催李显忠赴任，并往采石犒师。十一月初八，虞允文抵采石，见江北金军列阵二三十里，鼓声雷鸣，正欲渡江。在李显忠未至的情况下，虞允文即率已退至江南的宋军和民兵一万八千人进行阻击，命步骑伏于江岸高地后。完颜亮令数百舟自杨林口涌出，冲破宋水军防御抵达南岸，突遭宋军伏击，金兵大乱。虞允文往来指挥，身先士卒，激励斗志。宋军将士奋勇杀敌，全歼登岸金兵。水军以海鳅船猛冲金舟，并施放霹雳炮。金舟大部被击沉，士卒溺死四千余，被俘五百余。宋军为防金军反扑，连夜布阵，封锁杨林口，金军连续进攻，均受损而归。金将见宋军有备，不愿再战，建议收军北还。时完颜雍在东京(今辽宁辽阳)称帝，完颜亮急于灭宋北归，强令将士三日内渡江。完颜元宜等将认为渡江必败，遂于十七日夜闯入御营杀死完颜亮，率军北撤。此战虞允文在危急时刻敢于担当重任，组织指挥军民抵抗金军。由于部署周密，善于团结激励将士，凭借长江天堑，充分发挥宋军水上优势，从而转败为胜，使南宋再度转危为安。

二、古代名将

0541. 白起

白起（？—前257），又名公孙起，郿（今陕西郿县东）人，战国后期秦国名将，是继孙武、吴起之后又一位极富智谋的军事家、卓有建树的统帅。

白起行伍出身，一生征战无数，屡战屡胜，他率军前后歼灭齐、楚、燕、韩、赵、魏六国军队约一百六十五万。秦昭王十三年（前294），白起任左庶长，率兵攻打韩国新城（今河南伊川县西）。次年，由相国魏冉推荐，白起提拔为左更，率领秦军在伊阙（今河南洛阳龙门）攻打韩、魏，采取避实击虚、先弱后强的战术，全歼韩魏联军二十四万，因功绩显赫晋升为国尉，次年再升大良造。此后十余年，驰骋于韩、赵、魏、楚等国，扩大了秦国的疆土。二十九年（前278），攻克楚都郢（今湖北江陵西北），因功封武安君。四十七年（前260），在长平（今山西高平北）利用赵军统帅赵括骄躁轻敌、缺乏实战经验的弱点，大破赵军，一举坑杀赵国降卒四十余万，这便是历史上最早、规模最大的包围歼灭战——"长平之战"。后因相国范雎嫉妒，政见不合，并因拒绝攻赵触怒秦昭王，于五十年（前257）十二月，被逼自杀。

白起戎马一生，智勇兼备，功绩显赫，料敌用兵，因情击敌，战必求全歼，为秦国统一中国大业的进程做出了不可估量的贡献。

0542. 项羽

项羽（前232—前202），名籍，字羽，下相（今江苏宿迁）人，楚国名将项燕之孙，秦汉之际反秦农民起义军领袖、著名军事家、战略家。

项羽力能扛鼎，胆略过人。秦二世元年（前209），陈胜、吴广起义后，在吴（今江苏苏州）中的项梁与侄儿项羽也积极响应，杀死会稽太守并占领会稽郡。在定陶之战中，项梁被秦国将领章邯杀死，项羽率楚军救援，渡漳河后破釜沉舟，大破秦军，迫使章邯军全部投降，加速了秦王朝的灭亡。秦灭亡之后，项羽自封西楚霸王，分封十八诸侯，造成割据局面，加以烧杀掳掠，丧失民心，诸侯纷纷叛离。汉王五年（前202），项羽被刘邦困于垓下（今安徽灵璧南），慷慨悲歌，自刎于乌江。

项羽是我国历史上极富传奇色彩的英雄人物。他叱咤风云又重情重义，既神勇无比又亲善士兵。在反秦斗争中，项羽是指挥起义军的主导者，同时又是摧毁秦军主力的胜利者。虽然项羽以失败而告终，但他敢做敢当、勇猛豪爽的个性品格，却为人们留下了不尽的赞叹。

0543. 韩信

韩信（约前228—前196），淮阴（今江苏清江西南）人，是中国历史上卓越的军事家、战略家、统帅、军事理论家。

秦末农民大起义时，韩信投靠项梁、项羽，未被重用，继归刘邦，因授职太低欲离去，经丞相萧何力荐，于汉王元年（前206）被封为大将军。楚汉战争之时，刘邦采纳其还定三秦以夺天下的方略，攻占关中。刘邦与项羽在荥阳、成皋之间相持时，韩信率军数万抄袭项羽后路，破赵取齐，占领黄河下游。又以数千人在井陉之战中背水为阵，用"陷之死地而后生，置之亡地而后存"的策略，大破赵军二十万，斩赵军主将赵余，继而又在潍水之战中，借助河水，分割楚军，将齐、楚联军各个击破。后刘邦封韩信为齐王，参与指挥垓下（今安徽灵璧南）决战，击败项羽。韩信在军中的威信越来越高，刘邦恐其谋反，故在西汉王朝建立后，便剥夺其兵权，徙封为楚王。后韩信遭人陷害，又降为淮阴侯。吕后乘机与萧何设计，于汉高祖十一年（前196）正月，以谋反罪名，将其诱杀于长乐宫。

韩信为汉王朝的建立作出了重要贡献。他熟谙兵法，自言"多多益善"，为后世留下了大量的军事典故。其用兵之道，为历代兵家所推崇。

0544. **霍去病**

霍去病（前140—前117），河东平阳县人，汉代名将卫青的外甥，善于骑射，是中国西汉著名军事家。

霍去病一生曾四次领兵出塞攻打匈奴，歼敌达十一万多人。他平时少言寡语，冷峻威严，但却是一位胆识过人的军事天才。在战场上，他凭借直觉指挥战斗，能够随机应变，果断行动，经常取得出其不意的战果。元朔六年（前123），霍去病任骠骑校尉，随卫青出击匈奴于漠南（今蒙古高原大沙漠以南）。他率领骑兵奔袭数百里以八百人歼敌两千余人，受封冠军侯。元狩二年（前121），他任骠骑将军，先后两次率军击河西（今河西走廊及湟水流域）地区的匈奴部，歼敌四万余人，收降了匈奴浑邪王所部四万余人，控制了河西地区，打开了通往西域的道路。元狩四年夏，他与卫青各率五万骑兵从东西两路进军大漠（今蒙古草原大沙漠），击败左贤王部后乘胜追击，深入两千余里，歼其部众七万余，升任大司马，与卫青同掌兵权。

霍去病作战勇敢，用兵灵活，注重方略，出奇制胜，深得汉武帝的信任。汉武帝曾为他建造府第，他拒绝说："匈奴未灭，何以安家。"于元狩六年（前117）病逝，年仅二十四岁。汉武帝为他修筑一座形似祁连山的坟墓，以纪念他的赫赫战功。

0545. **李广**

李广（？—前119），陇西成纪（今甘肃省肃宁县治平乡）人，秦国名将李信的后代，善于骑射，被称为"汉之飞将军"，是中国西汉时期著名将领。

李广武功精湛，勇猛过人，才气无双，射得一手好箭。公元前166年，匈奴大举入侵边关，李广英勇杀敌，使汉文帝大为赞赏。公元前140年，汉武帝即位，调李广为未央卫尉。四年后，李广率军出雁门关，被成倍的匈奴大军包围，受伤被俘。押解途中，他飞身夺得敌兵马匹，射杀追骑无数，终于回到汉营。从此，李广便赢得了“汉之飞将军”的美誉。归朝后，李广被汉武帝革除军职，贬为庶人。几年后，匈奴杀辽西太守，击败韩安国将军。汉武帝重新起用李广为右北平太守，匈奴闻“飞将军”镇守右北平，数年不敢来犯。公元前120年，李广率四千骑兵出右北平，配合张骞出征匈奴，兵进数百里，突然被匈奴左贤王率四万骑兵包围，李广令士兵们引弓不发，他自己以大黄弓连续射杀匈奴裨将多人。匈奴兵将大为惊恐，纷纷被李广的神勇所镇住而不敢妄动。次日，汉军主力赶到，李广军得以突出重围。元狩四年（前119），李广被任命为前将军，随大将军卫青出征攻打匈奴，因违抗军令而自责，引颈自刎，一代名将就此陨落。

李广一生皆在边关戍敌，与匈奴七十余战，屡战屡胜，匈奴闻风丧胆，堪称不战而屈人之兵。李广为将廉洁，与士卒同甘共苦，深受边关军民的爱戴。

0546. 卫青

卫青（？—前106），字仲卿，河东平阳（今山西临汾）人，西汉中期著名将领。

卫青率军与匈奴作战，屡立战功，七次击退匈奴。他为人谦让仁和，敬重贤才，从不以势压人。卫青少时为平阳侯曹寿家奴，长于骑射，勇力过人。建元二年（前139）春，其姐卫子夫被汉武帝选入宫中，卫青也随之入宫任建章监侍中。汉与匈奴之间的大规模战争爆发后，于元光五年（前130）受任车骑将军。元朔二年（前127）春，匈奴骑兵侵入上谷（今河北怀来）、渔阳（今北京密云西南），杀掠吏民数千人。卫青奉命率四万铁骑，从云中（今内蒙古托克托）出发，采用迂回包围战法，绕道匈奴后方，迅速攻占高姻（今内蒙古杭锦后旗），击败匈奴楼烦王、白羊王，歼敌数千人。随后被封为长平侯。元朔五年春，卫青率军十余万，针对匈奴右贤王骄傲轻敌的弱点，乘夜袭击，歼敌一万五千人，后升任大将军。不久，他又两次率军出击漠南单于本部，歼敌两万人，迫使单于远徙漠北。元狩四年（前119）夏，卫青与霍去病各率五万骑兵，越过沙漠，进击匈奴，以正面钳制、两翼包围的战法，歼敌二万人，追至窅颜山赵信城（今蒙古人民共和国杭爱山南）而还，后升任大司马。

卫青治军严明，指挥灵活机动，善于以己之长，击敌之短，用出敌不意、攻敌不备的战法歼敌制胜。他作战勇敢，身先士卒，七次远征击败匈奴，为维护汉朝的安定和统一建立了不朽功勋。

0547. 郭子仪

郭子仪（697—781），华州郑县（今陕西华县）人，武举出身，唐代著名政治家、军事家。

郭子仪在其父的影响和教育之下，自幼饱读兵书，勤于习武。他不仅武艺超群，阵法娴熟，而且为人正直，不畏权贵。天宝十四年（755）安禄山叛唐，时任朔方节度使的郭子仪率部平叛，与李光弼部进军河北并击败史思明，收复常山

（今河北正定）等十余郡。至德二年（757），郭子仪以关内、河东副元帅名义，统兵收复长安（今陕西西安）、洛阳及河西、河东、河南诸州县，因功升至中书令，又进封为汾阳郡王，后因兵败，遭人陷害，被解除兵权。广德元年（763），僕固怀恩叛变，纠合吐蕃、回鹘兵相继攻唐，郭子仪被朝廷重新起用，再度领兵并呈绝妙御敌之策，于永泰元年（765）十月，在回鹘与吐蕃兵压境之际，他率领几名骑兵出城至回鹘阵前，与回鹘议和，共同抗击吐蕃兵。吐蕃首领闻讯后连夜引兵逃遁，郭子仪乘机派唐军精锐骑兵与回鹘兵一道追击，在灵台（今属陕西）西大败十万吐蕃军，稳定了关中局势。德宗即位后，尊郭子仪为尚父，加太尉。

郭子仪用兵持重，长于谋略，治军宽严得当，深为部下敬服。他虽功高望重，但从不居功自傲，被后人视为名将典范。他以身许国，临危不惧，身经百战，功勋卓著。历事唐玄宗、唐肃宗、唐代宗、唐德宗四朝，勤于职守，身系国家安危二十余年，对巩固唐王朝的统治起到了举足轻重的作用。

0548. **岳飞**

岳飞（1103—1142），字鹏举，谥武穆，后改谥忠武，相州汤阴（今属河南）人，南宋抗金名将。

岳飞勤奋好学，武艺高强，身先士卒，事母至孝。十九岁投军抗辽，不久退伍还乡守父孝。1126年金兵大举入侵中原，岳飞再次投军，开始了他抗击金军、保家为国的戎马生涯。传说岳飞临走时，其母姚氏在他背上刺了“精忠报国”四个大字，成为岳飞终生遵奉的信条。岳飞投军后，因作战勇敢升秉义郎，后多次升职。建炎三年（1129）秋，完颜兀术继续南侵，高宗被迫流亡海上。岳飞率孤军坚持敌后作战，六战六捷。次年，岳飞在牛头山大破金兀术，收复建康，金军被迫北撤。从此，岳飞威名传遍大江南北，建立起一支纪律严明、作战骁勇的抗金劲旅岳家军。绍兴六年（1136），岳飞再次出师北伐，但因无援兵粮草，无奈撤回鄂州（今湖北武昌）。岳飞壮志未酬，写下了千古绝唱《满江红》。绍兴十年兀术撕毁和约，再次大举南侵，岳飞奉命出兵反击，在郾城大破金军精锐，乘胜进占朱仙镇，距开封仅四十五里。兀术被迫退守开封，金军士气沮丧，不敢出战。岳飞招兵买马，联络义军，积极准备渡过黄河直捣黄龙府。这时高宗连发十二道金字牌班师诏，命令岳飞退兵，他只好挥泪班师。回临安后，岳飞即被解除兵权，任枢密副使。绍兴十一年八月，高宗和秦桧派人向金求和，金兀术要求“必杀飞，始可和”。秦桧乃诬岳飞谋反，将其下狱。绍兴十一年（1142）十二月二十九日，秦桧以“莫须有”的罪名将岳飞毒死于临安风波亭，其子岳云及部将张宪也同时被害。岳飞死后二十年，宋孝宗继位，下令给岳飞平反昭雪，官复原职，以礼改葬。

岳飞善于谋略，治军严明，其军以“冻死不拆屋，饿死不掳略”著称。他亲自参与指挥了一百多仗，未尝一败，是名副其实的常胜将军。

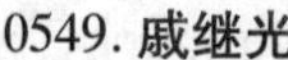

0549. **戚继光**

戚继光(1528—1587),字元敬,号南塘,晚号孟诸,山东蓬莱人,明朝抗倭名将,著名军事家、武术家。

戚继光指挥抗倭作战,机智勇敢。戚继光于嘉靖二十四年(1545)袭父职,任登州卫指挥佥事,又于三十二年荐署都指挥佥事,备倭山东。三十四年,调浙江都司,任参将,分部镇守宁波、绍兴、台州三府。戚继光到浙江时见当时卫所驻军将骄兵惰,军纪松弛,兵不习战,战斗力低,遂于三十八年亲至金华、义乌等地,招募精壮农民和矿工三千余人,按年龄和身材配发不同兵器,进行编组训练,教以击刺枪法,长短兵器兼用,因地形练阵法,创编了鸳鸯阵。同时,他更置战舰,制造各种器械,选用当时最精良的火器。戚继光以“岳家军”为榜样,教育士兵严守纪律,勇敢杀敌,爱护百姓,终于练成一支名闻天下的“戚家军”。四十年,在浙江等地九败倭寇,又率兵入闽,大败倭寇。四十二年,奉命率兵万余急赴福建,于平海卫大败倭寇,升福建总兵。是年冬,倭寇万余围仙游(今属福建),次年二月,他率军数千前往驰救,以内外配合、各个击破之策,解仙游之围,追歼逃敌数千。隆庆二年(1568),戚继光奉命以都督同知总理蓟州、昌平、保定三镇练兵之事。他在蓟镇练兵十六年,边备整饬,军容整肃,蓟门晏然。万历十一年被调任广东总兵官,十五年后病逝。

戚继光在抗击倭寇的战争中建立了不朽的功绩,赢得了当时以至后世人民的赞颂。其所著《纪效新书》、《练兵实纪》两部军事名著均被列入中国古代经典兵书,还有一些有关的奏书丰富了中国兵法智慧的宝库。

0550. **石达开**

石达开(1831—1863),清末广西贵县客家人,地主出身,是太平天国军事统帅之一,杰出的政治家、军事家。

石达开少年时代勤奋读书,慷慨有志,喜读《孙子兵法》等兵书。在洪秀全、冯云山影响下加入拜上帝会,参与谋划起义。咸丰元年(1851)金田起义后,在太平军从广西向金陵(今江苏南京)进军途中,他与西王萧朝贵同为开路先锋,一路围长沙,克武昌,占金陵,所向有功,被清军称为“石敢当”。咸丰三年(1853)春,太平天国定都金陵,改称天京后,同时遣军北伐、西征,石达开留京协助天王洪秀全和东王杨秀清处理军政要务,守卫天京。四年夏,西征军在湖南败于曾国藩,自此节节后撤。他奉命率军增援,大败湘军,扭转了战局。六年春,奉命回援天京,与燕王秦日纲等部协同作战,摧毁清军江南大营,以解天京之围。同年秋,太平天国最高领导者之间矛盾激化,天京发生内讧,石达开奉诏回京辅政,深得全朝文武爱戴,尊为义王。七年夏,因受洪秀全疑忌,遂自天京出走,率所部数万人,转战浙江、福建,后折入湖南,进图四川,与湘军作战失利,遂南下退入广西,部众纷纷离散,处境日趋艰难。同治二年(1863)夏,石达开率部前行,因受大渡河阻隔,又遭清军及土兵围困,弹尽粮绝。在进退无路的情况下，他幻想“舍命以全三军”，主动投入清营。后不仅部属惨遭杀害，石达开自己也被解送到成都，于6月26日夜被凌迟处死。

石达开英勇征战，不屈不挠，他的悲惨结局为后人留下了无限的感叹。

三、兵家谋略

0551. 假道伐虢

语出《左传·僖公二年》。春秋时期，虞国、虢国本是两个近邻小国，晋国想吞并这两个国家，计划先攻虢国。但晋军要开往虢国，就必先经过虞国，如果虞出兵阻拦、甚至联合虢抗晋，晋虽强，也难以取得成功。晋大夫荀息谏言：用屈地出产的良马和垂棘出产的美玉送给虞国，以此借用虞国的道路进军伐虢。虞国国君果然同意借路给晋军，晋军通过虞国国境轻而易举灭了虢国，回师途中把虞国也灭了。假道伐虢就是假托借路之名，把军事力量扩展进去，行灭亡该国为实的计谋。运用假道伐虢的计谋，重在“假道”。因此，实施这一计谋，要巧妙地找出“假道”的理由，掩盖自己的目的，不使对方怀疑。

0552. 远交近攻

范雎向秦昭襄王提出的战略主张，见《战国策·秦策》和司马迁《史记·范雎蔡泽列传》。战国后期，魏国官吏范雎颇有才能，因受诬陷遭到残害，逃至秦国。秦昭襄王请他为己出谋划策。范雎向秦王分析了秦国的地理优势和强大的兵力，认为秦国进展不大，根本原因在于没有正确的对外政策，建议秦王远交齐、楚、燕这些国家，攻打邻近的韩、赵、魏，实行远交近攻的策略。秦王采纳范雎的意见，对齐、楚、燕、韩、赵、魏逐步吞食，各个击破，打破六国合纵抗秦联盟，最终统一了中国。远交近攻，就是当作战目标受地理条件所限时攻打近敌有利，攻打远敌有害，对远隔的敌人，如有利于己，也可以暂时联合。

0553. 围魏救赵

语出《史记·孙子吴起列传》。公元前354年，魏国军队围攻赵国都城邯郸，赵国求救于齐国。齐国应赵国所求，派田忌为将、孙膑为军师，率兵八万救赵。起初，田忌准备直趋邯郸。孙膑说，派兵解围，要避实就虚，击中要害，使对方的进攻势头受到阻挡和挫折，而无法再向前发展。他向田忌建议说，现在魏国的主力部队都集中在赵国，国内空虚，我们如带兵向魏国都城大梁猛插进去，魏军必然放下赵国回师自救，赵国之围自解。田忌采纳了孙膑围魏救赵的策略，引兵直奔魏国都城大梁。魏军闻讯急忙回救，孙膑在魏军的归途桂陵设下埋伏，大败魏军，赵国之围遂解。围魏救赵是避实就虚，调动敌人、消灭敌人的策略。运用这一计谋的关键，是攻其所必救，迫其所必退，要击中要害，这样才能调动和消灭敌人，达到排围解难的目的。

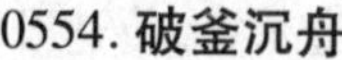

0554. **破釜沉舟**

语出《孙子兵法·九地篇》和《史记·项羽本纪》。公元前207年十一月，章邯率秦军主力进攻赵地巨鹿（今属河北省）。项羽率领楚军救赵。项羽先派两万人为先锋，渡过漳水，切断秦军的粮道，孤立章邯，然后亲率主力部队随后急进。渡河后，他下令把全军的饭锅砸破，把所有渡船凿破沉没，把所有的营帐烧毁，每人只带三天的干粮，准备与秦军誓死一战。这极大地鼓舞了全军将士。楚军一到战场就以迅雷不及掩耳之势，同秦军展开激战，士兵以一当十，勇猛拼杀，秦军大败。破釜沉舟就是在敌我双方关键性的决战时刻，断绝自己的退路，把部队置于死地，以激励将士下决心拼死战斗，去争取决战的胜利。破釜沉舟作为一种激励部队的做法，关键在于将部队被置于死地后，能否激发将士万众一心、同敌决一死战的斗志和气概。

0555. **暗渡陈仓**

全称为“明修栈道，暗渡陈仓”，语出《史记·淮阴侯列传》和《资治通鉴》。秦朝灭亡后，项羽自立为西楚霸王，把巴、蜀、汉中四十一县划归刘邦，封刘邦为汉王。项羽想把刘邦关进偏僻的巴蜀之地，于是把关中划作三部分，分给秦朝降将章邯、司马欣和董翳，以便阻塞刘邦向东发展的出路。刘邦听从了张良的计策，在往南郑的途中，把所过的栈道都烧了，表示以后不打算再回关中，以消除项羽对他的疑忌。公元前206年，刘邦准备出兵东征，先派了百余名士兵去修复栈道，佯装要从老路杀出。章邯听说刘邦拜韩信为大将在修复栈道，大笑刘邦糊涂，更加轻视刘邦，毫不作战争的准备。而正在此时，刘邦却暗中带兵抄小路迂回到陈仓（今宝鸡市东），发起突然袭击，一举打败章邯，平定了三秦。“明修栈道，暗渡陈仓”就是故意暴露一种行为，利用敌人在这里固守的时机，悄悄在那边采取另一种行动。运用这一谋略，要把握好“明”和“暗”的奇正关系，明修栈道是迷惑敌人，掩盖自己行动企图的手段；暗渡陈仓才是真正的目的，最终达到出奇制胜的目的。

0556. **背水一战**

出自《史记·淮阴侯列传》。汉王三年十月，刘邦命手下大将韩信领兵攻打赵国。赵王歇聚兵号称二十万于井陉口（今河北鹿泉西土门）附近，抗击汉军。赵王认为汉军只有一万两千人马，人少且疲乏，决定正面迎敌。韩信闻之，率部进至离井陉口三十里处扎营。夜半，选轻骑两千，令每人手持一面赤旗，从小路潜伏在赵军军营周围。时至黎明，韩信鉴于敌强己弱，所领士卒多未经训练，乃一反常规，背井陉水列阵。赵军见汉军自处绝地，尽笑韩信不懂兵法，于是倾巢而出。汉军背水搏战，拼死抗击。此时预先潜伏的轻骑乘虚驰入赵军营垒，树起两千面赤旗。赵军进攻受挫而欲退兵，回望营垒汉军旗帜而惊惶。汉军前后夹击，歼灭赵军。此战，韩信背水设阵，貌似不合作战常规，实则深得兵法“投之亡地然后存，陷之死地然后生”（《孙子·九地篇》）的精义，为世代兵家提供了灵活用兵的范例。

0557. **以逸待劳**

语出《孙子兵法·军争篇》，原文“以佚待劳”，“佚”通“逸”，即：先到达战场等待敌人的就安逸，后到达战场奔走应战的就疲劳。善于作战的人，应该以逸待劳，以自己精锐严整之师对敌之疲惫虚弱，就可以取得战场上的优势和主动。尤其是处于战略防御的一方，力量弱小，不要轻率过早地同敌人进行战略决战，应充分利用天时、地利等条件，采取边防御、边养精蓄锐的办法，待进攻者疲惫不堪、士气沮丧后，再转守为攻，变被动为主动，夺取战争的胜利。运用以逸待劳之计谋，要注意：“逸”，不是无所事事，“待”，不是消极等待，而是要充分准备，积极防御；“劳”，就是要巧妙地调动敌人、激怒敌人，以达到疲劳敌人的目的。

0558. **反间计**

《孙子兵法·用间篇》述：“反间者，因其敌间而用之。”即：巧妙地利用敌人的间谍反为我用。反间计的手段就是以假乱真，迷惑敌人，达到己方目的。它包含两个方面：一是发现了敌间谍，并摸清他的来意，但不露声色，采用将计就计的办法，透露一些假情报，使敌人以假当真，借以利用敌人的错误达到目的。二是敌间谍被发现或被我捕获后，不是公开审判，而是暗中以重金收买，使他变为己方控制，给敌方提供假情报，以达到目的。施用反间，无论是将计就计，还是重金收买，借间用间，都不过是巧施骗术。使用“骗术”，不在于制造完全的假象，而是要善于改变实际的景象或者转移其重点。反间计是一条可以运用到军事、政治、经济、外交等许多领域的重要谋略，它充分体现了“上兵伐谋”的思想，运用得好，可起到“不战而屈人之兵”的效果。

0559. **知彼知己**

语出《孙子兵法·谋攻篇》：“故曰：知彼知己，百战不殆；不知彼而知己，一胜一负；不知彼，不知己，每战必殆。”即：战争指导者既了解敌人，又了解自己，百战都不会有危险；不了解敌人而了解自己，胜败的可能各半；既不了解敌人也不了解自己，那就每战都有失败的危险。这里的“知”，是知道、了解的意思，就是要求战争指导者在作战前和作战过程中，对敌我双方涉及的方方面面情况有准确的了解，并根据战场上的实际情况确定战略战术。这一思想揭示了战争活动的客观规律，是一条极其重要的军事原则，具有普遍的指导意义。

0560. **兵不厌诈**

《孙子兵法·军争篇》：“兵以诈立，以利动，以分合为变者也。”即：军队要利用巧妙的方法隐蔽自己的意图，根据有利的情况决定自己的行动，把分散和

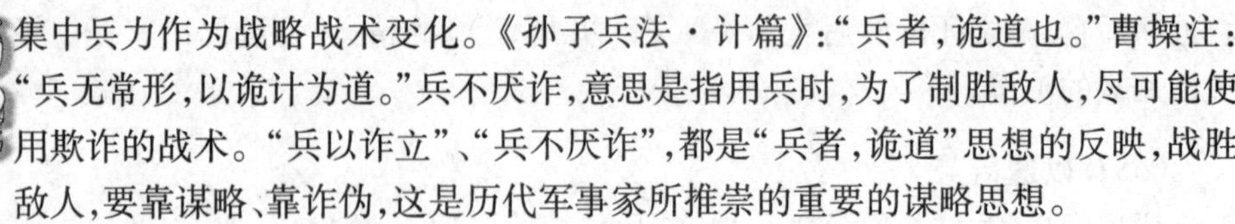

集中兵力作为战略战术变化。《孙子兵法·计篇》:“兵者,诡道也。”曹操注:“兵无常形,以诡计为道。”兵不厌诈,意思是指用兵时,为了制胜敌人,尽可能使用欺诈的战术。“兵以诈立”、“兵不厌诈”,都是“兵者,诡道”思想的反映,战胜敌人,要靠谋略、靠诈伪,这是历代军事家所推崇的重要的谋略思想。

四、兵器阵法

0561. 殳

先秦时一种用竹或木制成的棍棒类兵器。殳(shū)又称杸,或称戟柄、杵、棓等。主要装备于徒卒。两端套有铜帽和铜鐏。一般认为是由原始社会狩猎用的棍棒发展而成。据《说文》记载,殳长一丈二尺。

周代把殳列入“车之五兵”,属于实战的兵器。帝王、诸侯出巡时,前导卫士执殳开道。春秋时期,殳是常用兵器之一。20世纪70年代初考古发掘的长沙浏城桥一号楚墓出土兵器中,有木制殳。从发掘实物看,殳首为青铜制,分为有尖锋和无尖锋两类。1978年湖北随县发掘的战国初期的曾侯乙墓,两者均有出土。春秋晚期,在南方的楚、随、吴、蔡诸国出现过一种带锋刃的殳。它在积竹柄的顶端装有一个呈三棱矛状的铜殳头和带有尖刺的铜箍,既可以刺杀,也可以砸击。陕西临潼秦始皇兵马俑坑出土有无尖锋的殳首。

到战国时期,步兵、骑兵的地位上升,殳成为侍卫的守备兵器,是“步卒五兵”之一,有时作为军事指挥的一种标帜。汉代以后,殳被逐渐淘汰。

0562. 戈

古代用于钩杀和啄击的冷兵器。一般认为由镰刀类工具演化而来,是我国独有的古代兵器之一,盛行于商代至战国时期。

戈为横刃前锋,用青铜或铁制成。垂直装柄,多为竹、木制作,长度通常为一米左右,最长超过三米。其内刃用于勾割,外刃可以推杵,而前锋用来啄击对方。标准的戈,由戈头、柄、铜尊三部分组成。在古代,戈和干合称“干戈”,是各种兵器的统称。

河南偃师二里头遗址发掘的铜戈,距今约三千五百年。商朝早期原始步兵的标准装备是柲长60~90厘米的青铜戈以及较大的盾牌。由于较长的兵器在错毂接战时占有优势,因此,在以车战为主的商周时期,长柲的青铜戈、戟和矛为车战的主要兵器。商代戈有三种形式:直内戈、曲内戈、有銎可以插柲的戈,一般没有胡。商末出现有胡的戈。西周的戈多短胡,有一穿至二穿。春秋战国时期,戈是重要的格斗兵器之一。长胡有三至四穿,便于固定在柲上,同时援狭长而扬起。有的著作把无胡有銎的戈称作“瞿”,把援体呈三角形的戈称作“戣”。河北易县战国墓葬出土的铸有燕王名的铜戈,为长胡多穿样式。战国晚期,铁兵器使用渐多,铁戟逐渐淘汰了青铜戈。秦代有“中阳”铭文戈。西汉时期，仅在王侯的豪华墓葬出现，如河北满城西汉中山靖王刘胜墓中出土有戈。西汉后期，戈逐渐绝迹。

0563. **朴刀**

朴(pō)刀是大刀的一种，是一种木柄上安有长而宽的钢刀的兵器，刀身无鞘。《辞源》解作窄长有短把的刀。全长约60—150厘米，刀刃长度在45—70厘米之间。又有“双手带”、“拨刀”、“着裤刀”、“博刀”之称。一般认为装有短把的是用于“刀耕火种”的“畲刀”，装有长把才是“朴刀”，实际上二者都是兵农兼用的，可以装在木柄上成为比一般大刀还要长的长兵器，也可以卸下来单独作为一种短兵器。朴刀是步行打斗用的兵器，可用来劈、刺、砍，杀伤力比较小。

朴刀出现于宋代，清末前后被广泛使用。在《水浒传》中，各路英雄使用朴刀的描写随处可见。太平天国时期，太平军多用朴刀，故又名“太平刀”。

0564. **矛**

中国古代用于直刺、扎挑格斗的长柄格斗冷兵器，是枪的前身。由矛头和矛柄组成。矛头多以金属制作，矛柄多采用木、竹和藤等材料制作，也有金属材料制作。矛长通常为1.8—2.7米，长者达4米。矛头一般长40厘米，长者达80厘米。

矛源于旧石器时代狩猎用的前端修尖的木棒。后来用石头、兽骨制成矛头，绑在长木棒的前端，增强杀伤力。商朝时期，青铜制作的长矛是重要的格斗兵器。直到春秋战国时期，一直用青铜制造矛头。著名的吴王夫差矛，1983年在湖北省江陵县的楚墓出土，仅存矛头，现藏于湖北省博物馆。战国晚期，多使用钢矛。秦始皇陵的秦俑从葬坑中，出土大量西汉时期出现了专供骑兵使用的长矛(槊)。车战时代，将士利用长兵，弓矢之外，惟以矛为最适宜，故矛有丈八之称，著名的有张飞丈八长矛。唐代以后，称矛为枪，根据不同的战术用途，分为漆枪、木枪、白干枪和朴头枪。分别装备步兵、骑兵和用于军事训练。北宋时期出现双钩枪、单钩枪、环子枪等骑兵用枪，素木枪等步兵用枪，还有训练专用的槌枪，用以投掷的梭枪，与盾牌组合使用的标枪。火器开始使用后，矛、枪依然是军中必备的冷兵器，与火器并用，宋代以后，矛逐渐被枪代替。

矛与枪名称虽异，但都是古代战场上一种直而尖形的刺杀兵器，是古代军队中装备最多、使用时间最长的冷兵器。枪由矛演变而来。枪、矛形制基本相同，但矛头没有血挡(俗称红樱)；矛杆多为硬木或金属，弹性差、分量较枪重；枪用的是柔韧的白蜡杆。

0565. **枪**

古代一种长柄的刺击兵器。由古代兵器矛演变而来，长而锋利，使用灵便，其他兵器难与匹敌，称为“百兵之王”。相传枪实传自苗蛮。枪由枪尖、枪缨、枪杆组成。枪尖为钢铁打制，原始社会枪尖以竹、木削成。枪缨古时多用马鬃制成，枪杆古多铁制，攒竹制，枪的长短不同，名称也不同。1.83 米称步下枪、2.33 米称花枪，2.76 米称中平枪，4 米为大枪，5.33 米为大杆儿，6 米称为矛，11 米长的为毛竹大杆。长度约相当于人体直立，手臂伸直向上的高度。枪杆的粗细，根据使用者性别、年龄而异。

汉代长兵器，侧重戟、矛。后汉已有记载，但是刀刃锐长，还未脱离矛头形式。因为长矛使用不便，晋代开始逐渐流行用枪。唐代善枪者甚多。宋代以后，长矛基本上被枪代替。枪的种类有：花枪、笔枪、大枪、锥枪、槌枪、梭枪（又称飞枪，标枪）、尖枪、太宁笔枪、抓枪、双头枪、双头双枪、四角枪、箭形枪、曲刃枪、环子枪、拐子枪、攒竹枪、长顶枪、鸦项枪、素木枪、绿沉枪、浑铁枪、龙头枪、龙刀枪、虎牙枪、虎头枪、龙凤枪、单钩枪、双钩枪、铁钩枪、柳叶枪、蛇镰枪、蛇尾伞枪、柜马枪、捣马突枪等。枪的用法主要有：扎、刺、挞、抨、缠、圈、拦、拿、扑、点、拨、舞花等。枪法流传较多的常有罗家枪、杨家枪、岳家枪、马家枪、沙家枪、六合枪、八母枪、子龙枪、大犁花枪和峨嵋枪等。

0566. 剑

古代短兵之祖。相传创自轩辕之时，素有“百兵之君”美称。古代的剑是长条形，前端尖，后端安有短柄，两边有刃。剑的各部位包括：剑身、剑尖、剑锋、剑末、剑脊、剑刃、剑格、剑柄、剑首、剑鞘和穗。剑为具有锋刃之尖长兵器，而其大小长短，端视人体为标准，是以须量人而定。

剑的历史悠久，脱胎于矛形刺兵及短匕首，古人用剑插腰，可割可刺，抵御匪寇与野兽。殷商以前，剑形极短小，仅有短平茎，无管筒，呈柳叶或锐三角形，初为铜制。春秋战国，为步战主要兵器，斗剑、佩剑之风盛行。已定剑制，剑的形制有：薄腊无格圆茎剑、无格斜从扁茎剑、厚格剑、薄格剑等。著名的有湖北江陵望山一号楚墓中出土的越王勾践剑，现藏于湖北省博物馆。东汉时，剑逐渐退出了战争舞台，主要用于仪仗或自卫。汉代后铜剑渐被钢铁剑替代，并趋于定型，即剑身中有脊，两侧有刃，前有剑尖，中有剑首，后有茎，茎端设环处称镡，此外尚有剑鞘、剑穗等附属饰物。隋唐时，佩剑盛行。宋代以后，剑舞盛行。

据《太康地记》载：“天下之宝剑韩为众，一曰棠谿，二曰墨阳，三曰合伯，四曰邓师，五曰宛冯，六曰龙泉，七曰太阿，八曰莫邪，九曰干将也。”剑的招式是以劈、砍、崩、撩、格、洗、截、刺、搅、压、挂、云等为主。常见的剑术套路有：太极剑、太乙剑、武当剑、昆仑剑、昆吾剑、峨眉剑、三才剑、三合剑、七星剑、八仙剑、八封剑、十三剑、达摩剑、通背剑、绨袍剑、纯阳剑、金钢剑、青龙剑、青萍剑、飞虹剑、龙形剑、龙凤剑、蟠龙剑、螳螂剑等。

0567. 戟

我国独有的古代兵器。古书中也称“棘”。《说文解字》：“戟，有枝兵也。”是一种戈的柲顶有矛形尖刺装置的具有勾啄和刺击双重功能的格斗兵器，少数是戈和刀的合体。戟是在戈和矛的基础上演进而成的,杀伤力比戈和矛都要强。戟在古代不仅是军队中的主要兵器,而且常作为武器的泛称,比如"持戟之士"。

戟由戟头和戟柄组成。戟头以金属材料制作,戟柄为木、竹质。早期使用的戟是青铜戟。有长戟、手戟、双戟等。手戟柄短体轻,可刺可掷,是性能优良的防身自卫兵器。长戟、双戟则柄长体重,杀伤威力大。戟又有长杆单戟和短柄双戟之分。长戟分为方天戟(戟头有两个月牙,杆上有戟形,如画字,朱漆为饰,故名画戟。还悬有彩绸,上系金钱,叫金钱五色幡)、青龙戟(单月牙,杆上画有盘龙,朱漆为饰,悬系彩钺叫金钱豹尾子)、蛇龙戟(戟刺为蛇形,余同青龙戟)、月牙戟、东方戟、护神戟和戟镰、常胜戟等。短柄双戟分单月牙(练者多),双月牙。

戟有"一条龙"的说法,即龙头、龙口、龙身、龙四爪、龙尾。其头能攒,口能刁,身能贴、靠,爪能抓,尾能摆。有青龙探爪、黑龙入洞、懒龙翻身、乌龙摆尾等式子。戟分马上戟和步下戟,双手执戟,还可一手握杆,另一手握于月牙内的铁梁上。戟可左右手前后换把使用,其出之势如同戳棍,故叫"戟扎戳势"。各派戟法差异较多,以六路戟法为最佳。戟最基本用法有贴、靠、剁、片、钩、搂、刁、提等。

戟在商代即已出现。在河北藁(音稿)城台西的商代遗址有出土。西周时期出现了整体铸造的戟。春秋时期,戟已成为常用兵器之一,但形制不完备,即戈头和矛头分别铸制,然后再联装在木(竹)杆上。春秋晚期,在长江流域的楚、吴、蔡诸国,还出现了三米左右的柄上装有两个或三个戈头的戟,称为"多果(戈)戟",是重要的车战兵器。战国时期,戟基本上取代了戈,为五兵之一。战国末年,冶铁技术的发展催生了钢铁铸造的戟。戟由"十"字形进化为"卜"字形,故称"卜字铁戟"。西汉以后,戟的"援"由平直变为弧曲上翘,进一步增强了前刺的杀伤力。三国时期,戟的种类增多,有长戟、手戟、双戟等。晋代,长兵重矛枪,戟已降为仪仗之器,军士均执枪,而不执戟了。唐代时戟广用于舞具。

0568. 鞭

中国古代兵器之一,适用于马战与步战,短兵器械的一种。鞭起源较早,至春秋战国时期已很盛行。明代出现了两节铁鞭,重视以拳棍技术为基础,来提高鞭的实战能力。清代鞭形制已有软硬之分。

硬鞭多为铜制或铁制,软鞭多为皮革编制而成。常人所称之鞭,多指硬鞭。硬鞭一般用于马战,持鞭之将多持双鞭。钢鞭沉重而无刃,以力伤人,故持鞭者均需大力勇士。硬鞭有两种,一是竹节钢鞭,形如竹节;另一种是十三节水磨钢鞭,长约一米,鞭尾有坚木或铁制柄,头尾皆可握,能两头使。常用的鞭法有劈、扫、扎、抽、划、架、拉、截、摔、刺、撩等。软鞭由镖头、握把、若干铁制鞭节和圆环相连而成。软鞭在晋代即已出现,被认为是猛烈暗器,不易抵御,有七节鞭、九

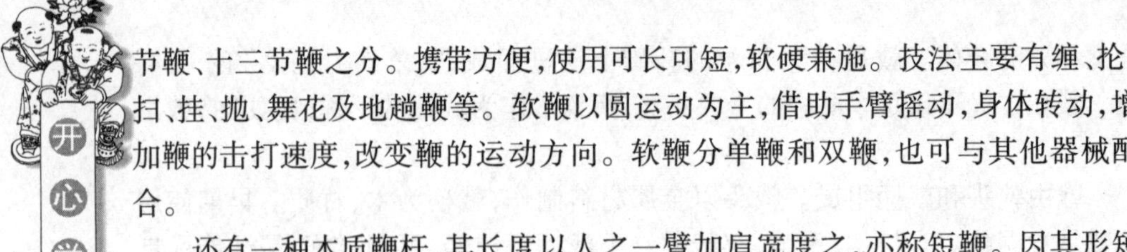

节鞭、十三节鞭之分。携带方便，使用可长可短，软硬兼施。技法主要有缠、抡、扫、挂、抛、舞花及地趟鞭等。软鞭以圆运动为主，借助手臂摇动，身体转动，增加鞭的击打速度，改变鞭的运动方向。软鞭分单鞭和双鞭，也可与其他器械配合。

还有一种木质鞭杆，其长度以人之一臂加肩宽度之，亦称短鞭。因其形短小，用时极方便。著名的还有方节鞭、秦家鞭 、雷神鞭。唐初名将尉迟敬德擅长使鞭。

0569. **槊**

十八般兵器中的重型兵器之一，多用于马上作战。

槊(shuò)用硬木制成，分槊柄和槊头两部分，长约两米，粗约一把，柄端装有一长圆形锤，上面密排铁钉或铁齿六至八行，柄尾装有三棱铁钻。因其形状与狼牙相似，故也称“狼牙槊”。槊柄一般长六尺，槊头呈圆锤状，有的头上装有铁钉若干，有的槊柄尾端装有鐏。槊是由矛和棒演变而来的。《正字通》云：“矛长丈八谓之槊。”所以古代也把丈蛇矛称为“铁槊”。《武备志》载：“棒首施锐刃，下作倒双钩，谓之钩棒；无刃而钩者亦用铁爪植钉于上如狼牙者，曰狼牙棒；本末均大者为杵，长细而坚重者为杆，亦有施刃鐏者，大抵皆棒之一种。”《水浒传》中“百胜将”韩滔用的是一杆枣木槊；别外，还有指槊，掌槊，双槊，衡槊及枣阳槊等。

在云南江川李家山古墓群中就发现有战国晚期、东汉早期的槊。槊的种类很多，结构复杂，较为笨重，多为力大之人使用。其主要技法有劈、盖、截、拦、撩、冲、带、挑等。

0570. **锏**

秦汉以后出现的兵器，鞭类，短兵兼为暗器。长而无刃，有四棱，上端略小，下端有柄。武术短器械。锏因其外形为方形有四棱，亦作“简”。锏为铜或铁制，长为四尺。锏由锏把和锏身组成。锏把有圆柱形和剑把形二种。锏身为正方四棱形，锏粗约二寸，其后粗，愈向其端愈细，逐步呈方锥形。锏把与锏身连接处有钢护手。锏身有棱而无刃，棱角突出，每距六、七寸有节。锏身顶端尖利可作刺击之用。锏把末端有吞口，如钻形。吞口上系一环，环扣上丝弦或牛筋可悬于手腕。锏无刃，每距六七寸有节者，名竹节锏；自把至端，完全平直者，名方棱锏。另有八棱锏、平棱锏、凹面锏、四棱锏、浑圆锏、狼牙锏、少林方楞铜锏。

锏多双锏而用，故有雌雄锏、鸳鸯锏等。主要击法有击、枭、刺、点、拦、格、劈、架、截、吹、扫、撩、盖、滚、压等。唐初的战将秦琼善使双锏。发现于福建的宋代著名抗金将领李纲使用的铁锏，是最早的实物。

铁鞭为六角形，铁锏为四楞形大小短长，随人力所胜用之。鞭、锏都属短兵器，因为二者形制相似，所以历代都把鞭、锏相提并论。鞭与锏历代视之为杂兵，因为在短兵器中不及刀、剑应用广，除双鞭双锏外，多配于其他兵器作战，尤其和长兵为伍来使用。

0571. **砲**

古代战场上抛射石弹的大型战具，也称抛石机。在火炮出现以前，是攻城守城作战的重要兵器。基本结构包括机架、抛射杆和动力装置，主要是利用杠杆原理抛射石弹。《武经总要》记载：砲以大木为架，结合部用金属件连接，砲架上方横置可以转动的轴。固定在轴上的活动杠杆称为“梢”，也就是抛射杆。可以单梢，可以多梢，梢越多，抛出的石弹越重、越远。发射形式多数是将砲架置于地上或埋在地下，固定发射。其中，威力最大的是七梢砲，需二百五十人拽放，发射的石弹重近百斤。另有可以机动发射的车砲，可以旋转发射的旋风砲。

早在春秋时代就已使用砲，东汉以后，成为重要的攻守战具。东汉建安五年（200）曹操攻袁绍时使用的“霹雳车”就是最早出现的车砲。宋代战争频繁，砲的使用更多。蒙古军西征，主要靠砲攻取城垒。砲的作用除了抛掷石弹，有时也用于抛掷圆木、金属等重物。火器出现以后，用于抛射燃烧弹、毒药弹和爆炸弹。宋代曾用于抛射火毬。明末清初被淘汰。

0572. **斧**

最早的劈砍兵器。又称战斧。由斧身和斧柄组成。斧身为石质、铜质或铁质，斧柄为木质。最初的斧是手斧，初为卵石，然后是略经修琢的石片（约公元前50万年），再后就是旧石器时期晚期（约公元前25万年）制工较精的燧石斧，制作方法是用石头敲打燧石，以造成锋利的刃口。当时主要作为生产工具。

最早之铜斧，见于商代，不仅用于武事，还为仪仗之用。《六韬·军用篇》“大柯斧，刃长八寸，重八斤，柄长五尺以上。”至汉代将长斧和矛状物结合在一起，有兵器之劈、刺作用，成为钺戟或斧形戟。长柄的斧，古时多为马上用的重兵器，有“祥手宣花斧”、“开山斧”、“偃月斧”、“金蘸斧”等。短柄的斧，有单、双斧之分，为古时步兵所用。短柄因形状扁宽，也称为“板斧”。黑旋风李逵使用的就是两把板斧。宋曾公亮《武经总要》载有大斧、凤头斧，都是隋、唐遗制。元代军队喜用小斧、大斧和宽体大斧。清代将士喜用双斧，斧柄仅有尺余，斧刃小，双斧均可插腰，战场上使用灵活。斧的主要用法有：劈、砍、剁、抹、砸、搂、截等。中国古代的作战兵器中，斧一直没有占据重要地位。

商周时期，中国北方的少数民族兵器中也有斧。

0573. **钺**

古代用于劈砍格斗冷的兵器。由青铜铍头、长柄构成，铍头尖锋直刃、扁茎，穿透力很强，很可能是由扁茎短剑发展而来。钺（yuè）与斧形制相近，区别是钺形体薄、刃部宽且成圆弧形。钺比斧头大三分之一，杆长一尺半。钺杆末端有钻。钺在斧头之上加有突出之短矛，长约六寸。斧与钺是罕见的兵器，斧钺在古时候是不分的，长柄巨斧名为钺，也叫大斧，长达2.66米。《古今注》载：“金斧黄钺也，铁斧玄钺也，三代通以断斩。”由于使用方法的不同，斧和钺还是有所区别的，凡斧背上有钩或斧上有枪刺者即为钺。长柄钺，古时多为马上用的重兵器，有“开山钺”和“压丑钺”等。1972年河北藁城县台西村曾出土一件商代青铜钺。陕西出土的秦代“钺”做工相当精致，有刃，有背，上面铸有纹饰。

钺的形成与斧的形成属相同的时代，战国时期开始大量使用。使钺之法合斧、矛、枪三者为一体。其用法除有斧、矛和枪之外，还有刺、拨、点、追四法。钺有长杆之钺和短杆之钺，如八卦掌拳派所用的子午鸳鸯钺，就是一种短双器械。使用方法有劈、剁、搂、抹、云、片等。

由于其杀伤力不如戈矛，在春秋时期实战中的地位已降低，已多用于仪仗、装饰之需，作为军权的象征。所以钺大多铸造精良，钺身上刻有人面或兽面纹饰，形象狰狞而华美，给人一种威慑力。1976年，河南安阳殷墟妇好墓出土了四件青铜钺，其中一件大钺长39.5厘米，刃宽37.5厘米，重达九千克，钺上饰双虎扑噬人头纹，还有“妇好”二字铭文，就是妇好统帅权威的象征物。

0574. 云车

古代作战时用以登高窥察敌情的楼车，即轈车。最早使用轈车是公元前575年的鄢陵之战。唐代杜佑《通典·兵典》记载“以八轮车，上树高竿，竿上按辘轳，以绳挽板屋止竿首，以窥城中。板屋方四尺，高五尺，有十二孔，四方别布。车可进退，环城而行。”公元前594年，楚军强迫被俘的使者解扬登上楼车，向被围困的宋人劝降。据专家解释，楼车是“车上望橹”，轈车是“车上为橹”，橹就是楼。到北宋时期，轈车和楼车开始有较大的区别。

0575. 金瓜

古代兵器、仪仗用具。古籍中常称槌、椎、鎚、骨朵等。锤起源于原始人追杀野兽、敲砸坚果用的短木棒。后来出现石头锤、铜锤。组合方式：一是由锤头和短柄组成，另一种是在锤头上系绳索。锤头除球形外，还有瓜形、蒜头形。

战国时期已开始用铁锤，多用于个人防身，不是军队的常备武器。山东沂南汉画像石墓中荷矛持锤的骑士从车图，表现出汉代侍卫锤与长兵器配合使用。中国北方的游牧民族善用此类兵器。元代蒙古骑兵用的就是六棱形的瓜锤。明代的锤是铜首铁柄，成为“铜瓜”，是元代瓜锤的延续。清代所用都是瓜锤。清军入关前，专设铁锤军。

后来为卫士所执之兵仗。亦被作为刑具。仗端作瓜形，有立瓜，卧瓜两式，以黄金为饰。因棒端呈瓜形，金色，故称金瓜。

0576. 连弩

装有连射机构的连弩始见于东汉班固撰《汉书·李陵传》：“发连弩射单于。”三国时期，诸葛亮改制的损益连弩，称作元戎弩，一次能发射十支箭，火力很强，大量装备蜀国部队，“一弩十矢俱发”，但是体积、重量偏大，单兵无法使用，主要用来防守城池和营塞。后来大发明家马钧欲对其进行改进，使之成为一种五十矢连弩，威力更大，但是因为生产很复杂，所用的箭矢也必须特制，所以没有大量生产，后失传。

据明代茅元仪《武备志》记载，当时曾研制出“诸葛武侯弩”，后来清人在此基础上，制造出“弹弩”：其“矢长八寸”，能连续发射十矢，又极为轻便，步兵、骑兵都能随身携带，适宜西南与川陕交界地区的地理环境。因当时火炮已经广泛使用，不久再度失传。

《汉书·艺文志》收有《望远连弩射法具》十五篇。由于弩的发射比较费时，持弩的士兵又不便兼用其他武器，所以弩手常在其他士兵掩护下编成“上弩”、“进弩”、“发弩”等组，轮番连续发射。在“守隘塞口”中，更能发挥其威力。至南北朝以后，骑兵大规模纵横驰骋，强弩不便在马背上使用，遂逐渐衰落。明朝以后，由于火器迅速发展，弩不再受重视。《天工开物》中甚至认为弩是“守营兵器，不利行阵”。

0577. **火铳**

元代和明代前期对金属管形射击火器的通称。又称火筒。现代枪炮的“祖先”。

火铳（chòng）通常分为：单兵用的手铳、城防和水战用的大碗口铳、盏口铳和多管铳等。火铳是中国古代第一代金属管形射击火器，标志着火器发展的新阶段。依据南宋火枪尤其是突火枪的发射原理制成，用火药发射石弹或铅弹、铁弹，在较远距离杀伤敌人。

火铳初见于宋元之交，明代大量使用。现存的元文宗至顺三年（1332）所制、安放在架上发射的盏口铳，元惠宗至正十一年（1351）研制的手铳，分别是当时所制大型火铳和手铳的代表性制品。它们在构造上基本相同，都由前膛、药室和尾銎构成，是元时期军队的重要装备。同火枪相比，火铳的使用寿命长，发射威力大。到明初，火铳除了已形成可以看作是枪、炮雏形的手持铳和大碗口铳以外，还开始发展了大口径的铜炮、铁炮，把火炮制造技术提高到了一个新的水平，增加了品种和数量，改进了结构，提高了质量，组建了专用火器的神机营。嘉靖以后，由于中国早期火器的不断成熟，火铳逐渐被鸟铳和火炮所取代。

中国现存最早的有铭文的元代火铳，是陈列在中国历史博物馆的至顺三年（1332）的制品。据文献记载，到元末，火铳已被元军和农民起义军广泛使用。《元史·达礼麻识理传》就有至正二十四年（1364）元军使用成批火铳作战的记载。现藏于山西省博物馆的明洪武十年（1377）造的三门大铁炮，其口径、身长和重量都大大超过元代的火铳，身管也成直筒形，代表了明初火炮制造的较高水平。

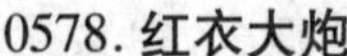

0578. 红衣大炮

红夷炮是中国明清时期从欧洲传入的大型前装火炮的通称。因清廷忌讳“夷”而改为红衣大炮。真正把其发射与制造技术传入中国的是利玛窦、汤若望等耶稣会传教士。炮的口径很大,管壁较厚,从炮口至炮尾逐渐加厚,能承受较大的膛压。

明末,世界上最先进的陆军武器就是红夷炮。明朝最初得到的红夷炮仅为三十多门英国海军用加农炮。1625 年第一次用于实战。1626 年,明将袁崇焕在宁远守卫战中用红夷炮重创努尔哈赤部。1630 年明朝已经能大批量生产红夷炮。在 1636 年围剿张献忠时,有人为红夷炮加装了望远镜等光学瞄准仪器。1631 年,后金铸成“天佑助威大将军”红夷炮,并建立起一支庞大的炮队。直到鸦片战争时期,红夷火炮是清军装备中最主要的重型火炮。焦勖在火炮制造、分类方面,孙元化在弹道学方面,宋应星在冲击波研究方面,戚继光在射击学的三点一线理论上都有大量的成果。清嘉庆时曾倾全国之力仿制一批明朝末年造的神机炮以装备八旗炮队。鸦片战争前,清军自制的九千斤大炮(不是臼炮)最大射程有一千二百米。

0579. 八卦阵

八卦阵正名为九宫八卦阵,是按照文王八卦方位图设计的,包括群英、长蛇、卧龙、十面埋伏等,相传是三国时期诸葛亮按照九宫八卦方位和五行生克原理布成的作战阵图。它实际上是利用八卦,一生二,二生三,三生万物和所谓太极生两仪,两仪生四相,四相生八卦,八卦而变六十四爻,从此周而复始,变化无穷的原理,经过事先针对性训练,而用步卒应对马军的一种手段。这种阵势的核心在于:通过事先操演,让对方本来是战阵两端的直线冲杀,变成在我方主导下,在阵内的环型进攻,从而逐步消耗其气势和体力,达到克敌制胜的目的。这种阵法的优势在于,当对方冲击时,我方可有意识地让出某些位置,引诱对方。待其杀入阵中后,我阵虽破却不散,从而不断与之周旋,进行奇正变化,灵活运用兵力消耗敌人,打击敌人。

据《李卫公问答》记载,诸葛亮曾用石头把八卦阵排列出来,成为“八阵图”,其队形可根据战场地形分布列为方、圆、曲、直、锐五种基本形态。据《武备志》记载诸葛亮八阵图,以天、地、风、云、龙、虎、鸟、蛇命名,加中军阵共九个大阵,中军阵由十六个小阵组成,周围八阵各以六个小阵组成总计六十四小阵,天地风云四阵为四正,龙虎鸟蛇四阵为四奇,另以游骑二十四阵,布于八阵后方,作为侦察、警戒和机动之用。据《握奇经》记载,八阵的布阵原则为“薄中厚方”,主将“居中御升”,起着“居重御轻”的作用。

0580. 五行阵

五行阵是我国较为古老的一种战阵,它产生于井田制上建立起的军事制度。一井用四条道路分开，产生九块田地，其中中间的一块为公田，其余八块归属不同八个家。以前、后、左、右、中五处用作布阵，四个角落作为空地，即构成五行阵，又名五军阵。五行阵阵势圆转浑成，内含五行生克变化之理。一阵出动，引致对方进攻，自示弱点，其余四阵立即跟上，针对对方弱点进袭，直至对方失败。五阵互为守御，互补空隙，临敌之际，五阵犹如一阵，浑然一体，变化无穷无尽。八卦阵就是在其基础之上演化而来的。

五、古代兵书

0581.《孙子兵法》

又称《孙武兵法》、《吴孙子兵法》、《孙子兵书》、《孙武兵书》等，是我国古代流传下来的最早、最完整、最著名的军事著作。其内容博大精深，思想精邃富赡，逻辑缜密严谨。春秋末期吴国将领孙武所著，成书于春秋末期。作者孙武，字长卿，春秋末年齐国乐安（今山东惠民）人。公元前532年，孙武迁居吴国，以兵法十三篇晋见吴王阖闾，并得以重用，任命为将领，西破强楚，北威齐晋，孙武以其赫赫战功享誉诸侯列国。

《孙子兵法》共十三篇。其中，《计篇》讲庙算，即出兵前在庙堂上比较敌我条件，估算战事胜负，并制订作战计划。《作战篇》讲庙算后的战争动员。《谋攻篇》讲以智谋攻城，即不专用武力，而是采用各种手段使守敌投降。《形篇》、《势篇》讲决定战争胜负的两种基本因素："形"指战斗力强弱、战争物质准备等具有客观、稳定、易见等性质的因素，"势"指兵力配置、士气等主观、易变、带有偶然性的因素。《虚实篇》讲如何通过分散集结、包围迂回，造成预定会战地点上的我强敌劣，最后以多胜少。《军争篇》讲"以迂为直"、"以患为利"，夺取会战的先机之利。《九变篇》讲根据不同情况采取不同的战略战术。《行军篇》讲行军中宿营和观察敌情。《地形篇》讲六种不同的作战地形及相应的战术要求。《九地篇》讲依"主客"形势和深入敌方的程度等划分的九种作战环境及相应的战术要求。《火攻篇》讲以火助攻。《用间篇》讲五种间谍的使用。书中的语言叙述简洁，内容富于哲理。

唐初《孙子兵法》传入日本，被誉为"兵学圣典"，"百世兵家之师"。明代传入欧洲各国，先后被译成日、英、法、德、俄等十几种文字，在世界各地广为流传。

0582.《孙膑兵法》

又名《齐孙子》，为孙膑及其弟子所著。孙膑，战国中期齐国著名军事家，出生于齐国（今山东阳谷）。史称孙膑曾与魏人庞涓同向隐居高士鬼谷子学习兵法。后来，庞涓做了魏国的将军，自知才能不及孙膑，心生嫉妒，派人将其骗至魏国施以膑刑（一种挖去膝盖骨的刑罚），在其脸上刻字。后被齐国使者秘密带回齐国。经齐将军田忌举荐为齐威王的军师。此后，他帮助田忌出谋划策，屡建奇功。最著名的就是公元前353年,在齐魏争霸的桂陵之战中,孙膑采用围魏救赵、避实击虚等战法大破魏军。十三年后,孙膑又用围魏救韩、减灶诱敌的谋略,于马陵大破魏军,迫使庞涓自杀,使齐国成为雄踞东方的大国之一。孙膑和其弟子们总结前人和自己的军事实践写成了《孙膑兵法》,成为一部先秦有关战略战术的重要典籍。

《孙膑兵法》主要阐述了孙膑"战胜而强立"的战争观与"富国强兵"的治国主张,记述了其"必守不攻"的战略思想以及"出奇制胜"、"造势"、"因势"等各种战术谋略,而且还提出了"知道"的战争认识论,重在强调士卒、将帅、国君三者和谐的治军思想。孙膑以朴素的唯物观点和辩证观点来分析和认识战争,特别善于分析战争矛盾的思想,为其战略战术提供了坚实的理论基础。

0583.《司马法》

《司马法》又称《司马穰苴兵法》,大约成书于战国初期,司马穰苴所著。据《史记》记载,司马穰苴为春秋末年齐国人,本姓田,由于田穰苴治军严明,收复了被晋、燕夺占的土地,并迫使两国与齐国通使和好,以军功被授予大司马之职,从此得名司马穰苴。

《司马法》的治军思想以礼、仁、信、义、勇、智"六德"为核心,其中礼和仁被放在突出的位置,认为战争的胜败与百姓的好恶息息相关,只有得到百姓支持的仁义之师,才能夺得战争的胜利。主张在农闲时兴兵伐罪,以免耽误农时;进入敌国作战时必须纪律严明,以赢得敌国百姓的同情和支持;不趁敌国丧乱、灾难之时发动战争。这种思想在今天仍有重要意义。

《司马法》现仅存五篇,记载了殷周到春秋、战国时期的作战原则和方法,为我们研究古代军事思想提供了重要依据。

0584.《尉缭子》

《尉缭子》一书,历来争论很多。但大多学者认为,此书为梁惠王时的尉缭所作,成书于战国末期。

今本《尉缭子》共分五卷。卷一主要论述政治、经济和军事的关系,攻城与作战的原则,主张行事不应依靠鬼神,而应依赖人的智慧。卷二主要论述战争的性质、作用和守城的原则。卷三主要论述用兵的原则、军队的纪律和奖惩制度。卷四主要叙述战场法纪、部队的编组、标志和指挥信号,以及行军序列。卷五主要论述军队的训练和取胜之道。

《尉缭子》对政治、经济和军事关系的认识较为深刻,反对迷信鬼神,主张依靠人的智慧,具有朴素的唯物主义思想。在战略、战术上,它主张不打无把握之仗,反对消极防御,主张使用权谋,争取主动,明察敌情,集中兵力,出敌不意,出奇制胜。

0585.**《六韬》**

又称《太公六韬》、《太公兵法》。全书是以周文王、武王与姜太公对话的形式写成的，所以相传为姜太公吕望所著，但经历代学者考证，普遍认为是后人依托，大约成书于战国期至秦末汉初。《六韬》是一部集先秦军事思想之大成的著作，对后代的军事思想有很大的影响，被誉为是兵家权谋类的始祖。司马迁《史记·齐太公世家》称："后世之言兵及周之阴权，皆宗太公为本谋。"北宋神宗元丰年间，《六韬》被列为《武经七书》之一，为武学必读之书。

《六韬》共分六卷。文韬，论治国用人的韬略；武韬，讲用兵的韬略；龙韬，论军事组织；虎韬，论战争环境以及武器与布阵；豹韬，论战术；犬韬，论军队的指挥训练。《六韬》初步认识到了矛盾的对立和转化，对古代辩证法思想的发展做出了贡献。

0586.**《黄石公三略》**

又称《三略》，原名《黄石公记》。传说是汉初黄石公所著，大约成书于东汉末年至魏、晋时期，共分上略、中略、下略三卷，共三千八百余字。

此书是一部糅合了诸子各家的某些思想、专论战略的兵书，其最显著的思想特色是兼容博采：主张以道家谋略取天下，以儒家思想安天下，以法家原则御将卒，以阴阳家观点识形势，以墨家人才观尚贤纳士，形成杂取诸家之长而又相辅相成、浑然一体且又独具特色的兵学思想体系。侧重从国家大战略的角度考察军事问题，注重论述治军御将。南宋晁公武称其："论用兵机之妙、严明之决，军可以死易生，国可以存易亡。"北宋神宗元丰年间被列《武经七书》之一。

0587.**《李卫公问对》**

又称《唐太宗李卫公问对》、《李靖问对》，唐代军事家李靖著，是唐太宗李世民与李靖讨论军事问题的言论辑录，经后人整编成册。现存全书分为上、中、下三卷，一万余字。

该书在军事思想方面具有如下几个特点：一是作者继承和发展了《左传》用战例来阐述和探讨战略战术原则的方法，把军事学术的研究方法，从哲学推理发展到理论与实践的密切结合，在总结战争经验的基础上发展战略战术原则，使其科学化。二是隋唐兵家多醉心于古代阵图的考察，捕风捉影，穿凿附会成风，《李卫公问对》却坚持实事求是的态度，反对一切玄虚之词。三是《李卫公问对》一书坚持科学的态度，丝毫不涉及阴阳迷信的说法。

《李卫公问对》多处对《孙子兵法》的命题进行了阐发，丰富和发展了《孙子兵法》的思想，在历史上产生了比较大的影响，在宋代被列入《武经七书》中，成为武科必读之书。

0588.**《太白阴经》**

又称《神机制敌太白阴经》，古代一部综合性的军事著作。古人认为太白星

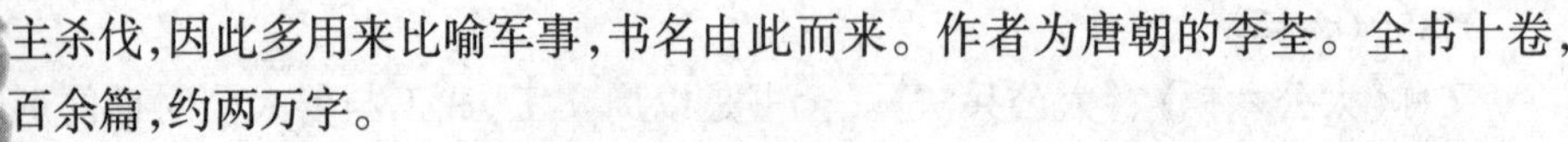

主杀伐，因此多用来比喻军事，书名由此而来。作者为唐朝的李荃。全书十卷，百余篇，约两万字。

该书内容十分丰富。在军事上，它继承了历代兵法家重人的思想，论述了人与战争的胜败、国家的强弱、地形的险夷等因素之间的关系。尤其在对待地之险夷问题上，它指出地形的险夷因人而异，国家的存亡和攻守的成败在于人。在作战指导方面，它提出“以权术用兵”的思想。“权术者，奇也”，即以奇用兵。另外，书中对军仪典礼、公文程式、战阵队形、人马医护、攻防战具等分别进行了论述。

0589.《虎钤经》

宋代兵书。北宋许洞著，成书于1004年。许洞(976—1015)，字渊夫，又字洞夫，吴郡(今江苏吴县)人，自幼习弓矢技击，平生以文章自负。宋真宗时进士，曾被派往雄武(今甘肃天水)任军官，后罢官隐居。

《虎钤经》共二十卷，分篇论二百一十个问题。《虎钤经》以上言人谋，中言地利，下言天时为主旨，兼及风角占候、人马医护等内容。许洞认为天、地、人三者的关系应是“先以人，次以地，次以天”，重视人(主要是将帅)在战争中的作用。要求将帅应“观彼动静”而灵活用兵，做到“以虚含变应敌”。尽管天时有吉凶，地形有险易，战势有利害，如能吉中见凶、凶中见吉，易中见险、险中见易，利中见害、害中见利，就能用兵尽其变。

该书在体例上分类编排，按类阐述，汇集与军事有关的天文、历法、记时及识别方位等知识，有许多为过去兵书所少有。此外，还汇集了不少阵法，并创造了诸如飞鹗、长虹等阵，但书中天人感应等荒诞迷信之处则不可取。

0590.《武经总要》

《武经总要》是中国古代北宋官修的一部具有军事理论和军事技术的综合性著作。作者为曾公亮和丁度都是文臣，二人奉皇帝之命，用五年的时间编成此书。

《武经总要》全书共四十卷，分前后两集，每集二十卷。其中，前集二十卷详细反映了宋代军事制度，包括选将用兵、教育训练、部队编成、行军宿营、古今阵法、通信侦察、城池攻防、火攻水战、武器装备等，特别是在营阵、兵器、器械部分，每件都配有详细精致的插图，这些使得当时各种兵器装备的具体形象呈现在我们面前，是研究中国古代兵器史的极宝贵资料。后集二十卷前半部分介绍古今战例，后半部分介绍阴阳占卜。辑录有历代用兵故事，保存了不少古代战例资料，分析品评了历代战役战例和用兵得失。

该书是中国第一部规模宏大的官修综合性军事著作，对于研究宋朝以前的军事思想非常重要。其中大篇幅介绍了武器的制造，对科学技术史的研究也很重要。

伍 不可不知的宗教知识

一、宗教典籍

0591.《太平经》

又名《太平青领书》,旧题于吉撰。传说于吉为北海人,患有癞病,十多年中使用百药无效,遂晨昏祷告,祈求神灵救护。太上老君被他的精诚所感,命仙人帛和化作卖药翁现身于市集。于吉便求他为自己治病,帛和约他翌日鸡鸣时于木兰树下相会。于吉按时赴约,帛和已经先至,怒斥于吉一通,命其半夜再来。于吉不敢怠慢,太阳落山便到木兰树下去等,稍后帛和来到,欣然授他一部经书,于吉叩拜而受,疾病顿然消除。太上老君又下凡亲授旨要,于吉遂将经书扩充为一百七十卷,名曰《太平经》。三百年后,于吉道成仙去,《太平经》辗转落入张角之手,被太平道奉为经典。

该书的基本内容是“以阴阳五行为家,而多觋杂语”,是古代道家和阴阳家的余绪,更多当时巫觋方士、图书谶纬的色彩,内容庞杂。其宗教思想,是构筑了以后圣帝君、九玄帝君(亦称太平君)为至尊的天神体系。称“元气行道,以生万物”,重视精气神三者混一的长生不死的神仙思想,及服符诵咒、斋戒叩拜、服气守一、服药针灸等方术手段。宣扬大道主持下的己身报应和社会承负。在社会政治思想方面:宣扬天、地、人三者相应的兴国广嗣统治术,主张中和阴阳之气以致天下太平,同时倡导儒家的伦理道德,表示出对明君清官的拥护和向往。

该书虽多有自相矛盾的论述,但总体反映了在宗教天道论下太平社会的理想,也有一些民本思想,反对统治者聚敛财物,主张自食其力和救穷周急等,对早期道教以及后世的农民起义都产生过一定的影响。

0592.《老子想尔注》

老子《道德经》的注释本,为道门必读经典。是道教创始人张陵著,或说是他的孙子张鲁所著。该书唐宋以后佚失,清末于敦煌莫高窟发现六朝写本残卷,内容相当于原书上卷第三至三十七章,原件被英国人斯坦因掠走,现藏伦敦博物馆。

《想尔注》一是用删、增、改字的方法,对《老子》原文进行修改,从而表达自己的意思;二是通过注释,将哲学著作《老子》改造成真正的道教经典。全书注释以“道”为最高信仰,以“生”为修道追求,体现了道教思想特色,是研究早期道教史和道教思想源流的重要资料。

0593.**《黄庭内景经》**

与《黄庭外景经》合称为《黄庭经》,是道教上清派专谈养生内修的主要经典,内丹家奉为内丹修炼的主要经典。世传为晋道士魏华存所传。

该经是一部将道教观念、内丹实践,再结合我国古代医学成就,专谈养生内修的生命经典。“黄”指中央之色,喻“中央”;“庭”乃阶前空地,喻“中空”,乃指生命的核心所在。黄庭之景,意即修养功夫中所看到的“中空景象”中的各种生理和心理因素。

《内景》是一部七言韵文形式的修炼要诀,继承汉代“五脏神”之说,重视“内视”、“存神”之法,以身体脏腑各有所主的理论为基础,结合道教人身百脉关窍各有司神之说,把百骸九窍、五脏六腑等生命因素人格化。它所阐述的炼性养命原理,对于人类认识生命和把握生命,意义重大,为历代道教徒和修炼性命者所重视,发挥其学说的著作甚多,有“寿世长生之妙典”之誉。

0594.**《黄庭外景经》**

道教内丹修炼的主要经典。世传为晋道士魏华存所传。

《外景经》的内容与《内景经》密切相关,仍以七言韵文的形式,叙写修炼存思法的要诀。《外景经》去掉《内景经》中诸多脏腑色像神名,语言简明平易,语词清显,意义通畅。还提出了吐纳行气,咽津和宝精、固精,恬淡无欲等观点。

《黄庭经》生动形象地总结了当时道教内丹学和中医养生学的最高成就,为后世的金丹修炼、中医养生和生命探索提供了宝贵的财富。

0595.**《抱朴子》**

道教论著,东晋道教学者葛洪撰。《抱朴子》今存内篇二十篇,论述神仙、炼丹、符箓等事,属道家;外篇五十篇,论述时政得失,人事臧否,属儒家。外篇中之《钧世》、《尚博》、《辞义》、《文行》等,则探讨有关文学理论批评。

《内篇》包括神仙方药、鬼怪变化、养生延年、禳灾祛病,主要论述宇宙本体、神仙存在、金丹和仙药制作方法及其功用,讨论各种方术的学习应用、道经的各种书目,说明世人修炼的广泛性。《外篇》则主要谈论社会各种事理人情,揭示了道家、养生家不离人伦日用的特色。讨论人间得失,讥刺世俗,讲究治民理事之法;评论世事臧否,主张藏器待时,克己思君;劝谏君主任贤能,爱民节欲,独掌权柄;提倡超俗出世,修身著书等。

《抱朴子》将玄学与道教神学、方术与金丹、丹鼎与符箓、儒学与仙学统统融为一炉,在战国以来神仙家理论的基础上,确立了道教神仙理论体系。

0596.**《阴符经》**

道教经典,旧题黄帝撰,约成书于战国末期或稍后。其传本有三百言与四百言诸本。上篇讲:天生天杀,为道之理。人应当观天之道,执天之行,从而达到天人合发。一句“宇宙在乎手,万化生乎身”,竟然让《西游记》中的能够千变万化的孙悟空永远也跳不出如来佛的代表宇宙的手心。主要讨论天道与人事的关系；中篇讲：天地、万物、人这三才相互为盗，天盗人人死，人偷天人活，关键是要抓住时机。人应该食其时，偷其机。主要讨论天道和人道的法则；下篇讲：利害生死，相互为用。害中有利，利中有害。人应该以时物文理而成哲人。主要讨论用兵理论。

《阴符经》用字精炼，言简意赅，义理深奥。历代注解，皆各有所发，从哲学、兵家、丹法、生命等不同的思想体系去诠释和运用。也是道教教理教义和修炼丹法的重要经典，与《道德经》、《南华经》及《参同契》、《黄庭经》、《悟真篇》等相比肩。

0597.《太上感应篇》

作者不详。《宋史·艺文志》著录李昌龄《感应篇》一卷，后来又有八卷本流传，是道教最早的劝善书。

全书仅一千二百七十五字，以“太上”的口吻宣教，以天人感应、劝善惩恶、因果报应等思想为宗旨：“祸福无门，惟人自召。善恶之报，如影随形。”谓天地设有管理罪过的神灵，人身也有三尸神，记录人的善恶，依据人所积累的善功或所犯下的恶行，从而决定生命的寿夭。劝人要“诸恶莫作，众善奉行”。它融合了儒家道德伦理观及佛教的因果报应说，在传统道教积善惩恶的思想基础上形成其宗教道德规范，对后世影响甚大。此书还流传于朝鲜、日本等国，清代曾译为满文，是研究古代世俗道德观和宗教道德修养的主要资料。

0598.《度人经》

道教经典。全称《元始无量度人上品妙经》，又称《太上洞玄灵宝无量度人上品妙经》，系灵宝经系之首经。或说出自三国吴之葛玄，实为东晋葛巢甫所造。卷一为经文，后六十卷系敷衍经文而成。

主要叙述元始天尊在始青天中为众仙真演说灵宝经教，宣扬“仙道贵生，无量度人”的宗旨。倡导斋醮持诵大梵隐语，升天成仙。并记述诸天帝内名隐韵之言及魔王、百灵的内讳、隐名，奉持念诵以度脱幽魂，延寿长年。普度的方法是奉诵经文及经中描述的诸神、仙真等的隐韵名讳。诵经的最佳时间是正月、七月、十月、八节日、本命日，奉诵之前当斋戒、叩齿、闭目、存神、密咒、引气。以“梵气”作为世界的本原，表现了神真世界的三界十方三十二天及地府酆都等神鬼天地。反映了道教济世度人的思想。

0599.《云笈七签》

道教类书。北宋张君房从编成的《大宋天宫宝藏》里抽出精要万余条，编辑成本书一百二十二卷。道门称书箱为云笈，分道书为三洞四辅，总称七部，故名《云笈七签》，即“掇云笈七部之英”的意思。

该书包括道教经教义理、本始宗元、诸真语录、方药符图、内外丹道、仙籍旨

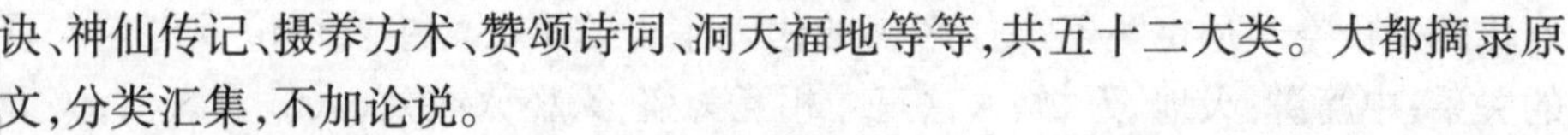

诀、神仙传记、摄养方术、赞颂诗词、洞天福地等等，共五十二大类。大都摘录原文，分类汇集，不加论说。

本书资料丰富，辑录的典籍达上千种之多，不仅保存了宋代《道藏》及宋以前道教经籍的主要内容，而且存录了不少佚失的道书篇章和片断，有小道藏之誉称。

0600.《金刚经》

佛教般若部重要经典，全称《金刚般若波罗蜜多经》。金刚最为坚硬，喻指勇猛，能断各种烦恼，从而顺利修行证道；般若为梵语，是妙智慧；波罗蜜多，汉意为到达彼岸；经，是路径，谓学佛成佛之道路。全名谓依此修行，便可断除烦恼，增长智慧，到达解脱彼岸。可见所有十方法界的众生，只要经过《金刚经》的真修实证，得到开悟而后成，就能到达佛菩萨无上正等正觉的境界。《金刚经》传入中国后，自东晋到唐朝共有六个译本，以鸠摩罗什所译《金刚般若波罗蜜经》最为流行。

《金刚经》通篇讨论的是空的智慧。一般认为前半部说众生空，后半部说法空。经文开始，由号称佛陀十大弟子中“解空第一”，后来成为孙悟空老师的须菩提发问：当众生发愿要达到无上圆满的佛陀觉智时，应该将发心的目标定在哪里？如果在实践过程中心不能安住，应该如何降伏？即如何使心灵平静地安住在走向终极目标的过程中，对各种错误认识和患得患失的心理进行克服？《金刚经》就是围绕佛陀对此问题的解答而展开的。

0601.《楞严经》

佛教经典，全称《大佛顶如来密因修证了义诸菩萨万行首楞严经》。大佛顶，谓楞严经是一经之最要，故取大佛顶三字，领一经之名题。又佛顶最为尊贵无上，比喻此经之尊贵；如来密因修证了义，是成就如来的秘密因地，修证成佛的究竟明了的义理；诸菩萨万行首楞严，诸位菩萨的上万种的行持法门中，最为究竟坚固的、颠扑不破的至理。楞严法门有三大主旨：一是悟本体（先行），认识本性即是真如本性，即如来藏性；二是持心戒（初行）；三是修大定（正行）。憨山大师说：“不读《法华》，不知如来救世之苦心；不读《楞严》，不知修心迷悟之关键。”

《楞严经》共十卷。清代曾译成藏文，并刊有汉、满、藏、蒙四体合璧的《首楞严经》全帙。在日本，此经亦流传不断。

0602.《圆觉经》

大乘佛教重要经典之一。唐代罽宾沙门佛陀多罗译。

全经一般分作序、正、流通三分。主要是佛和文殊菩萨、普贤菩萨、普眼菩萨等宣说如来圆觉的妙理和方法。“修多罗教，如标月指。若复见月，了知所标，毕竟非月。”手可指月，但月不在指的公案，给后世提供了无穷的遐想。不仅将佛性譬喻成了明月，而且还有了一部公案集成的《指月录》。

此经在《开元释教录》中被列于大乘“修多罗藏”，后收入华严部。此经是唐、宋以来天台宗、贤首宗、禅宗等盛行讲习的经典。最早提倡此经的是华严宗五祖圭峰宗密，他为此经作了七部注解。近人胡适、吕澂曾经怀疑此书并非由印度传来，而是中土高僧所作，与《楞严经》、《大乘起信论》同属于晚期如来藏真常唯心派。

0603.《妙法莲华经》

简称《法华经》，大乘佛教初期经典之一。后秦鸠摩罗什译，七卷二十八品，六万九千余字。以莲花（莲华）比喻佛法之洁白、清净、完美。

《法华经》是释迦牟尼佛晚年所说教法，属于开权显实的圆融教法，大小无异，显密圆融，显示人人皆可成佛的一乘了义。在五时教判中，属于法华、涅槃之最后一时。因经中宣讲内容至高无上，明示不分贫富贵贱，人人皆可成佛，所以《法华经》也被誉为“经中之王”。

大乘佛法兴起之后，便有了以“声闻”、“缘觉”为二乘或小乘、以“菩萨”为大乘之说。《法华经》即在此背景下结集的代表作品，提出“开权显实”、“会三归一”，融会三乘为一乘（佛乘）。以“声闻”、“缘觉”二乘为方便（权），因为“二乘”终究要以成佛作为最终目标，由此开启了“回小向大”的门径。这是一种崭新的佛学思想，也是本经的主旨所在，在佛教乃至人类思想史上占有至关重要的地位。

0604.《四十二章经》

佛教经典。一般认为是传入中国最早的汉译佛经。据史料记载，后汉明帝梦见金人，因遣郎中蔡愔及秦景等至大月支国写取佛经四十二章。可见，本经的初传当在64年至75年之间。

本经有多种异本，现存主要的有五种。全经大意说出家、在家应精进离欲，由修布施、持戒、禅定而生智慧，即得证四沙门果。经中包含了佛教基本修道的纲领。

0605.《无量寿经》

一名《大无量寿经》，佛教著名经典之一，净土宗的大经，与《阿弥陀经》、《观无量寿经》合称“净土三部经”。全书共两卷，内容大致叙述释迦牟尼佛在王舍城耆阇崛山，为僧众说法，称过去世自在王佛时，有国王出家为僧，号法藏，发四十八大愿，称：“十方众生，至心信乐，欲生我国，乃至十念，若不生者，不取正觉。”经漫长时期，积无量德行，在十劫前成佛，号“无量寿佛”，光明寿命最尊第一。其国土是安乐净土，无量功德庄严，万般美好。释迦牟尼劝僧俗人等，勤勉精进，虔诚信奉，便能化生彼土，等等。此经传到中国后，影响甚大。汉译本有十余种，最常见的为三国魏时康僧铠译本。东晋青山竺法旷以“无量寿为净

土之因”,“有从则讲,独处则诵”。东魏昙鸾作《往生论注》,弘扬此经,立难行、易行二道之说。此后,历代注家辈出,疏释不绝。

0606.《心经》

佛教般若部经典。全名《摩诃般若波罗蜜多心经》,意思是运用大智慧到达彼岸的核心经典。

此经原出于六百卷之《大般若经》,其中包含了一切佛菩萨六度万行之智慧与功德,也是大乘佛教精神所在,而称之曰“心经”,亦为《大般若经》中之心要与精华。全经五十四句,二百七十字,是佛教经典中最为简短的经文。其中的“色不异空,空不异色。色即是空,空即是色”、“心无挂碍,无挂碍故,无有恐怖,远离颠倒梦想,究竟涅槃”,更是核心中的核心。“心无挂碍”四字,更将佛教的千经万典概括一空。后来,整个一部《西游记》演义的就是这四个字,并在第十九回《云栈洞悟空收八戒,浮屠山玄奘受心经》中,由乌巢禅师把这部经典全文传给了唐僧。

全经组织严密有序,尽是般若思想心要。是佛、道、儒及禅宗的必读课本。

0607.《弘明集》

中国佛教论文集。南朝梁代释僧佑撰,十四卷。书为总集体,颇类似《昭明文选》。

本书的宗旨在于排斥当时社会上儒、道等对外来佛教的攻击和怀疑,为法御侮从而达到弘道明教的目的。选辑从东汉末至梁代颂扬佛教的文章,兼有数篇反佛的论文。反映了佛教和儒道的思想斗争与当时人对佛教的理解,保存了珍贵的文献。

所收入的文章有多方面的学术价值,尤其是对研究中国佛教史来说,有着重大的历史意义和文献价值。

0608.《六祖坛经》

中国佛教禅宗的经典著作。亦称《六祖大师法宝坛经》,简称《坛经》。它记录了禅宗六祖惠能的事迹以及与其弟子的问答机缘,多半为语录体。大体有四种版本:一为敦煌写本,是惠能弟子法海听法的记录本,题为《南宗顿教最上大乘摩诃般若波罗密多六祖惠能大师于韶州大梵寺施法坛经》,一卷。该书不分品目,只分五十七节。被认为是《坛经》的古书;二是《六祖坛经》,为唐代僧人惠昕编,分上下两卷共十一门;三是《六祖大师法宝坛经曹溪原本》,一卷十品,据说为宋契嵩改编本;四是《六祖大师法宝坛经》,一卷十品,为宗宝改编本,是常见的流行本。另外,中外学者还考证了不少其他版本。

《坛经》作为中国佛教禅宗的“宗经”,在中国哲学史上、佛教史上具有非常重要的地位和影响。中国佛教著作称为“经”的,只此一部。《坛经》的中心思想是注重净性,强调自悟,提倡顿教:“心地但无不净,西方去此不远。心起不净之心,念佛往生难到。除十恶即行十万,无八邪即过八千。但行真心,到如禅指。"慧能把东土西天的十万八千里当成了人心中的十恶八邪,除掉了十恶八邪,当下就到了西天。于是《西游记》中西天路十万八千里,唐僧得走十四年,而孙悟空只要一个念头就到了。

0609.《法苑珠林》

中国佛教类书。唐代释道世(字玄恽)著。该书系将佛教故事分类编排,凡百篇,若干部,均以二字为题,共六百四十余目,引佛教经、律、论原典分别隶属其下。各篇前有"述意"部,篇末或部末有"感应缘",广引故事为证,而证必注明出处。

在内容上,注重佛教的基础知识及其日常生活规范等。终篇的《传记》,对东汉至唐初有关传译的经论、译者以及中国佛教著作、因遭禁佛而佚失的经籍,乃至度僧建寺等都有记述。所引据典籍,除佛经外,约有一百四十余种。

自《四库》著录以来,始为汉学家所注意。对研究佛教史、文学史及史学、印度中世纪历史和地理沿革等方面,均有一定的参考价值。

0610.《五灯会元》

中国佛教禅宗的重要著作。宋僧普济编,二十卷。"五灯"指:法眼宗道原撰《景德传灯录》,临济宗李遵勖撰《天圣广灯录》,云门宗惟白撰《建中靖国续灯录》,临济宗悟明撰《联灯会要》,云门宗正受撰《嘉泰普灯录》。宋僧普济对上述150卷的"五灯"删繁就简,缩编为二十卷,合而为一,故称《五灯会元》。

它以语录公案的形式,汇辑了禅宗从传说的过去七佛到唐、宋时期各派禅僧的问答机缘、语录。书中所录,上至帝王征召延请、禅师开堂说法,下至文人学士与僧人往返参学,涵盖了整个社会的方方面面,足见禅宗对唐宋皇室及当时社会影响之大。

该书对后世各宗参禅悟道、机锋答辩,足资参考,意义甚大,也是研究唐宋历史,研究中国禅宗思想及历史的重要资料。

二、宗教人士

0611. 张道陵

道教的创始者。张道陵(34—156),本名张陵,东汉光武帝建武十年(34)生。东汉沛国丰邑(今江苏丰县)人,相传为张良后人。道教徒称他为张道陵,张天师,祖天师,正一真人。少时精通《道德经》,曾在太学学习。明帝时举贤良方正直言极谏科,任巴郡江州(今重庆市)令。后隐居北邙山,学习长生之道。朝廷征为博士,称病不应。和帝时又征为太傅,三诏不就。顺帝时张道陵设立二十四治,创建五斗米道,自称太上老君,"授以三天正法,命为天师","为三天法师正一真人",并造道书二十四篇。桓帝时在青城山逝世。

据传《老子想尔注》即张道陵所作，弟子有三百多人，为后来五斗米道发展打下了基础。由张道陵一脉传承下来的天师道，正以符箓见长，世称符箓派、正一派。正一就是太极虚道的别称，同时也含正宗、正统、规整之意。张道陵以虎为座骑，与葛玄、许逊、丘处机（或萨守坚）共为道教四大天师。

0612. 葛洪

葛洪（284—363），字稚川，号抱朴子，人称葛仙翁，丹阳句容（今属江苏）人，是晋朝医学家、博物学家和制药化学家、炼丹术家，在中国哲学史、医药学史以及科学史上都有很高的地位。

他字稚川，号抱朴，都要表示守其本真，抱持朴素，不为物欲所诱惑。一生从事炼丹和医学，将儒道合一，修己度人。既是宗教理论家，又是金丹养生实践家。

他对以前的神仙思想进行了总结，证明神仙长生的实存性，在道教历史上有极其重要的意义。

0613. 陶弘景

陶弘景（456—536），字通明，齐梁间道士、道教思想家、医学家，自号华阳隐居，丹阳秣陵（今江苏南京）人，卒谥号“贞白先生”。在齐朝，给诸王做侍读，除官奉朝请，征左卫殿中将军。梁武帝永明十年（492）辞官赴句曲山（茅山）隐居，从孙岳游学，并受符图经法，遍历名山，寻访仙药。梁武帝几次礼聘，他都不至，却常常向他咨询朝廷大事，当时的人都称他是山中宰相。

其思想源于老庄，并受葛洪道教影响，亦杂有儒、佛观点。主张儒、佛、道三家合流，并将儒家伦理观念引入道教理论体系。善书法，尤精行书，长于医药、历算、地理。在整理古籍《神农本草经》的基础上，吸收当时药物学新成就，撰著《本草经集注》七卷。另参照佛家宇宙诸天体系和经典规模，著作《真诰》，是道家重要典籍之一。

0614. 司马承祯

唐代著名道士，道教理论家。司马承祯（647—735），字子微，法号道隐，河内温人（今河南温县）。生于官宦世家，自少笃学好道，无心仕宦，而喜作方外游。师事嵩山道士潘师正，深得赏识，受上清经法及符箓、导引、服饵等道术。后遍游名山，隐居天台山玉霄峰，自号天台白云子。

他善书篆隶，自为一体，号金剪刀书。以道教修仙思想为本，融合儒家正心和佛教止观学说，阐述道教修炼理论。强调修道在于修心，守心在于守静去欲。只要排除一切欲念杂染，心不逐外，才能保持内心的虚极静笃。其《坐忘论》上承老子、庄子，下启钟离权、吕洞宾，为道家内丹功的形成作了理论上的准备。对后世道教修炼理论和佛门禅学的发展、以及北宋理学的形成，皆有不小的影响。在中国哲学史上也留下一个不可或缺的位置。

司马承祯的著作有《天隐子》、《坐忘论》、《修真秘旨》、《道体论》、《上清含象剑鉴图》、《洞玄灵宝五岳名山朝仪经》、《服气精义论》等。死后，唐玄宗追赠银青光禄大夫，谥称“贞一先生”。

0615. 吕洞宾

原名吕岩，又名岩客，字洞宾，号纯阳子、回道人，河中府永乐镇（今山西芮城县）人。他生于世代官宦之家，自幼熟读经史，或说他曾在唐宝历元年（825）中了进士，还当过几天地方官吏。

后来，他因厌倦乱世颠沛，便抛弃功名富贵，散尽万贯家产，普度众生。后来和妻子一起上了中条山的九峰山修行，各居一洞，遂改名洞宾。后巧遇仙人钟离权，拜之为师，得成仙果，遂与铁拐李、汉钟离、蓝采和、张果老、何仙姑、韩湘子、曹国舅等并称为“八洞神仙”。之后更是云游天下，岳阳、洞庭、泰山、华岳，到处扶危济困，点化孝子，深得百姓敬仰。

吕洞宾最大的贡献，就在于将道教修炼的丹道学，由外丹的烧炼转化为内丹的修炼。这是道教史上一次惊天动地的变革。在他仙去之后，名声鹊起，在宋代初年，被广泛崇拜，如同佛教中的观音菩萨一样。家乡父老为其修建吕公祠，金代将祠改观。全真道祖师王重阳自称得吕洞宾真传，其弟子丘处机又得成吉思汗赏识，于是元朝初年，吕洞宾信仰更加勃兴。

丘处机弟子宋德方奉敕在吕洞宾家乡按照皇家宫殿格局大兴土木，为吕洞宾修建了永乐宫，在无极殿供奉三清诸神，纯阳殿供奉吕祖，重阳殿供奉王重阳和全真七祖。而永乐宫壁画驰名海内外，堪称不朽。

0616. 陈抟

五代宋初著名道教学者。陈抟（871—989）字图南，自号扶摇子，赐号希夷先生。亳州真源人（今安徽亳州），与老子同乡。直到五岁方能说话，便聪悟过人。十五岁便能精通儒道医典、诗礼书数。后来散尽家业，分给穷人，只带了一个石铛，游行天下，歌乐自在。后唐明宗屡次召见，赐号清虚处士。后居武当山修行二十余年，撰《指玄篇》八十一章、《入室还丹诗》五十首，又作《钓潭集》万余字。七十余岁后徙居华山，常常闭门卧睡，数月不起。周世宗欲拜谏议大夫，固辞，后来便赐号“白云先生”。

他继承汉代以来的象数学传统，并把黄老清静无为思想、道教修炼方术和儒家修养、佛教禅观会归一流，对宋代理学有较大影响。后人称其为陈抟老祖、睡仙等，就因为他精粹道德，以睡玩世，要证明《道德经》所说的：“众人昭昭，我独若昏。众人察察，我独闷闷。”

0617. 王重阳

王重阳（1112—1170），原名中孚，字允卿，又名世雄，字德威，入道后改名

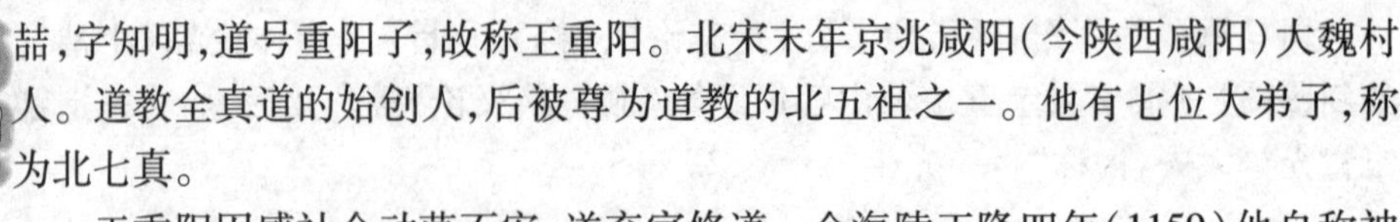

喆，字知明，道号重阳子，故称王重阳。北宋末年京兆咸阳(今陕西咸阳)大魏村人。道教全真道的始创人，后被尊为道教的北五祖之一。他有七位大弟子，称为北七真。

王重阳因感社会动荡不安，遂弃家修道。金海陵正隆四年(1159)他自称神仙传授修真秘诀，于是在终南山修了一个隧道，名活死人墓，穴居修道。金世宗大定七年(1167)忽然烧掉自己的居所，只身去山东传道。很快就有了很多徒众，并且收了七个大弟子，即“全真七子”。王重阳糅合儒家和道、释的思想，主张三教合一，声称“儒门释户道相通，三教从来一祖风”。认为修道的根本在于修心，达到心地清静，则身在凡尘而心已在圣境。著作有传道诗词约千余首，另有《重阳立教十五论》、《重阳教化集》、《分梨十化集》等，均收入《正统道藏》。

0618. 全真七子

道教全真道创始人王重阳的七位嫡传弟子：马钰、谭处端、刘处玄、丘处机、王处一、郝大通、孙不二。因为他们对于全真道的传播和发展作过贡献，所以被尊为北宗真人，并得到元世祖忽必烈的诏封。

七真大多出身世家大族，有一定社会地位和文化素养，都能作诗填词，唱和对答，切磋道悟，各有心得。他们师承王重阳三教合一思想，以心性为金丹，性命双修。虽然各创一派，但宗教思想和修炼方式大致相似。特别是龙门派创始人丘处机，不远万里，西行大漠，晋见成吉思汗，循循善诱，一言止杀，功在万代。

0619. 张三丰

元末明初著名道人，武当派开山祖师。张三丰(1247—1417)，名全一，又名君宝，字君实，号玄子，南召县人，因其不修边幅，人称张邋遢。自称张天师后裔。传说其龟形鹤背，大耳圆目，须髯如戟。寒来暑往，只穿一件衲衣。或数日一食，或数月不食，凡事都能前知。游行天下，居无定所。进入明朝，自称是大元遗老，时隐时现，行踪莫测。

张三丰认为古今只有正邪两教，所谓的儒、释、道三教只是创始人有所不同而已，实则是释迦牟尼、孔子、老子，都可以称做是道。

张三丰在武当山住持修行期间，以太极立宗，创立了一个新的道派——三丰派，掀起了中国道教发展史上的最后一波，并成为武当派武功的创立者。后人编有《张三丰先生全集》，收入《道藏辑要》。

0620. 安世高

本名清，号安侯。外籍汉地佛教僧人，汉译佛经的创始人之一。原为安息国太子，精研阿毗昙，修习禅定，于汉桓帝建和初年(147)来到中国洛阳，从事佛经翻译。后来游历江南，晚年踪迹不详。

他翻译的佛典共三十五种四十一卷，现存二十二种二十六卷，代表作为《安般守意经》、《阴持入经》。他重点翻译、传授了佛教定慧两方面的学说，奠定了汉地佛教小乘禅法的基础。他翻译佛典,有时口述讲解,由人执笔,当时称为安侯口解。他所传授的念息法门,与当时道家的食气、导引、守一等法门有相似之处,因而传习比较普遍。

他所阐明的禅、数理论,对后来禅学在中国的流传和发展,产生了很大影响,如“数”、“随”、“止”、“观”、“还”、“净”六种法门,为天台宗所吸收。

0621. **支谦(约三世纪)**

三国吴佛经翻译家。一名越,字恭明。月氏族后裔。精通六种语言,擅长各种技能,遍学各门异书。译述丰富,经他考订、翻译的佛经计二十九部。兼有会译和译注的功夫,深谙音律,曾创作《赞菩萨连句梵呗》三契,对梵呗艺术产生了相当影响。

其翻译风格,主张尚文尚约,首开由质趋文之风。在佛教理论上,弘扬大乘般若学,主张佛身观念与内外缘起说,推动了后来佛教般若学和净土思想的流行。

0622. **支遁(约314—366)**

东晋僧人,佛教哲学家,中国佛教般若学派“六家七宗”之一“即色宗”的主要代表。俗姓关,字道林,世称“支公”、“林公”。陈留(今河南省开封市)人。一说河东林虑(今河南省林县)人。出生佛教家庭,早年修习般若学,精研《道行般若经》。由于善谈玄理,名噪一时。其《即色游玄论》从有、无双遣的角度,阐述了般若性空的原理,重点发挥了“即色是空”的思想,提出“色即为空,色复异空”的命题,构成了“即色宗”的理论特色。

他不仅用般若学的思想形式转述,而且还用般若学的思辨方法发展了郭象玄学。他的理论之所以能够取代郭象的旧义,就在于它为清谈的名士们提供了一个更其玄远、神秘的追求目标和精神享受。在般若学的发展过程中,支遁的即色义超过了其他各家而接近于僧肇,成为“六家七宗”向“肇论”过渡的最后一环,在中国佛教史和中国哲学思想史上都占有重要地位。

支遁又强烈主张“顿悟”。其“顿悟”说被称为“小顿悟”。南齐刘虬《无量义经序》谈到顿悟时,给支遁一个很高的评价。其著作大部分已经佚失,清代严可均编《全晋文》辑有残文。

0623. **慧远**

东晋高僧。慧远(334—416),俗姓贾,雁门楼烦(今山西省太原)人。二十一岁师事道安,皈依佛门,成为道安门下之上首,精于般若性空之学。二十四岁开讲《般若经》,引用《庄子》的义理来作为比喻说明,听众恍然明白。道安称赞他说:假使佛教的道理能够流传中国,恐怕真要靠慧远了!后来告别道安,住在庐山东林寺,聚众讲学,遂使庐山成为当时南方佛教的中心。

他曾派遣弟子赴国外求法,招徕西域僧人翻译佛经,推动了毗昙学、禅学和

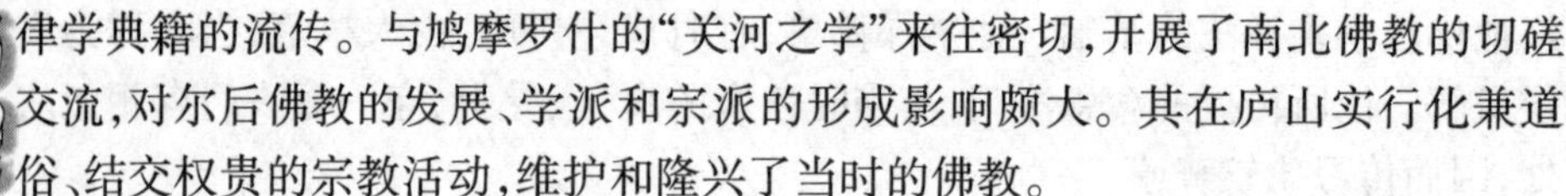

律学典籍的流传。与鸠摩罗什的“关河之学”来往密切，开展了南北佛教的切磋交流，对尔后佛教的发展、学派和宗派的形成影响颇大。其在庐山实行化兼道俗、结交权贵的宗教活动，维护和隆兴了当时的佛教。

慧远佛学思想的主要代表，除了已佚的《法性论》外，尚存有《沙门不敬王者论》、《明报应论》、《三报论》和《大智度论钞序》等。他的宗教思想，是以佛教为主，玄教和儒教为辅，并且将其融会贯通。他还首倡弥陀净土和念佛三昧，主张禅、智并重，对其后净土宗、天台宗和禅宗的形成有重大影响。在庐山三十余年，培养了大批弟子，名僧几近二十人。其对佛教的贡献，在中国佛教史和思想史上占有重要地位。庐山的东林寺和慧远的讲经台等，成为佛教徒瞻仰或寻踪的圣地。

0624. 法显

东晋高僧。法显（334—420），俗姓龚，平阳郡武阳（今山西省襄丘县）人。三岁时出家为沙弥，二十岁受比丘戒。他为人志行明敏，仪执肃整，学问精深，常慨叹律藏传译未全，立志西行求法。东晋隆安三年（399 年），年已六十五岁的法显，偕同慧景、道整等人自长安出发，渡流沙，越葱岭，于元兴元年（402 年）进入天竺（今印度）境内，先后于北、西、中、东天竺获《摩诃僧祇部律》、《萨婆多部钞律》、《杂阿毗昙心论》等梵本，于狮子国（今斯里兰卡）获《弥沙塞律》、《长阿含》、《杂阿含经》等梵本。义熙七年（411 年）秋，法显由海路东行归国，途遇大风，漂流至耶提婆国。义熙八年夏，他由耶提婆乘船再行，终于抵达青州长广郡牢山（今山东青岛崂山）。法显西行求法，历时十四年，游经二十九国，艰险备至。次年赴建康（今江苏南京），在道场寺与佛陀跋陀罗译出佛经多种等。另撰有《佛国记》，记录了他的行程及见闻，保留了许多珍贵的资料。法显是中国历史上第一位到海外取经求法的大师，也是杰出的旅行家和翻译家。

0625. 鸠摩罗什

后秦僧人，中国佛教四大译经家之一。鸠摩罗什（344—413），生于西域龟兹国（今新疆库车一带）。七岁随母出家，跟着师父学佛经。先学小乘，后改学大乘。后秦弘始三年（401）至长安，人西明阁和逍遥园主持译经。前后十多年间，共译佛典三十五部二百九十四卷。他一改过去译经的朴拙古风，而追求达意文法，被称为“新译”，揭开了中国译经史上新的一页。

从他开始，佛教译经正式被作为国家的宗教文化事业，而由国家提供资金，组织人力，开办译场。所译佛教典籍，首次有系统地介绍了依据般若部经典而建立起来的大乘性空缘起之学，对后世佛教的宗教哲学和教义形成具有极大影响。后来的佛教学派和宗派所依据的重要经典，基本上都是这一时期翻译的。

参与罗什译场的弟子达八百余人，从其受学听法的弟子多至二三千人，著名者数十人。其中的道生、僧肇、道融、僧睿、道恒、僧影、慧观、慧严，被称为“会门八俊”，前四人则称为什公四盛、四哲、关中四子。其所传之学，被称做“关河之学”，门下名僧辈出，分布于大江南北。他的理论著作有：《实相论》二卷（已佚），《鸠摩罗什法师大义》（即答慧远问大乘深义而成），又称《大乘大义章》。另有《维摩经注》。

0626. 僧肇

东晋著名僧人，中国佛教哲学的奠基者之一。僧肇（384 或 374—414），俗姓张，京兆长安（今陕西省西安市）人。原本崇信老庄，及读《维摩诘经》而幡然悔悟，即出家皈依佛门。后师事鸠摩罗什，深得“三论”要旨，成为“什门四哲”之一。擅长佛学般若理论，被誉为解空第一。

僧肇的佛教思想主要来自于《维摩诘经》，并且会通其他经论。他在批判“六家七宗”的“心无”、“即色”、“本无”三家空观的同时，阐述了“即万物之自虚”的般若空观真实义蕴，把玄学推上了顶峰，建立了般若学的哲学体系。他又提出了“即动而求静”的著名命题，认为“旋风偃岳而常静，江河竞注而不流，野马飘鼓而不动，日月历天而不周”。这与后来傅大士所作的偈句“空手把锄头，步行骑水牛，人从桥上过，桥流水不流”几乎异曲同工！他在对世俗认识进行彻底否定时，提出了可以领悟真谛的另一种认识法则，即般若圣智，“圣智无知而无所不知，无为而无所不为”，简直就是老子的“道常无为而无不为”的直接翻版！

三论宗对他推崇备至，常把他与鸠摩罗什并称为“什肇山门”，并尊其学说为三论宗正系，吉藏则把他提高到三论宗实际创始人的地位。智旭在《阅藏知津》中，列《肇论》为第一，认为僧肇学说最能契合原经的精神。

0627. 菩提达摩

菩提达摩（？—536 或 528），南朝时僧人，生于印度南部，属婆罗门族姓。略称“达摩”或“达磨”。宋梁间来到中国传授禅法。曾在河南省嵩山少林寺面壁修禅九年，被称为壁观婆罗门。达摩所传，依据《楞伽经》壁观的禅法，叫做二入：一指理入，为宗教理论的思考，要求舍伪、归真，解决认识问题；一指行入，是宗教实践的修持，要去掉一切爱憎情欲，按照佛教教义践行。宗密在《禅源诸诠集都序》中评价说：只有达摩所传的法门，当下便同佛本体，跟其他法门大异。

这种禅法简单易行，经弟子慧可等几代禅师的弘扬发展，到六祖惠能时正式形成中国式佛教——禅宗，教外别传，不立文字。惠能的弟子神会，坚持以南宗为禅宗正统，定达摩至惠能六代为一脉相承，从此达摩被尊为东土禅宗初祖。

达摩的著作，世传《少室六门集》二卷，包括《心经颂》、《破相论》、《二种人》、《安心法门》、《悟性论》、《血脉论》六种。另外，在敦煌还出土了一些论文。至于这些著作真伪如何，尚需辨别，但作为研究资料和修行法理，仍有深刻意义。

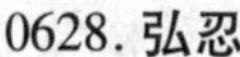

0628. 弘忍

唐代高僧。弘忍(601—674),俗姓周,湖北黄梅人(一说江西九江)。七岁时,禅宗四祖道信一见他便问:"你姓什么?"他答道:"姓既有,但不是常姓。"问:"那是何姓?"答:"是佛姓。"问:"你没有姓吗?"答:"姓空,故没有。"道信大惊,便让他出家在自己门下,法号弘忍。后受衣钵,继承法席,成为禅宗五祖。

因在黄梅双峰山东山寺聚众说法,蔚为一派,时人称其禅法为东山法门。其禅法要点有二:一是说,诸佛只是以心传心,通达的人就印可,再也没有别的法门;二是奉行一行三昧。一行是指法界一相,三昧为禅定之意,即以法界一相作为三昧禅定的境界。而弘忍的禅学境界已经可以:缄口于是非之场,融心于色空之境。

其门徒很多,有名的不下二十五人。如玄赜、老安、神秀、智诜、惠能等,皆一代宗师,教化一方,使东山法门传遍全国。其言论散存于《楞伽师资记》、《宗镜录》等书。

弘忍时期,是达摩祖师所创立的中国禅学发展、过渡变革的时期。他死后,形成了南能北秀两大势力,后来惠能的"南宗"代替了神秀的"北宗",成为中国佛教禅宗的正宗。

0629. 神秀

唐代高僧。中国佛教禅宗北宗创始人。陈留尉氏(今河南省尉氏)人。俗姓李,少习儒术,博览经史。十九岁出家皈依佛教,五十岁参学禅宗五祖弘忍于黄梅,深得东山法门,被称为悬解圆照第一。弘忍死后,他于湖北当阳玉泉山聚徒讲法,名震四方,弟子众多。先后受武则天、唐中宗和唐睿宗礼遇,时称帝王师。卒后被谥为大通禅师。

其嗣法弟子十九人,普寂、义福最有名。神秀及其弟子在北方传教,得到帝王及官方大力支持,曾盛极一时。普寂以神秀为禅宗之正统法嗣,立为六祖,自称七祖,却遭南方惠能系弟子非议,引起南北宗之争。

神秀有《观心论》一卷,残本发现于敦煌。另有《大乘五方便》,也在敦煌发现了写本。他的核心思想体现在四句得法偈里:"身是菩提树,心如明镜台。朝朝勤拂拭,莫使惹尘埃!"再加上他的"五方便门",便构成了"拂尘看净,方便通经"的神秀禅法特征,体现了体用互即、动静一如的圆融无碍境界。神秀的再传弟子道璇,曾把神秀禅传到了日本。但在与强大的惠能南宗一系的竞争中,不过几代就衰微了。

0630. 慧能

唐代高僧,禅宗的实际创始者。慧能(638—713),一作惠能,俗姓卢,河北范阳(今北京)人,生长于广东。三岁丧父,稍长即靠卖柴养母度日。一日闻人诵读《金刚经》至"应无所住而生其心",便恍然大悟,投奔黄梅双峰山东山寺弘忍处，欲学法作佛。

五祖问："汝自何来？"答："岭南。"问："欲求何事？"答："唯求作佛！"问："岭南人无佛性，怎么能作佛？"答："人即使有南北，佛性也如此吗！"五祖弘忍知道他是佛法大器，便派他作行者，在碓房里舂米。后来弘忍选嗣法弟子时，他以一首偈句超越了神秀而受衣钵，成为禅宗六祖。因为佛法之难，旋即回岭南隐居，长达十六年。

后于广东法性寺遇印宗法师，以幡动、风动和心动的公案闻名，得以受戒。次年居曹溪宝林寺（今广东省韶关南华寺）传法，与北方神秀相对，世称"南能北秀"。武则天、唐中宗曾征召入京，均以年迈有病辞掉。圆寂后，唐宪宗追谥为"大鉴禅师"。

其思想见于《坛经》，主旨为自性是佛和自性真空。禅法以定慧为本，主张定慧一体观：外离相为禅，内不乱为定。他认为自性无相，所以修道要重心行而奉无相戒，以无念为宗；强调直指人心，见性成佛，提倡单刀直入的顿悟法门。这种自心顿现、自性皈依论，是儒、释、道三教理论长期斗争和融合的产物，标志着中国佛教——禅宗的正式诞生，对后来宋明理学、陆王心学、道教全真都产生了深刻的影响。

他的弟子众多，著名的有青原行思、南岳怀让、菏泽神会、南阳慧忠、永嘉玄觉等。这些弟子，各成一家，弘化一方，发场了惠能禅法，取代北宗，成了禅宗的主流。后来，南岳怀让和青原行思两支又繁衍出后期的"五家七宗"，流播千余年，传扬海内外，使禅宗成为中国佛教宗派流传时期最长、影响最大的宗派，对中国传统文化的形成有重大作用。即使在今天，仍然有着安心定志、认识生命、和谐天人的积极意义。

三、宗教圣地

0631. 十大洞天

道教名词。洞，清澈，虚静，混沌。洞天，指能够生活在虚静混沌境界中的神仙所居住的名山胜境。《天地宫府图》云："十大洞天者，处大地名山之间，是上天遣群仙统治之所。"

道教将天下名胜分别排列为"十大洞天"：一为王屋洞府，在河南王屋山；二为委羽洞府，在浙江委羽山；三为西城洞府，在陕西西城山；四为西玄洞府，在陕西西玄山；五为青城洞府，在四川青城山；六为赤城洞府，在浙江赤城山；七为罗浮洞府，在广东罗浮山；八为句曲洞府，在江苏句曲山；九为林屋洞府，在江苏林屋山；十为括苍洞府，在浙江括苍山。

0632. 龙虎山

道教名山。位于江西省贵溪县西南八十里，是张道陵天师最初修道炼丹之所,为正一天师道祖庭。自第四代天师张盛携祖传印剑从汉中迁回该山,世袭道统,历时近一千八百年,已传至六十三代,在道教史上极有影响。

龙虎山有三处主要建筑,即龙虎山、上清宫、天师府,是为天师传道、演教、起居之所。《天地宫府图》载,龙虎山是道教第三十二福地,旧名云锦山。因为张道陵在此炼九转神丹,丹成而龙虎现。又因其山状若龙虎,因更名为龙虎山。龙虎山风景秀丽,今有小桂林之誉。

0633. 茅山

道教名山。在江苏省句容县境内。《天地宫府图》载:句曲山,即茅山,称第一福地、第八洞天。原名地肺山、冈山、已山、句曲山。山脉源起昆仑,若地中之肺,又因山形弯曲,而得以上诸名。西汉时陕西咸阳南关茅盈兄弟先后赴句曲山华阳洞修炼,救度世人。茅氏仙逝后,民怀其恩,遂更句曲之名为"茅山"。其后茅山成为历代著名道士修炼之地,仙圣辈出。

茅山著名的宫观有"三宫五观":崇禧宫、元符宫、九霄宫,乾元观、玉晨观、白云观、德祐观、仁祐观。后来全真道派也传入茅山,使茅山形成三宫传正一道统、五观传全真道派。在唐、宋、元、明时,茅山宫观建筑遍于全山峰麓,多达257房,合计房屋有九百余间。

茅山在道教史上颇具影响,是道教经篆派的重要活动场所。

0634. 崂山

道教名山。位于山东省青岛市崂山区。古称劳山、牢山、不其山、鳌山,为我国沿海名山之一。主峰名巨峰,俗称崂顶,海拔1133米。崂山峦峰耸秀,涧壑曲折。山海相连,云飞霞飘。自古便被人们誉为"神仙之宅,灵异之府"。

传说山中不仅住有神仙,而且还有令人可以长生久视的仙丹妙药。历代方士道人、文人墨客都前来崂山隐居修炼及游览。当年秦始皇曾赴崂山求仙,今太清宫东面还有一巨石上书"波海参天",下书"始皇二十八年游于此山"。唐、宋时帝王好方术,修仙学道之士视崂山为幽奥寻真之境。宋元以来,道人纷纷前来崂山修炼,创建道观,使崂山逐渐成为道教名山。山中道教宫观星罗棋布,素有"九宫八观七十二庵"之说,有太清宫、神清宫、遇真宫、华楼宫、上清宫、明霞洞、塘子观、凝真观、修真庵、百福庵等。

0635. 武当山

道教名山。位于湖北省丹江口市境内。又名太和山、参上山、仙室山,方圆800里,气势磅礴,飞云荡雾,有"天下第一仙山"之誉。山中有70峰、24涧、11洞、3潭、9泉、10池、9井、10石、9台等风景名胜。主峰天柱峰,海拔1612米。相传道教所奉的真武大帝曾在山中修炼四十二年,道成飞升。后世认为非玄武不能当此,故名武当,为道教七十二福地之一,是历代方士道人隐居修炼之地。据载周之令尹喜、汉之阴长生、晋之谢允、唐之吕洞宾、五代之陈抟、宋之寂然子、元之张守清、明之张三丰等著名神仙道士均曾在此修炼。

自唐开始创祠建庙,经过后世几代不断的损毁重建,现存主要宫观有金殿、太和、南岩、紫霄、五龙、遇真、玉虚六宫,复真、元和二观及磨针井、玄武门等,基本保持明代格局。

0636. 北京白云观

道教著名宫观,全真道十方丛林,位于北京市西便门外。始建于唐,名天长观。金世宗时,大加扩建,更名十方大天长观,是当时北方道教的最大丛林,并藏有《大金玄都宝藏》。金末毁于火灾,后又重建为太极殿。邱处机万里赴雪山应成吉思汗之聘,一言止杀。回京后居太极殿,元太祖因其道号长春子,便诏改太极殿为长春宫。及邱处机羽化,弟子尹志平等在长春宫东侧购建下院,即今白云观。并于观中构筑处顺堂,安厝邱处机灵柩。上个世纪二十年代以前,《西游记》的署名一直是邱处机,影响甚大,可见他对道教全真派的贡献之一斑。

邱处机被奉为全真龙门派祖师,白云观以此称龙门派祖庭。今存观宇系1706年重修,有彩绘牌楼、山门、灵官殿、玉皇殿、老律堂、丘祖殿和三清四御殿等。新中国成立后,中国道教协会、中国道教学院和中国道教文化研究所等全国性道教组织、院校和研究机构先后设在这里。观中存有明代《正统道藏》和众多的文物古迹,是人们了解民族古老文化习俗与道教的一个重要场所。

0637. 玄妙观

道教宫观,在江苏省苏州市观前街。创建于西晋咸宁二年(276),初名真庆道院,唐开元十六年(728)改名开元宫。唐末部分建筑毁于兵燹,后又重建。北宋大中祥符二年(1009)改名天庆观,元至正元年(1341)始称玄妙观。明代辟为道教十方丛林,并设道纪司于此。清初为避康熙皇帝玄烨之讳,改名圆妙观。太平天国时部分建筑毁于战火。解放后曾多次修缮。

观内原有三清、天后、文昌、元帝、火神、三茅、关帝、东岳、雷尊、三官、八仙等二十五座殿堂和山门、弥罗宝阁、水火亭、二角亭、四角亭等建筑。现存主要建筑有山门、三清殿、雷尊殿等。中心主殿三清殿,面阔九间,进深六间,重檐歇山顶,内供三清塑像。塑像各高五米许,姿态庄重,神采俨然,系南宗之作。

0638. 青羊宫

道教宫观。在成都市通惠门外百花潭北岸。原名青羊观,唐代改名青羊宫,五代时复称原名,宋代又改称青羊宫。相传老子曾于此化生,度尹喜成仙。

该宫始建于唐代,历经天灾兵燹,屡废屡兴。现存主要建筑有山门、灵祖楼、混元殿、八卦亭、三清殿、斗姥殿、三真殿、三官殿、七真楼、云水堂及客堂等,均建于清代。主殿三清殿,内供奉玉清元始天尊、上清灵宝天尊、太清道德天尊塑像等。殿中香案前置有铜羊一对,左边单角羊,为清雍正元年自京城移来之物,形象古怪,传为十二属相之化身。殿前八卦亭,为两层建筑,均按道教传统

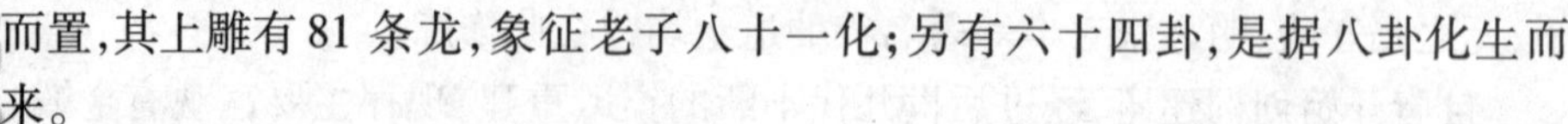

而置，其上雕有81条龙，象征老子八十一化；另有六十四卦，是据八卦化生而来。

宫内保存有清光绪三十二年(1906)所刻《道藏辑要》经版，共13000余块，皆用梨木雕成，为双面雕刻，版面厚重，字迹工整，为当今世界上道教典籍保存最完整的存版，是极为珍贵的道教历史文物。

0639. 佛教四大道场

又作佛教四大名山，即山西五台山、四川峨眉山、安徽九华山、浙江普陀山，分别供奉文殊菩萨、普贤菩萨、地藏菩萨、观音菩萨。四大名山随着佛教的传入，自汉代开始建寺庙，修道场，延续至清末。

五台山文殊菩萨，谓文明殊胜，所以代表智慧，传为诸佛之师，所以坐在如来佛的左边。智慧能够破除一切烦恼，所以座骑为雄狮，象征智慧乃众中之王。

峨嵋山普贤菩萨，谓普使贤良，所以代表大行。他要使所有的众生都成为圣贤，成佛做祖，这一定需要最大的力量。有大力量才能完成人生的目标和发心，于是他的座骑是尊白象，拥有不可思议的力量。

九华山地藏菩萨，因为发心要度脱地狱中的所有众生，所以名号地藏："地狱未空，誓不成佛；众生度尽，方证菩提。"这种精神感化了历代的仁人志士。

普陀山观音菩萨，能够观听世音，救苦寻声，万灵万应，扫三灾救八难，大慈大悲，是中华民族美丽、善良、智慧、慈悲的化身。从最初来到中国的男性到今天的母性化身，整个一部《西游记》，全凭观音菩萨经理，她是妙观察智慧的象征，是我们每一个人心中的慈悲心。我们只要一念慈悲，观音菩萨就会现前，烦恼忧愁、磨难灾祸也都会一扫而光。

四大名山，四大菩萨，正好代表了中国的四方观念和智、行、慈、悲四大心理，所以香火不息。

0640. 白马寺

中国佛教第一古刹。位于河南洛阳市东十公里处。汉永平七年(64)，明帝派遣蔡愔、秦景等10多人出使天竺，拜取佛法。行至大月氏(今阿富汗一带)，遇在当地传教的天竺僧人摄摩腾、竺法兰。永平十年(67)他们赍佛经、佛像回到洛阳，初居鸿胪寺。次年诏命于洛阳古城西雍门外另修僧院，即白马寺。

之所以称白马是有两个出处，一是《高僧传》说的，外国有个国王曾经毁坏佛寺，只剩下一个招提寺了。夜里有一匹白马绕塔悲鸣，国王就不敢再毁坏寺庙了，因此改招提寺为白马寺。一是《事物纪原》上说的，因为自西域用白马驮经回来，先住的是鸿胪寺，所以就用了"寺"和"白马"，合称"白马寺"。其后"寺"便成为中国佛教僧院的泛称。

"永平求法"为中国佛教史上的盛事，是首次"西天取经"，白马寺也自然在中国佛教史上占有重要地位。摄摩腾、竺法兰在此翻译了我国第一部汉文佛经

《四十二章经》;印僧昙柯迦罗译出第一部汉文佛教律书《僧祇戒心》,并以之传戒,被称为中土戒律之始,昙柯迦罗也被尊为中国律宗之祖。白马寺成为中国佛教早期传播和佛事活动的中心,故尊之为“祖庭”、“释源”。寺内现存的不少碑刻和法器上都留有“释源”、“祖庭”字样。

寺之形式仿印度祇园精舍,中有塔,殿内有壁画。寺两旁有传为摄摩腾、竺法兰二僧之墓。唐代白马寺有较大发展,其后兴衰互递。白马寺保存了汉末以来的大量文物,是研究古代宗教史、建筑史、思想史、文化史及中外交通史的珍贵宝库。

0641. **少林寺**

中国佛教禅宗祖庭。位于河南省登封县城西北、少室山北麓五乳峰下。建于南北朝时北魏孝文帝太和十九年(495),因少室山麓丛林遍布,故名少林。

相传中国禅宗初祖菩提达摩曾于此面壁 9 年,传法于慧可,故称禅宗祖庭。北周建德三年(574),武帝禁佛,少林寺被毁。大象年间(579—580)重建,易名为“陟姑寺”。后隋文帝又敕复原名,赐田百顷,成为北方一大禅寺。唐初李世民曾得寺僧援助,登基后重修寺院,形制更加宏大。至唐末五代,逐渐衰微,南宋时有所中兴。明代先后有八位皇太子到寺内出家,屡次大修,规模有所发展。清雍正时,又加重修。1928 年军阀混战,天王殿、大雄宝殿等被毁。

现存建筑,乃原主体部分。千佛殿内有著名的明代“五百罗汉朝毗卢”壁画,白衣殿中有清代少林寺拳谱、十三和尚救唐王等壁画。寺内保存了唐以来的碑碣石刻若干,寺西侧有少林“塔林”,多为禅宗历代名僧的墓地。是综合研究我国历代砖石建筑和雕刻艺术的宝库。

少林寺为少林派拳术的发源地,人称“天下工夫出少林”。尤其是一部《少林寺》电影,更把少林武道传向全球。武以寺名,寺因武显,故被誉为“天下第一刹”。

0642. **灵隐寺**

中国佛教著名寺院,又名云林寺。位于杭州市西湖西北面,在飞来峰与北高峰之间灵隐山麓中。创建于东晋咸和元年(326),为杭州最早的名刹。当时印度僧人慧理来此,看到山峰奇秀,认为是仙灵所隐,便在此建寺,取名灵隐。

五代时吴越国王钱俶崇信佛教,广建寺宇,当时灵隐寺规模宏大,有九楼十八阁七十二殿堂,僧徒达三千余众。北宋时,灵隐寺被列为禅院五山之首。清康熙南巡时,登寺后的北高峰顶揽胜后,即兴为灵隐寺题匾“云林禅寺”。

0643. **大慈恩寺**

中国佛教唯识宗的祖庭。位于今西安市古城的雁塔村。是唐高宗李治在贞观二十二年(648)做太子时,为其母长孙氏所立,故而名为“慈恩寺”。

为了保存玄奘留学印度回国时带回的大量佛经,又于永徽三年(652)在寺的西院，仿照当时西域的建筑形式，建砖表土心的五层方塔，以安置经卷。塔初建时名为慈恩寺塔，后称大雁塔，以与后建的小雁塔相别。雁塔之名，取自佛教埋雁建塔、菩萨随机诱导的故事。后来塔身渐毁，便改建为7层。唐时进士及第后多在大雁塔上留下名字，人称雁塔题名。

寺南望终南山，北对唐大明宫含元殿，靠曲江，临杏园，极为壮观。有翻经院，便是玄奘译经之处。后来窥基也住慈恩寺，著疏释义，弘扬其师的唯识之说，遂使慈恩寺成为当时中国佛教的高等学府，堪与印度最高佛教学府那烂陀寺媲美。

唐末五代，几经战火破坏，寺院废毁，惟剩一塔。明代成化二年(1466)始大修改建。现存寺院布局与建筑物，基本上保持了这次重修后的规模。1931年，太虚大师曾在此讲经，并创设慈恩宗学院，为佛教唯识学说的研究培养了一代人才。

慈恩寺保存了大量珍贵的佛教文化资料与文物，在中外文化交流史上占有重要地位。

0644. 布达拉宫

中国西藏佛教著名喇嘛寺院。位于拉萨盆地中央突起的红山上。“布达拉”是梵语佛陀的音译。公元7世纪，唐文成公主与吐蕃松赞干布联姻。松赞干布为迎接文成公主，在此首建宫室。公元17世纪中叶，五世达赖喇嘛受清朝顺治皇帝册封后，又大力扩建。前后经过半个世纪的增修，始具现在的规模。分白宫和红宫两部分。

白宫是达赖喇嘛生活起居的宫殿，内有读经室、经堂及佛殿。红宫在布达拉宫中央，供奉历代达赖喇嘛的灵塔。布达拉宫是一座宏大的艺术宝库，是藏族古建筑艺术的精华，保存了大量珍贵的历史文物。全部建筑依山势垒砌，气势雄伟，是宫堡和寺院合一的庞大建筑群。该寺是原西藏政教合一的统治中心，重大的宗教、政治仪式都在此举行。

0645. 大昭寺

中国西藏佛教著名寺院，全称为“羊土幻显殿”，位于拉萨市区。公元7世纪中叶，由唐文成公主相度地势设计，尼泊尔尺尊公主兴建。昭为藏语音译，汉意为佛。因该寺供奉觉卧佛像，故称大昭寺，即供奉大佛的神殿。

全寺建筑以藏式为主，兼具唐代建筑风格，并伴有尼泊尔、印度的某些建筑艺术。寺前立有唐长庆三年(823)的唐蕃会盟碑，以藏汉文镌刻碑文，记述了藏汉两民族悠久的亲密关系。碑南侧有文成公主手植的唐柳，亦称公主柳。寺内保存有唐代乐器与文成公主使用过的石制盥洗用具等文物。大殿内有明宣德年间中使杨英等人所立的题名碑。

明永乐七年(1409)，格鲁派创始人宗喀巴发起大祈愿法会，此后每年藏历正月,都会聚集数以万计的僧人于寺前诵经。乾隆五十八年(1793),朝廷颁赐金瓶,以掣签方式确定大活佛的转世灵童,其仪式亦在该寺觉卧佛像前举行。

陆 不可不知的艺术知识

一、书法技法与流派

0646. 草书

汉字的书体之一，特点是结构简省、笔画连绵，书写疾速流便。始于汉初，是为了书写便捷而在隶书基础上演变出来的。开始是草隶，后来逐步发展为章草。至汉末，张芝将字字区别的章草，改为上下牵连富于变化的今草，即一般所称的草书。今草笔势流畅，代表作如晋代王羲之的《初月》、《得示》等帖。狂草出现于唐代，以张旭、怀素为代表，他们挥毫狂纵恣肆，笔势连绵回绕，字形变化繁多。狂草代表作如张旭的《肚痛帖》、《古诗四帖》和怀素的《自叙帖》，都是现存的珍品。

0647. 篆书

汉字的字体之一，“大篆”、“小篆”的统称。大篆，一般人都认为是周宣王时太史籀所造，所以大篆又称为“籀文”。广义的大篆指甲骨文、金文、籀文、六国文字等，它们保存着古代象形文字的明显特点。小篆也称“秦篆”，是秦国的通用文字，在籀文的基础上发展形成，字体较籀文为简化、规范。秦始皇统一中国后，推行统一文字的政策，采取李斯的意见，立小篆为正字。小篆的特点是形体匀圆齐整、书写较籀文容易。秦时小篆的风格可以从现存的《泰山刻石》和《琅邪台刻石》中看到。

0648. 金文

金文是指铸或刻在商周青铜器上的铭文，旧称“钟鼎文”、“吉金文”等。商周时期铜也称金，青铜器上的铭文就叫作“金文”或“吉金文字”；当时青铜器的礼器以鼎为代表，乐器以钟为代表，“钟鼎”是青铜器的代名词，因为铸刻在钟鼎上铭文字数最多，因而又称“钟鼎文”。一般意义金文指的是自商代的早期、下至秦灭六国的一千二百多年间的青铜器上的文字。

金文记载的内容，多属与当时祀典、赐命、诏书、征战、围猎、盟约等有关的记事，反映了当时的社会生活。如著名的西周晚期器物毛公鼎，鼎上的金文很具有代表性，共有四百九十七字，史料价值很高。商代青铜器上的金文字数较少，有的甚至仅一二字。后渐增多，西周铭辞长者有四五百字的。商周金文字体圆隽精严，笔道肥粗，浑朴可爱，春秋以后出现了鸟虫书，属于金文里的一种特殊美术字体，有着很强的装饰性。

0649. **隶书**

字体名，也名“佐书”、“史书”等，是由篆书简化演变而成的一种字体。始于战国后期，普遍使用于汉魏。隶书最初是隶人（指胥吏）在书写篆书的过程中，求速求便的一种书写体。历史上有“程邈造隶书”之说，程邈只是将这种书写体加以搜集整理，是隶书的整理人，而不是他一人所创。隶书把篆书圆转的笔画变成方折，在结构上删繁就简，改象形为笔画化，以便书写。隶书的出现，是汉字演进的最重要转折，这一过程也叫“隶变”，是古今汉字的分水岭，从此汉字摆脱了象形“随体诘屈”的桎梏。

隶书字体庄重，略微宽扁，横画长而直画短，讲究“蚕头燕尾”、“一波三折”。隶书分“秦隶”和“汉隶”，也称“古隶”和“今隶”。隶书的代表作有《张迁碑》、《乙瑛碑》、《曹全碑》等。

0650. **章草**

早期的草书，是由隶书的草写发展而成的一种字体，是规范化了的草隶。起于西汉，盛于东汉。字体具隶书形式，字与字相区别，不相纠连。它与“今草”的区别，主要是还保留着隶书笔画的形迹，上下字之间独立而不连写。“章草”一名本义，有不同的说解，或因字体结构彰明严格之义，或因适用于书写奏章，或以为因汉章帝爱好，或以为史游用以写其所著《急就章》而得名。书写此体的大家有杜度、皇象、索靖、王羲之、王献之等。

0651. **行书**

介于草书、正书之间的一种字体。可以说是楷书的草化或草书的楷化。笔势不像草书那样潦草省便，也不要求楷书那样端正谨严。行书分为两种：写的比较放纵流动，近于草书的称行草；写得比较端正平稳，近于楷书的称行楷。行书相传始于汉末，流行至今。在汉末，行书没有普遍地应用，直至晋朝王羲之的出现，才使之盛行起来。代表作有东晋书法家王羲之的《兰亭集序》，唐颜真卿的《祭侄文稿》，宋苏轼的《黄州寒食诗帖》，分别被古人评为“天下第一、第二、第三行书”。此外，著名的作品还有杨凝式的《韭花帖》、黄庭坚的《松风阁》、米芾的《蜀素帖》等。

0652. **飞白**

一种特殊风格的书体。是指在书法创作中，笔画中间夹杂着丝丝点点的白痕，且能给人以飞动的感觉，故称其为“飞白”。相传东汉某年，书法家蔡邕路过鸿都门，看见工匠用帚子蘸白粉刷字，笔画中丝丝露白，觉得很有趣，于是启发创造出了“飞白书”。它的笔画有的部分呈枯丝平行，转折处笔画突出。今人把书画的干枯笔触部分也泛称飞白，在书写中控制力度的变化，使枯笔产生出“飞

白”的效果。与浓墨、涨墨相对比,“飞白”可以加强作品的韵律感和节奏感,也可使书写显现出苍劲浑朴的艺术效果。传世的唐宋御制碑有以飞白题额的,如《晋祠铭》、《升仙太子碑》等。

0653. 瘦金书

又叫“瘦金体”或“瘦筋体”,亦有“鹤体”的雅称,楷书的一种,由宋徽宗赵佶(1082—1135)所创。宋徽宗赵佶正楷学唐薛曜、薛稷,略变其体,杂糅各家,出以新意,创成一体,自号“瘦金书”。其运笔挺劲犀利,笔道瘦细峭硬,而笔势则取黄庭坚大字楷书,舒展洒脱。瘦金书瘦而不失其肉,转折处可见藏锋、露锋等运转提顿的痕迹,风格独特,今日的仿宋体,就是从此中演变而成。此书体以形象论,本应为“瘦筋体”,以“金”易“筋”,是当时对皇帝御书的尊重。作品有《楷书千字文》、《秾芳诗》等传世。

0654. 台阁体

明清官场使用的书体,以结体方正、大小统一为原则,媚态十足却缺乏骨气与神韵。台阁原指尚书,后来泛称官场为台阁,台阁体即官场使用的一种书体,带有官方的味道。台阁体始于明初,明成祖喜爱沈度书法,誉为“我朝王羲之”。沈氏兄弟因备受帝王宠爱,坐享高官厚禄,声名大噪,于是读书人也纷纷效仿。沈度的小楷工整、严谨,使效仿者更容易模仿,也更趋规范,于是逐渐形成了方正、大小一律、刻板呆滞的字体。清代称这种方正光洁却拘谨刻板的字体为馆阁体,尤其流行于科举考场。清代周星莲就认为此字体是“土龙木偶,毫无意趣”。据说清末著名文学家龚自珍书法不佳,尤其不会写这种呆板的馆阁体,所以在科举和仕途上很不得意,回乡之后,命奴仆婢女都学写馆阁体,每有官员来访,都会让这些下人露一手,以此为乐。

0655. 榜书

榜书也叫膀书,古名“署书”。原指宫阙门额上的大字。后来把招牌一类的大字,统称为榜书,特别大的榜书字又称为“擘窠书”。据记载第一位书写榜书的书家是秦丞相李斯,而汉丞相萧何则是第一位运用榜书艺术装饰帝王宫殿的书家。随着社会的发展,榜书从赞颂帝王功德,装饰皇家宫殿苑囿,发展到题写重臣宅第、寺宇庙堂、要塞城楼、园林景观、名山大川,最后进入寻常百姓家,商家则用以书写招牌。榜书的主要特点一是形体大,使人远观可见;二是易识,因而多用规矩的隶书、楷书、行书题写,而很少用篆书或草书。

0656. 龙门二十品

指河南洛阳龙门石窟中北魏时期的二十方造像题记,是魏碑书法的代表。魏碑上承汉隶,下开唐楷,兼有隶楷两体之神韵。清中叶后,为扫除帖学和馆阁体的陋习,书坛开始提倡北碑书法,渐渐形成风潮。于是有人在北魏造像记中选取有代表性的《始平公》、《杨大眼》、《魏灵藏》、《孙秋生》等二十种，称为《龙门二十品》。此提法最早见于康有为的《广艺舟双楫》。魏碑的特点是字形方正，刚劲厚重，既兼有隶书格调，又蕴含楷书因素。《龙门二十品》多是匠人书写雕琢，颇具朴野之趣，与文人书法大相径庭，开拓了书法取法和发展的另一条途径。

0657. 楷书四大家

书法史上以楷书著称的四位书法家，也称四大楷书、楷书四体。①欧阳询（557—641），字信本，潭州临湘（今湖南长沙）人。他的楷书笔力险峻，结构独异，风格隽美，世称“欧体”。代表作《九成宫醴泉铭》。②颜真卿（709—785），字清臣，京兆万年人。他是继二王之后成就最高、影响最大的书法家。其楷书端庄雄伟，气势开张，化瘦硬为丰腴雄浑，骨力遒劲而气势恢宏，世称“颜体”。代表作《多宝塔碑》、《颜勤礼碑》。③柳公权（778—865），字诚悬，京兆华原人，官至太子太师，世称“柳少师”。他的书法结体遒劲，字字严谨，以瘦劲著称，以行书和楷书最为精妙，世称“柳体”。代表作《玄秘塔碑》、《神策军碑》。④赵孟頫（1254—1322），字子昂，号松雪，湖州（今浙江吴兴）人。他善篆、隶、真、行、草书，尤以楷书、行书著称于世。其楷书圆润清秀，端正严谨，又不失行书之飘逸娟秀，世称“赵体”。代表作《胆巴碑》。

0658. 永字八法

以“永”字的八种笔画概括正楷用笔的一种方法。相传为隋代智永所传，一说为东晋王羲之或唐代张旭所创。

“永”字的八个笔画是书法中的基本笔画，分别是侧、勒、努、趯、策、掠、啄、磔。其法称点为“侧”，须侧锋峻落，势足收锋；横画为“勒”，须逆锋落纸，缓去急回；直笔为“努”，须直中见曲，直而不僵；钩为“趯”，须驻锋突提，力透笔尖；提为“策”，须发笔用力，得力画末；长撇为“掠”，须出锋稍肥，送力稳到；短撇为“啄”，须落笔左出，快而峻利；捺笔为“磔”，须逆锋轻落，折锋铺毫缓行，至末收锋。因永字八法为楷书的基本法则，后人又有将其作为书法的代称。

0659. 碑碣

古人把长方形的刻石叫“碑”，把圆首形的或形在方圆之间、上小下大的刻石叫“碣”。秦始皇刻石纪功，大开树立碑碣的风气。东汉以来，碑碣渐多，有碑颂、碑记，又有墓碑，用以纪事颂德，碑的形制也有了一定的格式。后世碑碣名称往往混用。在唐代，“碑”和“碣”的用法是有区别的，五品以上的用碑，五品以下的用碣，到后世往往混用。碑的正面谓“阳”，刻碑文；碑的反面谓阴，刻题名；碑首称“额”，题标题用；碑座称“趺”，有龟趺、方趺等形式。碑碣上的文字，经常是有善书者乃至是书法名家题写，而碑碣保存时间长久，往往成为后世学习书法的范本，比如《泰山刻石》、《龙门二十品》、《九成宫醴泉铭》、《颜勤礼碑》等皆是。但书法经过工匠刻刀、再加上多年风雨剥蚀，在增加其刀笔之味、古朴之气的同时，也让后学者不易见到其原来的风貌。所以学习碑碣书法的时候，要善于“透过刀锋看笔锋”。

0660. 法帖

中国书法艺术载体之一，指摹刻在石版或木版上的法书，包括它的拓片。在纸张发明之前，写在竹片或木片上的文字，称简牍或简书；书写在丝织品上称为帖。在造纸发明以后，凡书写在纸或丝织品上篇幅较小的文字均称之为帖。在唐代，由于帝王的喜爱，出现勾摹前人墨迹的集帖，到宋代又出现了汇集历代名家书法墨迹，将其镌刻在石版或木版上，然后拓成墨本并装裱成卷或册的刻帖。刻帖既使古人的书法得以流传，又是学习书法的范本，所以又称为法帖。明清之际，汇集前人书法墨迹，镌刻法帖的规模越来越大。著名的法帖有《万岁通天帖》、《淳化阁帖》、《绛帖》、《潭帖》、《大观帖》、《宝晋斋法帖》、《真赏斋帖》、《停云馆帖》、《余清斋帖》、《墨池堂选帖》、《快雪堂法书》、《式古堂法书》、《三希堂法帖》等。

二、绘画技法与流派

0661. 水墨画

水墨画是中国画中纯用水墨的一种绘画形式。它以墨加清水的多少来分为浓墨、淡墨、干墨、湿墨、焦墨等，在笔、墨、水的综合运用下，用毛笔在画纸上画出不同浓淡的层次，使画作别有一番韵味。它不用色或很少用色，讲求“墨即是色”，突出水墨互渗所造成的丰富的表现效果。相传水墨画始于唐代，兴盛于宋元，明清及近代以来继续发展。要求画家有较深的笔墨功力，以笔法为主导，充分发挥墨法的功能，来表现出“墨韵”的艺术效果。水墨画在中国画中占有极其重要的地位。

0662. 文人画

中国画的一种专门名称，又叫“士夫画”。泛指中国封建社会中文人、士大夫所作之画。北宋苏轼提出“士夫画”，明代董其昌称道“文人之画”，并尊唐代王维为其创始者。

多取材于山水花鸟、怪石古木、梅兰竹菊等，强调通过作品抒发作者的主观感受，重神情略形似，讲究笔情墨趣和意境，并能把自己文学、书法、篆刻、金石等方面的修养融合到笔墨中去。画中带有文人情趣，画外流露着文人思想。在色彩和水墨上，文人画更注重水墨的运用，讲究墨分五色。它不将真实地再现事物的表象作为创作目的，而是把揭示事物的内在神韵作为最高的艺术追求。

文人画对中国画意境的表达以及水墨、写意、夸张、变形等技法的发展都有所影响。

0663. 写真

中国古代画史把画肖像统称为“写真”、“传神”和“写照”,意思是要求描绘人物要形、神兼备。但写真在重视形似的基础上,更注重神似。据《唐朝名画录》载:郭子仪的女婿赵纵请韩幹和周昉分别为自己画像,两人都是当时有名的画家,郭子仪把画好的两幅像摆在坐椅两侧,反复观看,觉得都很好,无法评定其优劣。正好赵纵的妻子看见画像,说:“两幅画都画得不错,但后一幅更好。”大家询问原因,她回答说:“韩幹的画只是形似,而周昉的画则形神兼备,写出了赵郎言笑的神态。”

0664. 指头画

我国绘画中有一种特殊的画法,就是用手指、指甲代替毛笔,蘸墨或颜色作画。指头画属中国水墨写意画的范畴,所以指头画又称为“指墨”。指头画讲求用墨无痕,指传心意,因而指画大都具有“拙朴”的韵味。

唐代画家张璪专用秃笔和手指涂抹绢素作画,是记载最早用手指作画的画家。指头画的真正创立者是清代的高其佩,相传他梦见一老人带他到土室,四壁皆画,理法无不具备,但室中空空不能模仿,只有一碗水,他就以指蘸水来临摹学习。因为是用指头蘸墨仿其大略,所以反而尽得其神,于是他从此便不再用笔而专用指头作画。他的侄孙高秉注专门写了一本《指头画说》,详细阐述了指画方法。

0665. 皴法

“皴法”是一种中国画技法。早期山水画以线条勾勒为主,但线条勾勒对表现大自然中山石树木的纹理形貌、山岳的凸凹明暗等有一定的局限,随着画法技艺的发展,能够更形象地表现粗糙脉络的皴擦笔法逐渐广泛地使用开来。因所要表现的对象不同,皴法的使用分为诸多种类。清朝郑绩把它列为“十六家皴法”,如表现树身表皮的,有鳞皴、绳皴、横皴等;表现山石、峰峦的有披麻皴、雨点皴、解索皴、折带皴、牛毛皴、大斧劈皴、小斧劈皴、荷叶皴等。

0666. 泼墨

相传唐代王洽醉后以酣饱笔墨,泼于纸素,或点或刷,应手随意,绘出云霞风雨,而无墨污之迹,宛若神巧,被人称为“泼墨”。泼墨的绘画手法即用毛笔吸足经过调制的水墨,以酣畅淋漓的墨色、豪放疾速的笔势快速作画。讲究笔墨的干湿、浓淡,或先以淡墨泼卷,再根据绘画需要,在淡墨一定干湿度时泼以浓墨,以增加绘画层次或表现墨迹的韵致;或蘸满淡墨之后,笔尖稍蘸浓墨,一笔即见浓淡相渗渐变的墨色。

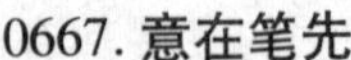

0667. 意在笔先

谓写字画画，先构思成熟再下笔，与胸有成竹的含义近似。王羲之《题卫夫人笔阵图》说："夫欲书者，先干研墨，凝神静思，预想字形大小，偃仰平直振动，令筋脉相连，意在笔前，然后作字。"写字之前，先凝神静想，预想一下字的位置、大小，笔划的走向设计，字与字间如何连接等等，也就是心中要有字的整体布局。《历代名画记》中说："夫象物必在于形似，形似须全其骨气；骨气形似，皆本于立意，而归乎用笔。"认为画画要形似，而要达到形似就要抓住事物的外在和内在特征，而要做到这些，就要先有立意，看自己要表达什么，向他人传达出什么。

0668. 吴带当风 曹衣出水

主要是指古代人物画中衣服褶纹的两种不同的表现方式。北齐画家曹仲达所画的人物笔法刚劲稠叠，衣服紧贴着身体，像是人物刚从水中出来一样；唐朝画家吴道子画的人物笔法圆转飘逸，衣服如当风飘舞。后人称他们为"吴带当风、曹衣出水"。这两种风格也流行于古代雕塑、铸像。

0669. 画圣

吴道子(680—759)，河南阳翟人，玄宗赐名道玄，是中国唐代第一大画家，被后世尊称为"画圣"，被民间画工尊为祖师，道教中人更呼之为"吴道真君"、"吴真人"。唐代张彦远《历代名画记》中评论他"授笔法于张旭……张既号书颠，吴宜为画圣"。苏东坡也赞其："画至于吴道子，而古今之变，天下能事毕矣！"吴道子性格豪爽，喜欢在酒醉时作画，且画画时速度很快，一气呵成。他主要从事宗教壁画的创作，题材很丰富，其代表之作《天王送子图》，描绘了释迦牟尼佛降生以后被其父净饭王和摩耶夫人抱着去朝拜大自在天神庙，诸神向他礼拜的故事。

0670. 黄家富贵 徐熙野逸

西蜀的黄荃、黄居寀、黄居宝父子和南唐的徐熙，是五代和北宋初年著名的花鸟画家。黄家父子服务于宫廷，多画珍禽瑞鸟、奇花怪石。画风工细艳丽。徐熙为江南处士，放达不羁，所绘汀花野竹、水鸟渊鱼、园蔬药苗，墨骨勾勒，淡彩简率。宋代郭若虚《图画见闻志》评他们为"黄家富贵，徐熙野逸"。因两者生活环境各异，不但绘画取材侧重不同，意趣也大相径庭，画风遂各成一家。作为花鸟画的两大派别，他们对后世花鸟画的发展有很大影响。

0671. 北宋三家山水

宋郭若虚《图画见闻志》中说李成、关仝、范宽"智妙入神，才高出类，三家鼎峙，百代标程"。关仝是荆浩的入室弟子，范宽、李成皆学出荆浩，上承荆浩以水墨为主的传统，以表现北方雄浑壮阔的自然山水为主。

李成，其先人为唐宗室，因世变不得志，以画山水自娱，善用淡墨体现山水的灵秀，最突出的是创造了《冬晴行旅图》等诸多“寒林”的形象，其“卷云皴”绘法，是最早也是影响最深远的山水画皴法之一。

关仝将荆浩的全景山水及山水绘法推向成熟。其画善于展现山川的阔壮苍茫，并有幽人逸士之雅，刻画精细。《宣和画谱》称其“脱略毫楮，笔愈简而气愈壮，景愈少而意愈长”。《关山行旅图》传为其代表作。

范宽，本名中正，字中立，与李成并称“一文一武。”其山水画强调主峰，以一种雄武峻厚的气势，显示一种咄咄逼人的威严；同时又十分重视深入细致的刻画，正面的山体以稠密的小笔，皴出山石巨峰的质与骨。传世的作品有《溪山行旅图》、《雪景寒林图》等。

0672. 雀爪郭熙

“雀爪”以画树小枝下垂状如雀爪而得名。明代邹德中说“树枝有四等：火焰、雀爪、丁香、拖枝。”雀爪枝常以中锋垂笔表现枯梢老槎，作秋林点红叶。北宋山水画家郭熙描绘枯树，树枝向下弯曲，犹如鸟雀的爪一样，明汪砢玉《珊瑚网》中称这种画法是“雀爪郭熙”。另外，“雀爪”也是画生枝的技法名。

0673. 马一角 夏半边

被称为“南宋四大家”的李唐、刘松年、马远、夏圭，对五代、北宋的山水、人物画进行了重大变革，创立了南宋的“院体”画风，形成了鲜明的时代特色。其中以马远、夏圭为其代表。

马远继承家学取法李唐而自成一派。他画山石用笔如斧劈木，方硬多棱角，画树木横斜曲折，画楼阁大都运用界尺加衬染，着重浓淡层次的变化，远近分明。其构图多以偏概全，集中强调画一角或半边的景物，打破了全景式构图，使形象更为突出，画面简洁，被当时人称之为“马一角”。

夏圭与马远同创水墨苍劲一派，但又有自己的个人风格，构图喜欢取半边之景，侧重一隅，意境开阔，被称为“夏半边”。

两人的山水画风，左右了南宋一百五十余年的画坛，对后世有很大的影响。

0674. 元代四大家

指元代画家黄公望、吴镇、王蒙、倪瓒四人。他们继承五代董源、巨然的画法而有所创新，主要用水墨或浅绛画法，强调笔情墨趣，突出作品的画外趣味，画风简淡高逸、苍茫深秀，开创了一代新风，对明清画坛影响很大。他们的山水画代表了中国山水画史上的一个高峰。

黄公望（1269—1354），常熟人，形成了“气清质实，骨苍神腴”的艺术风格。他的代表性作品《富春山居图》，花了七年时间完成，画家中锋、侧锋兼施，尖笔、秃笔并用，长短干笔皴擦，湿笔披麻，浑成一体。

倪瓒（1301—1374），无锡人，他的画主要表现太湖一带风光，简略旷远。他

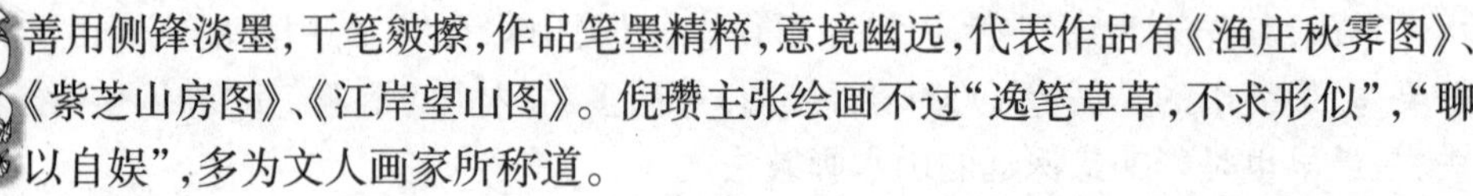

善用侧锋淡墨，干笔皴擦，作品笔墨精粹，意境幽远，代表作品有《渔庄秋霁图》、《紫芝山房图》、《江岸望山图》。倪瓒主张绘画不过“逸笔草草，不求形似”，“聊以自娱”，多为文人画家所称道。

吴镇(1280—1354)，浙江嘉兴人，博学多识，性情孤傲，他的画师承南唐著名的画僧巨然，善用湿墨，充分发挥水墨的特性，画风沉郁苍莽，传世作品有《嘉禾八景图》、《水村图》等。

王蒙(1308—1385)，湖州人，生活于元末明初，作画喜用焦墨渴笔，点细碎苔点，画面繁密充实。他善画江南林木丰茂的景色，湿润华滋，意境幽远，代表作品有《青卞隐居图》、《夏日山居图》、《春山读书图》等。

0675. 扬州八怪

清代乾隆年间，江苏扬州地区活跃着一批画家，他们个性孤傲清高，行为狂放，作画时不守墨矩，离经叛道，被当时所谓正统画风的画家们视为“怪异”，故称“八怪”。“八怪”具体是哪八位画家说法不一，因李玉棻《瓯钵罗室书画过目考》是记载“八怪”较早而又最全的，所以一般人还是以他所提出的八人为准。即汪士慎、郑燮、高翔、金农、李鱓、黄慎、李方膺、罗聘。至于有人提到的其他画家，如华岩、闵贞、高凤翰、李勉、陈撰、边寿民、杨法等，因画风接近，也可并入。“八”字可看作形容词，也可看作约数。

扬州八怪主要继承了陈道复、徐渭、八大山人、石涛的优良传统，敢于创新，要创造出“掀天揭地之文，震惊雷雨之字，呵神骂鬼之谈，无古无今之画”，就是要不同于古人，不追时俗，风格独创。如八怪之首金农绘画造型奇古、拙朴，其作品《墨梅图》、《月花图》等布局考究，构思别出新意。又如郑板桥的代表作《竹石图》，竹子画得艰瘦挺拔，节节屹立而上，直冲云天，每一片叶子都有着不同的表情。“八怪”的画风对后世有很大的影响。

三、书画名家及作品

0676. 钟繇《宣示表》

钟繇，三国时期颍川长社(今河南长葛)人，字元常，官至太傅，故世称钟太傅。钟繇的书法，与以后的王羲之并称“钟、王”，为后世所宗。

《宣示表》笔法质朴浑厚，雍容自然。无论在笔法或结体上，都更显出一种较为成熟的楷书体态和气息，字体宽博而多扁方，充分表现了魏晋时代正走向成熟的楷书的艺术特征。此帖风格直接影响了二王小楷面貌的形成，进而影响到元、明、清三代的小楷创作，如赵孟頫、文征明等。更具历史意义的是，此帖所具备的点画法则、结体规律等影响和促进了楷书高峰——唐楷的到来。因此，钟繇《宣示表》可以说是楷书艺术的鼻祖。相传王导东渡时将此表缝入衣带携走，后来传给王羲之，王羲之又将之传给王修，王修便带着它入土为安，从此不见天日。现在传下来的是羲之的临摹本。

0677. 顾恺之《洛神赋图》

顾恺之(约 345—406),东晋画家,字长康,晋陵无锡人。多才,时人称为"才绝、画绝、痴绝",他的画风格独特,被称为"顾家样",人物清瘦俊秀,线条流畅。他提出了"以形写神"、"尽在阿堵中"的传神理论。顾恺之的传世精品《洛神赋图》是依据三国时期的文学家曹植名著《洛神赋》创作而成的巨幅画卷。全卷分为三个部分,曲折细致而又层次分明地描绘了曹植与洛神真挚纯洁的爱情故事。此长卷采用连环画的形式,采用工笔重彩技法绘成,笔法细劲古朴、延绵流畅,色彩鲜艳厚重、华丽富贵。所画人物神态安详自然,细致生动。山川树石画法幼稚古朴,所谓"人大于山,水不容泛",体现了早期山水画的特点。《洛神赋图》与原作中以华丽辞句写无奈离愁之情有异曲同工之妙,是我国绘画史上一件著名的早期人物画作品。

0678. 王羲之《兰亭集序》

王羲之(321—379),字逸少,东晋琅邪临沂(今山东临沂县)人,后迁会稽山阴(今浙江绍兴)。我国历史上最著名的书法家,有"书圣"之称。

《兰亭集序》作于东晋穆帝(司马聃)永和九年(353)三月初三日,王羲之和当时名士孙绰、谢安和释支遁等四十一人,为禊事活动,在兰亭宴集。与会的人士都有诗作,事后把这些诗篇汇编成集,《兰亭集序》就是王羲之为这个诗集所写的序言。其书得其自然,而兼具众美,通篇气息淡和空灵、潇洒自然,用笔遒媚飘逸,手法既平和又奇崛,大小参差,既精心安排艺术匠心,又没有做作雕琢的痕迹,自然天成。其中,凡是相同的字,写法各不相同,如"之"、"以"、"为"等字,各有变化,达到了高度的艺术境界,被称为"天下行书第一",对当时及后世书坛影响深远。

0679. 王献之《中秋帖》

王献之(344—386),字子敬,王羲之第七子,幼年随父羲之学书法,兼学张芝。书法众体皆精,尤以行草著名。与其父一样同为具有革新精神的书法家,他的楷书在王羲之的基础上创造出更加妍媚流变的书体,故与其父合称"二王"。王献之注重情感的宣泄,似乎更近于浪漫主义的表现色彩,但传统审美观历来重中庸平和,献之书风虽精魄超然,神采照人,为时人所喜爱,却也由此遭唐代帝王贬斥,只能屈居父后,甚至遭到冷落,直到宋以后才得人们珍视。

《中秋帖》是王献之所书我国著名的古代书法作品。此作以一泻千里的磅礴气势、峻快豪健的运笔大异王羲之中和含蓄的书风,曾被乾隆皇帝誉为"三希"之一,意即希世珍宝。

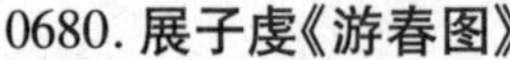

0680. 展子虔《游春图》

展子虔(约550—604),渤海人,隋代杰出画家,擅画山水人物,其山水画被称为“远近山川,咫尺千里”。我国现存最早的山水画卷《游春图》,是其传世的唯一作品。《游春图》描绘了江南桃杏争艳时春游的情景,笔法细劲流利,在设色和用笔上古意盎然,山峦树石皆空勾无皴,但线条已有轻重、顿挫的变化。以浓烈色彩渲染,烘托出秀美河山的盎然生机。该作开唐代金碧山水之先河,在早期的山水画中非常具有代表性,现藏于故宫博物院。

0681. 欧阳询《九成宫醴泉铭》

欧阳询(557—641),字信本,潭州临湘(今湖南长沙)人,楷书四大家之一。其楷书法度之严谨,笔力之险峻,世无所匹。后人以其书于平正中见险绝,最便初学,号为“欧体”。楷书以《九成宫醴泉铭》等,行书以《梦奠帖》、《张翰帖》等最为著名。

《九成宫醴泉铭》是唐代著名碑刻,632 年镌立于麟游(今属陕西),由魏征撰文,欧阳询正书,记述唐太宗在九成宫避暑时发现醴泉之事。欧阳询写此铭时年七十五岁,当为晚年之作。由于是奉皇帝之命而书,因而字字一丝不苟,充分发挥了他的书法特色,点画虽然瘦硬,但神采丰润饱满,带有隶书笔意。每个字的点、画、横、竖力图突破横平竖直的规范,但在整体上却力求稳重坚实,欧字险劲稳健的特点表现得更为突出,字形采用长方形态势,字句、行距都较大,章法显得宽松而清晰,被历来书法家评为“正书第一”,常作为临习欧字的典范。

0682. 吴道子《天王送子图》

吴道子(680—759),河南阳翟人,中国古代第一大画家,被后世尊称为“画圣”,被民间画工尊为祖师。

《天王送子图》是其代表作,图中描写释迦牟尼降生后,其父净饭王抱着他去拜谒天神的情景。画的前段描绘了骑兽奔驰的送信之神、雍容端坐的天王及其随臣侍女,后段表现了净饭王小心翼翼地怀抱着初生的释迦,王后紧跟其后,诸神张皇跪拜。此图布局合理,相互关联,技法首重线条和用笔,富有运动感和粗细变化,行于所当行,止于所当止,故线条流转随心,轻重顿挫合于节奏,以动势表现生气,具有“疏体”画的特性,是典型的“吴家样”。人物形象准确,所钩衣纹流畅飘洒,着色简淡,近乎白描,与文献所记载吴道子的风格极为相似,是盛唐时期人物画的杰出佳作,给日后的宗教题材绘画尤其是佛道壁画带来深刻的影响。

0683. 阎立本《步辇图》

阎立本(约601—673),唐代雍州万年人,擅长书画,最精形似,尤其善画人物肖像,是唐代最著名的画家之一。

《步辇图》是一幅最早反映我国古代汉、藏民族要求团结统一的重要画卷。

卷中描绘贞观十五年，唐太宗接见吐蕃（今西藏）使者禄东赞来迎接文成公主入藏时的情景。乘步辇的唐太宗威严和善，身着少数民族服装的禄东赞谦和恭敬，礼官肃穆，宫女顾盼有神。图卷右半是在宫女簇拥下坐在步辇中的唐太宗，左侧三人前为典礼官，中为禄东赞，后为通译者。唐太宗的形象是全图焦点，作者煞费苦心地加以生动细致的刻画，充分展露出盛唐一代明君的风范与威仪。衣纹器物的勾勒墨线圆转流畅中时带坚韧，畅而不滑，顿而不滞；主要人物的神情举止栩栩如生；图像局部配以晕染，如人物所穿的靴筒折皱等处，显得极具立体感；全卷设色浓重淳净，大面积红绿色块交错安排，富于韵律感和鲜明的视觉效果。《步辇图》不仅反映了唐初一个重大的历史事件，而且在中国古代人物画的发展中也占有重要的地位。

0684. 张旭《古诗四帖》

张旭，我国唐代书法家，江苏苏州人。书学"二王"、张伯英，精草书，尤以狂草著称，相传他往往在饮酒大醉后，乘兴而书，走笔如龙，姿态纵横，故世称"张颠"。他的草书狂而不乱，并能在草书中抒发情感，把传统的功力与表现个性相结合，时人将其草书与李白的诗歌、裴旻的舞剑合称"三绝"。主要作品有《古诗四帖》、《肚痛帖》等。

《古诗四帖》，是张旭狂草书法的代表作。它打破了魏晋时期拘谨的草书风格，在草书发展史上有新的突破。在草书原有的基础结构上，将上下两字的笔画紧密相连，有时两个字看起来像一个字，有时一个字看起来却像两个字。章法安排上，疏密悬殊；在书写上，一反魏晋四平八稳的传统书写速度，抒情形式奔放写意，如长江大河一泻千里，行文跌宕起伏，动静交错，满纸如云烟缭绕，乃草书巅峰之篇。

0685. 颜真卿《祭侄文稿》

颜真卿（709—785），字清臣，唐京兆万年（今陕西西安）人，其书初学褚遂良，后得张旭传授。他突破了二王书派的欹侧、平稳的笔意，创造出一种端庄雄伟、气势开张、刚劲挺拔的书风，对后世影响极为深远，世称"颜体"。主要作品有《多宝塔感应碑》、《颜家庙碑》等。

《祭侄文稿》全称《祭侄季明文稿》，为三大行书法帖之一。文章乃颜真卿为祭奠就义于安史之乱的侄子颜季明所作。唐安禄山谋反，平原太守颜真卿联络其从兄颜杲卿起兵讨伐叛军。叛军史思明部攻陷常山，颜杲卿及其少子季明被捕，并先后遇害，颜氏一门被害三十余口。后颜真卿命人到河北寻访季明的首骨携归，挥泪写下这篇流芳千古的祭文。此稿是在极度悲愤的情绪下书写，顾不得笔墨的工拙，故字随书家情绪起伏，线条遒劲而舒和，与沉痛切骨的思想感情融和无间，纯是精神和平时工力的自然流露。元代鲜于枢评此作为王羲之《兰亭集序》之后的天下第二行书。

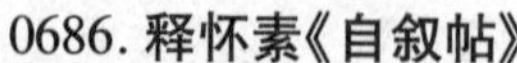

0686. 释怀素《自叙帖》

怀素(725—785),字藏真,俗姓钱,长沙僧人,是中国历史上杰出的书法家。他的草书称为“狂草”,和张旭齐名。怀素好饮酒,每当饮酒兴起,不分墙壁、衣物、器皿,任意挥写,时人谓之“醉僧”。后世有“张颠素狂”或“颠张醉素”之称。

《自叙帖》是怀素流传下来篇幅最长的作品,也是他晚年草书的代表作。内容为自述写草书的经历和经验,和当时士大夫对他书法的品评,即当时的著名人物如颜真卿、戴叔伦等对他的草书的赞颂。全帖用笔如风驰电掣,迅疾奔放,洋洋洒洒,一气呵成,真如龙蛇竞走,激电奔雷,狂怪处无一点不合轨范。在草书的结体上,大胆地夸张和变形,尽变化之能事。比如字的大小变化,有时甚至上下相连的两个字,竟相差三至五倍,甚至十倍左右。他利用了点、线型的各种变化,以及用笔的方圆,使书法具有音乐般的节奏感,从而使观者与书家的心声共鸣,同悲、同喜,共同沐浴在书法的韵律之中。

0687. 柳公权《玄秘塔碑》

柳公权(778—865),字诚悬,唐代大书法家,京兆华原(今陕西耀县)人,官至太子少师,故世称“柳少师”。他的书法初学王羲之,后吸取了颜、欧之长,自成一体。其字取均衡瘦硬,骨力遒劲,结构严谨,因其独到的特色而有“柳体”之称。

《玄秘塔碑》是柳公权六十四岁时所书,841 年立,楷书,其骨力矫健,筋骨特露,刚健遒媚;结字瘦长,且大小颇有错落,巧富变化,顾盼神飞,行间气脉流贯。全碑无一懈笔,可谓精绝,是“柳体”的成熟之作。

0688. 杨凝式《韭花帖》

杨凝式(873—954),字景度,号虚白,陕西华阴人。唐末为秘书郎,五代时官至太子少师,也称“杨太师”。他性格狂放不羁,又曾以佯疯来避祸,所以人称“杨风子”(即杨疯子)。杨凝式的字多写在墙上,笔法纵逸遒放。

《韭花帖》叙述午睡醒来,恰逢有人馈赠韭花,非常可口,遂执笔以表示谢意。此帖的字体介于行书和楷书之间,布白舒朗,清秀洒脱,深得王羲之《兰亭集序》的笔意,被称为“天下第五行书”。尽管《韭花帖》无论在用笔还是在章法上都与《兰亭集序》迥然有别,但其神韵却与之有异曲同工之妙,后人评价其为“千年逸清经典之作”。此帖字字风神潇洒,字距行距宽绰有余,加之为杨凝式闲情意适时所书,故通篇洋溢着一种豁达高远的气氛,一反唐楷法度森严,神完气足的书风,开启了两宋豪放纵意的书风书貌,对宋代苏轼、黄庭坚以及明代董其昌的书法影响很大。

0689. 范宽《溪山行旅图》

范宽,北宋画家,生卒年不详,陕西华原(今耀县)人。范宽本名中正,因为他性情宽厚,不拘成礼,时人呼之为“宽”,遂以范宽自名。他举止率直,嗜酒好道，擅长山水画，后来隐居华山，留心观察山林间烟云变灭，风雨晴晦，各种变化难状之景，穷究自然造化，以求画趣。

《溪山行旅图》为范宽的传世杰作，被董其昌赞为“宋画第一”。在这幅竖长的大幅作品中，范宽以雄健、冷峻的笔力勾勒出山的轮廓和石纹的脉络，浓厚的墨色描绘出秦陇山川峻拔雄阔、壮丽浩莽的气概。画面由下而上分三段布局，层次丰富，气势逼人，使人犹如身临其境一般。扑面而来的悬崖峭壁占了整个画面的三分之二，山脚下有驮马从右方进入画面，似乎使人能听见马蹄和流水的声音。在如此雄伟壮阔的大自然面前，小人显得如此渺小，只不过是匆匆的过客。此画意在追求一种个人身心与大自然融浑一体的境界，下笔雄强，墨色深厚，具有极强的艺术感染力。

0690. 张择端《清明上河图》

张择端，北宋画家，字正道，东武（今山东诸城）人。早年游学汴京（今开封），后习绘画，徽宗时在翰林图画院任职。善画风俗画，尤擅绘人物、舟车、市肆、桥梁、街道、城郭。

《清明上河图》是一幅表现北宋都城汴梁（今河南开封）和汴河两岸清明时节风俗世情的长卷。画卷以全景式结构、严谨精细的笔法，形象地描绘出北宋京都汴梁（今开封）的盛况。其内容可分三段：首段描写了城郊农野景色，中段以拱桥为中心，描写汴河两岸的繁华景象，后段则描绘京都街市的实况。全卷共画士农工商、医卜僧道、男女老幼等各式人物五百五十余个，各类牲畜近六十匹，船只、车轿各二十余，规模宏大、场面繁多、情节丰富、引人入胜，既有工整准确的风格，又具兼带写人物画生动活泼的特色。这件作品对后人了解和研究宋代城市生活和经济、科技、文化等情况提供了形象化的史料，是我国古代现实主义绘画作品中最突出的代表。

0691. 苏轼《寒食诗帖》

苏轼（1037—1101），字子瞻，号东坡居士，北宋文学家、书画家。东坡之书，取法李邕、徐浩、颜真卿、杨凝式，上追晋唐诸贤，而自创新境，用笔丰腴跌宕，极得天真烂漫之趣。《寒食诗帖》是他在黄州时期的一篇代表作。

《寒食诗帖》又称《黄州寒食诗》，苏轼撰诗并书，行书十七行，五言诗二首，现藏台湾，曾刻入《戏鸿堂法帖》、《三希堂法帖》。苏氏书法多用侧笔，正以立骨，偏以取态。此帖用笔或正锋，或侧锋，转换多变，且多藏其锋。如“我”字之“戈”，“黄”字之撇，“寒”字之捺，均敛而不发；又数次用悬针长竖耀其锋铓，如“年”、“中”、“苇”等字。开始字虽略小，但气势不凡，跌宕多变，第二首一开始便跳出规约，字体加大，运笔加速，后尾右黄州寒食二首又作小字，与开头呼应，构成整幅章法上的匀称协调。此帖字形于欹侧中见平正，字体大小长短，错落有致，字势随诗文的感情发展，加快运笔，酣畅淋漓，纵逸奔放，为宋代尚意书风

的早期代表作。书后有黄庭坚跋，称赞其诗其书，该跋书文精到，与苏书堪称珠联璧合。

0692. 黄庭坚《松风阁诗帖》

黄庭坚（1045—1105），字鲁直，自号山谷道人，洪州分宁（今江西修水）人。北宋诗人、词人、书法家，为盛极一时的江西诗派开山之祖。长于行书和草书，与苏轼、米芾、蔡襄等被称为“宋四家”。

《松风阁诗帖》是黄庭坚七言诗作并行书，宋徽宗崇宁元年（1102）九月，黄庭坚与朋友游鄂城樊山，途经松林间一座亭阁，在此过夜，听松涛而成韵。《松风阁诗》歌咏当时所看到的景物，并表达对朋友的怀念。这件诗帖长波大撇，提顿起伏，一波三折，像是船夫摇桨用力的样子。不论收笔、转笔，都是楷书的笔法，下笔平和沉稳，变化非常含蓄，轻顿慢提，婀娜稳厚，意韵十足。在后段提到前一年已去世的苏轼时，心中不免激动，笔力特别凝重，结字也更加倾侧，是尚意书风的典型，堪称行书之精品。

0693. 米芾《蜀素帖》

米芾（1051—1107），北宋书法家、画家、鉴赏家。字元章，号襄阳居士，祖籍山西太原。曾为内廷书画学博士，礼部员外郎，人称“米南宫”。其书法体势展拓，笔致浑厚爽劲，自谓“刷字”。

“蜀素”是北宋时四川质地精良的丝绸织物。相传有个叫邵子中的人把一段蜀素装裱成卷，以待名家留下墨宝，可是传了祖孙三代，竟无人敢写，因为丝绸织品的纹罗粗糙，滞涩难写，故非功力深厚者不敢问津。经湖州郡守林希收藏二十年后，直到元祐三年八月，米芾应林希邀请结伴游览太湖近郊，林希取出珍藏的蜀素卷，请米芾书写。米芾才胆过人，当仁不让，一口气写了自作的八首诗。

《蜀素帖》书于乌丝栏内，但气势丝毫不受局限，率意放纵，提按转折挑，曲尽变化，愈到后面愈飞动洒脱。因蜀素粗糙，书时全力以赴，如狮子搏象。观此书，可知米芾已由“集古字”的临习古人过渡到出神入化的境界，点画撇捺仪态万千，洒脱超逸，结体超妙，把他多年积累的技艺，凝注笔端，随着诗文感情的引发，一泻而就，犹如天马行空，书艺得到了尽情的发挥，达到了极高的境界。《蜀素帖》被后人誉为“中华第一美帖”。

0694. 郑燮《竹石图》

郑燮（1693—1765），字克柔，号板桥，江苏兴化人。曾任山东范县、潍县县令，因开仓赈灾，被诬贪赃而遭罢官。后在扬州以卖画为生，是“扬州八怪”之一。郑燮工诗能书善画，被人称之为“郑三绝”。他的书法将行、楷相结合，自创一体，号称“六分半书”。绘画作品进一步发展了文人画的优良传统，取法陈淳、徐渭、石涛诸人而自成家法，尤其擅长画竹、石、兰、蕙，将书法用笔入画，笔意潇洒，与题诗、题字相结合，更加耐人寻味。

《竹石图》中竹石为庭院中之物，瘦石壁立，以白描的笔意为主，勾出坚硬挺削的石质。石前新篁三枝，劲拔挺秀，竹竿细挺有韧性，而叶肥如柳、桃叶，具不似之似妙。总观全局，画面简约明快，竹清石秀，气势俊朗萧散，卓然不群。画上题诗一首："乌纱掷去不为官，囊橐萧萧两袖寒。写取一枝清瘦竹，秋风江上作渔竿。"

0695. 郎世宁《百骏图》

意大利人郎世宁1715年以传教士的身份远涉重洋来到中国，被重视西洋技艺的康熙皇帝召入宫中，从此开始了长达五十多年的宫廷画家生涯。在绘画创作中，郎世宁融中西技法于一体，形成精细逼真的效果，创造出了新的画风，因而深受康熙、雍正、乾隆器重。他是清代宫廷绘画领袖，正是在他中西合璧绘画技法的影响下，才形成了别具一格的清代宫廷画风。郎氏善画马，《百骏图》是他的代表作之一。

《百骏图》描绘了姿态各异的骏马百匹放牧游息的场面。全卷色彩浓丽，构图复杂，风格独特，别具意趣，讲究西方绘画中的立体效果，注意透视和明暗，重视写实和结构准确的合理性，以西洋画法入绢纸，略参中国技法，以写实为工，专注形似。

四、书画名著

0696.《书谱》

墨迹本，孙过庭撰文、书写。孙过庭(646—691)，唐代书法家、书法理论家，善草书。《书谱》书于垂拱三年(687)，草书、纸本，三千五百余字，衍文七十余字。孙氏在数十年的书法实践中，认为汉唐以来评论书法作品的人多涉浮华，只关注其外在形状，而没有究竟到内在精义，因此撰《书谱》一卷，对书法的运笔评加阐述，所以唐宋时期又称它为《运笔论》。

《书谱》是中国书学史上一篇划时代的书法论著，也是历代传颂的书法名作精品。孙过庭在书中提出的"古不乖时，今不同弊"的书法观，强调了学习传统而不违时代的审美要求，追求时代感而又不与时弊流俗相混同，为书法美学理论奠定了基础。他反对写字如同绘画"巧涉丹青，功亏翰墨"，反对把书法当作秘诀、择人而授的保守态度，认为楷书和草书要融合交汇。《书谱》在书法艺术上的成就与在书法理论上的成就是相统一的，对中国书法的影响也是巨大的。

0697.《法书要录》

书法学论著总集，张彦远编撰。张彦远，字爱宾，河东(今山西永济)人。出生于缙绅大族，高祖、曾祖和祖父皆曾为相，有"三相张家"之称。张彦远官至大理卿。他博学有文辞，尤工书法，擅长隶书。曾书有《三祖大师碑阴记》、《山行诗》等作品。

《法书要录》十卷,收录东汉至唐代诸家书学论著三十七种,皆录全文,未见之书只录书目,后附二王帖释文四首二十八条。其选材审慎,内容丰富,是一部汇辑并选录唐以前中国书法资料的总集。有些篇章都是颇为重要的经典,末卷《右军书记》所记内容可以作为研究王羲之字的流传及文章事迹的资料,赵壹的《非草书》、羊欣的《采古来能书人名》、王僧虔《论书》、张怀瓘的《书断》等都是古代书论名篇。流传甚广的传为卫铄的《笔阵图》和王羲之的《题笔阵图后》也被收入其中。《四库全书简明目录》谓之“采摭繁复,后之论书者,大抵以此为据”,是书法艺术和中国书学史研究的重要资料。

0698.《艺舟双楫》

清代书法理论著作,包世臣著。包世臣(1775—1855),清代学者、书学理论家。此书内容包括论文、论书两楫,故名“双楫”。论书包括“述书”三篇、“历下笔谭”、“后附四则”、“国朝书品”、“答熙载九问”、“答三子问”、“自跋草书答十二问”、“与吴熙载书”、“记两笔工语”、“记两棒师语”等十二节,大力提倡北碑,扬碑抑帖,对当时书坛影响很大。清道光、咸丰后北碑盛行,此书实开风气。作者论书一反清代书坛对赵孟頫、董其昌的偏爱,对改变清代书法风气具有重要影响。其书法理论的立足与方法,都与前人有所不同。

0699.《书法雅言》

明项穆著。项穆,字德纯,号贞元,秀水(今浙江省嘉兴市)人。书画收藏家、鉴赏家项元汴之子,万历年间书法理论家。

《书法雅言》是一部书法理论著作,共十七篇,包括:书统、古今、辨体、形质、品格、资学、规矩、常变、正奇、中和、老少、神化、心相、取舍、功序、器用、知识。作者从儒家的观点出发,认为书法可以“发天地之玄微,宣道义之蕴奥,继往圣之绝学,开后觉之良心”;书法是人格的表现,“心之所发”,“运之为字迹”,认为人品不同,性情各异,影响到笔势运行,就会产生出不同的字形。关于书法学习,项穆强调内心修养,强调一开始便应注意精神与形式的互相渗透。此外,作者还强调书法的“正统”,把王羲之与孔子并列,排斥苏轼、米芾,认为后世有成就的书法家,都不过是发挥了王羲之的某一方面。其宗旨为扬晋人而抑苏轼、米芾,但叙述清楚,井然有序,观点皆出自经验总结,至今仍有很高的参考价值及借鉴作用。

0700.《古画品录》

南朝齐谢赫撰。谢赫,生卒不详,齐梁时人,著名宫廷派画家,擅画肖像。

《古画品录》是我国最早的画论专著,共一卷,分为两部分:序论和画品。他首先指出了绘画“明劝戒,着升沉”的作用。尤为可贵的是他从多年的绘画创作实践中,提出了精辟的“六法论”。从此,气韵生动、骨法用笔、应物象形、随类赋彩、经营位置、传移模写就成了千百年来人们评画的准则和引导无数中国画画家探索、创新的理论指南。以至于“六法”一词，后来引申成为中国画的代称，或理论、技法的总称。不仅如此，该书还以“六法”为准，对三国吴至南朝齐三百年间二十七位画家分为六个品级，评其优劣，这也是我国第一部系统的对画家进行品评的著作。

0701.**《唐朝名画录》**

又称《唐画断》，第一部中国绘画断代史，一卷，晚唐朱景玄著。朱景玄，吴郡（今江苏苏州）人，曾官至翰林学士、太子谕德，会昌年间（841—846）尚在。

全书大体沿用唐李嗣真《画后品》和张怀瓘《画断》分品列传的方式来裁定画家的等格。书中按“神、妙、能、逸”四品，著录唐代画家一百二十四人，除逸品外，每品又各分上、中、下三等。书前有自序，阐述写作缘起及艺术见解。序后有目录，于每人下注明所善画科。次立小传，述画家生平事迹，评论画艺。其资料来源于唐人有关著作和作者亲自采访收集，史料大多翔实可信。对于时代较近的画家、与作者同时的画家，本书记述较多，因此在绘画史理论上具有不可替代的价值。

0702.**《林泉高致》**

又称《林泉高致集》，中国古代绘画理论史籍的重要代表，北宋郭熙及其子郭思著。郭熙，字淳夫，河阳温县（今属河南）人，熙宁年间为御画院艺学，官至翰林待制。郭思，字得之，郭熙子，元丰五年进士，善杂画，尤工画马。

全书分六节，即山水训、画意、画诀、画题、画格拾遗、画记。明以后流行本缺“画记”。今存六节中“序言”和“画格拾遗”两节为郭思所写，其余四节均为郭熙生前所述，由郭思记录整理而成。本书是我国第一部系统地探讨山水画创作的专门著作。作者认为山水画要表现“意境”，山水画不是单纯自然现象的再现，强调要表现出山水远近深浅的不同和风雨明晦、四时朝暮的变幻，指出“景”“思”“情”“意”在作品里得以体现。并且在书中对画面布局、形象塑造、笔墨技巧以及表现四季、天气变化的基本规律作了讲解。提出了山水“三远”，即“高远”、“深远”、“平远”的观察和创作方法，成为后世山水画创作取景构图的原则。作者还强调画家要注意艺术气质的锻炼和文学修养的提高，从中汲取创作经验，以丰富作品的意境。

0703.**《宣和画谱》**

北宋宫廷所藏绘画作品的著录著作。北宋徽宗宣和年间内府编撰。《宣和画谱》和《宣和书谱》是姊妹篇，作者不详，或说赵佶，或说蔡京、米芾。就书中内容和文风考察，似乎是在宋徽宗的授意和参与下，由官方组织人力，集体编写而成。

《宣和画谱》，二十卷，成书于宣和庚子（1120）年。书中共收魏晋至北宋画家二百三十一人，画六千三百九十六轴。并按画科分为道释、人物、宫室、番族、龙鱼、山水、畜兽、花鸟、墨竹、蔬果十门。每门依叙论、画家传略、作品件数、作品名称排列。虽属著录之书，但从画科叙论和画家评传来看，已大大超出了著录的范围，具有绘画史论的性质。因此，可以说此书不但是我国第一部较系统地记载宫廷藏画品目的著录书，而且还是一部传记体的绘画通史，在中国绘画史上具有重要的地位。

0704.《画禅室随笔》

中国明代书画创作、评鉴的理论著作，董其昌著，全书四卷。董其昌（1555—1636），字玄宰，号思白、香光居士，华亭（今上海松江）人。

一说该书非董其昌自撰，是明末清初画家杨补辑录董其昌未收入《容台集》的零篇散帙而成书。卷一包括论用笔、评法书、跋自书、评古帖等节；卷二包括画诀、画源、题自画、评古画等节；卷三和卷四则为作者记事、评诗文等的杂言随笔。该书论书主张巧用笔墨，强调结字得势，临帖重在领会其精神，提倡“以意背临”；论画以南北宗论为中心，提倡文人画，贬抑“行家画”。对于绘画的发展，推崇自唐而宋由“工”变“畅”，批评由宋入元某些画家的由“畅”而“佻”。主张画家要读万卷书，行万里路，以生、秀、真为艺术境界之极诣。书中的一些绘画理论、技法都有独到见解，对以后的绘画发展有很大影响。他的画论对清代“四王”画派具有极深刻的影响。

0705.《芥子园画谱》

又称《芥子园画传》。中国画技法图谱，共三集。清代王概、王蓍、王臬兄弟应李渔之婿沈心友之请编绘，因刻于李渔在南京的别墅“芥子园”，故名。

画谱每集首列画法浅说，次摹诸家画式，末为摹仿名家画谱。该书系统地介绍了中国画的基本技法，浅显明了，宜于初学者习用，所以风行于世。嘉庆年间书坊将丁皋的《写真秘诀》等画谱合刻为《芥子园画传》第四集。光绪年间巢勋又将此四集重摹增编，在上海石版印行，流传益广。康熙年间的“王概本”、光绪年间的“巢勋本”，为世人学画必修之书。

五、印石篆刻

0706. 四大印石

①青田石，产于浙江省青田县，常见的有封门青、灯光冻、五彩冻等种类。其中封门青色高雅，质温润，性中庸，是印石中最宜受刀之石，深得篆刻家青睐。

②寿山石，产于福建省福州市北郊寿山村，有田坑、水坑、山坑之分。其中田黄石色泽纯正，集细、洁、润、腻、温、凝六大要素为一体，旧有“一两田黄三两

金”之说。

③昌化石，产于浙江省临安县昌化的玉岩山。有白、黑、红、黄、灰等各色，其中鸡血石为四大印石之首，以色艳（红如鸡血）、形美、质细的风格，在印章石中独树一帜，有“印石皇后”之美誉。

④巴林石，产于内蒙古自治区赤峰市的巴林右旗大板镇西北，雅玛吐山北面的大小化石山一带。被成吉思汗誉为“腾格里朝鲁”（意为天赐之石）。色泽斑斓，纹理奇特，质地温润，钟灵毓秀，堪称精美绝伦。其中巴林福黄石与寿山田黄石不分伯仲，被称为“姊妹石”。

四大印石均系一亿五千万年前侏罗纪时期，经由火山热蚀变或充填作用而成，以其色彩绚丽、质地细腻、纹理自然、硬度适中著称，均属印章石材中的上品。

0707. **印款**

在印章背面、侧面镌刻文字，以叙述刻印的时间、原因、赠属，或刻诗词，或刻与印有关的人及事等等，这些文字称为印款。印款源于隋唐，当时官印皆有印款，年记、编号和释文等简短内容，说明造印单位与造印时间。至明清时多石质印，一般多有印款，开始进入流派纷呈、风格各异发展阶段。明何震首创单刀印文边款，被后人所尊崇。清黄易提出以石就锋的刻款方法，清代赵之谦开创阳文边款（又称阳识），丰富了边款的艺术形式。

0708. **朱文、白文**

印文上文字凸起，印章盖在纸上，呈现红色文字，称为朱文，也称阳文。反之，印面上文字凹下，盖章后，红纸上呈现白色文字，称为白文，也叫阴文。

朱文

白文

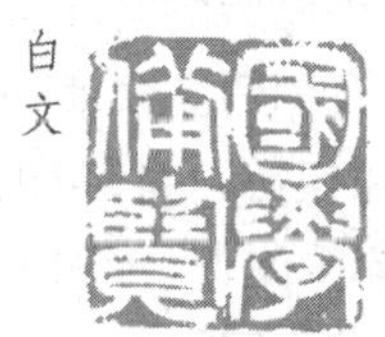

0709. **封泥**

封泥又称“泥封”，是一种作为封缄简牍并加盖印章的凭证的泥块。

封泥始于春秋战国时期，秦汉魏晋时期流行，唐以后消失。最初的公文、书信多写在简牍上，为防止私拆，封发时加一检木，用绳索捆缚，在检木处系结并封以泥块，盖上印文。封发物件时也往往用同样的办法，由于原印是阴文，钤在泥上便成了阳文，其边为泥面，所以形成四周不等的宽边。后世的篆刻家从这些珍贵的封泥拓片中得到借鉴，用以入印，从而扩大了篆刻艺术取法的范围。后来因纸张代替简牍，封泥也随之消失。

现存古代封泥以职官印最多，私印次之。目前所见最晚为唐代云南地方向

中央进贡大蒜时使用的封泥。清代吴式芬、陈介祺著有《封泥考略》，是第一部封泥专著。

0710. 官印

官印指历代王朝封赐各级职官的玺印，是其职权的凭证。官职高低不同，印的材料、形制也不同。战国时官印多方形白文印、凿刻、鼻钮；有少量朱文印；印的字形、风格因国而异；秦时官印一般约二点三厘米，方形，多凿刻白文，有界格，或半通印；汉官印在二点三厘米左右，常见为方形白文，少数民族印和将军印多凿刻；东汉官印质地有金、银、铜、玉多种，多凿刻；隋唐官印传世的较少，皆体大，字迹深刻，多朱文小篆，采用焊接法将钮与印相连。北宋官印背面皆凿有年款。元官印有汉文篆书和八思巴文两种。明清时期官印一般都有年款，比较容易辨认。明时官印有“条记”“关防”的称谓。清代印文则同用满汉两种文字。常设职官的官印为方形，临时派遣的官，官印为长方形，是为“关防”。官职低下的官，官印称“条记”“钤记”等。

0711. 私印

私印指个人所用之印章。体制比较繁杂，品类较多，按用途不同，有姓名印、吉语印、肖形印、收藏鉴赏印、斋馆别号印、起首印、署押印、压胜印等，丰富多彩，风格流派各异。

0712. 印钮

印钮印的上端突起之捉手，亦作“印纽”，又称“印鼻”。其上多有孔穴，可穿绶佩带，并有装饰作用。印钮无定制。战国官印多为朴素的鼻钮，汉官印常见龟钮、瓦钮，给各兄弟民族的官印有马钮、蛇钮、驼钮、羊钮。唐时官印一般为鼻钮。明官印主要是直柄钮。私印钮的种类更多，包括禽兽鱼虫形象，及鼻钮、桥钮、环钮、直柄钮、瓦钮等。肖形印钮多为与印面纹饰有关的鸟兽。明清时，石印盛行，印钮多不穿绶佩带，增加了装饰性，更富观赏效果，一些圆雕、浮雕山水、花鸟、人物图景钮尤为突出。

0713. 浙派

浙派篆刻又称“西泠印派”，历史上著名篆刻流派之一。清代乾隆年间由丁敬在钱塘（今杭州）开创。

丁敬以秦汉印为宗，仿文彭、何震而变其秀雅，博采众长，推崇阳刚，以切刀为主，苍劲古拙，沉著生涩，波磔前进，有刚劲朴茂，雄健苍古之目。所谓“西泠八家”即由丁敬执其牛耳，对晚清赵之谦、黄士陵、王福庵辈具有重要影响。浙派与皖派一样，都崇尚秦汉玺印，刀法上成功地应用生涩坚挺的切刀，来表现秦汉风貌，以其古朴雄健的风格有别于皖派诸家的柔美流畅，所以有“歙（皖派）阴柔而浙（派）阳刚”的评论。浙派艺术支配清代印坛达一个多世纪，影响极深远，在他们的影响之下浙江研究篆刻金石之风大盛。

0714. 徽派

徽派篆刻兴起于明代嘉靖、万历年间，婺源县的何震及另一些篆刻名家为中心形成了一个徽州印人群体，人称“徽派”，促成徽州篆刻的第一个高潮期。何震主张篆刻以秦、汉印为宗，以六书为准则。何震曾云：“六书不精义入神，而能驱刀如笔，吾不信也。”开创了师法汉印之风气。他们的篆刻讲究篆势，多用冲刀，善于变化。作品风格流畅自然，朴茂苍秀，刚健劲挺，化古为今，力矫印坛乖谬浅陋之时弊，对后世影响甚大。

清代康乾时期，歙县程邃是“歙四家”的领袖，他的篆刻力变文、何旧体，参合钟鼎古文，出以离奇错落的手法，自成一家面目，形成徽派篆刻第二个高潮期。程邃的白文印多取法浑朴一类的汉铸印，参以己见而出新意。印文方中寓圆，不露圭角，疏密均衡自然，苍浑凝重。朱文印则多以钟鼎款识之大篆参合小篆入印，并作较粗笔画的印文，追求苍浑、古朴、凝重的风格，清新可爱，富有笔意，当时“名冠南国”，影响了许多印人，后继者有汪肇龙等。

清晚期，黟县黄士陵以其深厚的金石学修养，摒弃几百年来印家以切刀法摹仿烂铜印，追求古拙残破美的传统习惯，自立新意，自成风格，从篆刻艺术界脱颖而出，创立了“黟山派”。并影响了后来的易大厂、乔大壮、王福庵、李尹桑，乃至齐白石等一大批书画印名家，使徽派篆刻走向了第三个高潮期。

0715. 印泥

印泥是我国特有的文房之宝，是专供图章钤印用的材料，已有一千余年的历史。印泥是传达印章艺术的媒介物，也是人们生活中不可缺少的物品。印泥初用粘土，后用水调朱砂，最后变为用油调朱砂制成。常见的印泥采用艾绒、蓖麻油及红色颜料朱砂等混合制成，好的印泥钤出的印文，色泽鲜明沉着，文字醒目清晰，历久不变。精制的八宝印泥是用珊瑚和红宝石等研成细末后调制而成，色泽可历数百年不变。

六、文房四宝

0716. 湖笔

湖州毛笔简称“湖笔”，是毛笔中的佼佼者，以制作精良、品质优异而享誉海内外，已成为毛笔的代名词。历史悠久，技艺精湛，素有“毛颖之技甲天下”的美称。湖笔的品种繁多，有近三百个品种。地处浙江湖州市的善琏镇，是湖笔的发源地和主要产地，素有“笔都”之称。善琏几乎家家户户会制笔，涌现出许多湖笔世家。北京戴月轩、上海杨振华、天津虞永和、杭州邵芝岩等笔庄，都是湖州人开设的，且都以湖笔相标榜。

0717. 徽墨

徽墨因产于古徽州府而得名。徽墨是以松烟、桐油烟、胶为主要原料制作而成的一种主要供传统书法、绘画使用的特种颜料。

据史料载，徽墨的生产可追溯到唐代安史之乱，易州墨工奚超父子逃到歙州，定居制墨，南唐后主李煜时奚氏墨始名扬天下，为徽墨伊始。

徽墨制作配方和工艺非常讲究，有拈来轻、磨来清、嗅来馨、坚如玉、研无声、一点如漆、万载存真的美誉。徽墨的另一个特点是造型美观，质量上乘。徽墨特征鲜明、技艺独特、流派品种繁多，在中国制墨史上占有重要地位。

0718. 宣纸

宣纸因原产于唐代宣州泾县(今属安徽)而得名，是中国古代用于书写和绘画的纸，现主要产于安徽泾县。由于宣纸有易于保存，经久不脆，不会褪色等特点，故有“纸寿千年”之誉。

据说，东汉蔡伦死后，弟子孔丹在皖南造纸，很想造出一种洁白的纸，好为老师画像，以表缅怀之情。后在一峡谷溪边，偶见一棵古老的青檀树，横卧溪上，由于经流水终年冲洗，树皮腐烂变白，露出缕缕长而洁白的纤维，孔丹欣喜若狂，取以造纸，经反复试验，终于成功，这就是后来的宣纸。

宣纸具有“韧而能润、光而不滑、洁白稠密、纹理纯净、搓折无损、润墨性强”等特点，并有独特的渗透、润滑性能。

按加工方法分类，宣纸一般可分为生宣、熟宣、半熟宣三种。

0719. 歙砚

歙砚全称歙州砚，又有人称为婺源砚，为中国四大名砚之一，是砚史上与端砚齐名的珍品。产于古歙州，其中以婺源(今江西省婺源县)的龙尾砚为优。婺源自唐初至宋代中叶，一直属歙州，所产故称“歙”。歙砚已有一千多年历史。

歙砚石质坚韧润密，莹润细密，纹理多富变化，贮水不耗，历寒不冰，呵气可研，雕刻精细，浑朴大方。有“坚、润、柔、健、细、腻、洁、美”八德。嫩而坚，砚材纹理细密，兼具坚、润之质，有涩不留笔、滑不拒墨的特点，敲击时有清越金属声，抚之若肤，磨之如锋，发墨如油，长久使用，砚上残墨陈垢，入水一濯即莹洁如新，被誉为“石冠群山”。歙砚雕刻以浑厚朴实、线条挺秀、刀法刚健著称，经过历代砚雕名家的辛勤耕耘取得了很大发展，尤其是近几十年来涌现出许多名家高手，并形成了多种流派，继承传统之精华，又加以创新发展，使作品更具收藏价值。

0720. 水注

水注，也称“水滴”、“砚滴”。是古代文人磨墨时用来装水、滴水的文具，注水于砚面供研墨之用，有嘴的叫“水注”，无嘴的叫“水丞”。宋元时期水注较为盛行，以浙江龙泉窑和景德镇青白釉制品为丰富，器形有方、圆、立瓜、卧瓜、双桃、莲房、蒂叶、茄壶、牧童、罗汉骑兽、双鸳卧牛飞蟾诸式,也常做辟邪、蟾蜍、天鸡等动物形状,器身附流和小孔。明代以景德镇窑制品为佳,器形有桃注飞石榴注、双瓜注飞双鸳注等。

0721. **镇纸**

古代文人时常会把小型的青铜器、玉器放在案头上把玩欣赏,因为它们都有一定的分量,所以人们在玩赏的同时,也会随手用来压纸或者是压书,久而久之,发展成为一种文房用具——镇纸。古代镇纸大多采用兔、马、羊、鹿、蟾蜍等动物的立体造型,面积较小而分量较重,材质多为玉、陶瓷、铜以及水晶等等。明清两代,书画名家辈出,极大地促进了文房用具的制作和使用,镇纸的制作材料和造型也有了新的变化,材料除了继续使用铜、玉之外,还增加了石材、紫檀木、乌木等等,形状大多为长方形,因为这个缘故,镇纸也常常被叫做镇尺、压尺。

0722. **臂搁**

臂搁是明清时期,为了防止手臂沾墨,文人们发明了一种枕臂的工具。臂搁一般用玉、檀木、竹子制作而成,也有象牙和瓷质的,其中以竹制为多,一般用去节后的竹筒,将其分劈成三块,然后在凸起的竹面上进行镌刻,一般多采用浅刻平雕,镌刻的内容有文字也有图案,通常是座右铭、诗画以及赠言等等。

0723. **四大名砚**

广东端溪的端砚、安徽歙县的歙砚、甘肃南部的洮砚、河南洛阳的澄泥砚,并称为"四大名砚"。砚是中国书法的必备用具。砚台不仅是文房用具,由于其性质坚固,传百世而不朽,又被历代文人作为珍玩藏品之选。

端砚产于广东肇庆东郊的端溪,世称端砚为"群砚之首";歙砚又称"龙尾砚"、"婺源砚",砚石产于江西婺源龙尾山,婺源古属歙州,故名歙砚;洮砚的特点是石质碧绿,莹洁如玉,条纹似云彩,贮墨不变质,十多天不干涸;澄泥砚最早产于山西绛州,其孕于汉、兴于唐、盛于宋,明代达到炉火纯青,跻身中国四大名砚之列。

墨砚除了使用价值以外,还有很高的艺术观赏价值。汉代的砚,侧面刻有鸟兽图案。随时间的推移,雕刻工艺越来越精湛。常常一个墨砚,就是一个绝妙的工艺品,以致有些砚台,专为观赏而做。

0724. **兼毫**

用两种以上毫毛混合在一起制成的毛笔,称为"兼毫"。一般兼毫,以狼毫或紫毫(紫色兔毛)与羊毫合制而成的为主。制做兼毫笔时,要充分考虑各种毛质的性能、特点,相互之间配比要适当,配制的部位要合理,几种毛的长短、含量要准确计算才能达到预期的效果。兼毫多取一健一柔相配,以健毫为主居内,

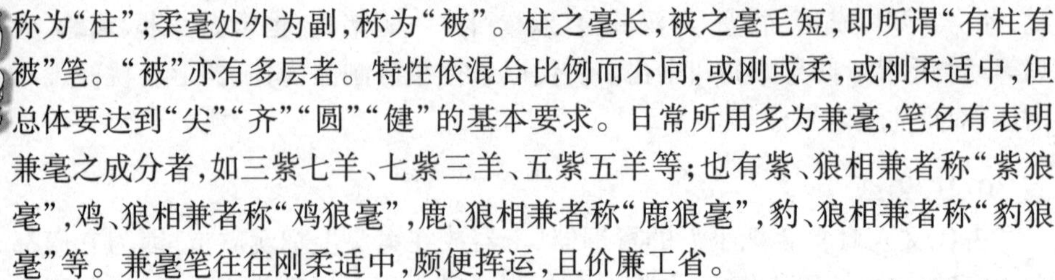

称为“柱”;柔毫处外为副,称为“被”。柱之毫长,被之毫毛短,即所谓“有柱有被”笔。“被”亦有多层者。特性依混合比例而不同,或刚或柔,或刚柔适中,但总体要达到“尖”“齐”“圆”“健”的基本要求。日常所用多为兼毫,笔名有表明兼毫之成分者,如三紫七羊、七紫三羊、五紫五羊等;也有紫、狼相兼者称“紫狼毫”,鸡、狼相兼者称“鸡狼毫”,鹿、狼相兼者称“鹿狼毫”,豹、狼相兼者称“豹狼毫”等。兼毫笔往往刚柔适中,颇便挥运,且价廉工省。

0725.**《文房四谱》**

北宋苏易简著。苏易简(957—995),字太简,武功(今陕西武功),官至参知政事。全书共五卷,凡《笔谱》二卷,《砚谱》、《墨谱》和《纸谱》各一卷,附笔格、水滴器。书前有徐铉序,末有雍熙三年(986)自序。叙述文房四宝——笔、砚、墨和纸的本末、制作工艺及相关故事,并录有关诗词文赋。援引类书及唐五代以前旧籍,广搜博采。其体例仿照唐欧阳询《艺文类聚》,分门隶事,后附诗文。古代专举一器一物辑成一谱者,自此开始。故多为后人所宗。比如后来《砚笺》、《蟹录》,都沿用该书的体例。

七、音乐表演

0726. **八音**

“八音”的说法最早出自于《尚书·尧典》。它是中国历史上最早的乐器科学分类法,这种分类法产生于西周,当时已将当时的乐器按制作材料,分为金(钟、镈)、石(磬)、丝(琴、瑟)、竹(箫、篪)、匏(笙、竽)、土(埙、缶)、革(鼗、雷鼓)、木(柷、敔)八类。据统计,周代见于记载的乐器近七十种,仅《诗经》中提到的乐器名称便有二十九种,这些都充分反映出当时音乐生活的频繁和丰富。正是由于乐器形制和数量的增多,才会相应产生乐器分类的要求。在今人看来,“八音”分类法并不十分完备,但在当时却是很了不起的事情。它充分反映出西周时,我国乐器种类的繁多、制作工艺的精巧以及演奏水平的高超和音乐生活的丰富。

0727. **八佾**

佾,就是跳舞时的队列,天子八佾、诸侯六佾、大夫四佾、士二佾。每佾人数,如其佾数。另有一种说法称:“每佾八人。”现在没有定论哪种说法更为准确。《论语》中,孔子说季氏:“八佾舞于庭,是可忍也,孰不可忍也?”季氏身为大夫而僭用天子之乐,孔子认为是不能容忍的事。

0728. **五音**

又称五声,是最古的音阶。《周礼·春官》:“皆文之以五声,宫、商、角、徵、羽。”而“五音”最早见于《孟子·离娄上》:“不以六律,不能正五音。”相当于现在简谱的12356，即：do、re、mi、sol、la。

0729. 十二律

古代乐律学名词，是古代的定音方法。即用三分损益法将一个八度分为十二个不完全相同的半音的一种律制。各律从低到高依次为：黄钟、大吕、太簇、夹钟、姑洗、仲吕、蕤宾、林钟、夷则、南吕、无射、应钟。十二律又分为阴阳两类，凡属奇数的六种律称阳律，属偶数的六种律称阴律。另外，奇数各律称"律"，偶数各律称"吕"，故十二律又简称"律吕"。十二律中最基本的是黄钟，而中国历法最基本的则是含有冬至的月份。《月令》中所列出的，正是以黄钟对应冬至所在的仲冬月份——子月（十一月）。

0730. 韶武

《韶》乐，史称舜乐，为上古舜帝之乐，是一种集诗、乐、舞为一体的综合古典艺术。《韶》乐是中国宫廷音乐中等级最高、运用最久的雅乐，由它所产生的思想道德典范和文化艺术形式，一直影响着中国的古代文明，《韶》乐因而被誉为"中华第一乐章"。

《武》乐是周代的宗庙礼乐，据说是周公创作，为歌颂周武王"以六师伐殷"的。全乐共分六个段落表演，"朱干玉戚，冕而舞《大武》"，表演了周武王以武功立国、以文德治天下的业绩。

《韶》、《武》，亦泛指高雅的古乐。《论语》里记载了孔子欣赏这两种音乐后的感受，他称《韶》是"尽美矣，又尽善也"，称《武》是"尽美矣，未尽善也"。《韶》和《武》的差别在哪里呢？一般认为《韶》乐是文乐、文舞，表现的是尧舜谦逊揖让之风；《武》乐是武乐、武舞，表现的是周武王征诛革命之事。孔子一方面希望君子能够文质彬彬，反对以武犯禁；另一方面则追求三代的禅让垂治，反对暴力革命，认为是"犯上作乱"。所以《韶》是尽善尽美，而《武》是尽美不尽善。

《韶》、《武》是中国古代文、武乐舞的最佳典范，它们确定了文、武乐舞的传统，绵延流传数千年，广泛影响了中国的音乐和舞蹈的发展。

0731. 乐府

乐府是汉代管理音乐的一个宫廷官署。在西汉哀帝之前，乐府是朝廷常设的音乐管理部门，执掌天子及朝廷平时所用的乐章，它不是传统古乐，而是以楚声为主的流行曲调。在武帝时期，乐府得到扩充和发展，其职能进一步强化，它除了组织文人创作朝廷所用的歌诗外，还广泛搜集各地歌谣。许多民间歌谣在乐府演唱，得以流传下来。至成帝末年，乐府人员多达八百余人，成为一个规模庞大的音乐机构。武帝到成帝期间的一百多年，是乐府的昌盛期。哀帝登基，下诏罢乐府官，大量裁减乐府人员，所留部分划归太乐令统辖，从此以后，汉代再没有乐府建制。东汉的乐府诗歌主要是由黄门鼓吹署搜集、演唱，因此得以保存。到后来，乐府的意义就从音乐机构转变为乐府诗歌了，详见文学部。

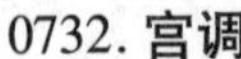

0732. **宫调**

中国传统乐学把音乐实践中音、律、声、调之间的逻辑关系概括起来,用以表明调性范畴的全面情况的基本理论。音乐实践中所用一定音阶(音)的各个音级(声),各相应于一定的律高标准(律),构成一定的调音体系;某一调音体系中的音阶,又都具体地体现为以某"声"为主的一定调式(调)。审察其间的诸种逻辑联系,包含律高、调高、调式间各种可变因素在内的综合关系的研究,即是宫调理论。

传统的宫调理论大致有四种系统:①律、声命名系统。②琴调系统。③工尺谱系统,或以弦序、孔序为标志的燕乐和民间音乐的宫调。④词曲音乐和南北曲声腔的宫调系统。其中第一种系统在理论上比较严密,在中国音乐史上始终作为指导性的理论与技术规范。

0733. **傩**

古代以乐舞驱鬼祭典的一种形式。源于巫文化,在周代的宫廷乐舞中占有一定地位。后来逐渐发展成娱乐性的民间舞蹈,广泛流行于江西、广西、湖南、湖北、贵州、安徽等地。早在殷墟甲骨卜辞中就有关于傩的记录,较早记录傩舞表演情况的为《后汉书·礼乐志》:傩祭在腊日前一日举行,由一百二十名十岁以上、十二岁以下的少年着黑衣、红头巾,手持拨浪鼓;另有十二人披兽皮、戴毛角,扮作"十二神";领队的主将称"方相氏",头戴有四只眼睛的面具,披熊皮,一手执戈,一手举盾。傩祭多在夜间举行,其时,到处燃灯、放爆竹。方相氏率领队伍,击鼓吹号,高唱驱傩歌。宋代跳"方相舞"和"十二兽"舞蹈,以驱逐假想中的恶鬼。自汉至唐,傩舞面貌无大改变。宋代以后,傩舞增加了娱人成分,并逐渐向戏剧化的方面发展。对近世民间音乐、舞蹈、歌舞戏剧等均有重要影响。至今流行于安徽省一些地方的傩戏,即其遗风。

0734. **百戏**

又称"角抵戏",是我国古代艺术表演、竞技、杂伎等多种类型活动的总称。始于先秦的"讲武之礼",称"角抵",两汉时改称"百戏"。

"百戏"按其内容可分为四类,即竞技类,杂伎类,乐舞类,口技类。根据有关文献记载和汉墓出土文物资料可知,"百戏"的项目主要有角力(即摔跤)、武戏(包括徒手对抗、徒手与器械对抗、器械与器械对抗、化妆对打等内容)、叠案(倒立表演)、履案(走钢索)、燕濯(前滚翻表演)、寻幢、冲狭、弄丸飞剑、七盘舞、鱼龙变幻等。

0735. **优孟衣冠**

优本义为古代表演乐舞、杂戏的艺人。宋元以后,亦泛称戏曲艺人、演员。《史记·滑稽列传》记载,有一个叫孟的杂戏艺人常以谈笑旁敲侧击地劝说楚王。楚相孙叔敖死后,儿子很穷,孟就穿戴了孙叔敖的衣冠去见楚庄王,神态和孙叔敖一模一样。庄王以为孙叔敖复生,让他做宰相。孟以孙叔敖的儿子很穷为辞,趁机对楚王进行规劝,楚王因此封赏了孙叔敖的儿子。因此"优孟衣冠"还可以用来比喻假装古人或模仿他人。

0736.**《霓裳羽衣曲》**

《霓裳羽衣》是唐代大曲中的法曲名作,为大型乐舞套曲。音乐情调幽雅清丽,表现了虚无飘渺、美妙神幻的境界。舞蹈是根据乐曲编排的,有独舞、双人舞和群舞等形式,白居易《霓裳羽衣歌》,详细描述了这套大曲的曲式结构和音乐表现。全曲共分三部分:①散序六段,乐器演奏舒缓优美的散板乐曲,不舞;②中序十八段,入拍起舞,舞者扮作仙女,头戴步摇冠,上穿羽衣,披霞被,下着霓虹般彩裙,饰珠翠。白居易诗中写到"飘然转旋回雪轻,嫣然纵送游龙惊。小垂手后柳无力,斜曳裙时云欲生";③破十二段,音乐节奏加快,舞蹈也更为热烈急促,曲末节拍渐缓,以长音结束全曲。唐代雅士多酷爱此舞,王维凭图知拍,白居易亲自教习,描写《霓裳羽衣》的诗歌更是不一而足。至宋代,宫廷舞中仍有拂霓裳队。《霓裳羽衣》是唐代乐舞的代表之作,也是我国古代音乐、舞蹈史上一颗璀璨的明珠。

0737.**《广陵散》**

古代著名琴曲。最初为汉、魏时期的相和楚调但曲之一。乐曲的内容是描述战国时聂政刺韩王的故事:聂政的父亲为韩王造剑,因误了期限惨遭杀害。政为父报仇入山学琴,学成后为韩王演奏,在韩王倾听之际,拔剑将其刺死。嵇康因反对司马氏专权而遭杀害,临刑前曾从容弹奏此曲以为寄托。今存见的曲谱最早为明代朱权所编《神奇秘谱》一书。全曲四十五段,即开指一段、小序三段、大序五段、正声十八段、乱声十段、后序八段。每段皆有小标题,如"取韩"、"投剑"等。乐曲曲体结构庞大,旋律丰富,曲调激昂悲壮而不失优美,表现力极强。由于此曲表现了对统治者的反抗,也有人认为其有失古琴之"中正平和"。

0738.**《破阵乐》**

《破阵乐》又名《七德舞》,原名《秦王破阵乐》,是唐代坐部伎、立部伎中最著名的乐舞,也是一部很有影响的歌舞大曲。唐灭隋后,李渊称帝,封李世民为秦王。此曲即为歌颂秦王李世民带兵平叛将刘武周所编制。贞观元年(627),李世民称帝,在宫中首演《秦王破阵乐》。后唐太宗亲绘《破阵乐图》,令太常编制音乐。《破阵乐》的表演形式较多,有一百二十人的男子舞,有几百人的女子舞,还有十几人或四人表演的小型舞。唐高宗时的《神功破阵乐》、玄宗的《小破阵乐》,皆源出于此。《破阵乐》不仅在中原地区流传,还传至吐蕃(今西藏),并随着大唐王朝的盛势威名远播海外,在当时的印度、日本等国,亦"咸歌《秦王破阵乐》,闻其雅颂,与兹久矣"(《大唐西域记》)。

0739.《教坊记》

《教坊记》是记录唐代乐舞,包括艺人和歌舞情况的专著,由唐代崔令钦著。此书以记述宫廷乐舞为主,也反映了盛唐歌舞百戏及民间乐舞的面貌。书中保存有唐代三百二十四个曲调,记录了“大面”、“踏谣娘”、“乌夜啼”、“安公子”、“春莺啭”等歌舞的演出场景,对张四娘、吕元真、黄幡绰、庞三娘、颜大娘等当时著名艺人的表演情况也进行了描写,是研究唐代天宝之乱前教坊歌舞情况的重要典籍。

0740.《乐府杂录》

唐段安节撰,全书共一卷,主要对唐代开元以后的音乐、歌舞、俳优、乐器等问题进行了考证。书中并录有歌舞艺人姓名。通过此书可考知有唐一代音乐体制的变化,它是研究唐代后期礼乐制度、音乐、舞蹈、戏曲发展轨迹的宝贵资料,可补《教坊记》之不足。在“唐时乐制,绝无传者”的情况下,该书被《唐书》、《文献通考》、《乐府诗集》多所采纳。

0741. 弹词

弹词,也叫“南词”,是清代主要流行于南方民间的兼有说唱的曲艺形式。

弹词的演出至为简单,二三人(甚至是单人)用琵琶、三弦伴奏即可。弹词的文字,包括说白和唱两部分,前者为散体,后者以七言韵文为主,穿插以三言句。语言上则有“国音”(普通话)和“土音”(方言)之分。方言的弹词以吴语为最多。弹词的篇幅往往很大,在某种意义上,弹词可以说是一种韵文体的长篇小说。这种特点使之适宜成为家庭的日常娱乐,其文本也宜于作为一种消遣性的读物。

0742. 花部・雅部

中国清代乾隆年间对不同戏曲剧种的代称。源于乾隆南巡时两淮盐务为接驾而准备的供奉演出,其中包括了多种戏曲剧种和戏班。为了便于管理和随时应召,当地官绅将各种戏班集中到扬州,分列为花、雅两部,原来只是对两个不同演出部门的称谓,后来就演变成了对剧种的代称。雅,即雅乐正声,代指昆山腔,即昆曲;花即杂,言其声腔花杂不纯,多为野调俗曲,故花部诸腔,又有乱弹之称谓,指京腔、秦腔、弋阳腔、梆子腔、罗罗腔、二黄调等。花雅对峙说明了清代地方戏已蓬勃发展,形成了可与昆曲媲美的局面,在客观上促进了各种戏曲声腔、剧种的相互交流与竞争。

0743. 京剧

京剧是我国最大的戏曲剧种。流行于全国各地,清光绪年间形成于北京。京剧以西皮、二黄为主要声腔,另外还有南梆子、四平调、高拨子、吹腔等腔调。音乐结构为板式变化体,即每种腔调均有各自的一套板式,但在不同的剧目中又稍有变化。京剧的伴奏分为文场和武场，文场，以京胡为主。京剧的行当分为生、旦、净、丑四行。各个行当都有一套表演程式，在唱、念、做、打的技艺上也各具特色。传统京剧中人物的行套、脸谱用以区分剧中人的身份、职位、年龄及忠奸善恶。

0744. 生旦净末丑

京剧角色的行当。早期分为生、旦、净、末、丑、武行、流行（龙套）七行，以后归为生、旦、净、丑四大行，每一种行当内又有细致的进一步分工。

“生”是除了大花脸以及丑角以外的男性角色的统称，又分老生（须生）、小生、武生、娃娃生。“旦”是女性角色的统称，内部又分为正旦、花旦、闺门旦、武旦、老旦、彩旦。“净”，俗称花脸，大多是扮演性格、品质或相貌上有些特异的男性人物，化妆用脸谱，音色洪亮，风格粗犷。“净”又分为以唱为主的铜锤花脸，如包拯；和以做工为主的架子花脸，如李逵。“丑”，因在鼻梁上抹一小块白粉，俗称小花脸，通常扮演喜剧角色，又分为文丑和武丑，如《苏三起解》中的崇公道为文丑，石迁为武丑。

0745. 四大名旦

梅兰芳、尚小云、程砚秋、荀慧生，被誉为京剧界“四大名旦”。

梅兰芳（1894—1961），字畹华，出生于京剧世家，十岁登台，在长期的舞台实践中形成自己的艺术风格，发展出自己的流派。他的表演庄重深邃，声音圆润柔美，醇厚流丽，他塑造的人物形象大多雍容华贵，端庄秀丽，常为身份地位较高的女性，如《贵妃醉酒》的杨玉环，《霸王别姬》的虞姬，《四郎探母》的铁镜公主，《凤还巢》的程雪娥等。梅兰芳先生所创造的表演体系被列入世界三大表演体系之一。

尚小云（1900—1975）的表演神完气足，刚劲有力，以文戏武唱为特点，他塑造的多为巾帼英雄和侠女形象，如《梁红玉》、《荀灌娘》等，都令人振奋。

程砚秋（1904—1958）的表演内敛含蓄，声音幽咽婉转，若断若续，他所塑造多为身世不幸的深闺妇女形象，如《春闺梦》中的张氏、《荒山泪》中的张慧珠、《六月雪》中的窦娥等，给观众留下了深刻的印象。

荀慧生（1900—1968）的表演清新可爱，声音娇美动人，他塑造的多为天真活泼少女的形象，如红娘、《铁弓缘》中的陈秀英，《拾玉镯》中的孙玉姣等，极其生动逼真。

八、工艺美术

0746. 治玉

治玉，又称琢玉、碾玉，就是把采来的玉料加工为精美玉器的过程。“玉不琢，不成器。”一块玉材，需经过特殊的加工处理，才能成为一件让人喜爱的器物。从这句话亦可见“琢”是治玉的主要技法。

古代制玉技法,源于制作石器。上古时期,先民在打制、使用石器时,就逐渐发现了一些治玉的工具和技法。玉的硬度较高,必须用更高硬度的石头才能加工它,而同一座山上的石材硬度大体一致,无法使用,所以必须是“他山之石”。而所谓的“他山之石”,就是治玉的砺石。《诗经》中说:“如切如磋,如琢如磨。”切、磋、琢、磨,概括了古代加工玉器的基本方法。切,就是把璞玉从石头里切割出来。然后对着璞玉设想需要加工成什么形状,有了构思,把需要琢磨的部分在璞玉上画出来,然后开始治玉。古时候是用砺石,后来则是用铁制圆盘“铊”为工具,以水和金刚砂为介质,经过铡、錾、冲、压、勾、顺等工艺,一点一滴把设想好的形状给“琢磨”而出。琢磨之后的玉器表面是粗糙的,还需要“碾磨”,也叫“光亮”、“抛光”,就是用紫胶、木、葫芦、牛皮及铜制的铊子,将玉件表面碾磨平整,使玉件显露出玉材光洁、温润和晶莹的本质来。至此,一件玉器大致完成。在汉代,工匠就发明一种“双钩碾法”的著名琢玉技法,刻纹细如游丝,像头发一般宛转流动,没有一点滞迹,可见技法的高超。

0747. 唐三彩

唐代铅釉陶器,由于表面施釉以黄、绿、白三色最为常见,因此称为唐三彩,三彩也有多彩的意思。目前所知,生产三彩的窑址有巩县窑、邢窑、铜川黄堡窑和邓窑,都是在生产瓷器的作坊里生产。

唐三彩以白色粘土为原料,用含有铜、铁、锰、钴等元素的矿物作釉料着色剂,由于釉中含铅,降低了釉料熔融温度,使各种金属颜色互相浸润,形成姹紫嫣红的许多彩色。此外铅还可以增加釉的色泽和光洁度。三彩釉色以黄、绿、白、赭为主,蓝黑色极少极名贵。三彩在造型艺术上善于使用活泼而富有旋律的线条,塑造出灵巧优美的器形。大多数器物具有北方庄重浑厚的风格。雕塑的人物动物则既有北方劲刚雄放的一面,也有南方清新柔润的风格,表现出大唐盛世的精神风貌,是我国优秀文化艺术品中的瑰宝。

0748. 定汝钧官哥

中国宋代五大名窑:定窑、汝窑、钧窑、官窑、哥窑

①定窑是宋代五大名窑之一,在唐朝中晚期兴起,窑址在今河北省曲阳县,宋代隶属于定州,因此得名。定窑瓷器以白瓷为主。胎骨致密洁白,釉色白泛黄,有象牙白的质感。除白瓷外绿定(绿瓷)、黑定(黑瓷)、紫定(褐红釉瓷),都是窑中精品。瓷器以刻花、划花、印花装饰闻名,特别是印花装饰最为精美。此窑以覆烧工艺著称,使瓷器入窑空间大大减小,但由于瓷口不能上釉,称为“芒口”,宋后期宫廷不再使用。定窑北宋时曾为宫廷、官府烧制,所以底足刻有“尚食局”“新官”等字样。

②汝窑是北宋哲宗到徽宗年间建立的官窑。窑址在今河南省宝丰清凉寺

村，宋代隶属于汝州，因此而得名。汝窑以烧制青瓷为主，特别是印花青瓷为它首创。釉色有粉青、豆青、卵青、虾青、天蓝、淡粉、月白等，釉面有细小的纹片，称为“蟹爪纹”。汝窑瓷胎体较薄，釉层较厚，有玉石般的质感，汝窑瓷采用支钉支烧法，瓷器底部留下细小的支钉痕迹。器形多仿造古代青铜器式样，以洗、炉、尊等为主。汝窑为烧制贡瓷的窑场，前后仅存二十年左右，传世作品不足百件，因此非常珍贵。

③钧窑分官钧窑、民钧窑。官钧窑是宋徽宗年间继汝窑之后建立的第二座官窑。窑址以河南禹县钧台一带为中心，故名钧窑。钧瓷的釉色为一绝，由于在配料中掺入铜进行烧制，因此达到了“入窑一色，出窑万彩”的效果，玫瑰红、海棠红、胭脂红、鸡血红、朱砂红、茄皮紫、葡萄紫、鹦哥绿、梅子青、天青、月白、天蓝等各种令人惊叹的颜色都可以出现在瓷器上，并相互渗化，交相辉映，使得每一件钧瓷都是独一无二的，因而有“钧瓷无双”的说法，成为中国制瓷上的一大发明，称为“窑变”。因钧瓷釉层厚，在烧制过程中，釉料自然流淌以填补裂纹，出窑后形成有规则的流动线条，非常类似蚯蚓在泥土中爬行的痕迹，故称之为“蚯蚓走泥纹”。钧瓷两次烧成，第一次素烧，出窑后施釉彩，二次再烧。由于烧制技术难度高，70% 的产品在烧制过程中会废掉，因此上品极为罕见，故有“纵有家财万贯，不如钧瓷一片”的说法。

④官窑有北宋官窑和南宋官窑之分，北宋官窑是宋徽宗政和至宣和年间，在汴京建造的，但至今没有发现窑址。南宋迁都杭州，在附近设制了两个官窑，主要烧制青瓷。大观年间，釉色以月色、粉青、大绿三种颜色最为流行。官瓷胎体较厚，天青色略带粉红颜色，釉面开大纹片。瓷器足部无釉，烧成后是铁黑色，口部釉薄，微显胎骨，即通常所说的“紫口铁足”，这是北宋官窑瓷器的典型特征。北宋官窑瓷器传世很少，十分珍稀名贵。

⑤哥窑是宋代南方五大名窑之一，确切窑场至今尚未发现。传说为章生一、章生二兄弟在两浙路处州、龙泉县各建一窑，哥哥建的窑称为“哥窑”，弟弟建的窑称为“弟窑”，也称章窑、龙泉窑。有的专家认为传世的宫藏哥窑瓷，实际上是南宋时修内司官窑烧制的。哥窑的主要特征是釉面有大大小小规则的开裂纹片，俗称“开片”或“文武片”。细小如鱼子的叫“鱼子纹”，开片呈弧形的叫“蟹爪纹”；开片大小相同的叫“百圾碎”。小纹片纹理呈金黄色，大纹片的纹理呈铁黑色，故有“金丝铁线”之说。其中仿北宋官窑的瓷器为黑胎，也具有“紫口铁足”。哥窑瓷胎体有厚有薄，釉色主要有粉青、月白、米黄数种，釉面光泽如肤之微汗，是为上品。器形以洗、炉、盘、碗为多。明朝以后，哥窑生产逐渐衰落。

0749. 造像

古时为人祈福，经常在僧寺或崖壁间用石头、木头、金属等刻成佛像，或泥塑成像，称为造像，又称造象。大体以石刻为主，也称石造像。造像出现的时间，大体在东汉时期佛教传入中国之后。一般可分为个体石造像和造像碑两

种:前者直接以石造像,主像多为圆雕,像身背部、台座或碑面铭记,两旁、左右侧和碑阴处一般刻有信徒姓名以及造像年月;后者是在碑形石或柱状石上凿成各种造像,雕刻手法以浮雕为主,碑石高广不一,厚度常为二十厘米上下,碑的正面上方刻佛龛和佛像供养人像;佛龛上方是碑额,上圆下方,刻满纹饰。现存最早的造像是孔望山佛教造像,出现在东汉桓、灵时期。敦煌莫高窟、大同云冈石窟、洛阳龙门石窟中的造像,规模广为人知。

0750. **景泰蓝**

又名“铜胎掐丝珐琅”。景泰蓝是一种瓷铜结合的独特工艺品。制作景泰蓝先要用紫铜制胎,接着工艺师在上面作画,再用铜丝在铜胎上根据所画的图案粘出相应的花纹,然后用色彩不同的珐琅釉料镶嵌在图案中,最后再经反复烧结,磨光镀金而成。景泰蓝的制作既运用了青铜和瓷器工艺、又溶入了传统手工绘画和雕刻技艺,堪称中国传统工艺的集大成者。这种铜的珐琅器创始于明代景泰年间,因初创时只有蓝色,故名景泰蓝。现代景泰蓝已变成了一种工艺品名称,而不是颜色了。现在的景泰蓝工艺不仅大有提高,造型也多样,纹饰品种繁多,已成为我们与国际友人和亲朋好友互相往来的最佳礼品了。

0751. **斗彩**

也称豆彩,斗彩创烧于明成化时期,是釉下彩(青花)与釉上彩相结合的一种装饰品种。先在胎上画好图案的青花部分,罩上透明釉,入窑焙烧;烧成后,在留出的空白处用低温彩料填绘,再入烘炉中烘烤,即成斗彩。青花是构成整个斗彩画面的主色,釉上彩只是略加点缀而已。由于釉上釉下,给人以丰富的热烈、鲜明清新之感,有很好的艺术效果。

0752. **青花**

即青花瓷器,又名“釉下蓝”、“釉里青”、“白釉蓝花”。其制作过程为:用钴料在未经素烧的坯体上绘样后,施一层透明釉,放入窑中,在高温下一次烧成,釉下便呈现出蓝色花纹。青花瓷早在唐代就已出现,由于唐宋时出土较少,其全貌不甚清楚。元代青花瓷大量出现,江西景德镇为主要产地。器形多样,胎质细腻,纹饰内容丰富多彩,有明显的时代风格。

0753. **珐琅**

又称“佛郎”、“法蓝”,中国古代习惯将附着在陶或瓷胎表面的称“釉”;附着在建筑瓦件上的称“琉璃”;而附着在金属表面上的则称为“珐琅”。珐琅是指以石英、长石、硝石和碳酸钠等为主要原料,再加上一些金属矿物质进行粉碎烧制而成的像釉子的物质。将其涂饰于金属胎表面,焙烧冷却,便制成了珐琅器。这种工艺过程就叫作珐琅工艺。分为掐丝珐琅、契胎珐琅和画珐琅等几种。掐丝珐琅是将细而薄的金属丝,焊着在金属胎的图案轮廓上,在其内外充填各色珐琅，经烧制、打磨、镀金而成。习惯上又称铜胎掐丝珐琅为“景泰蓝”，因其多以蓝釉作底，在明景泰年间很盛行。契胎珐琅是在金属胎上直接契刻纹饰图样。

我国的珐琅工艺虽来源于西方，但在数百年的发展过程中，却一直具有自己独特的艺术风格和民族特色，并取得了很高的艺术成就。

0754. **饾版**

饾版为一种套版印刷技术，是按照彩色绘画原稿的用色情况，经勾描分版，将每一颜色分别雕刻一版，依照从浅到深，从淡到浓的顺序依次套印，从而完成接近于原作的印刷品。明末胡正言对这一技术的试验、推广做出了巨大的贡献，他主持雕印的《十竹斋书画谱》和《十竹斋笺谱》是具有划时代意义的印刷作品。饾版到清中期后改称“木刻水印”。饾饤原为一种五色小饼，作成花卉禽兽的形状，盛于盒中，由于这种多色迭印的技术堆砌拼凑有如饾饤，因次也称饾版。

0755. **雕漆**

雕漆，是中国传统民族艺术。雕漆在历史上又被称为：漆雕、剔红、剔黄、剔绿、剔犀、剔黑、剔彩、堆朱、堆漆，明朝中后期才统称雕漆。宋、元的雕漆工艺，形成刀法藏锋不露、磨工圆滑的风格。一般为锡胎和金银胎，品种以盒为主。刀法灵巧，刀口圆滑，花卉图案多为“死地花”（即不雕刻锦纹图案的花卉），富有浓厚的装饰趣味，给人以浑厚古朴的印象。明代又有了新的提高，在图案方面，山水人物、花卉鸟兽的题材较多，这与元代花卉、锦地的做法大不相同，其刀法流畅，藏锋清楚，较宋、元两代的刀法变化要多，雕刻工细，表现形象生动。

柒 不可不知的科技知识

一、数学

0756.《九章算术》

中国古代数学专著，是《算经十书》中最重要的一种。该书经多次增补，准确成书时间已不可考，最迟在公元一世纪已成书。后世许多人曾为它做过注释，其中不乏像刘徽、李淳风等历史上著名的数学家。全书共收有二百四十六个数学问题，分为九章，分别是：方田、粟米、衰分、少广、商功、均输、盈不足、方程术、勾股，系统总结了战国、秦、汉时期的数学成就。《九章算术》是世界上最早系统叙述分数运算的著作，其中盈不足的算法更是一项令人惊奇的创造，“方程”章还在世界数学史上首次阐述了负数及其加减运算的法则。《九章算术》的出现，标志着中国古代数学体系的形成。后世的数学家，大都由《九章算术》开始学习和研究数学知识的。唐宋两朝国家都明令规定《九章算术》为教科书。北宋朝廷于1084年还进行了刊刻，为世界上最早的印刷本数学书。

0757.《畴人传》

“畴人”是中国古代对具有数学、天文、历法等方面专业知识学者的泛称。《畴人传》是我国第一部天文、历算学家的传记，是清嘉庆年间著名学者阮元与当时天文、数学领域的一流学者编定而成的。

《畴人传》收有自上古至清乾隆末年的天文、历法、算学家四百多人，包括域外四十一人，叙述他们的事业和贡献。内容涉及历代天文历法推算资料、论天学说、仪器制度以及算学等许多方面；星占之学则未予采收。所叙事迹、论说及著作，均摘编自有关典籍的原文。除人物姓名、籍贯、生卒年月、曾任主要官职外，其他政治与文化成就都略而不载。有些传后附有编者的评论。历代知名数学家及其贡献传入中国的外国数学家均被收入，是为研究中国天算的重要参考资料。

《畴人传》是通过编者搜集资料、荟萃别人的作品而来。一般说来，选材精当，但其中“西学中源”说的认识片面不足取。1898年，黄钟骏又撰《四编》十一卷，补二百七十余人，但所收之人或无著作，或著作失传，影响不大。《畴人传》在研究中国科技史方面具有开创性、启发性的影响，赢得了国内外学者的崇高赞誉。

0758. **勾股定理**

古代把直角三角形中较短的直角边叫做勾，较长的直角边叫做股，斜边叫做弦。把直角三角形的两直角边平方和等于斜边的平方这一特性叫做“勾股定理”或“勾股弦定理”。通常简述为“勾三股四弦五”。勾股定理相传是由商代数学家商高发现，故又称之为“商高定理”。三国时期的赵爽对《周髀算经》中记载的勾股定理作了详细注释。勾股定理是几何学中一颗光彩夺目的明珠，被称为“几何学的基石”，而且在高等数学和其他学科中也有着极为广泛的应用。西方人则认为最早给勾股定理以严格证明的是古希腊数学家毕达哥拉斯，故又称之为毕达哥拉斯定理或毕氏定理。据说毕达哥拉斯证明了这个定理后，杀了一百头牛庆祝，因此又称“百牛定理”。勾股定理在法国和比利时称为“驴桥定理”，埃及称为“埃及三角形”。

0759. **开方术**

开方术是古代重要数学方法及重要研究课题之一。古代不仅将求二项方程的正根的方法称为开方术，而且凡是求任意方程的正根的方法都称为开方术。不过开平方常称为开方，开四次方称为开三乘方，开五次方称为开四乘方，依此类推。

《九章算术》中保存有完整的开平方、开立方术，在世界上首次提出完整的多位数开方法。十三世纪中叶，秦九韶提出正负开方术，把求高次方程正根的方法发展到十分完备的境地。这些成就都超前其他民族几百年。明代的时候数学落后，增乘开方法失传。清中叶传统数学复兴，汪莱、李锐讨论根的个数与系数的关系，并提出方程可以有重根、有负根，可惜这些成就的取得都在西方同类成就之后了。

0760. **圆周率**

即圆周长与直径之比，也等于圆形之面积与半径平方之比。一般以 π 来表示，是一个在数学及物理学普遍存在的数学常数，是精确计算圆周长、圆面积、球体积等几何形状的关键值。

古希腊数学家欧几里德在《几何原本》（约公元前 3 世纪初）中提到圆周率是常数，中国古算书《周髀算经》中有“径一而周三”的记载，也认为圆周率是常数。历史上曾采用过圆周率的多种近似值，第一个用科学方法寻求圆周率数值的人是阿基米德。

中国数学家刘徽在注释《九章算术》时用圆内接正多边形求 π 的近似值，得出精确到两位小数的 π 值，他的方法被后人称为“割圆术”。南北朝时期的数学家祖冲之进一步将 π 的近似值精确到小数点后 7 位。阿拉伯数学家卡西在 15 世纪初将圆周率近似值精确到小数点后 17 位，才打破了祖冲之保持近千年的纪录。

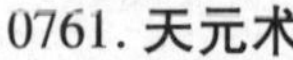

0761. 天元术

是中国古代宋、金、元数学家创造的一种重要算学方法，相当于今天的设未知数求解高次方程的方法。“天元”二字最早见于秦九韶的“大衍求一术”，意思是问题中的未知数符号X。

天元术出现以前，我国古代解高次方程时，把各项系数排成等式，由于没有未知数，常常搞错项的次数。随着开方术的日臻完善，如何列出方程，日益成为困扰人们的问题。经过刘徽、王孝通等许多代人的努力，终于发明了天元术。

最初的天元术比较麻烦，每一项都要写字。一般常数项用“人”字表示，一次以上各项系数旁边分别记“天”、“上”等字，“仙”字表示9次项。常数项以下各负次幂分别记“地”、“下”等字。12世纪末，彭泽把这种次序变为“立天元在下”，即把高次项系数放下面。13世纪，元代数学家李冶著成《测圆海镜》和《益古演段》两书，成为世界数学史上有关天元术研究最早、最完整而详细的著作。在书中，他把记多项式的文字省略为一个字，在一次项旁边记个“元”字，或在常数项旁边记个“太”字，使天元术成为简捷而固定的运算形式，在世界数学史上占有重要地位。欧洲直到16世纪下半叶才由韦达引入了半符号代数，这比我国的天元术至少晚了三百年。

0762. 刘徽原理

在《九章算术·阳马术》注中，刘徽在用无限分割的方法解决锥体体积时，提出了关于多面体体积计算的刘徽原理，并解决了多种几何形、几何体的面积、体积计算问题，这就是“割圆术”。

所谓“割圆术”，是用圆内接正多边形的周长去无限逼近圆周并以此求取圆周率的方法。这个方法，是刘徽在批判地总结数学史上各种旧的计算方法基础上，经过深思熟虑创造出来的一种崭新的方法。利用圆内接或外切正多边形，求圆周率近似值的方法，其原理是当正多边形的边数增加时，它的边长和逐渐逼近圆周。他从圆内接正六边形开始，每次把边数加倍，直至圆内接正96边形，算得圆周率为3.14或157/50，后人称之为徽率。书中还记载了圆周率更精确的值3927/1250（等于3.1416）。

割圆术在圆周率计算史上曾长期使用。1610年，德国数学家柯伦用此方法将圆周率计算到小数点后35位。1630年，格林贝尔格利用改进的方法将圆周率计算到小数点后39位，成为割圆术计算圆周率的最好结果。分析方法发明后，逐渐取代了割圆术，但割圆术作为计算圆周率最早的科学方法一直为人们所称道。

0763. 贾宪三角

是开方做法本源图的今称，这幅图现见于杨辉的书中。但杨辉在引用了这幅图后特意说明：“释锁算书，贾宪用此术。”过去我国数学界把这幅图称为“杨辉三角”,实际上是不妥当的,应该称为“贾宪三角”才最为恰当。

用现代的数学术语来说,这幅“开方作法本源图”实际上是一个指数为正整数的二项式定理系数表,为中国北宋数学家贾宪所首创。这样一种二项式系数的展开规律,在西方数学史上被称为“帕斯卡三角形”,但这已晚于贾宪六百多年。

元初朱世杰把贾宪三角由七层推广到九层(八次幂),为高阶等差级数求和问题和高次招差法的发展提供了有力的计算工具,贾宪三角对宋元数学的发展具有重要的推动作用。

二、天文历法

0764. 夏小正

《夏小正》是我国古代流传下来的一部古老的历法文献,是中国现存最早的星象物候历。它原来是《大戴礼记》中的一篇,体例分经、传两部分,依照各月次序,每条先列经文于前,再附传文于后。经文记载每月的天象、物候、民事等,内容涉及到自然现象、生产活动和社会活动等,特别是生产方面的大事如农耕、渔猎、蚕桑、养殖等。

该书内容涵盖天文、历法、星象、物候、农事、政事等诸多方面,是研究我国先秦时期社会发展及农业生产状况和天文历法及物候状况的重要史料,对研究中国古代天文历法、物候学、教育学史以及训诂学都有重要的参考价值。

0765. 石氏星经

《石氏星经》即《天文》一书,是我国战国时代魏国天文学家、占星家石申(又名石申夫)的著作。这是一部主要讲述当时占星的著作,其中包括了部分恒星位置星表。古代将星表称为星经,所以西汉以后人们便将石申的《天文》八卷习称《石氏星经》。《石氏星经》原著和石氏学派其他著作都已失传,不过在唐《开元占经》中大量节录了该书的内容,其中最重要的是标有“石氏曰”的一百二十一颗恒星的坐标位置。计算表明,其中一部分坐标值可能是汉代所测。自三国吴太史令陈卓将石申、甘德、巫咸三派星宫结合为 283 官 1464 颗星的全天星座体系后,历代历法家、占星家均以综合体系为基础,编书成册。其中有一部被称为《星经》或《通占大象历星经》的书,被后人伪托为“甘公、石申著”,宋以后索性称它为《甘石星经》。但因该书有唐代地名,且有巫咸这一家的星官内容,所以它与战国、西汉时代所流传的《石氏星经》完全是两回事。《石氏星经》不仅是我国最早也是世界上最古老的星表。

0766. 太初历

《太初历》是西汉武帝太初元年(前 104)颁行的一部历法,是我国第一部有完整文字记载的历法,它的编制是中国历法史上的第一次大改革。

西汉初年,仍沿用秦朝的《颛顼历》。但《颛顼历》有一定的误差,元封六年(前104),经司马迁等人提议,汉武帝下令改定历法。公元前104年,天文学家落下闳等人制订了《太初历》。《太初历》规定一年等于365.2502日,一月等于29.53086日;将原来以十月为岁首改为以正月为岁首;开始采用有利于农业生产的二十四节气;以没有中气的月分为闰月,调整了太阳周天与阴历纪月不相合的矛盾。《太初历》还根据天象实测和多年来史官的记录,得出一百三十五个月的日食周期,这是我国历法上一个划时代的进步。

《太初历》不仅是我国第一部比较完整的历法,也是当时世界上最先进的历法,它在历史上一共行用了一百八十九年。《太初历》第一次把二十四节气收入历法,对于农业生产起了重要的指导作用。

0767. **大明历**

亦称"甲子元历",是我国南北朝时期的天文学家祖冲之编纂的一部历法。具有精湛数学知识的祖冲之,批判地继承了前人的成果,经过卓有成效的天文观测实践,在《大明历》中对历法提出了许多革新和创见,因此,《大明历》成为当时世界上最优秀的历法。

《大明历》最重要的创新,是把东晋虞喜发现的天文岁差现象引进历算之中,将恒星年与回归年区别开来。祖冲之把岁差引进《大明历》,使冬至太阳所在的位置逐年变动,使历法有了更科学的基础,这是我国历法史上一次重大改革。在置闰方法上,祖冲之把天文学家何承天提出的旧历中每19年7闰改为每391年144闰,使之更符合天象的实际。《大明历》规定一回归年为365.2428日,这是我国宋代《统天历》以前最精确的数据。他还定出精密的交点月为27.21223日,同现代观测值相比,只差十万分之一日。

0768. **日晷**

是我国古代发明的利用太阳投射影子测定时刻的一种计时仪器。日晷起源于土圭,当表影指向正北的瞬间时为正午,即当地真太阳时12时整。我国早在春秋时代就用表来测定时刻了,但这种方法在一天里只能得到一个读数,仅可用于校正漏刻的快慢。后来人们又发明了把时角坐标网通过表端投影到一个平面上,这样白天无论何时都能以太阳的影子得到时刻的读数,这就是所谓的日晷,或叫日规、日圭。

日晷通常由铜制的指针和石制的圆盘组成。铜制的指针叫做"晷针",垂直地穿过圆盘中心,起着圭表中立竿的作用,因此,晷针又叫"表",石制的圆盘叫做"晷面",安放在石台上,呈南高北低,使晷面平行于天赤道面,这样,晷针的上端正好指向北天极,下端正好指向南天极。在晷面的正反两面刻划出12个大格,每个大格代表两个小时。当太阳光照在日晷上时,晷针的影子就会投向晷面,太阳由东向西移动,投向晷面的晷针影子也慢慢地由西向东移动。晷面的刻度是不均匀的。于是,移动着的晷针影子好像是现代钟表的指针,晷面则是钟表的表面,以此来显示时刻。

0769. **漏壶**

古代利用滴水多寡来计量时间的一种仪器。漏壶按计时方法可分为两种:一种是观测容器内的水漏泄减少情况来计量时间,叫作泄水型漏壶;另一种是观测容器(底部无孔)内流入水增加情况来计量时间,叫作受水型漏壶。

我国在周朝已有漏壶,春秋时期被普遍使用。我国最早的漏壶是用铜壶盛水,壶底穿一个小洞,壶中插一只标杆,叫做箭,它的上面刻有度数,箭下有箭舟托着,浮在水面上,壶里的水逐渐地漏下去,箭上的度数陆续显现,以此来计时,这种漏壶也有箭漏之称。古代还使用过以滴水的重量来计时的称漏,最早制造于北魏时期,唐、宋时期曾盛行过。此外,还有一种以沙代水的沙漏,它的记载最早见于元代,使用并不普遍。中国历史上用得最多、流传最广的还是箭漏。

0770. **朔望**

"朔"是指月球与太阳的地心黄经相同的时刻。当月亮在轨道上绕行到太阳和地球之间,月亮的黑暗半球对着地球,所以地球上的人们是看不见月球的。中国古代历法把包含朔时刻的这天定为月的初一日,叫做"朔日"。

"望"是指月球与太阳的地心黄经相差180°的时刻。当月亮绕行至地球的后面,被太阳照亮的半球对着地球,所以从地球上看起来是光亮的圆形,此时称作望月或满月。我国古代历法中把含有"望"时刻的那一天叫做"望日"。从朔到下一次朔或从望到下一次望的时间间隔,称为一个朔望月。

0771. **干支**

中国古人发明的以六十为周期用来纪时、纪日、纪年等的序数,是天干地支的合称,有十天干、十二地支。

十天干:甲、乙、丙、丁、戊、己、庚、辛、壬、癸。

十二地支:子、丑、寅、卯、辰、巳、午、未、申、酉、戌、亥。

十天干和十二地支按偶偶、奇奇顺序配合,可组成六十对,即甲子、乙丑、丙寅、丁卯、戊辰、己巳……癸亥,周而复始,一般叫做"甲子"或"六十花甲子",以此表示时间的顺序。

干支在我国历法史上占有重要的地位。据考古发现,早在殷商时期就已使用六十干支纪日。中国历史虽长,但若顺着干支往上推,历史日期则相当清楚,这是我国古代创用干支法的功绩。干支法不但用于纪日,还用于纪年。我国现行的历法农历(夏历),就是干支纪年法。一些杂气的计算也还保留干支纪日的传统,比如三伏的计算为夏至后第三个庚日起叫初伏,第四个庚日起叫中伏,立秋后第一个庚日起叫末伏。

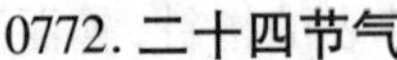

0772. 二十四节气

二十四节气是中国古代历法中的重要组成部分，它是根据太阳在黄道（即地球绕太阳公转的轨道）上的位置来划分的，是我国古代劳动人民为适应天时、夺取农业丰收，在长期的生产实践中综合了天文、物候、农业气象的经验总结出来的，天文历法史上的一项重大发明和独特的创造。在古代，一年分为十二个月纪，每个月纪有两个节气。在前的为节气，在后的为中气，如立春为正月节，雨水为正月中，后人就把节气和中气统称为节气。

二十四节气是十二个节和十二个中气的总称，它们的名称是立春、雨水、惊蛰、春分、清明、谷雨、立夏、小满、芒种、夏至、小暑、大暑、立秋、处暑、白露、秋分、寒露、霜降、立冬、小雪、大雪、冬至、小寒、大寒。

传统著名的节气诗歌有很多，比如：

春雨惊春清谷天，夏满芒夏暑相连。
秋处露秋寒霜降，冬雪雪冬小大寒。
每月两节不变更，最多相差一两天。
上半年来六廿一，下半年是八廿三。

0773. 二十八宿

二十八宿又名二十八舍或二十八星。我国古代为观测日、月、五星的运动，需以星空为背景，便选择二十八星官作为标志。“宿”或“舍”均有“停留”之意。

最初是古人为比较日、月、金、木、水、火、土的运动而选择的二十八个星官，作为观测时的标记。“宿”的意思和黄道十二宫的“宫”类似，是星座表之意，表示日月五星所在的位置。到了唐代，二十八宿成为二十八个天区的主体，这些天区仍以二十八宿的名称命名。和三垣的情况不同，作为天区，二十八宿主要是为了区划星官的归属。

二十八宿从角宿开始，自西向东排列，与日、月视运动的方向相同：

东方称苍龙：角木蛟　亢金龙　氐土貉
　　　　　　房日兔　心月狐　尾火虎　箕水豹
南方称朱雀：井木犴　鬼金羊　柳土獐
　　　　　　星日马　张月鹿　翼火蛇　轸水蚓
西方称白虎：奎木狼　娄金狗　胃土雉
　　　　　　昴日鸡　毕月乌　觜火猴　参水猿
北方称玄武：斗木獬　牛金牛　女土蝠
　　　　　　虚日鼠　危月燕　室火猪　壁水㺄

三、物理化学

0774. 走马灯

走马灯又称马骑灯，是一种利用热气流的升力驱动叶片旋转的纸灯，至迟发明于宋代。走马灯的构造是在灯的立轴上部，横装一个叶轮(俗名为伞)，各叶片偏斜装置。立轴中部垂直于立轴安上几根细铁丝，各根铁丝头黏上纸人纸马。灯底立轴旁燃点灯烛，当烛火的热气流上升时，叶轮即受驱动，中间立轴连同纸人纸马一起旋转，其影便投射到灯壁上，由外面看起来只见纸人纸马巡回追逐。这种装置可以看成后世燃气轮的雏型。欧洲雏型的燃气轮出现于1550年，其原理与走马灯相同。

0775. 小孔成像

中国古代对几何光学的研究有较高的成就，小孔成像就是其中之一。最先进行小孔成像研究的是墨家学派。墨翟和他的学生做了世界上第一个小孔成倒像的实验，解释了小孔成倒像的原因，指出了光直线进行的性质，这是对光直线传播的第一次科学解释。两千多年前《墨经》中关于针孔成像的描述，与今天的照相光学所讲完全吻合。其基本方法是用一个带有小孔的板遮挡在屏幕与物体之间，屏幕上就会形成物体的倒像，我们把这样的现象叫小孔成像。前后移动中间的板，像的大小也会随之发生变化，这种现象反映了光线直线传播的性质。

0776. 司南

“司”是“指”的意思，司南是我国春秋战国时代发明的一种利用天然磁石的磁性来指示南北方向的仪器，但这还不是后世的指南针，只能算是指南针的前身，更与以齿轮系统装置的机械指南车不同。

中国古代在采矿冶金实践中，逐渐对磁石有所认识。至迟在战国时期，人们已发现磁石的指向性，并用它制成指向仪器司南。司南是由天然磁石琢磨而成，形状像个勺子，底部呈半球形，可以在光滑的“地盘”上自由旋转，当它静止的时候，其柄就会指向南方。

0777. 声音共鸣

共鸣现象是很多的。我们说话时，声带的振动引起鼻腔、口腔内空气的共鸣而使声音变得洪亮。物理实验用的音叉下面有一个小木箱，这个小木箱叫做共鸣箱。音叉发声时，引起小木箱及小木箱中空气的振动，因而声音得到加强。这些都是很常见的例子。

我国古代对于“声音共鸣”的研究也比较早。春秋战国时期，鲁遽在庄子处调瑟，他把一把瑟放在堂里，一把瑟放在室里，弹一下一把瑟的宫音，另一把瑟的宫音响了起来；弹角音，另一把瑟的角音也会响，其原因是音律相同的缘故。

汉代董仲舒针对有人对共鸣原理不理解，认为是神的力量导致了共鸣，他在《同类相动》中解释说：共鸣现象与神无关，是无形的声音推动的，人看不见声音运动的情况，就奇怪为什么物体自己就响起来了，其实“自鸣”是有其原因的。

宋朝的沈括也用巧妙的实验办法证明了共鸣的存在：他先把两把琴的音调好，因为共鸣的声音太小，他就把一把琴的琴弦上分别贴上纸人，然后在另一把琴上弹奏，这样就会看见那把琴弦上的纸人在动。沈括实验完成之后，又过了五个多世纪，至十七世纪，英国牛津的诺布尔和皮戈特才进行了类似的实验。

0778. **桔槔**

桔槔始见于《墨子·备城门》，写作“颉皋”，俗称“吊杆”，是一种原始的井上汲水工具。桔槔的结构，相当于一个普通的杠杆。在一根竖立的架子上加上一根细长的杠杆，当中是支点，在其横长杆的中间由竖木支撑或悬吊起来，横杆的一端用一根直杆与汲器相连，另一端绑上或悬上一块重石头。一起一落，汲水可以省力。当人把水桶放入水中打满水以后，由于杠杆末端的重力作用，便能轻易把水提拉至所需处。桔槔早在春秋时期就已相当普遍，以后一直沿用了几千年，是中国农村历代通用的旧式提水器具，也是中国古代社会的一种主要灌溉机械。这种汲水工具虽简单，却能使劳动强度大为减轻。

0779. **炼丹术**

又称金丹术、炼金术、点金术或黄白术。炼丹术萌芽于先秦，诞生于西汉初年，在两汉和魏、晋、南北朝时期得到发展，至隋、唐时期达到鼎盛，经过宋代的稳定时期，明代开始衰落，到清代几乎已销声匿迹。但其中蕴含科学价值的成果，为中国传统的医药学和冶金学吸收，并得到发扬光大。

古代炼丹术包括炼制使人长生不老的仙丹和制造贵重金银两个方面。按照古代炼丹家的信念，他们炼制成功的金丹，人服食后可以长生不死、羽化成仙；又可用它点石成金，而以这种点化生成的所谓黄金、白银制作饮食器，用之也可使人延年益寿。其实炼丹家炼出丹药，是一种含有毒素的东西，不少人吞食丹药，不仅不能长生得道，反而会中毒致命。但炼丹家们在长期的炼丹实践中，不断从事多种物质的变炼实验，从而发现了许多重要的化学现象和物质变化规律，掌握了很多提取、精炼和制造药物的经验，并研究了这些药剂的生理效应和医疗作用；同时也确实得到过一些金黄色或银白色的金属，是炼丹术对人类科学文明的一大贡献。

中国炼丹术大约在唐代传到印度、阿拉伯国家。12 至 13 世纪由阿拉伯再传至欧洲，从而揭开了欧洲金丹术的序幕。

0780. **丹房须知**

宋代吴悮著。这是世界炼丹史上一部较早且较全面的专门介绍丹房设备及其注意事项的著作。

《丹房须知》记载了炼丹的场所，总结了以往丹房设备的经验。丹房即为炼丹家炼制神丹大药的实验室和厂房。历代炼丹家对丹房的要求颇为讲究，《丹房须知》较全面系统地总结了前人炼丹的设备、要求和方法，提出了二十一项关于炼丹的注意事项，如择友、择地、丹室、丹井、取水、造炭、合香、择铅、用火、开炉、服食等，尤其重视所谓禁忌。其中虽有许多封建迷信、愚昧荒诞的色彩，但可从中了解古代方士怎样创造条件进行炼丹操作的具体情形。书中还绘有许多炼丹设备的珍贵插图，并保存了不少已散佚的早期炼丹著作的内容，具有重要的史料价值。

0781. **火药**

中国古代四大发明之一，也是人类文明史上的一项杰出成就。火药的研究始于古代炼丹术，最迟发明于唐代后期。原始火药的基本成分包括硫黄（或雌、雄黄）、硝石和碳索（木炭、油脂、蜜、沥青等），其中硝石的利用是火药发明的关键。而这些均是古代中国方士在炼丹时常用的药物，因此火药的产生可以说同炼丹术有着密不可分的关系。当方士们一旦将这三类物质混在一起，密封加热，便导致发生燃烧爆炸现象。

火药的最初使用并非在军事上，而是在宋代马戏的杂技演出，以及木偶戏中的烟火杂技。由于火药易爆炸，破坏力大，便逐渐应用于军事战争中，并得到不断改进和发展。火药大约于十三世纪初传到阿拉伯，十四世纪传到欧洲，它曾极大地推动世界文明的进步。恩格斯曾高度评价了中国在火药发明中的首创作用："现在已经毫无疑义地证实了，火药是从中国经过印度传给阿拉伯人，又由阿拉伯人和火药武器一道经过西班牙传入欧洲。"火药的发明大大地推进了历史发展的进程，并成为欧洲文艺复兴运动的重要支柱之一。

0782. **古代化妆品**

在原始社会，一些部落的人们在祭祀活动时，在面部和身上涂上各种颜色和油彩，表示神的化身，以此祛魔逐邪，并显示自己的地位和存在。后来这种装扮渐渐变为具有装饰的意味，一方面在演剧时需要改变面貌和装束，以表现剧中人物；另一方面是由于实用而兴起。

据史籍记载，中国古代使用化妆品始于夏商时代，至汉代已出现制造化妆品的具体配方。染须发最早见于王莽私下将自己变白的须发染黑的故事。唐代以后，化妆品配方的记载逐渐增多，就已知的化妆品配方看，不但包括以美观为目的的制品，也包括许多卫生用品、保健用品、治疗用品和清洁剂，除美容、美发外，更为重视治疗作用。中国古代的化妆品主要有胭脂、鸭蛋粉、头油、香囊等。

0783. **传统洗涤用品**

传统洗涤剂古称"澡豆"，是以豆子研成的细末作为主料，其作用相当于今

天通用的肥皂。“澡豆”一词，大约是在魏晋南北朝流行起来的。这个时期，正是中国历史上的“香料大发现”时代，西方、南方的各种香料到达中原，让贵族们的生活面貌一新。

现在使用的肥皂是钾或钠的脂肪酸盐，其制造技术是于清朝末年才从国外引进的。中国古代没有这种肥皂，更无合成的洗涤剂。而自古用以洗衣物、浴手身的去污品，是皂角、茶饼和猪胰。其中主要是皂角（又名皂荚），它是皂角树所结的果实。这种植物是高大的落叶乔木，中国各地都有，主要产于长江以南地区。在数千年前，中国先民就对其去污性能有所认识。皂角不但可以去污，还能治疗多种疾病，故为《神农本草经》收载，列入中品药。皂树夏季开细黄花，果形如豆荚。因树的品种不同，皂角有大有小，有的小如猪牙，名曰“猪牙皂角”；有的长而多肉；有的长而瘦；以长而多肉者为佳。将其去种捣烂，做成球状如橘子大小，供洗手面、洗身体、洗衣物之用，俗名“肥皂”。今天把脂肪酸钠称为肥皂，就是承袭此名而来的。

四、生物学

0784.《毛诗草木鸟兽虫鱼疏》

三国时期吴人陆玑所著，是一部专门针对《诗经》中所涉及动物和植物进行注解的著作，被誉为“中国第一部有关动植物的专著”。《诗经》为我国最早的一部诗歌总集，其中包含有丰富的动、植物学知识。孔子曾指出，学习它可以“多识于鸟兽草木之名”。

全书分上、下两卷，共记载草本植物八十种、木本植物三十四种、鸟类二十三种、兽类九种、鱼类十种、虫类十八种，共计动植物一百七十五种。对每种动物或植物不仅注解名称，而且描述其形态、生态特点和经济价值。陆玑所记动、植物的分布地域遍及全国，甚至涉及现在的朝鲜和越南，可见其视野之广阔。他的描述许多为亲身观察研究，因此具有较高的学术价值。此书对后来《诗经》动、植物之研究和本草学的发展，都有深远的影响。

0785.《禽经》

旧题周代师旷撰，晋张华注，实系后人伪托，是我国较早的一部鸟类学专著。该书总结了我国宋代以前的鸟类知识，包括命名、形态、种类、生活习性、生态等内容。尽管其体例结构简单，内容也稍嫌粗糙，但作为我国早期的鸟类志，仍有其较大的意义。

全书著录鸟类七十多种，特别以生态记述为主，对鸟类的食性、筑巢、育雏、迁徙等复杂行为，以及鸟类活动与环境的关系等，记述颇详。

0786.《菌谱》

宋陈仁玉撰，是世界上最早的食用菌专著。该书是对以出产上等美味菌而闻名的台州乡土特产的记述，共著录食用菌十一种，对每一种菌的生长、采收、形状和色味，都做了详细说明，末附解毒之法。

0787.**《闽中海错疏》**

我国最早的一部海产动物专著。作者屠本畯，为明万历年间福建盐运司同知，熟悉海产。

全书分上、中、下三卷，上、中卷为鳞部，下卷为介部，共记载福建海产动物二百多种（包括少数淡水种类）。其中除鱼类外还有腔肠动物、软体动物、节肢动物、两栖动物及哺乳动物。内容包括动物的名称、形态、生活习性、地理分布和经济价值等。编排上将性状相近的种类归在一起，以反映它们间的亲缘关系，这包含了现代生物分类中科、属概念的萌芽，在当时世界上是较先进的。本书对近代生物学研究和海洋水产资源的开发具有一定参考价值。

0788.**《救荒本草》**

明代朱橚撰，我国现存最早的一部以救荒为目的的植物专著，代表了我国十五世纪植物科学的最高水平。

朱橚将当地野生植物中荒年可以采来充饥的，都一一绘制成图，附以说明，编成《救荒本草》。总收录植物四百一十四种，其中未见以前本草书著录的有二百七十六种，内容分为草木、米谷、果、菜等五部。作者将搜集到的野生植物栽种于园子里，亲自观察研究，把每一种植物的可食部分记录下来，态度非常严谨。本书为救荒而作，作者非常注重其通俗性和实用性。对一些难字注以字音，深入浅出地记述植物名称的由来，对不常见难认的植物，以常见易认的植物来比拟。除指明植物可食部分外，还叙述了加工、食用方法。最为突出的是对植物特性的描述，显示出较高的植物学成就。书中对植物各方面的专业性描写，都比以往本草书籍详尽。该书很早就传到了日本，后被译成英文并传播于欧美各国。

0789.**《植物名实图考》**

清代吴其浚撰，是我国古代最大的一部区域性植物志。吴氏对植物研究很感兴趣，他每到一地，便留意观察，采集植物标本，并从古籍以及当时人的著作中广泛搜集有关记载和议论，经过多年积累终于编成此书。

《植物名实图考》18卷，分为谷、蔬菜、山草、限草、石草、水草、蔓草、毒草、群芳、茅草、果、木等12大类，共计植物1714种，重点叙述了各种植物的形态、颜色、味性、用途和药用价值，所述植物产地涉及我国现在的19个省。吴氏着重于植物的名与实的考证，通过深入实际的研究，纠正了一些本草学家的错误。书中所附植物图绘十分精美，大多是根据植物的生长状态来绘制的，形象逼真，直至今日仍不失为植物分类研究的重要参考资料。本书不仅在本草学方面，而且在农业、林业及园艺等方面都为我们提供了非常可贵的资料，在国际上享有

很高声誉，对世界植物学发展也有重要的贡献。

五、农业

0790.《氾胜之书》

《氾胜之书》是我国现存最早的一部古农书。作者氾胜之，是汉成帝（前33—前7）时的议郎（技术顾问），曾“教田三辅”，在关中地区推广农业生产技术。《氾胜之书》便是他总结当时的农业生产经验写成的一部农学著作。类似这样的古农书，在世界上只有迦太基农学家多古的二十八篇农业著作和欧洲罗马农学家老迩图的《农业志》可与之媲美。

《氾胜之书》十八卷，早已散佚，保存到现在的只有三千多字。本书是对西汉时期黄河流域农业生产经验和操作技术的总结，内容几乎包括农业生产的全过程。如对耕作的基本原则、选择播种日期、种子处理、农作物栽培技术、收获、留种贮藏、区田法等均有记述。书中“凡耕之本，在于趋时，和土、务粪泽，早锄、早获”的生产原则和春耕时宜测定法，牵索赶霜保苗法，稻田水温调节法、穗选法、溲种法、嫁接法等技术措施，不少至今仍有科学价值，充分反映了两千年前我国农业科学技术发展水平。

0791.《齐民要术》

《齐民要术》，北魏贾思勰撰，是中国现存最早最完整的一部综合性农书，也是世界农学史上最早的专著之一。书中系统总结了 6 世纪以前黄河中下游地区农牧业生产、食品的加工与贮藏、野生植物的利用等方面的经验，对中国古代农学的发展产生过重大影响。

全书共十卷、九十二篇，约十一万字。包括耕田、收种、作物栽培、蔬菜、果树、林木、蚕桑、畜禽、养鱼、酿造、加工等方面的内容，凡有关农业生产之事，书中应有尽有。在地区方面，除反映黄河中下游的农业生产技术外，也涉及到南方及其他地区的情况。因此，被人称为“中国古代的农业百科全书”。

0792.《王祯农书》

《王祯农书》，元代王祯撰，是一部大型综合性农书。在我国历史上，以《农书》命名的农学著作有好几部，为便于区别，元代的这部《农书》便冠以作者王祯之名，称为《王祯农书》。

《王祯农书》全书共 13.6 万余字，由“农桑通诀”、“谷谱”、“农器图谱”等部分组成，和历代农学著作相比，具有不少特点：它是我国第一部贯通南北农业的大农书，并附有插图约 300 幅，为人们提供了大量的形象资料。书中第一次创立了农具图谱，全面介绍了我国的各类农具，并附以图形。后世附有农具的农书或类书，有关农具的内容，无不采用了该书的资料。今日我们研究古代农具，主要也是依靠《王祯农书》所提供的资料。书中还记载了许多新的农业技术，如在土地利用方面，介绍了圩田、围田、柜田、梯田、架田、沙田、涂田等多种土地利用方法；在无性繁殖方面，介绍了身接、根接、皮接、枝接、靥接和搭接等六种嫁接方法；在园艺方面，介绍了食用菌人工接种、温室囤韭、培育韭黄的技术，这些都是首次见于记载。

0793.《农政全书》

《农政全书》，明末徐光启撰，在我国古代农学著作中，《农政全书》以内容广博，对农学有诸多创新而著称于世。

全书分农本、田制、农事、水利、农器、树艺、蚕桑、蚕桑广（木棉、苧麻）、种植（经济作物）、牧养、制造、荒政等 12 目，内容包罗万象，因而被称为中国古代农业生产的一部百科全书。其中屯垦、水利、荒政三项，则是全书的重点。

《农政全书》系统总结了当时的农业生产经验，对发展我国的农学做出了重要的贡献，扩大了传统农学的研究范围，系统总结了南方稻田的旱作技术，全面总结了棉花和番薯的栽培经验，这也是我国历史上对棉花栽培技术最早、最全面的一次总结。该书将数理统计方法引入传统农学的研究，在研究方法上进行了创新。

0794.《花镜》

《花镜》，清代陈淏子撰，是我国较早的园艺学专著，主要阐述了花卉栽培及园林动物养殖的知识。

《花镜》与历代农书以粮食作物、蔬菜为主要内容不同，仅限于观赏植物及果树栽培，并对前人经验有较多的科学总结和精辟的见解，是我国较早的一部园艺专著。

全书共六卷：卷一“花历新栽”中，除占验和占候外，授时部分共分十项，列举各种观赏植物栽培的逐月行事。卷二“课花十八法”，属栽培总论，包括课花大略、辨花性情法、种植位置法、接换神奇法、扦插易生法、移花转垛法、浇灌得宜法、培壅可否法、治诸虫蠹法、变花摧花法、整顿删科法等等内容。主要记述观赏植物的栽培原理和管理方法，是全书的精华。其中有很多宝贵的经验与理论，至今仍有参考价值。三至五卷是栽培分论，着重叙述各种花木的名称、形态、生活习性、产地、用途及栽培。卷六附录若干种园林中常见的禽、兽、鳞介、昆虫等观赏动物的调养方法。

0795. 五谷六畜

五谷即粟、豆 、麻、麦、稻，是中国先民较早培育出来的主要粮食作物。古代所指的五种谷物。“五谷”一词最早见于《论语》，古代关于五谷有多种不同说法，最主要的有两种：一种指稻、黍、稷、麦、菽，另一种指麻、黍、稷、麦、菽。两者的区别是：前者有稻无麻，后者有麻无稻。古代经济文化中心在黄河流域，稻的主要产地在南方，而北方种稻有限，所以“五谷”中最初无稻。后来，五谷成为谷物的统称，并不一定限于五种。

六畜指六种家畜，包括马、牛、羊、猪、狗、鸡，是古代先民较早驯养的几种家畜。《三字经》有："马牛羊，鸡犬豕。此六畜，人所饲。"后也用来泛指各种家畜。

六、饮食

0796. 伊尹烹调论

伊尹是商朝宰相。他出身厨师，善于烹调，对烹饪很有研究，是中国烹饪的鼻祖。《吕氏春秋·本味篇》记载了他关于烹调的论述，他认为尽管原料本身存在一些不好的气味，但都能通过烹调而制成美味佳肴，关键在于针对不同原料采取不同方法。决定菜肴滋味的许多因素中，水是最基本的。要根据酸、甜、苦、辣、咸这五味和水、木、火这三材进行烹调。鼎中的多次沸腾和变化，是靠火候控制调节的。消除腥、臊、膻味，调出美味，全在于掌握火候。调味原理在于甘、酸、苦、辛、咸五味巧妙配合，投放调料的次序和用量都是讲究的，剂量的差异也很微小的。鼎中的微妙变化很难用语言表达，高明的厨师，虽然自己心中有数，也难以说清楚。一个厨师，精通了烹调之道，才能使烹制出来的菜肴久而不败，熟而不烂，甜而不过，酸而不烈，咸而不苦涩，辣而不刺激，淡而不薄，肥而不腻。其理论核心还是体现了中国菜的持中、协调。喻意强调和谐的重要性，只有和谐，才能把事办好。

伊尹的论述，是烹调艺术中的至理名言，数千年来一直为厨师们所遵循。它是世界上最古老的烹调理论，至今还有其参考价值。

0797. 食不厌精　脍不厌细

这句话出自《论语·乡党》。意思是说：粮食舂得越精越好，肉丝切得越细越好。形容食物要精制细做。

中国人讲吃，不仅仅是一日三餐，解渴充饥，它往往蕴含着中国人认识事物、理解事物的独特道理。这种"吃"，表面上看是一种生理满足，但实际上"醉翁之意不在酒"，它借吃这种形式表达了一种丰富的文化内涵。吃的文化已经超越了"吃"本身，获得了更为深刻的社会意义。中华饮食文化就其深层内涵来看，可以概括成四个字：精、美、情、礼。这四个字，反映了饮食活动过程中饮食品质、审美体验、情感活动、社会功能等独特的文化意蕴，也反映了饮食文化与中华优秀传统文化的密切联系。

"食不厌精，脍不厌细"，这反映了先民对于饮食的精品意识。当然，这可能仅仅局限于某些贵族阶层。但是，这种精品意识作为一种文化精神，却越来越广泛、越来越深入地渗透、贯彻到整个饮食活动过程中。选料、烹调、配伍乃至饮食环境，都体现着一个"精"字。

0798.《随园食单》

《随园食单》是清代一部系统地论述烹饪技术和南北菜点的重要著作。清代文学家袁枚著，他也是一位经验丰富的美食家。全书分为须知单、戒单、海鲜单、江鲜单、特牲单、杂牲单、羽族单、水族有鳞单、水族无鳞单、杂素菜单、小菜单、点心单、饭粥单和茶酒单十四个方面。在须知单中提出了既全且严的二十个操作要求，在戒单中提出了十四个注意事项。书中用大量的篇幅详细地记述了我国从十四至十八世纪中流行的三百二十六种南北菜肴饭点，也介绍了当时的美酒名茶。

《随园食单》是提高烹饪技术、研究传统菜点以及烹制方法的指导性史籍，字里行间文字简单清爽，人人都可照着去做。自问世以来，就被厨师视为枕中秘籍。有趣的是，作者还将某菜做法，出自何人何家大都记载了下来，实在是一本美食家的必读之书。该书先后被译成日、英、法、俄等多种语言。

0799. 盐梅

"盐梅"的原意是通过盐和梅子进行调味，盐和梅子，盐味咸，梅味酸，均为调味所需。也引申为通过合理安排达到最佳状态。中国成语里有"水火相济、盐梅相成"一词，意思是说做饭菜的时候，烧火煮水，调和盐味与酸味，使之达到美味的程度。

0800. 八珍

指八种珍贵的佳肴食物。《周礼·天官·膳夫》："珍用八物。"郑玄注八珍为：淳熬、淳母、炮豚、炮牂、捣珍、渍、熬、肝膋。淳熬：稻饼夹肉酱，用油炸。淳母：黍饼夹肉酱，用油炸。炮豚：将腹内装有香枣的乳猪烤熟，用油炸。炮牂：用牝羊代替乳猪，做法同炮豚。捣珍：用牛、羊、鹿的里脊肉捶捣，煮熟后调醋食用。渍：用酒渍处理的牛肉片。熬：精牛肉用香料及盐渍拌后烤熟。肝膋：用肠网油包狗肝沾肉酱烤熟。明代陶宗仪《辍耕录》、张九韶《群书拾唾》都有八珍的记载，名称互有差异。

中国历代"八珍"所指不尽相同，其中周代八珍是后世之八珍筵席的先驱。以后又有元代八珍、明代八珍、清代八珍、民国八珍之别，各个时代也有具体细致的分法。比如民国时期出现了上八珍、中八珍、下八珍。有的时候也可以按照地域来分，比如有北京八珍、烟台八珍等等。分类十分细致，充分体现了我国饮食文化的丰富多样。

0801. 豆腐

豆腐的发明者，相传是汉高祖刘邦之孙——淮南王刘安。刘安雅好道学，欲求长生不老之术，不惜重金广招方术之士，登北山而造炉，炼仙丹以求寿。他们取山中"珍珠"、"大泉"、"马跑"三泉清冽之水磨制豆汁，又以豆汁培育丹苗，不料炼丹不成，豆汁与盐卤化合成一片芳香诱人、白白嫩嫩的东西。当地胆大

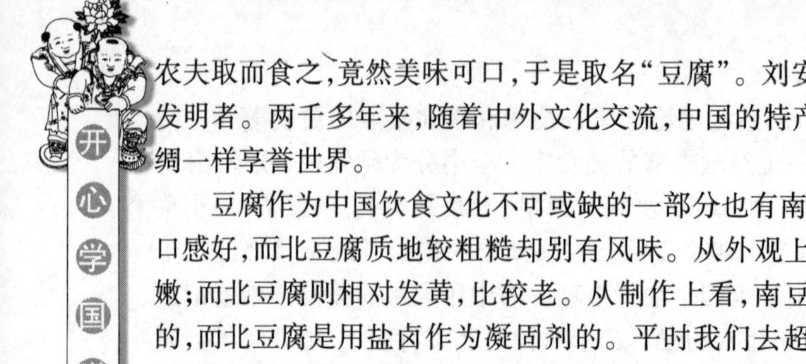

农夫取而食之，竟然美味可口，于是取名“豆腐”。刘安也于无意中成为豆腐的发明者。两千多年来，随着中外文化交流，中国的特产豆腐也像茶叶、瓷器、丝绸一样享誉世界。

豆腐作为中国饮食文化不可或缺的一部分也有南北之分，南豆腐软嫩鲜滑口感好，而北豆腐质地较粗糙却别有风味。从外观上看，南豆腐色泽白，非常嫩；而北豆腐则相对发黄，比较老。从制作上看，南豆腐是用石膏作为凝固剂的，而北豆腐是用盐卤作为凝固剂的。平时我们去超市里买的一盒一盒的豆腐，都是南豆腐，水分比较多，也比较嫩，不适合炒菜，但可以用来做汤。饭馆里的小葱拌豆腐，也都是用的南豆腐。而超市里现做的那种一块一块的豆腐，基本上都是北豆腐，看上去比较老，可以用来炒菜。

0802. 八大菜系

菜系，也称“帮菜”，是指在选料、切配、烹饪等技艺方面，经长期演变而自成体系，具有鲜明的地方风味特色，并为社会所公认的中国的菜肴流派。中国“八大菜系”的烹调技艺各具风韵，其菜肴之特色也各有千秋。

中国的烹饪技艺历史悠久，经历代名厨传承至今，形成了各具特色的菜系：除影响较大的鲁菜（山东）、川菜（四川）、苏菜（江苏）、粤菜（广东）四大菜系之外，还有浙菜（浙江）、闽菜（福建）、徽菜（安徽）、湘菜（湖南）、京菜（北京）、上海本帮菜（上海）等地方菜系，代表了各地色、香、味、形俱佳的传统特色烹饪技艺。八大菜系按照地域划分，指鲁菜、川菜、粤菜、闽菜、苏菜、浙菜、湘菜、徽菜。

一个菜系的形成与其地区的悠久历史和独到的烹饪特色密切相关，同时也受到这个地区的自然地理、气候条件、资源特产、饮食习惯等强烈影响。有人把“八大菜系”用拟人化的手法描绘为：苏、浙菜好比清秀素丽的江南美女；鲁、皖菜犹如古拙朴实的北方健汉；粤、闽菜宛如风流典雅的公子；川、湘菜就像内涵丰富充实、才艺满身的名士。

0803. 茶经

中国现存最早的论茶专著。作者唐朝陆羽，是中国茶道的奠基人，被民间尊为茶神和茶仙。

《茶经》的问世，是中国茶文化发展到一定阶段的产物，也是其当时先民关于茶经验的系统总结。全书分十章：一之源；二之具；三之造；四之器；五之煮；六之饮；七之事；八之出；九之略；十之图。约七千字，系统地总结了当时的茶叶采制和饮用经验，全面论述了有关茶叶起源、生产、饮用等各方面的问题，传播了茶业科学知识，促进了茶叶生产的发展，开中国茶道的先河。

0804. 清酒浊酒

酒有三酒五齐之分，原料为稻、黍之类。三酒为事酒、昔酒、清酒。事酒为因事之酿，时间很短；昔酒是可以短时储藏之酒，稍醇厚一些；清酒则冬酿夏熟，为当时酒中之冠。五齐是五种不同成色的酒，为泛齐、醴齐、盎齐、缇齐、沉齐。泛齐为酒糟浮在酒中，醴齐是滓、液混合，盎齐是白色之酒，缇齐是丹黄色之酒，沉齐是酒的糟、渣下沉。此五种酒是相对于清酒的浊酒。

古时在浊酒中加入石炭，使其沉淀，取其清澈的酒液饮用，于是便有了“清酒”之名。古人的酿酒技术粗放，酒里有酒糟，所以浊。浊酒是与清酒相对的。清酒醪经压滤后所得的新酒，沉淀一周后，抽出上清部分，其留下的白浊部分即为浊酒。浊酒的特点之一是有生酵母存在，会连续发酵产生二氧化碳，因此应用特殊瓶塞和耐压瓶子包装。装瓶后加热到65℃灭菌或低温贮存，并尽快饮用。此酒外观珍奇，口味独特。

三国曹魏时，曹操禁酒甚严。当时人忌讳说酒字，把清酒叫圣人，浊酒叫贤人。

0805. 烟（淡巴菰）

烟的本义就是火气，是物品燃烧时产生的气体。由此产生了许多与烟有关的词语，常见的烟雾、烟霞、烟花、烟波、烟尘、烟柳、烟村、烟郊、烟云等等。古文献中大量的“烟草”并非我们现在说的“烟草”，如宋代陆游《小园》就有“小园烟草接邻家，桑枯阴阴一径斜”之语，但这些“烟草”，都是指烟雾笼罩的草丛，也就是蔓草的意思。

我们现在通常所说的烟，指的是烟草，初称淡巴菰，是 TOBACCO 的译音。它原产于中南美洲，被带回欧洲后，英文就写作“Tabacco（达巴科）”，后传遍世界各地，成为全世界大部分地区对烟草的通称。烟草明万历年间传入中国。吸烟成风，则是在明末以后，清朝时烟分为分旱烟、水烟和鼻烟三种。而汉文化圈并不按世界通行的称呼行事，而将其称为烟。这是什么原因呢？这当然是由于吸烟时出来的烟，也是由火出气，是火气的一种。日本就在称其“淡巴姑”的同时，又称为烟，这个文字又由海上传入我国。烟草、烟叶等名称也就由之而起。

七、医学养生

0806. 扁鹊

扁鹊（前407—前310），原名秦越人，勃海郡郑（今河南郑州）人，或齐国卢邑（今山东济南）人，战国时期著名的医生。扁鹊年轻时虚心好学，刻苦钻研医术。他把积累的医疗经验，用于平民百姓，周游列国，到各地行医，为民解除痛苦。由于扁鹊医道高明，为百姓治好了许多疾病，赵国人送他“扁鹊”称号。他行医足迹遍及齐、赵各国，后行医至秦，被秦国太医令李醯自知医术不及扁鹊，便派人将他刺杀。

扁鹊精于内、外、妇、儿、五官等科，应用砭刺、针灸、按摩、汤液、热熨等法治疗疾病，他在总结前人经验的基础上，创立望、闻、问、切四诊法。《汉书·艺文

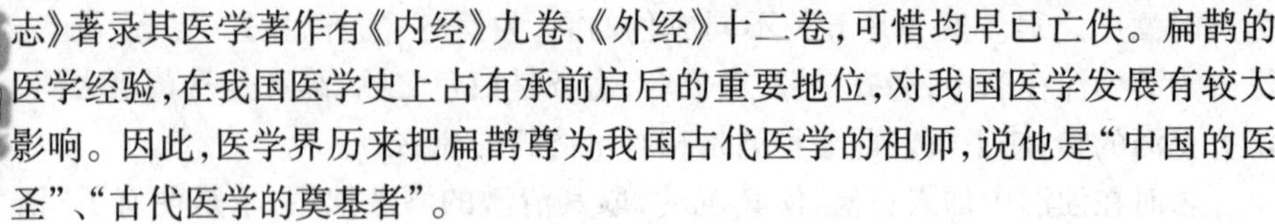

志》著录其医学著作有《内经》九卷、《外经》十二卷，可惜均早已亡佚。扁鹊的医学经验，在我国医学史上占有承前启后的重要地位，对我国医学发展有较大影响。因此，医学界历来把扁鹊尊为我国古代医学的祖师，说他是“中国的医圣”、“古代医学的奠基者”。

0807. 张仲景

张仲景（约150—219），原名张机，南郡涅阳（今河南南阳，一说为湖北枣阳）人。据传当过长沙太守，所以又有“张长沙”之称。东汉时期，尤其是建安年间，疫病流行十分猖獗，病者死伤无数，张仲景就生活在这个年代里。张仲景下决心要把伤寒这一类传染病症研究清楚，找出治疗的方法来。于是他“勤求古训，博采众方”，搜集古今有关的论述，反复实践，终于逐渐摸索出认识伤寒症的一套纲要，并针对这些病症的不同类型，制定出治疗的原则、方剂及药物，写出了传世巨著《伤寒杂病论》。书中提出的辨证论治原则，是中医临床的基本原则，是中医的灵魂所在。这是中国第一部从理论到实践、确立辨证论治法则的医学专著，是中国医学史上影响最大的著作之一，为后学者研习中医必备的经典著作。为纪念这位伟大的医学家，人们尊之为“医方之祖”、“医圣”。

0808. 华佗

华佗，东汉末年的名医，一名旉，字元化，沛国谯（今安徽亳州）人。华佗一生行医各地，声誉颇著，在医学上有多方面的建树。他精通内、外、妇、儿、针灸各科，曾用“麻沸散”施剖腹术，为世界医学史上最早之全身麻醉。华佗很重视疾病的预防，强调体育锻炼以增强体质，曾模仿虎、鹿、熊、猿、鸟的动作和姿态，创造了一种“五禽之戏”，用以强身健体。华佗医术全面，尤其擅长外科，精于手术，被后人称为“外科圣手”、“外科鼻祖”。

华佗不但精通方药，而且在针术和灸法上的造诣也十分精湛，曾为曹操针治头风，随手而愈，后因不肯入曹魏为官，被曹操杀掉。死前，他曾以医书一卷传给狱吏，狱吏害怕因此惹祸，偷偷地将医书焚毁，华佗高超的医术因而不传于后世。

0809. 陶弘景

陶弘景（456—536），字通明，晚年号华阳隐居，丹阳秣陵（今江苏镇江市）人，历经南朝宋、齐、梁三朝。陶弘景作为梁代著名学者，在医药、炼丹、天文历算、地理、兵学、铸剑、经学、文学艺术、道教仪典等方面都有深入的研究，其中对于医学的贡献最大，尤其在我国本草发展史上，占有重要的地位。

在梁代以前，我国已在汉代出现第一部本草学著作《神农本草经》。经过几百年，人们积累了不少用药的经验，并集成一部《名医别录》。陶弘景经过多年的研究，终于把《神农本草经》和《名医别录》两书合编成一部，取名《本草经集注》。全书共载药730种，按自然属性及来源，将药物分成玉石、草、木、虫兽、果菜、米食和有名未用七类。他还创造了一种新的药物分类法，就是以病症为纲，把治疗该病症的一些药物都放在一起。这种分类法他称之为“诸病通用药”的分类。从此，我国古代本草学的性质由单纯的药物学内容转变到博物学的轨道上，并逐渐丰富，直到明代的《本草纲目》，达到顶峰。同时，《本草经集注》对药物的产地、采集、炮制、鉴别和贮存等方面，也都有论述。此外，他还著有中医治疗学方面的著作，如《肘后百一方》。

0810. 孙思邈

孙思邈(581—682)，唐代著名道士、医药学家，被后人称为“药王”。京兆华原(今陕西耀县)人。他自幼聪颖，精勤不倦，学识渊博。他精通古代经典，对释、道、儒三教均有研究，集三教思想于一身。他在医学上颇有建树，在吸收前人成果的基础上，著有《千金要方》和《千金翼方》两部著作，包括临床各科，两书共载方六千五百多个，还包括针灸、中药、按摩等等内容，被后人称为古代医学的百科大全。他崇尚养生，并身体力行，活了一百零一岁的高龄。

孙思邈具有高尚的医疗道德。在《千金要方》一书中，专设一篇叫“大医精诚”，讲述医生的道德规范。这一篇的内容，成为我国医疗道德的第一部规范性论述。在临床实践中，孙思邈总结出了许多宝贵的经验，如“阿是穴”和“以痛为腧”的取穴法，用动物的肝脏治疗夜盲症，用羊的甲状腺治疗地方性甲状腺肿，用牛乳、豆类、谷皮等防治脚气病等。对于孕妇，他提出住处要清洁安静，心情要保持舒畅，临产时不要紧张。对于婴儿，他认为喂奶要定时定量，平时要多见风日，衣服不可穿得过多……这些主张在今天看来，仍然有一定的实践意义。

0811.《灵枢经》

又称《灵枢》、《针经》、《九针》，约成书于战国时期，共九卷八十一篇。《灵枢经》与《素问》合称《黄帝内经》，是我国现存最早、最系统的中医理论著作。

汉魏以后，由于长期抄传《灵枢》出现多种不同名称的传本。南宋绍兴二十五年(1155)，史崧将家藏《灵枢》九卷八十一篇重新校正，扩展为二十四卷，附加音释，镂版刊行。至此，《灵枢》传本基本定型，一再印行，取代各种传本，流传至今。

《灵枢经》所论内容十分丰富，该书以整体观念为指导，以阴阳五行学说为依据，较为详尽地论述了人体生理、病理、诊断、治疗和养生的有关问题，全面阐述了五脏六腑、精神气血津液、人体气质类型等内容，成为中医基本理论的渊薮。特别是对经络腧穴理论和针刺方法的记载更为翔实，例如对针法的论述，不仅强调了守神、候气的重要性，而且提出了数十种针刺方法，详细介绍了针具使用、针刺部位、针刺深浅、针刺禁忌、针刺与四时的关系等内容，为后世针灸学的发展奠定了坚实的基础。

0812.《黄帝内经素问》

简称《素问》。原九卷，早佚，后订补编为二十四卷，计八十一篇。它的成书年代，基本上是在战国时期，历代医学家对其不断进行一些补充、修改，所以也有人认为到西汉才完全完成。关于本书的作者，虽书名中冠有“黄帝”字样，但由于黄帝时还没有文字，所以它可能是由一些不知名的医家集体完成。

《素问》内容丰富，涉及的基础理论问题有阴阳五行学说、天人相应学说等，甚至已涉及到现代医学中关于人体发育、生理、解剖、治病原则、时间医学和预防医学等内容。书中提出人体血液是在脉管内不停地流动，而且是“如环无端”的循环状态，这被世界科技史学界公认为是血液循环概念的萌芽。其他如体内各脏器的解剖结构，以及放腹水术、灌肠法、物理疗法等内容，在世界医学史上，都属于首次记载。《素问》问世后，一直是中医学中影响最大的经典著作。

0813.《神农本草经》

又名《神农本草》，简称《本草经》、《本经》，是我国现存最早的药物学专著，作者不详。因为我国古代有神农尝百草的传说，认为最早认识药物并引导人们用药物治病的是神农，所以托名神农。本书著成的年代，有多种说法，因其中大部分内容反映先秦时期我国药物学的水平，至汉代还有人不断地增加内容，所以一般均认为成书于汉代。

原书早已亡佚，现行本是后世从历代本草书中辑录出来的。全书三卷，载药三百六十五种，其中植物药二百五十二种，动物药六十七种，矿物药四十六种，分上、中、下三品，对每一味药的产地、性质、采集时间、入药部位和主治病症都有详细记载。对各种药物怎样相互配合应用，以及简单的制剂，都做了概述。更可贵的是早在两千年前，我们的祖先通过大量的治疗实践，已经发现了许多特效药物。如麻黄可治疗哮喘、大黄可泻火、常山可以治疗疟疾等等，这些都已被现代科学分析方法所证实。

0814.奇经八脉

人体十二经脉以外，有任、督、冲、带、阴蹻、阳蹻、阴维、阳维八条经脉，为经络系统的重要组成部分。因和脏腑没有直接联系，不受十二经拘制，故名奇经。奇经八脉的分布部位与十二经脉纵横交互，八脉中的督、任、冲脉皆起于小腹中，同出于会阴，其中督脉行于背正中线，任脉行于前正中线，冲脉行于腹部会于足少阴经。而带脉横行于腰部，阳蹻脉行于下肢外侧及肩、头部，阴蹻脉行于下肢内侧及眼，阳维脉行于下肢外侧、肩和头项，阴维脉行于下肢内侧、腹和颈部。

奇经八脉的作用主要体现于两方面:首先是沟通了十二经脉之间的联系。奇经八脉将部位相近、功能相似的经脉联系起来,达到统摄有关经脉气血、协调阴阳的作用;其次,奇经八脉对十二经气血有蓄积和渗灌的调节作用。当十二经脉及脏腑气血旺盛时,奇经八脉能加以蓄积,当人体功能活动需要时,奇经八脉又能渗灌供应。

0815.《肘后备急方》

《肘后备急方》,本名《肘后卒救方》,省称《肘后方》,东晋葛洪撰,是著名的中医方书。今本存八卷,分五十一类,该书主要记述各种急性病症或某些慢性病急性发作的治疗方药及针灸、外治等法,并略记个别病的病因、症状等。

《肘后备急方》中收载了多种疾病,其中很多是珍贵的医学资料。这部书上描写的天花症状,以及对天花的危险性、传染性的描述,都是世界上最早的记载,而且十分精确。书中还提到了结核病的主要症状,并提出了结核病"死后复传及旁人"的特性,还涉及到了肠结核、骨关节结核等多种疾病,可以说其论述的完备性并不亚于现代医学。书中还记载了用狂犬脑组织治疗狂犬病,被认为是中国免疫思想的萌芽。另外,对于流行病、传染病,书中更是提出了"疠气"的概念,认为这绝不是所谓的鬼神作祟,这种科学的认识方法在当今来讲,也是十分有见地的。书中对于恙虫病、疥虫病之类的寄生虫病的描述,也是世界医学史上出现时间最早,叙述最准确的。

0816.《千金方》

我国古代综合性临床医学著作,全称《备急千金要方》,简称《千金要方》或《千金方》,三十卷。唐代孙思邈著,约成书于永徽三年。本书集唐代以前诊治经验之大成,对后世医家影响极大。

孙思邈通过数十年的临床实践,并结合自己的临床经验最终编著成《千金要方》和《千金翼方》。该书第一卷为总论,内容包括医德、本草、制药等;再后则以临床各科辨证施治为主,计妇科二卷,儿科一卷,五官科一卷,内科十五卷(内中十卷按脏腑分述),外科三卷,解毒急救二卷,食治养生二卷,脉学一卷及针灸二卷,共二百三十三门,方论五千三百首。

《千金要方》总结了唐代以前医学成就,书中首篇所列的《大医精诚》、《大医习业》,是中医学伦理学的基础;其妇、儿科专卷的论述,奠定了宋代妇、儿科独立的基础;其治内科病提倡以脏腑寒热虚实为纲,与现代医学按系统分类有相似之处;针灸孔穴主治的论述,为针灸治疗提供了准绳,阿是穴的选用、"同身寸"的提倡,对针灸取穴的准确性颇有帮助。因此,《千金要方》素为后世医学家所重视。

0817.《本草纲目》

中国古代重要的药物学著作,明代李时珍著。李时珍(1518—1593),字东

开心学国学

璧,号濒湖,湖北蕲州人。他出身在一个世医家庭,从小受到父亲熏染,对医学特别是本草学十分热爱。他深入实际,在全国各地周游,实地调查研究,向有实践经验的农夫、渔人、猎户、手工业者了解,曾亲自解剖动物、观察动物生活习性,分析各种药用植物的形态和培植方法。如此数十年,孜孜不倦,终于著成不朽的本草学名著《本草纲目》。

《本草纲目》共五十二卷,载有药物一千八百九十二种,其中载新药三百七十四种,收集医方一万一千零九十六个,书中还绘制了一千一百六十幅精美插图,约一百九十余万字,分为十六部六十类。每种药物分列释名(确定名称)、集解(叙述产地)、正误(更正过去文献的错误)、修治(炮制方法)、气味、主治、发明(前三项指分析药物的功能)、附方(收集民间流传的药方)等项。全书收录植物药八百八十一种,附录六十一种,另有具名未用植物一百五十三种,共计达一千多种。《本草纲目》是对十六世纪以前中医药学的系统总结,是我国医药宝库中的一份珍贵遗产,被誉为"东方药物巨典",对近代科学以及医学影响甚大。

0818. 阴阳学说

阴阳学说是以自然界运动变化的现象和规律来探讨人体生理功能和病理的变化,从而说明人体机能活动、组织结构及其相互关系的学说。阴阳学说贯穿于传统中医理论体系的各个方面,并指导着临床的诊断和治疗。

阴阳学说认为,世间的任何事物均可以阴阳来划分,凡是运动着的、外向的、上升的、温热的、明亮的都属于阳。相对静止的、内守的、下降的、寒冷的、晦暗的都属于阴。传统中医理论把对于人体具有推进、温煦、兴奋等作用的物质和功能统归于阳,对于人体具有凝聚、滋润、抑制等作用的物质和功能归于阴。在中医学理论体系中,处处体现着阴阳学说的思想。阴阳学说被用以说明人体的组织结构、生理功能及病理变化,并用于指导疾病的诊断和治疗。就人体部位而言:上部为阳,下部为阴;体表为阳,体内为阴;背腹而言:背部为阳,腹部为阴;四肢而言:四肢外侧为阳,内侧为阴;筋骨皮肤而言:筋骨在内故为阴,皮肤在外故为阳;内脏而言:六腑传化物而不藏为阳,五脏藏精气而不泻为阴;五脏本身而言:心、肺居于上焦故为阳,肝、脾、肾居于中焦故为阴。

0819. 五行学说

五行学说是传统医学理论中的一种学说。该学说原属于古代自然哲学的内容,五行指木、火、土、金、水。医学上利用五行构成世界上一切物质基础这一概念来说明人体也是由这五者所构成,主要以五脏配五行,并围绕五脏,把全身各种构造、器官组织等,也都分属于五者。它们之间通过经络互相联系,从而构成一个有机整体。一方面,五行学说把解剖结构到组织、感觉器官、动作、情绪、颜色按五行的属性进行了分类。另一方面,五行并不只是静止的五种物质,而是时刻处在动态变化之中,也具有互相滋生、互相对抗、互相制约的复杂关系。

中医称之为相生、相克、相乘、相侮。比如，最为基本的关系是相生，依次为木、火、土、金、水，形成一个循环；同时，它们之间又有互相克制的作用，其相克的顺序依次为木、土、水、火、金。中医正是利用这种关系，来解释内脏之间的相互关系，并且应用它来解释、指导治疗。

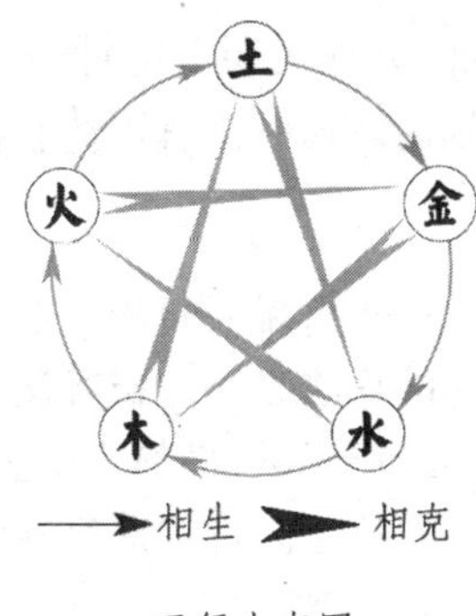

五行生克图

五行学说在古代中医的病因、病理、生理等方面，是应用甚广的一种说理工具，但也有其机械搬用、循环论的一面，不宜生搬硬套。

0820. **气功**

气功是中国特有的一种健身术。基本分两大类，一类以静为主，静立、静坐或静卧，使精神集中，并且用特殊的方式进行呼吸，促进循环、消化等系统的功能。另一类以动为主，一般用柔和的运动操、按摩等方法，坚持经常锻炼以增强体质。气功在我国有悠久的历史，有关气功的内容在古代通常被称为吐纳、导引、行气、服气、炼丹、修道、坐禅等等。在古书记载中很少有“气功”二字，偶尔出现“气功”的提法，亦无完整的解释。

如果从中医学角度定义气功：气功是通过调节精神，并使自身气机变得协调的锻炼方法。如果从现代行为医学的角度看，气功锻炼是一种通过对心身健康有利的良性行为进行学习训练，最终以条件反射方式固定下来的行为疗法。如果从气功作用的心理生理学过程看的话，可将气功定义为：主要是通过使用自我暗示为核心的手段，促使意识进入到自我催眠状态，并通过心理——生理——形态自调机制调整心身平衡，达到健身治病目的的自我锻炼方法。

0821. **针灸**

是我国传统中医治疗技术中的一种。针与灸是两种不同的技术，针是指用针具来治疗；灸则是指用某些具有药性的易燃材料，借助燃烧时的热量作为刺激源，来进行治疗：针灸术是中国传统医学中颇具特色的发明，有着悠久的历史。1973 年，在长沙马王堆三号汉墓出土的古代典籍中就已经有关于经络方面的内容，表明我国早在秦汉时期针灸经络学说已渐趋于成熟阶段。

针灸术在施治过程中，需要以经络学说、脏腑学说等有关理论为指导。如全身有十二条正经、奇经八脉，每条脉上都有一些穴位，经络为气血运行的通路，把人体体表与内部脏腑相联。针灸时，通过对穴位产生的刺激，通过经络的传导，调整人体的各种机能，从而达到增强人体正气、祛除病邪的目的。根据人体的状态、病症的类型，针刺术、灸疗术还要利用不同的手法如提插捻转、迎随补泻、烧山火、透天凉等，以达到不同的治疗目的。在传统的针刺、灸疗法的基础上，后世又发展出不同的针刺术和灸疗法。如针术有体针、头皮针、面针、耳

针,近现代还有电针、水针、激光针等。灸法也有温针灸等不同品种,在少数民族地区还有富有民族特色的点灸等疗法。

0822. 拔罐

拔火罐与针灸一样,也是一种物理疗法,而且拔火罐是物理疗法中最具特色的疗法之一。拔罐法又名"火罐气"、"吸筒疗法",古称"角法",这是一种以杯罐作工具,借热力排去其中的空气产生负压,使吸着于皮肤,造成郁血现象的一种疗法。古代医家在治疗疮疡脓肿时常用它来吸血排脓,后来又扩大应用于肺痨、风湿等内科疾病。

拔罐法作为古代一种治病方法,起源很早,至少在汉晋时期就已经普遍应用。在晋朝葛洪的《肘后备急方》中就有角法记载,其法是用动物角做工具,在角内烧令热后,吸附在皮肤上,从而达到治病的目的。后来,角法所用的动物角,逐渐由罐子代替,开始是陶罐、瓷罐,并演化为近代的琉璃罐。因为它简便易行,不需特殊训练,所以在民间极受欢迎。由于它有疏通经络、调和气血的作用,因而对许多疾病颇具疗效。建国以后,经过不断改进,使拔罐疗法有了新的发展,治疗范围进一步扩大,成为传统中医针灸治疗中的一种重要疗法。

0823. 导引

导引是古代一种保健医疗方法,它既有调整呼吸运动的内容,也有活动肢体的动作。导引术起源于上古,原为古代的一种养生术,春秋战国时期就已非常流行,为当时神仙家与医家所重视。后为道教承袭作为其修炼方法之一后,使之更为精密,将其作为炼身的重要方法,认为它有调营卫、消水谷、除风邪、益血气、疗百病以至延年益寿的功效。

在长沙马王堆汉墓(西汉初期诸侯家族墓地)出土的帛画,是世界现存最早的导引图谱。原帛画长约100厘米,与前段40厘米帛书相连。画高40厘米,分上下4层,绘有44个各种人物的导引图式,每层绘11幅图。每图式平均高9—12厘米。每图式为一人像,男、女、老、幼均有,或著衣,或裸背,均为工笔彩绘。其术式除个别人像做器械运动外,多为徒手操练。

导引法作为我国古代医学上一种重要的治疗方法,从医疗意义上来说,它是充分发挥、调动内在因素、积极地防病治病;从保健意义上来看,它则可以锻炼身体,增强体质,保持朝气,焕发精神。

0824. 子午流注

子午流注是传统中医针灸法的一种理论。这种理论认为,人体内气血的流通循行,具有一定的规律,用针灸治疗时,所刺激的穴位要注意其气血流行盛衰的情况,而按一定的时间来取穴。如果取穴的方法和时间符合这个规律,则治疗效果显著;如果取穴不得法,则反而有害。子午流注的思想来源于《内经》,具体方法则形成于金元时期。该法是按照日时干支推算人体气血流注盛衰的时间，选取相应的五输穴和原穴进行针灸治疗的方法，为中医时辰治疗学的内容。十二经脉气血运行状态，根据不同的时间变化而有相应的盛衰变化。人体中十二经脉的气血流注及其五输穴、原穴的气血盛衰情况，由于年、月、日、时等时间的变化而相应地有所不同。根据这个原理，按时选取有关穴道进行治疗，即为子午流注法。

0825. 正骨

正骨是传统中医外治方法之一，是诊治损伤的专科，也是古代医学“十三科”之一，亦有称为伤科或骨伤科的。其治疗对象主要是外力作用所致的骨、关节和软组织的损伤，也包括同类原因引致的体内脏器损伤。

元代的《世医得效方》最早提到“正骨”这个名称，但正骨这门学问却早就有了，如唐代就有了关于开放性骨折和关节脱位的治疗方法。到清代的《医宗金鉴》一书中，对正骨这门学问做了系统总结，写成“正骨八法”，总结的正骨手法有摸、接、端、提、按、摩、推、拿等八种。这些手法各具特点，比国外的同类方法要早六百年，是宝贵的文化遗产。

八、建筑知识

0826. 斗拱

斗拱是中国木构架建筑物特有的结构构件，也是中国传统建筑的主要造型特征之一。两千多年前战国时代采桑猎壶上的建筑花纹图案，以及汉代保存下来的墓阙、壁画上，都可以看到早期斗拱的形象。

斗拱主要由斗和拱两部分组成，加在立柱和横梁交接处的弓形肘木叫“拱”，垫在拱下面的斗形木块叫“斗”。简单的斗拱可以是一斗一拱，复杂的斗拱则由若干斗与拱纵横交错层叠而成，为较大建筑物的柱与屋顶间之过渡部分。其功用是承受上部支出的屋檐，将其重量或直接集中到柱上，或间接地先纳至额枋上再转到柱上。此外，斗拱还有较强的装饰作用。斗拱中间伸出部分叫做耍头，通常雕刻成立双式的青色龙头，两旁的垫拱板雕半立体火焰珠一粒，象征吉祥如意。重要建筑物上有斗拱的安置，可以使人产生一种神秘莫测的感觉。无论从艺术或技术的角度来看，斗拱都足以象征和代表我国古典建筑精神和气质。

0827. 长城

我国古代规模最大的防御工程，它绵延起伏，横亘在我国北方辽阔的土地上，被誉为世界上的一大奇迹，是中华民族的骄傲。据文献记载，春秋时楚国修筑的“方城”长达几百里，此即最早的长城。战国时期，各诸侯国之间战争频繁，为防御外敌，秦、韩、赵、魏、燕等国纷纷在边界筑起长城。秦始皇统一全国后，为了防御匈奴南侵，以秦、赵、燕三国的长城作为基础，修缮增筑成为西起临洮、

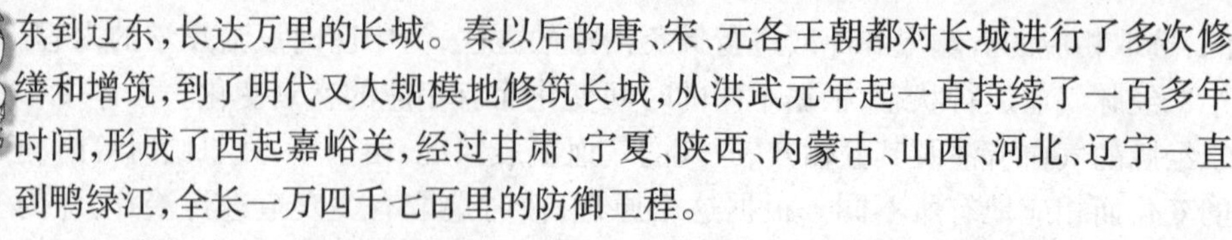

东到辽东，长达万里的长城。秦以后的唐、宋、元各王朝都对长城进行了多次修缮和增筑，到了明代又大规模地修筑长城，从洪武元年起一直持续了一百多年时间，形成了西起嘉峪关，经过甘肃、宁夏、陕西、内蒙古、山西、河北、辽宁一直到鸭绿江，全长一万四千七百里的防御工程。

长城由城堡、敌楼、关隘、烽火台（俗称烽隧、亭候、烽候、烟墩等）、城墙等建筑物组成。长城的十二个关隘中，其中以山海关、居庸关和嘉峪关为最具有代表性的雄关。山海关是长城东段的一个重要关口，自古以来一直是军事上的重要关隘，城楼正面高悬着“天下第一关”巨匾。居庸关则在北京昌平境内，是长城的另一重要隘口。

0828. **赵州桥**

赵州桥又名安济桥，建于隋大业年间，是著名工匠李春建造的。桥长 64 米，跨径 37 米，是世界上建造最早、跨径最大的单孔敞肩型石拱桥。桥两侧靠近岸的两小拱净跨 3.81 米，桥中央的两个小拱净跨 2.85 米。此设计既减少水流阻力，又减轻大拱券和地脚的载重，构思精巧，在世界桥梁史上是一大创举。

在结构上，桥用平行而紧密并列的二十八个石券所构成，为了增加石券之间的联系紧密性，在券面上用横向的石板加了一层。其次，在伏和券之间加了若干横向的铁条把这些券拉连在一起。为了增加美感，桥券是圆周上一段 60 度弧线的弧形券，桥面坡度相当缓和，再在两肩上用两小券做成敞肩，这六条不同的弧线的关系处理恰到好处。桥两侧拦板、望板雕刻精美。由于桥身巨大空灵，稳固而轻巧，建造技术巧夺天工，表现了古代工匠非凡的创造力和聪明才智。

0829. **故宫**

故宫旧称紫禁城，在明清北京城的中心，是明清两代的皇宫。明永乐四年始建，永乐十八年基本建成，五百六十年中共历经了二十四个皇帝，它是中国现存规模最大、保存最完好的古建筑群。

故宫南北长 961 米，东西宽 753 米，面积约为 725,000 平方米。建筑面积 15.5 万平方米。相传故宫一共有 9999.5 间。宫城周围环绕着高 12 米，长 3400 米的宫墙，形成一长方形城池，墙外有 52 米宽的护城河环绕，形成一个森严壁垒的城堡。故宫宫殿建筑均是木结构、黄琉璃瓦顶、青白石底座，饰以金碧辉煌的彩画。故宫有 4 个门，正门名午门，东门名东华门，西门名西华门，北门名神武门。面对北门神武门，有用土、石筑成的景山，满山松柏成林。在整体布局上，景山可说是故宫建筑群的屏障。

故宫的建筑物依据其布局与功用分为“外朝”与“内廷”两大部分。“外朝”与“内廷”以乾清门为界，乾清门以南为外朝，以北为内廷。外朝以太和、中和、保和三大殿为中心，是皇帝举行朝会的地方，也称为“前朝”。内廷以乾清宫、交泰殿、坤宁宫后三宫为中心，后有御花园，为封建帝王与后妃的居住之所。

0830. **天坛**

天坛在北京永定门内大街东侧，为明清两代帝王祭天和祈祷丰年之场所。创建于明永乐十八年，初名天地坛，于明嘉靖十三年改称天坛。

天坛集明、清建筑技艺之大成，是中国古建珍品，为世界上最大的祭天建筑群，总面积为273万平方米。外墙南北1650米，东西1725米，内墙南北1243米，东西1046米。围墙的平面接近正方形，但北面两角采用圆形，南面为正角，这是为了附会“天圆地方”之说而设计的。坛内主要建筑分三组，在中轴线上北端为祈谷的祈年殿，南端至皇穹宇及圜丘，中央连以359米长的砖砌高雨道，通称“丹陛桥”。在第二重墙西门内南侧有皇帝祭前斋戒时居住的斋宫，斋宫的规模很大，有护城河、围廊和大殿。

整个天坛最主要是在艺术上表现了天的崇高、神圣和皇帝与天之间的密切关系。如圜丘、祈年殿都采用圆形蓝青色琉璃瓦，使建筑物有一种崇高无比的感觉，是一座极富表现力的建筑。

0831. **三孔**

曲阜的孔府、孔庙、孔林，统称“三孔”。三孔以丰厚的文化积淀、悠久历史、宏大规模、丰富文物珍藏，以及科学艺术价值著称于世。

孔府，西与孔庙为邻，是世袭“衍圣公”的世代嫡裔子孙居住的地方，是我国仅次于明、清皇帝宫室的最大府第。现存孔府占地240多亩，有厅、堂、楼、轩等各式建筑463间，分为中、东、西三路。东路为家庙，西路为学院，中路为主体建筑。中路以内宅为界，前为官衙，设三堂六厅。最后是孔府的花园，是历代衍圣公及其家属游赏之所。

孔庙，坐落在曲阜城内，其建筑规模宏大、雄伟壮丽、金碧辉煌，为我国最大的祭孔要地。孔子死后第二年（前478），鲁哀公将其故宅改建为庙。此后历代帝王不断加封孔子，扩建庙宇，到清代，雍正皇帝下令大修，扩建成现代规模。庙内共有九进院落，以南北为中轴，分左、中、右三路，纵长630米，横宽140米，有殿、堂、坛、阁460多间，门坊54座，“御碑亭”13座。

孔林位于曲阜城北，是孔子及其家族的专用墓地，也是目前世界上延时最久、面积最大的氏族墓地。孔子去世后，其后代从冢而葬，形成今天的孔林。孔林对于研究中国历代政治、经济、文化的发展以及丧葬风俗的演变都有十分重要的意义。

0832. **样式雷**

样式雷是对清代二百多年间主持皇家建筑设计的雷姓世家的誉称。样式雷祖籍江西永修，从第一代样式雷雷发达于康熙年间由江宁来到北京，到第七代样式雷雷廷昌在光绪末年逝世，雷家前后七代为皇家进行宫殿、园囿、陵寝以

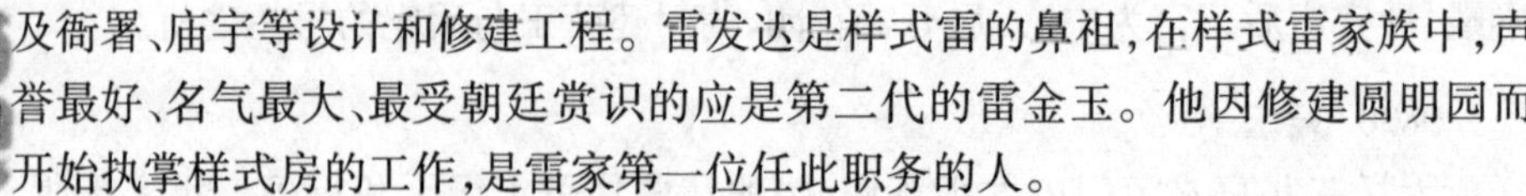

及衙署、庙宇等设计和修建工程。雷发达是样式雷的鼻祖，在样式雷家族中，声誉最好、名气最大、最受朝廷赏识的应是第二代的雷金玉。他因修建圆明园而开始执掌样式房的工作，是雷家第一位任此职务的人。

雷氏家族的每个建筑设计方案，都按 1/100 或 1/200 比例先制作模型小样进呈内廷，以供审定。模型用草纸板热压制成，故名烫样。其台基、瓦顶、柱枋、门窗以及床榻桌椅、屏风纱橱等均按比例制成。雷氏家族烫样独树一帜，是了解清代建筑和设计程序的重要资料。留存于世的部分烫样现存于北京故宫。

0833. **颐和园**

颐和园在北京市西北郊，为清代北京著名的"三山五园"中的清漪园。该园建于 1750 年，是利用昆明湖、万寿山为基础，以西湖风景为蓝本，吸取江南的某些设计手法和意境而修建成的。它是我国现存古典园林中规模最大、最华丽、保存最完整的一座皇家园林。

颐和园原为帝王的行宫和宫苑，1860 年被英法联军所焚，光绪十二年慈禧太后挪用海军经费重建，光绪十四年改名颐和园，作为避暑和游乐的场所。全园总面积 3.4 平方公里，约五千多亩：在总体布局上主要以北面的万寿山和南面的湖区为主，全园可分四部分，万寿山东部的朝宫及附属区；万寿山南麓前山及昆明湖主湖区；万寿山北麓的后山区；昆明湖南湖及西湖区。四部分虽风格不一，但在总体上既呼应又统一。

园内建筑以佛香阁为中心，园中有景点建筑物百余座、大小院落二十余处，共有亭、台、楼、阁、廊、榭等不同形式的建筑三千多间，面积七万多平方米。其中佛香阁、长廊、石舫、苏州街、十七孔桥、谐趣园、大戏台等都已成为家喻户晓的代表性建筑。

0834. **拙政园**

拙政园位于苏州市内东北侧，为苏州四大名园之一。此地最初为唐代诗人陆龟蒙的住宅，元朝时为大弘寺。明代嘉靖年间，被归隐家乡的御史王献臣买下并重建，著名画家文征明参与了设计。此后多次更换园主，或为官府所用，或为官僚地主私园，或散为民居，经数次修建扩建，现园面积 62 亩，大体为清代规模，由东部（归田园居）、中部（拙政园）和西部（补园）三部分组成。

中部是拙政园的主景区，为精华所在。面积约 18.5 亩。其总体布局以水池为中心，亭台楼榭皆临水而建，具有江南水乡的特色。中部景区还有微观楼、玉兰堂、见山楼等建筑以及精巧的园中之园——枇杷园。西部原为"补园"，面积约 12.5 亩，其水面迂回，布局紧凑，依山傍水建以亭阁。东部原称"归田园居"，约 31 亩，布局以平冈远山、松林草坪、竹坞曲水为主，配以山池亭榭，仍保持疏朗明快的风格。此外，拙政园的建筑还有澄观楼、浮翠阁、玲珑馆和十八曼陀罗花馆等。

拙政园这一大观园式的古典豪华园林，以其布局的山岛、竹坞、松岗、曲水之趣，被胜誉为“天下园林之母”，与承德避暑山庄、留园、北京颐和园齐名。该园是中国四大名园之首、全国重点文物保护单位、全国特殊游览参观点之一、世界文化遗产，迄今为止同时具备这四项桂冠的，全国仅拙政园一家。

0835.《营造法式》

《营造法式》，北宋李诫编著，是中国第一本详细论述建筑工程的官方著作。该书对于古建筑研究，考察宋及以后的建筑形制、工程装修做法、当时的施工组织管理等方面都具有重要的史料价值。

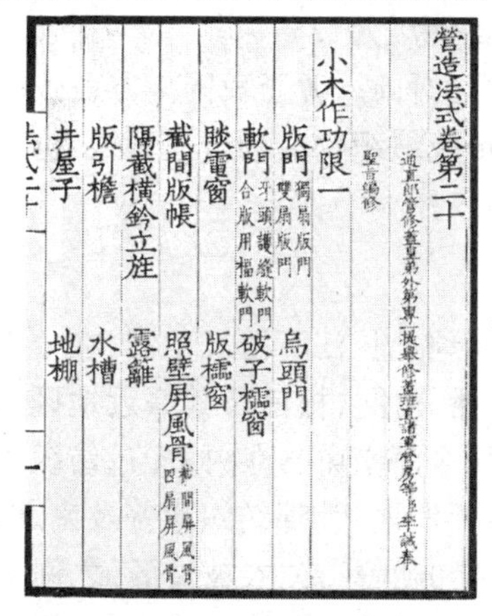
營造法式卷第二十
通直郎管修蓋皇弟外第專一提舉修蓋班直諸軍營房等臣李誡奉
聖旨編修
小木作功限一
版門 獨扇版門 雙扇版門 烏頭門
軟門 牙頭護縫軟門 合版用楅軟門 破子櫺窗
睒電窗 版櫺窗
截間版帳 照壁屏風骨 截間屏風骨 四扇屏風骨
隔截横鈐立旌 露籬
版引檐 水槽
井屋子 地棚

《营造法式》刊行于宋崇宁二年（1103），是李诫在两浙工匠喻皓《木经》的基础上编成的，是北宋官方颁布的一部建筑设计、施工的规范书，也是我国古代最完整的建筑技术书籍。

《营造法式》分为释名、制度、功限、料例和图样五部分，三十四卷，前有“看样”和目录各一卷。在内容上有两大特点：一是制定和采用模数制。这是中国建筑历史上第一次明确模数制的文字记载。二是设计的灵活性。各种制度虽都有严格规定，但在总原则下，又不乏对构件比例尺度的创造性。

《营造法式》揭示了北宋统治者的宫殿、寺庙、官署、府第等木构建筑所使用的方法，使我们能在实物遗存较少的情况下，对当时的建筑有非常详细的了解，填补了中国古代建筑发展过程中的重要环节。

九、纺织

0836. 黄道婆

黄道婆（1245—1330），元代棉纺织家。又名黄婆、黄母，松江府乌泥泾镇（今上海市华泾镇）人。出身贫苦，少年流落崖州（今海南岛），以道观为家，劳动、生活在黎族姐妹中，并学会运用制棉工具和织崖州被的方法。元成宗元贞年间重返故乡，在松江府的乌泥泾镇，教人制棉，传授和推广各种织造技术，使乌泥泾和松江一带人民迅速掌握了先进的织造技术，一时“乌泥泾被不胫而走，广传于大江南北”。当时的太仓、上海等县纷纷仿效。松江府成为全国最大的棉纺织中心，松江布有“衣被天下”的美称。

黄道婆去世以后，松江百姓感念她的恩德，于顺帝至元二年，为她立祠堂。至正二十二年，乡人张守中重建并请王逢作诗纪念。明熹宗天启六年，张之象

塑其像于宁国寺。在黄道婆的故乡乌泥泾,至今还传颂着:“黄婆婆,黄婆婆,教我纱,教我布,两只筒子两匹布”的歌谣。

0837. 缎

缎是采用缎纹组织的各种花素丝织物的泛称。经浮长布满织物表面的称经缎;纬浮长布满织物表面的称纬缎。根据文献和出土文物来看,缎纹组织起源于我国汉代,唐以后,以缎纹组织为基础组织的缎织物发展成为和罗、锦、绫、纱等织物并列的丝织物一大类。宋元以后不仅有五枚缎和各种变则缎纹,八枚缎也开始被大量应用。缎地由于组织点浮线长,故织物质地柔软而有光泽,与多彩的织锦技术相结合,成为丝织品中最华丽的织物之一。

大约在宋代,缎纹组织流传到欧洲,西方对缎的称呼,源于我国南方古代丝织品出口口岸城市泉州的名称刺桐。中国著名传统缎织物品种有透背缎、捻金番缎、销金彩缎、暗花缎、妆花缎、宋锦缎、闪缎等多种。

0838. 松江布

泛指松江及其附近地区出产的棉布。松江府地处长江下游三角洲,在今上海市境内。宋元之际,棉种自广东、福建向北传播,由此,松江及其邻近地区棉花种植发展很快。元朝元贞年间,黄道婆由崖州(今海南崖县)带回先进纺织工具和技术,推动了松江地区棉纺织业的发展。经元明两代,棉纺织业普及南北,而松江织造技术尤精,产品行销全国,且远销日本和朝鲜,有“衣被天下”之称。

松江棉布质地优良,世人誉之为松江美布。其三梭棉布幅宽三尺余,紧密耐用,比普通白棉布价格高出一倍以上,成为一方特产。万历四十八年规定,白棉布一匹折银三钱,三梭布一匹折银达六钱一分。还有一种名为“斜纹布”的高级棉布,精者每匹折银一两,匀细坚洁。这种布采用“经直纬错”的织法,有立体感,史书载“望之如绒”。

0839. 云锦

是我国传统丝织工艺中技艺成就较高,具有地方特色的一种提花多彩丝织锦缎。它始于元代,成熟于明代,发展于清代。过去只在南京官办织造局中生产,其产品也仅用于宫廷服饰、赏赐,并没有“云锦”这个名称。晚清以来,行业中才根据其用料考究、织造精细、花纹绚烂如云等特点,称其为“云锦”或“南京云锦”。云锦的著名传统品种有妆花、库锦、库缎几大类。云锦有别于蜀锦和宋锦,后两者主要是用彩色丝线配置,而云锦则大量采用金线勾边或金银线装饰花纹,以白色相间或色晕过渡,以纬管小梭挖花装彩。

云锦结构严谨、风格庄重、色彩丰富多变,而且纹样变化概括性很强。其纹样是用表示尊贵或吉祥的禽兽、花卉、草虫作为主体,各式云纹作陪衬,云纹有行云、流云、朵云、片云、团云、回合云、如意云、和合云等多种变化纹。正是这些模仿自然界奇妙的云势变化,再加以艺术加工的云纹,使云锦图案达到了繁而不乱、疏而不露、层次分明、突出主题的艺术效果。现代云锦在继承明、清时期传统风格的基础上，发展了许多新品种，如雨花锦、金银锦、菱锦、装饰锦及台毯、靠垫等。

0840. 四大名绣

刺绣，古称针绣，是用绣针引彩线，按设计的花纹在纺织品上刺绣运针，以绣迹构成花纹图案的一种工艺。四大名绣之称形成于十九世纪中叶，它的产生除了本身的艺术特点外，另一个重要原因就是绣品商业化的结果。由于市场需求和刺绣产地的不同，刺绣工艺品作为一种商品开始形成了各自的地方特色。而其中苏、蜀、粤、湘四个地方的刺绣产品销路很广，影响尤大，故有“四大名绣”之称。

苏绣，是指江苏苏州为中心的刺绣产品的总称。苏州地区优越的地理环境，绚丽丰富的锦缎，五光十色的花线，为苏绣发展创造了有利条件。在长期的历史发展过程中，苏绣在艺术上形成了图案秀丽、色彩和谐、线条明快、针法活泼、绣工精细的地方风格，被誉为“东方明珠”。

粤绣，是以广东省广州市为生产中心的手工丝线刺绣的总称。粤绣中著名的钉金绣，尤其是加衬高浮垫的金绒绣，更是金碧辉煌，气魄浑厚。

蜀绣，亦称“川绣”，是以成都为中心的四川刺绣产品总称。蜀绣的历史也很悠久，用针工整、平齐光亮、丝路清晰、不加代笔，花纹边缘如同刀切一般齐整，色彩鲜丽。

湘绣，是以湖南长沙为中心的刺绣产品的总称。湘绣主要以纯丝、硬缎、软缎、透明纱和各种颜色的丝线、绒线绣制而成。

0841. 缂丝

一种以生丝作经线，以各色熟丝作纬线，平纹制织纬显花的传统丝织工艺品。缂丝又称作“刻丝”、“克丝”或“剋丝”，文异音同。旧时又有“长刻丝”、“刻丝作”、“刻色”等不同名称。缂丝在海外还有其他名称，如“缀锦”、“缀织”、“织成锦”等。《玉篇》说：“缂，织纬也。”由于织造的作品在图案与素地接合处微显高低，呈现一丝裂痕，犹如镂刻而成，故称“刻丝”。其成品正反两面如一，与苏绣双面绣有异曲同工之妙。与刺绣、玉雕和象牙雕、景泰蓝并称为中国四大特种工艺品，并与云锦合称为中国两大珍品手工丝织物。

缂丝的织造与其他织物不同，是采用通经断纬的方法。一般织物花纹为规则变化，其纬线必通过全部之经线。而缂丝每一件所织的内容图形及设色，都没有重复及相同者。其设色纬线仅通过图形部分经线，然后再回转；未通过纬线的经线，由其他图形所需的设色纬线来穿越。古有“织中之圣”和“一寸缂丝一寸金”的美誉。由于经得起历史的考验，又被称之为“千年不坏艺术织品”。

0842. 手摇纺车

是古代中国所用的手摇纺纱机器。纺车最早出现在什么时候，现在尚无定论。湖南长沙曾出土过一块战国时代的麻布，其经纬密度为每厘米28—24根，如此细的麻纱，只有在纺车出现之后才有可能。据此推断，纺车大约在战国时期就已出现。关于纺车的最早文献记载见于西汉扬雄的《方言》。而纺车的最早图像则见于西汉帛画和一些汉画像石。汉画像石上纺车的结构，与《天工开物》所载纺车以及近代农村所用纺车相似，这亦说明手摇纺车自出现起，一直没有什么大的改变，并沿用至今。

手摇纺车由车架、锭子、绳轮、手柄四部分组成。用手起动，绳轮传动，绳轮的直径视所纺纤维而定，如纺不需牵伸的丝麻纤维，轮径可大一些，纺需要牵伸的棉、毛纤维，轮径可小一些。这种纺车可以根据所纺纱线的使用特点，高质量地加捻，并合出粗细要求不同的丝或丝弦。手摇纺车除用于纺纱外，还可兼作并线、摇纤工具，故纺车古时也称"继车"和"道轨"。

0843. 脚踏纺车

古代纺纱器械。脚踏纺车是利用偏心轮在纺车制造上完成的一次改革。脚踏纺车的最早发明时间还有待查考，现在能见到的是公元四到五世纪我国东晋著名画家顾恺之一幅画上的脚踏三锭纺车。1313年，王祯《农书》上也出现过三锭脚踏棉纺车和三锭、五锭脚踏麻纺车，证明脚踏纺车从东晋以后一直都在使用。

脚踏纺车是在手摇纺车的基础上发展起来的，它是脚踏纺车是由纺纱和脚踏两部分机构组成。纺纱机构与手摇纺车相似，有三到五个锭子、绳轮和绳弦等机件。脚踏机构有曲柄、踏杆、凸钉等机件。曲柄装在绳轮的轮轴上，由一个短连杆和下边脚踏杆的一端相连，脚踏杆的另一端则和机架上的凸钉衔接在一起。脚踏纺车的动力来自于脚，从而使纺妇将摇动纺车的右手解脱出来，用双手操作纺纱或合线。这种脚踏纺车，是当时世界上最先进的纺纱机具。

0844. 套染法

套染法的工艺原理和多次浸染法基本相同，也是多次浸染织物，只不过是多次浸入两种以上不同的染液中，以获得各种色彩的中间色。如用蓝草染了以后，再用黄色染料套染，能得到绿色；染黄以后再染红就能得到橙色；染红以后再染蓝能得到紫色。由于颜色的遮盖作用以及染料化学成分的相互作用，不同染料的套染是有规律进行的。以染黄的黄蘖为例，如果先用黄蘖再用其他染料染，黄蘖中所含的小蘖碱会和其他染料反应而失去染色功能，因此，必须先染其他染料，然后再用黄蘖套染。

《淮南子》中说："染者先青而后黑则可，先黑而后青则不可。"表明我国在两千多年前就已经掌握了各种染料之间相互遮盖作用的影响。

0845. **媒染法**

媒染法利用某些金属盐作为媒染剂,使对纤维没有亲和力的媒染染料色素附着在织物上的方法。古代利用这种工艺染色有两种方式:一种是先将织物放在染液中浸渍,而后放入媒染剂使之固色的先浸后媒法;另一种是先将织物放入只含有媒染剂的溶液中加媒,而后再放进染料染色的先媒后染法。媒染法较之其他染色法的上色率、耐光性、耐酸碱性以及上色牢度都要好的多,但它的染色过程也比其他染法复杂。因为同一种媒染染料,加入不同的媒染剂可染出不同颜色。以茜草为例,加铝媒染剂得红色,加铁媒染剂得暗紫色,加锡媒染剂得桔黄色。所加媒染剂数量如稍微不当,染出的色泽会大大偏离原定标准,而且难以致染,所以必须正确使用,方能达到目的。《周礼 · 钟氏》中有关媒染的记载,证明我国染匠在两千多年前就掌握了媒染染色过程终端的色泽。

捌 不可不知的经济知识

一、经济观点

0846. 义利论

“义利”是中国历史上重要的经济范畴和哲学范畴。“利”是利益，泛指包括经济活动在内的求利活动。“义”指某种行为规范。不同时代不同学派对“义”和“利”的内涵及其相互关系有不同的解释，义利之辩持续了两千余年。

早在西周春秋时期，晋人丕郑和齐人晏婴就先后提出“义以生利”和“义，利之本也”的观点。儒家继承了这些观点。孔子承认求利之心人人皆有，但认为求利活动必须以“义”来制约，把“义”放在首位。他的所谓“义”是由贵族统治者的礼制所规定并体现“礼”的精神的行为规范。他又提出“君子喻于义，小人喻于利”，把义利观和阶级分野联系起来。这种义利观经孟子、董仲舒等人的进一步发展，在汉武帝独尊儒术的背景下，遂成为中国古代主流观念之一。其中，董仲舒“正其谊不谋其利，明其道不计其功”的论点，被后儒引作存义去利、讳言财利的理论根据，成为妨碍经济发展的僵化教条。

与这种主流义利观并存的，还有荀子义利并重、墨家的义利同一、《管子》的利以生义、道家的义利两弃、法家的重利轻义、司马迁的“人富而仁义附焉”等观点。宋代，一些地主阶级思想家如王安石、苏洵、叶适、陈亮等，质疑主流的义利观，用功利主义解释义利关系，认为两者是相互为用的。鸦片战争以后，许多人为谋求资本主义工商业的发展大讲求利，批判顽固派贵义贱利的教条。

0847. 富民论

中国古代主张藏富于民的经济思想。其基本内容是减轻人民的赋税负担，使人民富足，国家安定。

儒家鼻祖孔子坚决反对重税搜刮民财，主张敛从其“薄”。《大学》认为，人民的富足关系着国家的存亡，“财聚则民散，财散则民聚”。孟子把薄税敛、藏富于民作为施行仁政的一项重要内容。后来荀子发展了孔、孟的富民主张，明确地把民富作为国富的基础，对后世有极大的影响。然而，论述富民最多的是托名管仲的《管子》一书。首先，《管子》从治国治民的角度出发论述富民的必要性；其次，认为，民富是君国的富源。但《管子》的富民讲究“度”，即不可使民富无度，所以一定要“贫富有度”，只有这样才有利于统治阶级。

总之，这些虽然都是从统治者治国的立场上提出的经济观点，但都在一定程度上代表了新兴地主阶级的利益，也反映了被剥削的劳动群众的要求，因此具有相当的进步意义。

0848. **节用论**

就是节制消费的观点。为中国历史上重要的经济思想，不但是持家治生的原则，而且是治国理财的原则。

先秦时期儒、道、墨、法各家代表人物无不强调节用，把“节用”和“强本”（努力生产）视为经济持续发展的两个支撑点。如儒家孔子提倡国家节省开支，不能浪费人民的劳动力或时间。个人消费既要节俭，又要与等级身份相适应。道家在物质生活上要求“去奢”崇俭，视“俭”为生活应当遵循的三项原则之一，法家的韩非认为“力而俭者”才能致富。墨家代表人物墨翟不仅强烈谴责统治者奢侈浪费，大力倡导节用，而且身体力行，带头过清苦的生活。战国后期的荀况继承儒家传统，也主张节用“尚俭”，并且把节用看作与大自然做斗争的工具。《管子》一书在总体上也主张节用，但遇到灾害时，统治阶级应当奢侈，以增加贫民的就业机会。

中国古代思想家已经从经济可持续发展的角度认识和论述“节用”问题。古代经济以农业为主体，农业是建立在自然再生产的基础之上的，因而必须遵循自然再生产的节奏。也就是说，一定时期、一定条件下农业生产的发展是有限度的，不可能满足人们消费的无限需求。因此，要“取之有度，用之有节”，统治者的征敛和消费不能超过大自然和老百姓所能负荷的限度。只有这样，才能“常足”，否则难以为继。而要真正做到节制消费，就必须适当控制人们的消费欲望。为此，荀子又提出“节用御欲”的要求。

0849. **耕战论**

亦称“农战论”，战国时期将重农与重战相结合以实现富国强兵的一种政策主张。战国时兼并战争频繁，各国普遍重视发展农业生产和增强军事力量。在秦国主持改革的商鞅更是把农战提到空前的高度，作为根本性的国策。他认为农业既是国家财政收入的来源，也是战争的物质基础，而且能从事打仗的也是农民，所以，国家要富强，必须抓住农和战这两个根本。他认为言谈游士、商贾和为技艺者秉性多巧取欺诈，总想逃避农战，很难驱使他们进行守战，更谈不到忠勇。只有农民朴实诚信并且很重视自己的居里，所以很容易驱使他们去为统治阶级进行忠勇的守战。因此，他主张种田靠农民，打仗也要靠农民。为此，实行“作壹而得官爵”，即人们除农战外不能以任何方式取得官爵。同时，要抑制妨碍农战的社会势力。把“《诗》、《书》谈说之士”、“处士”（隐士）、“勇士”（好私斗的人）、“技艺之士”和“商贾之士”等“五民”列为抑制对象。

继商鞅之后，韩非也力主农战结合，并主张对非农战的行为采取更严厉的限制。“农战论”为新兴地主阶级政权实现国富兵强，进而统一中国起了重大历

史作用。

0850. 本末论

中国思想家关于农业和工商业在国民经济中的地位和作用的思想理论。“本”“末”二字均源于树木的“木”字,“本”表示基干,“末”表示末梢。人们用它形象地比喻农业和工商业的关系。

先秦时期的思想家大都以农业为“本业”,以“雕文刻镂”一类奢侈品的生产和流通为“末业”。他们把发展农业放在经济工作的首位,虽不否定工商业的社会职能,但认为不能听任民间工商业过度发展,必须加以抑制,才能保证农业所需的劳动力。商鞅在秦国推行的变法令,采取一系列政治、经济措施,控制“商贾技巧之人”的数量,以保证大多数人致力于农业生产。韩非还指责工商业者为五种社会蠹虫之一,进一步将“末”的范围扩大到整个工商业,从而形成“农本工商末”的完整概念。

秦统一中国后,将“上农除末”定为国策。西汉政权面对商人势力的增大,坚持奉行“抑末”政策,贬低商人的社会地位。晁错针对商人的奢侈和欺诈行为,呼吁“驱民而归之农,皆著于本”,提出“以粟为赏罚”的“贵粟”主张,进一步发展了重农思想。但汉代有一些思想家如司马迁虽认为“本富为上,末富次之”,仍肯定农、工、商都是致富的源泉,无轻重之分。桑弘羊则指出治理国家应“开本末之途”,富国也要靠发展官营工商业,而不是单靠农业。东汉王符提出新的本末划分标准:以“农桑”、“致用”、“通货”为本,以“游业”、“巧饰”、“鬻奇”为末,而不是将工商一概称为“末”。但总的来说,在汉代“重本抑末”论是社会的主流思想。

重本抑末思想和政策,对官营工商业有促进作用,但阻碍了民间商品经济的发展。因此随着社会经济的发展,它的消极作用愈来愈严重。从唐代起,为民间工商业及其从业者的正常经营活动进行辩护的观点,就不断出现,有的理财家还以商业经营原则作为财政改革的指导原则,逐渐形成一个反对重本抑末的思想潮流。到宋代,这一趋势更加明显。李觏坚决反对官府专卖政策而主张“一切通商”,“听其自为”。南宋叶适更明确主张“夫四民交致其用”,公开否定了传统的抑末观点。此后,传统本末思想虽仍占统治地位,但发展民间工商业的新观点却在不断扩大其影响。特别是明中叶以后,工商业的发展已经孕育和产生资本主义生产关系的萌芽。与此相适应,反对抑末、轻末的观点也同传统经济教条形成了日益尖锐的对立。明清之际,黄宗羲抨击世儒“以工商为末,妄议抑之”,提出工商“皆本”的新命题。清初王源则从国家不能“有农而无商”的认识出发,强调“本宜重,末亦不可轻”,把矛头直接指向根深蒂固的轻商思想。

0851. 贵粟论

贵粟论是主张提高粮食地位或农产品价格以促进农业生产发展的思想。

我国古代有许多人主张贵粟。战国时商鞅在秦国采取了提高粟价、奖励农耕等一系列具体措施，取得了良好的效果。然而，对后世影响最大、最具有典型性的贵粟论者是西汉时期的思想家晁错和他的《论贵粟疏》。

晁错反对商人对农民的剥削，并认为这是商人对农人之“兼并”并使农人流亡的根本原因。对农民，晁错又抱着极大的同情。这种对前资本主义商业贱买贵卖进行欺诈的深刻揭露和生动描绘，是他以前的思想家论述不多的。晁错提出的“贵粟”主张更多地着眼于农民的疾苦，而不仅仅是统治者治国安邦的方略。

对于如何实行贵粟，晁错提出可以用捐献粟米的办法取得官爵或抵除罪役。这种具体办法把自古存在的重农思想推到了新的高峰。晁错认为实行贵粟政策能取富人的余粟以供上用，能减少贫农的捐赋，即所谓损有余而补不足，这项建议被文帝采纳后，对促进“文景之治”确实起到了一定的作用。晁错的贵粟论所表现出来的重农思想对后世影响很大，直至几千年后人们还引用他的话强调农业生产的重要性。

0852. 轻重论

中国古代著作《管子》中以商品流通过程为研究对象的货币价格理论。《管子·轻重篇》主要讲商品流通、货币流通和价格的关系。后人凡是讲到轻重理论或轻重之学，都是指《管子》的轻重理论。

战国中后期，各诸侯国内商品货币经济有了较大发展，在诸侯国之间有盐、铁、粮食等重要商品的贸易，货币亦由大而重的刀币、布（铲）币等铸币，逐渐改变为便于流通的圆钱，黄金则主要在诸侯国间流通。那时各国讲求富国强兵，设法用经济政策加强国家财力。《轻重》各篇所述，就是这些客观存在的反映。

《轻重》各篇的基本思想，是通过货币和价格政策的规定，控制全国的重要物资如粮食、盐、铁等的流通，以达到加强国家财力和打击富商大贾的目的。这就是所说“以轻重御天下之道”。

由于轻重理论是从货币具有作为流通手段和贮藏手段的职能出发，进而论述货币可以用来作为控制各种物资的政策手段，所以货币的贵贱，即货币价值的高低，成为这一理论的中心问题。轻重理论对后世影响很大，在中国封建社会言货币理论、货币价格政策以及粮食储备、均输平准、盐铁官营等，都不断引用这种理论，并用以制定各种实施方案。

0853. 耕者有其田

孙中山晚年在国民党改组后提出的满足农民土地要求的口号，是新民主主义经济纲领的一项重要内容。

这一思想最早由清初思想家王源提出，他希望用国家行政权力强制推行，但当时是不现实的。孙中山到晚年才喊出“耕者有其田”的口号，以发动广大农民起来参加革命。孙中山设想了两条途径:一是授田,对于无地或少地的佃农,"国家当给以土地,资其耕作";二是贷田,对于边远地区如新疆等地旷人稀的区域,国家要组织内地人口迁居。他站在彻底的民主革命的立场上提出耕者有其田的正确口号,具有深刻的现实意义和历史意义。可惜的是没有实施。直到在中国共产党的领导下,经过大规模的土地改革,才从根本上废除了封建地主阶级土地私有制,满足了广大农民千百年来对土地的要求和渴望,历史上第一次真正实现了耕者有其田。

二、经济制度与措施

0854.井田制

商周时期实行的一种土地制度。在这种制度下,耕地被纵横交错的沟洫(大大小小的排水沟)和相应的道路区划为方方正正的方块田。每块"田"一百亩(周尺六尺为步,步百为亩,亩百为田,约合市制三十亩),分配给农夫作"份地",用以糊口养家。同时,又按照不同的等级,把一定数量的田(连同农夫)授予各级贵族作为"禄田"。农夫除了耕种份地("私田")以外,还要在贵族直接经营的领地("公田")上无偿劳动。

井田制起源颇早,传说黄帝"造兵井田"。甲骨文中"田"字为棋盘式方块田的形象,是商代实行井田制的遗迹。《国语》载孔子追述西周以"田一井"为单位征赋的制度。《孟子》记录了战国初年孟轲据殷周旧制为滕国设计的井田方案。在稍后的《周礼》中,井田制及其相应的沟洫道路系统有详尽记载,但已被整齐化和理想化了。据研究,井田制是从原始社会末期的公有私耕的农村公社演变而来,并被改造得适应阶级社会的需要。

春秋战国时期,随着铁犁牛耕的推广,农民份地私有化,井田制逐渐崩溃。但在土地私有制和土地兼并日益发展,大量农民失去土地,社会矛盾加剧的情况下,一些人怀念农民拥有比较稳定的份地、保留着村社互助传统的井田制,把它理想化,试图作为匡弊救时的药方。

0855.初税亩

春秋时期鲁国实行的按亩征税的田赋制度。这是中国古代按实际占有田亩数征税的开始。初,为开始的意思;税亩就是按土地亩数对土地征税,且不分公田、私田,一律按亩征税。具体方法是对公田征收其收成的十分之一作为税赋,对公田之外的份田、私田同样根据其实际亩数,收取收成的十分之一作为赋税。春秋时期,由于牛耕和铁农具的普及和应用,农业生产力提高,大量的荒地被开垦后,隐瞒在私人手中,成为私有财产;同时贵族之间通过转让、互相劫夺、赏赐等途径转化的私有土地也急剧增加。与此同时,各诸侯、卿、大夫逐渐把"周天子"所赐的"公田"占为己有,据为私田。在这种形势下,鲁国为了弥补日益扩大的财政需求，首先承认了土地的私人占有地位，并开始按私人占有田亩的实际面积征税。初税亩反映了土地制度的变化，标志着地主土地制行将发生，推动了社会生产力的发展。大多数研究者倾向于把鲁国的初税亩作为我国农业税征收的起点。

0856. 屯田制

中国历代政府组织军民在国有土地上的垦耕活动和生产组织形式。它起源于汉王朝抗御北方游牧民族的需要。早在汉文帝时，晁错就建议募民塞下垦耕御边，被批准实行。汉武帝元狩四年(前119)击败匈奴后，开始大规模的边防屯田；从河套到河西酒泉张掖一带布置了屯垦戍卒六十万。这种以抗御北方游牧民族为目的的边防屯田及其采取的军屯、民屯两种形式，一直延续到后世。国家分裂时期对立政权在双方接界附近地区的屯田，如三国时期、南北朝时期、宋金对峙时期的两淮屯田也属于边防屯田的范畴。东汉建武五年(29)马援屯田三辅地区，为内地屯田之始。唐宋时屯田规模不大，金元时屯田遍及内地和边陲，明代臻于极盛。清代屯田走向衰落，除保留漕运屯田外，裁撤卫所，只有内蒙古、新疆和西南苗疆有若干屯田。屯田是国有土地的一种管理和经营的方式，往往与军事斗争有密切关系。屯田的剥削方式，或实行强制性的无酬劳役制度，或采取民间流行的分成制或定额制实物地租。无论哪种方式，超经济强制都比较突出。曹魏的屯田卒有屯籍，元明清的屯军则有军籍，规定世袭服役，性质类于农奴，因此往往引起屯田军民的反抗和逃亡。这些斗争促使屯田不断向民田转化，屯田军民不断向编户齐民转化。

0857. 均输平准

西汉中期以后实行的国家直接参预和控管流通领域的两项措施。其创始人是西汉的桑弘羊。均输是由政府利用各地贡赋进行某些商品地区间的长途贩运贸易。平准是官府通过收购和抛售物资来调节市场的物价。

均输创始于汉武帝元鼎2年(前115)。在这以前，各郡国诸侯的贡物要直接运往京师，民力耗费巨大，售价往往不足抵偿其运费；运输过程中又往往损坏或变质。为了避免这些弊端，桑弘羊在各郡国置主管运输的均输官，各郡国应缴贡物，除特优者和必需品仍运京师外，余按当地市价连同运费折合为当地丰饶而价廉的土特产品交给均输官，然后由均输官运到价高地区出售。这就把贡纳转化为官营商业，政府由此获得巨大的财政收入。

西汉实行均输法以后，国家掌握了大量物资和现金，具备了调控市场价格的条件。于是桑弘羊在推广均输法的同时创立了平准法。他在京师设置名为“平准”的机构，由大司农属下的平准令掌管，集中管理均输中王室直接消费以外的物资和工官制作器物中充当商品部分。当市场上某种物价上涨时，平准就低价抛售，价格下降时，平准就收购，以保持市场物价的稳定，防止富商大贾操

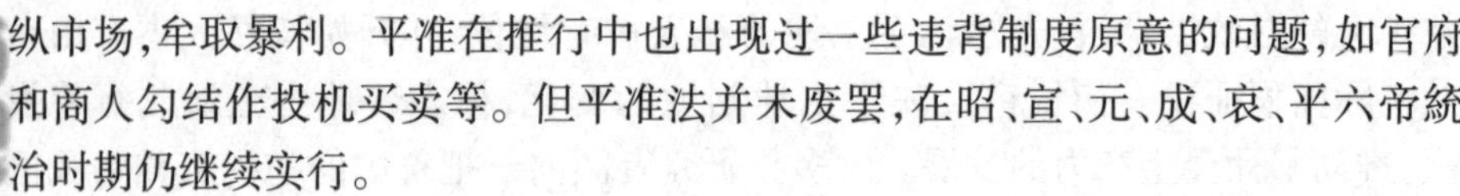

纵市场，牟取暴利。平准在推行中也出现过一些违背制度原意的问题，如官府和商人勾结作投机买卖等。但平准法并未废罢，在昭、宣、元、成、哀、平六帝統治时期仍继续实行。

均输平准在后世也产生了重大影响。如汉宣帝时耿寿昌的常平仓，王莽的“五均”和“市平”，唐刘晏的常平法，王安石的市易法，都是在不同条件下和不同程度上对均输平准的继承和发展。

0858. 均田制

北魏至唐由政府“均给天下民田”的土地管理制度。开始于孝文帝太和九年(485)的均田令。北魏统一北中国后，北方因长期战乱形成大量无主荒地，豪族恃势荫冒占荒，回乡农民得不到必要耕地，土地关系紊乱，赋源枯竭。对此，北魏政府整理户口，重建乡官组织，以三长制代替宗主督护制，并在这基础上把早年对迁移民户和俘虏实行的“计口授田”加以完善和推广，遂有均田制的推行。均田制名义上由政府授予人民耕地。土地分配实行先贫后富的原则。在这种制度下，地主不但保留原有土地，且可利用大量奴隶耕牛扩大占有地；但缺地农民和从豪族地主那里检括出来的苞荫户也可以分到部分无主荒地。继北魏之后的北齐、北周、隋、唐都继续实行均田制，其法与北魏基本相同而有所损益。如逐步取消了奴婢受田的规定，授田标准也有所变化。隋唐统一后把均田制推向全国，扩大了对各类人的授田，并放宽了对土地买卖的限制。均田农民不但世业田私有，口分田也因长期使用实际上转为私有，他们负担着课税性质的租庸调。均田制自始就没有也不可能彻底实行。它没有触动原有的地主土地私有制，不可能真正抑制土地买卖和土地兼并的发展，中唐以后，土地兼并日益严重，农户纷纷逃亡，均田制实际上被废止。

0859. 租庸调

唐代前期在均田制的基础上向受田课丁征收田租、户调和力庸的赋役制度。武德二年(619)和武德七年(624)先后两次颁布租庸调法。其法：每丁每年向国家输粟二石，为租；输绢二丈、绵三两，为调；服役二十日，称正役，不役者每日纳绢三尺，为庸。若因事增加派役，则以所增日数抵除租调，并限定所增日数与正役合计不得超过五十日。这些规定，承袭了北魏以来的赋役制度，租调负担比前代略有减轻，可以以庸代役，并订有水旱灾害减课办法，有利于农业生产的恢复和发展。唐初对免课有严格限制，其余无论何人，都必须负担租庸调，称为课户。租庸调的收入占当时财赋总收入的四分之三。租庸调制虽然是和均田制联系在一起的，但是在实施过程中，租庸调的征收实际上并不以授田多少为转移，而更多地以户籍为据。唐代的均田令并未在全国施行，而租庸调则推行到全国各地，甚至边远地区。唐代的租庸调制度虽然较前有进步之处，但对广大农民的剥削仍很重。

0860. **两税法**

唐代后期开始实行的以资产为依据每年夏秋两季征收地税和户税的赋税制度。唐德宗建中元年(780),杨炎奏准实行两税法。其主要内容是:①将原来分别征课的租庸调、户税、地税及各项杂赋,统一以户税为计征基础加以简并。税目基本上保留户税和地税两种,一年分夏秋两次征收,夏税到六月止,秋税到十一月止,废除了原来多种税多次征收的扰民制度。②征收对象由人丁改为户,不论土著户或寄居户,均在现住州县建立户籍;不论是否课丁均按财产多寡分九等课税。③除"田亩之税"部分仍按规定交纳谷粟外,其余各税一律折合货币交纳,减少了实物课征之繁。此外,原来的庸并入两税后,改为赋税代替摇役,人们可以钱代役免除正规摇役,劳役租税的形式变成货币租税了。④税收总额由国家控制,然后分摊到各地按户等差别征收。

两税法在唐代均田制瓦解和租庸调制破坏的情况下推行,有利于改善财政极端混乱的状况。它把各种杂税合并统一征收,简化了税制,便利了人民。废除了人丁为本的不合理税制,改按各户的贫富等级征课,使纳税负担趋于合理。它整顿了财政制度,削弱了地方权力,加强了中央控制。两税制顺应了唐中叶以后商品货币经济增长和人身依附关系减弱的经济发展新趋向,因此后来虽屡遭非难,仍存而不废。明朝的一条鞭法和清朝的摊丁入亩,都是沿着两税法的方向前进的。

0861. **一条鞭法**

一条鞭法是明朝中叶以后张居正改革推行的一项赋役制度。即把各州县的田赋、杂税和差役合并归一,去繁从简,统一征收;课税的主要对象由人丁改为田亩,各项赋税、差徭均摊到地亩中去,计亩征银;征收方法,徭役由官府雇募,除去漕粮、白粮征米外,其他一切实物都改为折收银两。

一条鞭法仍是我国赋役史上一项重大改革,具有明显积极意义。首先,改善了赋役不均的状况。经过清丈土地重定赋役,总归一目,按亩征收,使无地或少地农民的沉重徭役负担明显减轻,再加差役改由征银,农民同封建政府的人身依附关系大为削弱,此外,徭役摊入地亩中,大土地所有者也必然会增加一定赋役负担,有利于劳动农民。其次,赋役制度简化,骚扰减轻,国家财政收入有了保证。简化内容后,征收项目清楚,不能随意加征,人民所受剥削有所削弱。再次,推动了商品经济的发展。赋役折银征收,既是商品经济和货币经济发展的结果,反过来又推动商品货币经济进一步发展,促使农业商品性生产增长,改善农业自然经济结构,加速手工业和各部门经济发展。总之,一条鞭法的改革符合了当时社会经济发展的总趋势。但受到权贵势力反对和破坏,所以也只能在一定时期内一定程度上起到均平赋役的作用。

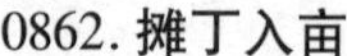

0862. **摊丁入亩**

摊丁入亩是清政府将丁银(人头税)并入田赋征收的一种赋税制。清政府于康熙五十一年(1712)正式命令以康熙五十年的人丁(24621324 人)和丁银(359 万两)作为定数,以后增加人丁,永不加赋,定数之中的丁口如有缺额,以新增的人丁抵补。人丁和丁银固定以后,便陆续将丁银摊入田亩。这便是所谓的摊丁入亩。

摊丁入亩从原则上来讲无地的农民可以不负担丁银,从而减轻一些少地或无地农民的繁重赋役,有利于社会生产的发展。但是,由于摊丁入亩并没有丝毫动摇封建秩序和财政压榨,所以尽管实行摊丁入亩,而清政府的加征仍源源不断,徭役亦未尽除。

0863. **市舶制**

中国古代管理海外贸易的制度。始于唐,历经宋、元、明数朝。

唐朝实行对外通商贸易的开放政策,唐玄宗开元二年(714),在广州设置市舶使专管海外贸易。由于唐朝已有禁榷制度,外国船只抵港后,要把货物样品呈送给市舶使,市舶使派人对货物进行核查。如有禁物便要查封没收,榷货则由政府全部收购,非禁榷物品则纳税后,部分由政府收买,余者允许外商自由贸易。宋代发展成为市舶司,并且还设置过市舶务、市舶场。市舶司的管理职能较唐代更为完善,其主要职责是招徕和保护外商及负责征税和专卖。元代海外贸易规模超过宋代,其管理机构仍为市舶司,由行政省直接管辖,并且订有市舶法则。市舶制较宋代更为严密完整。明初仍设市舶司管理外贸,后由于倭寇进犯浙东,明政府实行锁国政策,禁止海外贸易。成祖即位后渐开海禁。在浙江、福建、广东设市舶司,并派人到海外招徕外商,在市舶司所在地还设有专门的驿馆接待外商。后来又派郑和下西洋,进一步开拓海外贸易。清朝实行海禁政策,开放海禁后市舶制被海关取代。

0864. **禁榷**

国家对重要资源和产品实行垄断性经营或专卖,是中国古代重要的经济政策。"榷"的原义是独木桥,引申为专利、专卖、垄断。禁榷就是由官府垄断,不许别家经营。禁榷的对象主要是盐、铁、茶、酒以及铸钱等直接关系国计民生和获利丰厚的生产部门。

禁榷起源于春秋齐国管仲的"官(管)山海"。"官山海"就是由官府管制铁和盐、鱼的生产,通过对盐铁等自然资源实行管制以增加财政收入的经济思想和政策主张。

秦朝已是"颛川泽之利,管山林之饶";汉初一度"弛山泽之禁",富商大贾势力膨胀;至武帝时,在桑弘羊主持下,实行全面的盐铁官营,又实行榷酒,从而使禁榷政策进入新的历史阶段。

禁榷政策在后世屡被采用。王莽篡权后，实施的重大改革之一，就是加强汉朝长期放松的盐铁管制。后来，三国时也推行了盐铁专卖的制度，以应付战争的需要。西晋王朝对此也未作改变。隋和唐初对民间采盐不加干涉，冶铁业除了官营，也允许私营，国家征收矿税。唐中后期时逐渐加强管理。宋、明、清各代均沿袭此种做法，一方面非常重视管理盐业，并采取了许多新措施，另一方面对铁的生产和流通则放松控制，只征取一定税收。榷茶则始于唐德宗时期。

禁榷是历代封建王朝重要的财政收入来源。它在封建社会初期，还起到了打击商人资本活动的作用，具有一定的积极意义。但随着封建经济的发展，它又成了阻碍中国自由资本主义萌芽的重要因素，因而不利于社会的进步。

0865. **漕运**

秦汉以后历朝政府从各地调拨粮食运送到京都或其他地方的一种物流形式。由于主要依靠天然河道和人工运河运输，故称漕运，所运粮食即称漕粮；实际上除河运外，还有陆运、水陆联运，后来还有海运，也都统称为漕运。秦汉形成统一的中央集权封建帝国，适应对内统治和对外防御与拓展需要而建立的庞大官僚机构和军队所需之大量俸饷，已不能就地获得完全解决，在商品经济尚不发达的情况下，必须由政府征发民力物资，组织长途调运，漕运遂由此而产生。西汉漕运形成制度，主要是把关东漕粟运往首都所在的关中，汉武帝还为此开凿了渭漕渠，漕粮数量由汉初每年几十万石逐步增加，一度达六百万石。隋唐以后，随着全国经济重心的南移，江南逐渐成为漕粮的主要供应地，漕运路线亦随之变化。隋炀帝开凿通济渠，联结河、淮、江三大水系，形成沟通南北的新漕运通道。唐后期通过汴河运往关中的江淮租米成为唐政府命脉所寄。北宋建都汴梁（今河南开封），南北方漕粮分别由汴、黄、惠民、广济四河转送，而汴河运江淮米每年多达五六万万石，居首位。元都大都（今北京），更仰赖南方粮食供应，为此在隋代运河基础上接通了从杭州到大都的大运河。但因其中会通河岸狭水浅，不胜重负，江南大量漕粮不得不以海运为主，直到明初。后经明成祖治理，解决了会通河水源不足问题，京杭运河畅通，遂罢海运而专靠河漕，南方八省每年运北京的正粮达四百万石。清承明制，漕运仓储制度更为完善，“岁漕东南粟四百六十余万石”至京师地区。漕运维持封建国家的运转，但它依靠行政调拨，耗费民力，成为人民的重担。历代政府都进行过一些改革。后来随着商品经济的发展，漕运已非必需，终于在1901年由清政府下令停办。

三、经济名著

0866. **《史记·货殖列传》**

《货殖列传》是西汉司马迁《史记》中的一个篇目，记载了自春秋末到西汉初期以工商业致富的货殖家们的事迹。主要内容有三个：一是为春秋末至汉武帝时的著名富商大贾立传，如范蠡、子贡、白圭、猗顿、郭纵、卓氏、程郑等共三十多位；二是介绍了当时各地的山川、物产、人口、交通、都市等经济地理概况，及人们的生活习俗，特别是工商业发展的状况，这一历史时期的经济特点；三是阐述了司马迁本人对经国济民问题的一些看法，他以无可辩驳的史实，充分肯定商业在社会经济流通中的作用，提出了许多独到见解，阐明商业和国计民生的关系。《货殖列传》还包含了相当丰富的经济历史、经济地理和民俗风情等方面的资料。《货殖列传》通过叙述商贾之行事，说明财货滋殖的道理，充分肯定商业在国家经济结构中的重要流通作用，批判极度“抑商”的专制主义政策对社会经济发展的有害思想，打破以农为本的自然经济治国观，不仅具有一定朴素唯物论思想，而且在封建经济确立的时期显示了反抗传统思想的民主精神，有相当的历史进步性，成为中国经济史上的宝贵财富。

0867.**《史记·平准书》**

《平准书》是中国古代最早的专门记载社会经济发展史的著作。主要论述与商品货币相联系的经济问题，特别是封建国家管理商品货币经济的政策措施，因“平准”是汉武帝时实行的直接控制市场、调节物价的一系列政策，因此，司马迁以“平准”作为本篇的篇名。《平准论》着重记载了汉初至汉武帝时一百多年间的社会经济发展、财政状况、经济政策和货币制度的变化。同时，司马迁对当时发生的经济现象和实行的经济政策也进行了评论。这些评论反映出司马迁不赞成国家对经济生活的专制干预，主张自由放任，听其自然发展。因此，他对桑弘羊的“平准政策”，虽然也予以较充分的肯定，但态度上有所保留，而对从事“牧畜”致富的卜式则倍加赞赏。他载录卜式对盐铁、均输和攻击桑弘羊的言论，实际上也是表达了自己的倾向。《平准书》的问世，为后代史书载有专门记述经济活动的专篇提供了一个典范。

0868.**《汉书·食货志》**

中国东汉史学家、文学家班固(32—92)所著纪传体史书《汉书》中专述经济史的一篇。该篇不但论述了殷周至西汉社会经济的发展，而且对“食货”作了开创性的解释和应用，从此，“食货”成为中国古代表示社会经济的专有名词。“食货”一名取于《尚书·洪范》“八政，一曰食，二曰货”，“食”指生产，“货”指交换或流通。“食货”即相当于现代“经济”的概念。《汉书·食货志》上篇述“食”，下篇述“货”，实际内容已经包括了整个经济。

纪传体史书列专篇论述经济，始自《史记·平准书》，但是该篇只述及西汉武帝以前的财政演变。《汉书·食货志》则在内容上扩大、时限上延伸了。其上篇从传说的“神农”开始耕作和“日中为市”说起，追述了殷周时代的土地赋税制度和农业生产内容、生产组织，然后重点叙述了战国以来至西汉的农业经济，包括春秋战国井田制破坏，西汉初年经济凋敝与恢复，武帝晚年重新重视农业生产的发展和昭宣之世经济的复兴，以及王莽改制等；下篇则叙述从周代到王莽货币的变化和西汉财政的发展，保留了许多珍贵的经济史和经济思想史资料。

0869.**《盐铁论》**

西汉桓宽根据汉昭帝时召开的盐铁会议记录"推衍"整理而成的一部著作。全书十卷，六十篇，篇各标目，前四十一篇写会议辩论，第四十二至和五十九篇写会后余谈，最后一篇"杂论"是作者写的后叙。公元前81年二月，朝廷召集全国各地六十多位贤良文人到京城长安，与以御史大夫桑弘羊为首的政府官员共同讨论民生疾苦问题。当时，双方以盐铁问题为中心，对盐铁官营、酒类专卖、均输、平准等财经政策，以至屯田戍边、对匈奴和战等一系列重大问题，展开了激烈争论，这是中国古代历史上第一次规模较大的关于国家大政方针的辩论会。三十年后，桓宽据这次会议的官方记录，加以"推衍"整理，增广条目，写成《盐铁论》一书。《盐铁论》广泛记述了有关汉武帝统治时期的经济、政治、外交、文教等方面以及若干思想意识领域的争论问题，尤其是当时财经政策的得失问题。既为后世保留了较丰富的西汉中叶的经济史料，也记录了辩论双方的较系统的经济思想。

0870.**《天下郡国利病书》**

清初顾炎武编著的一部专门论述中国地理经济的著作。全书一百二十卷，写于1639—1662年间，先后共历二十余年。写作此书的目的在于寻求挽救天下危亡的有益学问。为了达到这一目的，作者据二十一史、《明实录》，取天下府、州、县志书和历朝奏疏、文集，并结合自己的实情考察所得，分类辑录有关民生利害部分成书。首为舆地山川总论，次以明两直隶、十三布政使司分区，对地理形势、矿山资源、农田水利、粮额、屯田、户口、田赋、徭役、设官、边防、关隘等，都有详细论述，偏重于经济和军事形势概论，记录了西域、交趾和海外诸国的情况，是一部别开生面的经济地理史稿。但因此书属未成之作，故其内容编排次序不统一，辑录的论点也多是同异并列。虽然如此，此书的地位还是不可低估的，它为后世提供了大量有价值的社会经济史料，对于今天的经济史研究仍然具有重要的参考价值。

四、老字号

0871.**六必居**

六必居以经营京味酱菜而驰名国内外。该店创办于1530年，位于北京前门粮食店街。"六必居"取自我国古代酿酒之"古遗六法"："秫稻必齐，曲蘖必时，湛饎必洁，水泉必香，陶器必良，火齐必得。"简称"六必"。六必居的著名产品甜酱八宝瓜、酱黄瓜、酱黑菜、八宝菜、酱甘螺、什香菜、酱姜芽、甜酱瓜、白糖

蒜、小酱萝卜、甜面酱、铺淋酱油等十二种名菜，早在清代即被宫廷指为御用佳品，特供帝王及皇室成员享用。六必居酱菜一贯保持着清洁鲜美的特色，凡用蔬菜必选新鲜时令的，经过严格的清洗、腌制、晾晒、酱泡数十道工序精制而成，外形美观，色泽鲜亮，脆嫩清香，酱味浓郁，甜咸适中，既合北京人口味，也深受各地食者喜爱。六必居自创业以来，四百余年盛而不衰。

0872. **同仁堂**

同仁堂创建于1669年，是我国古老的中药企业之一，创办人为乐尊育。乐尊育系清初太医院吏目，不仅通晓医术，且喜读方书，认为行医制药"可以养生，可以济人"，又认为"同仁"二字既公而雅，甚爱之，立以为店名。经数代人艰辛奋斗，乐家同仁堂已成为我国中药业历史最悠久、规模最大、信誉最高的中药生产企业。近年同仁堂所产成药已达500种，尤以十大名药蜚声中外。安宫牛黄丸、苏合香丸、再造丸、局方至宝丹、紫雪散、大活络丹、虎骨酒、参茸卫生丸、女金丹、牛黄清心丸等，具有镇惊解热、舒筋活血、补气生神的功能，主治中风不语、半身不遂、神志昏迷、邪热高烧、肢体麻木、多年不孕、内火攻心等。特别是安宫牛黄丸救急症于顷刻，挽垂危于旦夕，享有"头名状元"之称。同仁堂中药是中华民族瑰宝，向以"堂风正、品味真"享誉四海，出口四十多个国家和地区，为我国传统医药赢得特殊声誉，为弘扬祖国中医药文化做出了贡献。

0873. **全聚德**

北京全聚德烤鸭店，系河北蓟县人杨全仁于清朝同治三年(1864)在北京创办。全聚德主营挂炉烤鸭，鸭皮油亮酥脆，色泽枣红，鸭肉细嫩鲜美，风味独特，是中华烹饪之精粹，天下名菜，不仅京城人喜爱，南来北往之人也赞不绝口，外国友人更为厚爱。解放后全聚德名厨师多次出国献艺，更使北京烤鸭风靡海外。为了满足世界各国朋友的要求，全聚德与外商合资先后在日本、美国、德国等地开设了多处北京烤鸭店。北京烤鸭博得众口称赞，源于鸭质好、配料精、烤炙技艺高。烤鸭用料不是一般河湖的鸭子，而是通过人工往鸭嗉子里填饲料喂养起来的填鸭，一只小鸭仅两个月就能达到五斤重，生长周期短，肉质肥嫩。挂烤技术也很讲究，燃料要用硬质的果木树，使鸭子具有果香味，并且要均匀受热，不焦不生。全聚德的全鸭席更是风靡世界。有冷热菜一百多个品种，其中"芥末鸭掌"脆嫩微辣，"烩鸭四宝"鲜美可口，"炸鸭胗肝"香酥清脆，天下佳肴，名不虚传，堪称世界少有的单菜大饭店。

0874. **荣宝斋**

荣宝斋前身为松竹斋南纸店，1894年改为荣宝斋。荣宝斋素有"东方艺苑"之称，是中国古老文化的缩影，以经营古今名人书画、文房四宝、金石篆刻、临摹装裱而名闻中外。其木版水印复制画堪称一绝，经临摹、勾描、分版、刻版、印刷竟足以乱真，技艺之高，形象之真，令人惊叹。许多木版水印名画，如《齐白石专集》、唐代周昉的《簪花仕女图》等，被国家作为珍贵礼品送给外国友人。荣宝斋还是一座艺术珍品收藏馆。其收藏的书画珍品有元代吴镇、盛懋，明代仇英、文征明、徐渭，清代石涛、华岩、任颐以及扬州八怪等名家的真迹，还有现代书画家康有为、梁启超、张大千、徐悲鸿、齐白石、傅抱石、潘天寿、王雪涛等人的作品。此外还收藏不少珍贵文房四宝，如明代王铎的“百眼端砚”，清代吴昌硕的“刻铭端砚”及罕见的重 54.5 公斤的“九龙端砚”，明万历年的“程君房百子图墨”，清乾隆年的“丁巳御制库硃墨”等。荣宝斋作为中国古老传统文化艺术的代表，在国际上也有很高的声誉，为繁荣我国文化艺术做出了巨大贡献。

0875. **东来顺**

东来顺饭庄以经营清真名菜涮羊肉闻名遐迩。1903 年，丁德山趁北京东安市场兴起之机，租摊位经营豆汁、扒糕等风味小吃，数年下来稍有积累，在友人帮助下盖起几间瓦房，1914 年正式挂牌“东来顺羊肉馆”，主营涮羊肉及清真菜肴。十年后已成为京城有名气的大饭庄。东来顺涮羊肉是中华烹饪艺术的瑰宝，那洁白如雪的台布、晶莹闪亮的铜锅、红黄青绿的佐料，衬托在青花瓷盘精薄如纸的肉片间，宛如一幅美妙绝伦的艺术杰作，未品尝人已醉。东来顺饭庄的基本特色是肉美、工细、料精、火旺、经营有方。解放以后，东来顺饭庄又有了长足发展，店堂翻新，营业扩大，机械切肉，品种增多，科学管理，环境幽雅，成为国家接待宾客的重点饭店之一。

五、货币金融

0876. **五铢钱**

五铢钱是从公元前 118 年起至公元 621 年止，在中国流行七百多年的主要货币，是属“铢两货币”类型的铜质铸币（偶有铁质铸币），上铸有“五铢”二篆字，以重量为钱名，其标准重量为 4 克。形状为圆形方孔，内外边缘有突出的轮廓，标准钱径为 2.5 厘米，厚 0.12 厘米，具有大小得体、轻重适中、币面文字经久耐磨等特点。汉初货币制度仍承秦制，但认为秦货币太重，于是在汉初近 100 年间推行铸币减重政策，多次变更币制。公元前 118 年始铸五铢钱，又于公元前 113 年禁止郡国铸钱，只准上林三官（钟官、技巧、辩铜三官）统一铸造，从而奠定了中国货币史上五铢钱体制的基础。五铢钱是中国历史上数量最多、流行最久的钱币。五铢钱制度在我国货币史上占有重要地位，因其轻重适中，合乎社会经济发展状况与价格水平对货币单位的要求，因此，自汉至唐初 700 余年基本上持续延用，是我国历史上最成功的货币之一。

0877. **交子**

交子是我国北宋发行的一种纸币。中国是世界上使用纸币最早的国家。早在公元前 11 世纪的西周初期，就使用过以布为币材的“里布”作为交易媒介物,可以说这是最早的信用货币。而真正使用纸币是从北宋交子开始的。交子的产生是商品经济发展的产物,北宋时期商业发达,需要大量轻便的货币。而当时币制混乱,如四川用铁钱,体大值小,不便交易,大铁钱每千文重二十五斤,小者十余斤,一匹罗卖两万钱,要用车载。所以四川首先发行纸币,决非偶然。交子的产生及发展,可以分为三个阶段:第一阶段为自由发行时期,第二阶段为商人联合发行,第三阶段为官办时期。1023 年设益州交子务,第二年二月起发行官交子。也就是说,中国的国家纸币是在 1024 年开始发行的。官交子的一切技术规定均仿照私交子,以 770 文为一贯,初发行一贯至十贯,后改五贯、十贯两种。交子的出现和使用,适应了商品经济发展的要求,推动了商业的发展。

0878. 子母相权

中国最早的货币理论,也是世界上最早的货币理论。始见于《国语·周语》,由春秋末年人单旗提出。子母指两种不同重量的铜铸币,重者为"母",轻者为"子"。"子母相权"论揭示了货币的有关职能,包括价值尺度和流通手段。在单旗看来,货币的产生是为了满足客观需要,货币不是可以随意发行的。铸币分量轻重要视流通情况而定,要与商品的流通相一致。如果商品涨价,人们感到原来流通货币购买力低,就要铸造分量大的铸币,同原来的轻币按一定的比价同时流通,这叫做"母权子而行"。反过来叫做"子权母而行"。这样,两种货币同时流通,人们就会感到方便。这种轻(子)重(母)两种货币并存流通,视市场需要随时增加其中一种的发行量,并以它为基础确定对另一种铸币的兑换率,便是"子母相权"论的具体内容。

"子母相权"论在中国货币史上的影响很大,是秦汉以后整个封建时期占支配地位、具有代表性的货币理论。后来的不同币材或金属货币与纸币同时流通,都是以"子母相权"论为理论依据的,直到十九世纪才被资产阶级的货币学说所取代。

0879. 虚实相权

虚实相权中国历史上主张纸币与金属货币相互兑换并同时流通的理论。

唐以后提出"虚实"概念。所谓"虚",是指不足值的金属货币或纸币,"实"则指足值的金属货币。南宋时杨万里主张能互相兑换的纸币与金属货币并行流通,元朝承金、宋之后,将纸币流通发展为基本上排除铜钱的纯粹纸币制度。由于钞本日耗,纸币贬值,致使商旅不通。史揖上书,建议实行银钞相权法。就是实行以银为本的可兑换的纸币制度,这些纸币主要是按照商业及商品流通的需要投放的,因而具有信用兑换券性质。1261 年,元政府发行了"中统元宝交钞",即"中统钞"。最初的中统钞是以银为本的信用兑换券性质,甚至是十足准备的银本位制度。这是世界上较早出现的保证纸币购买力的理论。

清代的王茂荫运用虚实概念对纸币流通做了较深入的分析,提出了"以实运虚”原则。以此为基础,他创议实行以银本位为基础的银两、纸币并用的“虚实兼行”制度。把虚实相权理论向前推进到一个新的水平。“虚实相权”论,在货币思想史上具有深远的影响。

0880. **票号**

中国封建社会金融业的主要组成者之一。亦称票庄、汇票庄或汇兑庄。其起源时间,传说不一,盛行于 19 世纪 20 年代之后。早期票号以汇兑为专业,调拨地区之间资金,为埠际贸易服务。随着汇兑业务发展,票号利用闲置资金,也经营存放款业务,不过一般只放款给钱庄。票号原主要活动于黄河流域和华北各省,以北京为活动中心;稍后,上海、苏州、汉口也成为票号在长江以南的据点。

票号大多采用独资或合伙的无限责任制。每家票号资本大抵自二三十万两至四五十万两不等,其资力远较钱庄雄厚。票号推行分号往来制,总、分号联系密切。每三年或四年结账一次,盈利按股分配。早期经营票号的全是山西商人,所以习惯上称西帮。十九世纪七十年代以后,江浙商人也有设立票号的,称为南帮。二十世纪初,票号已有三十余家,在全国二十多个城市设有四百多处分号。并在日本东京、俄国莫斯科、印度加尔各答及新加坡等地设立分号。

在一般情况下,票号不与外国洋行或银行发生直接联系。不过经由钱庄的中介,它也经常为对外贸易通融资金。20 世纪初,中国近代工业有所发展,票号也投放于若干工业企业和铁路,但其数量在票号总资本中所占比重很低。

十九世纪末二十世纪初,中国通商银行、户部银行及交通银行等相继成立,各省又大多自设官银钱号,清政府的官款和京、协饷的存汇业务大部分为银行取代,票号业务衰落。1911 年辛亥革命爆发,一时间票号无力应付存户的提款和挤兑,而贷给官僚的大量款项又无法收回。因之,大多数票号便在短期内倒闭。所余几家资力较厚的票号在支撑过程中,也先后改组为钱庄或银行,票号遂消亡。

玖 不可不知的教育知识

一、科举制度

0881. 察举

察举又称“荐举”，汉代实行的一种自下而上的选官制度。即中央和地方一定级别的官吏通过考察，将无官职的士人及下级官吏推荐给中央政府，由中央政府授予官职或予以提升。其科目主要有贤良方正、孝廉、秀才、明经、童科等。“贤良方正”，多由中央就畿辅人才，直接挑选。“孝廉”、“秀才”，则由郡国长官奉天子之命，征求地方有名望的人士或于本署官吏中选其优者，举送朝廷。士人选送中央后，通过策问，或考试的方式，决定被授予官职或进行调补。考试方法有对策、射策两种。所试内容一般为诸生试经学，文吏试章奏。但东汉末年，渐为豪门所把持，流弊百出，所选之人大多无真才实学，以致“举秀才，不知书；察孝廉，父别居；寒素清白浊如泥，高等良将怯如鸡”的现象很普遍。魏晋之后被“九品中正制”所代替。

与察举制度相补充的是征辟制度，也是始于汉武帝时。“征”即“征召”，是不经举荐，由皇帝直接招纳隐于民间的高士；“辟”为“辟除”，是长官自行征聘布衣入仕为幕僚。所征之人多授予博士或待诏的职位，而所辟之士多称掾史。二者合称“征辟”。

0882. 贤良方正

汉代选拔统治人才的科目之一。贤良：才能、德行好。方正：正直。始于汉文帝二年（前 178）诏“举贤良方正直言极谏者，以匡朕之不逮。”被举荐者对政治得失应直言极谏。如表现特别优秀，则授以官职。汉武帝时复诏举“贤良”或“贤良文学”。名称时有不同，性质无异。隋唐以后，制举中常设“贤良方正科”，像王播、裴度、牛僧孺、柳公绰都出身该科。

0883. 孝廉

孝廉是孝顺父母、办事廉正的意思，是汉武帝时设立的察举考试的一种科目，也是察举制常科中最主要、最重要的岁举科目。汉武帝时，采纳董仲舒的建议于元光元年（前 134）下诏郡国每年察举孝者、廉者各一人。这种察举通称为举孝廉，是汉代政府官员的重要来源。孝廉举至中央后，按制度并不立即授以实职，而是入郎署为郎官，承担宫廷宿卫，目的是使之“观大臣之能”，熟悉朝廷行政事务。然后经选拔，根据品第结果被任命不同的职位。一般情况下，举孝廉者都能被授与大小不一的官职。汉顺帝阳嘉元年(132)，根据尚书令左雄的建议，规定应孝廉举者必须年满四十岁；同时又制定了"诸生试家法、文吏课笺奏"这一重要制度，即中央对儒生出身的孝廉要考试经术，文吏出身的则考试笺奏。从此以后，岁举这一途径就出现了正规的考试之法，孝廉科因而也由一种地方长官的推荐制度，开始向中央考试制度过渡。

0884. **金榜题名**

金榜题名是古代每一位读书人的梦想，在实现梦想之前，他需要跨过以下四关：

第一关是院试，是为了取得参加正式科举考试的资格预先设定的一种考试。各地考生在县或府里参加考试，由省里的学政主持，因学政称"提督学院"，故此考试称为院试。在明清，之前还要通过县试、府试两关，被录取的童生才有资格参加院试。正场一场，复试一场。名次揭晓称"出案"。录取者为生员，俗称"秀才"或"相公"。然后送入府、县学宫，称"入学"，受教官的月课与考校。

第二关是乡试，又称"乡闱"。明清两代每三年一次，在各省省城(包括京城)举行的考试，由皇帝钦命的正副主考官主持。凡本省生员和监生、贡生等，经科考、录科、录遗考试合格者，均可应考。逢子、午、卯、酉年为正科，遇朝廷庆典加科为恩科。考期在八月，因此也称"秋闱"。考试分三场进行，中式者称"举人"，第一名称"解元"。

第三关是会试，明清两代每三年一次，在京城举行，由礼部主持，各省举人及国子监监生皆可应考。逢辰、戌、丑、未年为正科，若乡试有恩科，则次年也有会试恩科。考期在二、三月间，因此也称"春闱"。会试中式者为"贡士"，第一名称"会元"。

最后一关是殿试，由皇帝在殿廷上亲发策问，亦称"廷试"。明清时，殿试分三甲发榜，一甲三名赐进士及第，第一名称"状元"，第二名称"榜眼"，第三名称"探花"；二甲若干名，赐进士出身，第一名称"传胪"；三甲若干名赐同进士出身。所有殿试中式的进士，都用黄纸按照名次书写姓名，张榜公告。这张黄纸就是所谓的"金榜"，如果考中进士，名字就会出现在黄纸上，也就是所说的"金榜题名"了。

0885. **策试**

亦称"策问"，汉代考察被举荐者的才干学识的方法，始于汉文帝。至汉武帝时，才普遍实行起来。方式有两种：一是对策，二是射策。射策的具体方法为：由考官出题，依难易分为甲、乙二科，密封后让应试者随意抽取回答，根据成绩定出优劣。公孙弘、董仲舒等，都是以策试高第而举任要职的。这种策问，到唐代已发展成为科举考试的一种重要方式，各科及格与否，都要由策问优劣而

定。历代一直延用，直至废除科举。

0886. 博学鸿词

博学鸿词，制科之一种。用来选拔学问渊博、文词卓越者。最初名为“博学宏词”，唐开元十九年（731）始开，著名文学家王昌龄、刘禹锡、柳宗元，政治家陆贽都出身此科。历代因之，迄于宋末。清朝为了笼络汉族士子，于康熙十八年（1679）、乾隆元年（1736）举行过两次，改名“博学鸿词”，由内外大臣遵旨保荐，由皇帝召试于体仁阁和太和殿，前后各取得五十人和十五人，授翰林官。

0887. 同年录

科举时代，同榜录取的人互称同年，并编写《同年录》，始于宋代的《绍兴十八年同年小录》。同年录分为两种：一以录取名次为序排列，载姓名、年岁、籍贯，录前载主考、同考、监临、提调、监试等姓名与官阶，及是科各场题目；一为同年齿录，以年龄长幼为序，载姓名、生辰、籍贯、中试名次等。较早的同年录还有《宝祐四年登科录》、《元统元年进士录》，以上三种统称为“宋元科举三录”。清朝乡试、会试发榜后，都要刊印同年录。

0888. 鹿鸣宴

鹿鸣宴，本为古代一种宴享名称。语出《诗经·小雅》。唐代，诸州贡士，行乡饮酒礼，歌《鹿鸣》诗，称“鹿鸣宴”。《新唐书·选举志上》：“每岁仲冬……试已，长吏以乡饮酒礼，会属僚，设宾主，陈俎豆，备管弦，牲用少牢，歌《鹿鸣》之诗。”明清沿用旧习，于乡试放榜次日，由巡抚主持鹿鸣宴，宴请中式举人和内外帘官，歌《鹿鸣》诗，并作魁星舞，以示庆贺。六十年即一个甲子后，如又逢原科开考，旧举人可以与新举人一起参加鹿鸣宴，作为一种殊荣，称为“重赴鹿鸣”。

0889. 雁塔题名

唐代新进士及第后，题名于长安城内大雁塔下的一种习俗。《唐摭言》记载：“神龙已来，杏园宴后，皆于慈恩寺塔下题名。同年中推一善书者记之，他时有将相，则朱书之。”这种传统始于唐中宗神龙时，当时进士张莒偶题名于此，后遂成为典故。但唐《嘉话录》和宋《南部新书》均以为始自韦肇。中唐时，白居易及第，曾写有“慈恩塔下题名处，十七人中最少年”诗句。至五代移都洛阳，此风遂止。

0890. 贡生

科举时代，挑选府、州、县生员（秀才）中成绩或资格优异者，升入京师的国子监读书，称为贡生。意谓以人才贡献给皇帝。明代有岁贡、选贡、恩贡和细贡；清代有恩贡、拔贡、副贡、岁贡、优贡和例贡。清代贡生，别称“明经”。

二、学府门类及学官生员

0891. 官学

中国古代由官府兴建管辖的学校。由朝廷直接管辖的为中央官学，如西周的国学，汉代的太学、鸿都门学、四姓小侯学，唐代的国子学、太学、四门学、书学、算学、律学、弘文馆、崇文馆，元明清的国子监等。历代官府按行政区划在地方设置的学校为地方官学，如西周的乡学，汉代的郡国学，唐代的府州县学，宋代的府县学，元代的路府州县学及社学，明清府州县学及卫学、社学等。

0892. 私学

私人创办的学校。始于春秋时期。孔子设学于鲁国都城曲阜，外出游历时，弟子相从，为春秋末期最大的私人讲学团体。墨子创办的私学规模也较大，与孔子创办的学校齐名，并称“显学”。孟子“后车数十乘，从者数百人，以传食于诸侯”。许行倡躬耕自食，亦有“徒数百人”。秦代禁私学，然禁而未绝。汉代私学昌盛，有的相当于太学程度，由经师自立“经馆”、“精舍”、“精庐”等开门授徒，专习一经或数经。由于汉代官学中缺乏蒙学一类机构，所以，启蒙教育主要由私学中的“书馆”等负责进行。魏晋南北朝时期，社会动荡不安，官学兴废无常，私学相对地得到发展，不仅经学家设学授徒，而且玄学家、阴阳学家等也都教授门徒。隋唐以后，名称益繁，有家塾、经馆、义学、村塾、冬学等。宋代兴书院，多由著名学者私人创建或主持，设于山林僻静处，收徒讲学。元代以后，书院逐渐官学化。私学是官学的重要补充形式。

0893. 乡学

西周设于乡（都城外百里以内的地方）遂（都城外百里以外的地方）的学校。其制度和名称，古籍记载不一。《礼记·学记》：“古之教者，家有塾，党有庠，术有序，国有学。”而《孟子·滕文公》却只说：“周曰庠。”事实上，西周不可能有这样普遍的学校网，但地方组织有塾、庠、序、校之类的教育机构当是可信的。教育对象主要是奴隶主子弟，塾中的优异者可升入乡之庠序，庠序中的优异者可升入国之大学。教官由地方各级行政首长兼任，大司徒总其成，并有退职的大夫和士任教师。教育内容主要是人伦道德。

0894. 辟雍·泮宫

据《礼记·王制》记载：“大学在郊，天子曰辟雍，诸侯曰泮宫。”

辟雍，亦作“璧雍”，西周大学，设于王城。《韩诗说》：“辟雍圆如璧，雍之以水，……立明堂于中”。辟雍既是王子与其近侍学射的地方，也是“定兵谋”、“献俘”、举行乡饮之礼的场所。西周鼎盛之时，随着“六艺”教育的形成，辟雍的建筑也有变化，发展为整齐对称的四合院式课堂。按方位和教学内容的不同，各有专名。东面称东序，又名东学；西面称瞽宗，又名西学；南面称成均，又叫南学；北面称上庠，又叫北学，中间称太学，又叫中学。总名辟雍。学生按季节轮流到瞽宗学礼，到上庠读书，到成均、东序学习乐舞和射艺。“春秋教以礼乐，冬夏教以诗书”。东汉以后，历代皆设辟雍以存古制，但除北宋末年为太学之预备学校（外舍）外，仅为祭礼之所。

泮宫，西周诸侯国都所设的大学。《礼记·明堂位》：“泮宫，周学也”。泮宫，以其半面环水而得名，既为贵族子弟学习射御礼乐的地方，也是诸侯国君饮酒献俘的场所，是行政机构与教育场所的合一，反映了西周“学在宫府”的教育特征。后世文庙和某些学校有一半月形水池，称为“泮池”，从中我们可以窥视泮宫的历史影子。

0895. 太学

太学，古代设于京师的全国最高学府。太学之名西周已有。汉武帝采纳了董仲舒、公孙弘的建议，于元朔五年（前124）下诏在长安设太学，为五经博士置博士弟子员五十人。博士为教官，博士弟子为太学生。王莽秉政时，广筑学舍，学生达万余人。东汉建武五年（29）在洛阳开阳门外兴建太学，顺帝永建元年（126）重修，建成240房、1850室。质帝时学生逾三万人。西汉博士多由名流充当，采用征拜或荐举的方式选拔；东汉博士须经考试，还要写“保举状”。太学以儒家五经为教学内容，科目逐渐增多，设立五经、《尔雅》等课程。考试方法是“设科射策”，分甲乙两科。西汉时每年一考，东汉为两年一试。通过者授予官职，未通过者允许继续学习。因考试甚严，又无学习年限规定，故有“结童入学，白首空归者”。魏晋以后，或设太学，或设国子学，或两者并设。唐代太学隶属国子监，凡文武五品以上子孙皆可入学。宋代因之，品第限制有所放宽，学生资格限于八品官员以下的子弟和庶民的俊秀者。元代分设国子监、蒙古国子监、回回国子监，分辖国子学、蒙古国子学和回回国子学。明代国子监兼具教育管理行政机构和最高学府性质，内设率性、修道、诚心、正义、崇志、广业六堂为讲习之所。永乐年间迁都北京后，遂有南北二监（即京师国子监与南京国子监）。清沿明制。光绪三十一年（1905）设学部，国子监撤销。

0896. 祭酒

官名。古时为飨宴时酹酒祭神的长者。早在《仪礼·乡饮酒礼》中就有“祭酒”的记载。战国荀子在齐为三老，被称为“祭酒”。东汉时，称博士首席为博士祭酒，主管太学，祭酒遂演变成学官。西晋改设国子祭酒，隋唐以后称国子监祭酒为国子监的主管官。清代光绪年间废国子监，设学郡，置尚书，“国子监祭酒”一职遂废除。

0897. 博士

博士，春秋战国时代儒家所说的“博学之士”的泛称，不是官名。博士作为官名，最早出现在战国时期。秦始皇统一天下之后，命群臣订帝制议帝号，博士参与其事,说明秦代已有博士官。汉武帝设置“五经博士”为学官,以传习五经《诗》、《书》、《礼》、《易》、《春秋》,始有五经博士之称。汉以后历代皆设经学博士,或沿用五经博士旧名,或分称国子博士、太学博士、四门博士等。博士的选用,西汉和东汉以前采取征拜和荐举的办法,而且有一定的标准。到了东汉,任博士还须经过考试,只有精通《易》、《书》、《孝经》、《论语》的人,方能当选博士。汉代被授为博士的,有人们熟识的贾谊、董仲舒等。秦代至汉代,博士的职责主要是掌管图书,通古今,以备顾问。到了唐代,设置国子、太学、四门等博士。另有律学博士、书写博士、算学博士,府学、州学、县学博士之称,均为教授官,而非中央官学传授儒经学官的专称。

0898. **生徒**

中国古代学生的泛称。包括汉代的博士弟子、太学生、郡学生,唐代的天文观生、梨园弟子,宋代的上舍生、内舍生、外舍生,元代的蒙古国子学生、陪堂生,明清的监生、增广生,以及书院学生等。东汉博士弟子、太学生通称“诸生”。明清时,“诸生”作为府、州、县学生员的通称,有时也泛指儒生、众弟子。

0899. **及门弟子**

又称“受业弟子”,指直接从师受教的学生。从汉代始,人们习惯称受业弟子为及门弟子。大师讲学,学生往往有数百千人,经常采用高业弟子转相传授的教学方法。与及门弟子相对,指没有得到某人的亲身教授而又敬仰他的学问并尊之为师的行为,称之为私淑。孟子就曾因为没有能受到孔子的教授而抱憾,称“予未得为孔子徒也,予私淑诸人也”。中医界,“私淑”这个词也经常被提到。如古时仕途失意儒生通过自学来掌握医学知识,读某人医书著作,则称为“私淑”某人,如张子和私淑刘河间、张景岳私淑李东垣。

0900. **北宋四大书院**

指北宋时的嵩阳、石鼓、岳麓、白鹿洞等四所著名的书院。

嵩阳书院初名“太乙书院”、“太室书院”。原址在河南登封县太室山麓。五代后周时在嵩阳观设“太乙书院”,宋太宗时更名嵩阳书院。程颢、程颐兄弟都曾在嵩阳书院讲学,嵩阳书院遂成为宋代理学的发源地之一。嵩阳书院院中原有汉武帝所封之将军柏三棵,故有“后人就柏而置嵩阳书院”之说。

石鼓书院在湖南衡阳县北石鼓山回雁峰下。宋仁宗赐“石鼓书院”匾额及学田。以后历朝历代都曾对书院进行扩建或修葺,韩愈、周敦颐、朱熹、文天祥等接踵至此,或讲学授徒,或赋诗作记,或题壁刻碑,或寻幽揽胜,其状蔚为壮观。

白鹿洞书院是最早成为学者鸿儒讲学之地的书院之一,亦称“白鹿洞书堂”、“白鹿书院”、“朱晦翁书院”。原址在江西庐山五老峰下,初为唐李渤与兄李涉隐居读书之地。相传李渤曾养白鹿以自娱,人称白鹿先生。白鹿洞因此而

得名。宋初改名为“白鹿洞书院”。宋仁宗时因战乱被毁。南宋由理学大家朱熹就遗址复建书院,自兼洞主,白鹿洞书院这才扬名国内,并成为南宋以后七百年书院办学的样式,也是教育史上最早的教育规章制度之一。

岳麓书院原址在湖南长沙岳麓山抱黄洞下,中国著名书院之一,享有“千年学府”美誉。唐末五代由僧人智珍等首建。北宋潭州太守朱洞在僧人办学的基础上,正式创立岳麓书院。南宋理学家朱熹等曾在此讲学,据说,鼎盛时期从学者有千人之众。

三、塾学读本

0901. 五经四书

五经,即《诗经》、《尚书》、《礼经》(包括《仪礼》、《周礼》、《礼记》)、《周易》、《春秋》,是汉武帝时确立下的五部儒家经典的合称。孔子删定六经(《诗》、《书》、《礼》、《乐》、《易》、《春秋》),战国时期,《乐经》失传,所以汉武帝时立五经博士,传授经典,五经地位从此确立。

四书,即《论语》、《孟子》、《大学》、《中庸》四部儒家经典。在宋代,《孟子》始定为经,统治者要求读书人把《孟子》、《论语》与《礼记》中的《中庸》、《大学》配合研读。南宋理学家朱熹撰写《四书章句集注》对它们进行注释,于是始有“四书”之名。从此科举考试始从“四书”出题,至明清两代“四书”更是成为应举者的标准读本。“四书五经”也就从此成为后世对儒家经典的代称。

0902. 三百千千

《三字经》、《百家姓》、《千字文》、《千家诗》简称“三百千千”,被称为国学启蒙小四书,是中国古代儿童入学诵读的启蒙教材。

《三字经》为南宋王应麟作,文章从阐述教育的重要性出发,鼓励儿童学习礼义,进而介绍名物常识、经史子集、历史知识,以及先贤勤学事迹,内容丰富,言简意赅。三言成韵,琅琅上口。

《百家姓》相传为北宋初年钱塘老儒所作。内容为常见姓氏,包括单姓四百零八个、复姓六十个,四言韵文,易于记忆。

《千字文》为南朝梁周兴嗣撰。据载梁武帝命周兴嗣从王羲之书帖中选出一千个不同的字,排列成文,周侍郎一夜白头,作出“千字文”,包举天文、地理、历史、人伦等各方面知识,四言成韵,对仗工整,条理清晰,义理明确,文采斐然,流传至今。

《千家诗》为南宋刘克庄编,收录唐宋律诗和绝句二百二十六首,诗歌按时令、昼夜、百花、竹木、天文、地理等十四个方面进行选编,通俗易懂,雅致清新,是识字教学到阅读教学的过渡,成为流传时间最长的诗歌基础教材。

“三百千千”是古代蒙学教育设置的基础读本,体现了循序渐进的教学原则。

0903. 列女传

亦称《古列女传》，古代女子家教读物，西汉刘向编。书中列举古代一百零五名妇女的事迹，每一事迹有四言赞语，附图解说明。后屡经传写，到宋代已非原本，其后续写本有《列女后传》十卷，高氏《列女传》八卷，皇甫谧《列女传》六卷等。它为研究古代妇女生活提供了丰富的历史资料。

0904. 龙文鞭影

古代蒙学课本。初名《蒙养故事》，明代萧良友撰，夏广文注，后杨臣诤补订，易名《龙文鞭影》，以古代良马，见鞭影而疾驰，代指读此书可收到“逸而功倍”的效果。书分上、下两卷，内容包括自然名物和历史典故，均为四言韵文，按韵部编排，流畅顺口，利于学童记诵。清中叶后广为流传。清代李晖吉、徐潜续编《龙文鞭影二集》两卷。

0905. 幼学琼林

中国古代儿童的启蒙读物，原名《幼学须知》，清程允升著，后经邹圣脉增补，改名《幼学琼林》。全书四卷，涉及著名人物、天文地理、典章制度、风俗礼仪、生老病死、婚丧嫁娶、鸟兽花木、朝廷文武、饮食器用、宫室珍宝、文事科第、释道鬼神等诸多方面的内容，包罗万象，被称为中国古代的百科全书。本书用对偶句写成，容易诵读，便于记忆。书中许多警句、格言，到现在还传诵不绝。

0906. 增广贤文

古代儿童启蒙读物，又名《昔时贤文》、《古今贤文》。书名最早见之于明代万历年间的戏曲《牡丹亭》，据此可推知此书最迟写成于万历年间。此后经过明、清两代文人的不断增补，才成为现在的模样。此书以人生哲学、处世之道为中心，涉及了对人际关系，人生命运的看法，并强调了读书的重要和孝义的可贵。《增广贤文》以有韵的谚语和文献佳句选编而成，如“一年之计在于春，一日之计在于寅”，“一饭一粥，当思来之不易；半丝半缕，恒念物力维艰”，“良药苦口利于病，忠言逆耳利于行”，“善有善报，恶有恶报”，“乐不可极，乐极生悲”，“近水知鱼性，近山知鸟音”，“近水楼台先得月，向阳花木早逢春”等，都蕴含着深刻的哲理，流传至今。

0907. 蒙求

古代蒙学课本。唐代李瀚著，宋代徐子光注。全书广集历史人物和传说人物的故事，编为四言对偶韵文。上下两句对偶，各讲一个掌故，如“匡衡凿壁，孙敬闭户”、“孙康映雪，车胤聚萤”。宋代至清初广为流传，是蒙学史上第一部将识字与历史掌故相结合的教材。后代仿此创作了多种“蒙求”续作，如《十七史蒙求》、《名物蒙求》、《纯正蒙求》、《春秋蒙求》、《唐蒙求》等。

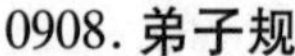

0908. 弟子规

著名蒙学课本，清李毓秀撰，原名《训蒙文》，经贾木斋修订后定此名。分为“总叙”、“入则孝，出则弟”、“谨而信”、“泛爱众而亲仁”、“行有余力，则以学文”五节，概述古代家庭教育各项内容。以三言韵文写成，语言浅近简炼，易于蒙童记诵。在清代极为流行，其影响超过《三字经》。

0909. 朱子治家格言

清代家教读物，亦称《朱子家训》，清人朱用纯（号柏庐）撰。内容为劝人勤俭持家，安分守己，恪守陈规，有相当一部分格言警句值得我们今天借鉴。在清至民国初期具有广泛影响。

0910. 学记

《礼记》中的一篇，先秦儒家教育教学思想的总结，是教育史上最早专门论述教学理论的著作。其突出的贡献在于它所提出的有关课程安排、教学原则和教学方法等方面的思想。

《学记》首先提出了师道尊严的思想，为后世尊师重道风气的形成提供了依据。在教学内容和程序方面，《学记》最先提出九年学习教育的概念，并较早提出了“教学相长”的教育原则。在具体教学过程中，《学记》首先提出了“预”的原则，即对学生的教育要预先作好准备，对其身上消极的因素和干扰教学的事故要“禁于未发”。其次，《学记》要求教师要能在教学中运用浅显的比喻方法，帮助学生理解，教师应该掌握时机“及时施教”，在教学中贯彻循序渐进的原则，并且能够善于启发诱导学生自己去理解知识。师友之间的切磋琢磨是儒家一贯重视的教育手段，在《学记》中，这一手段被称之为“相观而善”，即把乐群、亲师和交友作为重要的教育要求，从而使教学双方都能获得裨益。

四、教育思想

0911. 因材施教

因材施教，是我国大教育家孔子提出的教育理论。孔子在长期的教育实践中，创立了个性差异的观念，以“性相近也，习相远也”作为教育实践的指南，并进而提出了这一教育原则。在《论语》中就有很多这样的例子，比如子路问孔子：“听到了就要赶快去做么？”孔子说：“你有父亲、兄弟，怎么能那么鲁莽就去做呢？”冉有接着问同样的问题，孔子却对他说：“是啊，听到了就要赶紧去做！”在一旁的公西华不太明白了，就问孔子：“两个人同样问题，答案却不一样，为什么？”孔子说：“子路做事老是毛毛躁躁的，所以我要他先问问父亲、兄弟的意见；而冉有做事则有点畏畏缩缩的，所以我就鼓励他，让他听到了就快一点去做。”因材施教，就是根据学生的特点，进行不同的教育，使每个学生的“材”都能够得到最合适的发展，从而成为真正的人才。

0912. **有教无类**

“类”指种类、族类。“有教无类”意思是所有的受教育对象，不分贵贱，都应该受到平等的教育。《论语·卫灵公》：“子曰：有教无类。”早在春秋时期，孔子就开创私学，广收弟子，在他的学生中不仅有王公贵族子弟，也有平民后代，甚至有奴隶的儿子，打破了长期以来贵族垄断学校的局面。这种教育平等的思想在教育史上有着划时代的意义，直至今天我们还在朝着这一方向不断努力。

0913. **知行合一**

明代大学者王守仁提出的教育思想。心学集大成者王守仁在贵阳文明书院讲学时首次提出知行合一说。所谓“知行合一”，不是一般的认识和实践的关系。“知”，主要指人的道德意识和思想意念。“行”，主要指人的道德践履和实际行动。因此，知行关系，也就是指的道德意识和道德践履的关系，也包括一些思想意念和实际行动的关系。王守仁的“知行合一”思想包括两层意思：知中有行，行中有知；以知为行，知决定行。王守仁认为知行是一回事，不能分离。从道德教育上看，他极力反对道德教育上的知行脱节，突出地把一切道德归之于个体的自觉行动，这是有积极意义的。王守仁说：“知是行的主意，行是知的工夫；知是行之始，行是知之成”。他的意思是说，道德是人行为的指导思想，按照道德的要求去行动是达到“良知”的工夫。在道德指导下产生的意念活动是行为的开始，符合道德规范要求的行为是“良知”的完成。王守仁的观点虽然有利于道德修养，但忽略了客观知识的学习，这就造成了以后的王学弟子任性废学的弊病，也遭到了后世学者的一些批评。

0914. **能者为师**

唐代韩愈提出的教育思想。韩愈在教育事业上的活动，主要是担任过四门学博士、国子监的国子祭酒。当时，他主张要严选儒生为教官，要天天组织会讲，以此来整顿国学。魏晋南北朝以来，佛道的影响日渐增大，儒学失去了昔日的统治地位。韩愈写了《原道》、《原性》、《原毁》、《原人》、《原鬼》，旨在重整封建的道德伦常，崇儒卫道。在他的著述中，还针对当时不尊师、不重学的社会风气，发表了自己的主张，最著名的就是已经入选中学语文教科书的《师说》。“道之所存，即师之所存”，斤斤计较地位的高下而不重学术，是没有作教师资格的。“师不必贤于弟子，弟子不必不如师。闻道有先后，术业有专攻，如是而已。”只要有高出别人之处，就可以为人师，即所谓“能者为师”。

0915. **教学相长**

出自《礼记·学记》：“学然后知不足，教然后知困。知不足然后能自反也，知困然后能自强也。故曰教学相长也。”意思是说教和学两方面要互相影响和促进，同时得到提高，这一理论深刻揭示了教与学之间的辨证关系。

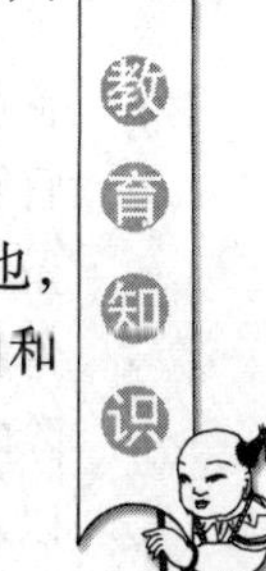

拾 不可不知的风俗知识

一、岁时节令

0916. 春节

春节,古称“元旦”,指农历新年的第一天,即正月初一,“元”者始也,“旦”者晨也。辛亥革命后,因改用公历纪年,遂以公历元月一日为“新年”,农历正月初一为“春节”。1949 年 9 月,中国人民政治协商会议第一届全体会议正式规定公历元月一日称“元旦”,农历正月初一称“春节”。春节是中华民族最隆重的传统节日,民间俗称“过年”,起源于古老的农业祭祀,“年”的原始意义是指作物成熟。春节正式形成在汉代,这和历法的完备有密切关系。汉武帝命司马迁、落下闳、邓平等作《太初历》,定夏历正月为岁首,每年的正月初一为元旦,一直沿用至今。春节虽以正月初一为节,但年事的准备一般从“腊八”就已开始,中间有腊月二十三的祭灶,民间称为“小年”,紧接着是除夕,一直到正月十五元宵节过后,才算过完年。节前家家户户要扫尘,节临要贴门神、年画、春联、挂签,除夕要请神、祭祖、吃年夜饭、守岁,初一至初五要拜年、串亲戚、送贺年贴等等。在古代春节期间会举行大规模的驱傩活动,驱除疫疾厉鬼,祈祷人畜平安、五谷丰登,还会举办各种花会、赛会和庙会,以及舞狮、耍龙灯、跑旱船、踩高跷等娱乐竞技活动。所有这一切无不充满吉祥喜庆的气氛和浓浓的人情味。

0917. 元宵

元宵节即农历正月十五日,是中华民族的传统节日,也是过年的最后一个高潮。其夜大街小巷万盏齐明,人们吃罢元宵之后,纷纷携亲伴友,出门赏花灯,逛花市,猜灯谜,放烟火,载歌载舞,欢庆团圆。相传元宵节起源于西汉,汉武帝时每逢正月十五夜于甘泉宫祭祀太一神,可谓其先导。佛教传入中国后,汉明帝为弘扬佛法,敕令正月十五夜在宫中和寺院“燃灯表佛”,张灯之俗遂流传开来,故元宵节又有“灯节”之称。元宵节古又称“上元节”。上元意即每岁首度月圆之意,本是道教中的说法。《唐六典》记载:道教奉天、地、水为三官,天官赐福,地官赦罪,水官解厄。天官的圣诞日是正月十五,称为上元节;地官的圣诞日是七月十五,称为中元节;水官的圣诞日是十月十五,称为下元节。由于道教的上元节和传统的元宵节同在正月十五,两者便逐渐合二为一了。元宵节除吃元宵、观花灯等习俗外,历代还有迎紫姑祭厕神、过桥摸钉走百病等习俗,以及击太平鼓、跳秧歌、踩高跷、舞龙、舞狮等活动。

0918. **花朝节**

花朝节，又称“百花节”。相传为百花生日，节期因地域不同而各异，以农历二月十二日之说居多。花朝节起自唐代，相传女皇武则天在严冬因睹梅花盛开，突发奇想，写成一首催花诗：“明朝游上苑，火速报春知。花须连夜发，莫待晓风吹。”百花果然承旨，次日游上林苑时，万紫千红，满园春色。武则天大喜，令宫人为百花挂上五色彩缯，此后遂相沿成俗。每逢花朝节，宫廷民间皆剪彩条为幡，系于花树之上，谓之“赏红”，以示对花神的祝贺。此日如天朗气清，则预兆一年作物的成熟。花朝节也是人们看花游春的日子，宋代此风尤盛，又因牡丹为百花之王，故争相观赏牡丹最是花朝胜事。文人墨客诗酒唱和，风雅无比。

0919. **寒食与清明**

寒食节，冬至后一百零五日，清明前一二日，其日禁烟火，吃冷食，故亦称“禁烟节”、“冷节”。寒食节相传是为了纪念介子推。据《荆楚岁时记》载：春秋时，晋文公与介子推等流亡列国，介子推割下自己的股肉为晋文公充饥。十九年后晋文公复国即位，介子推不求利禄，与母亲隐归绵山。晋文公焚火烧山以求之，介子推坚决不肯出来，抱木而死。后晋文公葬其尸于绵山，修寺立庙，并下令于介子推焚死之日禁火寒食，以寄哀思。实则寒食节真正的起源是古老的改火习俗。据《周礼·秋官·司爟氏》载：“中春以木铎修火禁于国中。”古时随季节变换而改用不同的树木钻火，改季则改火。旧火方换，新火未至，则禁人生火。禁火之时，备以冷食，由此遂相沿成俗，春秋之后始逐渐与介子推的传说相融合。

清明节，二十四节气之一，古称“三月节”，节期在农历三月上旬，公历则在四月五日前后。《岁时百问》曰：“万物生长此时，皆清洁而明净，故谓之清明。”其时正是兴农事的大好时节，故有“清明前后，点瓜种豆”的俗谚。古时寒食、清明两节相接，寒食活动往往延续至清明，久而久之，两节已无严格区分，清代之后，两节便合而为一了。清明节的主要风俗是祭祖扫墓、插柳踏青，以寄托中华民族对先人的慎终追远之情。唐代诗人杜牧的“清明时节雨纷纷，路上行上欲断魂。借问酒家何处有，牧童遥指杏花村”一诗可谓是对清明节的经典写照。

0920. **端午节**

端午节，农历五月初五，是为“端五”或“重五”，古代“午”与“五”相通，又曰“端午”或“重午”。古时其日有用兰草汤沐浴之俗，故又称“沐兰节”。道教称“地腊节”，唐宋时称“天中节”、“端阳节”，明清时北京称“五月节”、“女儿节”等。端午节是我国夏季最重要的传统节日。关于端午节的起源，历来众说纷纭。据文献记载与考古发现，端午节最初萌芽于民间巫术巫医活动。早在先秦时代，北方中原地区就把五月五日作为驱邪避瘟的日子。端午节的重要风俗有赛龙舟、裹粽子、挂艾草、饮菖蒲酒、驱五毒等，均属驱邪避瘟之列。秦汉以后，赛龙舟和裹粽子这两项节俗逐渐与屈原故事相结合，获得了新的历史意义。相传楚国伟大诗人屈原忠而被谤，流放他乡，却仍不忘忧国忧民，终于五月五日自投汨罗江而死。人民为了纪念他，于是把赛龙舟、裹粽子说成是为了捞救和祭祀屈原。端午节也由此而成为中国传统中最富有诗意和悲情的节日。

0921. **七夕**

七夕，农历七月初七，亦称“乞巧节”、“女儿节”等。七夕节的形成源于牛郎织女的传说。织女是天帝的女儿，心灵手巧，能织成云霞般的锦绣天衣。天帝(或曰王母)怜其独居，把她嫁给河西牵牛，织女出嫁后遂废机不织。天帝大怒，责令织女回河东，答应他们一年相会一次。后经民间反复加工及长期的口头流传，形成了美丽的神话故事，并对七夕乞巧节的形成产生了很大影响。汉以后逢七夕之夜，人们都要纷纷出门坐看牵牛织女星，同时还有穿针、曝衣之俗。据说古时在七夕之夜，妇女们用彩线穿七孔针，设香案，上置瓜果，向织女乞巧。如果夜里有喜子(蜘蛛)结网于瓜果上，就被认为得到了织女的青睐，必然乞得心灵手巧。直至近代，七夕仍是一个重要的传统节日。

0922. **中秋**

中秋节，农历八月十五，恰逢三秋之半，故名“中秋”、“仲秋”、“八月节”。因中秋月为团圆之象征，而此日又有亲人团聚之俗，故亦称“团圆节”。中秋节始于唐代，节俗主要有祭月、拜月、泛舟赏月、登台观月、吃月饼、赏桂、观潮等。南方民间中秋有赏桂折桂之俗，与月中吴刚伐桂，桂实飘落人间的传说有关。中秋食月饼是南北相同的风俗，月饼象征团圆。元至明清，中秋节基本沿袭了唐宋时代旧俗。清以后，各地中秋节饮食习俗有区别，安徽婺源地区必食塘鱼，江苏南京一带食烤鸭或咸水鸭，昆明每户必做“合家大月饼”，山东泰安一带吃小包子。浙江、宁波一带八月十六日度中秋，苏州地区有妇女盛妆出游的风俗，俗称“走月亮”。

0923. **重阳**

重阳节，农历九月初九，亦称“重九节”、“茱萸节”、“登高节”、“九月九”、“菊花节”等。《易经》以“阳爻为九”，将九定为阳数，两九相重，故名“重阳”。据东晋·葛洪《西京杂记》，至迟在西汉时重阳节已成了固定节日，并有了佩茱萸、饮菊花酒、登高，食蓬饵等习俗。从南北朝到唐宋时代的重阳日，帝王官僚们除登高赋诗、筵宴欢乐之外，还有射箭、纵马、围猎等活动。赏菊、食糕之风亦日盛，重阳吃糕，因“糕”与“高”同音，所以重阳节登高之时吃糕，象征步步登高。清代赏菊规模较宋代更盛。清代北京在重阳节立“九花山子”。九花即菊花，至今重阳节的某些习俗仍在流行。近年，又将重阳节确立为老年节，以示对老年人的尊敬。

0924. **腊八**

腊八，农历十二月初八，是我国古代民俗化的宗教节日，为古时“腊日”之一。先秦时“腊”本是一种祭礼，指在冬至后的第三个戌日腊祭百神。祭百神需用猎获的禽兽，以祈福求寿，避灾迎祥，故腊祭即猎祭，古代腊、猎相通。汉代腊行于农历十二月，故后世以十二月为腊月。南北朝时，始改为十二月初八，谓之“腊八节”。腊日或腊前一日有击鼓之俗，据说有驱疫作用。东汉后佛教传入，腊八又与佛教传说结合，成了佛教节日，称“成道节”、“佛成道日”。据传，释迦牟尼成佛之前，曾修苦行多年，饿得骨瘦如柴，决定放弃修行，此时遇见一牧女送他乳糜，食后体力恢复，后端坐菩提树下沉思，于十二月八日得道成佛。为纪念此事，佛教徒于每年腊月八日以米和果物煮粥供佛，称为“腊八粥”。此后吃腊八粥遂演变为中国民间的习俗。宋代周密《武林旧事》：“八日，寺院及人家用胡桃、松子、乳蕈、柿栗之类做粥，谓之腊八粥。”今北京、东北、胶东、江浙、河南、皖中等地仍保留着过节吃腊八粥的习俗。

0925. **除夕**

农历一年中的最后一天或最后一晚，又称“除夜”、“年三十”、“大年夜”。“除夕”二字，最早见于东汉应劭《风俗通义》卷八：“常以腊除夕饰桃人，垂苇茭，画虎于门，皆追效于前事，冀以御凶也。”其原意为驱邪求福除恶鬼，故把这一夜称除夕。汉代，除夕夜除了树立神荼、郁垒两人的形象于门外，还要举行击鼓驱傩仪式。晋代又有了分岁、守岁活动。除夕是年节习俗的重要组成部分，这一天家家户户都要进行大扫除，民间谓之“除尘”，含有除旧布新之意。同时贴春联、门神、年画，将宅内布置一新，欢乐喜庆。夜幕降临时，阖家团圆，吃年夜饭，在中国北方地区多吃饺子，寓意“交子”，指岁岁相交，南方人多吃汤团，寓意团圆。在饺子或汤圆中包上一个元宝或铜钱，吃到者表示一年有好运气。各地的年夜饭的食品五花八门，但都含有美好的寓意，如豆腐、年糕、鱼、发菜等，寓意“逗富”、“年年高升”、“年年有余”、“发财”之意。除夕之夜燃放爆竹，迎神纳福，晚辈向长辈拜年，长辈要给压岁钱。这一夜全家人守岁，希望能够长寿。

二、生养婚嫁

0926. **弄璋弄瓦**

“弄璋”、“弄瓦”典故出自《诗经·小雅·斯干》：“乃生男子，载寝之床，载衣之裳，载弄之璋”、“乃生女子，载寝之地，载衣之裼，载弄之瓦”，璋是一种非常名贵的玉器。在古时候，贵族家庭生了男孩子，会把璋给他玩，希望男孩将来能有玉一样的品德。而瓦是纺车上的零件，古人把瓦给女孩玩，就是希望她将来能精通女工。后人因此就把生男孩子称为“弄璋之喜”、生女孩子则称为“弄瓦之喜”。

男孩弄璋、女孩弄瓦，现在看来是重男轻女的做法，但在古代作为一种风俗，其实表明了社会对于男女成年后的期待，这也是几千年来男主外、女主内观念的体现。“弄璋”、“弄瓦”的习俗和用语现在依然存在，生了孩子之后，书写请柬，亲友赠送彩帐、喜联，贺生男为“弄璋”，贺生女为“弄瓦”。

0927. 冠礼

冠礼，俗称成年礼、成丁礼。在远古氏族社会，为了部落的绵延，未成年的孩子一般不参与生产、狩猎、战争等活动。等到了成人的年龄，用各种方式来考核他的体质和技能，以确定他能否取得氏族成员的资格。后来演变成冠礼。冠礼，就是主宾依次将缁布冠、皮弁、爵弁三种帽子戴在未成年人的头上，并给他起个表字，表示他已经成年，可以结婚、参与劳动、战争、当官。普通的士子，没有行冠礼，就不能担任重要的官职。而帝王不行冠礼，就不能执掌朝政，汉景帝在临死前，抱病给汉武帝行冠礼，就是这个原因。

古代贵族女子十五岁许嫁时举行加笄仪式，称为笄礼，也是表示成人的一种仪式。笄，就是簪，行笄礼要改变幼年时的发式，把头发绾成髻，并用纚（一块黑布）包住发髻，再用笄插定。表明女孩子已经成年，可以出嫁了。

0928. 年龄称谓

到了年龄不同阶段，都有一些不同的称谓，除了是直接称岁数，比如“年方二八”、“八十高龄”、“九十高寿”等等；以及一些不确定年龄的统称，比如“秩”，一秩等于十岁，六十以上称“开七秩”。还有一些有趣的说法，比如根据人的容颜、头发、皮肤、牙齿特征，来自古代典籍、诗文的称谓，等等。常见的有：未满周岁的小孩为“襁褓”，两三岁叫“孩提”，“总角”、“垂髫”指童年，“束发”、“朱颜”指青少年，男子十五称为“志学之年”，“及笄”是女子十五岁，“弱冠”是男子二十岁，三十“而立”、四十“不惑”、五十“知天命”、六十“耳顺”，“三十曰壮”、“六十曰耆”、“七十曰老”，“八十九十曰耄”，六十“花甲”、七十“古稀”、百岁“期颐”，“皓首”、“黄发”指老年人，“鲐背”指长寿老人。六十为“杖乡之年”、七十为“杖国之年”、八十为“杖朝之年”。八十八为“米寿”、九十九为“白寿”、一百零八为“茶寿”。

0929. 纳采

古代汉族婚姻礼仪分六步走，纳采是第一步。纳采，后来称为“提亲”。“采”是采择、选择的意思，是女方谦逊的说法，意思是自家女儿不过是聊备男方采选的对象之一。纳采的过程是这样的：男家请媒人至女家提亲，得到女方首肯后，男家派使者前去致辞，并拿活的大雁作为礼物。如果女方同意议婚，就收下大雁。据郑玄说，用大雁的原因是大雁随季节南北迁移，顺乎阴阳往来；同时大雁失配偶，终生不再成双，取其忠贞。六礼除纳征外，其余五礼，男方都要向女方送雁作为贽礼。后世“纳采”与“问名”合并，富贵人家，纳采礼物每有增加。

0930. **问名**

这是古代婚礼的第二步。纳采礼完了后，使者并不回去，而是过一会儿再到女方家“问名”。早期的问名，主要是询问女子母亲的姓氏，以了解两者之间的血缘关系。古人很早就知道了近亲结婚的坏处，所以有此环节。举个例子：林黛玉的母亲姓贾，和贾宝玉同姓，在古代，就在禁止的范围，不能结婚。如果女方因为父母双亡等原因不知道姓氏，那就要通过占卜的方式来决定可不可以。

后世的问名，则是问女方的名字、出生年月、家世地位，乃至于门第、财产、职位、容貌、健康等诸方面。普通的以问生辰八字为主，通过男女双方生辰八字阴阳，以确定婚姻吉凶。若八字合，即可成婚。如果八字不合，那么婚姻就要告吹。

0931. **纳吉**

此为婚礼的第三步。男方拿到女子的姓名、八字后，到宗庙或者祖宗牌位前占卜，如果结果很吉利，便派使者前往女方家通报，这就是“纳吉”。按照礼仪，女方的家长得到消息后，应该很谦虚的回答道：“小女教养不够，粗鄙不堪，实在难与令郎匹配。但既然已经卜得吉兆，我家也同样吉利，所以就不敢推辞。”

明清以后，纳吉礼节变得很简单，多数都是将女子的庚帖放在灶神前，如果三天之内没有发生什么不好的事情，就会认为很顺利，便可以拿着男女庚帖去合婚了。

0932. **纳征**

这是婚姻六礼的第四步。亦称“纳礼”、“纳币”、“纳成”、“父定”，后世俗称“纳财”、“大聘”、“过大礼”、“下财礼”等。这是纳吉之后，男家给女家送聘礼的仪式，表示婚姻进入正式准备阶段。先秦的聘礼比较简单，一般取其象征意义，如士大夫下聘，不过用五匹彩丝和一对鹿皮而已。隋唐聘礼固定为合欢、嘉禾、阿胶、九子蒲、朱苇、双石、棉絮、长命缕、干漆等九种，各项物品皆有祝福夫妻爱情永固的意思。后来聘礼变重，渐渐有牟利的趋向。

0933. **请期**

此为传统婚礼的第五个环节。纳征之后，男家通过占卜选得结婚的吉日，为了表示对女方的尊重，就派使者到女方家，请求他们指定婚期，这个仪式称为“请期”。女方的家长会很谦逊地说：“这个日期，还是请尊府来决定吧。”谦让一番后，使者将已经卜好的日子告诉女方家。女方家表示接受，使者返回复命。以后这项礼仪多从简，常在送聘礼的同时决定婚期。清代以后，请期多称通信，

即男家用红笺，将过礼日、迎娶日等有关事项一一写明，由媒人或亲自送到女家，并与女家商议婚礼事宜。

0934. 亲迎

亲迎，现在叫迎亲，是婚礼的最后一步，也是婚礼的核心。从纳采到请期这五个步骤都是男方家派使者到女方家进行，而且都是在早上。唯独亲迎，是新郎亲自到女方家，并且时间是在黄昏的时候。为什么在黄昏呢？上古时代流行抢婚，而抢婚需要借助夜色的掩护。黄昏成婚就是这种习俗的遗留。新郎在黄昏的时候到来，所以叫"昏"；新郎对岳父岳母行完子婿之礼后，新娘因之而去，所以叫"因"，这就是"婚姻"一词的来源。新娘乘车至男家后，要设酒宴共食。所谓"合卺而酳"，即把一个瓠剖开，分成两个瓢叫卺，新婚夫妇各拿一瓢，饮酒漱口，以示婚后夫妻相亲相爱，后世"合卺"成了结婚的代称，也即后来的喝交杯酒。

0935. 媵妾

古代婚姻制度的一种风俗。在周代，诸侯娶一国之女为夫人，女方须以姪（兄弟之女）娣（妹妹）随嫁，同时还须从另外两个与女方同姓之国各请一位女子陪嫁，亦各以侄、娣相从，一共九人，只有夫人处于正妻地位，其余都属于媵妾。媵（音映），相送，引申指陪嫁。诸侯如正妻亡故或被休，不可再娶，应由众妾中依次递补，此种制度称为媵妾或媵婚制度。天子媵嫁，与诸侯相似，唯媵嫁数目更多，连正妻共十二人。这一制度，体现了周人对嫡庶的严格区分，但同时也是对多妻的现象的承认，使其明确化和合理化。

三、丧葬祭祀

0936. 丧礼

丧礼指丧葬活动中举行的仪礼，指对死者殓殡奠馔和拜踊哭泣的种种仪式礼节。《周礼·大宗伯》曰："以丧礼哀死亡。"先秦文献中记载周代士阶层以上的丧礼制度已有比较完备的形态，且等级分明，连关于死的说法都尊卑有别。《礼记·曲礼下》曰："天子死曰崩，诸侯曰薨，大夫曰卒，士曰不禄，庶人曰死。"丧礼的程序相当繁缛，其名目足有数十种之多，主要分五个阶段：复、殓、殡、葬、服。人死后要将新丝絮放于口鼻上，验其是否断气，称为"属纩"，后成为临终的代称。属纩之后便须为死者举行招魂的仪式，称为"复"。复者持死者之衣，登屋面北，呼唤死者名字，以期死者能还魂复生，如此三次，投衣而下，由另一人接过覆在死者身上。"敛"是盛放死者入棺的仪式，有小敛和大敛之分。小敛指为死者穿戴寿衣，大敛指将死者放入棺内。入殓后停柩待葬叫"殡"，后世把运灵柩到埋葬的地方去称为"出殡"，送葬者穿丧服，牵灵车，边哭边行。葬即下葬，指将死者棺木埋入墓穴，并筑土成坟，拜奠如仪。"服"指为死者服丧，根据与死者亲疏远近的不同，所穿丧服和居丧时间亦有等差。

0937. **明器**

明器，亦称“冥器”、“盟器”，是专用于随葬的各种象征性器物，一般用竹、木、陶、石等制成，以供死者在阴间使用。明器除日用器物的仿制品外，还有车船、房屋、工具、兵器、家具等模型，甚至还有人物、畜禽的偶像，称为“俑”。从新石器时代开始的历代墓葬中都有明器发现。汉代盛行厚葬之风，大量使用明器，且随着“人殉”制度的消失，贵族墓葬中多用人俑。魏晋之时随葬明器皆从省，唐代从厚之风又兴。北宋以后，纸明器逐渐流行，不随死者下葬，而是在下葬之时焚烧，明清均沿宋习。明器的使用也有等级，如唐代规定官员三品以下，可用明器九十事，四、五品可用六十事，七、八、九品可用四十事，庶人准用十五事。

0938. **棺椁**

棺椁是装殓死者遗体的葬具。棺，指死者贴身的内棺，椁，指套在外层的外棺。最早的棺是瓦制的，商代以后才用木棺。《礼记·檀弓上》载周代“天子之棺四重”，郑玄注曰：“尚深邃也。诸公三重，诸侯再重，大夫一重，士不重。”天子之棺除贴身内棺外，尚套有四层。最外一层叫大棺，第二层叫属，此两层皆为梓木所制，又统称梓棺或梓宫。第三层叫杝或椑，为椵木所制。第四层为水牛皮和犀牛皮制成的革棺。如此繁复的棺椁也只有天子用得起。诸公以下由内至外递减，到士这一阶层，就只有一层大棺了。至于庶人则有棺而无椁。周代的棺椁制度在后世帝王、贵族间基本沿用下来。汉代盛行厚葬，皇帝、诸侯墓中椁室四周要用黄心的柏木块或柏木条垒叠互嵌，木头内向，紧密围筑，称为黄肠题凑。因其耗费巨大，魏晋以后多有简省。

0939. **墓庐**

古代父母或师长去世后，其子或学生服丧期间在墓旁搭筑小屋，居住其中以守护坟墓，叫做墓庐。此风俗早在周代就有。《史记·孔子世家》载：孔子死后葬于鲁城北泗上，弟子皆服三年，三年心丧毕，相诀而去。唯子贡庐于冢上，六年乃去。汉魏之时，庐墓之风非常盛行，有子为父母庐墓者，如《汉书·邓骘传》载：“母新野君丧……骘等既还里弟，并居冢次。”唐以后一直沿用此俗。明朝祥符人丘铎是个孝子，母亲去世后葬在鸣凤山，哭泣说：“我出生以后，母亲一直没和我离开过，现在去世了，怎么能将她遗弃在荒原里呢？”于是就在墓地旁边盖上庐墓，早晚给母亲准备好生前一样的食物。每当月黑风高之时，就围绕着母亲的坟墓哭着说：“我在这里，我在这里！”老虎听到哭声都避开了。

0940. **五服**

五服，即五等丧服，是古代居丧时期的服饰制度，始于周代，依生者与死者关系的亲疏远近不同，丧服形制和居丧期限亦各有规定。据《仪礼·丧服》载：丧服分为斩衰、齐衰、大功、小功、缌（音思）麻五个等级。斩衰是五服中最重的一种，用最粗的生麻布制成，衣缘袖口皆不缝边，简陋粗恶，犹如刀割斧斩，故称斩衰。服斩衰者还须手握一根苴（音居）杖，俗称哭丧棒，以示哀痛。斩衰服丧三年（实为二十五个月），适用于臣为君，子为父，未嫁之女为父，已嫁复归之女为父，妻为夫，承重孙为祖父等。齐衰是次于斩衰的丧服，亦以粗生麻布做成，但衣缘袖口皆缝边，稍显齐整，故称齐衰。齐衰又分为四等：齐衰三年，即服丧三年，用杖，适用于父已先卒，子为母，未嫁之女为母等；齐衰杖期，即服丧一年，用杖，适用于父尚在世，子为母，未嫁之女为母，夫为妻等；齐衰不杖期，即服丧一年，不用杖，适用于为祖父母、伯叔父母、兄弟、未嫁之姐妹，已嫁之女为父母等；齐衰三月，即服丧三月，不用杖，适用于为曾祖父母、高祖父母等。大功是次于齐衰的丧服，用熟麻布做成，较生麻布细密，服丧九月，不用杖，适用于为已嫁之姑母、堂兄弟、未嫁之堂姐妹。小功是次于大功的丧服，以熟麻布做成，较大功所用更为细密，服丧五月，不用杖，适用于为从祖父母、堂伯叔父母、从祖兄弟、已嫁之堂姐妹，以及为外祖父母等。缌麻是五服中最轻的一种，以最细的熟麻布做成，服丧三月，不用杖，适用于为族曾祖父母、族祖父母、族父母，以及为外姓的舅父、姨母、表兄弟、岳父母等。后世的丧服、丧期规定虽略有变动，但基本沿用前制。

0941. 昭穆

昭穆是中国古代的宗法制度，指宗庙、墓地或神主的辈次排列。古人在室内座次以东向为上，其次才是南向、北向和西向。故以始祖居中，东向；二世、四世、六世位于始祖的左方，朝南，称昭；三世、五世、七世位于右方，朝北，称穆。简而言之，昭穆就是宗庙、坟地和神主的左右位次，左为昭，右为穆，故亦称左昭右穆制，以此来分别宗族内部的长幼次序、亲疏远近。昭者，明也，南向朝阳而明亮，故为昭；穆者，冥也，北向背光而冥昧，故为穆。昭穆制为历代统治者所重视，且有一定的配享制度。《礼记·王制》载："天子七庙，三昭三穆，与太祖之庙而七。诸侯五庙，二昭二穆，与太祖之庙而五。大夫三庙，一昭一穆，与太祖之庙而三。士一庙，庶人祭于寝。"在这种宗庙数量的排列顺序上呈现出一个显著的特点，即地位越高的人其宗庙中可以供奉的祖先就越多，相反，地位越低的人其宗庙中所供奉的祖先就越少，以此通过宗庙和祖先数量的多少来象征尊卑上下的等级关系。

0942. 吉礼

吉礼是指祭祀之礼，古人祭礼为求吉祥，故称吉礼。《周礼·春官·大宗伯》云"以吉礼事邦国之鬼神示（祇）"，将祭礼对象分为人鬼、天神、地祇三类，每类之下又细分若干等。天神之祭主要包括祭祀昊天上帝、日月星辰、司中司命(星名)、风伯雨师等。古代只有天子可以祭天,诸侯有国,但不得祭天。周代祭天的正祭是每年冬至之日在国都南郊圜丘举行,天子点燃积柴,烧着牺牲、玉璧、缯帛等祭品,烟焰飞升,上闻于天,是为燔燎,又称"禋祀"。地祇之祭主要包括祭祀社稷、五行、五岳、山林川泽以及四方百物。周代祭地的正祭是每年夏至之日在国都北郊水泽之中的方丘上举行,不用燔燎,而用瘗埋,即祭后挖穴将牺牲玉帛等祭品埋入土中。人鬼之祭主要是祭祀祖先,祭必于宗庙之中。周代天子七庙,诸侯五庙,大夫三庙,士一庙。四时孟月而祭,春曰祠,夏曰禴,秋曰尝,冬曰烝,加上腊祭,每岁共五祀。

0943. **嘉礼**

嘉礼是饮食、婚冠、宾射、燕飨、脤膰、贺庆之礼的总称。《周礼·春官·大宗伯》曰:"以嘉礼亲万民。"嘉者,善也,嘉礼即用来和合人际关系的礼仪。饮食之礼指宗族内部通过聚酒饮食以加深联络和感情,而非日常家居饮食,故言"以饮食之礼亲宗族兄弟"。通常有两种,一种是逢祭而宴,一种是以时而宴。婚冠之礼指古代男子二十而加冠,女子十五而加笄,分别举行冠笄之礼,以示成年。成年后即可男婚女嫁,举于婚礼。故言"以婚冠之礼亲成男女"。宾射之礼指以射箭来进行竞技、选拔或序长幼的礼仪,分为四种:一是大射,指天子、诸侯祭祀前选择参加祭祀的人而举行的射礼;二是宾射,指诸侯朝见天子或诸侯相会时举行的射礼;三是燕射,指平时燕息之日举行的射礼;四是乡射,是地方官为荐贤举士而举行的射礼。故言"以宾射之礼亲故旧朋友"。燕飨之礼指天子饮宴四方来朝的诸侯、群臣、外宾的礼仪,故言"以燕飨之礼亲四方之宾客"。脤膰之礼指在祭祀社稷宗庙后,将脤膰即祭肉分给兄弟之国,借以增进彼此感情,故言"以脤膰之礼亲兄弟之国"。贺庆之礼指对有婚姻甥舅关系的异姓之国,在其有喜庆之事时,致送礼物,以示祝贺,故言"以贺庆之礼,亲异姓之国"。嘉礼的范围很广,除上述诸礼外,还包括朝贺礼、养老礼、职官礼、会盟礼等。

0944. **宾礼**

宾礼是指接待宾客之礼,《周礼·春官·大宗伯》曰:"以宾礼亲邦国。"宾礼主要包括诸侯对天子的朝见,各诸侯之间的聘问和会盟等,其名目有八:"春见曰朝,夏见曰宗,秋见曰觐,冬见曰遇。时见曰会,殷见曰同,时聘曰问,殷覜曰视。"春见、夏见、秋见、冬见是指六服之内的诸侯按照季节顺序轮流进京朝见天子,此四种皆为朝觐之礼;时见是有事而会,殷见是众诸侯同聚,时聘是有事而派遣使者存问看望,殷覜是多国使者同时聘问,此四种皆为会同之礼。古宾礼的主要意义是维护邦交,而随着"邦国"的不复存在,宾礼的意义也有所改变。后世则将皇帝遣使藩邦,外来使者朝贡、觐见及相见之礼亦纳入宾礼范畴。

0945. **军礼**

军礼是指军队操练征伐之礼,与战事相关,《周礼·春官·大宗伯》曰:"以军礼同邦国。"《周礼》所说的军礼包括大师之礼、大均之礼、大田之礼、大役之礼和大封之礼五种。大师之礼用于军队出征,有天子亲征与命将出征之不同,出征前均要祭告天地太庙,还要祭祀军神、军旗和道路,并举行誓师典礼,以振奋军心。大均之礼用于军队建制,周代以五人为一伍,五百人为一旅,五旅为一师,五师为一军,以此征兵和分摊军赋。唐宋以后,随着社会的变迁,军礼中已不再有这一条。大田之礼用于定期狩猎,狩猎的主要目的在于检阅军队的作战能力及军备情况。四时皆有狩猎,名目各异,春曰蒐,夏曰苗,秋曰狝,冬曰狩。大役之礼用于营建土木,根据役使民力的强弱分摊任务,也即孔子所说的"为力不同科"思想。大封之礼用于封疆立界。诸侯互侵,争夺领土,民众流离。当侵略一方受到征讨之后,为确立原有疆界,聚集失散居民,都要封土植树,以勘定疆界。此外如校阅、刑赏、献俘、凯旋、马政等也都属于军礼之列。

0946. 凶礼

凶礼是哀悯吊唁忧患之礼,《周礼·春官·大宗伯》曰:"以凶礼哀邦国之忧。"郑玄注云:"哀"是"救患分灾"之意,是以实际措施抗灾救患,不限于表达哀悯之情。凶礼主要有丧礼和荒礼两大类,细分则有丧礼、荒礼、吊礼、禬礼、恤礼等五种。丧礼以哀死亡,通过对死者遗体的处理来表达对死者的敬爱之情。荒礼以哀凶札,指自然灾害引起歉收、饥馑和瘟疫后,国家为救荒而采取的政治礼仪措施。《周礼·地官·大司徒》较为全面地提出了救荒的十二项对策:散利,薄征,缓刑,弛力,舍禁,去几,省礼,杀哀,蕃乐,多婚,索鬼神,除盗贼。吊礼以哀祸灾,指遭遇水火、地震等灾祸后,派遣使者前往吊问。对于在灾祸中死亡的民众,政府往往会赐给棺木或丧葬钱。禬礼以哀围败,指邻国遭遇外来侵略或内部动乱,蒙受重大经济、财产、人员损失,兄弟之邦凑集钱财、物品予以救助,使之尽快恢复正常秩序。恤礼以哀寇乱,指邻国遭遇内乱外患,派遣使者前往慰问存恤。救荒赈灾是凶礼的核心内容,体现了古代相守互助的精神。

0947. 斋戒

斋戒指古人于祭祀之前,沐浴更衣,不饮酒,不吃荤,独居,以示诚敬的行为。斋戒又分为"斋"与"戒"。"斋"又称致斋;"戒"又叫散斋。致斋宿于内室,散斋宿于外室,古代天子或诸侯主要住宿地称"正寝",里面还有内室。平时致斋,患病或无重大事情时都宿于正寝,因斋戒要独居。散斋地是在正寝之外的室内居住。致斋时要求五思。《礼记·祭义》:"思其居处,思其笑语,思其志意,思其所乐,思其所嗜。"主要为使心地纯敬、集中。散斋七日,停止参加一切娱乐活动。也不参加吊丧礼,因为哀乐会"失正",导致"散思"。斋戒时对食物的禁忌为"不吃荤","荤"在西汉以前不是指的鱼肉荤腥,而是忌食有辛味臭气之食物,斋戒时忌食荤物,主要是为了防止在祭祀时口中发出臭气,对神灵、祖先有所亵渎。把斋戒与素食联系起来是佛教盛行之后即东汉以后的事情。

0948. **礼器**

礼器是古代举行祭祀、宴飨、征伐及丧葬等礼仪活动中使用的器物，用来表明使用者的身份、等级与权力，即所谓“藏礼于器”。礼器是在原始社会晚期随着氏族贵族的出现而产生的，多为玉器，如璧、琮、圭、璋等。商周之后青铜器开始大量进入礼器的行列，其形制也发展得更为完备。青铜礼器又称彝器，工艺精美，种类繁多，食器有鼎、俎、簠、簋、笾、豆、觯、盘、匜等，酒器有尊、壶、爵、罍、卣、缶等，乐器有钟、磬等。其中璧、琮、鼎三者最为常见。璧呈平圆形，正中有口。琮呈长方形，中空为筒状。《周礼·春官·大宗伯》曰：“以苍璧礼天，以黄琮礼地。”鼎是夏商周三代祭祀中最重要的礼器，大多圆腹、两耳、三足，相传禹铸九鼎以象征九州，表示一统天下之意，故被称为“国之重宝”。

0949. **带钩**

带钩，是古代贵族和文人武士所系腰带的挂钩，多用青铜铸造，也有用金、银、铁、玉等制成。带钩起源于西周，至春秋时期已相当流行。《左传》中记载齐国管仲追赶齐桓公，拔箭向齐桓公射去，正中齐桓公的带钩，齐桓公装死躲过此劫，后成为齐国国君。他不记前仇，重用管仲，终于完成霸业。战国时期，带钩的器形已经基本确立，即呈 S 状，由钩首、钩身和钩钮三部分组成，以后为各代所沿用，只是工艺愈加精湛而已。

0950. **麈尾**

麈尾是用来驱逐蚊虫、掸落灰尘的一种工具，似扇而非扇。一般在细长的木条两边及上端插设兽毛，或直接让兽毛垂露外面，类似马尾松。麈之原意为“鹿之大者”，为群鹿首领，麈尾之所指，即群鹿之所至。魏晋时期，麈尾是征战沙场的武将指挥作战的重要器具，据《晋书·石勒传》载，出身贫寒的石勒成为一方军阀后，贵族出身的王浚派人远道为石勒送去一柄麈尾，以表明他对石勒军事指挥权的认可。可见，麈尾实际已被当作兵符一类的东西。麈尾还是魏晋名士清谈时必不可少的道具，双方辩论，必执麈尾，以助谈锋。后世相沿成习，麈尾遂为名流雅器和身份象征。

四、游戏娱乐

0951. **社火**

社火，春节期间举行的民间赛神和游戏活动。社指为祭祀土地神而举行的活动；火，指红火。社火作为群众性的集会，祈求风调雨顺、五谷丰登，在全国汉族和部分少数民族地区十分盛行，俗称“闹社火”、“扮社火”、“耍社火”，也是汉族各种民间歌舞和技艺的统称，包括民间的舞蹈、杂技、杂戏、武术、鼓乐等。社火大致可分地面社火和高台社火两类。地面社火包括高跷、旱船、秧歌、舞龙、舞狮、大头娃娃等，内容丰富多彩。高台社火，又称“芯子”、“背棍”、“台阁”，是在固定的平台上塑造各种戏剧故事,其中人物由三至五岁的小孩扮演,由人扛着、抬着和推着作游行表演。社火表演常因地域不同而出现差异,如陕西长武一带流行的"马社火",表演者绘好脸面,扮戏剧人物,手持道具,骑马背上,列阵出发,在紧锣密鼓声中挨村过街表演。凡有社火的地方,都伴有民间戏剧表演,称为"社戏"。

0952. **竹马**

竹马是我国古代的一种儿童游戏,以一根竹竿当马,骑于胯下,后端着地,前端把牢,奔跑腾跃,威风凛凛,颇有将军气概,故广为男孩子所喜爱。竹马历史悠久,据《后汉书·郭伋传》载:郭伋在并州为官时政绩很好,与民众素结恩德,后来"始至行郡,到西河美稷,有童儿数百,各骑竹马,道次迎拜"。晋张华《博物志》亦曰:"小儿五岁曰鸠车之戏,七岁曰竹马之戏。"竹马之戏在唐代极为普遍,李白《长干行》诗云:"妾发初复额,折花门前剧。郎骑竹马来,绕床弄青梅。"儿童嬉戏之状,宛在目前。宋代出现了以竹或纸等扎为马头形的竹马,渐趋复杂精致,明清年画中多有表现。竹马的另一发展趋向是表演艺术化,南宋周密《武林旧事》已有竹马舞队的记载,明清之际,南北各地广泛流传的"竹马灯",又名"跑马灯"、"耍马灯",便是一种民间歌舞。每逢年节,马队便走村串乡,边行边舞,舞者身挂着竹扎纸糊的马形道具,但显然已与当初的儿童游戏大异其趣。

0953. **秋千**

秋千本是北方山戎之戏,春秋时齐桓公北伐山戎带回中原,渐次传播开来。秋千系以长绳悬于高架,下拴蹬板,人立其上,两手握绳,前后摆动,主要比蹬技,荡高为胜。荡秋千初时多为闺中女子游戏,汉武帝时后宫嫔妃常以荡秋千取乐。唐人高无际《汉武帝后庭秋千赋》云:"秋千者,千秋也。汉武祈千秋之寿,故后宫多秋千之乐。"唐宋以后,随着城市经济的发达,市民阶层的大量涌现,荡秋千才演变成节日中广场的狂欢节目。至今犹广为流传,经久不衰,并已成为少年儿童十分喜爱的娱乐活动。

0954. **踏青**

踏青,又叫探春、寻春,是中国古代的春游活动,其俗由来已久。据《论语·先进》载:孔子问曾皙的志向,曾皙答:"暮春者,春服既成,冠者五六人,童子六七人,浴乎沂,风乎舞雩,咏而归。"可见春秋之时就已有踏青之俗,此后历代盛行,至今不衰。踏青应源于上古祓禊遗风,多在春光明媚、万物复苏之际,正月初八、二月二、三月三、寒食、清明俱是踏青的好时节,与此相伴的则有放风筝、荡秋千、划旱船等活动。杜甫《丽人行》中便记载了盛唐时上巳踏青的情景:"三月三日天气新,长安水边多丽人"。张择端《清明上河图》更是将北宋清明时节汴梁百姓浩浩荡荡踏青远足之状描摹得淋漓尽致。

0955. **灯谜**

灯谜,写在花灯上的谜语,一名“灯虎”,虎性凶猛,难以制服,用此比喻灯谜的难以猜测,遂有“打灯虎儿”、“射虎儿”等称谓。花灯高悬,灯上书以谜语,众人立于灯下,商榷射虎儿,因又有“商谜”之称。灯谜约出现于宋代,其制大致有两种:一为“弹壁灯”,一面靠墙,三面贴题,状如今天的壁灯;另一种是在四通八达的道路等热闹场所,张设鳌山灯坊,上悬谜灯,四面写谜面。后世图便利,有时干脆弃花灯写条幅。灯谜发展到明代,出现了谜格,所谓谜格就是灯谜的格式,犹如律诗一样,制谜者要按格式制,猜谜者同样要按格式猜。谜格的发展由少到多,向有“广陵十八路”、“射虎二十四格”之说,甚至多到以百计。然而,常用谜格不过十几种。如会意格:此为灯谜中最普通之格,较常见,只需领会其意,如:“女媚”,打一曲牌名,谜底:“一半儿”。

0956. **拔河**

拔河古称“拖钩”。最初用于水战,后逐渐演变为集体性力量竞赛的民间体育活动。拔河最早始于春秋战国时期,是当时用以训练水军的一种手段。相传楚国攻打吴国前,楚将曾以篾缆作工具,训练士兵用钩具勾住对方战船,当对方战船被勾住时,双方在江面上互相拉扯厮杀。当地百姓称之为“拔河”。以后几经演变,由水中转移到陆地,成为民间一种体育活动。当时拔河用大麻绳,绳长四五十丈,绳两端分出许多小索,拔河时,每人胸前挂一小索,大绳中段地面上插一面大旗,以示界限,一方将另一方拉过界限为胜。据说盛唐时期,参加拔河人数最多可达千人以上,可见当时拔河具有广泛的群众性。拔河活动一直沿袭至今,经久不衰。所不同的是现在大绳两端已没有小索,参赛者分立绳两侧,以手揽绳,比赛规则也有很大改进。

五、体育竞技

0957. **角抵**

古代一种较力和技巧的体育活动,类似后世的摔跤。角抵起源于战国时代,本是训练兵士的方法,后演变为民间竞技,带有娱乐性质。随着商业经济发展渐趋兴盛,角抵先后在宫廷、军队、民间流行,唐、宋尤为普及。宋元之时,多称角抵为“相扑”,相扑亦即相搏。“瓦市相扑”、“露台争跤”是当时常见的表演形式,优胜者可获得优厚的物质奖励,甚至还可得到一官半职。据《东京梦华录》载,当时朝廷训练有大批相扑手,每逢典礼集会则表演集体相扑,以示欢庆。角抵习俗从古至今在民间一直传承,许多少数民族中的摔跤、赛马、射箭、斗牛就保留了角抵古俗。

0958. **投壶**

投壶源于西周,由“燕射”(君臣燕息时的一种射礼)演变而来。在当时,成年男子不会射箭被认为是一种耻辱,后来由于"文"、"武"分野,文士们和一些诸侯不擅长射箭,因此在宴会场合逐渐出现了一种以壶代靶,以投代射的活动,这就是投壶。投壶所用之壶大小不等,一般壶颈长约23厘米,腹高约16厘米,壶口直径约8厘米。箭用不去皮的柘,长约92厘米,无羽镞。投壶者在距壶约二三米之处投以入壶,胜者斟酒给负者喝。投壶前及投壶过程中尚有一套繁琐的礼仪,宾主间致谦让之词,赋诗,击鼓奏乐等。投壶在春秋战国时期较为流行。到汉代逐渐脱离礼仪束缚,成为一种娱乐活动。汉武帝年间,把箭改为竹制箭,因又产生了称为"晓"的投壶新法。晋代以后,对壶进行了重大改进,壶上设左右两耳。投壶者已不限于贵族,在平民中也有流行。宋元时期,投壶仍很盛行。宋代大儒司马光根据封建礼节对投壶作了全面总结,对投壶的名称、计分规则进行了修改,写成《投壶新格》一书。明清之后,投壶日趋衰落。投壶几经演变,流传两千余年之久,在我国历史上有一定影响。唐代投壶东传日本,后来逐渐演化成日本民间的"投扇兴"游戏。

0959. **赛龙舟**

赛龙舟又叫"龙舟竞渡","赛龙船",是我国传统体育活动。在汉族、傣族、苗族、白族、布依族等民间至今仍盛行不衰。端午节、泼水节都有赛龙舟这一活动内容。端午节赛龙舟在汉族、傣族、苗族等民族中其起源说法不一,其中主要说法是由纪念爱国诗人屈原的活动而逐渐形成的。这一活动起初每年农历五月初五在江南水乡举行,后逐渐传到北方。赛法则因各地习俗、环境、水流而不同。通常竞赛距离为200—400米。出发方式分为固定式和活动式两种。在位于终点的水面上竖一大标旗,以先夺得标旗者为胜。龙舟的舟身是用直径约1米,长达25米的整根梧桐或杉木掏空而制成的。龙头高高翘出水面,头两侧装"龙角"。每只龙舟划手或36人,或50人,击鼓指挥的"鼓头"、鸣锣手、撑篙手立于舟之首。划手两两并排坐在舟身上,锣鼓一鸣,飞速划进。在喜庆日子里举行龙舟赛时,按民间风俗,亲友们手提鸡、鸭、米酒、鞭炮等沿途相随祝贺,姑娘们则踏歌相迎,划手们以风趣的《龙船歌》相答,直至终点。赛龙舟在我国已有悠久历史,现在其作为一种水上比赛项目,已经走向世界。

0960. **博戏**

博戏是中国古代一种赌输赢的游戏,与棋类相仿。《说文》曰:"博局戏六著十二棋也。"博戏起源极早,至迟在春秋之前。《穆天子传》载:"天子与井公博,三日而决。"最初的博戏叫"六博",亦作"陆博",六支筹码,十二枚棋子,黑白各半,两人相博。据《颜氏家训·杂艺》所载,可知博戏又有大博、小博之分。大博的玩法已不可考。小博则《古博经》里有比较详细的记载,其玩法是:两人对坐,棋盘十二道,两头当中为水。将黑白各六枚长方形棋子置于棋盘上,又将鱼两枚置于水中。双方轮流掷琼(即骰子),根据掷采的大小决定棋子前进的步数。

棋子到达终点，将棋子竖起来，成为骁棋（或称枭棋），便可入水"牵鱼"获筹，获六筹为胜。未成骁的棋，就称为散棋。骁棋可以攻击对方的棋子，也可以放弃行走的机会而不动，散棋却不可。汉魏以后，博戏中的棋子脱离琼而独立行棋，向象棋方向发展，成为一种游戏。而博戏的琼变为五木，即五个木制骰子，也独立成为一种博戏用具，称为樗蒲，以掷点分胜负。后又变五木为两骰，立方体，六面刻点，从一到六，故又称"双六"或"双陆"。

0961. **象棋**

象棋，中国传统棋类游艺。两人对奕，各执十六个棋子，按规则移动棋子，以将死对方的将（帅）为胜。象棋规则为：马走"日"，象走"田"，炮打隔棋子，车走一溜烟，仕（士）与将（帅）只能在九宫内行走，仕走斜线，将走直线，小卒过河不回头。传说象棋为舜所创，其弟象桀骜不驯，舜便把他囚禁起来，并创出象棋以供他排遣寂寞。因其名为象，故称此棋为"象棋"。但实则象棋起源于古代博戏，三国时又受到传入中国的印度象棋影响，而逐渐演变为独具特色的中国象棋。北周武帝宇文邕雅好象棋，大力提倡，并写出《象经》。唐代愈加流行，其形制亦有所发展。至南宋高宗时，象棋为九宫三十三枚，基本定型，元代乃正式定型。明代为象棋鼎盛时期，王侯贵戚，平民百姓，多以此为乐，并涌现出李开先、陈珍、张希秋、朱晋祯等名家。清代康熙年间，国手王再越著成《梅花谱》，成为中国象棋史上具有划时代意义的全局谱。象棋拥有广泛的群众基础，不仅是民间喜闻乐见的游艺，由于对奕与军事有许多相似之处，因而也为古今将士所喜爱。

0962. **围棋**

围棋的起源已不可考，据《世本》所言，围棋为尧所造。晋张华在《博物志》中亦说："舜以子商均愚，故作围棋以教之。"围棋的最早记载见于《左传·襄公二十五年》：卫献公被卫大夫宁殖等人驱逐出国，后来宁殖的儿子又答应把卫献公迎回来。文子批评道："宁氏要有灾祸了，弈者举棋不定，不胜其耦，而况置君而弗定乎？"可见围棋在当时已为人所习见。春秋战国的"奕秋"，可谓围棋的鼻祖。汉武帝时曾举行全国性的比赛，并给参赛的棋手评定品级，为后来的围棋段制奠定了基础。三国时，出现了一些有关围棋的书。南北朝时期玄学的兴起，导致文人学士以尚清谈为荣，因而弈风更盛，下围棋被称为"手谈"。唐时，唐玄宗为棋手们设置了官阶九品的"棋待制"，使棋手成为国家的高级文职官员。宋之后涌现出大批围棋国手及《棋经十三篇》、《忘忧清乐集》、《玄玄集》三部围棋专著。明清形成了永嘉派、新安派、京师派三个著名流派，高手辈出，梁魏今、程兰如、范西屏、施襄夏被誉为"四大家"。道光年间，由于战争，围棋进入史上最衰退的时期，直至新中国成立后，始重振雄风。

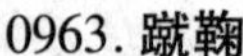

0963. 蹴鞠

蹴鞠是中国古老的足球运动，蹴者，以足踢之也；鞠者，以韦为之，中实以物，也即以熟皮革制成的足球。蹴鞠相传为黄帝所创，以让士卒练武强身，有直接对抗、间接对抗和白打三种形式。《史记·苏秦列传》中载，苏秦游说齐宣王时形容："临淄甚富而实，其民无不吹竽鼓瑟，弹琴击筑、斗鸡走狗，六博蹋鞠者。"蹋鞠即蹴鞠，可见其早在战国时期就已流行于齐国民间。至西汉，蹴鞠不仅应用于军事训练，亦盛行于宫廷之中，汉武帝便经常举行以斗鸡、蹴鞠比赛为内容的"鸡鞠之会"，宠臣董贤家中还专门养有精通此道的"鞠客"。《汉书·艺文志》著录有《蹴鞠二十五篇》，列入"兵家伎巧"一类，可谓中国历史上最早的体育专著。唐代制球工艺大为提高，发明了充气球，球体变轻，踢得更高，并随之出现了球门，双方分列球门两侧，以射门数多者胜，这已属间接对抗。此时还出现了女子足球，不用球门，以踢高、踢出花样为能事，称为"白打"。宋代有了专门以蹴鞠为生的专业艺人以及"齐云社"等民间蹴鞠组织。元明两代，蹴鞠仍在民间盛行不衰。清廷入关后实行禁止政策，蹴鞠由此渐衰。

0964. 斗草

斗草是端午时的一种民间游戏活动，盛行于妇女之间，用草来赌胜负，或对花草名，如狗耳草对鸡冠花，是谓"文斗"，或较草之数目韧性，多而韧则胜，寡而断则负，是谓"武斗"。关于斗草的记载最早见于南朝梁宗懔的《荆楚岁时记》："五月五日，四民并蹋百草，又有以斗百草为戏。"五月俗称恶月，暑热袭来，蚊蝇孳生，往往疾病流行，百姓畏之，故每于其时即入山采药，以驱疾治病，相沿成俗遂为"踏百草"、"斗百草"等。斗草流行于中原和江南地区，唐宋时其风尤盛。唐代诗人崔颢有诗云："十五嫁王昌，盈盈入画堂。自矜年最少，复倚婿为郎。舞爱前溪绿，歌怜子夜长。闲来斗百草，度日不成妆。"北宋词人晏殊《破阵子》亦云："巧笑东邻女伴，采桑径里相迎。疑怪昨宵春梦好，原是今朝斗草赢，笑从双脸生。"斗草之乐如在眼前。

0965. 太极拳

太极拳是著名武术拳种之一。早期曾因其动作滔滔无间而称"长拳"，取绵绵不断之意称"绵拳"，又因其含五步、八法而名"十三势"，亦依"柔"之特点称之为"软手"。清乾隆年间，民间武术家王宗岳（1736—1795）首先以《易经》中阴阳太极哲理解释拳义，故名太极拳。明末清初河南温县人陈王廷是太极拳的主要代表人物。该拳术综合吸收了民间与军队流传的名家拳法（如戚继光的三十二势长拳），结合古代导引、吐纳术，吸取阴阳学说及中医经络学说创编而成。强调形体活动与意念活动高度统一，具有良好的运动保健作用。太极拳在流传过程中派生出陈式、杨式、武式、吴式、孙式等不同流派，各派在架式、风格、技术结构和特点上大同小异，均要求心静意专，意识趋先，呼吸深匀，平稳自然，中正安静，柔和缓慢。姿势上要求虚灵顶劲，气沉丹田，含胸拔背，松腰敛臀，圆裆松胯，沉肩坠肘，舒指坐腕。技击上讲究“听劲”，以静制动，静以含机，动以变化，动中求静，以柔克刚，避实击虚，借力打力，缠绕粘随，随机应变等。除拳之外，尚有太极刀、太极剑、太极枪、大杆等器械套路。太极拳在国内外影响甚大，盛行于日本、美国、加拿大、英国、法国、瑞典、新加坡、马来西亚等国以及港、澳、台等地。

0966. **武术**

武术是中国传统的技击和健身运动，主要为了锻炼身心，培养意志品质，训练格斗技能，是中华民族传统文化中的瑰宝。武术源于生产劳动。殷商发明了剑、戟、矛、戈、斧、钺等兵器和发展了“射”的技术。秦汉三国时角抵、手搏、剑道盛行，武术流派和论著大量出现。两晋、南北朝流行相扑、角力、拍张，总结了各种武术口诀要术，对武术传播起了积极作用。隋唐兴武举，枪术发展甚速，套路高度发展。两宋盛行结社习武，出现了对练和集体项目。元、明、清三代，元倡骑射，重摔跤，套路表演化，提高了演练技巧；明代形成了武术体系，突出套路练习，“十八般武艺”及各流派拳法广泛传习；清代较完整的武术技术及理论已形成，各拳种多自成体系，习武盛行。民国时期，各地纷纷创办武术社团。新中国成立后，武术被列为正式体育项目并作为各类学校体育课教材，设立了专门组织机构，中华武术逐步走向世界。武术源远流长，流派纷呈，明代中后期已出现内家拳和外家拳之说。清代以后，门类更细，以宗教来分，则有少林和武当；以拳法来分，则有长拳和短拳；以地域来分，则有南拳和北腿等。现代武术依技术特点与形式分为拳术、器械、对练、集体项目、对抗项目等。

六、服饰

0967. **左衽**

衽，衣襟。上古时代，上衣多为交领斜襟，衣襟右掩，称为右衽；衣襟左掩，是为左衽。右衽是以汉民族为基础的中华民族的传统服饰，黄帝制衣，交领右衽，即用左边那片包住右边那片，也就是说领子的样子看起来应该是字母 y 形状的。按照中国古代习惯只有死者和蛮夷才穿左衽的。以示阴阳有别，华夷有别。因此“披发左衽”一直被用来言指不讲礼仪的野蛮之邦。

0968. **深衣**

深衣是指古代衣与裳相连而合缝的一种长衣。深衣的创始据《礼记·王制》记载，在传说中的有虞氏时代即产生了。根据文献及考古推测应该是秦、西汉以前较普遍流行的服饰。

深衣的上衣用布四幅，左右连缝为一，然后取横中线折叠为前后两幅。下裳用六幅，每幅都交解裁之，使一头狭，一头宽，狭头在上，宽头在下，则可适合

上衣之腰缝,前后合成十二幅之数。深衣的长度应该大致在脚踝间,即不致被泥土所粘污。

文武百官、士庶军旅都可穿着深衣。因此深衣则为上下所通服。

0969. **衣裳**

我国古代服制,上曰衣,下曰裳,以象天地,因为天玄地黄,故上衣色玄,下裳色黄。裳是下身所穿服饰,类似裙子。由于古代布面狭窄,一件下裳往往得用好几幅布横拼起来,状如腰围。裳或曰帬,汉以前称裳,汉以后则多称帬。据考古发现,黄帝时期,我们的祖先已开始缝制上衣下裳了。后世以至今天,还把衣裳泛指衣服。

0970. **衮冕**

衮冕,衮衣和冕冠的合称,是古代天子王公所穿戴的礼服,西周时已有其制,并为历代所沿用。

衮衣上绣蜷龙,亦称"龙袍"。此外还绘有日、月、星、山、火、黼、黻、藻纹、华虫等图饰。日月星辰取其照临之意;山取其仰望之意;火取其明亮之意;黼为斧形,取其金斧断割之意;黻为亚形,取其臣民背恶向善之意;藻纹、华虫皆取其文采。

冕是最尊贵的礼冠,只有在如祭祀、登基等特殊场合下才会佩戴。其冠顶为一块长方形的木板,前后有垂旒,旒以玉珠穿成,垂旒的数目因等级不同有所差别。通常天子垂十二旒,诸侯以下各有差异,其中等级最低的仅垂二旒。这种冕式为历代王朝沿用,到魏晋之后,才成为帝王的专属。

0971. **弁服**

是古代的王和贵族所服的仅次于冕服的一种礼服。弁服制度始自三代,自天子至士都可以穿。弁是比较尊贵的冠,有三种:皮弁(用白鹿皮所做)、爵弁(无旒之冕)、韦弁(熟皮制作,染为赤色)。皮弁配搭白衣白裳;爵弁配搭玄衣纁裳,用作助君祭祀、迎亲;韦弁配搭赤衣赤裳,用作兵事。

0972. **品服**

品服又称"品色衣",即官吏按品级高低规定所穿的服色。古代官员分为九品,凡是有品级的官员称为品官。品官等级不同,其品服的颜色、形制、质地也不同,以示尊卑。"品色衣"最早出现于南北朝,到隋唐时期,逐步形成且演变为官吏常服。唐朝文武三品以上穿紫,带金玉带;四品穿深绯;五品穿浅绯,带金带;六品穿深绿;七品穿浅绿,带银带;八品穿深青,九品穿浅青,带鍮石带。后代虽有些变更,但基本上以紫、绯、绿、青四色定官品高低,并形成制度。

0973. **霞帔**

霞帔是明清时期后妃、命妇常服的着装。帔子出现在南北朝时期,得名于隋唐时期,宋代被列入礼服,明代时发展成为“霞帔”。其形如彩带,状如朝霞,宽三寸二分,长五尺七寸,绕过脖颈,披挂在胸前,下垂金玉坠子。霞帔是宫廷命妇的着装,平民女子只有出嫁时才可着。霞帔上不同的用色和图案纹饰代表命妇的不同品级。一、二品命妇霞帔为蹙金绣云霞翟纹,三、四品为金绣云霞孔雀纹,五品绣云霞鸳鸯纹,六、七品绣云霞练鹊纹,八、九品绣缠枝花纹。

0974. **襆头**

襆头,或称“折上巾”、“四带巾”,为裹发巾的一种,因其用黑帛向后幢发,俗称为“幢头”。襆头是在东汉幅巾的基础上演变而成的,定制于北周,隋唐之后广为流行。由于襆头的佩戴最为普遍,因此在历史发展过程中,它的形态最多样,变化也最大,从最初的裹发巾一直演变为后来的纱帽,完全脱离了巾帕形式。不同样式的襆头也代表了人们不同的身份与职业。唐代,在宫廷有长脚罗筷头,乐舞伎和农民所戴有额上两折上举的“折上巾”。宋代制度规定百官公服筷头概用直脚,仆从、公差、身份低下的乐人,则用交脚和曲脚。特别是在喜庆宴会时更可用鲜艳的色彩,装饰纱帽,被称作“生色销金花样幢头”。

七、古代称谓

0975. **姓氏**

秦汉以前,姓与氏有区别。姓是一种由母系氏族公社而来的族号,是一种血缘关系的标志。故古姓多从女旁,如姬、嬴、姚、姜、姒等。先秦时贵族女子无论婚前婚后,都必须带上姓,以防同姓婚配。氏是姓的分支。由于子孙繁衍,一个族分成若干支,每个族有一特殊的称号,这就是氏。姓是旧有的族号,氏是后起的族号;姓是用来别婚姻的,氏是用来别贵贱的。以男子为中心的父系制时代,男子作为氏族的主体,只称氏而不称姓。贵族氏的命名方式有多种,如郑庄公、齐桓公,“郑”、“齐”都是以受封的国名为氏。屈原、颍考叔是以受封的邑名“屈”、“颍”为氏。乐正夔、司马牛,是以周时的官名乐正、司马为氏。孔丘的“孔”是以祖先的字为氏。孔丘姓“子”。由于封建社会森严的等级制度,先秦时代只有贵族才有姓氏,平民是无姓氏的。汉以后姓氏合一,通称为姓,无有氏,且自天子至平民都可以有姓,所以说后世的姓即先秦的氏。姓有单姓复姓之分,如张、李、王为单姓;司马、诸葛、欧阳为复姓。今天说起姓氏,专指姓,而无姓、氏之别。据《中华姓氏大辞典》收集到的我国古今姓氏已超过八千个。而《百家姓》也并非只有百家之姓,而是四百六十八个,其中单姓四百零八个,复姓六十个。

0976. **字号**

字号是古人命名方式之一,指人的姓名或别名(也叫表字或号)。古代有身份的人才能有“字”,而且不管男女,到了成年取字。取字的目的是为了让人尊重他，供他人称呼。一般人，尤其是同辈和属下，只许称尊长的字而不能直呼其名。古人取字方法的主要依据有以下几种：一是同义反复。如屈原名平，字原，广平为原。二是反义相对，如韩愈，字退之。三是连义推想，如赵云，字子龙，取“云从龙”的意思。从以上三类可以看出，字与名有密切关系，字往往是名的补充或解释，这叫“名字相应”，互为表里，故字又称作“表字”。

古人除名与字外，还有号。号是人的别称，所以又叫“别号”。号的实用性很强，除供人呼唤外，还用作文章、书籍、字画的署名。号又分人号、自号、绰号。人号是别人加给自己的，其中有爵号、谥号。爵号即称其封爵。谥号是人死后，别人根据他的品行操守而加封的。自号是自己给自己取的。别字、别名、别号、室名大多属于此类。自号多为文人所用，可以说是中国古代“士文化”的一项重要内容。绰号则包含着社会或个人对所号者的品评、褒贬、爱憎，有的也含有亲昵与开玩笑之意。

0977. 谥号

我国古代帝王、诸侯、大臣等具有一定地位的人死去之后，根据他们的生平事迹与品德修养，评定褒贬，而给予一个寓含善意评价、带有评判性质的称号，并相沿成为制度，这种制度称为谥法，所给予的称号名为谥号。谥号有帝王之谥，由礼官议上；有臣属之谥，由朝廷赐予；还有私谥，是门徒弟子或是乡里、亲朋为其师友上的谥号。初起时，只有美谥、平谥，没有恶谥，后来才有善恶之别，如西周周厉王的“厉”便是对他予以斥责的恶谥。

先秦时的谥号以用一个字为常，也有用两三个字的。汉代谥法制度日趋严密，朝廷中正式设立大鸿胪一职，管理王公列侯的谥法。宋代开了后代予大臣谥二字的先河。明清时期，谥法内容基本固定下来。首先是各等级人员的谥号字数固定下来。如明代皇帝谥号为十七字，亲王一字，大臣两字；清代皇帝二十一字，硕亲王一字，大臣两字。其次，赐谥权高度集中于皇帝手中，要取决于“圣裁”。帝王的谥号一般是由礼官议定经继位的帝王认可后予以宣布，臣下的谥号则由朝廷赐予。谥号中还有一种私谥，这是有名望的学者、士大夫死后由其亲戚、门生、故吏为之议定的谥号，是一种尊重的称呼。有些人的谥号由于经常被后人称呼，为大家耳熟能详，如岳武穆（岳飞）、陶靖节（陶渊明）等。

0978. 九族

九族是指亲属。从汉代起，“九族”有经学上的今文和古文两种解说，各有其社会、政治背景，分别从不同方面满足统治者的需要。一种是古文说，代表人物有孔安国、马融和郑玄。他们认为九族仅限于父宗，包括上自高祖下至玄孙的九代直系亲属。即高祖父、曾祖父、祖父、父、自己、子、孙、曾孙、玄孙。古文说构成了宗法伦理的基础，被后代明确写入律令中。第二种是今文说，代表人物是许慎等。他们认为九族包括父族四、母族三、妻族二。父族四是指姑之子

(姑姑的子女)、姊妹之子(外甥)、女儿之子(外孙)、己之同族(父母、兄弟、姐妹、儿女);母族三是指母之父(外祖父)、母之母(外祖母)、从母子(娘舅);妻族二是指岳父、岳母。今文说满足了统治者利用血缘姻亲关系实现对本阶级及整个社会最大限度控制的需要。封建统治者在赏赐、惩罚、屠杀时就是利用今文意义上的九族。如株连法,一人犯法,尤其是犯大法,往往要"株连九族"。随着时代的变迁,今日"九族"之意有了很大变化,其亲属之意已经淡出,变成了对与之有关的一切人的泛称。

0979. **泰山**

对岳父的尊称,此称谓与泰山的"封禅"有关。据唐段成式《酉阳杂俎》前集卷十二记载,唐玄宗李隆基于726年到泰山封禅。丞相张说担任封禅使,顺便把他的女婿郑镒也带去了。按旧例,有幸随皇帝参加封禅者,丞相以下的官吏都可以升一级。郑镒本是九品官,张说利用职权,一下子把他连升四级。唐玄宗在宴会上看到郑镒突然穿上五品官穿的浅绯色官服,觉得奇怪,便去问他。郑镒支吾难应。这时,擅长讽刺的宫廷艺人回答说:"此泰山之力也!"妙语双关,唐玄宗心照不宣,事情就这样混过去了。后人因此称妻父为"泰山"。因为泰山又称东岳,是五岳之长,所以又转而把妻父称做"岳"、"岳翁"、"岳父"、"岳丈"等。据文献记载,这种称谓大致始自宋代。妻母则称做"岳母",在书面文献中,后来也有称做"泰水"的。

0980. **考妣**

古代称已死的父母。父死后称"考",母死后称"妣"。语出《礼记·曲礼下》:"生曰父,曰母,曰妻,死曰考,曰妣,曰嫔。"汉郑玄注:"考,成也,言其德行之成也;妣之言媲也,媲于考也。"古代墓碑上常刻有"显考"、"显妣"、"先考"、"先妣"。古代也有用以称在世的父母,如《尔雅·释亲》:"父曰考,母曰妣。"晋郭璞注引《苍颉篇》:"考妣延年。"

0981. **妯娌**

兄弟之妻的合称。假设一家中有几个儿子,那么这些儿子的妻子之间的关系就称为妯娌关系。根据《广雅》的解释,"妯娌"是先后的意思,女子先后嫁入兄弟,所以称为"妯娌"。如果一家有几个女儿,嫁给不同的女婿,这些女婿之间的关系则称为"连襟"。

0982. **贱称**

与尊称、谦称相对的称呼,表示对对方的侮辱、轻视。贱称他人或他方,如称君主为"独夫"、"暴君",称一般人为"贼"、"竖子"、"鲰生"、"野夫"、"荒蛮"、"黔首"等。如《荆轲刺秦王》:"今往而不反者,竖子也。"《毛遂自荐》:"白起,小竖子耳。"《鸿门宴》:"竖子不足与谋!"《孔雀东南飞》:"小子无所畏,何敢助妇

语!"

0983. **尊称**

表示尊敬客气的态度,具体有以下几种:

①对帝王的敬称有"万岁"、"圣上"、"圣驾"、"天子"、"陛下"等。

②对皇太子、亲王的敬称是"殿下"。

③对将军的敬称是"麾下"。

④对有一定地位的人的敬称:对使节称"节下";对三公、郡守等有一定社会地位的人称"阁下"。

⑤对于对方或对方亲属的敬称有"令"、"尊"、"贤"等。"令",意为美好。用于称呼对方的亲属,如"令尊"(对方父亲)、"令堂"(对方母亲)、"令阃"(对方妻子)、"令兄"(对方的哥哥)、"令郎"(对方的儿子)、"令爱"(对方的女儿)。"尊",用来称与对方有关的人或物,如"尊上"(称对方父母)、"尊公"、"尊君"、"尊府"(皆称对方父亲)、"尊堂"(对方母亲)、"尊亲"(对方亲戚)、"尊驾"(称对方)、"尊命"(对方的嘱咐)、"尊意"(对方的意思)。"贤",用于称平辈或晚辈,如"贤家"(称对方)、"贤郎"(称对方的儿子)、"贤弟"(称对方的弟弟)。"仁",表示爱重,应用范围较广,如称同辈友人中长于自己的人为"仁兄",称地位高的人为"仁公"等。

⑥称年老的人为"丈"、"丈人",唐朝以后,"丈"、"丈人"专指妻父,妻母称"丈母"。

⑦称谓前面加"先",表示已死,用于敬称地位高的人或年长的人,如称已死的皇帝为"先帝",称已经死去的父亲为"先考"或"先父",称已经死去的母亲为"先慈"或"先妣",称已死去的有才德的人为"先贤"。称谓前加"太"或"大"表示再长一辈,如称帝王的母亲为"太后",称祖父为"大(太)父",称祖母为"大(太)母"。

⑧对尊长者和用于朋辈之间的敬称有"君"、"子"、"公"、"足下"、"夫子"、"先生"、"大人"等。

⑨君对臣的敬称是"卿"或"爱卿"。

⑩对品格高尚、智慧超群的人用"圣"来表敬称,如称孔子为"圣人",称孟子为"亚圣"。后来,"圣"多用于帝王,如"圣上"、"圣驾"等。

0984. **谦称**

表示谦虚态度的一类称谓,通常有以下几种形式:

①用于自称。"愚",谦称自己不聪明。"鄙",谦称自己学识浅薄。"敝",谦称自己或自己的事物不好。"卑",谦称自己身份低微。"窃",有私下、私自之意,使用它常有冒失、唐突的含义在内。"臣",谦称自己不如对方的身份地位高。"仆",谦称自己是对方的仆人,使用它含有为对方效劳之意。

②古代帝王的自谦词,有“孤”(小国之君)、“寡”(少德之人)、“不谷”(不善)。

③古代官吏的自谦词,有“下官”、“末官”、“小吏”等。

④读书人的自谦词,用“小生”、“晚生”、“晚学”等,表示自己是新学后辈;如果自谦为“不才”、“不佞”、“不肖”,则表示自己没有才能或才能平庸。

⑤古人称自己一方的亲属朋友时,常用“家”、“舍”等谦词。“家”是对别人称自己的辈分高或年纪大的亲属时用的谦词,如“家父”、“家母”、“家兄”等。“舍”用以谦称自己的家或自己的卑幼亲属,前者如“寒舍”、“敝舍”,后者如“舍弟”、“舍妹”、“舍侄”等。

⑥其他自谦词有:因为古人坐席时尊长者在上,所以晚辈或地位低的人谦称“在下”;有一定身份的人自谦“小可”,意为自己很平常、不足挂齿;子弟晚辈对父兄尊长,自称“小子”;老人自谦时用“老朽”、“老夫”、“老汉”、“老拙”等;女子自称“妾”;老和尚自称“老衲”;对别国称自己的国君为“寡君”。

八、术数

0985. 梅花易数

中国古代易学预测术之一种。据说,北宋易学大师邵康节(1011—1077)一日与朋友闲步花园,忽见二雀于梅枝相争而坠于地,于是以二雀坠地时间起卦,得《泽火革》之《泽山咸》卦,又思雀之为字,上为“少”下为“佳”,遂预言明晚必有年少佳人,入园折梅,因为园丁所逐,惊慌跌倒而伤膝盖。第二天晚上果然应验。邵康节因此名闻当时,而他所创制的这种因时因地以心运易的预测方法就被叫做“梅花易数”。

梅花易数预测之法甚是繁杂,要而言之,系以先天八卦之数理与阴阳五行之义理相结合,并参照其时其地之偶然事象,综合推算吉凶。即以邵雍此卦而论,本卦上卦为兑为泽为金,人事对应为少女;下卦为离为火。金为火所克,故断少女受伤。互卦上为乾为金,下为巽为木,金克木。而巽对应身体为股,故断少女摔伤膝盖。化卦下卦为艮为土,土能生金,故断虽伤不重。加之又配以“雀”字之字相,故可肯定受伤者为年少女子。

梅花易数预测方法在江湖术士中甚为盛行,且都将之归为邵雍所创,但经后人考证,此法实系民间江湖术士借重邵雍之名而创,与邵雍无关。

0986. 四柱八字

又称推四柱或批八字。这种算命方法是以一个人出生的年月日时为考察吉凶的主要依据。年月日时叫四柱,每柱均有相对应的天干和地支,四柱合起来共八个字。就人事测算看,年柱看父母祖业,月柱看兄弟朋友,日柱看夫妻婚姻,时柱看儿女成就。具体推算时,以日干为主,看其在四柱中所处之地的生旺

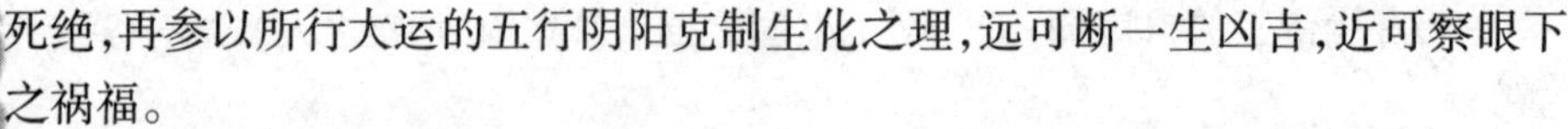

死绝，再参以所行大运的五行阴阳克制生化之理，远可断一生凶吉，近可察眼下之祸福。

这种推八字算命术在民间江湖术士中运用最为普遍。其源头甚早，汉代即出现以阴阳五行、天干地支为基础，配合年月日的算命方法，至唐人李虚中进一步将之系统化为三柱六字推命法，此时尚未加进时柱。五代宋初人徐子平著《渊海子平》，四柱八字推命法始完善并自成体系。明清时期的命相学家们又把神煞糅合于命理推测中。

0987. 测字术

测字术在中国古代是一种具有广泛影响的算命术。又名相字、押字、破字、拆字，其法就是依据求测者所提供的任意一字或多字，用加减笔画、拆合字体结构的方式附会人事，进而推断祸福凶吉。尽管从表面看，单纯一两个汉字无法承载人事吉凶的预测功能，但如果考虑到汉字的表意功能和汉民族长期以来形成的文字崇拜情结，测字术之得以流行并形成其自在体系，是很好理解的。

古史中颇多擅长测字之人，相关测例也的确令人叫绝。如宋代谢石便以擅测字著称。据说有次一人书“亥”字问儿病，谢石当即断云：“此字乃孩不见子之象，不吉。且字体上看，上乃六字少点，你儿子活不到六岁。中是久字缺捺，久而不得之意。下为人而不长。今天为水日，尚无大碍。明日属土，土能克水。难过明天。”后果然。

现存测字术的著作甚多，颇为著名的有清代周亮工《字触》、程省《测字秘牒》等。

0988. 相术

即依据人的面貌、五官、骨骼、气色、体态、手纹等推测吉凶祸福、贵贱夭寿的预测法术。《大戴礼》中即有“尧相人以状，舜相人以色”，可见早在尧舜时代，便依据人之体态神色推测其贤愚祸福了。《左传·文公元年》载，周天子派遣内史叔服去鲁国参加葬礼。公孙敖请叔服给他的两个孩子看相。叔服说他的儿子“谷”地阁（即下颔）丰满，晚年运气好，子孙兴旺。公孙敖听了非常高兴。战国时代，中国相术有了进一步的发展。当时，较为著名的相术家有唐举、尉缭、邓通、条侯等人。而当时名满各国的四大公子之一的平原君赵胜也很会看相。在渑池会上他根据秦将白起的瞳仁和眼神，判断他的性格刚强但暴躁，“可也持久，难与争锋”，从而制定正确的战斗策略。刘邦当泗水亭长时，相士吕公给刘邦看相，说他面孔像龙，鼻子丰隆、胡须漂亮，左大腿生有七十二颗黑痣，其相“贵不可言”。吕公于是把自己的女儿许配给刘邦作“箕帚妾”。宋朝著名文学家欧阳修年少时，有相士说他“耳白于面，朝野闻名，唇不盖齿，无事招嫌”。刘邦日后成了汉高祖，确实贵不可言。而欧阳修日后成了宰相，也确实惹出过麻烦，被贬夷陵，应验了相士的预言。

相术自汉后便逐渐形成一门自成体系的预测法术，相关著作甚多，诸如《柳庄相法》、《相法全编》、《水镜集》、《相理衡真》等。相传宋初相法大师陈抟师傅麻衣道人所撰的《麻衣相法》影响最大。

0989. **风水**

风水又称堪舆，是选择最佳地点作为宅地或墓地的方术。早在先秦时代，周公便十分注重相地。晋代郭璞撰有《葬书》，奠定了风水学的理论。唐代杨筠松撰《撼龙经》，风水理论体系至此渐趋完善。自宋至清，风水术分成形法派和星气派两大派别，形法派着重地形地貌，星气派注重卦理和星象。相较而言，形法派更为流行和普及。

历朝历代都有很多风水大师，也留下了很多风水灵验的传闻。如唐代黄冈僧人泓师曾为张说（燕公）觅得一处佳地，并说这个地方西北是旺气之处，万不可取土。然一个月后，泓师又对燕公说，此宅气候忽然索漠，肯定有人在西北角取土，燕公与泓师一起到西北角查看，果然有三处坑，皆深丈余。泓师大惊曰："祸事！令公富贵止一身而已，二十年后，诸君皆不得天年。"燕公惊问："可否填之？"答曰："客土无气，与地脉不相连。今纵填之，如人有痔疮，纵有他肉补之，终是无益。"后来燕公之子张均、张即皆被安禄山委任大官，叛乱平定后，张均被诛杀，张即被流放。竟如其言。

风水术在今天看来似乎有些玄妙莫测，不过，从强调优化居住环境角度来看，风水学还是有其积极价值和意义的。

0990. **扶乩**

又称扶箕、扶鸾，最早见于南朝刘敬叔《异苑》，时人通常在正月十五，在厕所或猪栏边迎接紫姑神，凭偶像的跳动，卜未来蚕桑。到了宋代，扶乩渐成文人闲暇之事。其法为用带有细沙的木盘，没有细沙，可用灰土代替。乩笔插在一个筲箕上，扶乩时乩人拿着乩笔不停地在沙盘上写字图画，口中念某某神灵附降在身，然后依据沙盘上的文字图画痕迹判断吉凶。

扶乩术在明清时期很是流行，不少小说作品中都有记述，如《红楼梦》中宝玉就曾提到妙玉善扶乩。不过，或许因其过于虚妄难凭，近代以来，这种预测术已不再流行了。

九、吉祥图案

0991. **四灵**

指的是青龙、白虎、朱雀、玄武四种图案。这四灵作为天神护卫，实际上来源于古代的星神崇拜。古人将黄道中的恒星分为二十八个星座，称为"二十八宿"，后来将二十八宿和四象相结合，形成了"四方四灵"的说法。其中东方七宿，古人将其想象成龙的形象，因位在东方，按阴阳五行五方配五色之说，东方

青色，故称“青龙”。依次是北方玄武，西方白虎，南方朱雀。青龙、白虎、朱雀、玄武合称“四象”，又称四方四神。一般这四方之神常被运用于军容军列，成为行军打仗的保护神。《礼记·曲礼上》曰：“行。前朱鸟（雀）而后玄武，左青龙而右白虎，招摇在上。”后来则常常用于大型建筑的四方，所以我们现在能在瓦当上经常看到这四灵的图案。

四灵

0992. 岁寒三友

俗称松、竹、梅为“岁寒三友”。松树四季常青，姿态挺拔，象征青春常在和坚强不屈的品格。孔子赞曰：“岁寒然后知松柏之后凋。”竹直而有节，中心虚空，是坚韧、高雅、虚心、有节的象征。东晋王子猷以为：“何可一日无此君！”梅花姿、色、香、韵俱佳，象征着人卓尔不群、超凡脱俗的品格。松、竹经冬不凋，梅花凌寒怒放，在天寒地冻、花木凋零的冬季，三种植物欣欣向荣，一派生机，好像朋友一样。宋人王十朋有诗：“南来何以慰凄凉，有此岁寒三友足。”

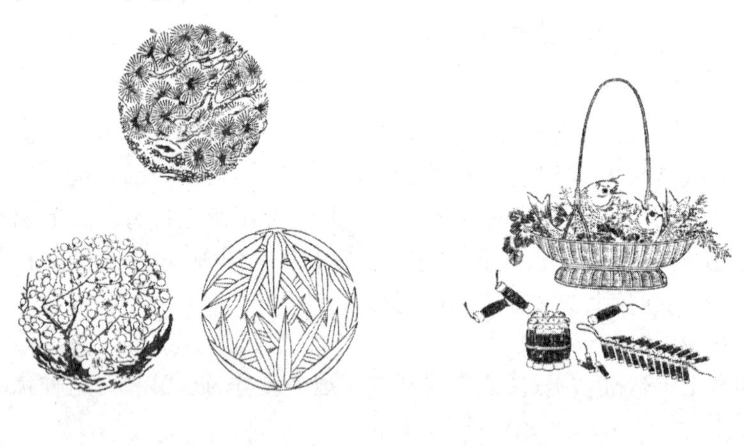
岁寒三友　　连年有余

0993. 连年有余

画有莲和鱼的图案。因为“莲”是“连”的谐音，“鱼”是“余”的谐音，因此图案代表了“连年有余”的祝福。鱼，一般是红色的鲤鱼、或者用鲢鱼。每逢春节或者婚庆，人们都会张贴此图案，希望来年能够衣食丰足，财用有余，生活富裕美满。

0994. 花开富贵

画有蝙蝠和牡丹花的图案。蝙蝠的“蝠”与幸福的“福”谐音，牡丹又象征富贵，清代赵世学在《牡丹富贵说》中提到：“牡丹有王者之号，冠万花之首，驰四海之名，终且以富贵称之。”因此这个图案代表了人们对美满幸福生活、富有和高贵的向往。

0995. 寿居耄耋

画有寿石、菊花、猫和蝴蝶的图案。寿石寓“寿”；菊花取“菊”，与“居”谐音，菊花是我国传统名花之一，它于百花凋零的晚秋季节迎霜吐芳，以素雅坚贞名冠群卉；“猫”与“耄”谐音，《礼记》说“八十九十曰耄”；“蝶”与“耋”同音。“猫蝶”即是“耄耋”，指八九十岁的老人。“寿居耄耋”是对老人健康长寿的颂词。常常用于寿礼、建筑彩画、刺绣、剪纸等处。

寿居耄耋

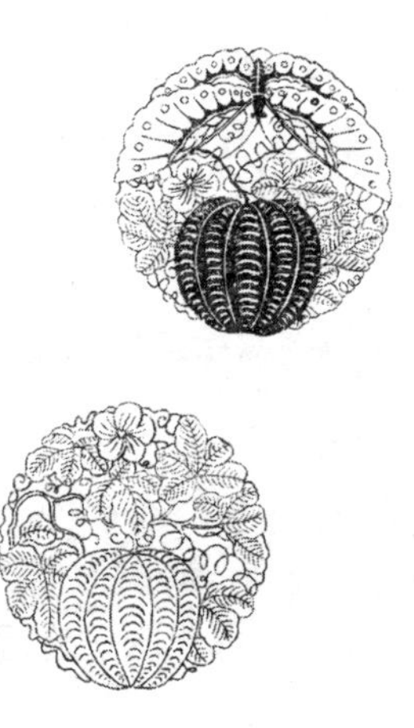

瓜瓞绵绵

0996. 瓜瓞绵绵

《诗·大雅·绵》：“绵绵瓜瓞，民之初生，自土沮漆。”瓞是小瓜，瓜瓞绵绵的涵义为瓜始生时很小，但其蔓不绝，会逐渐长大，绵延滋生。图式常见有两类：一类是瓜连藤蔓枝叶，另一类还加上蝴蝶图案，取蝶与瓞同音。常用为祝颂子孙昌盛，兴旺发达。在中国古代，子孙昌盛是多福的表现，所以这种图案受到人们的喜爱。

0997. 喜上眉梢

喜鹊立在梅树枝梢上的图案。《禽经》云：“灵鹊兆喜。”深受国人喜爱的梅花谐音“眉”字，遂有“喜上眉(梅)梢”的吉祥图案，用来祝福他人喜事连连，幸福开心。

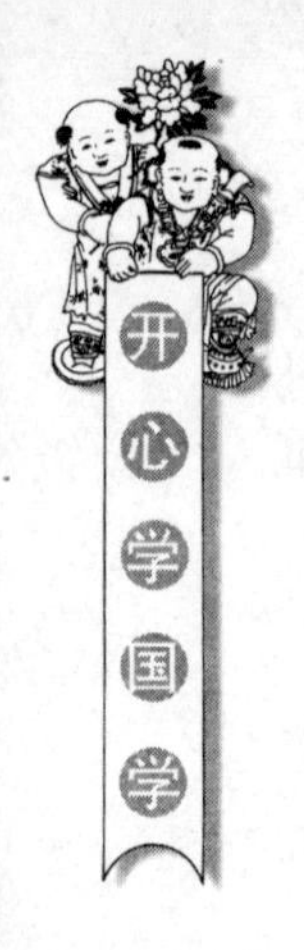

喜上眉梢

挂印封侯

0998. 挂印封侯

猴子向枫树上挂印的图案。枫树的“枫”字与“封”音相同,表示封赏。猴子的“猴”与“侯”同音,是一种显贵的爵位。印则是指官印。整个图案,表示古代士子的志向和心愿:就是能够佩戴官印,赐封侯爵。现在我们在古时的屏风家具、文具什物以及绘画作品中还能经常看见。

0999. 松鹤延年

松,傲霜斗雪、卓然不群,又因其树龄长久,经冬不凋,故而被用来象征坚韧不屈,长寿常青。鹤,被视为仙物,因为得道之士骑鹤往返,因此鹤成为长生不死的象征。两个仙物合在一起,即是祝福他人如松鹤般高洁、长寿。

松鹤延年

龙凤呈祥

1000. 龙凤呈祥

在中国传统的吉祥图案中,“龙凤呈祥”是用得最多的一种。画面上,龙、凤各居一半。龙是升龙,张口旋身,回首望凤;凤是翔凤,展翅翘尾,举目眺龙。周围瑞云朵朵,一派祥和之气。两者结合象征美善祥瑞、和谐美满。

附录　每个中国人一生中必读的81部国学经典

经　部(11种)

序号	书　名	作　者	提　　要
01	大　学		儒家“修齐治平”理论大纲
02	中　庸		儒家推崇的处世哲学
03	论　语		追记儒家创始人孔子及其弟子言行的著作
04	孟　子		以“性善论”著称的儒家经典
05	诗　经		我国第一部诗歌总集
06	尚　书		我国第一部记言体史书
07	仪　礼		我国第一部礼仪制度书
08	周　易		我国第一部哲学原典,历代尊为群经之首
09	春秋左传		我国最早的编年体史书
10	尔　雅		我国最早的字典,第一部百科名物词典
11	孝　经		古代以“孝”治国的理论基础

史　部(11种)

序号	书　名	作　者	提　　要
01	山海经		我国最古老的地理学著作,最古的博物书、最古的神话小说故事
02	穆天子传		我国最早的记载人物游历故事的著作
03	国　语	战国·佚　名	我国最早的国别史
04	战国策	西汉·刘　向集录	战国时期谋臣策士游说和辩论的文献辑录
05	史　记	汉·司马迁	我国第一部纪传体通史,开创纪传体史学、传记文学之先河
06	水经注	北魏·郦道元	我国古代最系统的综合性地理著作
07	洛阳伽蓝记	北魏·杨衒之	古代地理名著,寺塔记的典范之作

序号	书　名	作　者	提　　要
08	贞观政要	唐·吴　兢	古代帝王统治术专著,后世治国者之圭臬
09	史　通	唐·刘知几	我国历史上第一部史学评论专著
10	文史通义	清·章学诚	我国古代史学理论的代表性著作
11	书目答问	清·张之洞	指导治学门径的文献目录学类名著

子　部(40种)

序号	书　名	作　者	提　　要
01	老　子	春秋·李耳	“道家最精要之书。”
02	庄　子	战国·庄周	先秦最有文采的哲学著作
03	公孙龙子	战国·公孙龙	战国时期名家的代表作,创建了我国最早的逻辑学
04	韩非子	战国·韩非	战国时期法家学说的集大成之著作
05	淮南子	汉·刘安	汉初新道家的代表作
06	列　子	战国·列御寇	常言人之所未言,“气伟而采奇”
07	墨　子	战国·墨翟	战国时期墨家学派的代表著作
08	荀　子	战国·荀况	先秦儒家学说集大成之著作
09	孙子兵法	春秋·孙武	我国现存最早的兵书,也是世界上最早的军事著述
10	吕氏春秋	战国·吕不韦编	综合百家学说,建构一统理论,杂家学说之代表作
11	尹文子	战国·尹文	“宋尹”学派始祖,先秦论法术和形名的专著
12	新　书	汉·贾谊	汉代杰出的政论文集,鲁迅誉为“西汉鸿文”
13	法　言	汉·扬雄	首部儒学批判专著
14	鬼谷子		纵横家始祖,兵家法宝
15	颜氏家训	北齐·颜之推	古今家训,以此为祖
16	素　问	旧题黄帝	我国现存最早的较为系统和完整的医学典籍
17	九章算术	汉·张苍、耿寿昌	我国第一部重要的数学专著

序号	书　名	作　者	提　　要
18	近思录	宋·朱熹、吕祖谦	理学入门书，蕴含朱子思想的全部精义
19	阴符经		相传苏秦得此书而为六国之相
20	周易参同契		最早论述炼丹原理的著作，被称为“万古丹经王”
21	黄庭内景经		道家内修的基本理论和方法，被称为“寿世长生之妙典”
22	黄庭外景经		
23	太上感应篇	宋·李昌龄	民间广为流传的劝善书
24	金刚经	后秦·鸠摩罗什译	大乘佛教的根本经典，“经中之王”
25	四十二章经	汉·迦叶摩腾、竺法兰译	从印度传到中国的第一部佛教经典著作
26	心　经		般若部经典中的核心经典
27	六祖坛经	唐·释慧能	中国禅宗最重要的典籍
28	茶　经	唐·陆羽	我国第一部论茶著作
29	乐府杂录	唐·段安节	唐代乐制、音乐、百戏资料的珍贵记录
30	洛阳牡丹记	宋·欧阳修	我国最早的一部花卉专书
31	棋经十三篇	宋·张拟	宋代以来最权威的围棋理论著作
32	林泉高致	宋·郭熙	山水画高度成熟后的理论总结，极具文采
33	搜神记	东晋·干宝	我国最早的志怪小说集
34	世说新语	南朝宋·刘义庆	我国最早的笔记体小说集
35	游仙窟	唐·张鷟	我国最早最完整的自传体爱情小说
36	西游记	明·吴承恩	神怪小说的代表作，开创一代神魔小说之风
37	水浒传	明·施耐庵	我国第一部英雄传奇体长篇白话小说
38	三国演义	明·罗贯中	我国历史题材小说的最高成就

序号	书　名	作　者	提　　要
39	红楼梦	清·曹雪芹、高鹗	我国古代小说的巅峰之作
40	聊斋志异	清·蒲松龄	清代最杰出的文言小说集

集　部(13种)

序号	书　名	作　者	提　　要
01	楚　辞		我国最早的辞赋总集,与《诗经》并列为中国文学的两大源头
02	六朝文絜	清·许梿选	我国最有代表性的骈文选本
03	唐诗三百首	清·蘅塘退士编	清代以来流传最为广泛的唐诗选集
04	绝妙好词	宋·周密	“于词选中,最为善本。”
05	古文观止	清·吴楚材、吴调侯	学习中国古代散文的最好选本
06	文心雕龙	南朝梁·刘勰	第一部系统的文学理论和文学评批巨著
07	诗　品	南朝梁·钟嵘	我国古代最早的一部诗歌评论著作
08	二十四诗品	唐·司空图	专论中国文学风格的名著
09	六一诗话	宋·欧阳修	我国最早的诗话,开后代诗歌理论著作新体裁
10	人间词话	清·王国维	第一部融贯中西美学思想的文论名著
11	西厢记	元·王实甫	元代戏曲创作的最高水平
12	窦娥冤	元·关汉卿	我国古典悲剧的代表作
13	牡丹亭	明·汤显祖	明代传奇戏剧的压卷之作

★以上81部经典已汇编为《国学备览》,有光盘和纸质出版物。

后　记

近年来,"国学"风靡华夏,渐成时尚,大有言必称国学,论必引经史之势。书店里、网络上,关于国学的书籍,卷帙浩繁,在在皆是。当此之时,我们一则以喜,一则以忧。

喜是因为国学中兴,后继有人。自五四以来,国学传承虽然不绝如缕,但总给人一种空谷足音、高山仰止的感觉。现在,国学正在褪去"可望而不可及"的神秘感,走出象牙塔,进入寻常百姓家,国学昌明、中华文明发扬光大定然指日可待。

忧则是因为国学入门之书层出不穷,良莠不齐,个别书还有"以其昏昏使人昭昭"之嫌。虽然"日思误书,更是一适",总怕导路以盲,误人子弟。网络在传播国学文化中发挥了积极作用,同时,一些错误也在悄然流行。比如有网文称苏轼《黄州寒食诗帖》喜用"悬针长竖"以显其锋铦,但将字误为"悬钟长坚",令人难解,且以讹传讹,令人不知所云。历史上有"明人刻书而书亡"的教训,所以国学不敢不戒。

为此,我们策划推出了"开心学国学"专题节目,以寓学于乐的方式普及弘扬国学。为配合此次活动,我们组织专家,精心编撰这本《开心学国学——不可不知的1000个国学知识点》,奉献给广大电视观众和国学爱好者。参加编写的人员有中国社会科学院、中华书局、首都师范大学、武警指挥学院等单位的十多位专家、学者。全书共汇集1000个基础的国学知识点,荟萃百家,包罗万象,集中体现"国学是中华民族五千年来优秀传统文化的总称"这一宗旨。既注重通俗性,更强调专业性,所选条目均为各学科最重要的入门知识,故曰"不可不知"。书中语言简洁明了,深入浅出,是国学基础知识读物,适宜国学爱好者及入门者诵读。本书与《开心学国学》电视节目同步推出,使电视娱乐与知识普及更好的相互促进,达到寓学于乐、学乐结合的目的。

或许有人会问:国学深厚闳博,为什么只是千问呢?主要是为了便于阅读,把传统国学的经史子集,按照现行学科分类方法,分为历史、文学、哲学等十类，基本涵盖每门学科最基础的知识，总为一千。如果再问为什么不是一千零一问或者九百九十九呢？那么我们只好说宋人编《太平御览》、《册府元龟》、《文苑英华》这几部类书也都是千卷，古已有之，今则随之。当然，此千问之外的，未必不是国学，国学也不必仅此千问。

鉴于本书成书仓促，又出于众人之手，难免有鲁鱼亥豕之讹、豫章难辨之误。不当之处，敬请方家指正。

是为后记。

编　者

二〇〇九年六月二十三日

图书在版编目（CIP）数据

开心学国学：不可不知的1000个国学知识点 / 中央电视台《开心辞典》栏目组，国学网编.—北京：国家图书馆出版社，2009.6

ISBN 978-7-5013-4058-3

Ⅰ.开… Ⅱ.①中…②国… Ⅲ.国学—基本知识

Ⅳ.Z126

中国版本图书馆 CIP 数据核字（2009）第 088356 号

开心学国学——不可不知的1000个国学知识点

中央电视台《开心辞典》栏目组 国学网 编

责任编辑 殷梦霞 王燕来

助理编辑 孙 健 李 莉

装帧设计 九雅工作室

内文设计 张兆月

出版发行 国家图书馆出版社（原北京图书馆出版社）

（北京市西城区文津街 7 号 100034）

电 话 010-66136745 010-68980439

E-mail btsfxb@nlc.gov.cn（邮购） guoxue@guoxue.com

Website www.nlcpress.com www.guoxue.com

经 销 新华书店

印 刷 三河市灵山红旗印刷厂

开 本 787×1092 毫米 1/16

印 张 26

版 次 2009 年 6 月第 1 版

2009 年 6 月第 1 次印刷

字 数 400 千字

书 号 ISBN978-7-5013-4058-3

定 价 38.00 元